Informatik — Fachberichte

Band 211: H. W. Meuer (Hrsg.), SUPERCOMPUTER '89. Mannheim, Juni 1989. Proceedings, 1989. VIII, 171 Seiten. 1989.

Band 212: W.-M. Lippe (Hrsg.), Software-Entwicklung. Fachtagung, Marburg, Juni 1989. Proceedings. IX, 290 Seiten. 1989.

Band 213: I. Walter, Datenbankgestützte Repräsentation und Extraktion von Episodenbeschreibungen aus Bildfolgen. VIII, 243 Seiten. 1989.

Band 214: W. Görke, H. Sörensen (Hrsg.), Fehlertolerierende Rechensysteme / Fault-Tolerant Computing Systems. 4. Internationale GI/ITG/GMA-Fachtagung, Baden-Baden, September 1989. Proceedings. XI, 390 Seiten. 1989.

Band 215: M. Bidjan-Irani, Qualität und Testbarkeit hochintegrierter Schaltungen. IX, 169 Seiten. 1989.

Band 216: D. Metzing (Hrsg.), GWAI-89. 13th German Workshop on Artificial Intelligence. Eringerfeld, September 1989. Proceedings. XII, 485 Seiten. 1989.

Band 217: M. Zieher, Kopplung von Rechnernetzen. XII, 218 Seiten. 1989.

Band 218: G. Stiege, J. S. Lie (Hrsg.), Messung, Modellierung und Bewertung von Rechensystemen und Netzen. 5. GI/ITG-Fachtagung, Braunschweig, September 1989. Proceedings. IX, 342 Seiten. 1989.

Band 219: H. Burkhardt, K. H. Höhne, B. Neumann (Hrsg.), Mustererkennung 1989. 11. DAGM-Symposium, Hamburg, Oktober 1989. Proceedings. XIX, 575 Seiten. 1989

Band 220: F. Stetter, W. Brauer (Hrsg.), Informatik und Schule 1989: Zukunftsperspektiven der Informatik für Schule und Ausbildung. GI-Fachtagung, München, November 1989. Proceedings. XI, 359 Seiten. 1989.

Band 221: H. Schelhowe (Hrsg.), Frauenwelt – Computerräume. GI-Fachtagung, Bremen, September 1989. Proceedings. XV, 284 Seiten. 1989.

Band 222: M. Paul (Hrsg.), GI – 19. Jahrestagung I. München, Oktober 1989. Proceedings. XVI, 717 Seiten. 1989.

Band 223: M. Paul (Hrsg.), GI – 19. Jahrestagung II. München, Oktober 1989. Proceedings. XVI, 719 Seiten. 1989.

Band 224: U. Voges, Software-Diversität und ihre Modellierung. VIII, 211 Seiten. 1989

Band 225: W. Stoll, Test von OSI-Protokollen. IX, 205 Seiten. 1989.

Band 226: F. Mattern, Verteilte Basisalgorithmen. IX, 285 Seiten. 1989.

Band 227: W. Brauer, C. Freksa (Hrsg.), Wissensbasierte Systeme. 3. Internationaler GI-Kongreß, München, Oktober 1989. Proceedings. X, 544 Seiten. 1989.

Band 228: A. Jaeschke, W. Geiger, B. Page (Hrsg.), Informatik im Umweltschutz. 4. Symposium, Karlsruhe, November 1989. Proceedings. XII, 452 Seiten. 1989.

Band 229: W. Coy, L. Bonsiepen, Erfahrung und Berechnung. Kritik der Expertensystemtechnik. VII, 209 Seiten. 1989.

Band 230: A. Bode, R. Dierstein, M. Göbel, A. Jaeschke (Hrsg.), Visualisierung von Umweltdaten in Supercomputersystemen. Karlsruhe, November 1989. Proceedings. 1989. XII, 116 Seiten. 1990.

Band 231: R. Henn, K. Stieger (Hrsg.), PEARL 89 – Workshop über Realzeitsysteme. 10. Fachtagung, Boppard, Dezember 1989. Proceedings. X, 243 Seiten. 1989.

Band 232: R. Loogen, Parallele Implementierung funktionaler Programmiersprachen. IX, 385 Seiten. 1990.

Band 233: S. Jablonski, Datenverwaltung in verteilten Systemen. XIII, 336 Seiten. 1990.

Band 234: A. Pfitzmann, Diensteintegrierende Kommunikationsnetze mit teilnehmerüberprüfbarem Datenschutz. XII, 343 Seiten. 1990.

Band 235: C. Feder, Ausnahmebehandlung in objektorientierten Programmiersprachen. IX, 250 Seiten. 1990.

Band 236: J. Stoll, Fehlertoleranz in verteilten Realzeitsystemen. IX, 200 Seiten. 1990.

Band 237: R. Grebe (Hrsg.), Parallele Datenverarbeitung mit dem Transputer. Aachen, September 1989. Proceedings, 1989. VIII, 241 Seiten. 1990.

Band 238: B. Endres-Niggemeyer, T. Hermann, A. Kobsa, D. Rösner (Hrsg.), Interaktion und Kommunikation mit dem Computer. Ulm, März 1989. Proceedings, 1989. VIII, 175 Seiten. 1990.

Band 239: K. Kansy, P. Wißkirchen (Hrsg.), Graphik und KI. Königswinter, April 1990. Proceedings, 1990. VII, 125 Seiten. 1990.

Band 240: D. Tavangarian, Flagorientierte Assoziativspeicher und -prozessoren. XII. 193 Seiten. 1990.

Band 241: A. Schill, Migrationssteuerung und Konfigurationsverwaltung für verteilte objektorientierte Anwendungen. IX, 174 Seiten. 1990.

Band 242: D. Wybranietz, Multicast-Kommunikation in verteilten Systemen. VIII, 191 Seiten. 1990.

Band 244: B. R. Kämmerer, Sprecherunabhängigkeit und Sprecheradaption. VIII, 110 Seiten. 1990.

Band 246: Th. Bräunl, Massiv parallele Programmierung mit dem Parallaxis–Modell. XII, 168 Seiten. 1990

Band 247: H. Krumm, Funktionelle Analyse von Kommunikationsprotokollen. IX, 122 Seiten. 1990.

Band 248: G. Moerkotte, Inkonsistenzen in deduktiven Datenbanken. VIII, 141 Seiten. 1990.

Band 249: P. A. Gloor, N. A. Streitz (Hrsg.), Hypertext und Hypermedia. IX, 302 Seiten. 1990.

Band 250: H. W. Meuer (Hrsg.), SUPERCOMPUTER '90. Mannheim, Juni 1990. Proceedings, 1990. VIII, 209 Seiten. 1990.

Band 251: H. Marburger (Hrsg.), GWAI-90. 14th German Workshop on Artificial Intelligence. Eringerfeld, September 1990. Proceedings, 1990. X, 333 Seiten. 1990.

Band 252: G. Dorffner (Hrsg.), Konnektionismus in Artificial Intelligence und Kognitionsforschung. 6. Österreichische Artificial-Intelligence-Tagung (KONNAI), Salzburg, September 1990. Proceedings, 1990. VIII, 246 Seiten. 1990.

Band 253: W. Ameling (Hrsg.), ASST '90. 7. Aachener Symposium für Signaltheorie. Aachen, September 1990. Proceedings, 1990. XI, 332 Seiten. 1990.

Band 254: R. E. Großkopf (Hrsg.), Mustererkennung 1990. 12. DAGM-Symposium, Oberkochen-Aalen, September 1990. Proceedings, 1990. XXI, 686 Seiten. 1990.

Band 255: B. Reusch, (Hrsg.), Rechnergestützter Entwurf und Architektur mikroelektronischer Systeme. GME/GI/ITG-Fachtagung, Dortmund, Oktober 1990. Proceedings, 1990. X, 298 Seiten. 1990.

Band 256: W. Pillmann, A. Jaeschke (Hrsg.), Informatik für den Umweltschutz. 5. Symposium, Wien, September 1990. Proceedings, 1990. XV, 864 Seiten. 1990.

Band 257: A. Reuter (Hrsg.), GI – 20. Jahrestagung I. Stuttgart, Oktober 1990. Proceedings, 1990. XVIII, 602 Seiten. 1990.

Band 258: A. Reuter (Hrsg.), GI – 20. Jahrestagung II. Stuttgart, Oktober 1990. Proceedings, 1990. XVIII, 602 Seiten. 1990.

Band 259: H.-J. Friemel, G. Müller-Schönberger, A. Schütt (Hrsg.), Forum '90 Wissenschaft und Technik. Trier, Oktober 1990. Proceedings, 1990. XI, 532 Seiten. 1990.

Informatik-Fachberichte 258

Herausgeber: W. Brauer
im Auftrag der Gesellschaft für Informatik (GI)

A. Reuter (Hrsg.)

GI – 20. Jahrestagung II

Informatik auf dem Weg zum Anwender

Stuttgart, 8.-12. Oktober 1990
Proceedings

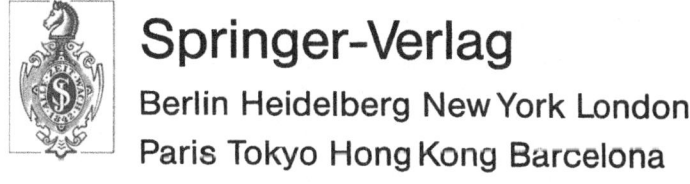

Springer-Verlag
Berlin Heidelberg New York London
Paris Tokyo Hong Kong Barcelona

⌂ber

⌐ter
⌐tut für Parallele und Verteilte Höchstleistungsrechner
⌐niversität Stuttgart
Herdweg 51, D-7000 Stuttgart 1

CR Subject Classification (1987): A.0

ISBN-13: 978-3-540-53213-2   e-ISBN-13: 978-3-642-76119-5
DOI: 10.1007/978-3-642-76119-5

© Springer-Verlag Berlin Heidelberg 1990

2145/3140-543210

Vorwort

Die Gesellschaft für Informatik veranstaltet im Oktober 1990 ihre 20. Jahrestagung. Diese „runde Zahl" ist Anlaß, der Frage nachzugehen, welche Rolle und Bedeutung die von der Informatik entwickelten Methoden für Anwendungen im weitesten Sinne mittlerweile gewonnen haben. Es ist unstreitig, daß die improvisierenden Anfänge der Datenverarbeitungs-Technik abgelöst worden sind durch methodisch fundierte Entwurfs- und Konstruktionstechniken, und zwar im gleichen Maße, wie sich die Informatik von einer Sammeldisziplin verschiedener Ansätze im Bereich der Informationsverarbeitung zu einer Systemwissenschaft mit streng formalisierten Fundamenten und einer ausgearbeiteten Methodenlehre entwickelt hat. Natürlich prägen solche Methoden die Systeme, die mit ihnen entwickelt werden und ihrerseits weiter auf das Umfeld einwirken, in dem sie eingesetzt werden.

Eine Bestandsaufnahme zu diesem Thema muß demnach die folgenden Aspekte erörtern:

1. In welchen Bereichen werden Informatik-Methoden vornehmlich eingesetzt, und mit welchem Erfolg?

2. Wo bestehen Defizite in der Methodenentwicklung, d.h. dominiert nach wie vor pragmatisches Dafürhalten über systematische Entscheidungsfindung?

3. Wie prägen sich Informatik-Methoden auf die entworfenen Systeme ab; wie beeinflussen sie das Denken der Entwerfer, und sind diese Einflüsse samt und sonders wünschenswert?

Das Programm der Tagung versucht, diese Bestandaufnahme exemplarisch an sechs verschiedenen Anwendungsbereichen vorzunehmen, und zwar den folgenden:

- Simulation technischer Systeme

- Visualisierung

- Parallele Rechner

- Planung und Management

- Software-Entsorgung

- Gesellschaftliche Auswirkungen

In jedem Bereich sind ein oder mehrere Hauptvorträge vorgesehen, sowie jeweils mindestens eine Sitzung im Hauptprogramm mit eingeladenen Vorträgen. Auch die Fachgespräche orientieren sich weitgehend an der thematischen Gliederung der Gesamtveranstaltung.

Da die Tagung in Stuttgart stattfindet, liegt es natürlich nahe, die in nächster Umgebung zahlreich vertretenen Anwender und Hersteller in die Gestaltung des Programms mit einzubeziehen, zumal wenn das Motto „Informatik auf dem Weg zum Anwender" heißt. Es wurde daher erstmals neben dem Programmkomitee für das wissenschaftliche Hauptprogramm ein eigenes Anwendungs-Programmkomitee eingesetzt, das die Thematik der Tagung aus der Sicht von Entwicklern und Anwendern präsentiert. Demgemäß finden sich in diesen Sitzungen auch weniger Vorträge herkömmlicher Art, sondern Fallstudien, Erfahrungsberichte und Podiumsdiskussionen. Leider liegt das gesamte Anwendungsprogramm nicht in schriftlicher Form vor, so daß diese z.T. äußerst instruktiven Beiträge allein den Tagungsteilnehmern vorbehalten sind.

Bei der Vorbereitung des Programmes im Frühsommer 1989 wurde auch beschlossen, zwei Sitzungen zu veranstalten, in denen über die Situation der Informatik in der DDR und der Sowjet-Union berichtet wird. Diese Sitzungen finden auch statt; ansonsten ist das Programmkomitee hier (glücklicherweise) von der politischen Entwicklung in Europa weit überholt worden. Viele Fachkollegen hatten unterdessen mehrfach Gelegenheit, sich vor allem in der DDR über Probleme in Lehre und Forschung zu informieren, aber ich hoffe, daß bei vielen Tagungsteilnehmern aus dem nicht-universitären Bereich diese Sitzungen angesichts der neuen Lage auf ein anderes und viel größeres Interesse stoßen werden.

In den beiden anderen Sparten des Querschnittsprogramms wird zum einen das immer aktuelle Thema der Informatik-Ausbildung behandelt, zum anderen wollen erstmals Studenten der Informatik in einer von ihnen selbst gestalteten Sitzung über ihre Situation und ihre Anliegen berichten und diskutieren.

Wie schon in den Vorjahren finden in der Woche der GI-Jahrestagung auch acht eintägige Tutorien der Deutschen Informatik Akademie statt.

Da schon im Rahmen der Vorüberlegungen zur Gestaltung der diesjährigen GI-Jahrestagung beschlossen worden war, das wissenschaftliche Hauptprogramm ausschließlich mit eingeladenen Vorträgen zu bestreiten, lag auf dem Programmkomitee ein hohes Maß an Verantwortung – und an Arbeit. Für die sehr effiziente und kooperative Erledigung dieser gemeinsamen Aufgabe möchte ich den Mitgliedern des Programmkomitees herzlich danken.

Mein Dank gilt auch dem Programmkomitee „Anwendungen" und vor allem seinem Vorsitzenden, Prof. U. Baitinger, der die Aufgabe übernommen hat, ein solches Komitee zusammenzustellen und mit ihm ein Konzept für ein anspruchsvolles Anwendungsprogramm zu entwickeln und umzusetzen.

Die meiste Arbeit und die größten Mühen hatte aber, wie bei solchen Gelegenheiten üblich, das Organisationskomitee. Seinen Mitgliedern danke ich herzlich für ihr Engagement, ihren Ideenreichtum und ihre Geduld mit allfälligen Programmänderungen. Vor allem aber ist dem Vorsitzenden, Herrn Th. Knopik, Anerkennung und Dank auszusprechen: Es ist ihm hervorragend gelungen, widersprüchliche Wünsche von verschiedenen Seiten im Rahmen des Möglichen zu erfüllen, kritische Termine zu halten und überhaupt die Übersicht zu bewahren.

Allen Teilnehmern der Tagung wünsche ich eine gute Zeit in Stuttgart, anregende Vorträge und Fachgespräche, und ich hoffe, daß Sie am Ende der Tagung nicht nur mit neuen Ideen wieder nach Hause gehen, sondern auch mit dem Gefühl, die Informatik sei auf ihrem Weg zum Anwender ein gutes Stück weitergekommen.

Stuttgart, August 1990   A. Reuter

Fachgespräche

Inhaltsverzeichnis

Fachgespräche

Inhaltsverzeichnis von Band I

Eingeladene Vorträge

Hauptprogramm

Ausbildung in Informatik I, 455

Informatik in der UdSSR I, 465

Fachgespräche

Software–Ergonomie in den 90er Jahren I, 503

Programmkomitee „Hauptprogramm":

Prof. Dr. Broy, Universität Passau
Prof. Dr. W. Burkhardt, Universität Stuttgart
Prof. Dr. Coy, Universität Bremen
Prof. Dr. A. Endres, IBM Deutschland GmbH
Prof. Dr. R. Gunzenhäuser, Universität Stuttgart
Prof. Dr. H. Krallmann, Technische Universität Berlin
Prof. Dr. Kupper, Universität Magdeburg
Prof. Dr. K. Kurbel, Universität Münster
Prof. Dr. R. Lauber, Universität Stuttgart
Prof. Dr. J. Ludewig, Universität Stuttgart
Prof. Dr. A. Reuter, Universität Stuttgart
Prof. Dr. R. Rühle, Universität Stuttgart
Prof. Dr. Schmitt, Universität Karlsruhe
Prof. Dr. Spinner, Universität Karlsruhe
Prof. Dr. Svjatnyi, Politechnische Hochschule Donetzk
Prof. Dr. Traunmüller, Universität Linz
Prof. Dr. Trottenberg, Suprenum GmbH
Prof. Dr. P. Widmayer, Universität Freiburg

Programmkomitee „Anwendungen":

Dr. G. Ammon, Robert-Bosch GmbH, Stuttgart
Dr. W. Anheier, Philips RHW, Hamburg
Prof. Dr. U. Baitinger, IPVR, Universität Stuttgart
Dr. G. Bartholomäi, Paracom, Aachen
Prof. Dr. H. Ebert, AEG-Telefunken, Ulm
W. Gamm, Hewlett-Packard GmbH, Böblingen
Dr. W. Glatthaar, IBM Deutschland GmbH, Stuttgart
Dr. O. Grüter, Siemens AG, München
W. Hanika, Inst. für unternehmensorientierte Informationstechnik, Ulm
Prof. Dr. L. Hieber, Datenzentrale Baden-Württemberg
G. Huff, Tandem Computers, Friedrichsdorf
G. Hummel, Bierbrauer & Nagel, Stuttgat
Dr. J. Jucker, Daimler-Benz AG, Sindelfingen
Dr. W. Muckli, Dornier GmbH, Friedrichshafen
Dr. Sorgenfrei, Telefunken Electronic, Heilbronn
Dr. I. Varsek, Digital Equipment GmbH, Karlsruhe
Dr. H. Volkmann, Siemens AG, München

Organisationskomitee:

I. Knödel, Stuttgart
Dipl.-Inform. Th. Knopik, Universität Stuttgart
H. Kreppein, Universität Stuttgart
S. Kübler, Universität Stuttgart
U. Merkel, Universität Stuttgart
D. Merling, Universität Stuttgart
H. Schlebbe, Universität Stuttgart

Computergestützte Informations-, Planungs- und Steuerungssysteme im Unternehmen

Die Computerunterstützung hat für die Managementtätigkeit ebenso wie für ausführende Aufgaben in den Funktionsbereichen heute eine Bedeutung erlangt, die sie zu einem unverzichtbaren Bestandteil des Betriebsgeschehens macht. Rechnergestützte Informations-, Planungs- und Steuerungssysteme sind aus den Unternehmen nicht mehr wegzudenken.

Dennoch besteht an vielen Stellen noch eine deutliche Kluft zwischen den technischen Möglichkeiten, die Informations– und Kommunikationssysteme heute bieten und die in der Informatik ständig verbessert und weiterentwickelt werden, und dem Stand ihrer Anwendung in der betrieblichen Praxis. Mit dem Ziel, diese Kluft etwas zu verringern, wurde im Bereich der Wirtschaftsinformatik ein fünfjähriges Schwerpunktprogramm mit Unterstützung der Deutschen Forschungsgemeinschaft durchgeführt.

In dem Fachgespräch werden anwendungsorientierte Forschungsergebnisse und Systementwicklungen aus dem Schwerpunktprogramm vorgestellt. Diese liegen unter anderem auf folgenden Gebieten:

- Interaktive Konzepte für Informations-, Planungs- und Steuerungssysteme in den betriebswirtschaftlichen Funktionsbereichen
- Innovative Ansätze zur Produktionsplanung und -steuerung im Rahmen von CIM
- Computergestütztes Projektmanagement bei evolutionären Softwareentwicklungen
- Analyse und Gestaltung betrieblicher Organisations- und Kommunikationsstrukturen

Referenten des Fachgesprächs sind die Projektleiter und Mitarbeiter des Schwerpunktprogramms. Neben Vorträgen sind auch Demonstrationen von Softwaresystemen und -prototypen vorgesehen.

Programmkomitee

J. Griese (Universität Bern),
H. R. Hansen (Universität Wien),
L. J. Heinrich (Universität Linz),
G. Knolmayer (Universität Bern),
K. Kurbel (Universität Münster),
P. Lockemann (Universität Karlsruhe)

Einführung in das Fachgespräch

"Computergestützte Informations-, Planungs- und Steuerungssysteme im Unternehmen"

Karl Kurbel

Institut für Wirtschaftsinformatik
Westfälische Wilhelms-Universität Münster

Die Computerunterstützung hat für die Managementtätigkeit ebenso wie für die ausführenden Aufgaben in den Funktionsbereichen heute eine Bedeutung erlangt, die sie zu einem unverzichtbaren Bestandteil des Betriebsgeschehens macht. Rechnergestützte Informations-, Planungs- und Steuerungssysteme sind aus den Unternehmen nicht mehr wegzudenken.

Dennoch besteht an vielen Stellen noch eine deutliche Kluft zwischen den technischen Möglichkeiten, die Informations- und Kommunikationssysteme heute bieten und die in der Informatik ständig verbessert und weiterentwickelt werden, und dem Stand ihrer Anwendung in der betrieblichen Praxis.

Die Wirtschaftsinformatik als anwendungsorientiertes Fachgebiet an der Schnittstelle von Informatik und Betriebswirtschaftslehre hatte sich dieses Problems schon seit ihrer Entstehung in den 60er Jahren angenommen. Lange Zeit konnte die Forschung jedoch nur punktuell und in sehr beschränktem Umfang an den einschlägigen Wirtschaftsinformatik-Lehrstühlen durchgeführt werden.

Ein Kreis von Hochschullehrern der Wirtschaftsinformatik, die Mitglieder des Fachbereichs 5 ("Informatik in der Wirtschaft") der GI sind und gleichzeitig in der Wissenschaftlichen Kommission Wirtschaftsinformatik (Verband der Hochschullehrer für Betriebswirtschaft) zusammenarbeiten, versuchte deshalb zu Beginn der 80er Jahre unter Federführung von P. Mertens, ein übergreifendes Forschungsprogramm für die Wirtschaftsinformatik zu initiieren. Angesichts des Auseinanderdriftens von software- und hardwaretechnischer Entwicklung einerseits und dem tatsächlichen Stand der Datenverarbeitung in den Betrieben andererseits schien es dringend erforderlich, eine breitere Forschungsinfrastruktur zu schaffen.

Die Bemühungen führten schließlich dazu, daß 1985 das von der Deutschen Forschungsgemeinschaft geförderte Schwerpunktprogramm "Interaktive betriebswirtschaftliche In-
formations- und Steuerungssysteme" mit einer Laufzeit von 5 Jahren aufgenommen
werden konnte. Im Rahmen des von A.-W. Scheer und K. Kurbel koordinierten
Programms wurden insgesamt 13 Forschungsvorhaben durchgeführt.

In dem Fachgespräch werden ausgewählte Ergebnisse und Systementwicklungen aus dem
Schwerpunktprogramm vorgestellt. Diese liegen unter anderem auf folgenden Gebieten:

- Interaktive Konzepte für Informations-, Planungs- und Steuerungssysteme in den
  betriebswirtschaftlichen Funktionsbereichen

- Innovative Ansätze zur Produktionsplanung und -steuerung im Rahmen von CIM

- Expertensystemeinsatz im betrieblichen Bereich

- Methoden und Werkzeuge zur Entwicklung betrieblicher Anwendungssysteme

- Computergestütztes Projektmanagement bei evolutionären Softwareentwicklungen

- Analyse und Gestaltung betrieblicher Organisations- und Kommunikationsstrukturen

Im Umfeld des Fachgesprächs finden außerdem Demonstrationen verschiedener Software-
prototypen statt.

Die Teilnehmer des Schwerpunktprogramms danken der Deutschen Forschungsgemeinschaft für ihre Unterstützung und den Gutachtern für ihre konstruktive Mitwirkung.

Belastungsorientierte Produktionslogistiksteuerung

Otto Rosenberg und Ulrich Förster
Universität-Gesamthochschule-Paderborn

1. Einführung

Im Rahmen des Forschungsprojekts "Entwicklung interaktiver, PC-gestützter, benutzerorientierter Simulationsmodelle" wurden unter anderem Simulationsmodelle zur Analyse, Planung und Steuerung integrierter produktionslogistischer Teilsysteme entwickelt.

Die Logistik, der alle Tätigkeiten zur Planung, Steuerung, Durchführung und Kontrolle der Zeit-, Ort- und Mengentransformationen in einem Unternehmen zu subsumieren sind, läßt sich in die Beschaffungslogistik, Produktionslogistik und Absatzlogistik unterteilen.

Zur Beschaffungslogistik werden alle Tätigkeiten gerechnet, die mit dem Transport, dem Umschlag und der Lagerung von Material in das Unternehmen verbunden sind. Innerbetrieblicher Transport, Umschlag und Lagerung von Material, eigenerzeugten Zwischenprodukten und Abfallprodukten im Produktionssystem sind Gegenstand der Produktionslogistik, während die Absatzlogistik alle mit der Distribution der Endprodukte an die Abnehmer verbundenen Aktivitäten umfaßt.

Das entwickelte Simulationsmodell bildet den produktionslogistischen Bereich ab und enthält Module für manuelle, halb- und vollautomatische Lagersysteme sowie Ein- und Auslagersysteme, für unterschiedliche Transportsysteme und auch für statische und dynamische Kommissioniersysteme.

Es sind Varianten des Gesamtmodells konzipiert worden, in denen die verschiedenen logistischen Subsysteme in unterschiedlicher Weise verknüpft und analysiert werden können. Sie sind mehrfach erfolgreich zur Analyse und Gestaltung empirischer Logistiksysteme eingesetzt worden. Hierbei sind Systeme mit bis zu 18.000 Lagerplätzen, 9 Regalförderzeugen, mehr als 20 Kommissionierplätzen sowie den verschiedensten Transportsystemen, wie Stetigförderer, Staurollenförderer, Kettenförderer, Minitrains und Autocarrier, mit unterschiedlichen Leistungskenndaten abgebildet worden.

Zur Modellierung wurde die PC-Version der Simulationssprache SIMAN eingesetzt. SIMAN unterteilt die Simulation in die Modellbeschreibung und die Beschreibung des experimentellen Layouts. Dies hat den Vorteil, daß bei veränderten Parametereingaben lediglich der experimentelle Rahmen zu verändern, zu kompilieren und mit dem Modellteil zu verbinden ist. Das eigentliche Prozeßmodell dagegen muß in seiner Struktur nicht verändert werden. Das Ergebnis des Link-Prozesses ist ein Simulationsmodell, das vom SIMAN-Prozessor verarbeitet und ausgeführt werden kann. Damit die Eingabe des Experimentteils auch für den ungeübten PC-Simulationsanwender erleichtert wird, wurde im Rahmen des DFG-Projektes ein interaktiver Eingabeprozessor XEDIT für das Experimentlayout entwickelt.

2. Zur Strukturierung von Produktionslogistiksystemen

Die Logistiksubsysteme sind so auszulegen, daß sie die maximal zu erwartenden Anforderungen termingerecht bewältigen können. Hierbei ist zu berücksichtigen, daß die Anforderungen aus der Produktion an das Logistiksystem nicht gleichmäßig verteilt über die Zeit erfolgen, sondern vielmehr sehr unregelmäßig mit typischen Belastungsspitzen anfallen. Den in Abb. 1 wiedergegebenen empirisch ermittelten Verteilungen von Auslageranforderungen ist dieser Sachverhalt deutlich zu entnehmen.

Für gegebene empirische Planungssituationen wurden in einem Simulationsmodell das Lager-, Transport- und Kommissioniersystem abgebildet. In einer ersten Simulation wurden die drei Subsysteme unabhängig voneinander untersucht. In den Simulationen eines Subsystems wurde also davon ausgegangen, daß keine Interdependenzen mit den jeweils anderen beiden Subsystemen zu beachten sind. Diese "Insellösungen" ergaben, daß jedes Subsystem ausreichend dimensioniert war, um auch empirisch ermittelte Maximalbeanspruchungen bewältigen zu können. Als generelle Abfertigungsregeln wurden die FiFo-Regel (First-in-First-out) und die FCFS-Regel (First-Come-First-Served) eingesetzt. Bei der Integration der drei Simulationsmodule zu einem Gesamtsystem traten jedoch sehr schnell Störungen im Ablauf auf. Sie resultierten vor allem aus Abstimmungsproblemen zwischen den Subsystemen. Die Warteschlangen vor und in einzelnen Subsystemen nahmen im Zeitablauf zu. Es kam gleichzeitig einerseits zu Überlastungen und damit zu Stauungen und andererseits zu Unterauslastungen und damit zu Wartezeiten für Betriebsmittel und Personal.

Überlastungen können verringert werden, wenn die Kapazitäten der einzelnen Subsysteme entsprechend erhöht werden. Stauungen können vermieden werden, wenn an den Schnittstellen zwischen den Subsystemen Pufferkapazitäten aufgebaut und Zu-

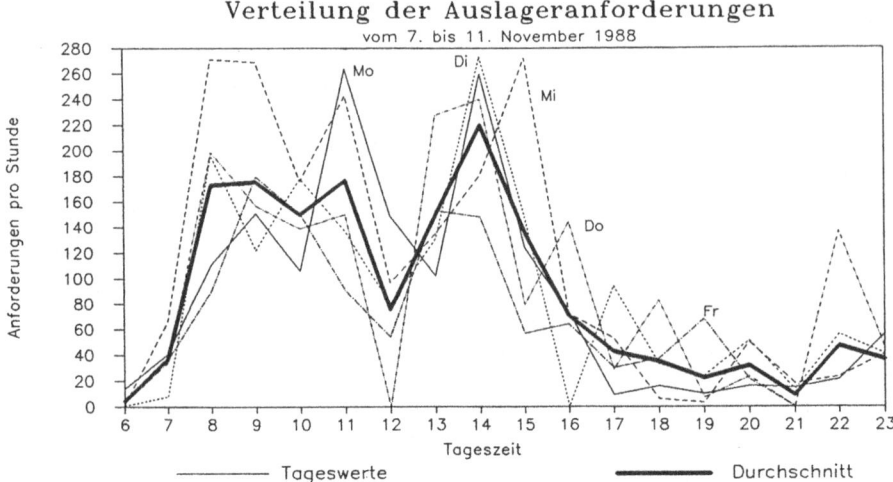

Abb. 1: Verteilung von Auslageranforderungen

führungs- und Abführungstaktzeiten harmonisiert werden. Tendenziell erhöhen sich dadurch aber auch die Wartezeiten für Betriebsmittel und Personal. Die Realisierung dieser Maßnahmen verursacht erhebliche Investitionskosten und führt zu Erhöhung der laufenden Betriebskosten.

Die Simulationsanalyse zeigte, daß die Schwachstellen weitgehend auf fehlende oder unzureichend auf die Anpassungsnotwendigkeiten ausgerichtete Steuerungsregeln an den Übergängen zwischen den Subsystemen zurückzuführen waren. Daher wurden verschiedene allgemeine Regeln konzipiert und analysiert, die problemorientiert konkretisiert zu einer gleichmäßigen Auslastung aller Subsysteme und zur Vermeidung von Stauungen im Gesamtsystem führen, und zwar ohne daß die Kapazitäten durch Investitionen oder durch Ausdehnung der zeitlichen Nutzung vergrößert werden müssen. Das wurde durch Regeln erreicht, die die aktuell gegebene Situation eines Subsystems bei der Steuerung berücksichtigen und möglichst physikalische Puffer im System durch virtuelle Puffer im Computer ersetzen.

3. Koordination von logistischen Subsystemen

Diese Überlegungen führten zur Entwicklung von situationsspezifischen Abstimmungsregeln, von denen im folgenden einige kurz dargestellt werden.

3.1 Abstimmung zwischen Transport- und Kommissioniersystem

In der Realität und in der Simulation eines produktionslogistischen Systems kam es immer wieder zu Stauungen vor den Kommissionierplätzen. Ursache für das Auftreten der Stauungen war eine auftragsweise Kommissionierung von Aufträgen mit bis zu 60 Logistikeinheiten (LE) in Verbindung mit nur 5 Pufferplätzen vor den einzelnen Kommissioniereinheiten. Die Zuordnung der Aufträge zu einem bestimmten Kommissionierer erfolgte jeweils bei Beginn der Auslagerung für diesen Auftrag. Konnte der Kommissionierer die eintreffenden LE nicht schnell genug bearbeiten, stauten sich diese nach kurzer Zeit auf dem vorgelagerten Förderband und verursachten eine Blockierung der anderen Kommissionierplätze (vgl. Abb. 2).

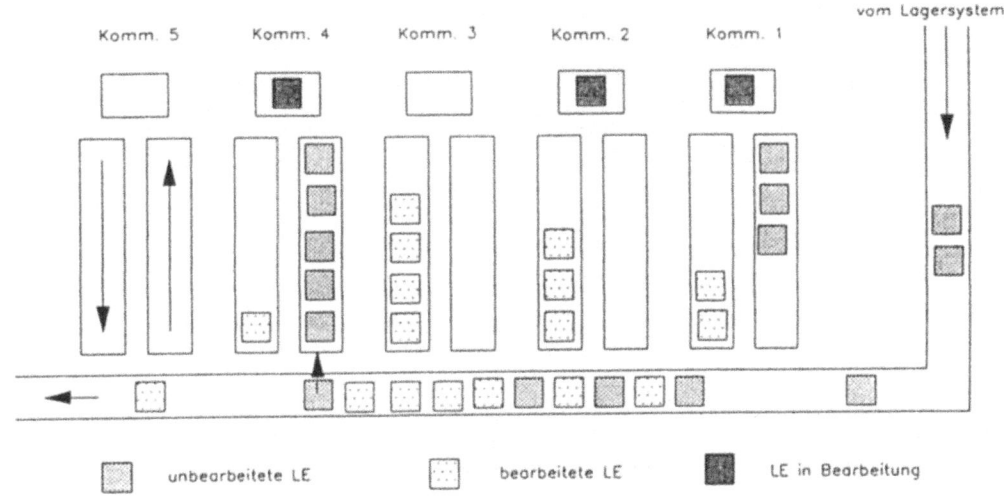

Abb. 2: Stau im Kommissioniersystem

Die durch die +- Zeichen in Abb. 3 gekennzeichneten Warteschlangen lassen erkennen, daß die Kapazität der Pufferplätze vor jedem Kommissionierplatz auf mindestens 20 hätte erhöht werden müssen, um Blockierungen vermeiden zu können. Das hätte eine Vervierfachung der bisherigen Pufferkapazität und entsprechend hohe Investitionskosten bedeutet.

Stattdessen wurde ein neues Steuerungsverfahren implementiert, das sich aus folgenden Regeln zusammensetzt:

* Freigabe der Auslagerungsaufträge nach aktueller Vollständigkeitskontrolle.
  Mit der Auslagerung der Artikel eines Auftrags wird erst begonnen, wenn von jedem Artikel mindestens eine LE im Lager vorhanden ist. Im Transport- und

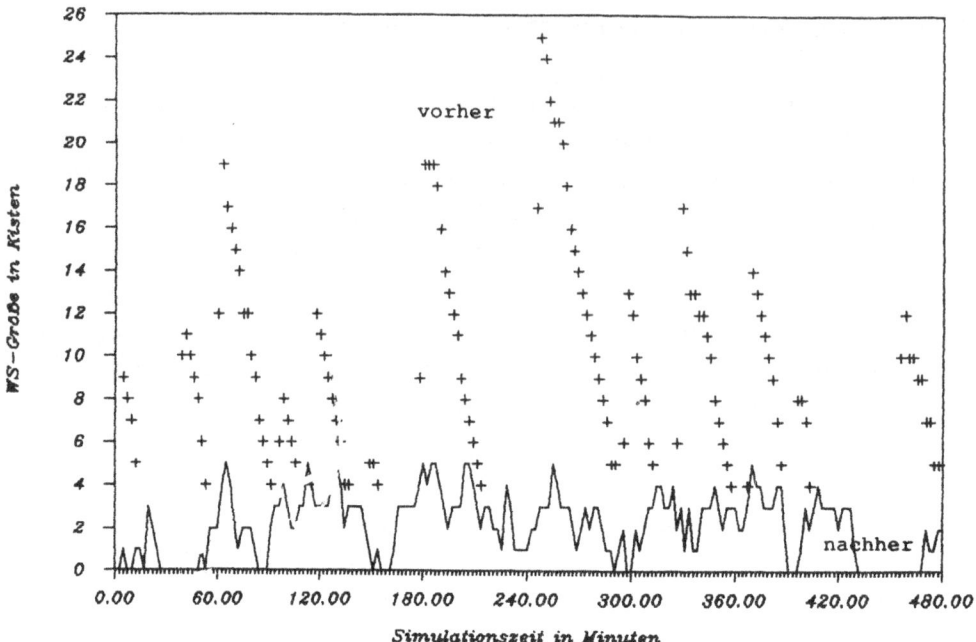

Abb. 3: Maximale Warteschlangen vor einem Kommissionierplatz

Kommissioniersystem befindliche LE gelten als nicht verfügbar.

* Zeittaktung der Auslagerungen
  Die zu einem Auftrag gehörenden Artikel werden in Zeitabständen, die etwas unter der durchschnittlichen Kommissionierzeit pro Artikel liegen, ausgelagert.

* Belastungsorientierte Zuweisung der Aufträge
  Erst bei Ankunft des ersten Artikels eines Auftrags im Kommissioniersystem wird der Auftrag dem Kommissionierplatz mit der größten Zahl an freien Puffern zuge-wiesen.

Die Wirkungen dieses Steuerungsverfahrens waren bemerkenswert. Die vorhandenen 5 Pufferplätze reichten nunmehr aus, um Stauungen zu vermeiden (vgl. in Abb. 3 die durchgehenden Linien). Die Durchlaufzeiten verringerten sich erheblich (vgl. Abb. 4). Die Auslastung der Kommissionierer erhöhte sich bei gleichzeitiger Glättung des Arbeitsanfalls. Die Warteschlangen im Rechner nahmen zeitweise stark zu, die Zahl der LE im Transport- und Kommissioniersystem blieb nahezu konstant.

Diese Regeln lassen sich situationsspezifisch abwandeln, was für ein zweistufiges Kommissioniersystem gezeigt wird (Abb. 5). Grundlage ist stets das Prinzip der bela-

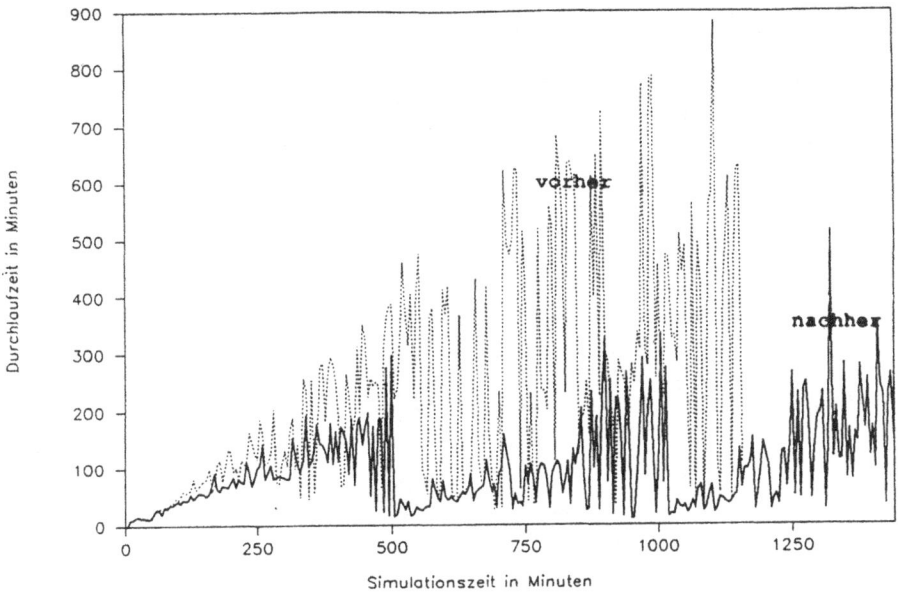

Abb. 4: Verlauf der Gesamtdurchlaufzeit

stungsorientierten Steuerung. Das analysierte Logistiksystem umfaßt verschiedene auch räumlich unterschiedlich angeordnete Lagersysteme, aus denen statisch kommissioniert wird. Über mehrere Fördersysteme werden die kommissionierten Artikel zu einer Zusammenführungszone transportiert, wo sie jeweils in einem der Zonenäste auftragsweise zusammengefaßt und an die Packerei weitergeleitet werden. Die Zuordnung der Aufträge zu den Ästen der Zusammenführungszone erfolgte beim Druck der Lieferscheine.

Die hierfür neu entwickelte Auftragszuordnungsregel lautet:
- Zuordnung eines kommissionierten Artikels erfolgt bei Eintritt der LE in die Zusammenführungszone.
- Ist es der erste Artikel eines Auftrags, wird er dem Zonenast mit der geringsten Anzahl an aktuell zugeordneten, aber noch nicht kommissionierten Artikeln zugewiesen.
- Gehört der Artikel zu einem bereits zugeordneten Auftrag, wird er dem entsprechenden Zonenast zugewiesen.

Die Ausgangssituation im Zusammenführungsbereich vor Anwendung dieser Regel war gekennzeichnet durch eine sehr unausgewogene Arbeitsverteilung. Da die Zuordnung der Aufträge zu den Zonenästen der zweiten Kommissionierstufe bisher bei sehr

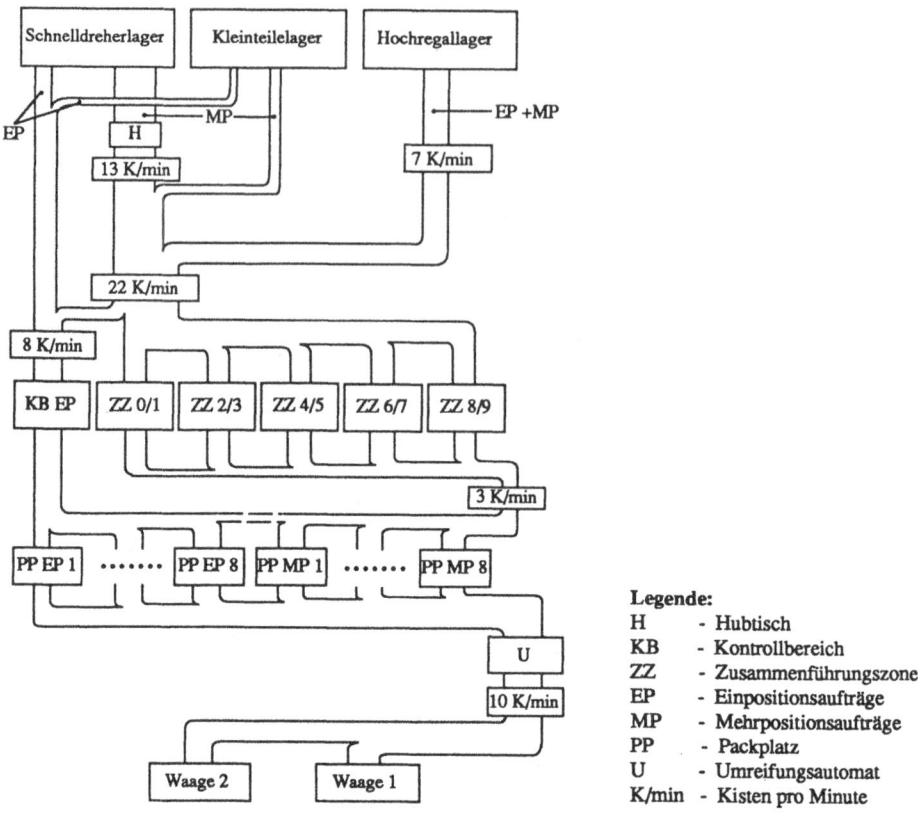

Abb. 5: Logistiksystem mit zweistufigem Kommissioniersystem

unterschiedlicher Auftragspositionszahl mit Hilfe einer nach zufälligen Kriterien vergebenen Auftragsnummer erfolgte, waren häufig gleichzeitig Überlastungen an einzelnen Zonenästen mit Unterauslastungen an anderen Zonenästen zu beobachten (vgl. Abb. 6). Durch die belastungsorientierte Auftragszuordnung konnten die Belastungen weitgehend ausgeglichen werden (vgl. Abb. 7), Stauungen vermieden und das Leistungsvermögen des Gesamtsystems um fast 30% erhöht werden.

3.2 Abstimmung zwischen Lagersystem und Transportsystem

Bei mangelhafter Abstimmung zwischen Lagersystem und Transportsystem kann eine problemspezifisch entwickelte belastungsorientierte Steuerungsregel ebenfalls erhebliche Verbesserungen bringen.

In einem simulierten Logistiksystem traten durch ungleichmäßige Belastung des Transportsystems Warteschlangen vor den Ein- und Auslagerförderzeugen auf. Sie

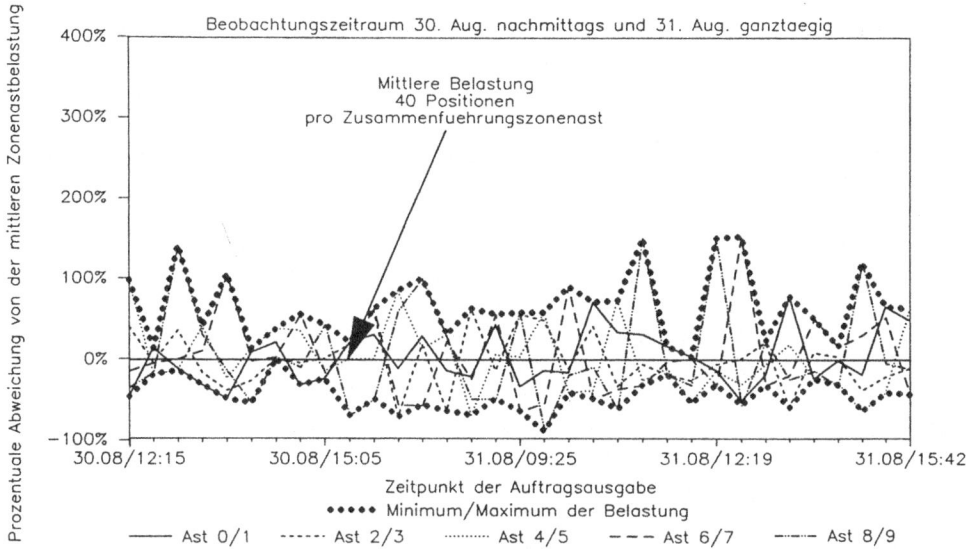

Abb. 6: Belastung der Zonenäste vor Belastungsausgleich

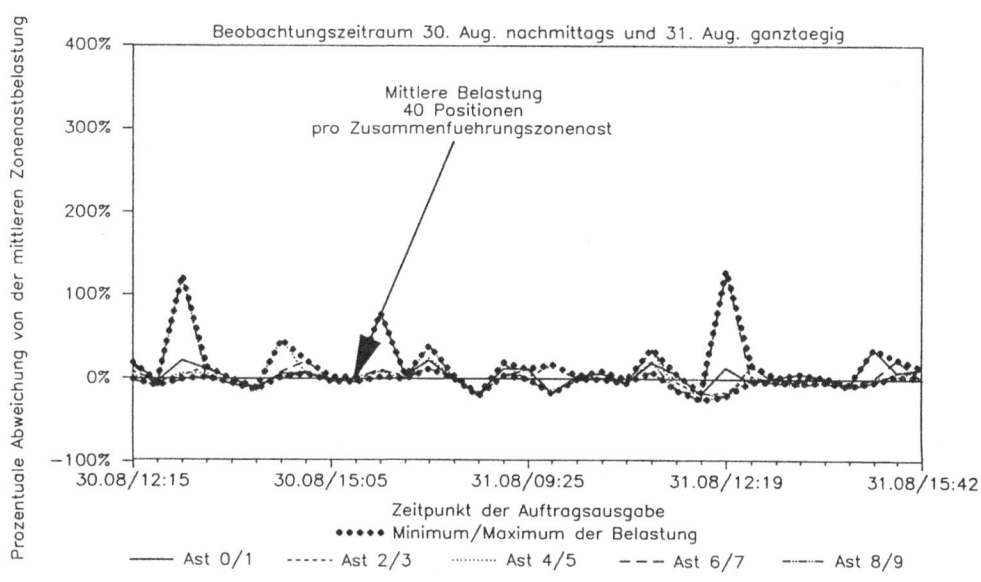

Abb. 7: Belastung der Zonenäste nach Belastungsausgleich

konnten nur auslagern, wenn ein Platz auf dem am Lager vorbeiführenden Kettenförderer frei war. Dadurch wurden Auslagerungen des letzten Regalförderzeugs priorisiert. Vor den anderen Förderzeugen bauten sich wie in Abb. 8 dargestellt immer größere Warteschlangen auf. Dadurch kam es immer wieder zur Blockierung des Gesamtsystems.

14

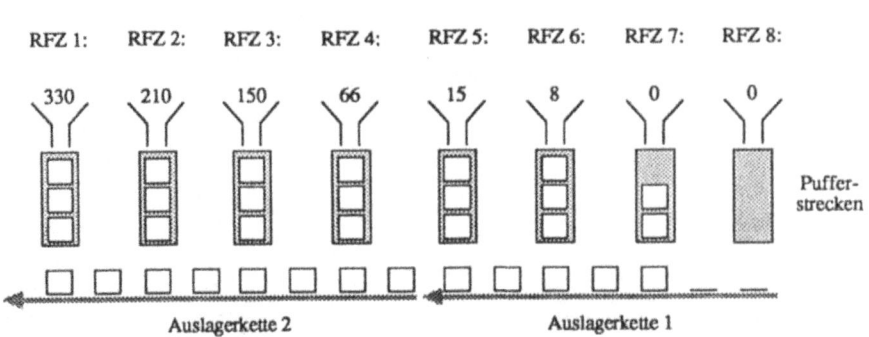

Abb. 8: Blockierung der Regalförderzeuge

Durch eine belastungsorientierte Regelung des Zugriffs auf den Kettenförderer konnte das Problem gelöst werden.

* Belastungsorientierte Auslagerung
  - Es wird nur ausgelagert, wenn das Transportsystem freie Kapazität hat.
  - Das Regalförderzeug mit der größten Auftragswarteschlange hat die höchste Auslagerungspriorität.

Die warteschlangenglättende Wirkung dieser Steuerung wird aus Abb. 9 und 10 deutlich.

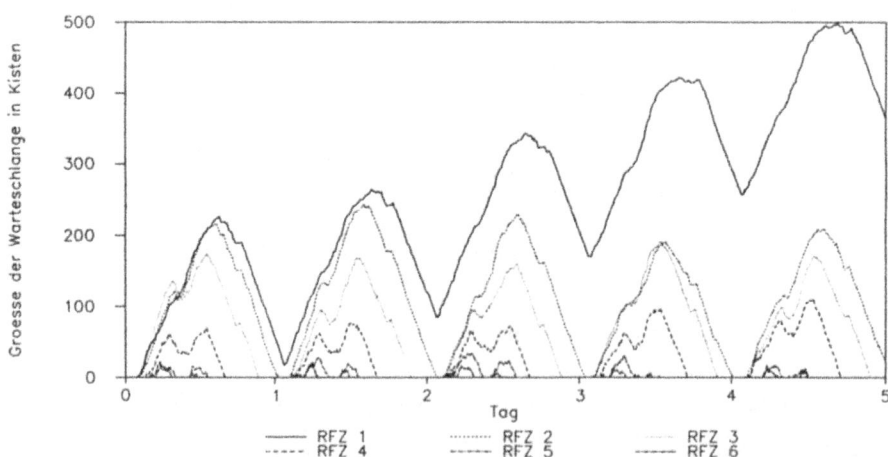

Abb. 9: Warteschlangen vor den Regalförderzeugen ohne warteschlangenorientierte Auslagerung

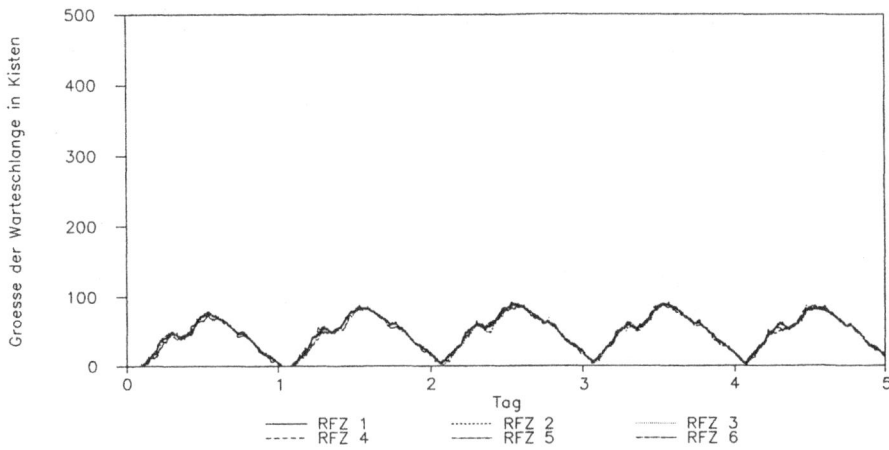

Abb. 10: Warteschlangen vor den Regalförderzeugen mit warteschlangenorientierter Auslagerung

Literaturverzeichnis

Bachers, R.: Kommissionierverfahren im Hochregallager; Werkstattechnik (1986) 1, S. 29-33.

Bell, P., O'Keefe, R. M.: Visual Interactive Simulation - History, recent developments, and major issues; Simulation (1987) 3, S. 109-116.

Gudehus, T.: Grundlagen der Kommissioniertechnik - Grundlagen der Warenverteil- und Lagersysteme; Essen 1973.

Kuhn, A., Schmidt, R.: Simulation of Logistic Systems; Logistics World (1988) March, S. 47-52.

Malek, M.: KANBAN-gesteuerte Fertigung - Simulative Analyse und Strukturierung eines mehrstufigen Produktionsystems; Frankfurt a.M. 1988.

Pfohl, H.-C.: Logistiksysteme - Betriebswirtschaftliche Grundlagen, 3. Aufl.; Berlin et al. 1988.

Pieper, R.: Auswahl und Bewertung von Kommissioniersystemen - Entwicklung von Entscheidungshilfen; Berlin, Köln 1982.

Rode, M.: Simulative Analyse, Strukturierung und Bewertung produktionslogistischer Systeme, Diss. Paderborn 1990.

Rode, M., Rosenberg, O.: Planung und Analyse von alternativen Transport- und Lagersystemen unter besonderer Berücksichtigung der Elektronikfertigung, Arbeitspapier WP 07/87; Universität - GH - Paderborn 1987.

Rosenberg, O., Rode, M., Förster, U.: Simulative Analyse und Strukturierung eines Kistenlager- und Kommissioniersystems für die Elektronikfertigung, Abschlußbericht über das Studienprojekt der Universität - GH - Paderborn und der Siemens AG, Gerätewerk Amberg, WP 03/89; Paderborn 1989.

Schaefer, C.: Simulation in Produktions- und Logistiksystemen; Fördern und Heben (1989) 10, S. 818-819.

Schürholz, A., West, H.: Simulationseinsatz in der Entwicklung optimierter Steuerungsstrategien; Logistik Spektrum (1989) 1, S. 7-11.

Kopplung von "Elektronischen Leitständen" und PPS-Systemen in unterschiedlichen Umgebungen

K. Kurbel, M. Moazzami

Westfälische Wilhelms-Universität Münster, Institut für
Wirtschaftsinformatik, Grevener Straße 91, 4400 Münster

1 Motivation

Die Schwachstellen der herkömmlichen *PPS-Systeme* lagen u.a. darin, daß die kurzfristigen Planungs- und Steuerungsfunktionen nur unzureichend unterstützt wurden [3, 9]. Dies führte in den letzten Jahren zur Entwicklung eigenständiger Lösungen, sog. "elektronischer" oder "grafischer Leitstände", für die Fertigungssteuerung. Bekannte Systeme sind etwa der *CIM-Leitstand, FI/2, infor-CIM-Leitstandsystem* und *L1* [4, 10]. Der letztgenannte basiert auf innovativen Konzepten, die in einem von der DFG geförderten Projekt[1] erarbeitet wurden und teilweise auch in andere Leitstandsysteme Eingang gefunden haben.

Zwischen den dedizierten Leitständen und PPS-Systemen bestehen enge inhaltliche Beziehungen, so daß eine geeignete Form des Zusammenspiels gefunden werden muß. Dies betrifft sowohl die Arbeitsteilung bei den PPS-Aufgaben als auch die informationstechnische Integration. Wir gehen in diesem Beitrag primär auf den zweiten Aspekt ein. Aufbauend auf Erfahrungen bei der PPS-Anbindung von *L1* werden Integrationsansätze erörtert.

2 Leitstandsysteme

2.1 Funktionalität von Leitstandsystemen

Ein Leitstand ist ein Werkzeug zur Planung und Steuerung von Arbeitsfolgen in der Produktion. Leistungsfähige Systeme unterstützen sowohl dispositive Funktionen der Produktionsplanung (z.B. Terminierung) als auch operative Funktionen der Fertigungssteue-

---

1)   DFG-Projekt "Interaktive betriebliche Planungs- und Steuerungssysteme mit Orientierung an Arbeitsplatzrechnern und Bürokommunikationstechnologien" (Ku 569/1-3).

rung (z.B. Umdisposition von Arbeitsgängen). Planungsdaten des PPS-Systems werden verfeinert, visualisiert und weiterverarbeitet; aktualisierte Daten und Rückmeldungen gehen an das PPS-System zurück.

Die Planung im Leitstandsbereich muß weitaus detaillierter sein, als sie üblicherweise in PPS-Systemen durchgeführt wird. Dies ergibt ein großes Datenvolumen, das mit erheblichem Aufwand nachgeführt werden muß. Zur effizienten Repräsentation der großen Datenmengen verwendet ein Leitstand überwiegend grafische Darstellungen. Dateneingaben werden dadurch minimiert, daß mit Hilfe eines Pointing device (Maus) Objekte der Grafiken direkt manipuliert werden können.

Eine wichtige Funktion eines Leitstands ist die grafische *Kapazitätsdisposition*. Sie soll sicherstellen, daß das Produktionsprogramm mit den verfügbaren Ressourcen überhaupt bewältigt werden kann, bevor die Detailplanung einsetzt. Die zweite Hauptfunktion ist die Unterstützung des Fertigungssteuerers bei der Maschinenbelegungsplanung mit Hilfe der elektronischen *Plantafel*. Die Form der Unterstützung kann in einer automatisierten Durchführung von Planungsschritten oder, bei manueller Planung, in Konsistenzprüfungen bestehen. Ergebnisse eines Planungsschritts werden sofort grafisch umgesetzt, und der folgende Planungsschritt kann wieder durch Manipulation grafischer Objekte angestoßen werden. Neben der Kapazitätsdisposition und der Belegungsplanung bietet ein Leitstand meist weitere Funktionen:

- Die *Verfügbarkeitsprüfung* soll sicherstellen, daß andere Ressourcen als die in der Plantafel dargestellten (z.B. Material) zum geplanten Beginn eines Fertigungsauftrags bzw. -arbeitsgangs auch tatsächlich verfügbar sind.

- Die *Auftragsfreigabe* ist an ein positives Ergebnis der Verfügbarkeitsprüfung gebunden. Bei der Freigabe werden die Auftragspapiere gedruckt und an die Fertigung weitergeleitet.

- Die *Betriebsdatenverarbeitung* (oder BDE-Schnittstelle) nimmt Rückmeldungen aus der Fertigung entgegen und aktualisiert den Stand der Plantafel. Rückmeldungen werden dem Leitstand von der Betriebsdatenerfassung (BDE), welche das tatsächliche Betriebsgeschehen aufnimmt, nach Analyse, Selektion und Konzentration in aufbereiteter Form zugeleitet.

2.2 Systemstruktur des Leitstands *L1*

In dem Leitstand *L1* sind die genannten Funktionen weitgehend realisiert. Die Systemstruktur ist in Abbildung 1 dargestellt. Im folgenden werden die einzelnen Komponenten kurz erläutert:

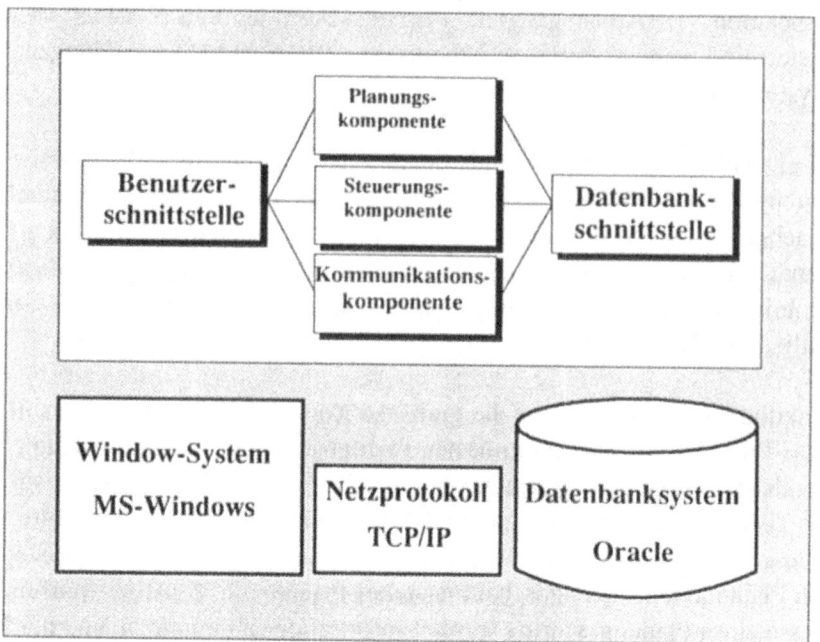

Abb. 1:   Systemkomponenten des Leitstands *L1*

- **Planungskomponenten**: Hauptaufgaben des Leitstands sind die Kapazitätsdisposition und die Maschinenbelegungsplanung [4]. Als Darstellungsmittel werden *Kapazitätsgebirge* bzw. eine *elektronische Plantafel* verwendet. Mit Hilfe der ersteren können Über- und Unterauslastungen von Betriebsmitteln geglättet werden. Die Plantafel ist die elektronische Nachbildung einer traditionellen manuellen Plantafel. Sie unterstützt die Detailplanung, Freigabe und Überwachung von Arbeitsgangfolgen und erleichtert die Durchführung kurzfristiger Planänderungen.

- Die **Steuerungskomponente** wertet die für den Fertigungsfortschritt relevanten Daten aus: Fertigmeldungen von Arbeitsgängen, Verfügbarkeitsmeldungen, Meldungen über Betriebsmittelausfall u.a. werden dahingehend analysiert, inwieweit sie den Fertigungsfortschritt beeinflussen. Gegebenenfalls werden Maßnahmen eingeleitet bzw. vom Benutzer angefordert.

- **Benutzerschnittstelle:** Der Leitstand kommuniziert mit dem Benutzer über eine Window-Oberfläche *(MS-Windows)*. Die Planungsdaten werden auf dem Bildschirm in grafischer Form dargestellt. Die Leitstandsfunktionen können über eine Pull-down-Menüleiste ausgewählt werden.

- **Datenbankschnittstelle:** Der Leitstand erhält seine Planungsdaten im Regelfall von einem PPS-System und liefert seinerseits Fertigmeldungen, Planänderungen u.a. an dieses zurück. Der Datenaustausch kann unterschiedlich realisiert werden. Die Spannweite der Möglichkeiten reicht vom Datenträgeraustausch über eine gemeinsame Datenbasis bis hin zu einer unternehmensweiten, verteilten Datenbank.

- **Kommunikationskomponente:** Die Kommunikation mit anderen Anwendungssystemen erfolgt über ein lokales Netzwerk mit Protokoll TCP/IP. Insbesondere die Rückmeldungen von der Betriebsdatenerfassung (BDE) zur Kontrolle des Fertigungsfortschritts erreichen den Leitstand über das Netz.

3   Datenintegration zwischen Leitständen und PPS-Systemen

Im folgenden werden die verschiedenen Möglichkeiten der Kopplung von Leitstandsystemen und PPS-Systemen auf Basis eines Datenbanksystems näher beleuchtet. Als Integrationsformen kommen grundsätzlich eine zentrale Datenbank oder eine verteilte Datenbankumgebung in Betracht. Gleiche Daten werden zum Teil sowohl vom PPS-System als auch vom Leitstand angesprochen. Dies ist solange unproblematisch, wie die Relationen zentral gespeichert werden und sowohl beide Systeme auf derselben Datenbank arbeiten. Erfolgt die Datenhaltung dagegen verteilt, muß die Konsistenz von Transaktionen bei den meisten marktgängigen Datenbanksystemen besonders gesichert werden, da kein 2-Phasen-Commit-Protokoll implementiert ist. Ein Vorschlag dazu wurde in [8] unterbreitet.

Die Wahl der Datenbankkonfiguration ist abhängig von der Aufbau- und Ablauforganisation des Unternehmens, von der vorhandenen Hardware und nicht zuletzt von der Fähigkeit des Datenbanksystems, verteilte Datenbestände zu verwalten. Verteilte Datenhaltung kann beispielsweise aus organisatorischen Gründen (Zuständigkeit für die Pflege bestimmter Daten an bestimmten Arbeitsplätzen) oder aus wirtschaftlichen Gründen (schrittweise Einführung sowohl der PPS-Hardware als auch der Software) sinnvoll sein (vgl. [5]).

Während man im Netzwerkbereich auf herstellerunabhängigen Standards (z.B. TCP/IP, Ethernet) aufsetzen kann, gibt es bei den Datenbanken mit dem ANSI-SQL-Standard [1] nur bezüglich der Datenmanipulationssprache eine gewisse Vereinheitlichung. Der ANSI-Standard ist jedoch nicht sehr mächtig und deckt keine verteilten Transaktionen ab [6]. Unsere Ausführungen beschränken sich deshalb auf ein spezielles Datenbanksystem *(Oracle)*. Dieses ist weit verbreitet, für zahlreiche Betriebssysteme verfügbar und in heterogenen Hardwareumgebungen einsetzbar. Außerdem unterstützt es in Ansätzen die transparente Verteilung von Daten in lokalen Netzwerken. In einer solchen Umgebung bestehen verschiedene Möglichkeiten, einen Leitstand mit einem PPS-System zu verbinden.

20

Abbildung 2 zeigt exemplarisch vier Integrationsstufen, die bei *L1* vorgesehen sind. Die großen Bildschirme (mit Maus) stehen für Leitstände, die kleinen für andere PPS-Arbeitsplätze.

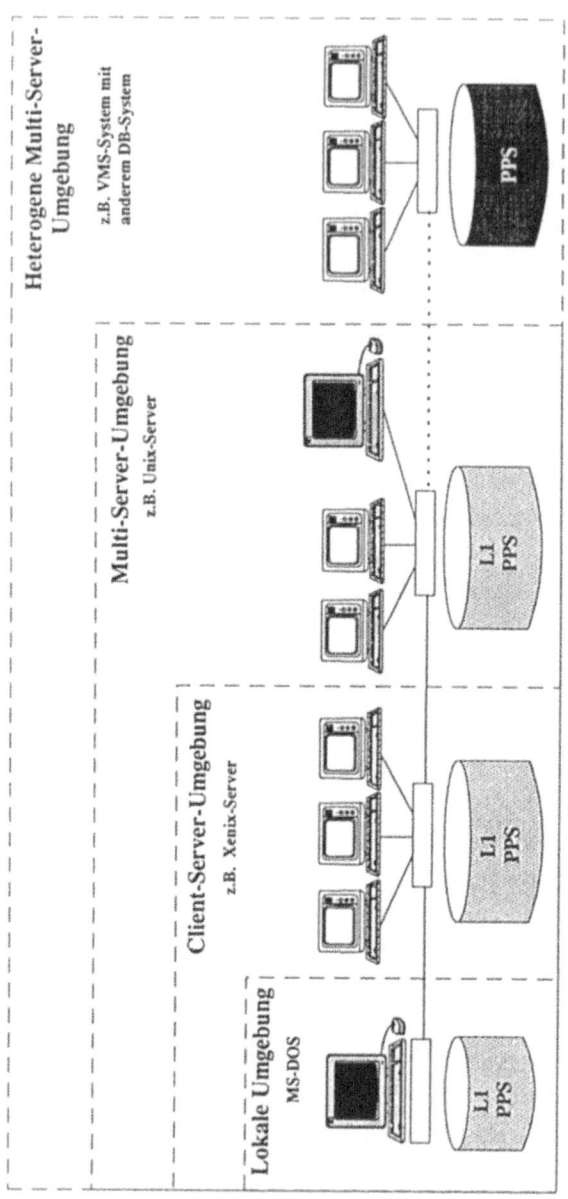

Abb. 2:   Integration von *L1* mit PPS-Software

3.1 Lokale Integration

In einer nicht verteilten Umgebung ist es grundsätzlich möglich, daß beide Systeme (PPS-System und Leitstand) eine gemeinsame Datenbank oder zwei unterschiedliche Datenbanken haben. Im ersten Fall bereitet der Datenaustausch keine Probleme. Wenn das PPS-System Daten ändert, werden diese in die selben Relationen geschrieben, die der Leitstand benutzt, und umgekehrt. Im zweiten Fall müßten in beiden Datenbanken teilweise gleiche Daten geführt und aktualisiert werden. Da die erforderlichen Transaktionsmechanismen in den gängigen Datenbanksystemen nicht verfügbar sind, erscheint dieser Weg nicht praktikabel.

3.2 Client-Server-Integration

In einer Client-Server-Umgebung kann die Datenbank auf einem Netzknoten angesiedelt werden, auf dem ein Server-Prozeß installiert ist. Alle Client-Knoten haben dann Zugriff auf die Datenbank des Servers. Zumindest die Daten, die von PPS-System und Leitstand gemeinsam benutzt werden, sollten in der Server-Datenbank gespeichert werden. Ein Client kann darüber hinaus auch eine lokale Datenbank besitzen; wenn er unter einem Single-tasking-Betriebssystem (z.B. MS-DOS) läuft, steht diese jedoch anderen Knoten nicht zur Verfügung. Verlagert man Daten aus einer Client-Datenbank in eine Server-Datenbank, so steigt die Netzlast; Applikationen, die auf dem Client ablaufen und die verlagerten Daten nutzen, werden in der Regel langsamer. Die Kopplung des Leitstands *L1* mit einem verteilten PPS-System, die in [5] beschrieben wurde, basiert auf einer Verbindung, bei der *L1* Client eines Server-Knotens des PPS-Systems ist.

In Abbildung 2 ist exemplarisch eine Konfiguation dargestellt, bei der ein Server unter Xenix läuft und eine Datenbank mit PPS- und Leitstandsdaten bereitstellt. Ein Leitstand (unter MS-DOS) kann als Client angekoppelt sein und eventuell zusätzlich eine lokale Datenbank haben, die nun allerdings keine für das PPS-System erforderlichen Daten enthält.

3.3 Multi-Server-Integration

Eine Multi-Server-Umgebung, d.h. eine Netzkonfiguration mit mehreren Datenbankservern, erlaubt es, die Daten unabhängig von den Programmen auf die Server zu verteilen. Ein Programm kann dann grundsätzlich auf alle Server-Datenbanken im Netz zugreifen. Zum Beispiel könnte bei der in Abbildung 2 skizzierten Konfiguration ein auf dem Unix-Server laufender Leitstand nicht nur auf lokale Daten, sondern auch auf die PPS-Daten des

Xenix-Servers zugreifen. Umgekehrt ist es möglich, daß z.B. ein PPS-System auf dem Xenix-Server Leitstandsdaten auf dem Unix-Server benutzt und verändert.

Die Multi-Server-Umgebung ist eine Erweiterung der Client-Server-Konfiguration zu einer symmetrischen Umgebung, da alle Server-Knoten (z.B. PPS-System und Leitstand) nun gleichberechtigt auf die Daten anderer Server, unabhängig von ihrer Lokalisierung im Netz, zugreifen können. Andererseits ist es aber auch möglich, daß die Rechner wie in einer Client-Server-Umgebung konfiguriert werden.

3.4 Heterogene Multi-Server-Integration

Als heterogene Multi-Server-Konfiguration bezeichnen wir eine Konfiguration, bei der nicht nur unterschiedliche Betriebssysteme, sondern auch unterschiedliche Datenbanksysteme oder Netzprotokolle zum Einsatz kommen.

Die Integration kann wie bei der Client-Server- oder Multi-Server-Verbindung realisiert werden. Aus der Tatsache, daß mehrere unterschiedliche Datenbanksysteme integriert werden müssen, erwachsen jedoch zusätzliche Kommunikationsprobleme. Am einfachsten lassen sie sich noch lösen, wenn alle beteiligten Datenbanksysteme eine gemeinsame Abfragesprache benutzen. Für jede Abfrage wird dann entschieden, welchem Datenbanksystem sie zugeleitet werden soll; die zurückgeschickten Ergebnisse müssen eventuell noch konvertiert werden. Dies gilt jedoch nur, solange pro Transaktion auf genau eine Datenbank zugegriffen wird. Andernfalls sind Gateways erforderlich, die verteilte Transaktionen auf verschiedenen Datenbanksystemen realisieren.

Für den Fall, daß keine gemeinsame Abfragesprache existiert, müssen die gemeinsam genutzten Daten in alle beteiligten Datenbanken kopiert und damit auf jeden Fall entweder über ein transparentes 2-Phasen-Commit oder durch Snapshot-Techniken konsistent gehalten werden. Ein transparentes 2-Phasen-Commit ist ein Transaktionsmechanismus, welcher auch in heterogenen Datenbank-Umgebungen die Konsistenz sichert. Bei Snapshots werden Änderungen zunächst nur auf jeweils einer Kopie (Mastercopy) durchgeführt und anschließend nach einer geeigneten Strategie, z.B. periodisch oder ASAP ("as soon as possible"), in die weiteren Kopien ("Slaves") übertragen [2].

In Abbildung 2 ist der Fall dargestellt, daß zu den unter Xenix und Unix laufenden Servern (mit gleichem Datenbank-System) noch ein unter VMS betriebener Server mit PPS-Funktionen hinzukommt. Dieser beherbergt ein anderes Datenbank-System, was durch die unterschiedliche Rasterung des Datenbanksymbols zum Ausdruck gebracht wird. In dem Beispiel enthält das DB-System unter VMS nur PPS-Daten; es könnte aber auch so konfiguriert werden, daß es zusätzlich Leitstandsdaten verwaltet.

4 Datenintegration zwischen mehreren dedizierten Systemen

Elektronische Leitstände wurden bislang meist als einzelne dedizierte Systeme betrachtet, welche für die Fertigungssteuerungsaufgaben zuständig sind. Die "Fertigung" ist jedoch, vor allem in größeren Unternehmen, kein monolithischer Block, der von *einem* Leitstand abgedeckt werden könnte. Will man dezentral mehrere Leitstände für unterschiedliche Fertigungsbereiche einsetzen, so entsteht ein Abstimmungsproblem. Dieses muß zum Teil von einer übergeordneten Instanz, z.B. dem PPS-System, gelöst werden; zum Teil kann die Koordination auch von den dezentralen Einheiten selbst geleistet werden.

Bei einer Konfiguration mit mehreren Leitständen kann die Kommunikation grundsätzlich indirekt über das Datenbanksystem (Leitstand-Datenbank-Leitstand-Kommunikation) oder direkt über das Netz (Leitstand-Leitstand-Kommunikation) abgewickelt werden. Im ersten Fall schreibt ein Leitstand oder ein anderes System (z.B. BDE) alle Änderungen in eine Server-Datenbank. Ein Prozeß in jedem Leitstand überprüft die Datenbank periodisch und stellt ggf. Änderungen auf dem Bildschirm dar. Im zweiten Fall teilt ein Leitstand (Sender) einem anderen (Empfänger) Änderungen direkt mit. Erst wenn der Empfänger diese erfolgreich verarbeitet hat, werden sie in die Datenbank eingetragen. Der Informationsfluß erfolgt durch geeignete Remote procedure calls [7].

Die Konfigurierung des Datenbanksystems hat großen Einfluß auf dessen Eignung als Kommunikationsmittel. Bei einer *zentralen Datenbank* werden Veränderungen direkt in die Datenbank geschrieben und damit anderen Leitständen für Schreib- *und* Lesezugriffe zugänglich gemacht. Ebenso verhält es sich grundsätzlich bei einer *verteilten Datenbank*, deren Relationen *disjunkt* auf Netzknoten verteilt sind. Problematisch sind verteilte Datenbanken dann, wenn die Daten fragmentiert gespeichert werden, d.h., die Tupel einer Relation sind auf mehrere Datenbanken verteilt. Jeder Leitstand kann dann auf den lokalen Teil der Gesamtrelation zugreifen. Andere Teile und die Gesamtrelation werden ihm durch Views zur Verfügung gestellt. Bei Oracle ist diese Zerlegung allerdings nur teilweise transparent. Für Lesezugriffe können die Teiltabellen logisch wieder zur Gesamtrelation zusammengefaßt werden; für Schreibzugriffe ist dies jedoch nicht möglich.

Als Beispiel sei die Verwaltung des Arbeitsvorrats der zu den Leitständen gehörenden Betriebsmitteln genannt. Bei mehreren dezentralen Fertigungsbereichen ist es zweckmäßig, neben den Betriebsmittel- auch die Fertigungsauftragsrelationen dezentral zu halten. Andererseits gibt es PPS-Funktionen, die auf die jeweiligen Gesamtrelationen zugreifen müssen. Deshalb ist es erforderlich, daß die verteilten Relationen wieder logisch zu den Gesamtrelationen "Betriebsmittel" und "Fertigungsauftrag" zusammengefaßt werden. Auf diese logischen Relationen kann lesend zugegriffen werden. Ein schreibender Zugriff, wie er z.B. für die Fertigungsauftragsgenerierung erforderlich wäre, ist aber nicht möglich.

Ähnlich wie die Kommunikation zwischen Leitständen kann die Verbindung mit einem BDE-System abgewickelt werden, sofern die relevanten Rückmeldungen nicht manuell - über spezielle Rückmeldemasken des Leitstands - in die betroffenen Relationen (z.B. Arbeitsgang-, Betriebsmitteldaten) direkt eingetragen werden. In Abbildung 3 ist eine Multi-Server-Konfiguration skizziert, bei der das BDE-System Rückmeldedaten in seine eigene Datenbank schreibt; auf diese können die BDE-Schnittstelle des Leitstands und das PPS-System zugreifen. Der Leitstand wertet die Rückmeldungen aus, verändert ggf. seine Grafik und übernimmt die Daten in seine Datenbank. Die beiden Pfeile im oberen Teil deuten die o.g. Alternative - direkte Kommunikation - an.

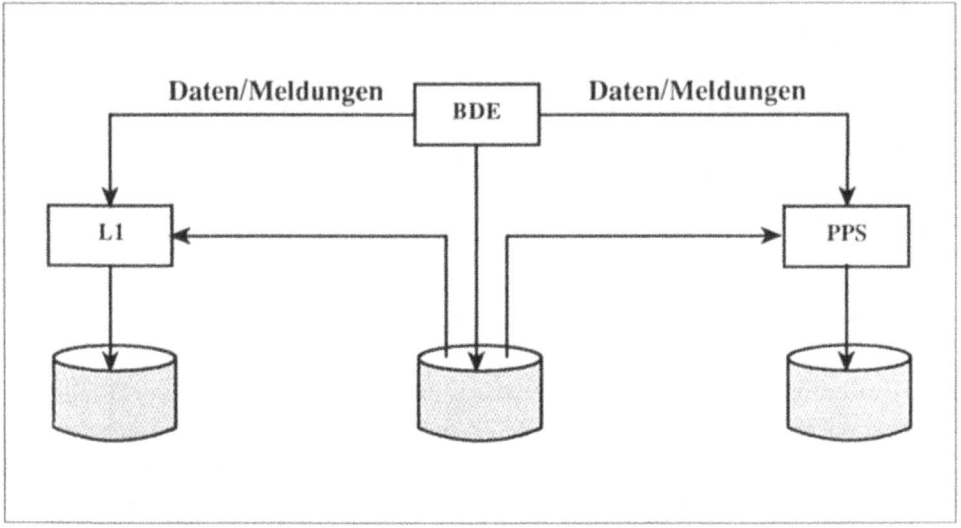

Abb. 3:   Datenfluß zwischen BDE und PPS-System bzw. Leitstand

5   Bewertung der dargestellten Konfigurationen

Die Bewertung der in Abbildung 2 vorgestellten Konfigurationen von PPS- und Leitstandsystem ist im wesentlichen von den Anforderungen des Einzelfalls abhängig. Jede hat spezifische Vor- und Nachteile.

Eine lokale Umgebung hat den Vorteil, daß die Anschaffungskosten vergleichsweise niedrig sind und daß die Datenkonsistenz gewährleistet ist. Weiterhin sind die Konfigurierung und Benutzung des Systems einfach. Andererseits ist die Performance gering und die Funktionalität beschränkt, denn es kann nur eine der Applikationen (PPS, Leitstand, BDE) gleichzeitig ablaufen. Dies schließt eine direkte Kommunikation zwischen ihnen aus.

Die anderen Umgebungen haben den Vorteil, daß mehrere Arbeitsplätze für PPS, Leitstand und BDE bereitgestellt werden, die auf gemeinsame Datenbestände zugreifen können. Der Zugriff ist dabei unabhängig vom Standort der Daten gewährleistet. Die Verteilung von Daten auf mehrere Datenbanken hat den Nachteil, daß es schwieriger ist, die Datenkonsistenz zu erhalten. Der Performanceverlust läßt sich durch eine geeignete Datenverteilung minimieren.

Eine lokale Umgebung eignet sich besonders für sehr kleine Betriebe, in denen ein Arbeitsplatz für die gesamte PPS ausreicht. In kleinen Betrieben, in denen ein Arbeitsplatz nicht mehr ausreicht, wird eine Client-Server-Umgebung ausgewählt werden. In mittleren und großen Betrieben mit mehreren Fertigungsbereichen könnte eine Multi-Server-Umgebung zur Anwendung kommen. Wenn bereits vorhandene Hard- und Software zu integrieren ist, wird dort jedoch zumeist eine heterogene Multi-Server-Umgebung angestrebt werden.

Literatur

[1]   American National Standard for Information Systems - Database Language - SQL, ANSI X3.135-1986; New York 1986.

[2]   Ceri, S.: Directions in Distributed Databases; in: Valk, R. (Hrsg.), GI - 18. Jahrestagung II, Vernetzte und komplexe Informatik-Systeme; Berlin u.a. 1988, S. 633-638.

[3]   Kurbel, K.: Flexible Konzeptionen für die zeitwirtschaftlichen Funktionen der Produktionsplanung und -steuerung; in: Hax, H., u.a. (Hrsg): Zeitaspekte in betriebswirtschaftlicher Theorie und Praxis; Stuttgart 1987, S. 189-202.

[4]   Kurbel, K.; Meynert, J.: Flexibilität in der Fertigungssteuerung durch Einsatz eines elektronischen Leitstands; ZwF 83 (1988) 12, S. 581-585.

[5]   Kurbel, K., Rautenstrauch, C.: Ein verteiltes PPS-System auf Arbeitsplatzbasis; in: Paul, M. (Hrsg.): Computergestützter Arbeitsplatz, Informatik-Fachberichte 223, Berlin u.a. 1989, S. 476-490.

[6]   Lisker, P.: CL/1: Taking Up Where SQL Leaves Off; Database Programming & Design 2 (1989) 6, pp. 50-56.

[7]   Rabenseifner, R.: Verteilte Anwendungen zwischen Workstation und Supercomputer; in: Kühn, P.J. (Hrsg.), Kommunikation in verteilten Systemen; Berlin u.a. 1989, S. 338-351.

[8]   Rautenstrauch, C.: Konsistenzsicherung in verteilten relationalen Datenbanken ohne 2-Phasen-Commit-Protokoll, Arbeitsbericht Nr. 22 des Lehrstuhls für Wirtschaftsinformatik, Universität Dortmund, November 1989.

[9]   Scheer, A.-W.: Computer Integrated Manufacturing: CIM = Der computergesteuerte Industriebetrieb; Berlin u.a. 1987.

[10] Siebert, V., Stein, H.: Der CIM-Leitstand; CIM-Management 5 (1989) 2, S. 29-33.

Datenstruktur einer graphikunterstützten Simulationsumgebung für die dezentrale Fertigungssteuerung

M. Zell, A.-W. Scheer
Institut für Wirtschaftsinformatik
Universität des Saarlandes

1. Weiterentwicklung von Fertigungssteuerungssystemen

Wesentliche Aspekte für die Neugestaltung von Produktionsplanungs- und -steuerungssystemen als Bestandteil des Computer Integrated Manufacturing (CIM) ergeben sich vor allem durch Dezentralisierungstendenzen in der Fertigung, die zu der Bildung kleinerer, weitgehend autonomer Fertigungsbereiche führen. Durch die erhöhten dispositiven Freiräume innerhalb solcher Bereiche steigt die Bedeutung der kurzfristigen Fertigungssteuerung immer stärker an. Auch der zunehmende Anteil flexibel automatisierter Systeme, wie flexible Fertigungszellen und -systeme, führt zu einem Handlungsbedarf bezüglich der Entwicklung geeigneter Planungs- und Steuerungsansätze [1].

Innerhalb der dispositiven Fertigungssteuerung werden Aufträge bzw. Arbeitsgänge bestimmten Betriebsmitteln zugeordnet und terminiert. Die Betriebsdatenerfassung meldet Daten über aktuelle Mengen, Termine und Fertigungszustände zurück und ermöglicht damit eine Produktionsdatenanalyse bzw. eine auf Soll-Ist-Vergleichen basierende Kontrolle. Die dispositiven Entscheidungen werden durch konkrete Steuerungsmaßnahmen in die Realität umgesetzt.

Bei einer dezentralen Fertigungssteuerung erhalten die dezentralen Bereiche (z.B. Fertigungsinseln, flexible Fertigungssysteme) nur Rahmendaten für Aufträge und melden auch nur verdichtete Daten zurück. Durch diese Vorgehensweise werden dispositive Funktionen in die Fertigungsbereiche verlagert, wodurch sich der Handlungsspielraum des Fertigungssteuerers erweitert [2]. Daraus resultiert die Notwendigkeit eines geeigneten Instrumentariums zur Unterstützung von Dispositions-, Steuerungs-, Überwachungs-, Analyse- und Kontrollaufgaben. Gegenwärtig wird dieser Entwicklung durch den Einsatz EDV-gestützter Leitstandskonzepte Rechnung getragen.

2. Simulation als Entscheidungsunterstützungsinstrument in der dezentralen Fertigungssteuerung

Simulation wird nach Definition der VDI-Richtlinie 3633 verstanden als "die Nachbildung eines dynamischen Prozesses in einem Modell, um zu Erkenntnissen zu gelangen, die auf die Wirklichkeit übertragbar sind".

Während der Schwerpunkt der Simulation und der begleitenden Visualisierung von Simulationsereignissen (Animation) bisher im Bereich der Planung und Gestaltung CIM-gerechter Fertigungs- und Materialflußsysteme lag, gewinnt mittlerweile der Einsatz von Simulation und Animation als Bestandteil von Planungs- und Steuerungssystemen, insbesondere zur Unterstützung der Fertigungssteuerung, an Bedeutung [3].

Wesentliches Unterscheidungsmerkmal ist hierbei, daß die Simulation aufgrund der Notwendigkeit einer zeitnahen, realitätsbezogenen Disposition über einen Zugriff auf die Datenbestände eines Fertigungsleitrechners (aktuelle Betriebsdaten des realen Systems sowie das zur Bearbeitung anstehende Auftragsspektrum) verfügen muß. Für eine anwenderorientierte Unterstützung der Disposition ist zusätzlich die Möglichkeit einer flexiblen, zielorientierten Parameteränderung sowie die Bereitstellung einer geeigneten graphischen Benutzeroberfläche, insbesondere zur Auswertung der Simulationsresultate, von Bedeutung.

Simulation und Animation bieten in diesem Zusammenhang, eingebunden in ein Leitstandskonzept, die Möglichkeit einer Bereicherung aus funktionaler und ergonomischer Sicht.

3. Motivation für eine strukturierte Datenorganisation simulationsgestützter Entscheidungsprozesse

Bei der Durchführung einer Simulation ist einerseits eine Vielzahl von Input-Daten erforderlich, andererseits wird durch die Simulationsläufe eine Vielzahl von Output-Daten erzeugt. Zum Aufbau eines Simulationsmodells für eine spezifische Problemstellung, wie die Disposition eines zu bearbeitenden Auftragsspektrums in einem Fertigungsbereich, werden auf der einen Seite Daten zum strukturellen Aufbau des Bereichs (Maschinen, Transportsystem, Zwischenlager) sowie Daten zur Ablaufsteuerung benötigt, auf der anderen Seite müssen aktuelle, temporäre Daten über das zu bearbeitende Auftragsspektrum und die jeweilige Fertigungssituation (BDE-Daten) zur Verfügung stehen. Für die Experimentier- und Analysephase ist die

Bereitstellung von Daten zur Unterstützung des Entscheidungsprozesses erforderlich; dazu gehören insbesondere die vordringlichen Zielsetzungen (z.B. Durchlaufzeitminimierung) sowie Strategien zur zielorientierten Parameteränderung (z.B. Prioritätsregeln, Splitten von Aufträgen). Im Rahmen der durchgeführten Experimente werden zahlreiche Daten zur Auswertung generiert, die durch Aufbereitung und Verdichtung dem Anwender zugänglich gemacht werden. Bei einer graphikorientierten Simulation ist die Verwaltung entsprechender graphischer Darstellungsmittel (z.B. Gantt-Diagramme) sowie mit zunehmender Bedeutung der simulationsbegleitenden Visualisierung (Animation) die Verwaltung bereichsbezogener Layouts sowie durchgeführter Animationen zur Entscheidungsunterstützung erforderlich.

Aus der Vielzahl benötigter und anfallender Daten bei der Durchführung der Simulation resultiert die Forderung nach einem effizienten Datenmanagement. Im folgenden soll am Anwendungsbeispiel einer simulationsgestützten Fertigungssteuerung ein Ansatz zur Abbildung der relevanten Datenstrukturen mit Hilfe des Entity-Relationship-Modells entwickelt werden.

Zielsetzungen sind dabei sowohl die Unterstützung bei der Gestaltung simulationsgestützter Informationssssysteme in der Entwurfsphase wie auch eine effiziente Datenverwaltung bei der Anwendung.

Bezüglich der Gestaltung simulationsgestützter Informationssysteme ergibt sich durch den beschriebenen Ansatz der Vorteil einer strukturierten Erfassung der für den Entscheidungsprozeß relevanten Komponenten, wie Zielsetzungen, Strategien und Kennzahlen.

Für die Verwaltung von Daten im Rahmen einer konkreten Anwendung, wie der dezentralen Fertigungssteuerung, entstehen Vorteile wie die Möglichkeit eines zielorientierten Alternativenvergleichs durch systematische, temporäre Speicherung von Simulationsparametern und -ergebnissen und die Möglichkeit zur Generierung von Auswertungen unterschiedlicher Art aus den vorhandenen Datenbeständen.

4. Methodisches Instrumentarium zur Datenstrukturierung

Der Aufbau einer prozeßübergreifenden Datenbasis erfordert zunächst den Entwurf der logischen Datenstrukturen. Für die Konstruktion der Datenstrukturen wird der Ansatz des Entity-Relationship-Modells gewählt. Damit steht eine wirksame Konstruktionssprache zum Entwurf logischer Datenstrukturen zur Verfügung [4]. Elemente des Entity-Relationship-Modells sind Entity- und Beziehungstypen. Ein Entity-Typ umfaßt eine Menge von Objekten, die in einer Datenbank durch Attribute beschrieben werden sollen. In Abbildung 1 bilden die Mitarbeiter sowie die Projekte innerhalb eines Unternehmens je einen Entitytyp. Die Identifizierung eines einzelnen Entities geschieht über Schlüsselattribute (Mitarbeiternummer bzw. Projektnummer). Neben den Objekten sind die zwischen ihnen bestehenden Beziehungen von Bedeutung. Eine Zuordnung von MITARBEITER und PROJEKT kann durch die Beziehung BEARBEITET beschrieben werden, die die Schlüsselattribute aus den Objekten übernimmt (Mitarbeiternummer, Projektnummer). Ein Attribut einer konkreten Beziehungsausprägung wäre beispielsweise die Aufgabenstellung eines Mitarbeiters in einem Projekt. Bearbeitet ein Mitarbeiter mehrere Projekte und beinhaltet ein Projekt mehrere Mitarbeiter, handelt es sich um eine m:n-Beziehung zwischen MITARBEITER und PROJEKT. Arbeitet ein Mitarbeiter jedoch in genau einem Projekt mit, während ein Projekt aus mehreren Mitarbeitern zusammengesetzt ist, besteht eine n:1-Beziehung zwischen MITARBEITER und PROJEKT.

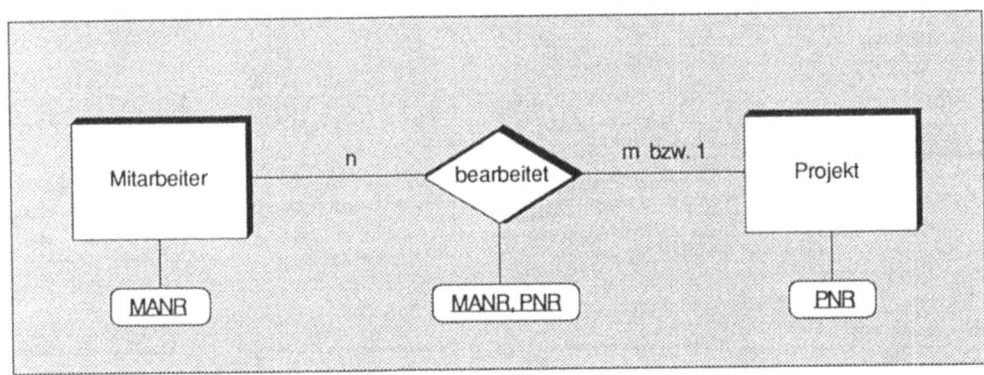

Abb. 1: Beispiel zum Entity-Relationship-Modell - Grundbegriffe

5. Entwicklung der Datenstruktur

Die Entwicklung der Datenstruktur erfolgt in Anlehnung an das der Simulation zugrundeliegende Stufenkonzept [5]. Zusammengefaßt lassen sich folgende wesentlichen Phasen unterscheiden:
- Erstellen eines aktuellen Modells für eine spezifische Fertigungssituation,
- Experimentierphase mit Visualisierung des Simulationslaufs (Animation),
- Zielorientierte Alternativenbewertung.

5.1. Modellerstellung für die spezifische Fertigungssituation

Bei der Modellerstellung wird zu einem konkreten Dispositionszeitpunkt eine modellhafte Beschreibung des betrachteten Fertigungsbereiches unter Zugrundelegung eines vorhandenen stationären Basismodells sowie der Einbeziehung aktueller Daten aus der Betriebsdatenerfassung und des zur Bearbeitung anstehenden Auftragsspektrums generiert. Das Modell sowie die im weiteren Verlauf der Simulation ermittelten Daten bauen dabei auf einer vorhandenen Datenbasis des realen Fertigungsbereichs auf. Diese zugrunde liegende Datenbasis zur Verwaltung von Maschinen, Arbeitsplänen, Fertigungsaufträgen usw. soll nicht detailliert ausgeführt, sondern nur durch die aufgezeigten groben Beziehungen zum aktuellen Simulationsmodell angedeutet werden.

Aus Abbildung 2 geht die Datenstruktur zur Modellerstellung für die Auftragsdisposition hervor.

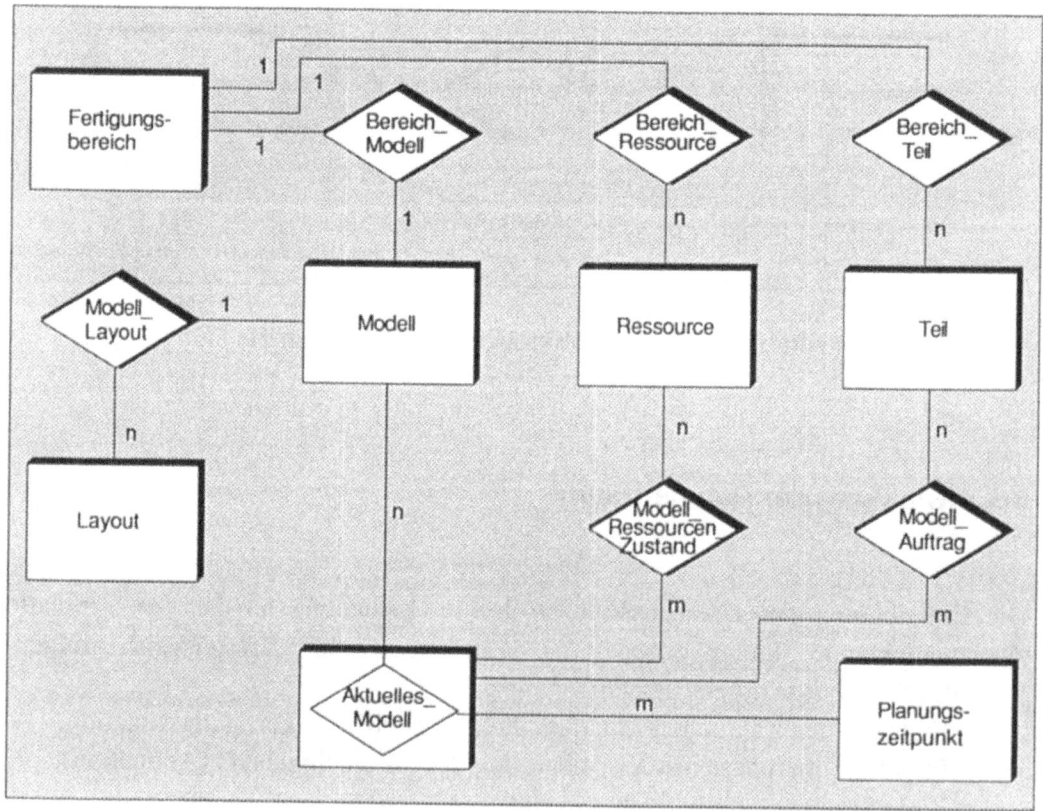

Abb. 2: Datenstruktur zur Modellerstellung für die Auftragsdisposition

Der Entitytyp FERTIGUNGSBEREICH stellt den zugrundeliegenden, realen Fertigungsbereich (Werkstatt, Fertigungsinsel, Flexibles Fertigungssystem) dar. Zu diesem Fertigungsbereich existiert genau ein durch den Entitytyp MODELL repräsentiertes Basismodell, das die strukturelle Zusammensetzung des Fertigungsbereichs aus einzelnen Komponenten (Bearbeitungsstationen, Pufferplätze, Transportsystem) sowie Teile der Ablaufsteuerung (z.B. Vorfahrtsregelung bei Wegekreuzungen) enthält. Zu dem realen Fertigungsbereich existieren mehrere RESSOURCEN (Maschinen, Werkzeuge, Vorrichtungen), die somit über eine n:1-Beziehung mit dem Fertigungsbereich verbunden sind. Ebenso können in einem Fertigungsbereich mehrere TEILE (1:n-Beziehung) gefertigt werden. Zu einem MODELL können mehrere LAYOUTS, d.h. graphische Beschreibungen des dem Modell zugrundeliegenden Fertigungsbereichs, existieren, die die Modellkomponenten in unterschiedlichen Ausschnitten, in unterschiedlichem Detaillierungsgrad oder mit unterschiedlichem Abstraktionsgrad der Darstellung graphisch repräsentieren. Durch Festlegung eines Dispositionszeitpunktes (PLANUNGSZEITPUNKT) wird das Basismodell zum temporären AKTUELLEN_MODELL, wobei der aktuelle Zustand des realen Fertigungssystems zum Planungszeitpunkt sowie die aktuellen Aufträge mit einbezogen werden. Der Bezug zu der momentanen Ressourcenbelegung sowie zu dem zu bearbeitenden Teilespektrum wird über die Beziehungstypen MODELL_RESSOURCEN_ZUSTAND sowie MODELL_AUFTRAG erzeugt, wobei der bisherige Beziehungstyp AKTUELLES_MODELL zu einem uminterpretierten Entitytyp wird. Die den Aufträgen zuzuordnenden Arbeitspläne können dabei entweder an das aktuelle Modell übergeben werden oder bereits in der Ablaufstruktur des Basismodells enthalten sein. Das aktuelle Modell bildet somit den Ausgangspunkt für die anschließenden Simulationsexperimente.

5.2. Experimentierphase

In der Experimentierphase werden zu einem bestimmten Planungszeitpunkt unterschiedliche Simulationsläufe unter Anwendung zielorientierter Parameteränderungen (Strategien) zur Generierung von Alternativen durchgeführt. Konkret handelt es sich dabei um Planungs- und Steuerungsmaßnahmen, wie z.B. unterschiedliche Auftragsreihenfolgen, Splitten von Aufträgen oder Anwendung von Alternativarbeitsplänen. Durch eine günstige Strategieauswahl sollen die Ziele der Fertigungssteuerung (z.B. Durchlaufzeitminimierung, Auslastungsmaximierung, Termintreue, Kostenminimierung) erreicht werden. Zur dynamisch-graphischen Veranschaulichung des aktuellen Simulationslaufs kann eine Animation durchgeführt werden, die dynamische Systemeffekte, z.B. Engpaßbildungen, transparent werden läßt. Abbildung 3 zeigt die entsprechende Datenstruktur.

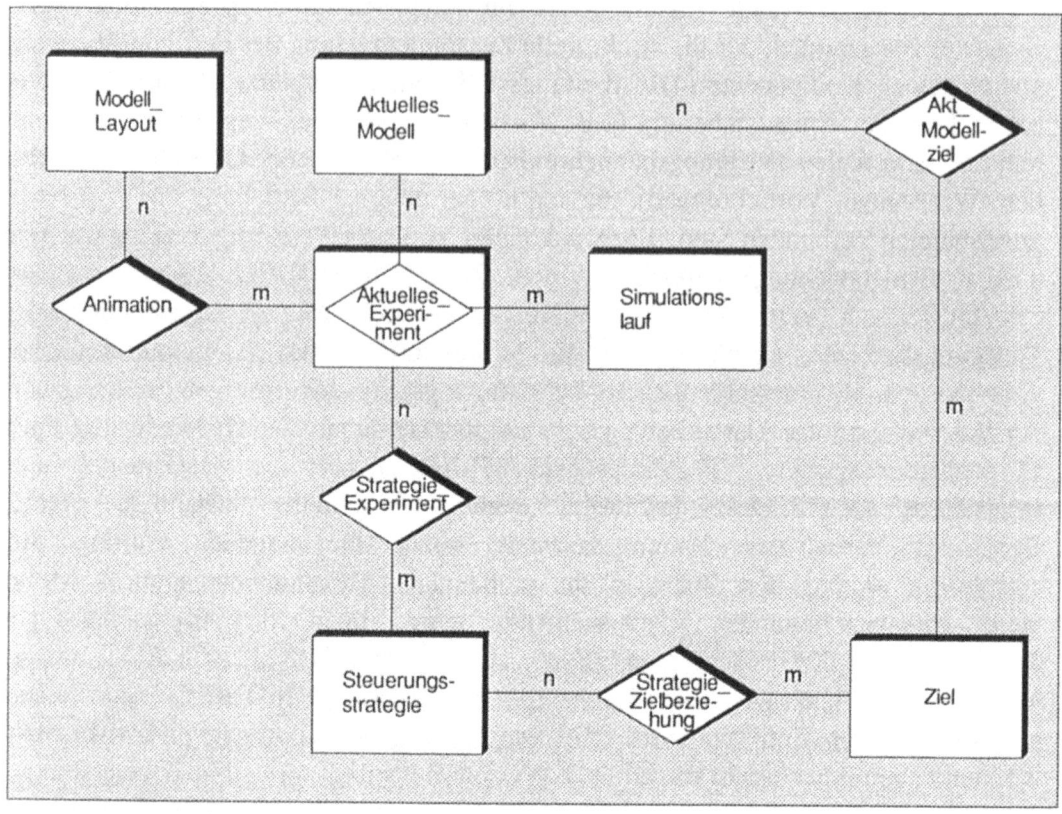

Abb. 3: Datenstruktur zur Experimentierphase

In der Datenstruktur wird durch eine Verbindung von AKTUELLES_MODELL und SIMULATIONSLAUF die Beziehung AKTUELLES_EXPERIMENT erzeugt, die einem Simulationslauf zu einer bestimmten Planungssituation entspricht. Durch Einbeziehung des graphischen Layouts wird die Beziehung ANIMATION als dynamisch-graphische Wiedergabe des aktuellen Simulationsexperiments erzeugt. Zur Fertigungsdisposition sind Steuerungsstrategien in dem Entitytyp STEUERUNGS-STRATEGIE abgelegt, die über eine n:m-Beziehung STRATEGIE_EXPERIMENT mit dem aktuellen Simulationslauf (AKTUELLES_EXPERIMENT) verbunden werden. Dadurch soll ausgedrückt werden, daß eine Steuerungsstrategie (z.B. Anwendung einer bestimmten Prioritätsregel) in mehreren Experimenten verfolgt werden kann, andererseits in einem Experiment mehrere Steuerungsstrategien (z.B. Berücksichtigung einer Prioritätsregel und gleichzeitiges Auftragssplitting) verfolgt werden können. Für die Disposition können unterschiedliche Zielsetzungen in dem Entitytyp ZIEL abgelegt werden. Sind qualitative Zusammenhänge zwischen bestimmten

Steuerungsstrategien und bestimmten Zielen bekannt, finden diese in der Beziehung STRATEGIE_ZIELBEZIEHUNG Eingang. Falls bestimmte Ziele (z.B. Durchlaufzeitminimierung) in unterschiedlichen Gewichtungen bei der Disposition zugrunde liegen, wird zwischen AKTUELLES_MODELL und ZIEL der Beziehungstyp AKT_MODELLZIEL gebildet, der angibt, ob und gegebenenfalls mit welcher Gewichtung ein bestimmtes Ziel bei der Durchführung von Experimenten berücksichtigt werden soll.

5.3. Zielorientierte Alternativenbewertung

Simulationsexperimente erzeugen eine Vielzahl von Output-Daten, die zur Bewertung einer simulierten Alternative in anwendergerechter Form graphisch aufbereitet (z.B. Gantt-Diagramme) bzw. zu aussagefähigen Kennzahlen verdichtet werden müssen. Anhand der Bewertung einer Alternative läßt sich durch Vergleich mit den verfolgten Zielsetzungen beurteilen, inwiefern die Alternative zur Umsetzung in das reale System geeignet ist. Die Datenstruktur geht aus Abbildung 4 hervor.

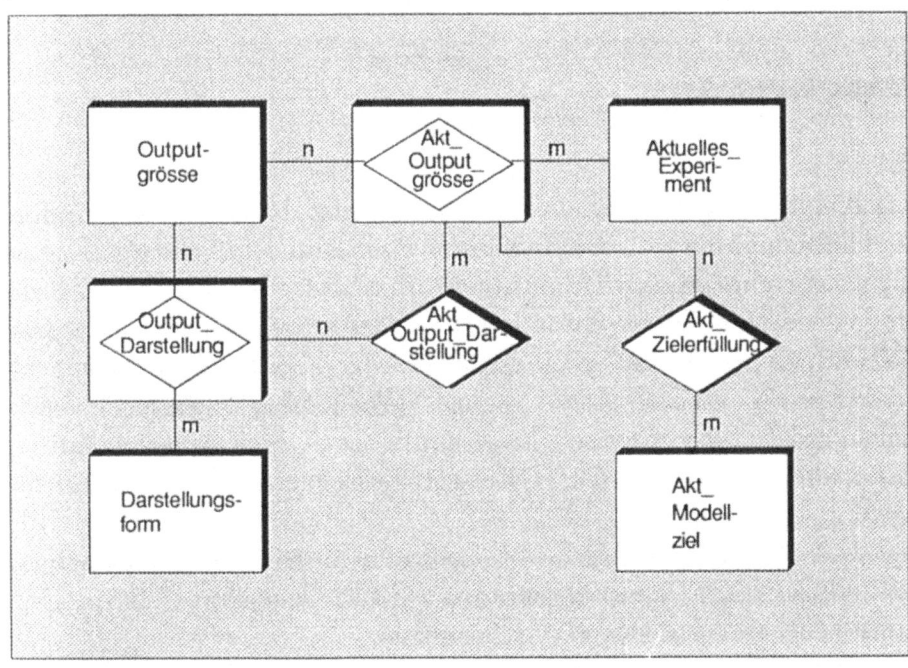

Abb. 4: Datenstruktur zur zielorientierten Alternativenbewertung

Durch die Zuordnung von AKTUELLES_EXPERIMENT und OUTPUTGRÖSSE (z.B. Länge einer Warteschlange, Zeit eines Auftrags im System) wird der Beziehungstyp AKT_OUTPUT_GRÖSSE geschaffen, der die konkreten Ausprägungen der im Experiment berechneten Größen enthält. Der Entitytyp DARSTELLUNGSFORM verwaltet unterschiedliche numerische oder graphische Repräsentationsformen (z.B. Histogramm, Tortendiagramm, Prozentzahl). In der Beziehung OUTPUT_DAR-STELLUNG wird festgehalten, welche Outputgrössen in welcher Darstellungsform abgebildet werden können. Durch Uminterpretation dieser Beziehung sowie von AKT_OUTPUT_GRÖSSE zu einem Entitytyp erhält man einen neuen Beziehungstyp AKT_OUTPUT_DARSTELLUNG, der die konkrete numerische oder graphische Repräsentation der betrachteten Größe enthält. Durch Vergleich der Ausprägungen von AKT_MODELLZIEL und AKT_OUTPUT_ERZEUGUNG läßt sich der Grad der Zielerfüllung ableiten, der in der Beziehung AKT_ZIELERFÜLLUNG festgehalten wird, die somit eine Bewertung der simulierten Alternative darstellt.

Ausgehend von dem Zielerreichungsgrad der simulierten Alternative können neue Experimente angestoßen werden, die letztendlich auf der gleichen Datenstruktur beruhen.

6. Zusammenfassung

Die Durchführung eines simulationsgestützten Entscheidungsprozesses erfordert, wie aus den Erfahrungen bei der Entwicklung eines auf der Simulation basierenden Fertigungssteuerungssystems am Institut für Wirtschaftsinformatik, Saarbrücken, hervorging, eine effiziente Verwaltung der dabei anfallenden Daten. Dazu ist es erforderlich, eine vorhandene Datenbasis zur Fertigungssteuerung um eine darüberliegende Datenstruktur zur Verwaltung entscheidungsrelevanter Simulationsdaten zu erweitern, um damit eine systematische Erfassung und Strukturierung dieser Daten zur Entscheidungsunterstützung des Anwenders zu erzielen.

Somit wird der Anwender, der eine Disposition mit Hilfe der Simulation durchführt, in allen Phasen des Simulationsprozesses (Modellerstellung, Experimentierphase, Alternativenanalyse und -bewertung) unterstützt.

Die beschriebene Datenstruktur wird zur Zeit weiterentwickelt und in ein Steuerungssystem eingebunden.

Anmerkungen

[1] Vgl. Herterich, Zell (1989a), S. 19.
[2] Vgl. Herterich, Zell (1989b), S. 12f; Scheer, Herterich, Zell (1989), S. 41f.
[3] Vgl. dazu z.B. Scheer, Zell (1989), S. 72f.
[4] Vgl. Scheer (1988), S. 20f; Scheer (1989), S. 3f.
[5] Detaillierte Ausführungen zu Kapitel 5 finden sich in: Zell, Scheer (1990), Veröffentlichung in Vorbereitung.

Literaturverzeichnis

Herterich, R., Zell, M.: Dezentrale Fertigungssteuerung, VDI-Z 131(1989a)5, S. 19-25.

Herterich, R., Zell, M.: Konzeption eines Entscheidungsunterstützungssystems für die dezentrale Fertigungssteuerung, Information Management 4(1989b)1, S. 12-20.

Scheer, A.-W.: Wirtschaftsinformatik - Informationssysteme im Industriebetrieb, 2. Auflage, Berlin et al. 1988.

Scheer, A.-W.: Unternehmens-Datenbanken - Der Weg zu bereichsübergreifenden Datenstrukturen, in: Scheer, A.-W. (Hrsg.): Veröffentlichungen des Instituts für Wirtschaftsinformatik, Heft 63, Saarbrücken 1989.

Scheer, A.-W., Herterich, R., Zell, M.: Interaktive Fertigungssteuerung teilautonomer Bereiche, in: Kurbel, K., Mertens, P., Scheer, A.-W. (Hrsg.), Interaktive betriebswirtschaftliche Informations- und Steuerungssysteme, Berlin, New York 1989, S. 41-68.

Scheer, A.-W., Zell, M.: Benutzergerechte Fertigungssteuerung durch Integration von Simulations- und Prozeßvisualisierungstechniken, CIM Management 5(1989)6, S. 72-78.

Zell, M., Scheer, A.-W.: Graphikunterstützte Simulation in der Fertigungssteuerung - Ein Ansatz zur strukturierten Informationsverarbeitung, Wirtschaftsinformatik 32(1990)2, Veröffentlichung in Vorbereitung.

Zusammenarbeit mehrerer Expertensysteme mit einem großen PPS-Modularprogramm

Hildebrand, R., Wedel, Th. und Mertens, P.
Abteilung Wirtschaftsinformatik
Universität Erlangen-Nürnberg

1   Einleitung

Obwohl die hier zu präsentierenden Expertensysteme (XPS) bzw. wissensbasierten Systeme (WBS) keine oder nur entfernte Vorbilder haben, ist die Hauptstoßrichtung des Projektes nicht, einzelne WBS zu entwickeln. Vielmehr verfolgen wir drei Anliegen:

1. Demonstration moderner Zugangssysteme, die dem - möglicherweise nicht völlig professionellen - Benutzer erlauben, mit den immer komplexer werdenden betrieblichen Anwendungssystemen umzugehen (vgl. Mertens, P., Zugangssysteme als Weg zur Beherrschung komplexer DV-Anwendungen, in diesem Band).

2. Anreicherung konventioneller großer betriebswirtschaftlicher Anwendungssoftware um wissensbasierte Elemente. Insbesondere im Bereich der Produktionsplanung und -steuerung wird die betriebliche Praxis von Großrechner-PPS-Systemen geprägt, deren Einführung größtenteils gewaltige Anstrengungen und hohe Investitionen erfordert hat. Trotz mancher methodischer Schwächen, die in der Literatur hinlänglich diskutiert werden, verbieten sich daher in diesem Bereich revolutionäre Schritte in Richtung auf rein wissensbasierte PPS-Systeme, die ihre Leistungsfähigkeit bislang allenfalls unter Laborbedingungen demonstrieren konnten. Vielmehr bietet sich gerade bei Standard-Modularprogrammen zur Produktionsplanung und -steuerung ein evolutionäres Vorgehen an, indem die klassischen DV-Systeme durch WBS unterstützt werden.

3. Entwicklung des Prototyps eines großen WBS, das aus miteinander kooperierenden Systemen mittlerer Größe besteht. Durch diese Modularisierung soll ein Ausweg aus der Schwierigkeit gesucht werden, daß sehr umfangreiche monolithische XPS zu komplex werden und nicht mehr beherrschbar sind, wie z. B. die Erfahrungen mit dem bekannten Konfigurationssystem XCON zeigen. Ein solches pragmatisches Vorgehen wird durch die einschlägigen Literatur, in der die beiden Extreme großer WBS und konnektionistischer Ansätze dominieren, bislang kaum abgedeckt.

2   Überblick über das Projekt UPPEX

Im Rahmen des Projekts UPPEX (Unterstützung der Produktionsplanung und -steuerung durch Expertensysteme) sollen die Planungs- und Steuerungsergebnisse des PPS-Pakets COPICS (Customer Oriented Production Information and Control System) von IBM durch die drei miteinander kooperierenden XPS DIPSEX (Diagnose von Produktionsschwachstellen durch ein Expertensystem), PAREX-CO (Parametereinstellung durch ein Expertensystem/COPICS) und UMDEX (Umdisposition durch ein Expertensystem) verbessert werden.

DIPSEX analysiert Planvorgaben und Rückmeldungen der Fertigung und versucht, aus diesen Daten Schwachstellen und deren Ursachen im betrieblichen Ablauf aufzudecken. Die gewonnenen Informationen sind einerseits dem Führungspersonal zur Verfügung zu stellen, andererseits dienen sie auch als Eingabedaten für UMDEX und PAREX-CO. Letzteres hat zum Ziel, die in COPICS zahlreich vorhandenen Parameter dynamisch im laufenden Betrieb einzustellen und an die Fertigungssituation anzupassen. Dennoch werden im Regelfall Soll- und Ist-Werte divergieren. UMDEX unterstützt den Disponenten im kurzfristigen Bereich bei der Analyse der Abweichungen und der Suche nach geeigneten Gegenmaßnahmen. Es soll insbesondere die Informationslücke schließen, die durch die relativ großen Abstände der einzelnen Planungsläufe eines komplexen PPS-Systems entsteht. (Die Entwicklung der beiden letztgenannten XPS wird durch die Deutsche Forschungsgemeinschaft im Rahmen des Schwerpunktprogrammes "Interaktive betriebswirtschaftliche Informations- und Steuerungssysteme" gefördert.) Abbildung 2/1 zeigt exemplarisch, aus welchen COPICS-Datenbeständen die drei XPS ihre Informationen beziehen.

3 Teilsysteme

3.1 DIPSEX

In der Literatur werden für den Produktionsbereich im allgemeinen vier globale Zielsetzungen genannt: kurze Durchlaufzeiten, gute Termineinhaltung, niedrige Bestände und eine angemessene Kapazitätsauslastung. Während die ersten beiden Zielsetzungen unter dem Begriff "marktseitige Zielsetzungen" subsumiert werden, bezeichnet man die letzten als "betriebsseitige Ziele". Untersucht man, welche Auswirkungen Schwachstellen in diesen vier Bereichen nach sich ziehen, so wird deutlich, daß eine mangelhafte Einhaltung der marktseitigen Ziele sich als eine Folge von Defiziten in bezug auf die innerbetrieblichen Zielen auffassen läßt. Dazu werden in einem ersten Schritt aufgrund der Rückmeldedaten die Durchlaufzeiten sowie die Termintreue einer kritischen Analyse unterzogen und so marktseitige Schwächen diagnostiziert. Anschließend sollen die Kapazitätsausnutzung und die Bestände untersucht werden, um nach Möglichkeit die vorher festgestellten marktseitigen auf betriebsseitige Schwachstellen zurückzuführen.

| Abb. 2/1 | Ausgewählte Verbindungen der XPS zu COPICS |

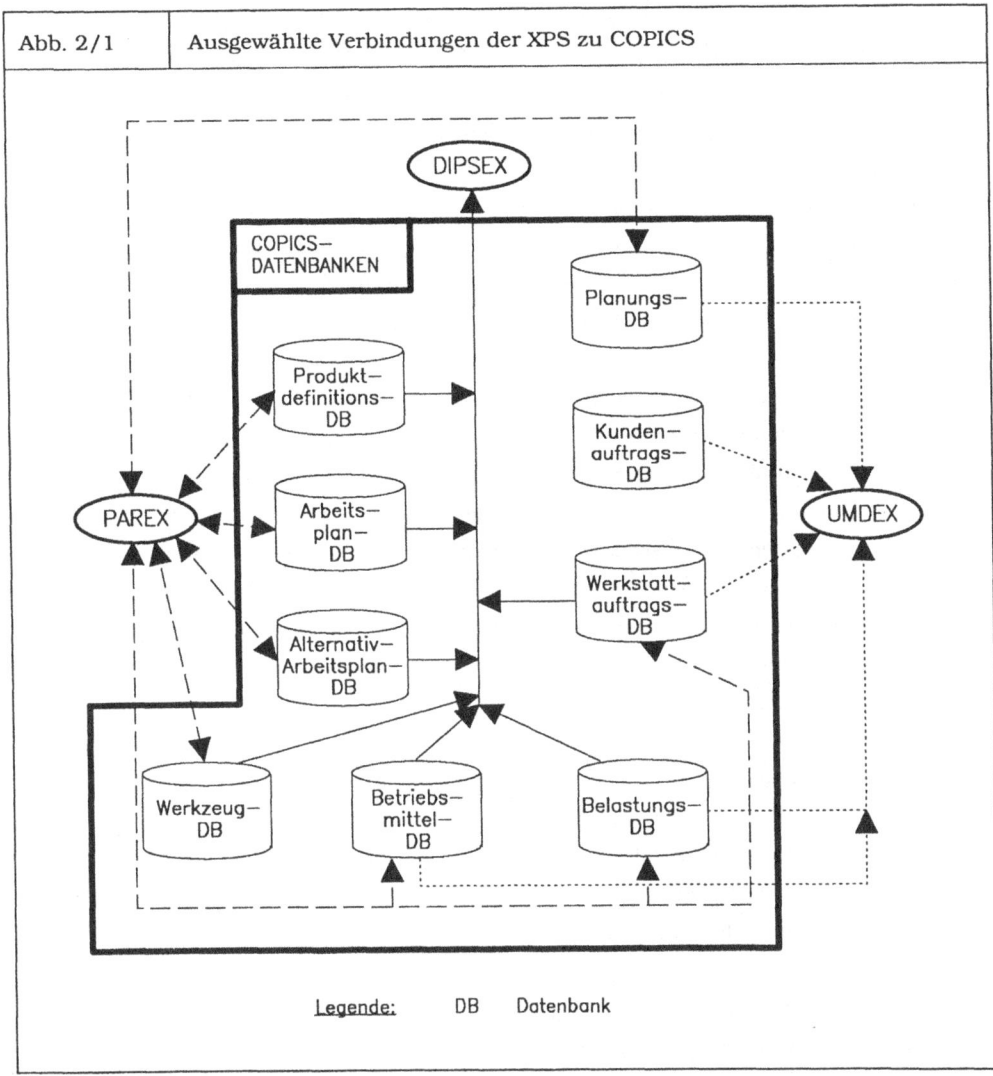

Die Diagnosen von DIPSEX beruhen auf der Untersuchung von Zeitreihen, die für ausgewählte Kennzahlen geführt werden. Dabei betrachtet DIPSEX neben der Entwicklung einzelner Zeitreihen auch deren Zusammenwirken. Bei der Analyse der Kennzahlen sind zahlreiche unterschiedliche Konstellationen zu berücksichtigen. Das dafür notwendige Wissen
ist in Regelform niedergelegt. Mit Hilfe dieser Regeln wird beispielsweise versucht, zwischen
den Kennzahlenwerten für die Durchlaufzeiten sowie für die Durchführungszeiten, die Los-
größe, die Zahl der Arbeitsgänge und die Liegezeiten Beziehungen abzuleiten. Ziel ist es, die
Entwicklung der Durchlaufzeiten mit Hilfe der untergeordneten Kennzahlen zu erklären. Die
Wissensbasis von DIPSEX enthält für diesen Bereich eine Reihe von Regeln, die sinngemäß
folgendes besagen: "Wenn die Durchlaufzeiten zu hoch sind oder in letzter Zeit zugenommen
haben, dann weise auf diejenigen untergeordneten Faktoren hin, die diese Abweichung am

ehesten erklären können." Als Ergebnisse liefert das System sowohl Schwachstellen, die in der Vergangenheit sehr häufig zu verzeichnen waren, als auch Schwachstellen, die sich für die absehbare Zukunft abzuzeichnen scheinen. Außerdem wird nicht nur auf Verschlechterungen der Fertigungssituation, sondern auch auf Verbesserungen hingewiesen. Die Aufteilung der Wissensbasis gestattet es, durch die differenzierte Vergabe von Referenzwerten und Toleranzschwellen die unterschiedlichen Zielsetzungen betriebsindividuell zu gewichten. Wird beispielsweise in einem Betrieb die Termineinhaltung als besonders wichtig erachtet, so können die Benutzer dem dadurch Rechnung tragen, daß sie alle diesbezüglichen Toleranzschwellen entsprechend streng festlegen.

Obwohl die oben genannte Zielsetzung, marktseitige Schwachstellen unter Rekurs auf betriebsseitige zu diagnostizieren, bei den Diagnosen des Systems im Vordergrund steht, ist es dennoch möglich und auch sinnvoll, beide Analysebereiche als eigenständige Einheiten zu betrachten. So ist etwa die Tatsache, daß die mittleren Durchlaufzeiten während der zurückliegenden Perioden angestiegen oder gesunken sind oder sich die mittlere Termineinhaltung verbessert oder verschlechtert hat, für die Fertigungssteuerung auch ohne weitergehende Informationen von Interesse; ebenso ist die Entwicklung der Bestände und der Kapazitätsauslastung bereits für sich genommen ein Faktum, das Aufschluß über den Fertigungsablauf gewährt.

3.2 PAREX-CO

Das Ziel einer Parametereinstellung durch PAREX-CO ist es, die Planungsergebnisse von COPICS insgesamt zu verbessern und dadurch die häufig aus dem Einsatz von PPS-Systemen resultierenden Mißstände wie überdurchschnittlich hohe Bestände oder vergleichsweise lange Durchlaufzeiten zu reduzieren. Dabei können mit der Beseitigung eines Problems durch Nebenwirkungen einer Stellgröße das Ausmaß anderer Probleme vergrößert werden oder gar weitere Probleme neu entstehen. Die Kunst einer guten Parameterkonfiguration besteht also darin, durch die geschickte Auswahl und Einstellung geeigneter Parameter die Fertigungssituation gezielt zu beeinflussen und dabei die schädlichen Wirkungen möglichst gering zu halten.

Dieses Ziel wird bei PAREX-CO durch eine Dekomposition der Konfigurationsaufgabe in die drei Teilprobleme Problemerkennung, Parameterselektion und Parametereinstellung zu erreichen versucht. Die Dreiteilung trägt erheblich zu einer Komplexitätsreduktion bei, ferner vereinfacht sie die Wartbarkeit und Erweiterbarkeit des Systems. Dem Ansatz liegt dabei die Philosophie zugrunde, daß im Sinne einer gewissen Planungsruhe an einer vorliegenden Parametereinstellung nur dann etwas geändert werden sollte, wenn dazu ein begründeter Anlaß in Form eines vorliegenden Problems oder einer sich abzeichnenden negativen Entwicklung besteht.

Ausgehend von der aktuellen Fertigungssituation und historischen Daten werden vorliegende Fertigungsprobleme maschinell diagnostiziert bzw. demnächst eintretende Schwierigkeiten vorhergesagt. Da das Konzept des Nachbarsystems DIPSEX einen großen Teil des von
PAREX-CO im Rahmen der Problemerkennung anfallenden Informationsbedarfs abdeckt,
werden im Sinn einer Arbeitsteilung die automatischen Diagnosen und Prognosen größtenteils vom Nachbarsystem DIPSEX und nur im Ausnahmefall durch PAREX-CO selbst erstellt. Neben dieser maschinellen Problemerkennung können auch vom Disponenten selbst
Angaben über das Vorliegen eines Mißstands gemacht werden. Dies ist zur Ermittlung derjenigen Probleme nötig, die sich nicht aus den in COPICS verfügbaren Informationen erkennen lassen. Gewissermaßen das Herz von PAREX-CO stellt das Parameterselektionsmodul
dar, das potentiell zur Abstellung der Probleme geeignete Parameter unter Beachtung möglicher Nebenwirkungen und Interdependenzen ermittelt. Ziel ist hierbei, möglichst wenig Parameter auszuwählen, die jedoch eine ausreichend große Wirkung und geringe schädliche
Nebenwirkungen erwarten lassen. Der Selektionsmechanismus basiert auf einer Matrix, mit
der COPICS-Parametern Fertigungsprobleme gegenübergestellt werden. Ein Feldeintrag gibt
an, ob und in welchem Maße ein Parameter auf eine Fertigungsproblem Einfluß hat. Die
spalten- bzw. zeilenweise Betrachtung dieser Matrix gestattet Aussagen über zur Abstellung
von Fertigungsproblemen geeignete Parameter und deren Nebenwirkungen (vgl. Abbildung
3.2/1). Den Abschluß bildet das Parametereinstellungsmodul, in dem Wissen über die
Einstellung der ausgewählten Parameter abgelegt ist; hier werden die selektierten Parameter
situationsspezifisch umkonfiguriert. Für jeden Parameter gibt es zu diesem Zweck einen
ESE-Regelbaum, durch dessen Abarbeitung neue Parameterwerte inferiert werden. Ein sehr
einfaches Beispiel ist die Konfiguration des Parameters "BOAWCPS" , der festlegt, ob eine
Arbeitsplatzgruppe in die Belastungsprüfung der Werkstattauftragsfreigabe einbezogen wird.
Dies ist nur dann nötig, wenn die Kapazitätseinheit mit hinreichender Sicherheit ein Eng-
paßaggregat darstellt. Die entsprechende ESE-Regel lautet sinngemäß "Wenn die Engpaßkategorie, die von DIPSEX geliefert wird, hinreichend groß ist, dann setze den Parameter
BOAWCPS für die Maschinengruppe auf JA". (Weitere Aspekte zum System PAREX-CO finden sich in Mertens, P., Zugangssysteme als Weg zur Beherrschung komplexer DV-Anwendungen; in diesem Band.)

3.3 UMDEX

Im Gegensatz zu den Systemen DIPSEX und PAREX, die im mittel- und langfristigen Bereich
operieren, arbeitet UMDEX ausschließlich kurzfristig. Sein Diagnoseteil untersucht Abweichungen des Fertigungsprozesses in zwei Schritten: Die Abweichungserkennung vergleicht
die im Rahmen der Betriebsdatenerfassung festgestellten Ist-Werte mit den Planvorgaben
des aktuellen Produktionsplans. Auftretende Abweichungen, die eine vorgegebene Tole-
ranzgrenze überschreiten, werden in die Abweichungsbeurteilung weitergeleitet.

Abb. 3.2/1	Prinzip der Parameterselektion

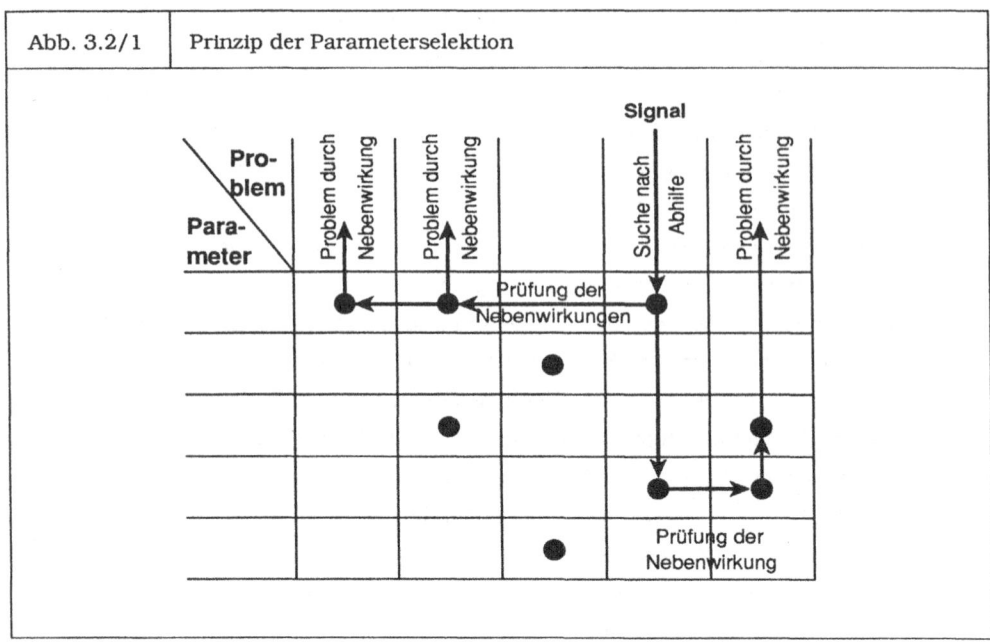

Diese schätzt die Bedeutung einer erkannten Störung ein. Wenn es notwendig erscheint, werden verursachte Folgewirkungen - etwa für übergeordnete Werkstattaufträge oder nachgelagerte Arbeitsplatzgruppen - untersucht. Eine beispielhafte Regel aus diesem Bereich lautet "Wenn sich unter Berücksichtigung der von DIPSEX gelieferten Engpaßkategorie sowie der prognostizierten Dauer des Ausfalls ergibt, daß die Störung nicht tolerierbar ist, dann stelle fest, welche Arbeitsgänge davon wie stark betroffen sind". Ergibt die Diagnose einen Handlungsbedarf, analysiert der Beratungsteil Gegenmaßnahmen zur Beseitigung der Störung: Die Maßnahmenermittlung überprüft die potentiellen Umdispositionsmaßnahmen auf ihre grundsätzliche Anwendbarkeit und schätzt den Nutzen und Aufwand ihrer Durchführung ein. Im Rahmen der Maßnahmenauswahl präsentiert UMDEX dem zu unterstützenden Disponenten die Diagnoseergebnisse und Detailinformationen der anwendbaren Gegenmaßnahmen. Während in einfacheren Fällen eine automatische Maßnahmenauswahl denkbar ist, hat in komplexeren Situationen die Entscheidung der Disponent zu treffen.

Da es die komplexe Struktur des PPS-Gebietes nicht erlaubt, alle potentiellen Auswirkungen einer Abweichung zu untersuchen, wurden vier sog. "Bereiche" geschaffen, die jeweils sowohl Teile der Diagnose als auch der Beratung umfassen.

Im Kapazitätsbereich (KA-B) werden Kapazitätsüber- und -unterauslastungen festgestellt, beurteilt und - soweit möglich - durch angemessene Gegenmaßnahmen, wie z.B. die Verlagerung auf Ausweichmaschinen, beseitigt. Im Werkstattauftragsbereich (WA-B) wird jeder Arbeitsgang überprüft, so daß eine frühzeitige Abweichungserkennung schon vor dem Abschluß des Werkstattauftrags gesichert ist. Nötigenfalls versucht UMDEX hier z.B., Arbeitsgänge zu splitten oder zu überlappen. Der Auftragsnetzbereich (AN-B) dient der erweiterten Beurteilung von Abweichungen, die im WA-B festgestellt wurden. Im AN-B werden die Auswirkungen einer Abweichung auf das Auftragsnetz untersucht. Falls erforderlich, versucht man hier über das Splitten von Werkstattaufträgen (was im Prinzip einer Umkehrung der Losgrößenbildung entspricht) zumindest einen Teil der bedarfsverursachenden Aufträge plangerecht fertigzustellen. Der Endproduktbereich (EP-B) erweitert die Untersuchung um Gesichtspunkte, die den von der Abweichung betroffenen Kunden oder die Folgen für die Lieferbereitschaft in die Beurteilung mit einbeziehen. Als Maßnahmen kommen hier z.B. die Auslieferung von Teilaufträgen oder eine Veränderung der Zuteilungen der fertiggestellten Produkte auf Kundenaufträge in Frage.

Eine Diagnose findet zunächst in dem Bereich statt, der der Abweichung am nächsten liegt (z.B. bei einem Maschinenausfall der KP-B). Nur für den Fall, daß eine besonders schwerwiegende Störung erkannt wurde und/oder dieser nicht durch Maßnahmen des momentanen Bereichs sinnvoll begegnet werden kann, erfolgt eine stufenweise Ausdehnung von Diagnose und Beratung in übergeordnete Bereiche (hier im Beispiel zunächst in den WA-B, dann in den AN-B und EP-B). Der Analyseumfang des Systems UMDEX kann damit dynamisch an die Bedeutung der Störung angepaßt werden.

Ein umfangreicher Prototyp ist mit dem Expertensystemtool ESE von IBM implementiert und umfaßt gegenwärtig ca. 550 Regeln.

4 Kommunikation zwischen den Teilsystemen

4.1 Überblick über die Informationswege

Abbildung 4.1/1 zeigt die Richtung und die Intensität der zwischen den einzelnen Teilsystemen fließenden Informationsströme. Details der ausgetauschten Daten werden in den folgenden drei Kapiteln erläutert.

Abb. 4.1/1	Informationsströme innerhalb UPPEX

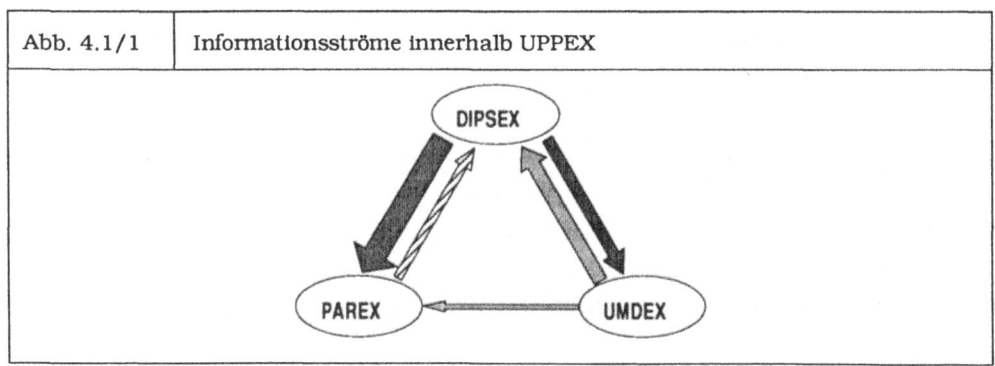

4.2 Darstellung der Teilbeziehungen

4.2.1 Kommunikation zwischen DIPSEX und PAREX-CO

Unter den Kommunikationssträngen zwischen den drei XPS (vgl. Abbildung 4.1/1) ist die Verbindung zwischen den Systemen DIPSEX und PAREX-CO die reichhaltigste.

PAREX-CO benötigt zunächst Daten für seine Teilfunktion "Problemerkennung". Dazu werden von DIPSEX alle erkannten Schwachstellen - soweit sie grundsätzlich von PAREX-CO beeinflußt werden können - möglichst detailliert an dieses transferiert. Zu unterscheiden ist dabei ggfs., ob die Schwachstelle aufgrund maschinengruppenspezifischer, teilespezifischer oder aufgrund globaler Analysen ermittelt wurde. So ist es z.B. von Bedeutung, ob das Problem "mangelhafte Termintreue" als "mangelhafte Termintreue der während eines mittelfristigen Zeitraums an einer bestimmten Maschinengruppe durchgeführten Arbeitsgänge" oder als "mangelhafte Termintreue der während eines mittelfristigen Zeitraums durchgeführten Werkstattaufträge zur Produktion des jeweiligen Teils" zu verstehen ist.

Weiter ist für PAREX-CO von Bedeutung, ob die übermittelten Schwachstellen aus DIPSEX-Diagnosen oder DIPSEX-Prognosen stammen. Abhängig davon, ob die Probleme aktuell vorliegen oder aufgrund der bisherigen Entwicklung für die Zukunft erwartet werden können, unterscheidet sich das Vorgehen bei PAREX-CO. So werden Schwellwerte, die als Abbruchkriterien für den Selektionsprozeß dienen, bei prognostizierten Problemen aufgrund der Unsicherheit zukünftiger Entwicklungen höher angesetzt als bei diagnostizierten.

Grundsätzlich sollte darüber hinaus von DIPSEX gemeldet werden, falls in der Vergangenheit aufgetretene Probleme nicht mehr festgestellt werden ("Zustände, die sich mittlerweile normalisiert haben"), damit PAREX-CO evtl. großzügig eingestellte Parameter wieder zurücksetzen kann.

Aufgrund der engen Verbindung zwischen den XPS, die beide im mittel- bis langfristigen Bereich arbeiten, empfiehlt es sich, DIPSEX unmittelbar vor PAREX-CO laufen zu lassen. In diesem Fall könnte DIPSEX die Informationen nach dem "Bringprinzip" in einer Datei oder Datenbank ablegen, auf die das PAREX-CO-Modul "Problemerkennung" direkt zugreift.

Nicht nur für das Modul "Problemerkennung", sondern auch für die "Parametereinstellung" sind DIPSEX-Werte erforderlich. Ein Beispiel ist der maschinenspezifische Parameter "Kennzeichen Kapazitätsprüfung", der angibt, ob an der jeweiligen Arbeitsplatzgruppe mit Belastungsschranken geplant werden soll. Da eine derartige Belastungsprüfung nur für Engpässe empfohlen wird, muß PAREX-CO Wissen über das Engpaßverhalten der jeweiligen

Arbeitsplatzgruppe haben. In diesem Zusammenhang spielt ebenfalls die Unterscheidung zwischen Diagnose und Prognose eine Rolle: Während z.B. prognostizierte Schwierigkeiten bei der Materialversorgung durch die frühzeitige Erhöhung der Sicherheitsbestände noch abgefangen werden können, schafft diese Maßnahme bei einer aktuell vorliegenden Materialknappheit keine Abhilfe mehr.

In vielen Fällen können allerdings die von PAREX-CO im Rahmen der Parametereinstellung benötigten Wissenselemente nicht von vornherein klar bestimmt werden (z.B. über welche Arbeitsplatzgruppe Engpaßinformationen benötigt werden), so daß hier ein etwas anderes Vorgehen bei der Informationsübermittlung als im Fall der "Problemerkennung" angebracht erscheint. Die Daten sollten von DIPSEX nur in allgemein zugänglichen Dateien oder Datenbanken gepflegt und bereitgestellt werden. PAREX-CO greift dann je nach Bedarf nach dem "Hol-Prinzip" auf diese zu.

Für PAREX-CO ist DIPSEX aber nicht nur Informationslieferant, sondern auch Informationsempfänger. Wesentliche Grundlage der Schwachstellenerkennung durch DIPSEX sind die von diesem System durchgeführten Plan-Ist-Vergleiche. Paßt nun aber PAREX-CO aufgrund übermittelter Schwachstellen Parameter an die Ist-Werte an (z.B. den Ausschußprozentsatz aufgrund aufgetretener Materialknappheit), so verändert sich das Niveau, ab dem DIPSEX Schwachstellen feststellt. Im Beispiel wird beim Plan-Ist-Vergleich Ausschuß erst dann bemerkt, wenn er den mittlerweile erhöhten Ausschußprozentsatz überschreitet. Es empfiehlt sich daher, vorgenommene Parametereinstellungen DIPSEX in einer Datei oder Datenbank zur Verfügung zu stellen.

4.2.2 Kommunikation zwischen DIPSEX und UMDEX

Da UMDEX nur im kurzfristigen Bereich arbeitet, fehlen dem System z.B. bei seinen Diagnosen und Beratungen Informationen über mittelfristige Zeiträume, wie z.B. der Engpaßcharakter einer Arbeitsplatzgruppe, der Einfluß auf die Bedeutung eines Maschinenausfalls hat. Ein weiteres Beispiel wäre die Häufigkeitsverteilung des Verzugs innerhalb der Fertigung, an der sich die Einschätzung der Bedeutung einer Terminabweichung eines Auftrags orientiert. Es liegt daher nahe, diese Daten, die von DIPSEX während seines Diagnoseprozesses ermittelt und bereits dem Teilsystem PAREX-CO zur Verfügung gestellt werden (vgl. Kapitel 4.2.1), auch in UMDEX zu verwenden.

Umgekehrt stellt UMDEX in einer entsprechenden Datenbank für DIPSEX zum einen die festgestellten Störungen bereit. Letzteres untersucht damit, ob bestimmte Ausfälle über einen mittelfristigen Zeitraum wiederholt auftreten. Zum anderen meldet UMDEX, welche Umdispositionsmaßnahmen getroffen wurden, woraus DIPSEX beispielsweise erkennt, daß der an einer Maschinengruppe festgestellte überhöhte Ausschuß auf das häufige Verschieben einer Wartungsarbeit zurückgeführt werden kann.

4.2.3 Kommunikation zwischen PAREX-CO und UMDEX

Hier finden wir nur einen einseitigen Informationsfluß von UMDEX zu PAREX-CO. Führt UMDEX bestimmte Umdispositionsmaßnahmen (z.B. Splitten oder Überlappen) durch, so werden dabei im kurzfristigen Bereich angesiedelte Parameter verändert. Diese liegen zwar nicht mehr im Einflußbereich von PAREX-CO, wurden aber im Rahmen des Planungsvorgangs innerhalb COPICS aus Stammdaten übernommen, die ihrerseits von PAREX-CO parametriert werden. UMDEX stellt daher Informationen über vorgenommene Parameteränderungen für PAREX-CO bereit, damit dieses XPS ggfs. die Stammdaten bereits geeignet vorbesetzen kann.

5 Ausblick

Die bisherigen Erfahrungen zeigen, daß bei der Abbildung realitätsnaher betrieblicher Bedingungen auf einen Laborbetrieb ein beträchtlicher Teil des Entwicklungsaufwandes auf das Zusammenschalten der drei Einzelsysteme und der Systemumgebung entfällt. Die Kombination großer Anwendungspakete wie COPICS mit Systemen aus der künstlichen Intelligenz stellt hohe DV-technische Anforderungen, die von üblichen Universitätsrechenzentren nur schwer erfüllt werden können. Wir mußten daher mit großem Aufwand so heterogene Betriebs- und Anwendungssysteme wie COPICS, DL/I, CICS, VTAM usw. (unter DOS/VSE) und ESE, SQL/DS (unter CMS) auf der gemeinsamen VM-Plattform unserer IBM 3090-120S "unter einen Hut" bringen.

Die Modularisierung großer WBS in kleinere, überschaubarere Komponenten stellt nach unserer Einschätzung einen erfolgversprechenden Weg dar, um Entwicklungsaufwand einzusparen und eine Wartbarkeit bezüglich veränderter Anforderungen sicherzustellen. Inwieweit unsere speziellen Erfahrungen auf andere Problemstellungen übertragbar sind, muß sich erst noch in weiteren Forschungsarbeiten erweisen.

Ein Kennzahlensystem für die Organisation

Heidi Heilmann
(Universität Stuttgart, Betriebswirtschaftliches Institut,
Abteilung Allgemeine Betriebswirtschaftslehre und Wirtschaftsinformatik)

Im Rahmen des DFG-Schwerpunktprogramms "Interaktive betriebswirtschaftliche Informations- und Steuerungssysteme" (vgl. Kurbel/Mertens/Scheer, 1989) wird am Betriebswirtschaftlichen Institut der Universität Stuttgart das Projekt Organisationsdatenbank/ Organisationsinformationssystem (ODB/OIS) seit Anfang 1988 geplant und abgewickelt. Die DFG hat das Projekt im April 1990 um zwei weitere Jahre verlängert.

Eine Organisationsdatenbank bildet als Metadatenbank alle Aspekte der vergangenen, gegenwärtigen und zukünftigen Organisation (sowohl Ablauf- als auch Aufbauorganisation eines Unternehmens) ab, das Organisationsinformationssystem stellt die zur Datenverwaltung, für Abfragen und Auswertungen, Organisationsanalysen und -planungen erforderlichen Funktionen bereit. Die Quellen Heilmann/Sach/Simon 1988, Heilmann 1989 und Heilmann/Simon 1989 beschreiben das Gesamtprojekt sowie ausgewählte Entwurfs- und Implementierungsaspekte von ODB/OIS.

Ein Bestandteil von OIS ist ein Kennzahlensystem für die Organisation des Unternehmens, das sowohl zur Schwachstellenanalyse als auch für Perioden-, Soll-Ist- und zwischenbetriebliche Vergleiche eingesetzt werden kann.

Das Teilprojekt Organisations-Kennzahlensystem wirft aus informationstechnischer Sicht keine über die sonst im ODB/OIS-Projekt auftretenden Probleme hinausgehenden Schwierigkeiten auf. Die besondere Problematik dieses Teilprojekts liegt im Finden geeigneter praxisverträglicher Kennzahlen und ihrer Verknüpfung für die Benutzer (Organisatoren und Führungskräfte), d.h. in einer "adäquaten Umsetzung der Möglichkeiten der Informationstechnologie" in einem betriebswirtschaftlichen Anwendungsbereich (vgl. Scheer 1990, Vorwort zur 4.Auflage).

Im ODB/OIS-Projekt hat sich insbesondere Ralf Hüttner, einer der studentischen Projektmitarbeiter, mit dem Entwurf eines solchen Kennzahlensystems im Detail beschäftigt (vgl. Hüttner 1989).

1 Struktur, Ermittlung und Verwendung von Organisationskennzahlen in der Literatur

In Theorie und Praxis ist unbestritten, daß Effektivität und Effizienz organisatorischer Lösungen - generell und unter Einbeziehung des situativen Kontexts - laufend zu kontrollieren sind, um Anpassungsnotwendigkeiten zu erkennen. Deshalb überrascht es, daß die Organisationsliteratur nur wenige Hinweise auf Organisationskennzahlen gibt, und daß ungeachtet der Rationalisierungsmöglichkeiten durch die Informationsverarbeitung die Quantifizierungsmöglichkeiten organisatorischer Sachverhalte bezweifelt werden (vgl. Zimmermann, S.190).

Im Handwörterbuch der Organisation (Grochla) findet sich der Begriff (Organisations-)Kennzahlen weder als Titel eines eigenen Beitrags noch als Stichwort im Index. Allerdings behandelt der Beitrag von Kubicek "Messung der Organisationsstruktur" (vgl. auch Kubicek/Welter) aus Dokumentenanalysen ermittelte organisatorische Kennzahlen wie z.B. Tiefe und Breite des Positionsgefüges. Kubicek (Sp. 1785 f und 1793) weist auch auf die Übernahme von Kennzahlen aus dem Personalbereich und auf die Notwendigkeit hin, Kennzahlen nicht nur für das Gesamtunternehmen, sondern auch nach Teilbereichen zu ermitteln.

Mit Kennzahlen als Auslöser für Organisationsentscheidungen hat sich Matzenbacher 1978/9 in seiner Dissertation und in einem Beitrag in der Zeitschrift für Organisation befaßt. Er gliedert sein Kennzahlensystem nach drei Kategorien: Quantifizierungsobjekt (Gesamtsystem oder Teilsystem), Kennzahleninhalt (organisationsspezifisch oder betriebswirtschaftlich) und Erfassungsart (unmittelbar "Ausmaß und Art des Organisiertseins" betreffend oder mittelbar "mit der Organisation kausal verknüpft")(vgl. Matzenbacher 1979, S.276 f.). Die aus diesen Überlegungen resultierenden sechs Kennzahlengruppen des "Idealmodells" werden dann in einem anwendungsorientierten Kennzahlenmodell nach "Auslöser mit Erwägungscharakter", "Auslöser mit Hinweis auf Notwendigkeit einer Organisationsuntersuchung", "Hinweis auf Ursache", "Hinweis auf Maßnahme" gegliedert.

Lippold und Puhlmann haben 1988 ein "Kennzahlensystem für die Büro- und Verwaltungsarbeit", insbesondere zur Identifizierung von Rationalisierungsreserven in mittelständischen Unternehmen vorgestellt. Dieses umfaßt 84 Kennzahlen zu fünf Bereichen: Kosten; Leistung und Leistungsfähigkeit (quantitativ); Flexibilität, Leistung und Leistungsfähigkeit (qualitativ); Informationsqualität; Mitarbeiterzufriedenheit. Neben Kennzahlen zu funktionalen Bereichen des Unternehmens haben Lippold/Puhlmann auch eine Reihe von Kennzahlen zur konventionellen und dv-gestützten Organisation vorgeschlagen und sehr detailliert mit Einsatzbereichen, Verdichtung, Erhebungszeitpunkten und -räumen, Vergleichsmöglichkeiten, Basisdaten und Literaturhinweisen beschrieben.

2 Ein Kennzahlensystem im Rahmen von ODB/OIS

Dieses Kennzahlensystem soll die Schwachstellenanalyse, auch im Sinne einer Früherkennung, unterstützen und Anstöße für organisatorische Maßnahmen geben. Dies kann zunächst durch Periodenvergleich der Istkennzahlen erfolgen, wobei Kontextänderungen zu berücksichtigen sind. Ausgehend von empirischen Untersuchungen und aus der Literatur bekannten Sollgrößen (vgl. z.B. Lippold/Puhlmann, Anhang: Praxiswerte von Kennzahlen) können Soll-Ist-Vergleiche folgen. Zwischenbetriebliche Vergleiche setzen neben der Sicherung von Vertraulichkeit eine Kennzahlenermittlung in den beteiligten Unternehmen nach gleichen (und gleichbleibenden) Grundsätzen voraus; sie sind am schwierigsten zu realisieren.

Kennzahlenwerte, Veränderungen im Zeitablauf und Soll-Ist-Abweichungen weisen nicht zwingend auf eine bestimmte, optimale Maßnahme hin. Vielmehr ist davon auszugehen, daß ein Maßnahmenbündel zur Wahl steht, und daß auch Maßnahmenkombinationen sinnvoll sein können. Schließlich kann das Unternehmen bei durch Kontextänderungen ausgelösten Verschiebungen auch versuchen, seinerseits den Kontext zu beeinflussen. In jedem Fall sind durch regelmäßige Kennzahlenbildung und -analyse zwar organisatorische Verbesserungen schneller und mit höherem Erfolg als bei konventioneller Vorgehensweise zu erwarten; die Identifizierung optimaler organisatorischer Lösungen erscheint aber - mit und ohne Kennzahlen - problematisch bis unmöglich (vgl. Kieser, S.42 f).

Das ODB/OIS-Kennzahlensystem baut auf den ODB/OIS-Objekten und ihren Beziehungen auf (vgl. das E-R-Modell in Heilmann/Simon, S.11), die aktuellen Basisdaten stehen in der Organisationsdatenbank zu Verfügung. Es handelt sich um ein Ordnungssystem, d.h. die einzelnen Kennzahlen sind nur zum Teil rechnerisch untereinander verknüpft und werden nicht zu einer Spitzenkennzahl verdichtet. Die einzelnen Kennzahlen bestehen vielfach nicht nur aus einem einzigen numerischen Wert, sondern bilden mehrere, sachlogisch zusammenhängende Werte in tabellarischer Zusammenstellung ab. Alle Kennzahlen können, abhängig von der jeweiligen Zielsetzung und Unternehmensgröße, nach Hierarchieebenen verdichtet werden.

2.1 Kennzahlenstruktur

Abbildung 1 zeigt die vorgesehene Kennzahlenstruktur. Die Kennzahlengruppen "Personal" und "Weisungs- und Entscheidungsbefugnisse" beziehen sich auf die Aufbauorganisation. "Aufgaben" betreffen ebenso wie Kennzahlen zu "Arbeitsplatz und Sachmittel" sowohl Aufbau- als auch Ablauforganisation. Die Kennzahlengruppen "Information und Kommunikation" sowie "Arbeitsabläufe" bilden ablauforganisatorische Sachverhalte ab.

Abbildung 2 enthält ausgewählte Beispiele zur Aufbau- (Aufgabenstruktur je Stelle; Kapazitätsaufwand nach Aufgaben je Stelle; Leitungsspanne) und zur Ablauforganisation (Einzelne Geschäftsvorfälle mit relevanten Arbeitsanweisungen, Arbeitsgängen, ausführenden Stellen und Abteilungen).

2.2 Verdichtungsstufen

Die einzelnen Kennzahlen lassen sich nach dem Schema von Abbildung 3 nach einer unternehmensindividuell variablen Zahl von Hierarchieebenen verdichten.

Beispielsweise wird die "Raumfläche pro Mitarbeiter" zunächst je Stelle mit der Kennzeichnung, ob es sich um ein Einzel-, ein Gruppen- oder ein Großraumbüro handelt, ermittelt. In beliebig vielen weiteren Stufen kann die "Raumfläche pro Mitarbeiter" dann zum Durchschnitt je Abteilung, Hauptabteilung, Fachbereich, etc., verdichtet werden, wobei neben dem Durchschnittswert auch die Minimal- und Maximalwerte nach Büroraumtypen getrennt ausgewiesen werden. Dabei ist zu beachten, daß hochverdichtete Kennzahlenwerte nur erste Hinweise geben, u.U. sogar organisatorische Schwachstellen durch Durchschnittsbildung verschleiern können.

3. Literatur

Grochla, E. (Hrsg.): Handwörterbuch der Organisation, 2.Auflage, Stuttgart 1980

Heilmann, H.; Sach, W.; Simon, M.: Organisationsdatenbank und Organisations-informationssystem. In: HMD-Heft 142, Wiesbaden, Juli 1988, S.119-129

Heilmann, H.: Entwurfsentscheidungen bei der Gestaltung eines Organisationsin-formationssystems. In: Kurbel, K.; Mertens, P.; Scheer, A.-W. (Hrsg.): Interaktive betriebswirtschaftliche Informations- und Kommunikationssysteme, Berlin 1989, S.315-328

Heilmann, H.; Simon, M.: Organisationsanalyse und -planung mit ODB/OIS: Integration mit bestehenden Anwendungssystemen im Unternehmen. In: Paul, M. (Hrsg.), GI-19. Jahrestagung II, Computergestützter Arbeitsplatz, München, Okt. 1989, S.190-203

Hüttner, R.: Entwicklung eines Kennzahlensystems für Organisations-datenbank/Organisationsinformationssystem. Diplomarbeit im Studiengang Betriebswirtschaftslehre t.o. an der Universität Stuttgart, 1989

Kieser, A.: Änderungen der formalen Organisationsstruktur in Organisations-entwicklungsprozessen. In: Frese, E.; Schmitz, P.; Szyperski, N. (Hrsg.): Organisation, Planung, Informationssysteme: Erwin Grochla zu seinem 60.Geburtstag gewidmet, Stuttgart 1981, S.37-57

Kubicek, H.: Messung der Organisationsstruktur. In: Grochla 1980, Sp. 1778-1795

Kubicek, H.; Welter, G.: Messung der Organisationsstruktur, Stuttgart 1985

Kurbel, K.; Mertens, P.; Scheer, A.-W. (Hrsg.): Interaktive betriebswirtschaftliche Informations- und Kommunikationssysteme, Berlin und New York 1989

Lippold, H.; Puhlmann, F.: Zielsicher analysieren und steuern mit Bürokennzahlen. Baden-Baden und Frankfurt/Main 1988

Matzenbacher, H.J.:
- Die Konzeption eines als Auslöser geeigneten Kennzahlenmodells zur Überwachung und Steuerung der Organisation. Frankfurt a.M. 1978
- Zur Konzeption eines anwendungsorientierten Kennzahlenmodells zur Überwachung und Steuerung der Organisation. In: ZO 5/1979, S.275-281

Scheer, A.-W.: EDV-orientierte Betriebswirtschaftslehre, 4.Auflage, Berlin et al.
1990

Zimmermann, W.L.: Formeln und Kennzahlen in Datenverarbeitung und Organisation. In: WiSt, Heft 4/1983, S.190-194

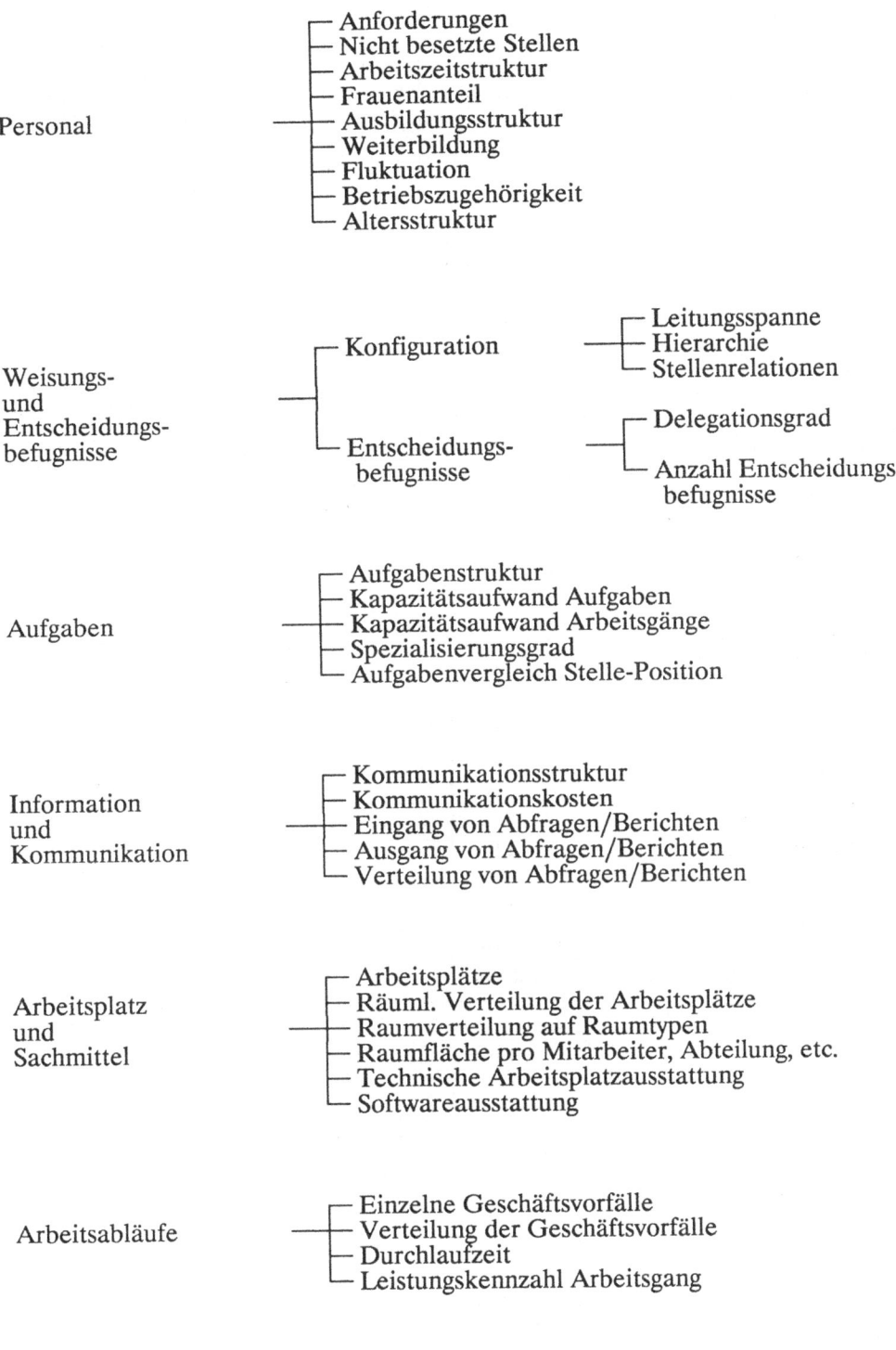

Personal
- Anforderungen
- Nicht besetzte Stellen
- Arbeitszeitstruktur
- Frauenanteil
- Ausbildungsstruktur
- Weiterbildung
- Fluktuation
- Betriebszugehörigkeit
- Altersstruktur

Weisungs- und Entscheidungsbefugnisse
- Konfiguration
  - Leitungsspanne
  - Hierarchie
  - Stellenrelationen
- Entscheidungsbefugnisse
  - Delegationsgrad
  - Anzahl Entscheidungsbefugnisse

Aufgaben
- Aufgabenstruktur
- Kapazitätsaufwand Aufgaben
- Kapazitätsaufwand Arbeitsgänge
- Spezialisierungsgrad
- Aufgabenvergleich Stelle-Position

Information und Kommunikation
- Kommunikationsstruktur
- Kommunikationskosten
- Eingang von Abfragen/Berichten
- Ausgang von Abfragen/Berichten
- Verteilung von Abfragen/Berichten

Arbeitsplatz und Sachmittel
- Arbeitsplätze
- Räuml. Verteilung der Arbeitsplätze
- Raumverteilung auf Raumtypen
- Raumfläche pro Mitarbeiter, Abteilung, etc.
- Technische Arbeitsplatzausstattung
- Softwareausstattung

Arbeitsabläufe
- Einzelne Geschäftsvorfälle
- Verteilung der Geschäftsvorfälle
- Durchlaufzeit
- Leistungskennzahl Arbeitsgang

Abbildung 1: Kennzahlenstruktur
(modifiziert nach Hüttner, S.41)

Aufgabenstruktur je Stelle

untergliedert nach den Aufgabenklassen einzel-, sach- und routinefallorientierte Aufgaben

Aufgaben- struktur Stelle:	Anzahl Aufg.	Kapazit. aufwand Std.	%
Einzelfallorient.	5	40	25
Sachfallorient.	2	40	25
Routinefallorient.	10	80	50

Kapazitätsaufwand nach Aufgaben je Stelle

Soll- bzw. Istaufwand in Stunden/Zeitraum und in Prozent der Arbeitszeit für alle Einzelaufgaben einer Stelle

Kapazität nach Aufgaben für Stelle	Stunden	%
Aufg. 1	10	10
Aufg. 2	25	25
.		
.		
.		
Aufg. n	10	10
Summe	100	100

Leitungsspanne

direkte und indirekte Unterstellung in Anzahl Mitarbeiter und Prozent, gegliedert nach Stellenarten sowie fachlicher und/oder disziplinarischer Unterstellung

Leitungstiefe: Anzahl der ûnterstellten Hierarchie- ebenen

Leitungs- spanne Leitungs- stelle:	Direkt disz. + fachl.		disz.		fachl.		Indirekt (Anz. MA)	
	Anz.	%	Anz.	%	Anz.	%	Anz.	%
unterstellte Leitungs- stellen	5	25					5	3
unterstellte ausf. Stellen	10	50					12	7
unterstellte Stabsstellen	5	25					5	3
Leitungs- tiefe	2							

Abbildung 2(a): Kennzahlen-Beispiele

Einzelne Geschäftsvorfälle	Anzahl Arbeitsanweisungen (a)	Anzahl Arbeitsgänge (b)	Anzahl betroffener Stellen (c)	Anzahl Übergänge zw. Stellen (d)	Anz. betroffener Abt. (e)	Anzahl Über gänge zw. Abt. (f)
G-Vorfall 1	4	20	7	4	3	2
G-Vorfall 2						
...						
G-Vorfall n						

Einzelne Geschäftsvorfälle

Anzahl relevanter Arbeitsanweisungen, Arbeitsgänge, ausführender Stellen und Abteilungen je Geschäftsvorfall

Abbildung 2(b): Kennzahlen-Beispiele

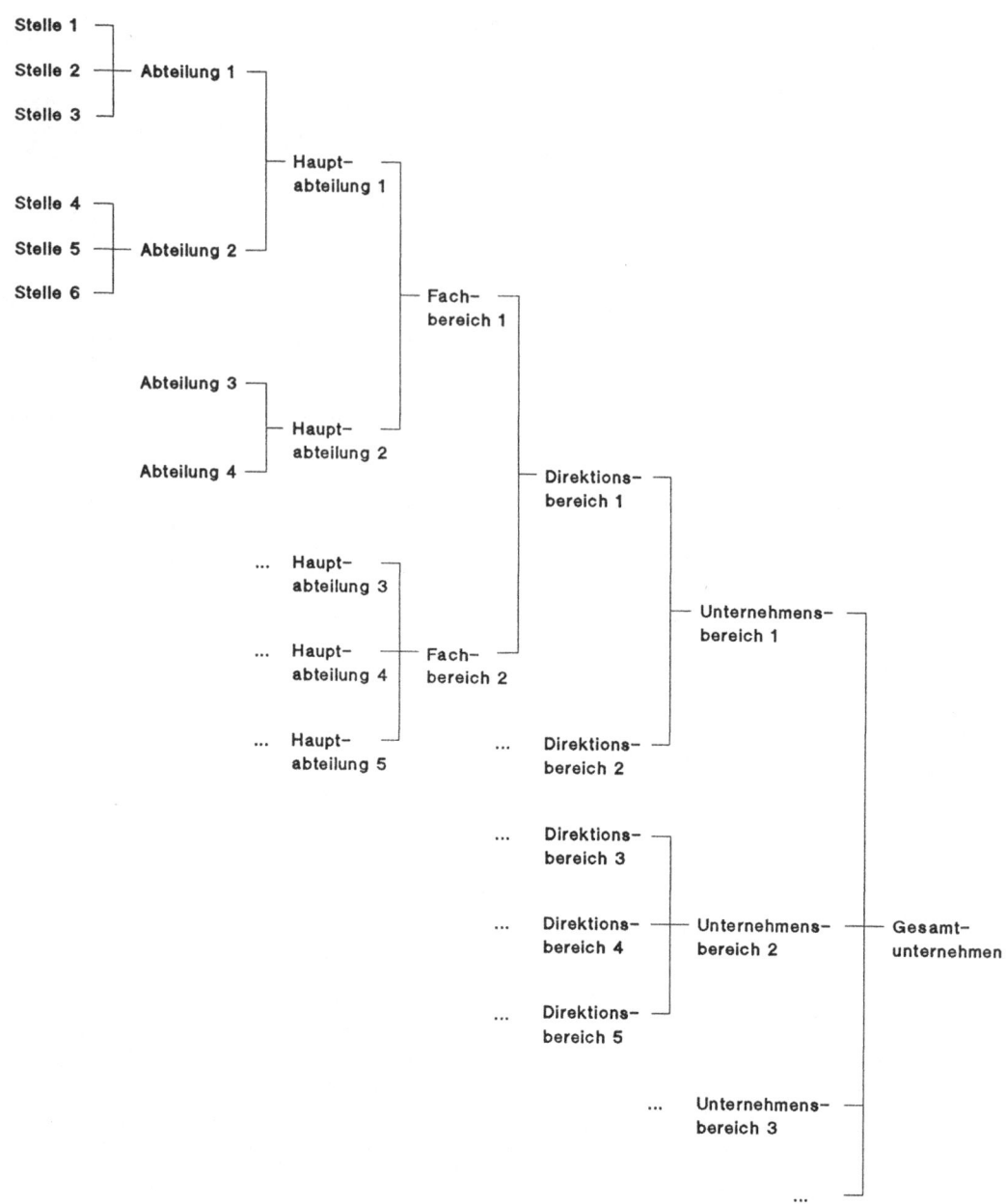

Abbildung 3: Verdichtungsstufen von Organisationskennzahlen
(nach Hüttner, S. 44)

CIM-KSA - EINE RECHNERGESTÜTZTE METHODE FÜR DIE PLANUNG VON CIM-INFORMATIONS- UND KOMMUNIKATIONSSYSTEMEN

Hermann Krallmann, Bernd Scholz-Reiter
Technische Universität Berlin
Fachgebiet Systemanalyse und EDV
FR 6-7, Franklinstr. 28 - 29
1000 Berlin 10

Einleitung und Anforderungsdefinition

Den Kern eines Ansatzes zur Entwicklung von CIM-Informations- und Kommunikationssystemen (CIM-IKS) sollte ein unternehmensweites, gesamtheitliches CIM-IKS-Modell bilden, welches zum ersten mit ingenieurmäßigen Methoden entwickelt wird, zum zweiten verschiedensten Betrachtungsrichtungen genügt und zum dritten alle Phasen der Entwicklung unterstützt.

Generell lassen sich in Anlehnung an Niemeier (NIEMEIER 1986) bzgl. der Entwicklungsphasen grob empirisch-orientierte Ansätze, die vor allem auf strategischer Ebene durch eine Analyse der übergeordneten Unternehmensziele überblickshaften Charakter haben, und Beschreibungsansätze, die aus einer sozio-technischen Perspektive die IKS-relevanten Gegebenheiten im Unternehmen darstellen, unterscheiden (vgl. HOYER 1988). Umfassende Ansätze versuchen beide Aspekte zu integrieren, so daß aus strategischen Überlegungen heraus IKS entwickelt werden können.

Weiter sind Ansätze zu unterscheiden, die ein vorhandenes IKS im Unternehmen verbessern wollen bzw. die IKS völlig neu, „auf der grünen Wiese" generieren. Gerade für letztere spielen Referenzmodelle eine wesentliche Rolle. Für die pragmatische Planung von CIM-IKS sind beide Möglichkeiten zu fordern, da zum einen CIM-IKS völlig neue Strukturen aufweisen können, aber zum anderen oft im Unternehmen vorhandene Gegebenheiten berücksichtigt werden müssen.

Die zu unterstützenden Phasen ergeben sich des weiteren aus den Grundaufgaben der IKS-Entwicklung:
- der organisatorischen Gestaltung der Abläufe und des Aufbaus sowie
- der konzeptionellen Spezifikation der einzusetzenden Systemkomponenten.

Ansätze zur CIM-IKS-Planung sollen folgende grobe Entwicklungsphasen funktional unterstützen:
- Rahmenplanentwicklung, basierend auf den Unternehmenszielen
- Analyse der Ist-Situation
- Planung der Soll-Alternativen
- Bewertung und Auswahl.

Aufgrund der Komplexität von CIM-IKS sollen die Phasen (bis auf die erste) auch für IKS-Teilbereiche, allerdings unter dem Gesichtspunkt einer gesamtheitlichen Betrachtung und

Konsistenz, durchführbar sein. Teilbereiche sollen unter CIM-Aspekten Vorgangsketten sein, die an Objekten (z. B. Auftrag, Produkt) orientiert sind.

Im Rahmen dieses Vorgehens sind geeignete Hilfen bzgl. Zielfindung, Istaufnahme-Unterstützung, Plausibilitäts- und Konsistenzchecks, statische Auswertungen, dynamische Auswertungen, IKS-Bildungsregeln, Bewertungs- und Auswahlhilfen zur Verfügung zu stellen.

Als Objektmodell wird die Abbildung des Gegenstandes der Problembearbeitung, das ist in diesem Fall ein CIM-IKS, bezeichnet. Beschreibungsansätze können für CIM-IKS wie im Verwaltungsbereich nach Bracchi und Pernici (vgl. BRACCHI/PERNICI 1984) prozeß-, daten- oder aktorenorientiert bzw. hybrid sein. Aufgrund des CIM-Aspekts und der daraus resultierenden Orientierung der IKS-Entwicklung an Vorgangsketten ist in erster Linie prozeßorientierten Ansätzen der Vorzug zu geben. „Prinzipiell können also Informationen, Aufgaben bzw. Prozesse, Menschen (bzw. Techniken) oder Entscheidungsprozesse im Mittelpunkt der" IKS-Entwicklung stehen (HOYER 1988).

Für die CIM-IKS-Entwicklung soll das Objektmodell aus folgenden Teilen bestehen:

Logisches Modell: beschreibt alle Informationen und Informationsflüsse sowie alle Aufgaben, die an Informationen durchgeführt werden, für die Informationen benötigt werden und aus denen neue bzw. geänderte Informationen resultieren

Organisatorisches Modell: beschreibt die Organisationsstruktur (Entscheidungshierarchie) und funktionale Einheiten (Stellen, Abteilungen)

Technisches Modell: beschreibt die technische Unterstützung und Struktur (Schnittstellen, Protokolle, Dienste, Netzwerke etc.)

Diese Teilmodelle müssen geeignet miteinander verknüpft sein, um eine umfassende Abbildung eines IKS unter verschiedenartigen Sichten zu ermöglichen.

Innerhalb der Modelle ist zwischen statischen und dynamischen Aspekten zu unterscheiden. Im logischen Modell des IKS beispielsweise sind die Informationen und die Aufgaben zunächst statisch. Beschäftigt man sich aber mit der Annahme verschiedenartiger Auslastungen des IKS, so treten dynamische Aspekte in Form von Übertragungszeiten, Abarbeitungszeiten, Warteschlangen etc. hinzu. Dynamische Aspekte sollten im Rahmen eines Ansatzes zur IKS-Entwicklung Berücksichtigung finden. In der Regel drückt sich dies durch die Möglichkeit einer Simulation aus.

Die bisher zum Objektmodell gemachten Aussagen beziehen sich auf das einem Ansatz zugrundeliegende konzeptionelle Modell des Objekts IKS. Unter einem konzeptionellen Modell wird die Art und Weise der Darstellung des Originals verstanden. Wird das konzeptionelle Modell inhaltlich gefüllt und zwar mit einer generell gültigen, von individuellen Besonderheiten freigehaltenen Ausprägung der wesentlichen Eigenschaften, so entsteht ein Referenzmodell. Referenzmodelle können eingesetzt werden, um daraus, unter Berücksichtigung individueller Randbedingungen durch Abänderung der allgemeingültigen Ausprägung, eine individuelle planungsfallspezifische Ausprägung des Modells, ein Implementierungsmodell, abzuleiten.

Hinsichtlich der Art und Weise der Modelldarstellung mit „ingenieurmäßigen Methoden"
innerhalb des Ansatzes unterscheidet Hoyer in Verfahren
"- ohne eine spezielle Modell-Basis
- auf Basis konventioneller Datenbank-Umgebungen
- auf Basis von Petri- oder verwandten Netzmodellen
- auf Basis einer speziellen Beschreibungssprache
- auf Basis der Künstliche Intelligenz- oder Expertensystem-Technologie" (HOYER 1988).

Eine wichtige Anforderung an die Ansätze ist ihre konsistente Anwendungsmöglichkeit
auch im Verwaltungsbereich. Wesentlich ist die Rechnerunterstützung der Ansätze für die
einzelnen Vorgehensschritte und die rechnergestützte Abbildung des Objektmodells.

Eine Analyse von 24 maßgeblichen Ansätzen (vgl. im einzelnen SCHOLZ-REITER 1990)
zeigt auf, daß keiner die an dieser Stelle nur grob geschilderten Anforderungen in Summe
erfüllt. Am weitesten entwickelt ist die Methode IDEF (vgl. zur Übersicht BRAVO-
CO/YADAV 1985 a-c), die allerdings nicht den empirisch-orientierten Teil abdeckt. Das
ESPRIT-Projekt CIM-OSA (CIM-OSA 1989) befindet sich noch in der Konzeptionsphase.
Der Ansatz erscheint außerdem in seiner konzeptionell hohen Komplexität wenig praktikabel.

Am Fachgebiet Systemanalyse und EDV der Technischen Universität Berlin wurde deshalb
eine rechnergestützte Methode zur Planung von CIM-IKS entwickelt, die den oben aufge-
stellten Anforderungen näherkommt (vgl. zur detaillierten Darstellung und vergleichenden
Bewertung SCHOLZ-REITER 1990) und bislang als Prototyp vorliegt. Die Methode CIM-
KSA soll im folgenden im Überblick dargestellt werden.

CIM-KSA

Die CIM-KSA ist eine rechnerunterstützte Methode zur Analyse und Modellierung von IKS
im Bereich der rechnerintegrierten Produktion. Sie basiert in ihren Grundzügen auf der für
den Verwaltungsbereich konzipierten Methode KSA (vgl. hierzu HOYER 1988). Kern der
CIM-KSA ist ein allgemeines unternehmensneutrales Referenzmodell des Informations-
und Kommunikationssystems von CIM, in dem logische Vorgangsketten und mögliche
organisatorisch-technische Ausprägungen hinterlegt sind (z. B. die Vorgangskette mit den
Funktionen Konstruktion und NC-Programmierung und deren zugehörige Aufgaben, Informationen und Informationsflüsse mit deren organisatorischen Zuordnungsvarianten, bspw.
die Konstruktionsabteilung oder die Arbeitsplanung, sowie deren mögliche Technikunter-
stützung, bspw. ein integriertes CAD-NC-Programmiersystem mit CLDATA-Schnittstelle
zu den Postprozessoren).

Aus diesem generischen Referenzmodell wird von den Organisatoren, ausgehend von strategischen Unternehmenszielen, schrittweise ein unternehmensindividuelles Implementie-

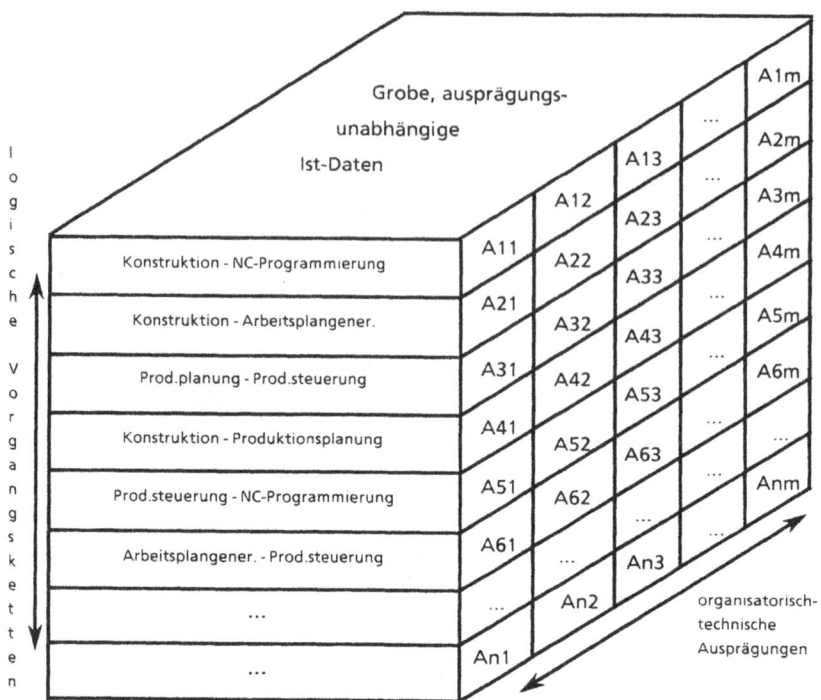

Abb. 1: Schema des Objektmodells der CIM-KSA (SCHOLZ-REITER 1990 in Anlehnung an BLACHER/DABROWSKI/SCHOLZ 1989)

rungsmodell abgeleitet. Dieses erfolgt durch Auswahl bezogen auf das generische Modell sowie durch Ergänzungen aufgrund unternehmensindividueller Gegebenheiten.

Die Komplexität des CIM-Gesamtprojekts macht es erforderlich, die IKS-Planung im CIM-Bereich in einzelne Phasen zu zergliedern, die nacheinander durchgeführt werden können. Dazu wird das umfassende Referenzmodell des Informations- und Kommunikationssystems zunächst grob auf die betrieblichen Gegebenheiten zugeschnitten, indem nur die für den Betrieb relevanten CIM-Vorgangsketten in die Untersuchung einbezogen werden.

Anschließend wird im verbleibenden Gesamtmodell vorgangskettenweise vorgegangen, d. h., die einzelnen Vorgangsketten werden nacheinander in einer vorher festzulegenden Reihenfolge abgearbeitet. Für jede Vorgangskette findet dann ein eigener Analyse- und Modellierungsvorgang mit impliziter Integration mit den bereits entwickelten Soll-Vorgangsketten statt. Dabei sollen nach Möglichkeit für alle Vorgangsketten einheitliche Bewertungskriterien angewendet werden.

Die umfangreiche und komplexe Aufgabe der Planung von IKS speziell für den CIM-Bereich wird also in übersichtliche, partiell zu bearbeitende Teilbereiche (Vorgangsketten) und einzelne, weniger komplexe Bearbeitungsschritte aufgebrochen; dabei geht allerdings die notwendige ganzheitliche Betrachtungsweise nicht verloren.

Der gesamte Planungsprozeß wird rechnergestützt dokumentiert, so daß die IKS-Bildung jederzeit nachvollziehbar ist.

Im folgenden werden kurz die einzelnen Vorgehensschritte zur Ableitung unternehmensindividueller Implementierungsmodelle erläutert. Die Rechnerunterstützung erfolgt dabei durch ein hybrides System, in dem teilweise Expertensystemtechnologie und teilweise konventionell programmierte Programmsystemmodule auf Basis einer relationalen Großrechnerdatenbank eingesetzt werden (vgl. im folgenden KRALLMANN/SCHOLZ 1989, BLACHER/DABROWSKI/SCHOLZ 1989 und SCHOLZ-REITER 1990). Die zu erläuternden Vorgehensschritte sind zum Überblick in den Abbildungen 2 und 3 dargestellt. Dabei wird in Abbildung 3 der Vorgehensschritt „Bearbeiten der relevanten Vorgangsketten" aus Abbildung 2 verfeinert. Auf der linken Seite der Abbildungen sind die einzelnen Vorgehensschritte verbunden durch einen Ablaufpfeil aufgeführt. Die rechte Seite der Abbildungen verdeutlicht symbolisch die schrittweise Veränderung des generischen Referenzmodells hin zu einem unternehmensspezifischen Implementierungsmodell.

Auswählen relevanter CIM-Vorgangsketten aufgrund betriebstypologischer Merkmale (A1)

Um das Untersuchungsfeld möglichst weit einzuschränken, werden in einem ersten Schritt die für den zu untersuchenden Betriebstyp relevanten Vorgangsketten ermittelt. Unter Zuhilfenahme eines Expertensystems soll der Anwender durch Angaben zum Betriebstyp (z. B. Fertigungstyp, Art der Auftragsauslösung) die dazu relevanten Funktionen ermitteln. Über die auf diese Weise ermittelten Funktionen werden Rückschlüsse auf die zu untersuchenden Vorgangsketten gezogen. Werden bestimmte Funktionen als relevant erachtet, die innerhalb einer Vorgangskette liegen, so wird diese Vorgangskette in die Untersuchung einbezogen.

Festlegen der Reihenfolge der Bearbeitung der relevanten Vorgangsketten (A2)

Zur Bewältigung der enormen Komplexität und der vielfältigen Gestaltungsmöglichkeit eines Soll-IKS erfolgt die Bearbeitung der Vorgangsketten sukzessiv. Aus diesem Grund ist deren Priorisierung von großer Bedeutung. Hier wird ein Expertensystem eingesetzt, mit dessen Unterstützung der Anwender anhand kritischer Erfolgsfaktoren ermittelt, in welcher Reihenfolge die Bearbeitung der relevanten logischen Vorgangsketten erfolgen soll, um die von ihm angegebenen operativen Ziele möglichst gut zu unterstützen. Entscheidend ist, daß nach der endgültigen Bearbeitung einer Vorgangskette die vorgangskettenrelevanten Aufgaben etc. der beiden die Vorgangskette definierenden Funktionen für die organisatorisch-technische Gestaltung weiterer Vorgangsketten fest vorliegen. Dabei wird bei der Bearbeitung der einzelnen Vorgangsketten die sogenannte Least-Commitment-Strategie angewendet, indem die die Vorgangskette nicht betreffenden Aufgaben etc. der beiden Funktionen organisatorisch-technisch noch nicht spezifiziert werden. Die Anzahl der Freiheitsgrade zur Modellierung der Vorgangsketten nimmt trotzdem von Vorgangskette zu

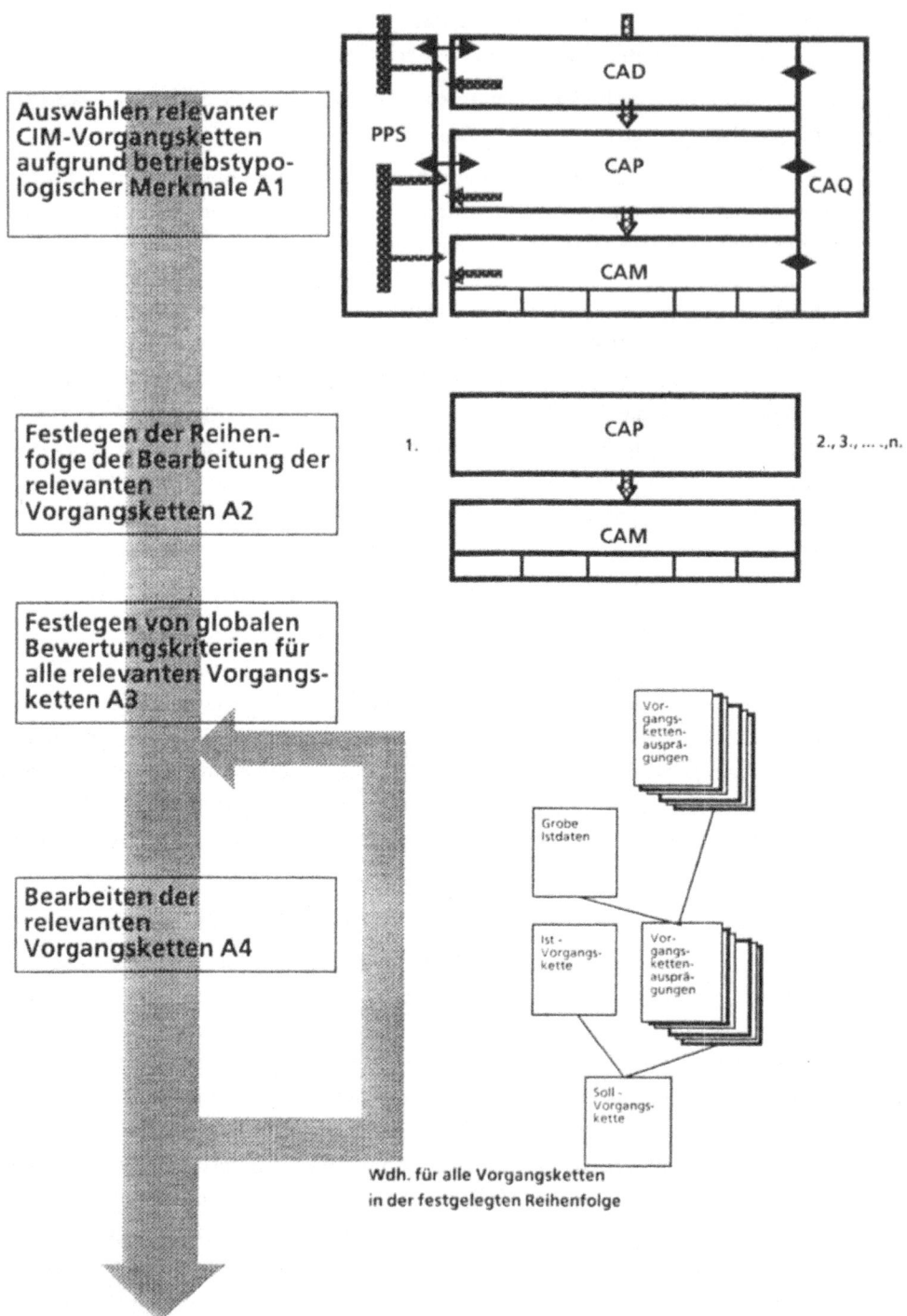

Abb. 2:   Vorgehensschritte der CIM-Kommunikationsstrukturanalyse A0
           (SCHOLZ-REITER 1990)

Vorgangskette in der Reihenfolge ihrer Bearbeitung ab, so daß trotz Anwendung der Least-Commitment-Strategie auf eine Priorisierung der Bearbeitungsfolge nicht verzichtet werden kann.

Festlegen von globalen Bewertungskriterien für alle relevanten Vorgangsketten (A3)

Dieser Schritt dient der Festlegung von globalen Kriterien zur Bewertung der verschiedenen Ausprägungen der einzelnen Vorgangsketten, wobei diese Kriterien für alle Vorgangsketten des gesamten IKS gelten sollen, d. h., daß sie sozusagen die Gesamtprojektziele operationalisieren sollen.

Die Kriterien stellen also Maßstäbe für die operativen Ziele des eigentlichen Integrationsprojektes dar. Sie sollen sowohl für die einzelnen Vorgangsketten als auch für das gesamte zu gestaltende IKS gelten. Die operativen Ziele der aktuellen IKS-Planung hängen von der jeweiligen Unternehmensstrategie und anderen Faktoren ab. Obwohl die Kriterienfindung eine Aufgabe der Entscheidungsträger sein sollte, wurde für die in dem folgenden Schritt stattfindende Modellierung ein Katalog von allgemeingültigen Kriterien (z. B. Zahl der Medienbrüche, Zahl der Stellenbrüche, Durchlaufzeit) entwickelt, um den Organisatoren die Arbeit zu erleichtern und die Berücksichtigung CIM-individueller Ziele zu fördern.

Bearbeiten der relevanten Vorgangsketten (A4)

Im Anschluß an diese Schritte werden die einzelnen Vorgangsketten sukzessiv abgearbeitet und zwar in der Reihenfolge, die in der Phase der Priorisierung festgelegt wurde. Nach der erfolgten Spezifizierung von lokalen Bewertungskriterien für die aktuelle Vorgangskette wird sie mit groben Ist-Daten gefüllt. Anschließend werden die als relevant erachteten organisatorisch-technischen Ausprägungen generiert und die gemäß den globalen und lokalen Bewertungskriterien als optimal erachtete Alternative als Grundlage der Soll-Vorgangskettenbildung herangezogen. Unter Berücksichtigung betrieblicher Restriktionen erfolgt die Modellierung der eigentlichen Soll-Vorgangskette. Im folgenden werden diese Schritte im Überblick dargestellt (vgl. Abb. 3).

Festlegen von lokalen Bewertungskriterien (A41)

Der erste Schritt dieser Vorgangskettenbearbeitung dient der Festlegung von lokalen Bewertungskriterien speziell für die gerade zu bearbeitende Vorgangskette, da es durchaus möglich sein kann, daß die mit dieser Vorgangskette zu manipulierenden Ziele von der Globalstrategie abweichen können. Es sollte darauf geachtet werden, daß die lokalen Kriterien komplementär oder erweiternd und nicht konkurrierend oder einschränkend zu den Globalkriterien sind.

Füllen mit betriebsspezifischen Daten (A42)

Innerhalb dieses Schrittes erfolgt das Füllen der aktuell zu bearbeitenden Vorgangskette mit betriebsspezifischen Daten, um später die organisatorisch-technischen Ausprägungen untereinander bewerten zu können. Die Daten werden über eine grobe Ist-Analyse PC-gestützt erfaßt. Erhoben werden Daten wie z. B. Häufigkeiten von Prozessen, Informations-

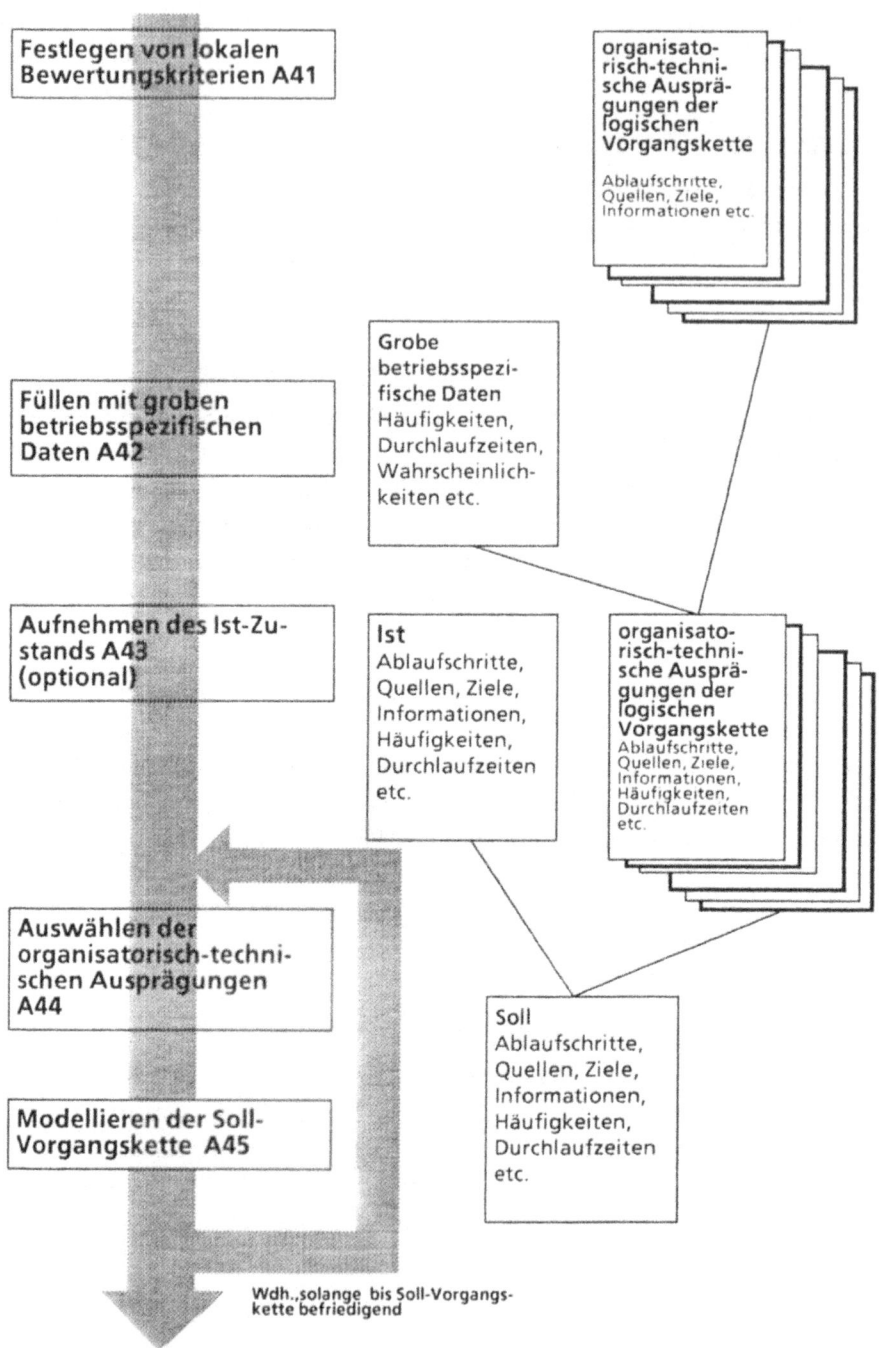

Abb. 3:   Bearbeiten der relevanten CIM-Vorgangsketten A4 (SCHOLZ-
REITER 1990)

flußwahrscheinlichkeiten (z. B. die Wahrscheinlichkeit eines bereits existierenden oder fehlerhaften Arbeitsplans), Komplexität der Prozesse, Abarbeitungsdauern und Übertragungsdauern unter Berücksichtigung der verwendeten und prinzipiell möglichen Unterstützungstechniken.

Aufnehmen des Ist-Zustandes (A43)

Für die Berücksichtigung speziellerer, betriebsspezifischer Gegebenheiten im nächsten Schritt sowie für eine eventuelle spätere Gegenüberstellung von Ist- und Soll-Zustand zum Nachweis der mit der Strukturänderung erzielten Verbesserungen, kann bei Bedarf eine feine Ist-Aufnahme des Informations- und Kommunikationssystems der Vorgangskette durchgeführt werden, deren Ergebnis ebenfalls in der CIM-KSA auf dem Rechner als Modell abgelegt wird.

Um einen Soll-Ist-Vergleich zu ermöglichen, erfolgt die Erhebung des Ist-Zustands auf der Detaillierungsebene des Referenzmodells.

Dazu werden dem Anwender mit PC-Unterstützung Referenzaufgaben und -informationen zur Verfügung gestellt, die er entsprechend dem Ist-Zustand zusammenfügt, bis sämtliche Aufgaben der Vorgangskette, falls vorhanden, abgebildet sind. Anschließend erfolgt das Füllen des logischen Ist-Modells mit quantitativen Angaben. Die Erhebung des Ist-Zustandes ist allerdings nicht zwingend, da ein Soll-Modell auch lediglich aus dem generischen Referenzmodell abgeleitet werden kann.

Auswählen der organisatorisch-technischen Ausprägungen (A44)

In diesem Schritt werden die hinterlegten organisatorisch-technischen Vorgangskettenausprägungen mit der logischen Vorgangskette und den groben betriebsspezifischen Daten verknüpft und nach den spezifizierten globalen und lokalen Kriterien bewertet. Sämtliche Aufgaben, Informationen bzw. Informationsflüsse, die sich außerhalb dieser Vorgangskette befinden, werden dabei ignoriert. Die Ergebnisse werden für jede Ausprägung in der Datenbank festgehalten und können damit von den Organisatoren direkt zum Vergleich herangezogen werden. Dazu dienen sowohl statische Analyseprogramme als auch ein dynamisches Simulationsprogramm.

Die dadurch ermittelte „optimale" Ausprägung dient als Vorgabe für das Soll-Modell der Vorgangskette. Innerhalb dieses Schrittes findet implizit die Integration mit bereits erstellten Soll-Vorgangsketten statt, wenn Aufgaben etc. einer der betrachteten CIM-Funktionen innerhalb einer bereits modellierten Soll-Vorgangskette vorliegen.

Modellieren der Soll-Vorgangskette (A45)

Ist nun die „optimale" Ausprägung einer Vorgangskette ermittelt, können an dieser Stelle die unternehmensspezifischen Randbedingungen Berücksichtigung finden, so daß am Ende dieses Schrittes eine praxisgerechte Soll-Vorgangskette vorliegt. Die Organisatoren passen die „optimale" Ausprägung durch Veränderungen bspw. der Reihenfolge der Aufgaben an eventuelle spezifische Besonderheiten des Unternehmens an. Falls eine detaillierte Ist-

Aufnahme durchgeführt wurde, besteht abschließend die Möglichkeit des Soll-/Ist-Vergleichs der betrachteten Vorgangskette über Analyse- und Simulationsprogramme.

Nach Bearbeitung aller relevanten Vorgangsketten kann eine Gegenüberstellung des Ist-IKS mit dem nun gebildeten gesamten Soll-IKS erfolgen. Das Soll-IKS liegt als unternehmenspezifisches Implementierungsmodell ebenfalls in der oben beschriebenen konzeptionellen Form des Objektmodells vor.

Aus dem Soll-Gesamtmodell können anschließend von den Organisatoren Anwendungssysteme und Infrastruktur abgeleitet werden. Dieser Schritt erfolgt nicht mehr rechnergestützt.

Teilweise wurden die in den beschriebenen Vorgehensschritten anwendbaren Programme bereits bei der Analyse des CIM-Bereichs eines Berliner Unternehmens der Konsumgüterindustrie erfolgreich eingesetzt.

Literaturverzeichnis

Blacher, A.; Dabrowski, R.; Scholz, B.: Vorgehensmodell einer rechnergestützten Methode zur Analyse und Gestaltung von Informations- und Kommunikationsstrukturen in der rechnerintegrierten Produktion; In: Paul M. (Hrsg.): GI - 19. Jahrestagung II Proceedings, Springer Verlag, Berlin u. a., 1989, S. 176 - 189.

Bracchi, G.; Pernici, B.: Design Requirements of Office Systems; In: ACM Transaction on Office Information Systems 2(1984)2, S. 151 - 170.

Bravoco, R. R.; Yadav, S. B.: A Methodology to Model the Functional Structure of an Organisation; In: Computers in Industry, No. 6, 1985a, S. 345 - 361.

Bravoco, R. R.; Yadav, S. B.: A Methodology to Model the Information Structure of an Organisation; In: The Journal of Systems and Software Development, No. 5, 1985b, S. 59 - 71.

Bravoco, R. R.; Yadav, S. B.: A Methodology to Model the Dynamic Structure of an Organisation; In: Information Systems, Vol. 10, No. 3, 1985c, S. 299 - 317.

o.V.: CIM-OSA Reference Architecture Specification; Esprit Project No. 688, Brüssel, Januar 1989.

Hoyer, R.: Organisatorische Voraussetzungen der Büroautomation; Berlin, 1988.

Krallmann, H.; Scholz, B.: Analyse und Modellierung von Kommunikationsarchitekturen in der rechnerintegrierten Produktion; In: Kurbel, K.; Mertens, P.; Scheer, A.-W. (Hrsg.): Interaktive betriebswirtschaftliche Informations- und Steuerungssysteme; Berlin - New York, 1989, S. 329 - 347.

Niemeier, J.: Bürosystemforschung - Auf dem Weg zu methodengestützten Analyse- und Gestaltungskonzepten; In: Kommtech '86, Band III, Beitrag 1K, Velbert, 1986.

Scholz-Reiter, B.: CIM-Informations- und Kommunikationssysteme - Darstellung von Methoden und Konzeption eines rechnergestützten Werkzeugs zur Planung; München-Wien, 1990.

Ein Projektmanagementsystem für evolutionäre Softwareentwicklungen auf der Basis eines Drei-Ebenen-Modells

K. Kurbel, P. Dornhoff

Westfälische Wilhelms-Universität Münster, Institut für
Wirtschaftsinformatik, Grevener Straße 91, 4400 Münster

1 Projektmanagement - State of the Art

Der folgende Beitrag beschreibt Ergebnisse eines von der Deutschen Forschungsgemeinschaft geförderten Forschungsprojekts. Ziel des Vorhabens war die Unterstützung des Projektmanagements bei Projekten, die durch einen evolutionären Entwicklungsverlauf gekennzeichnet sind und die nicht nach einem klassischen Phasenmodell ablaufen können.

Zur Unterstützung des Projektmanagements wurden bereits zahlreiche Konzepte entwickelt [1]. Auch computergestützte Projektmanagementsysteme sind seit längerer Zeit auf dem Markt verfügbar. Die ersten, Anfang der 70er Jahre angebotenen Softwarepakete benötigten erhebliche Rechnerleistung. Diese stand im allgemeinen nur Unternehmen und Einrichtungen zur Verfügung, die Zugang zu einem Großrechner hatten. Auch wegen ihrer hohen Preise und der mangelnden Benutzerfreundlichkeiten waren die ersten Projektmanagementpakete nicht sehr weit verbreitet.

Die Einführung der Personal Computer brachte jedoch eine Wende; heute existiert eine breite Palette komfortabler Projektmanagementsysteme [2]. Die Preisspanne reicht von ca. 1.000 DM für PC-basierte Systeme bis zu Programmen auf Groß- oder Minirechnern mit Preisen von über 100.000 DM. Bekannte Vertreter von Projektmanagementsoftware sind *MS-Project* und *Harvard Total Project Manager* für Arbeitsplatzrechner sowie *Termikon* und *Artemis* für Großrechner.

Die meisten Projektmanagementsysteme basieren auf den klassischen Verfahren Critical Path Method (CPM) bzw. Program Evaluation and Review Technique (PERT) und orientieren sich an den Erfordernissen der industriellen Fertigungstechnologie. Sie sind ausgerichtet auf Fertigungsabläufe, deren Merkmale wie Dauer, Personaleinsatz und Materialbedarf einzelner Aktivitäten exakt bestimmbar sind. Unsicherheiten bezüglich der Aktivitätendauern lassen die meisten Verfahren nicht zu.

Zwar werden die primär für Fertigungsprojekte entwickelten Methoden und Werkzeuge oft auch für Softwareentwicklungsvorhaben herangezogen; da deren spezifische Eigenschaften jedoch nicht angemessen Berücksichtigung finden, ist die Unterstützung des Projektmanagements jedoch eher unbefriedigend.

2 Projektmanagement bei evolutionärer Softwareentwicklung

Evolutionäre Softwareentwicklungsverläufe, wie sie etwa bei Prototypingprojekten und typisch bei der Entwicklung von Expertensystemen zu beobachten sind, weisen noch weniger als "konventionelle" Abläufe nach einem linearen Vorgehensmodell die notwendige Stabilität auf, die für die Planung und Kontrolle mit einem der gängigen Projektmanagementsysteme vorausgesetzt wird.

Zur Unterstützung des Managements evolutionärer Entwicklungen wurde in dem Forschungsprojekt eine integrierte Konzeption erarbeitet, die anderweitig bereits beschrieben wurde [3]. Das entworfene 3-Ebenen-Modell unterteilt die Planung und Kontrolle eines Projekts zur Reduzierung der Komplexität in drei Managementebenen, die als strategisch, taktisch und operativ orientiert charakterisiert werden können. Von der strategischen zur operativen Ebene hin wächst der Detaillierungsgrad; die Pläne werden zunehmend konkreter.

Auf der obersten, *strategischen Planungsebene* wird das Gesamtprojekt im Sinne einer bestimmten *Entwicklungsstrategie* (z.B. evolutionäres Prototyping, lineares Phasenschema o.ä.) in größere Entwicklungsabschnitte unterteilt. Hier fallen in Abstimmung mit der Unternehmensleitung Entscheidungen, die für das gesamte Projekt gültig sind. Als Ergebnis des Abstimmungsprozesses wird ein strategischer Projektplan entwickelt.

Auf der mittleren, *taktischen Ebene* werden die Entwicklungsabschnitte in einzelne *Aufgaben* untergliedert sowie inhaltliche und zeitliche Beziehungen dargestellt. Als Ergebnis der Verfeinerung und Konkretisierung der strategischen Planung entsteht ein taktischer Projektplan, der Aufgaben sowie deren Beziehungen zueinander spezifiziert.

Die Aufgaben der mittleren Ebene werden auf der unteren, *operativen Ebene* in konkrete *Aktivitäten* überführt. Die Planung auf der Aktivitätenebene erfolgt partizipativ, d.h., die einzelnen Teammitglieder sind selbst für die Strukturierung, Konkretisierung und Abstimmung ihrer Aktivitäten, Termine und Verantwortlichkeiten zuständig.

3   Das Projektmanagementsystem *Cocpit*

Im folgenden wird das Projektmanagementsystem *Cocpit* vorgestellt, in dem die skizzierte Konzeption mit drei unterschiedlich ausgerichteten Planungs- und Kontrollebenen prototypisch realisiert wurde. Cocpit (*C*omputer aided *o*rganization and *c*ontrol of *p*rojects with *i*ntegrative *t*ask management) verwirklicht einen flexiblen Projektmanagementansatz, der nicht auf evolutionäre Vorgehensweisen beschränkt ist, sondern auch "konventionelle" Projekte unterstützt. Die Implementierung des Protoyps erfolgte mit Hilfe des objektorientierten Entwicklungswerkzeugs Actor [4, 5, 6].

3.1   Grobarchitektur

Abbildung 1 zeigt den mehrschichtigen, modularen Aufbau von *Cocpit*. In der obersten Schicht befinden sich die verschiedenen *Arbeitsplätze*, die das Projektmanagementsystem unterstützt. Die Verwaltung der Zugriffsberechtigungen und Benutzersichten übernimmt ein spezieller *Dialog-Manager*, der für jeden Anwender ein explizites Benutzermodell führt. Der Dialog-Manager gewährt dem Benutzer Zugriff auf bestimmte Systemteile, die von der mittleren Schicht zur Verfügung gestellt werden und analog den Planungs- und Kontrollebenen aufgebaut sind (von links nach rechts). In der unteren Systemschicht steuert und verwaltet der Knowledge-Manager den Zugriff auf Projektdatenbank und Wissensbasis. Die Projektdatenbank beinhaltet Informationen über die Entwicklungsstrategie, über Abschnitte, Aufgaben, Aktivitäten und deren Beziehungen untereinander sowie Informationen über Ressourcen, Mitarbeiter und Rollen. In die Wissensbasis werden fallorientiertes Erfahrungswissen über verschiedene Projekte (z.B. über den Projektaufwand) sowie allgemeine und spezifische Regeln zur Projektsteuerung aufgenommen.

3.2   Projekt-Toolbox

Die *Projekt-Toolbox* wendet sich an den Projektmanager. Sie enthält Werkzeuge für Projektmanagementaufgaben wie die strategische Planung und Kontrolle eines Projekts.

Das Werkzeug "Strategische Planung" soll den Entwurf eines Vorgehensmodells zur *projektindividuellen* Planung und Kontrolle des Projektverlaufs unterstützen. Die Wahl eines geeigneten Vorgehensmodells für ein Projekt hängt z.B. von der Zielsetzung, von der Art des Ausgangsproblems und von Erfahrung und Präferenzen des Entwicklungsteams ab. Da

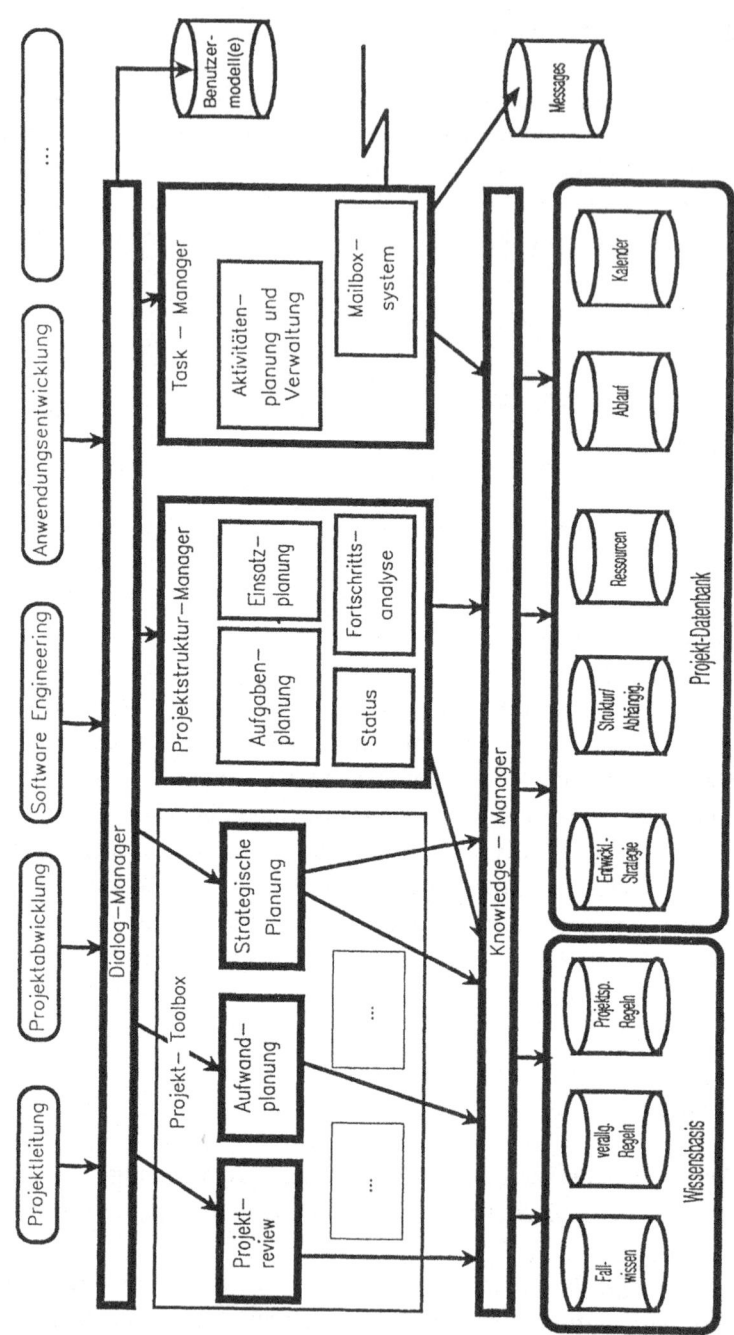

Abb. 1: Grobarchitektur des Projektmanagementsystems *Cocpit*

diese Faktoren von Projekt zu Projekt stark differieren können, sollte für jedes einzelne Projekt eine individuelle Planung durchgeführt werden.

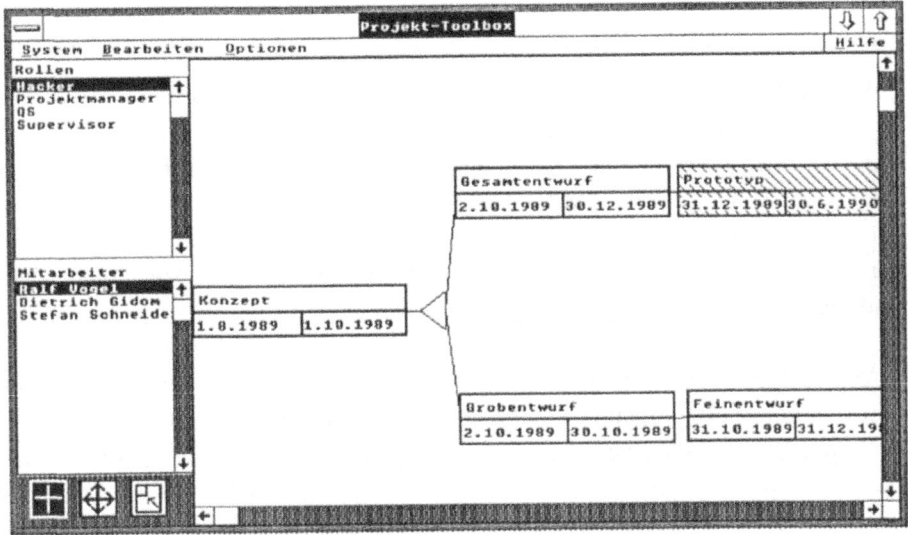

Abb. 2: Bildschirm der Projekt-Toolbox

Mit Hilfe des Werkzeugs "Strategische Planung" entwickelt der Projektmanager einen Abschnittplan. Der Abschnittplan legt die strategische Entwicklungslinie eines Projekts fest und gewährt einen leicht verständlichen Überblick über den gesamten Projektverlauf. Bei der Erstellung des Abschnittplans kann der Projektmanager verschiedene Eventualpläne entwickeln, alternative Entwicklungsverläufe vordenken und deren Auswirkungen auf den Projekterfolg diskutieren. Weitere Werkzeuge der Projekt-Toolbox unterstützen die folgenden Aufgaben:

- Fortschrittsanalyse (Kontrolle des Projektfortschritts)
- Aufwandsplanung (Planung des Entwicklungsaufwands aufgrund von Schätzungen bzw. früheren Erfahrungen)
- Projektreview (Analyse abgeschlossener Projekte)
- Einsatzplanung (Verwaltung und Zuteilung von Projektressourcen)

Hinsichtlich der Personalplanung wird ein *Rollenkonzept* verfolgt. Einzelne Mitarbeiter sind nicht direkt an einen Abschnitt oder einer Aufgabe gebunden, sondern werden gemäß ihren Fähigkeiten und Wünschen verschiedenen Rollen zugeordnet. Über die strategisch definierten Rollen werden die Mitarbeiter an den Aufgaben beteiligt. Die Zuteilung konkreter Arbeitsaufträge erfolgt jedoch nicht auf den oberen Projektmanagementebenen, sondern wird in Selbstverantwortung der Mitarbeiter auf der unteren Ebene durchgeführt.

Abbildung 2 zeigt einen Bildschirm der Projekt-Toolbox, in dem in drei Fenstern die Bearbeitung von Rollen, Mitarbeiterdaten und eines Abschnittnetzes ermöglicht wird.

3.3 Projektstruktur-Manager

Der *Projektstruktur-Manager* ist das Instrument für die mittlere Ebene. Er stellt Funktionen zur Erstellung und Verwaltung des taktischen Projektplans und der zentralen Informationsstruktur zur Verfügung. Auf der taktischen Ebene wird der strategische Plan heruntergebrochen und in kleinere Aufgabeneinheiten zerlegt, die die Grundlage für die Überwachung und Steuerung des Entwicklungsablaufs bilden.

Die Projektleitung kann mit Hilfe des Projektstruktur-Managers Aufgaben sowie deren vielfältige Beziehungen untereinander abbilden. Wichtige Interdependenzen, die der Projektmanager modellieren sollte, sind Konflikte zwischen verschiedenen Aufgabendefinitionen (z.B. zwischen Modulspezifikation, Qualitätssicherung und Implementierung) oder zwischen mehreren Rollen. Ein Beispiel für einen Rollenkonflikt, der bereits bei der Aufstellung des taktischen Projektplans berücksichtigt werden muß, ist das Verhältnis der Rollen "Qualitätssicherung" und "Implementierung". Meist wird ein mit der "Implementierung" betrauter Mitarbeiter eine aus seiner Sicht möglichst effiziente Realisierung anstreben, während die "Qualitätssicherung" eher hohe Softwarequalität erreichen und z.B. auf die Einhaltung von Entwicklungsstandards achten will.

Der Projektstruktur-Manager ermöglicht dem Projektmanager über drei verschiedene *Sichten* einen tiefen Einblick in die Struktur eines Softwareentwicklungsprojekts. Mit der hier beispielhaft erläuterten Projektsicht "Arbeitsschritte" auf Abschnitte, Aufgaben und Aktivitäten gewährt der Projektstruktur-Manager einen Überblick über die Ablaufstruktur eines Projekts. Der Projektmanager kann durch Anwählen eines Abschnitts die zugehörigen Aufgaben und durch Wählen einer Aufgabe die zu dieser Aufgabe gehörenden Aktivitäten anfordern. Die Sicht "Arbeitsschritte" hat vorwiegend Informationscharakter für den Projektmanager, sie kann aber auch zu Kontrollzwecken genutzt werden. Der Projektmanager kann z.B. verfolgen, wie sich die Arbeitsschritte der oberen Ebene auf der mittleren und auf der unteren Ebene verfeinern. Er sieht, wie Abschnitte in Aufgaben aufgehen, und kann beispielsweise kontrollieren, wie einzelne Mitarbeiter eine bestimmte Aufgabe in ihre Aktivitätenpläne aufnehmen.

3.3.1 Abbildung inhaltlicher Beziehungen

Während in der industriellen Fertigung oder im Anlagenbau die Ausdrucksmittel der traditionellen Netzplantechnik für die Modellierung eines Projekts häufig ausreichen, erfordert die Struktur eines Softwareentwicklungsprojekts mit komplexen Wechselbeziehungen weitergehende Darstellungs- und Bearbeitungsmöglichkeiten. Solche Beziehungen sind z.B. der gegenseitige Austausch von Anforderungen und Ergebnissen, die Beeinflussung einer Aufgabe durch die Ergebnisse einer anderen oder Kommunikationserfordernisse zwischen den an einer Aufgabe Beteiligten. Da diese Beziehungen für den Projektmanager wichtige Informationen über die Projektstruktur beinhalten und für den Projektablauf von Bedeutung sind, müssen sie differenziert modelliert werden. In *Cocpit* sind als wichtige Typen Kommunikations- und Ergebnisbeziehungen vorgesehen. Während bei Kommunikationsbeziehungen die Notwendigkeit der Abstimmung zwischen den Bearbeitern einer Aufgabe im Vordergrund steht, setzen die Ergebnisbeziehungen darüber hinaus das Vorliegen eines Zwischen- oder Endergebnisses voraus.

3.3.2 Abbildung zeitlicher Beziehungen

Neben den inhaltlichen Beziehungen spielen zeitliche Beziehungen bei der Projektplanung und -kontrolle eine wichtige Rolle. Für ihre Darstellung wird auf Verfahren der Netzplantechnik zurückgegriffen; diese wurden erweitert und den geänderten Anforderungen angepaßt. Der Algorithmus orientiert sich am PERT-Planungsalgorithmus [7]. Im Gegensatz zu anderen Planungsmethoden versucht PERT, Unsicherheiten bei der Zeitschätzung zu berücksichtigen, und läßt für jeden Vorgang eine optimistische, eine häufigste und eine pessimistische Zeitschätzung zu [8, 9]. Zusätzlich zu den zeitlichen Anordnungsbeziehungen in PERT werden von Cocpit auch inhaltliche Beziehungen berücksichtigt. Der Algorithmus errechnet aus den Informationen über Anfangstermine und Dauern der Aufgaben sowie deren Beziehungen untereinander den zeitlichen Umfang einer Aufgabenfolge, den kritischen Pfad sowie mögliche Pufferzeiten jeder Aufgabe.

Abbildung 3 gibt einen Eindruck von den Bearbeitungsmöglichkeiten, die der Projektstruktur-Manager zur Verfügung stellt. Über den Menüpunkt "Projektsicht" können verschiedene Sichten auf die mittlere Ebene gewählt werden. Im Beispiel ist die Sicht "Arbeitsschritte" (Abschnitte, Aufgaben, Aktivitäten) dargestellt. Der untere Bildschirmausschnitt zeigt die inhaltlichen Beziehungen eines Aufgabennetzes.

3.4 Task-Manager

Der Task-Manager als Instrument der operativen Ebene realisiert einen Ansatz zur teilde-
zentralisierten Planung und Kontrolle. Die Vorgaben für die Projektsteuerung und -kon-
trolle aus der taktischen Planung werden umgesetzt und in die persönlichen Arbeitspläne
der Projektteilnehmer aufgenommen. Die taktischen Aufgaben werden in Eigenverant-
wortung der Mitarbeiter in konkrete Teilaktivitäten aufgespalten. Dazu gehört auch die
Formierung von Ausschüssen oder Arbeitsgruppen mit bestimmten Aufgaben und Ver-
antwortungsbereichen, die Vereinbarung von Sitzungsterminen und die Koordination der
Einzeltermine von Projektteilteams. Ergebnisse von Aktivitäten werden an die taktische
Ebene weitergegeben (z.B. in Form von Vollzugsmeldungen oder Ergebnisberichten).

Eine wichtige Aufgabe des Task-Managers ist es, die Abstimmung zwischen den Projektmitgliedern zu unterstützen. Mangelnde Abstimmung kann den Erfolg eines Projekts ge-
fährden. Insbesondere bei evolutionärer Softwareentwicklung ist die Abstimmung zwischen den Teammitgliedern ein kritischer Faktor, da die Anforderungen an das Entwick-
lungsergebnis und an die Art und Weise der Realisierung häufig nicht exakt spezifizierbar
sind. Werden Unstimmigkeiten zwischen Mitarbeitern in der Aktivitätenplanung zu spät
erkannt, kann dies weitreichende Auswirkungen auf den Projektverlauf haben. Je besser
Kommunikation und Abstimmung unter den Projektteilnehmern funktionieren, desto geringer ist die Wahrscheinlichkeit für das Auftreten von Problemen.

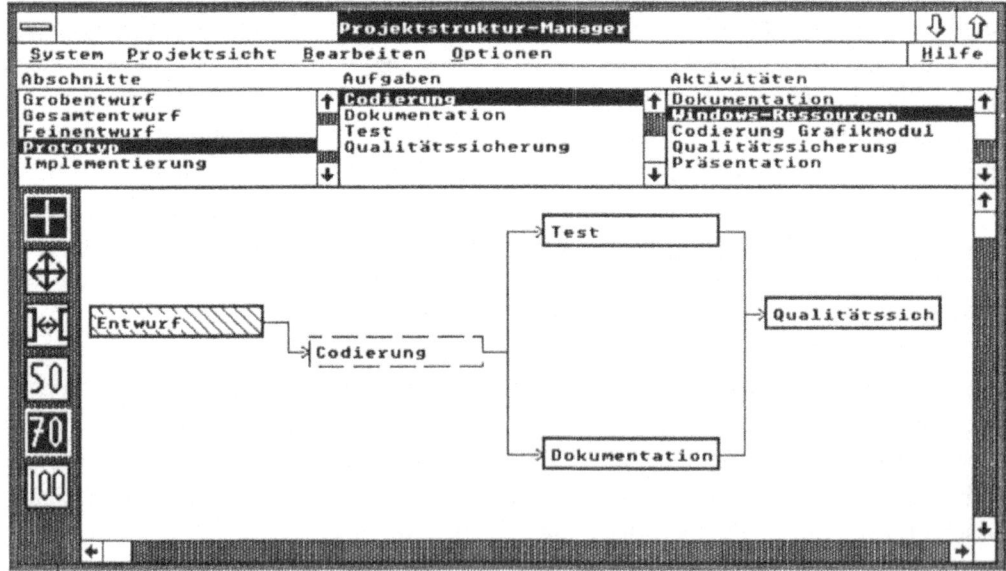

Abb. 3: Bildschirm des Projektstruktur-Managers mit inhaltlichen Beziehungen

Zur Unterstützung der Abstimmung stellt der Task-Manager folgende Instrumente bereit:

-   Der *Ablaufplan* liefert einem Projektmitglied Informationen über die Aktivitäten-struktur einer Aufgabe und legt mögliche Konflikte zwischen den Aktivitäten ver-schiedener Projektmitglieder offen. Anhand der grafischen Darstellung sowohl der eigenen Aktivitäten als auch der Aktivitäten anderer an der selben Aufgabe beteiligter Mitarbeiter erhält der Benutzer Einblick in die Aufgabenstruktur. Er kann dann unter Umständen auch die Priorität der eigenen Aktivitäten besser beurteilen.

-   Neben der aufgabenbezogenen Darstellung der Aktivitäten im Ablaufplan sollte ein computergestütztes System zur Unterstützung der Abstimmung auch einen *Termin-kalender* verwalten. Der für jeden Projektbeteiligten geführte Terminkalender ist ein persönliches Planungsinstrument, das für andere, d.h. auch für den Projektmanager, nicht einsehbar ist. Der Terminkalender stellt einem Projektmitglied innerhalb eines kurzen Zeithorizonts (z.B. 1 Woche) alle eigenen Aktivitäten dar. Dies können sowohl projektspezifische Aktivitäten als auch private Termine sein.

-   Die *Mailbox* des Task-Managers soll es einem einzelnen Projektteilnehmer ermögli-chen, an einen anderen Teilnehmer, an Gruppen von Projektteilnehmern oder auch an Rollen Nachrichten zu versenden bzw. Nachrichten zu empfangen.

Abbildung 4 zeigt exemplarisch das Zusammenspiel von Task-Manager und Projekt-struktur-Manager. Die im Projektstruktur-Manager (links) angesteuerte Aufgabe "Codierung" wird im Task-Manager (rechts) in Teilaktivitäten detailliert.

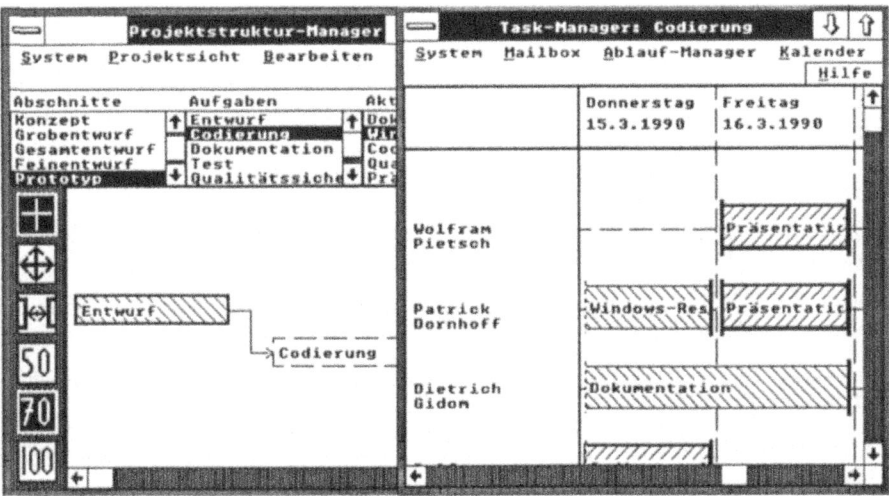

Abb. 4: Integration von Cocpit-Modulen: Projektstruktur-Manager und Task-Manager

4   Ausblick

Sowohl die Projektmanagementkonzeption für evolutionäre Softwareentwicklung als auch die prototypische Realisierung in Cocpit bedürfen einiger Ergänzungen und Erweiterungen. So erscheint es für den praktischen Einsatz sinnvoll, alternative "Standard"-Entwicklungsstrategien in verschiedenen Wissensbasen abzulegen und in das System einzubringen. Der Projektmanager soll etwa unterschiedliche Entwicklungsverläufe (z.B. lineare oder zyklische Entwicklung) in das System laden können, diese beurteilen und in die Lage versetzt werden, aus den Beispielsverläufen den für sein konkretes Projekt geeigneten Verlauf auszuwählen bzw. zu modifizieren.

Zur Erweiterung der Projekt-Toolbox und des Projektstruktur-Managers bietet sich darüber hinaus die Nutzung unternehmens-, branchen- oder fallspezifischen Wissens an. Erfahrungen aus bereits durchgeführten Entwicklungen können auf diese Weise für zukünftige Entwicklungen herangezogen und in die Planung und Kontrolle einbezogen werden. Damit wird es möglich, die bei bestimmten Entwicklungsstrategien einmal gewonnenen Erfahrungen bezüglich Terminplanung, Aufwandsplanung, Ressourcenmanagement etc. auch im Projektmanagementsystem explizit zu bewahren und weiter nutzbar zu machen.

Literatur

[1]   Selig, J.: EDV-Management; Berlin 1986.

[2]   Dworatschek, S., Hayek, A. (Hrsg.): Marktspiegel Projektmanagement Software - Kriterienkatalog und Leistungsprofile; Gesellschaft für Projektmanagement INTERNET Deutschland e.V.; Köln 1987.

[3]   Kurbel, K., Pietsch, W.: Projektmanagementebenen bei evolutionärer Softwareentwicklung; in: Kurbel, K., Mertens, P., Scheer, A.-W. (Hrsg.): Interaktive betriebswirtschaftliche Informations- und Steuerungssysteme; Berlin, New York 1989, S. 261-285.

[4]   Agha, A.: An Overview of Actor Languages; Sigplan Notices 21 (1986) 10, pp. 58-67.

[5]   Oman, P. (Ed.): Software Test Lab: Three object-oriented environments for the desktop; IEEE Software (1989) May, pp. 100-103.

[6]   Saunders, J.H.: A Survey of Object-Oriented Programming Languages; Journal of Object-Oriented Programming 1 (1989) 6, pp. 5-11.

[7]   Falkenhausen, H. von: Prinzipien und Rechenverfahren der Netzplantechnik; 3. Auflage, ADL-Schriftenreihe, Kiel 1972.

[8]   Berg, R., Meyer, A., Müller, M., Zogg, A.: Netzplantechnik, Grundlagen - Methoden - Praxis; Zürich 1973.

[9]   Wiest, J.D., Levy, F.K.: A Management Guide to PERT/CPM; Englewood Cliffs 1969.

Strukturanalyse von Planungsmodellen

E. Zwicker, A. Pleger
Technische Universität Berlin
Sekr. HAD25, Straße des 17.Juni 135, D-1000 Berlin 12

1. Vorbemerkung

Der folgende Beitrag resultiert aus einem von der Deutschen Forschungsgemeinschaft im Rahmen des Forschungsschwerpunktes 'Interaktive betriebswirtschaftliche Informations- und Steuerungssysteme' geförderten Projektes. Ziel dieses Projektes war die Strukturanalyse von Planungsmodellen. Die hier beschriebenen Ergebnisse decken sich weitgehend mit dem Projektziel: es sollte die Möglichkeit eröffnet werden, im Rahmen von Planungsmodellen auf interaktive Weise die sogenannte reduzierte Gleichung einer Modellvariablen zu ermitteln. Dieses Verfahren ist anhand von Beispielen im folgenden beschrieben. Der zweite Teil des Forschungsprojektes zielt darauf ab, sogenannte interaktive Kausalkettenanalysen auf der Grundlage bestimmter Planungsmodelle vorzunehmen. Der vorliegende Beitrag beschreibt nur einen Teil dieses Projektes: es werden sukzessive Kausalkettenanalysen behandelt. Dies ist ein Verfahren, bei welchem der Benutzer im Dialog festzulegen hat, welche Folge von Variablenbeziehungen eines Modelles untersucht werden sollen.

2. Aufbau von Planungssystemen zur computergestützten Unternehmensplanung

Die Budget und Finanzplanung von Unternehmen wird heute vorwiegend mit Hilfe von computergestützten Planungssystemen betrieben. Solche Systeme gliedern sich in ein Modellsystem, eine Datenbank, ein Analysesystem und ein Benutzer-Schnittstellensystem sowie ein Steuerungs- und ein Metainformationssystem.

Das Benutzer-Schnittstellensystem teilt dem Steuerungssystem die Systemeingaben mit und erhält von diesem die Systemausgaben. Das Steuerungssystem ruft das Analysesystem auf, welches mit der Datenbank und dem Modellsystem kommuniziert. Das Analysesystem dient dazu, die Implikationen des im Modellsystem niedergelegten Planungsmodelles zu ermitteln. Auch kann mit Hilfe des Analysesystems das Modell unter normativen Fragestellungen analysiert werden.

Das Metainformationssystem sammelt und liefert Informationen über den Prozeßablauf.

Das Modellsystem enthält das eigentliche Planungsmodell. Es besteht aus einem System von Differenzengleichungen und algebraischen Gleichungen.

Dieses Modellsystem dient, nachdem es entwickelt wurde, zwei Aufgaben:

- der Berechnung bestimmter Modellalternativen
- der Modellstrukturanalyse

Die Berechnung bestimmter Modellalternativen ist die Hauptaufgabe jedes Planungssystems. Sie wird von dem Analysesystem durchgeführt und besteht in der Bestimmung der Werte der endogenen Modellvariablen unter Vorgabe bestimmter numerischer Werte der Basisgrößen. Solche Modellberechnungen finden während der einzelnen Phasen eines Planungsprozesses statt. Sie bilden die Grundlage für Bottom-Up- und Top-Down-Rechnungen oder auch für die Berechnungen von Variatoren, sowie für Sensitivitäts- und Break-Evenanalysen.

Die Modellstrukturanalyse ist ebenfalls eine Aufgabe des Analysesystems. Sie dient dazu, dem Benutzer Einsichten über den strukturellen Aufbau des Modelles zu vermitteln. Die Modellstrukturanalyse bleibt aber, wie sich später zeigen wird, nicht nur auf der Ebene einer reinen Aufweisung struktureller Zusammenhänge stehen. Es werden unter Umständen auch bestimmte Rechnungen durchgeführt.

Solche Strukturanalysen fehlen weitgehend bei den heute in der Praxis gebräuchlichen kommerziellen Planungssystemen. Im folgenden sollen zwei Verfahren der Modellstrukturanalyse anhand von jeweils einem Beispiel beschrieben werden. Es handelt sich um die Ermittlung von sogenannten reduzierten Gleichungen und die Durchführung von Kausalkettenanalysen.

Diese beiden Formen einer Modellstrukturanalyse sind im Rahmen eines Planungssystems mit dem Namen INZPLA (Inkrementale Zielplanung) eingebettet.[1]

Die in diesem System praktizierte Planungsprozedur soll im folgenden kurz beschrieben werden, um zu erkennen, wie die später behandelte Modellstrukturanalyse in dieses Planungssystem integriert wird.

Das INZPLA-System geht von einem Planungskonzept aus, welches als eine Konkretisierung des sogenannten Management durch Zielvorgabe angesehen werden kann. Es wird zwischen bestimmten Top- und Basiszielen unterschieden. Die Topziele sind die Ziele, die von der Unternehmensleitung angestrebt werden, wie beispielsweise die Eigenkapitalrentabilität oder die Umsatzrentabilität. Die Basisziele sind die Ziele, für welche bestimmte Bereiche verantwortlich gemacht werden können. Ein inkrementales

[1]   Zwicker, E., INZPLA - ein Konzept der computergestützten Unternehmensgesamtplanung. In Lücke, W. (Hrsg.), Betriebswirtschaftliche Steuerungs- und Kontrollprobleme, Wiesbaden 1988, S. 341-354

Zielplanungsmodell ist ein Modell, in welchem diese Basisziele mit den Topzielen verbunden werden.

Die Planung vollzieht sich in drei Stufen: der Bottom-Up-Planung, der Top-Down-Planung und der Bottom-Up-Top-Down-Konfrontation.

Während der Bottom-Up-Planung werden die *freiwilligen* Basiszielverpflichtungen der Verantwortungsbereiche zu den Topzielwerten hochgerechnet. Die Top-Down-Planung gliedert sich in zwei Schritte: Im ersten Schritt versucht die Unternehmensleitung, auf der Basis der Bottom-Up-Rechnung bestimmte Forderungen bezüglich der wünschenswerten Topziele zu formulieren. Auf dieser Grundlage bemüht sich die Unternehmensleitung (vertreten durch den Controller), Basiszielkombinationen zu finden, die die gewünschten Topziele realisieren.

Während der Bottom-Up-Top-Down-Konfrontation wird zwischen der Unternehmensleitung und der Bereichsleitung über die letztlich zu realisierenden Basisziele verhandelt.

In einem sogenannten Konfrontationstableau wird diese Planungsphase unterstützt. Es enthält alle Basisziele des Verantwortungsbereiches mit ihren gerade zur Diskussion stehenden Werten, die daraus resultierenden Topzielwerte und eine Matrix sogenannter Variatoren. Sie zeigen, um wieviel Prozent sich der Wert des betreffenden Topzieles ändert, wenn der Wert des Basiszieles um ein Prozent erhöht wird. Die Betrachtung dieser Variatoren kann, wie später gezeigt wird, den Ausgangspunkt für eine Strukturanalyse bilden.

3. Modellstrukturanalyse von Planungsmodellen

Im folgenden werden die bereits erwähnten Verfahren der Strukturanalyse, d.h. die Ermittlung von reduzierten Gleichungen und die Durchführung von Kausalkettenanalysen, erläutert und anhand des beschriebenen Modelles illustriert.

3.1 Ermittlung von reduzierten Gleichungen

Wir beschäftigen uns, wie erwähnt, nur mit Planungssystemen, die sich durch Differenzengleichungen und algebraische Gleichungen beschreiben lassen. Diese Gleichungssysteme beschreiben bestimmte endogene Variable, wie den Gewinn oder die Eigenkapitalrentabilität. Die Erklärungsgleichungen solcher Topzielvariablen enthalten praktisch nie Modellbasisgrößen als erklärende Variable. Vielmehr werden die interessierenden Variablen zumeist nur über verschiedene *Zwischenvariable* von den Basisgrößen eines Modelles beeinflußt. Es lassen sich Modelle finden, in welchen solche Abhängigkeiten über mehr als 30 Stufen von Zwischenvariablen laufen.

Ein Verfahren der Komplexitätsreduzierung für solche mehrstufigen Planungsmodelle besteht in der Ermittlung der reduzierten Gleichung einer Variablen. In diesem Fall versucht man, durch entsprechende algebraische Umformungen die interessierende Variable als Funktion der sie beeinflussenden Basisgrößen zu formulieren.

Das Verfahren sei an einem einfachen Beispiel beschrieben.

Wir gehen von dem folgenden Gleichungssystem aus:

```
G = U - K                                      (1)
 G - Gewinn
 U - Umsatz
 K - Kosten

U = P * M                                      (2)
 P - Preis
 M - Menge

K = FK + VSTK * M                              (3)
 FK   - Fixe Kosten
 VSTK - Variable Stückkosten
```

Die sogenannte vollsymbolische reduzierte Gleichung des Gewinnes G erhält man durch Einsetzen von (3) und (2) in (1), d.h.

```
G = P * M - FK - VSTK * M                      (4)
```

Man kann verschiedene Formen einer reduzierten Gleichung unterscheiden. Eine *vollsymbolisch* reduzierte Gleichung beschreibt das obige Beispiel: sämtliche Basisgrößen sind symbolisch dargestellt. Bei einer nicht vollsymbolisch reduzierten Gleichung sind für bestimmte Basisgrößen numerische Werte eingesetzt. Wählt man beispielsweise im obigen Beispiel FK = 1000 und VSTK = 5, dann erhält man die nicht vollsymbolisch reduzierte Gleichung

```
G = P * M - 1000 - 5 * M                       (5)
```

Beide Formen sind im Rahmen einer Strukturanalyse von Interesse. Der Extremfall einer teilsymbolischen Gleichung liegt vor, wenn alle Basisgrößen numerisch spezifiziert sind. Die Ermittlung der reduzierten Gleichung einer Variablen V würde dann zu dem Ergebnis

```
V = 'numerischer Wert'
```

führen.

Ein solcher Reduktionsprozeß kann jedoch nur erfolgen, falls es sich bei dem vorliegenden Gleichungssystem um ein rekursives System handelt. Dies bedeutet, daß es möglich sein muß, die Gleichungen in einer prozeduralen Form anzuordnen. Mathematisch gesehen bedeutet dies, daß die Strukturmatrix des Gleichungssystems durch eine endliche Zahl von Permutationen in eine blocktriangulare Form überführt werden kann. Dies ist bei sogenannten simultanen Modellen gerade nicht der Fall. Modelle, welche daher simultane Subsysteme enthalten, gestatten keine Ermittlung der reduzierten Gleichung einer Variablen, wenn sich eine der Zwischenvariablen in einem simultanen Gleichungssystem befindet. Liegen solche Umstände nicht vor, dann kann die reduzierte Gleichung der deklarierten Variablen durch einen Prozeß gewonnen werden, bei welchem die erklärenden Variablen der Erklärungsgleichung sukzessiv durch die sie erklärenden Ausdrücke ersetzt werden.

Die entstehenden komplexen algebraischen Ausdrücke sind dabei durch algebraische Umformung so einfach wie möglich zu gestalten.

Wenn die Erklärungsgleichungen der Zwischenvariablen auch nichtalgebraische Funktionen besitzen, was viele Planungssprachen zulassen, dann kann in diesem Fall keine vollständige Reduktion vorgenommen werden. Tritt bei der Reduktion beispielsweise eine Minimumsfunktion mit zwei Argumenten auf, dann erhält man als reduzierte Gleichung den Ausdruck

`RV = MIN(A,B)`

wobei A und B reduzierte algebraische Ausdrücke bilden. Entsprechendes gilt beispielsweise auch für Maximums- oder IF-THEN-ELSE-Funktionen.

3.2 Durchführung von Kausalkettenanalysen

Wie bereits erwähnt, werden bestimmte interessierende Variable nicht direkt von den Basisgrößen des Modelles beeinflußt. In ihre Erklärungsgleichungen gehen vielmehr bestimmte endogene Modellvariable ein, die wiederum von anderen Modellvariablen beeinflußt werden. Im Rahmen einer Kausalkettenanalyse ist es möglich, diese Verknüpfungen zwischen den Variablen zu verfolgen.

Ein Benutzer kann daran interessiert sein zu erfahren, in welche Erklärungsgleichung einer endogenen Variablen eine Referenzvariable als erklärende Variable eingeht. Ebenso kann er daran interessiert sein zu erfahren, welche Variablen als erklärende Variablen in der Erklärungsgleichung dieser Referenzvariablen auftreten.

Die Kausalkettenanalyse einer Variablen wird durch eine 'Gleichungserklärung' ergänzt. Diese besteht darin, daß dem Benutzer die Erklärungsgleichung der betreffenden

Variablen ausgegeben wird sowie die numerischen Werte, die Variablenerklärung (Langnamen) und die Einheiten der auftretenden Variablen.

Das beschriebene Verfahren bietet dem Modellbenutzer die Möglichkeit, die Variablenbeziehungen komplexer Modelle zu *durchwandern*, um auf diese Weise Informationen über die Verknüpfungsweise und Einflußstärke der Variablen zu erhalten.

4. Realisierung der Modellstrukturanalyse

Das Gesamtsystem zur Modellstrukturanalyse gliedert sich in zwei Teilsysteme: die Gleichungsreduktion und die Kausalkettenanalyse.

Für beide Aufgaben benötigt das System detaillierte Informationen über die Größen des Modelles und deren algebraische Zusammenhänge. Diese Informationen werden aus den *internen Strukturen* des Modell-Precompilers gewonnen. Es wird also nicht unmittelbar auf die vom Benutzer - in der Planungssprache des INZPLA-Systems - formulierten Gleichungen zurückgegriffen, sondern der Precompiler des INZPLA-Systems führt zunächst eine Syntax- sowie eine Kontextanalyse durch und überführt das Modell in eine Baumstruktur. Diese Baumstruktur bildet jedoch nicht die von uns im Rahmen der Kausalkettenanalyse angestrebte Modellgleichungshierarchie ab, sondern behandelt die einzelnen Modellgleichungen auf einer Ebene, um sie bei der auf die Precompilation folgenden Code-Erzeugung in prozeduraler Reihenfolge als einzelne Statements abzusetzen. Sie dient als Grundlage für die Routinen der Gleichungsreduktion und die Kausalkettenanalyse.

Für die Kausalkettenanalyse werden optional einige *System-Dateien* benötigt; sie liefern zusätzliche Informationen über die Modellgrößen, z.B. deren Einheiten und Klassifikationen.

Wurde das Modell bereits durchgerechnet, so ist es in beiden Teilsystemen möglich, gezielt auf die Werte einer bestimmten Planungsperiode und -phase zuzugreifen.

4.1 Kausalkettenanalyse

Die Kausalkettenanalyse besteht aus zwei Teilschritten. Zunächst werden die Modellgrößen bestimmten *Ebenen zugeordnet*. Alsdann erhält der Benutzer die Möglichkeit, über den so gebildeten *Kausalbaum* zu *traversieren*.

Grundlage beider Teilschritte ist die Erstellung zweier Listen, die jeweils eine Richtung der Kausalzusammenhänge abbilden. Diese beiden Listen werden durch sequentielles Abarbeiten aller Modellgleichungen erzeugt. Sie liefern auch die Basis für die Traversion über die Kausalstruktur, wobei Zusatzinformationen aus Systemdateien eingespielt werden.

Bei der Berechnung der Ebenen wird für jede Modellgröße, die von keiner anderen Modellgröße abhängt, also für alle exogenen Modellgrößen, eine rekursive Routine aufgerufen, die die von ihnen abhängigen endogenen Modellgrößen bearbeitet. Dabei überprüft die Routine alle direkt abhängigen Modellgrößen, ob deren gerade untersuchte Beeinflussung von höherer Ebene ist, als bisher festgehalten; in diesem Fall wird die Modellgröße ebenso bearbeitet, woraus sich die Rekursion ergibt.

4.2 Gleichungsreduktion

4.2.1 Steuerung durch den Benutzer

Ist die interessierende Modellgröße (Topziel) ausgewählt worden, so hat der Benutzer festzulegen, welche der erklärenden Basisgrößen der reduzierten Gleichung symbolisch erhalten bleiben sollen und welche numerisch zu konkretisieren sind, also durch die Werte der zuvor festgelegten Planungsperiode und -phase zu ersetzen sind.

Aus diesen Benutzereingaben resultiert für jede in die Reduktion involvierte Modellgröße ein Status, der in einem Vektor abgelegt wird. Hier wird später auch festgehalten, ob eine Modellgröße als Zwischenergebnis bereits berechnet wurde, so daß keine erneute Berechnung erforderlich wird.

4.2.2 Zum Begriff eines vereinfachten reduzierten Terms

Ziel der Gleichungsreduktion ist die Ermittlung einer *vereinfachten* reduzierten Gleichung. Darunter versteht man eine reduzierte Gleichung, deren Erklärungsausdruck ein vereinfachter reduzierter Term ist. Der Begriff des vereinfachten reduzierten Terms soll im folgenden erläutert werden.

Ein *reduzierter* Term ist daran zu erkennen, daß er als Operanden lediglich numerische Werte enthält oder solche Modellgrößen, die Basisgrößen sind und für die der Benutzer festgelegt hat, sie symbolisch zu belassen.

Bezüglich der *Vereinfachung* wurde ein besonderes Augenmerk auf eine übersichtliche kanonische Form gelegt. Deshalb wurde als Grundstruktur die Form einer *ausmultiplizierten gebrochen-rationalen Funktion* gewählt. Hier läßt sich auch bei großen Termen die Struktur vom Benutzer verhältnismäßig gut erkennen. Auch für eine analytische Optimierung bietet sie erhebliche Vorteile. Im einzelnen kann ein Term folgende Zustände annehmen:

(1)   Real-Zahl
(2)   Größe
(3)   Funktion
(4)   Potenz
(5)   Produkt
(6)   Summe
(7)   Quotient

Die Definition dieser vereinfachten reduzierten Terme ist rekursiv festgelegt, jedoch können sie nicht beliebig geschachtelt werden, die Restriktionen sind sowohl syntaktischer wie semantischer Art.

4.2.3 Erzeugung der vereinfachten reduzierten Gleichung

Das Grundprinzip der Erzeugung eines vereinfachten Termes ist nun, daß die Gleichungen abgearbeitet werden, als sollten sie numerisch berechnet werden, dies jedoch mit *symbolischen Rechenroutinen*. Neben diesen wird also noch ein Algorithmus benötigt, der die Abfolge der Rechenoperationen steuert. Hierzu dient der *Simple-Precedence-Algorithmus*. Diese Vorgehensweise bewirkt einen vereinfachten reduzierten Term unter der Voraussetzung, daß der Berechnung nur Real-Zahlen oder Größen, die nicht weiter zu ersetzen sind (also Terme der Form (1) und (2) zugeführt werden oder auch Zwischenergebnisse, die bereits als vereinfachte reduzierte Terme (1) bis (7) errechnet wurden, womit impliziert ist, daß die Rechenroutinen aus zwei vereinfachten Termen nur einen vereinfachten Term erzeugen dürfen.

4.2.4 Der Simple-Precedence-Algorithmus und die Reduktion

Zur Festlegung der Rangfolge der Operatoren und zur Steuerung des Abspeicherns von Zwischenergebnissen liegt dem Simple-Precedence-Algorithmus eine *Vorrangsmatrix* zugrunde, die gegenüber bekannten Vorlagen um Funktionen und deren Parameter erweitert wurde.

Üblicherweise wird der Algorithmus derart formuliert, daß er selbst den Input in linearer Infix-Notation einliest und Operanden auf dem Operanden-Stack ablegt, während er bei Operatoren prüft, ob der vorhergehende zur Ausführung gebracht werden darf. Diese Vorgehensweise hätte bedeutet, daß zunächst eine vollständige Reduktion durchzuführen gewesen wäre, was verhindert hätte, die Zwischenergebnisse einer bereits berechneten Größe wieder zu verwenden. Umgekehrt sollte die zur Reduktion erforderliche Rekursion nicht in den Simple-Precedence-Algorithmus integriert werden, um das Verfahren nicht zu kompliziert werden zu lassen. Deshalb wurde der Algorithmus derart implementiert, daß eine Operatoren verarbeitende Routine entstand.

So beginnt das System die Modellgleichung (bzw. Compiler-Struktur) der zu betrachtenden Größe zu lesen und ruft jeweils Routinen zur Operator- und Operandenbehandlung auf. Bei der *Operatorenbehandlung* handelt es sich um den Simple-Precedence-Algorithmus. Dagegen wird bei der *Operandenbehandlung*, bevor der Operand auf den Operanden-Stack gelegt wird, geprüft, ob der Operand eine Zahl ist, eine numerisch zu konkretisierende, bzw. symbolisch zu belassende Basisgröße oder eine weiter zu reduzierende endogene Größe. Im letzten Fall wird die gleichungslesende Routine rekursiv aufgerufen. Wurde die Größe bereits berechnet, wird das ermittelte Ergebnis ohne neue Berechnung auf dem Operanden-Stack abgelegt.

Kommt der Simple-Precedence-Algorithmus an einen Zustand, in dem gerechnet werden kann, so wird eine Routine aufgerufen, die die Operanden vom Operanden-Stack abruft und die Ausführung der entsprechenden Operation veranlaßt. Das Ergebnis wird dann wieder auf dem Operanden-Stack abgelegt, der Speicherplatz der Operanden wird freigegeben. Im folgenden soll noch auf die symbolischen Rechenroutinen eingegangen werden.

4.2.5 Die symbolischen Rechenroutinen

Aufgabe dieser Routinen ist es, aus jeweils zwei vereinfachten reduzierten Termen einen vereinfachten reduzierten Term zu bilden.

Zunächst ergibt sich für jede Operation bei rein syntaktischer Betrachtung eine Matrix, die alle Termtypen einander gegenüberstellt und in deren Feldern die Syntax des Ergebnisses dargestellt werden kann. Fast die Hälfte der Felder läßt sich durch Kommutativität herleiten (jedoch gilt dies nicht für alle Operationen). Die tatsächliche Abarbeitung ist aber komplexer, da der vereinfachte Term nicht nur durch seine Syntax definiert wird. So sind beispielsweise zwei gleiche Größen, die addiert werden sollen, zum Produkt zusammenzufassen (a+a=2*a). Teilweise kann in den einzelnen Fällen auch auf andere Operationen zurückgegriffen werden.

Von den Routinen, welche die Rekursion durchführen, werden dem Simple-Precedence-Algorithmus und damit den Rechenroutinen als Operanden nur reelle Zahlen und Größen und somit vereinfachte reduzierte Terme zugeleitet. Da die Rechenroutinen als Ergebnis zweier vereinfachter Terme wieder einen vereinfachten Term erzeugen, genügen auch die in sie eingehenden Zwischenergebnisse den Forderungen an einen solchen Term. Durch *vollständige Induktion* läßt sich daraus schließen, daß als *Ergebnis-Term* ein vereinfachter reduzierter Term entsteht.

5. Ausblick

Die Anwendung von Modellstrukturanalysen erweist sich als eine sinnvolle Erweiterung der Verfahren, die im Rahmen einer computergestützten Unternehmensplanung praktiziert werden. Die Ermittlung der reduzierten Gleichung kann darüber hinaus dazu dienen, die Leistungsfähigkeit einer Planungssprache zu erhöhen. So können erst auf der Grundlage einer reduzierten Gleichung, d.h. einer kanonischen Form, bestimmte Algorithmen der linearen und nichtlinearen Optimierung im Rahmen einer Planungssprache eingesetzt werden. Durch die Verwendung von reduzierten Gleichungen kann darüber hinaus in manchen Fällen zur Berechnung bestimmter endogener Variablen die erforderliche Rechenzeit bei großen Modellen beachtlich reduziert werden.

Literaturverzeichnis

Davenport, J.H., Siret, Y., Tournier, E., Computer Algebra, Systems and Algorithm for algebraic Computation, London 1988

Rosenkranz, F., An Introduction to Corporate Modelling, Durham 1979

Zwicker, E., INZPLA - ein Konzept der computergestützten Unternehmensgesamtplanung. In Lücke, W. (Hrsg.), Betriebswirtschaftliche Steuerungs- und Kontrollprobleme, Wiesbaden 1988

Wissensbasierte Kosteninformationssysteme
- Ansätze zum Aufbau eines intelligenten Kostenkontrollsystems

W. Kraemer, A.-W. Scheer
Institut für Wirtschaftsinformatik
Universität des Saarlandes

1. Weiterentwicklung von Kosteninformationssystemen

Vor dem Hintergrund neuer informationstechnischer Möglichkeiten wird die Weiterentwicklung von Kosteninformationssystemen durch die verstärkte Einbindung von primär betriebswirtschaftlich planerischen Funktionen (PPS) sowie der primär technischen Funktionen (CAD/CAM) im Rahmen einer CIM-Konzeption diskutiert, wobei sich folgende Schwerpunkte abzeichnen:

1. Der Aufbau einer zeitnahen Kostensteuerung und -kontrolle durch eine Integration der Betriebsdatenerfassung als wichtigstes Informationssystem für die Bereitstellung von Istdaten.
2. Die Bereitstellung von Kosteninformationen beim Produktentwurf. Hier nutzt man die bereits vorhandene Systematik der Kostenrechnung und ermöglicht einen interaktiven, durch Kosteninformationen unterstützten Konstruktionsprozeß im Sinne einer konstruktionsbegleitenden Kalkulation [1].

Beiden Ansätzen liegt die Tendenz einer Dezentralisierung von Kostenrechnungsfunktionen sowie eine methodische Weiterentwicklung der betriebswirtschaftlichen Instrumentarien durch eine zusätzliche Strukturierung der Kostenrechnung zugrunde. In diesem Beitrag wird der zuerst skizzierte Ansatz beschrieben.

2. Wissensbasierte Systeme zum intelligenten Soll-Ist-Kostenvergleich

Ein umfassendes Controlling-Expertensystem würde wahrscheinlich eine Zahl von Regeln erfordern, die technisch und wirtschaftlich nicht zu bewältigen wäre. Um einen Einstieg für die Anwendung von Expertensystemen im Controlling zu finden, erscheint es sinnvoll, zunächst Systeme mit abgegrenzten Problemstellungen zu entwerfen, um schließlich diese Teilsysteme zu einem Gesamtsystem zu verbinden. Als Abgrenzung können sowohl funktionale Kriterien, d.h. zum Beispiel Einsatz von Expertensystemen im Produktions- oder Vertriebs-Controlling, wie auch methodische Aspekte des Controlling, zum Beispiel Unterstützung des Controllers beim Soll-Ist-Kostenvergleich oder der Deckungsbeitragsanalyse, dienen [2].

Am Institut für Wirtschaftsinformatik an der Universität des Saarlandes wird mit Unterstützung der Deutschen Forschungsgemeinschaft der Prototyp CEUS (Controlling-Expertenunterstützungssystem) zum intelligenten Soll-Ist-Kostenvergleich entwickelt [3].

2.1 Der Soll-Ist-Kostenvergleich zur Kostenabweichungsursachenanalyse

Die Arbeitsvorgänge des Soll-Ist-Kostenvergleichs lassen sich gemäß dem in Abbildung 1 dargestellten Phasenschema unterteilen. Dabei wird bereits ersichtlich, welche Aufgaben in den Tätigkeitsbereich eines Controllers fallen und wie eine EDV-technische Unterstützung des Soll-Ist-Kostenvergleichs erfolgen kann.

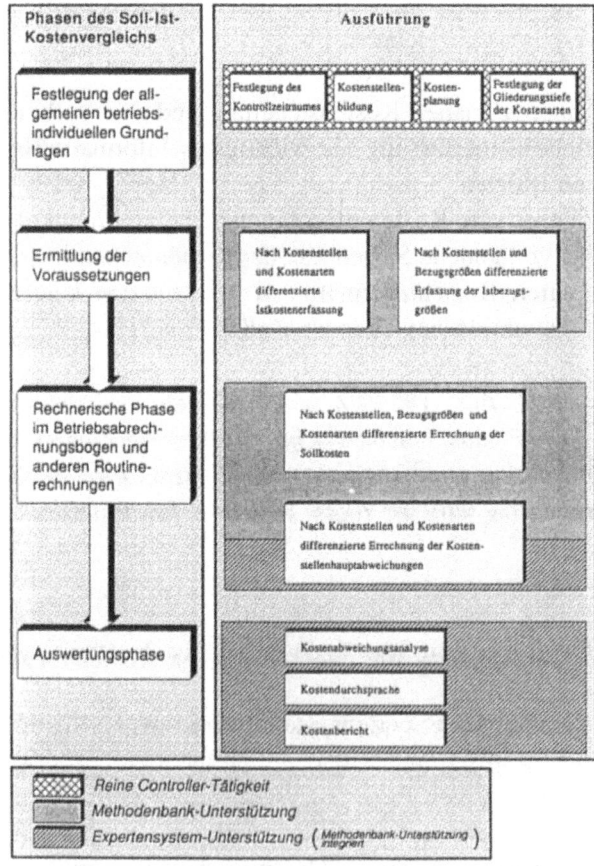

Abb. 1:   Phasen und Ausführung des Soll-Ist-Kostenvergleichs

2.2 Anforderungen und Aufbau eines wissensbasierten Systems zum intelligenten Soll-Ist-Kostenvergleich

Basierend auf vorher explizierten funktionalen Anforderungen des Soll-Ist-Kostenvergleichs wurde ein Anforderungsprofil für eine wissensbasierte Systementwicklung definiert. Im Rahmen der Wissensdarstellung und -abgrenzung kann das Wissensgebiet des Soll-Ist-Kostenvergleichs in zwei Wissensinseln zerlegt werden.

1. Hierarchieübergreifende Kostenstellen-Analyse

Durch die Implementierung von intelligenten Such und Prüfstrategien wird der Controller durch die "Zahlenfriedhöfe" von Kosten-Einzeldaten navigiert und dadurch von der mühsamen Aufgabe enthoben, jede aufgetretene Soll-Ist-Abweichung zu verfolgen.

2. Kostenartenbezogene Tiefenanalyse

Durch die Ermittlung der Kostenbestimmungsfaktoren in einer untersuchungsrelevanten Kostenstelle, deren veränderte signifikante Ausprägung zu erhöhten Istkosten gegenüber den geplanten Sollkosten geführt haben, erfolgt als Ergebnis einer Expertensystem-Konsultation die Etablierung der Abweichungsursache und die Klärung von Abweichungsinterdependenzen.

Die Ergebnispräsentation und -interpretation erfolgt im System durch den Vergleich und die Beurteilung von Datenmustern des Soll-Ist-Kostenvergleichs, wobei ein Expertisetext generiert wird.
Während sich das zweite Analysemodul auf ein konkretes Wissensgebiet bezieht, zum Beispiel das Produktions-Controlling, und damit im wesentlichen das Expertenwissen eines Kostenstellenverantwortlichen abgebildet wird, entpricht das erste Analysemodul dem Auswahldenken eines Controllers, der signifikante Kausalstrukturen anhand heuristischer Abweichungsmuster erkennt und nach dieser "Voranalyse" eine Detailanalyse auslöst.

2.2.1 Analysevorbereitung des Soll-Ist-Kostenvergleichs

Der manuelle wie auch der computerunterstützte Soll-Ist-Vergleich wird in der Regel nur einmal im Monat durchgeführt. Um Soll-Ist-Vergleiche in kürzeren Abständen durchführen zu können, ist eine Analysevorbereitung durch das Expertensystem nötig. Abbildung 2 zeigt, wie mit Hilfe des wissensbasierten Soll-Ist-Kostenvergleichs der Controller bei Routineanalysen unterstützt wird.

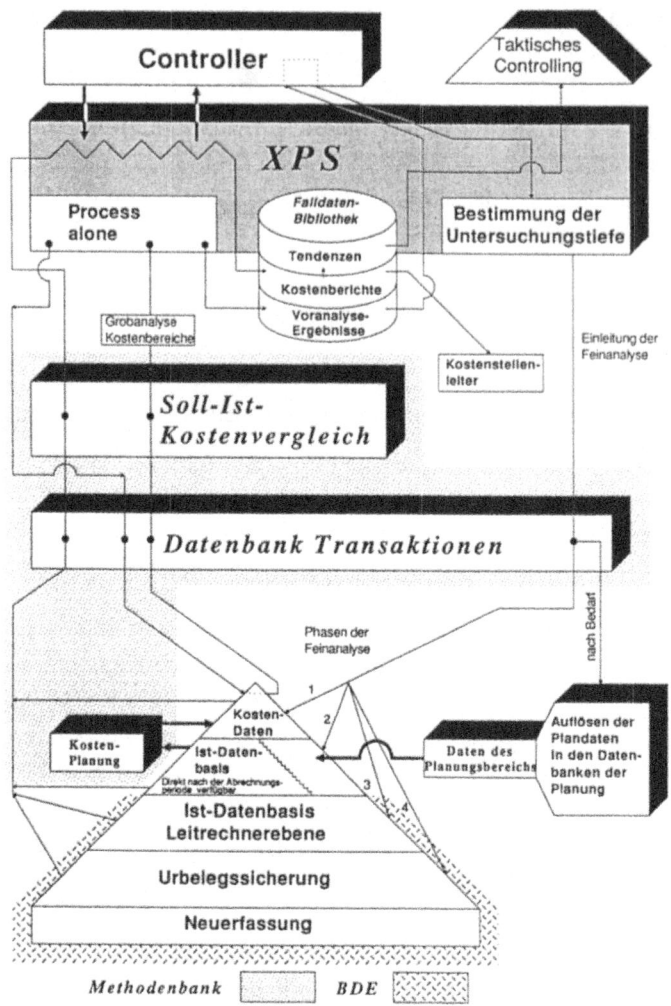

Abb. 2: Schematischer Ablauf einer Analyse in einem wissensbasierten Kosteninformationssystem zum Soll-Ist-Kostenvergleich

Die Vorbereitung kann in der Aufbereitung der Analysegrundlage erfolgen oder in
einem vorläufigen Soll-Ist-Kostenvergleich, der zwar nicht die gleiche Unter-
suchungstiefe besitzt wie ein Soll-Ist-Kostenvergleich im Dialog mit dem Controller,
aber schon im Sinne einer kurzfristigen Kostenkontrolle Aussagen über Veränderung
der Kostenzusammensetzung macht. Basis dieses "vollautomatischen" wissensbasierten
Soll-Ist-Vergleichs sind Untersuchungsergebnisse vorheriger Analysen. Das Expertensystem vergleicht die Abweichungen der Kostenstellenbereiche mit den kumulierten
Abweichungsergebnissen der Vormonate unter Berücksichtigung einer Trendverlage-

rung. In diesem Fall sind Daten sowohl der Monats-Soll-Ist-Vergleiche als auch Daten über Jahresabweichungen nötig.

Bei einer nachfolgenden interaktiven Sitzung kann der Controller anhand eines Abweichungsberichts, den das Expertensystem schon vorbereitet hat, neue Tendenzen im Abweichungsverhalten der Kostenstellen sehen und diese analysieren.

Generell ist eine Untersuchung des Abweichungsverhaltens eine geeignete Aufgabe für ein wissensbasiertes Kosteninformationssystem. Zwar ist die funktionelle Einordnung eines solchen Systems im operativen Controlling zu suchen, die Ergebnisse können allerdings im dispositiven und im strategischen Controlling weiterverwendet werden.

Der Überblick über Abweichungstendenzen kann Indizien für eine Veränderung der Kostenstruktur liefern. Gerade im Bezug auf die Grundsätze des strategischen Controlling ist eine betriebs- und produktionswirtschaftliche Effizienzanalyse auf Basis von Monatsabweichungsanalyse sowie kumulierten Jahreswerten zu empfehlen, da sie eine wichtige Informationsquelle über einen zukünftigen Ertragsabbau darstellen.

Hauptzielsetzung des Soll-Ist-Vergleichs ist allerdings das Aufdecken von Unwirtschaftlichkeiten der Aktivitäten einer Kostenstelle und das Bereitstellen der Zahlengrundlage zur Gegensteuerung.

2.2.2 Intelligente Such- und Prüfstrategien zur Etablierung von Kostenabweichungen

Herkömmliche EDV-gestützte Informationssysteme zum Soll-Ist-Vergleich können die Gesamtabweichung in Kostenstellen ausweisen, die Auflösung in Spezialabweichungen jedoch wurde vom Controller in manuellen Nebenrechnungen durchgeführt. Ein Beispiel soll zeigen, wie dieser Prozeß einer intelligenten Prüfstrategie im Rahmen eines wissensbasierten Soll-Ist-Vergleichs abläuft.

In einer Kostenstelle ist eine relevante Gesamtabweichung aufgetreten. Unter Voraussetzung einer Grenzplankostenrechnung handelt es sich dabei um eine Verbrauchsabweichung. Zur Klärung der Abweichungsursache ist eine Bestimmung dieser Verbrauchsabweichung nötig. Unter Kennung der Kostenstellennummer, die die Kostenstelle nach Bereich, Betriebsmittel und Personal identifiziert, folgert das Expertensystem, "daß die Abweichung mit größter Wahrscheinlichkeit auf einer Seriengrößenabweichung beruht" (Ursache A) und bewertet diese Aussage mit einer hohen Konfidenz von 850 (die Skalierung der Konfidenzfaktoren reicht von 1 = sehr unsicher bis 1000 = sehr sicher). Allerdings gibt es auch Kostenstellen mit vergleichbarer Kostenstruktur, "die Abweichungen aufgrund von Intensitätsanpassungen zu verzeichnen hatten" (Ursache B). Diese Aussage bewertet das System mit einer mittleren Konfidenz von 450 (nicht sicher). Da die Seriengrößenabweichung mit einem höheren Konfidenzfaktor bewertet wurde, wird diese Spezialabweichung als erste untersucht. Der Ablauf der Konsultation ist in Abbildung 3 dargestellt.

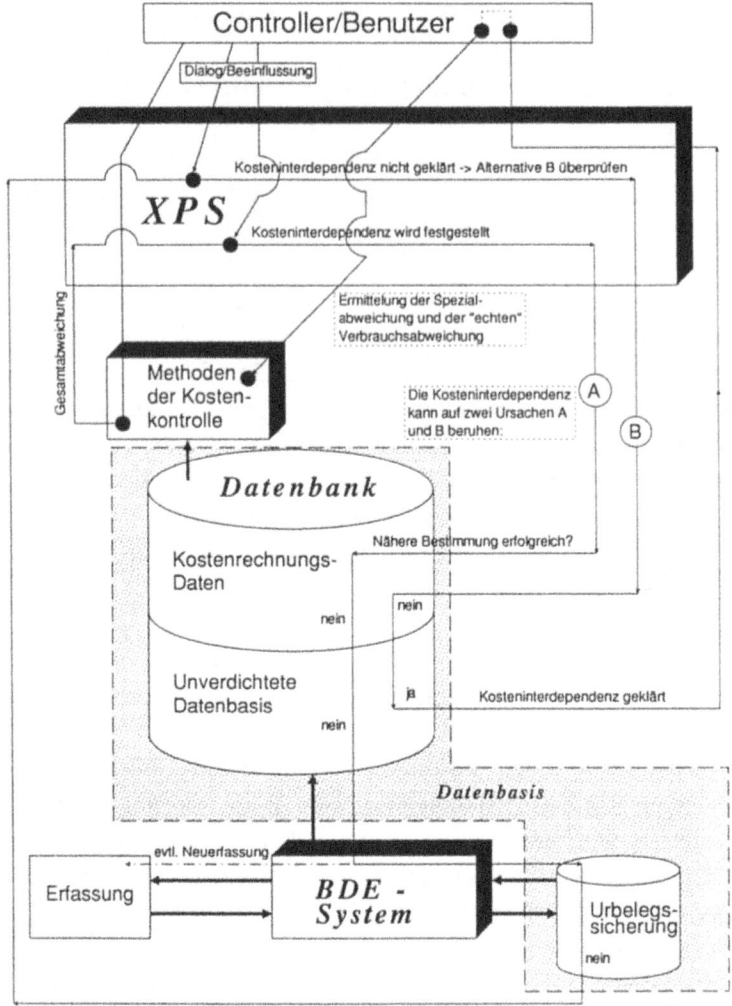

Abb. 3:   Intelligente Such- und Prüfstrategien zur Klärung von Abweichungsinterdependenzen

In der Regel wird in Kostenstellen, in denen eine Seriengrößenabweichung auftreten
kann, mit zwei Bezugsgrößen gearbeitet. Eine vorläufige Untersuchung auf Konstanz
der Relation beider Bezugsgrößen gibt schon Aufschluß darüber, ob eine Seriengrößenabweichung vorliegt oder nicht. Sind die Verhältnisse der beiden Bezugsgrößen
konstant, liegt mit Sicherheit keine Seriengrößenabweichung vor.
Diese Vorgehensweise hat den Vorteil, daß die Kostenstelle nicht in alle Kostenbestimmungsfaktoren disaggregiert werden muß. Da die erste Annahme des
Systems sich als falsch erwiesen hat, wird nun die Intensitätsabweichung überprüft.
Dazu wird wiederum nicht die Kostenstruktur der Kostenstelle aufgelöst, sondern eine

Datenbankabfrage eingeleitet. Bei Verwendung einer relationalen Datenbank erfolgt die Abfrage durch zwei Relationen, die der Kostenstelle ihre Betriebsmittel zuweisen und jedem Betriebsmittel ihre Ist-Arbeitszeit, Soll-Arbeitszeit, Ist-Ausbringungsmenge, Soll-Ausbringungsmenge zuordnen und zusätzlich zwei Ergebnisfelder enthalten mit dem Ausweis der Abweichungen von Arbeitszeit und Ausbringungsmenge.

Beide Abweichungen, sowohl die Zeit- als auch die Mengenabweichung, werden ins Expertensystem übertragen. Nach einem einfachen logischen Schlußverfahren kann das Expertensystem jetzt entscheiden, ob eine Intensitätsabweichung vorliegt oder nicht:

WENN ZEITABW = nein
UND MENGENABW = ja
DANN Intensitätsabweichung = ja (1000)=> sehr sicher

Es wurde keine Arbeitszeitabweichung festgestellt, aber die Ausbringungsmenge ist vom Soll abgewichen. Daraus folgt: Es liegt eine Abweichung aufgrund außerplanmäßiger Intensitäten vor.

In diesem Beispiel erstellt das Expertensystem eine eindeutige Lösung. Im Falle nicht verfügbarer Daten gibt das Expertensystem eine Mehrfachlösung aus (mit Konfidenzen bewertet). Die Berechnungen zur Seriengrößenabweichung sowie die Datenbanktransaktionen werden nicht vom Expertensystem durchgeführt, sondern von einer externen, in einer Methodenbank implementierten Anwendung.

Alle im obigen Beispiel verwendeten Daten sind zeitbezogene Daten, d.h. sie müssen erst über einen gewissen Zeitraum erfaßt werden. Die erforderlichen Daten stammen als zeitpunktbezogene Ist-Daten aus der Betriebsdatenerfassung. Beispielsweise werden die beiden Bezugsgrößen der Seriengrößenabweichung (Ausführungsstunden und Rüststunden) in der Maschinendatenerfassung ermittelt. Durch die Urbelegssicherung sind diese Daten in unverdichteter Form in den Speicherbereichen des BDE-Rechners verfügbar.

Durch die Aggregation der Daten verliert der Soll-Ist-Vergleich an Aussagefähigkeit. Daher können relevante Kostenabweichungen unentdeckt bleiben, wenn durch Kompensation mit vielen Kostenkomponenten ein Ausgleich erfolgt. Von den Kostenstellenbereichen ausgehend konnten die Controller nur vermuten, wo eine solche Abweichung "versteckt" ist.

Ein System zur Relevanzprüfung der controllingrelevanten Abweichungen mit Hilfe von Grenzwertüberschreitungen und Signifikanztests enthebt den Controller von der mühsamen Aufgabe, jedem nur möglichen Verdacht nachzugehen und daher auch Analysen durchzuführen, die im Rahmen des Controlling prinzipiell nicht gefordert sind.

Da dieser Vorgang sehr rechenintensiv ist, muß diese Voranalyse vor dem eigentlichen Soll-Ist-Vergleich ablaufen. Beim differenzierten Soll-Ist-Vergleich kann der Controller sich die schon in der Voranalyse gefundenen Abweichungen und Kostenstellen sortiert anzeigen lassen.

Durch Eingabe eines Schwellwertes zeigt ihm das Expertensystem nur die Kostenstelle, in dem eine Abweichung stattgefunden hat. Bei der weiteren Differenzierung nach Kostenartenhauptgruppen bzw. Kostenarten deutet das Expertensystem auf untersuchungsrelevante Größen hin. Je nach Mächtigkeit des Systems kann diese Untersuchung bis zu einer Ebene völlig atomisierter Daten bzw. Kostenbestimmungsfaktoren führen. Ein weiterer Vorteil dieser wissensbasierten Anwendung ist das Aufzeigen außerplanmäßiger und/oder überdurchschnittlicher Abweichungen auf der Kostenstellenebene.

Die unverdichteten Kostenbestimmungsfaktoren liegen in den Sicherungsdateien der einzelnen BDE-Rechner vor. Da der strukturelle Aufbau der Betriebsdatenerfassung in etwa kostenstellenbezogen ist, d.h. Gruppenrechner entsprechen hierbei den Kostenstellenbereichen, sind die Anforderungen an eine Methode zur Datenabfrage nicht sonderlich hoch.

Intelligente Such- und Prüfstrategien dienen also der Beschaffung individueller, flexibler Abweichungsinformationen. Ihre Anwendung kann vor, während und nach dem rechnerischen Soll-Ist-Kostenvergleich erfolgen.

2.2.3 Erstellung von Expertisen

Der Kostenstellenverantwortliche erhält durch die Kostenberichte eine genaue Aufschlüsselung der Kostenstruktur seiner Kostenstelle. Durch die Lokalisierung und die angegebene Höhe der Abweichungen sowie die Ursachenbestimmung kann er unverzüglich Maßnahmen zur Gegensteuerung ergreifen, um die abgewichenen Ist-Kosten wieder in den Planbereich zurückzuführen. Durch Zugriff auf ein unternehmensweites Kommunikationssystem können diese Expertisen [4] jederzeit vom Kostenstellenverantwortlichen eingesehen werden. Insbesondere die elektronische Ablage dieser Berichte ist eine wichtige Voraussetzung für den Vergleich von alten mit neuen Expertisen. Der Kostenstellenleiter kann daraus den Erfolg seiner Gegensteuerungsmaßnahmen ablesen. Bausteine der Expertisen können in Unternehmensberichte integriert werden. Dabei kann es sich sowohl um kumulierte Ergebnisse über mehrere Kostenstellenbereiche handeln, als auch um Kombinationen, die detailliert einzelne Kostenstellen (z.B. Kostenstellen mit hoher Unwirtschaftlichkeit) und zusammengefaßte Kostenstellenbereiche enthalten. Solche Berichte stellen eine wichtige Grundlage zur Entscheidungsfindung der Unternehmensleitung dar. Die Wirkung dieser Expertisen, besonders ihre Zusammenfassung über einen größeren Zeitraum, geht über das operative Controlling hinaus. Sie dienen als Datengrundlage für langfristige Entscheidungen im operativen Controlling.

Eine sinnvolle Ergänzung ist eine Kombination von Expertisen zur Abweichungsursache, Kostenberichten zur Abweichung und Fragebogen zur Klärung der Verantwortlichkeit und Art und Umfang der Gegensteuerungsmaßnahmen. Somit könnte man den Regelkreis einer betrieblichen Kostenkontrolle schließen und verfügte immer über ein Informationspaket zur aktuellen Kostenlage. Eine Alternative dazu wäre ein Expertensystem, das den Entscheidungsträger durch die Berichtsvielfalt eines Kosteninformationssystems "navigiert", um so aus der großen Zahl von Einzeldaten und -berichten genau die Informationen zu selektieren, die für den Entscheidungsprozeß gebraucht werden [5]. Die graphische Aufarbeitung der Expertisen kann wesentlich zur Veranschaulichung der Daten, insbesondere des Soll-Ist-Kostenvergleichs, beitragen. Dabei muß auf die Kombinationsfähigkeit von Text und Graphik sowie die automatische Generierung der Diagramme besonderer Wert gelegt werden.

3. Zusammenfassung und Ausblick

Durch die vorgestellte Konzeption und Realisierung eines Expertensystems zum intelligenten Soll-Ist-Kostenvergleich werden als wichtigste Weiterentwicklungen der Kontrollfunktion von Kosteninformationssystemen folgende Aspekte behandelt [6]:

1. Zeitnahe, vollständige Kontrollkonzepte
2. Erweiterung der Kontrollaufgaben
3. Unterstützung von Fixkostenkontrollen
4. Unterstützung des Unternehmenscontrolling
5. Übernahme von watchdog-Funktionen in einem Frühwarnsystem

Zum jetzigen und zukünftigen Einsatz wissensbasierter Systeme im betriebswirtschaftlichen Bereich lassen sich folgende Aussagen über das Teilgebiet Controlling treffen [7][8]:

1. Aufgrund der geringen Anzahl implementierter Expertensysteme im Bereich Rechnungswesen/Controlling sind die Anwendungsmöglichkeiten lediglich prospektiv zu beurteilen.
2. Bei einer engen Controlling-Definition lassen sich zur Zeit nur ganz wenige Ansätze zur Expertensystem-Unterstützung nachweisen.
3. Da es sich beim Controlling um einen unternehmerischen Entscheidungsbereich mit teilweise weitreichenden Konsequenzen handelt, ist zu vermuten, daß Expertensysteme im Controlling zunächst als Assistenten- und Expertisesysteme Anwendung finden, die zur Unterstützung und Überwachung menschlicher Entscheidungsprozesse gedacht sind.

Als Konzept auf lange Sicht wäre die Entwicklung von verteilten Expertensystemen, die eine benutzerspezifische Wissensbasis und Problemlösungskomponente und eine zentrale Metawissensbasis beinhalten, wo eine für das Controlling allgemeingültige Problemlösungsstrategie hinterlegt wird, denkbar. Die Kommunikation erfolgt dann über eine Blackboard-Architektur. [9][10][11][12].

Anmerkungen

[1] Vgl. Bock, et al. (1990), S. 70-78.
[2] Zur Identifikation und Evaluation einer geeigneten Domäne vgl. Kraemer, Spang (1989), C11-C13.
[3] Detaillierte Ausführungen zu dem beschriebenen Forschungsprojekt finden sich in Scheer, Kraemer, (1989), S. 157-184 sowie Kraemer (1989), S. 182-209.
[4] Zum Begriff der Expertisesysteme vgl. Mertens (1989), S. 835-854.
[5] Vgl. Fiedler et al. (1989), S. 26-33.
[6] Vgl. Lackes (1989), S. 124.
[7] Vgl. Kraemer, Scheer (1989), S. 6-17.
[8] Vgl. Mertens, Fiedler, Sinzig (1989), S. 154f.
[9] Vgl. Kraemer (1990), Veröffentlichung in Vorbereitung.
[10] Vgl. Mertens, Hildebrand, Kotschenreuther (1989), S. 839-854.
[11] Vgl. Engelmoore, Morgan (1988).
[12] Vgl. Zelewski (1989), S. 56-65.

Literaturverzeichnis

Bock, M., Bock, R., Scheer, A.-W.: Konzeption eines Rahmensystems für einen universellen Konstruktionsberater; Information Management 5(1990)1, S. 70-78.

Fiedler, R, Hamann, N., Riedel, C.: KOSTEX - ein prototypisches wissensbasiertes System zur Kostenstellenanalyse; Information Management 4(1989)4, S. 26-33.

Kraemer, W.: Wissensbasierte Systeme zum intelligenten Soll-Ist-Kostenvergleich, in: Scheer, A.-W. (Hrsg.): Rechnungswesen und EDV, Tagungsband zur 10. Saarbrücker Arbeitstagung; Heidelberg 1989, S. 182-209.

Kraemer, W.: Blackboard-Architektur, in: Mertens, P. (Hrsg.): Lexikon der Wirtschaftsinformatik; Berlin et al. 1990, Veröffentlichung in Vorbereitung.

Kraemer, W., Scheer, A.-W.: Wissensbasiertes Controlling; Information Management 4(1989)2, S. 6-17.

Kraemer, W., Spang, S.: Expertensysteme im Controlling?; Kostenrechnungspraxis o.Jg.(1989)1, C11-C13.

Lackes, R.: EDV-orientiertes Kosteninformationssystem - Flexible Plankostenrechnung und neue Technologien, Wiesbaden 1989.

Mertens, P.: Expertisesysteme als Variante der Expertensysteme zur Führungsinformation; Zeitschrift für betriebswirtschaftliche Forschung 41(1989)10, S. 835-854.

Mertens, P., Fiedler, R., Sinzig, W.: Wissensbasiertes Controlling des Betriebsergebnisses, in: Scheer, A.-W. (Hrsg.): Rechnungswesen und EDV, Tagungsband zur 10. Saarbrücker Arbeitstagung; Heidelberg 1989, S. 153-181.

Mertens, P., Hildebrand, R.J.N., Kotschenreuther, W.: Verteiltes wissensbasiertes Problemlösen im Fertigungsbereich; Zeitschrift für Betriebswirtschaft 59(1989)8, S. 839-854.

Scheer, A.-W., Kraemer, W.: Konzeption und Realisierung eines Expertenunterstützungssystems im Controlling, in: Kurbel, K., Mertens, P., Scheer, A.-W. (Hrsg.): Interaktive betriebswirtschaftliche Informations- und Steuerungssysteme; Berlin, New York 1989, S. 157-184.

Zelewski, S.: PPS-Expertensysteme für die Terminfeinplanung und -steuerung, Teil 1: Konzepte; Information Management 5(1990)1, S. 56-65.

MODELLIERUNG UND SIMULATION VERTEILTER SYSTEME MIT INCOME

W. Stucky◊, T. Németh◊, F. Schönthaler‡

◊ Institut für Angewandte Informatik und
Formale Beschreibungsverfahren
Universität Karlsruhe (TH)
Kollegium am Schloß, Bau IV
7500 Karlsruhe 1

‡ PROMATIS Informatik GmbH & Co. KG
Heidenweg 16
7541 Straubenhardt 5

ZUSAMMENFASSUNG

Qualitativ hochwertige verteilte Systeme können nur dann effizient entwikkelt werden, wenn die dynamischen Systemaspekte bereits bei der Anforderungsanalyse möglichst vollständig und korrekt erfaßt werden. Dieser Artikel beschreibt Konzepte des Methoden- und Tool-Pakets INCOME, das eine umfassende Modellierung dynamischer Systemaspekte erlaubt. Darüber hinaus unterstützt INCOME die Analyse und Simulation der erstellten Modelle. Um dem Entwickler eine möglichst umfassende Unterstützung anbieten zu können, sind die INCOME-Tools in die CASE* Umgebung von ORACLE integriert. Ein typisches Einsatzgebiet für eine derartige Unterstützung ist die Produktionsautomatisierung, in der für die Systementwicklung sowohl dynamische Aspekte als auch Datenbankaspekte von Bedeutung sind.

1 EINLEITUNG

Ein immer günstigeres Preis-Leistungs-Verhältnis bei mikroprozessor-basierten Rechnersystemen sowie die zunehmende Verfügbarkeit allgemein zugänglicher Kommunikationstechnologien haben dazu geführt, daß viele Unternehmen heute zur Abwicklung ihrer DV-Aktivitäten *verteilte Umgebungen* favorisieren. Damit ist die Möglichkeit gegeben, für alle Aufgaben genau die Hardware einzusetzen, die hierfür am besten geeignet ist. Entscheidend ist jedoch, daß auch die Software auf die verteilte Umgebung hin zugeschnitten ist. Leistungsfähige Datenbanksysteme, die die *Client-Server-Architektur* unterstützen, und moderne *Netzwerk-Betriebssysteme* bilden dabei eine ideale Plattform für die Anwendungsentwicklung.

Anwendungsgerechte, robuste und vor allem zuverlässige Systeme können jedoch nur dann effizient entwickelt werden, wenn den speziellen Gegebenheiten der verteilten Umgebung bereits bei der *Anforderungsanalyse* Rechnung getragen wird: *Dynamische Systemaspekte* müssen möglichst vollständig beschrieben und auf Konsistenz und fachliche Korrektheit hin überprüft werden. Für viele Anwendungen – etwa in der Prozeßautomatisierung oder in der Büroautomatisierung – müssen dazu auch *Zeitaspekte* und *Ausnahmesituationen* berücksichtigt werden.

INCOME[1] ist ein Methoden- und Tool-Paket, das speziell für die Entwicklung verteilter Systeme konzipiert ist. Es bietet die Möglichkeit, dynamische Systemaspekte umfassend und in einem einheitlichen formalen Rahmen graphisch zu beschreiben und zu analysieren. Eine Besonderheit ist die Unterstützung der *Simulation*, die sich als ein ideales Mittel zur Überprüfung der Spezifikation auf fachliche Korrektheit erwiesen hat.

INCOME baut auf Komponenten auf, die in den vergangenen sechs Jahren im Rahmen eines Projekts[2] an der *Universität Karlsruhe (TH)* erarbeitet wurden. Ergebnisse des Projekts sind in verschiedenen Veröffentlichungen dokumentiert (siehe etwa [OSL86, NSM87, SOL87, NSS88, LNO89, SNS89]). Ein Großteil der Konzepte wurde außerdem bereits in einer Reihe von Projekten mit Partnern aus der Wirtschaft erfolgreich in der Praxis erprobt (siehe dazu [NSS88]).

Der vorliegende Artikel gliedert sich wie folgt: In Abschnitt 2 werden zunächst die Möglichkeiten zur Modellierung dynamischer Systemaspekte mit INCOME beschrieben. Ausführungen zur Analyse und Simulation finden sich in Abschnitt 3. In Abschnitt 4 wird abschließend die Integration der INCOME-Tools in die CASE* Umgebung von ORACLE erläutert.

2 MODELLIERUNG DYNAMISCHER SYSTEMASPEKTE

Die Gestaltung verteilter Systeme wird wesentlich von *dynamischen Aspekten*, also vom geforderten Systemverhalten, geprägt. Dazu gehören *Systemabläufe*, der *Fluß von Objekten* im System und *zeitliche Anforderungen* an das System. Systemabläufe werden mit INCOME durch *Netze von Prozessen* modelliert, die *sequentiell*, *alternativ* oder *nebenläufig* stattfinden. Bei ihrer Ausführung werden von den Prozessen Objekte verbraucht und erzeugt. Es kann sich dabei um *Datenobjekte*, *Steuersignale* oder auch um *Materie* oder *Energie* handeln. Der Fluß der Objekte zwischen den Prozessen ist ein zentraler Punkt bei der Modellierung des Systemverhaltens. Um dem Entwickler die Ar-

---

[1] Produkt der PROMATIS Informatik GmbH & Co. KG, Straubenhardt.

[2] Dieses Projekt wurde teilweise von der Deutschen Forschungsgemeinschaft im Rahmen des Schwerpunktprogramms „Interaktive betriebswirtschaftliche Informations- und Steuerungssysteme" unter der Nummer „Stu 98/6" gefördert.

beit mit den INCOME-Tools zu erleichtern, wird für die Modellierung von Systemab-
läufen und Objektflüssen, ebenso wie für die Modellierung von Zeitaspekten, auf dieselben formalen Beschreibungsmittel zurückgegriffen.

2.1 Prädikat/Transitions-Netze

Ein Beschreibungsmittel, das sich in den vergangenen Jahren zur Modellierung dynamischer Systemaspekte bewährt hat, sind *Prädikat/Transitions-Netze* (Pr/T-Netze) (siehe [Gen87]). Dieser Petri-Netz-Typ stellt eine Erweiterung des sonst gebräuchlichen Typs der *Stelle/Transitions-Netze* (S/T-Netze) dar. In Pr/T-Netzen werden Stellen als Prädikate bezeichnet. Im Unterschied zu S/T-Netzen wird der Objektfluß zwischen Transitionen durch *identifizierbare* (bei S/T-Netzen anonyme) *Marken* repräsentiert, die durch Anwendung der *formalen Transitionsregel* (siehe Abschnitt 2.2) von Prädikat zu Prädikat wandern. Über eine *Beschriftung der Transitionen* kann die Zusammensetzung der von der jeweiligen Transition erzeugten Objekte aus den verbrauchten Objekten beschrieben werden. Außerdem ist es möglich, die *Schaltbedingung* der Transitionen in Abhängigkeit der konkreten Ausprägungen verbrauchter Objekte zu formulieren. Die Beziehung zwischen Objekten in den Prädikaten und deren Verwendung in den Transitionsbeschriftungen wird durch die den Pfeilen zugeordneten *Variablen* hergestellt. Abb. 1 zeigt die Elemente eines Pr/T-Netzes und deren mögliche Semantik.

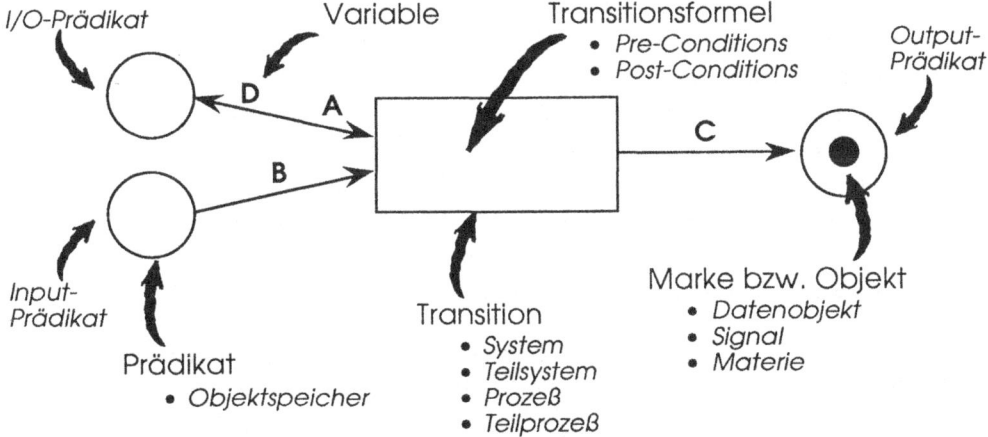

Abb. 1 Graphische Repräsentation von Pr/T-Netzen

Um auch große Systeme mit Pr/T-Netzen behandeln zu können, bietet INCOME drei Konzepte an:

- Durch die *Verfeinerung von Transitionen* mit ihrer jeweiligen vollständigen Umgebung in einem untergeordneten Netz können Hierarchien von Netzen aufgebaut werden.

- Die *Fusion von Prädikaten* (siehe auch [HJS89]) innerhalb eines Netzes unterstützt eine klare und übersichtliche graphische Darstellung. Bei der Fusion wird ein im Netz tatsächlich nur einmal existierendes Prädikat in mehrfachen graphischen Ausprägungen verwendet. Hierdurch werden die Anzahl der Verbindungen zu einem einzelnen graphischen Element und die daraus resultierenden Überschneidungen verringert.

- Für eine Transition kann ein *untergeordnetes Netz* angegeben werden, das beim Schalten der Transition *aufgerufen* wird. Dieses Konzept entspricht Prozedur-Aufrufen in Programmiersprachen. Analog zur Ersetzung formaler Parameter von Prozeduren durch aktuelle Parameter wird bei einem Aufruf des untergeordneten Netzes die aktuelle Markierung der Umgebung der Transition an die entsprechenden Prädikate des untergeordneten Netzes übergeben. Nach Abarbeitung dieses untergeordneten Netzes erhält die Umgebung der aufrufenden Transition eine entsprechend geänderte Markierung (vgl. [HJS89]).

2.2 Dynamik in Pr/T-Netzen

Dynamik wird in Pr/T-Netzen dargestellt durch die Einführung einer *Markierung*, d.h. einer Belegung der Prädikate durch Marken, und die Definition einer *formalen Transitionsregel*, die angibt, unter welchen Voraussetzungen zu einer Folgemarkierung übergegangen werden kann. Mit der formalen Transitionsregel für Pr/T-Netze ist es möglich, die *Aktivierungsbedingungen* (Pre-Conditions) und die *Schaltbedingungen* (Post-Conditions) von Transitionen dadurch darzustellen, daß jedes Input- bzw. I/O-Prädikat mit einer entsprechend der Kantenbeschriftung ausreichenden Anzahl von Objekten belegt ist und die *Kapazitätsgrenze* keines Output- bzw. I/O-Prädikats überschritten wird. Darüber hinaus können durch Beschriftung von Transitionen Aktivierungsbedingungen in Abhängigkeit vom Typ und der Ausprägung von Input-Variablen spezifiziert werden. Außerdem kann in den Schaltbedingungen angegeben werden, wie Objekte, die in die Output-Prädikate abgelegt werden, aus Objekten von Input-Variablen hervorgehen.

Abb. 2 zeigt den Ausschnitt eines Pr/T-Netzes und die Beschriftung der Transition *pH-Ventil öffnen* mit PROLOG-Goals. Die INCOME-Tools sind so konzipiert, daß als Alternative auch eine Beschriftung mit SQL-Ausdrücken möglich ist. Es sind jedoch auch weitere Alternativen denkbar.

2.3 Exception Handling

Bei der Anforderungsanalyse und beim Systementwurf wird zur Vereinfachung häufig von *Ausnahmesituationen* (Exceptions) abstrahiert. Die Erkennung und Behandlung der Exceptions wird dann erst in der Implementation berücksichtigt. Für komplexe verteilte Systeme ist ein solches Vorgehen äußerst problematisch, da hier Exceptions – viel mehr noch als bei nicht-verteilten Systemen – wesentlichen Einfluß auf die Konzeption des Systems haben. Eine zu späte Berücksichtigung von Exceptions führt dort im allgemeinen zu einer drastischen Qualitätsminderung.

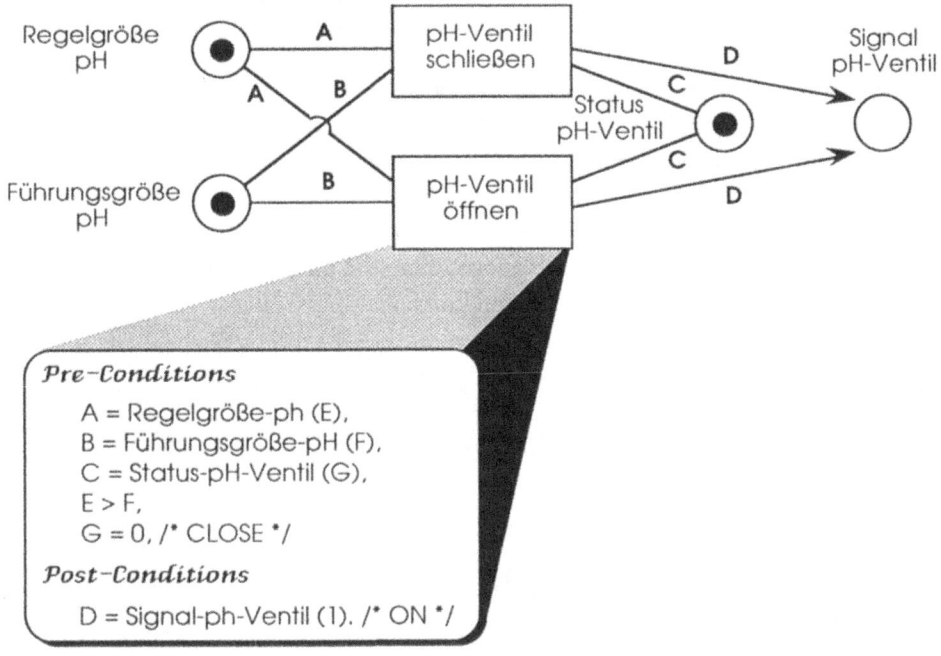

Abb. 2 Ausschnitt eines Pr / T-Netzes

INCOME bietet die Möglichkeit, Exceptions zusammen mit Mechanismen für ihre Behandlung bereits bei der Anforderungsanalyse zu modellieren. Exceptions können sich dabei sowohl auf den *Ablauf der Prozesse* im System als auch auf *zeitliche Aspekte* beziehen.

Die Modellierung von Exceptions erfolgt über die Festlegung von *Integritätsbedingungen* an das zu entwickelnde System. Integritätsbedingungen können *statische* und *dynamische* Aspekte betreffen. Statische Integritätsbedingungen repräsentieren Systemeigenschaften, die in allen Systemzuständen erfüllt sein müssen. Dynamische Integritätsbedingungen betreffen Aussagen über Eigenschaften, die für alle Folgen von Zustandsübergängen in einem System gelten müssen. Zur expliziten Spezifikation solcher Integritätsbedingungen existieren zwei zusätzliche Konstrukte in Pr/T-Netzen: *Fakt-Transitionen* (Fakten) und *ausgeschlossene Übergänge* (siehe [HeR86, Vos87, Obe89]).

Fakten sind spezielle Transitionen, die im Normalbetrieb niemals aktiviert sein dürfen. Mit Fakten lassen sich also „negative" Aussagen über zulässige Systemzustände modellieren, da durch sie die Menge der möglichen Zustände auf die beschränkt sind, in denen kein Fakt aktiviert ist.

Ausgeschlossene Übergänge repräsentieren Zustandsfolgen, die im Normalbetrieb nicht stattfinden dürfen. Mit ihrer Hilfe läßt sich die Bedingung spezifizieren, daß ein bestimmter Systemzustand nicht von einem bestimmten anderen Zustand aus erreicht werden darf. Dabei ist es gleichgültig, ob dies direkt in einem Schritt oder über mehrere Zwischenschritte möglich wäre.

Wird nun im Systemablauf ein Fakt aktiviert oder findet ein ausgeschlossener Übergang statt, d.h. wird gegen eine Integritätsbedingung verstoßen, sollte für diese Situation eine angemessene Reaktion des Systems ausgelöst werden. Die Spezifikation dieses *Exception Handlings* könnte in das Pr/T-Netz, das das Systemverhalten beschreibt, integriert sein. Um die Spezifikation des normalen Systemverhaltens aber nicht zu überladen, werden für das Exception Handling separate Netze vorgesehen, die durch einen Fakt oder einen ausgeschlossenen Übergang angestoßen werden können.

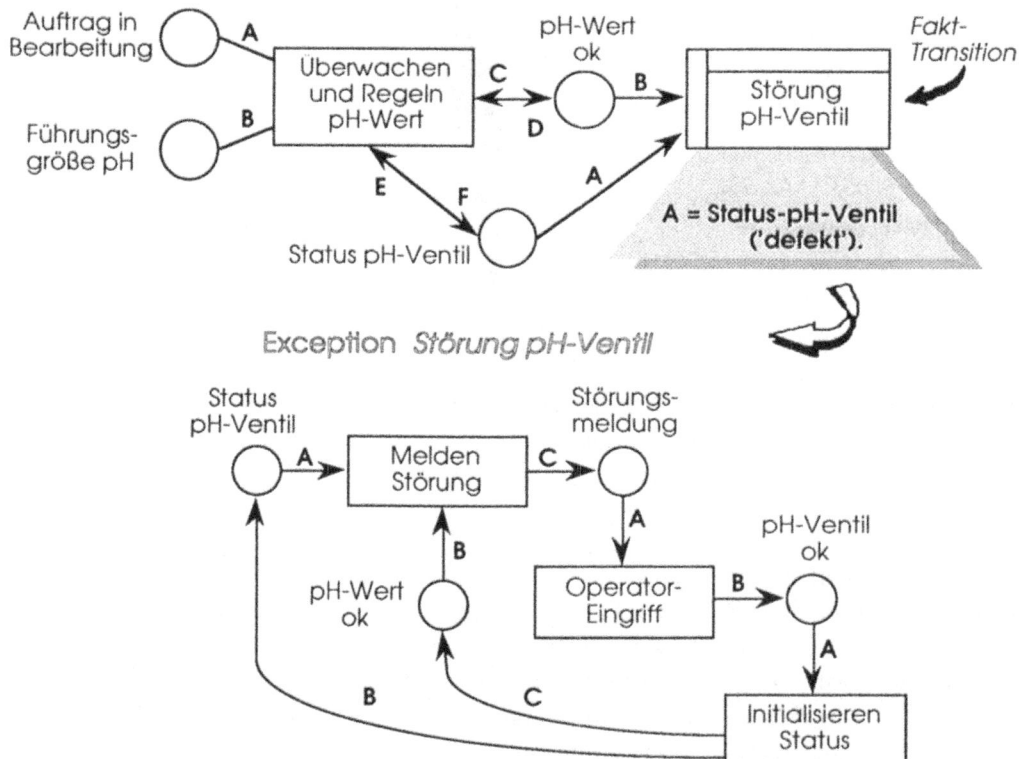

Abb. 3 Exception Handling bei Verletzung einer statischen Integritätsbedingung

Abb. 3 zeigt den Ausschnitt eines Pr/T-Netzes mit einem Fakt, der die Ausnahmesituation eines defekten Ventils repräsentiert. Wird diese Transition aktiviert, so wird das angegebene Exception-Netz mit einer entsprechenden Markierung der Prädikate versehen und ausgeführt. Hier wird also das in Abschnitt 2.1 beschriebene Konzept des Aufrufs eines untergeordneten Netzes durch eine Transition verwendet.

2.4 Modellierung von Zeitaspekten

Mit den bisher vorgestellten Konzepten der Pr/T-Netze lassen sich zeitliche Aspekte nicht behandeln. Bei Petri-Netzen wird davon ausgegangen, daß für das Schalten von Transitionen – das ja die Ausführung von Prozessen repräsentiert – keine Zeit benötigt wird, und daß die Marken in den Stellen zeitlich unbegrenzt verfügbar sind. Außerdem sind die Zeitpunkte, zu denen Transitionen schalten, unbestimmt. INCOME sieht eine *Abbildung von Zeitaspekten* mittels gegebener Konstrukte der Netztheorie vor (siehe [ObL88]). Damit können Prozesse durch *temporale Beziehungen* verknüpft werden. Es lassen sich *relative zeitliche Beziehungen* formulieren, wie z.B. *gleichzeitiger, synchroner* oder *überlappender* Ablauf von Prozessen.

Für viele Anwendungen ist es aber auch notwendig, *absolute Zeitpunkte* und *Intervalle*, wie z.B. Startzeiten oder die minimale bzw. maximale Dauer von Prozessen angeben zu können. In den Petri-Netz-Tools NET von PSI (siehe [Itt87]) oder PACE von GPP (siehe [SPE87]) können über die Transitionsbeschriftung *Aktivierungszeiten* angegeben werden. Aktivierungszeiten definieren eine Verzögerung vom Zeitpunkt der Aktivierung einer Transition bis zu ihrer Ausführung. Während dieses Zeitraums können die Marken in den Prädikaten von anderen Transitionen verbraucht werden, so daß eine so verzögerte Transition eventuell nie schaltet. INCOME sieht ebenfalls die Angabe von Aktivierungszeiten vor. Im Gegensatz zu den beiden erwähnten Ansätzen werden die betroffenen Marken jedoch von der weiteren Verwendung im Netz ausgeschlossen. Nach Ablauf der Verzögerungszeit werden sie von der reservierenden Transition verbraucht.

Das Konzept der Aktivierungszeiten impliziert die Verwendung einer *globalen Uhr* zur Synchronisation des gesamten Netzes. Für die Modellierung verteilter Systeme kann sich jedoch die Notwendigkeit *lokaler Uhren* für einzelne Komponenten des Systems stellen. Dies wird über einen *Uhr-Mechanismus* erreicht, der auch wieder über Pr/T-Netze realisiert wird (vgl. [Ric85]).

3 Analyse und Simulation

3.1 Analyse

Laufende *Qualitätskontrollen* sind ein wesentlicher Bestandteil des INCOME-Konzepts. Hier liegt die eigentliche Stärke der Petri-Netze, die eine ideale Ausgangsbasis zur Durchführung *formaler Analysen* bilden (vgl. [OSS87]). INCOME ermöglicht das Auffinden von Netzkomponenten, die bestimmte Eigenschaften erfüllen, etwa isolierte Transitionen oder Stellen oder auch Komponenten, die Bestandteile von Zyklen sind. Außerdem kann die *Zulässigkeit von Verfeinerungen* überprüft werden.

Darüber hinaus sind *Analysen dynamischer Netzaspekte* möglich, d.h. für die Analyse werden neben der Struktur auch konkrete Markierungen des Netzes berücksichtigt. Besonders hervorzuheben sind hierbei *Erreichbarkeitsanalysen*, die z.B. Aufschluß darüber geben, welche Markierungen von einer gegebenen Markierung aus erreichbar sind. Zur Vereinfachung bietet es sich hier an, von der Beschriftung der Pr/T-Netze zu abstrahieren und sie als Stelle/Transitions-Netze zu interpretieren.

3.2 Simulation

Interne Analysen von Netz-Eigenschaften sind ein wichtiges Hilfsmittel zur *Validierung* der mit INCOME erstellten Spezifikationen. Zur *Prüfung auf Vollständigkeit* und *fachliche Korrektheit* muß jedoch auf andere Techniken zurückgegriffen werden, die vor allem auch eine Mitwirkung des Mitarbeiters aus der Fachabteilung ermöglichen. Pr/T-Netze bieten hier mit der *Simulation* einen erfolgversprechenden Ansatzpunkt: Nach Belegung des Netzes mit einer Startmarkierung läßt sich durch Anwendung der formalen Transitionsregel eine Folge von Zuständen ermitteln, die das Verhalten des spezifizierten Systems repräsentieren.

INCOME unterstützt ein *interaktives Simulationsverfahren* (siehe [Sch89]), bei dem die Zustände des Systems, über die graphische Darstellung hinaus, mittels einer *Formularschnittstelle* visualisiert werden können. Für spezielle Anwendungen sind jedoch auch *alternative Oberflächen* für die Simulation denkbar, etwa die *Dynamisierung eines Fließbildes*, in dem ein technischer Prozeß beschrieben ist.

Die Simulation mit INCOME wird in einem sogenannten *Simulations-Log* protokolliert, der die Grundlage für verschiedene Auswertungen oder die Wiederholung der Simulation bildet. Die Simulation ist so nicht nur ein wichtiges Hilfsmittel zur Validierung der Spezifikation, sondern stellt auch eine interessante Möglichkeit dar, um ein umfassendes Verständnis für das modellierte Systemverhalten zu erlangen.

4 AUFBAU EINER UMFASSENDEN ENTWICKLUNGSUMGEBUNG

Mit den Möglichkeiten zur Modellierung, Analyse und Simulation dynamischer Systemaspekte stellt INCOME ein geeignetes Hilfsmittel zur Entwicklung verteilter Systeme dar. Neben dynamischen Aspekten sind für eine große Klasse verteilter Systeme jedoch auch *Datenbankaspekte* von Bedeutung. Um eine möglichst umfassende Entwicklungsunterstützung anbieten zu können, sind die INCOME-Tools deshalb in die CASE* Umgebung von ORACLE integriert. Basis dieser Umgebung ist das CASE* Dictionary, ein

Repository, in dem alle während der Systementwicklung anfallenden Informationen abgelegt sind.

Die Integration der INCOME-Tools erfolgt über das Dictionary, das um Relationen zur Abspeicherung der mit INCOME erstellten Spezifikationen erweitert wird. Außerdem sind Relationen definiert, über die die INCOME-Spezifikationen mit den von CASE* verwalteten Informationen verknüpft werden.

Ein typisches Einsatzgebiet für eine derart erweiterte Entwicklungsumgebung ist die *Produktionsautomatisierung*, in der für die Systementwicklung sowohl dynamische Aspekte als auch Datenbankaspekte von Bedeutung sind. Die *offene Architektur* der Umgebung ermöglicht dabei die Implementation von Schnittstellen zwischen den INCOME-Tools und CAE-Werkzeugen, die bereits für Teilaufgaben bei der Automatisierung technischer Prozesse zur Verfügung stehen.

DANKSAGUNG

Für wertvolle Kommentare und Anregungen während der Erstellung dieses Beitrags möchten wir uns bei Andreas Oberweis, Universität Mannheim, bedanken.

LITERATUR

[Gen87]   H.J. Genrich: Predicate/transition nets. In *Petri Nets: Central Models and their Properties, LNCS 254*, W. Brauer, W. Reisig und G. Rozenberg, Eds. Springer-Verlag, Berlin, Heidelberg, 1987.

[HeR86]   C.A. Heuser und G. Richter: On the relationship between conceptual schemata and integrity constraints on databases. In *Database Semantics (DS-1)*, T.B. Steel, Jr. und R. Meersman, Eds. Elsevier Science Publ. B.V., Amsterdam, 1986.

[HJS89]   P. Huber, K. Jensen und R.M. Shapiro: Hierarchies in Coloured Petri Nets. In *Proc. of the 10th Int. Conf. on Application and Theory of Petri Nets,* (Bonn, June 28-30). GMD, St. Augustin, 1989, pp. 192-209.

[Itt87]   Itter, F. Verwendung von NET-Modellen bei der Entwicklung einer flexiblen Fertigungssteuerung. In *Proc. der GI-Fachtagung Requirements Engineering RE'87* (St. Augustin, 20.-22. Mai), GMD-Studien Nr. 121. Gesellschaft für Mathematik und Datenverarbeitung mbH, St. Augustin, 1987, pp. 191-215.

[LNO89]   G. Lausen, T. Németh, A. Oberweis, F. Schönthaler und W. Stucky: The INCOME Approach for Conceptual Modelling and Prototyping of Information Systems. In *Proc. of the 1st Nordic Conference on Advanced Systems Engineering CASE '89* (Stockholm, Sweden, May 9-11), 1989.

[NSM87] T. Németh, F. Schönthaler, H. Müller und W. Stucky: INCOME: Von der funktionalen Anforderungsspezifikation zur Prototypdatenbank – Ein methodischer Ansatz. In *Proc. der GI-Fachtagung Requirements Engineering RE'87* (St. Augustin, 20. - 22. Mai), GMD-Studien Nr. 121. Gesellschaft für Mathematik und Datenverarbeitung mbH, St. Augustin, 1987, pp. 143-159.

[NSS88] T. Németh, F. Schönthaler und W. Stucky: Das experimentelle Entwicklungssystem INCOME. In *Anleitung zu einer praxisorientierten Software-Entwicklungsumgebung, Band 2*, T. Gutzwiller und H. Österle, Hrsg. AIT-Verlag, Hallbergmoos, 1988.

[Obe89] A. Oberweis: Integritätsbewahrendes Prototyping von verteilten Systemen. In *Informatik-Fachbericht 222*, M. Paul, Hrsg. Springer-Verlag, Berlin, Heidelberg, 1989.

[ObL88] A. Oberweis und G. Lausen: On the representation of temporal knowledge in office systems. In *Proc. of the IFIP TC8/WG 8.1 Working Conference Temporal Aspects in Information Systems (TAIS'87)* (Sophia-Antipolis, France), C. Rolland, M. Leonard und F. Bodard, Eds. North-Holland, 1988.

[OSL86] A. Oberweis, F. Schönthaler, G. Lausen und W. Stucky: Net based conceptual modelling and rapid prototyping with INCOME. In *Proc. of the 3rd Conference on Software Engineering*, (Versailles, France, May 27-30). A.F.C.E.T., Paris 1986, pp 165-176.

[OSS87] A. Oberweis, F. Schönthaler, J. Seib und G. Lausen: Database supported analysis tool for predicate/transition nets. *Petri Net Newsletter 28*, (Dec. 1987), 21-23.

[Ric85] G. Richter: Clocks and their use for time modeling. In *Proc. of the IFIP TC8.1 Working Conference on Theoretical and Formal Aspects in Information Systems (TFAIS'87)*. North-Holland, Amsterdam, 1988.

[Sch89] F. Schönthaler: *Rapid Prototyping zur Unterstützung des konzeptuellen Entwurfs von Informationssystemen*. Dissertation, Univ. Karlsruhe, 1989.

[SNS89] W. Stucky, T. Németh und F. Schönthaler: INCOME – Methoden und Werkzeuge zur betrieblichen Anwendungsentwicklung. In *Interaktive betriebswirtschaftliche Informations- und Steuerungssysteme*, K. Kurbel, P. Mertens, A.-W. Scheer, Hrsg. Walter de Grutyer, Berlin, New York, 1989.

[SOL87] F. Schönthaler, A. Oberweis, G. Lausen und W. Stucky: Prototyping zur Unterstützung des konzeptuellen Entwurfs interaktiver Informationssysteme. In *Informatik-Fachbericht 143*, R.R. Wagner, R. Traunmüller und H.C. Mayr, Hrsg. Springer-Verlag, Berlin, Heidelberg, 1987.

[SPE87] SPECS-Project: A graphical Petri net tool for the design and prototyping of distributed systems. *Petri Net Newsletter 27*, (Aug. 1987), 55-57.

[Vos87] K. Voss: Nets in data bases. In *Petri-Nets: Applications and Relationships to Other Models of Concurrency, Vol. 2*, W. Brauer, W. Reisig und G. Rozenberg, Hrsg. Springer-Verlag, Berlin, Heidelberg, 1987.

Konzept für eine syntaxorientierte Software-Entwicklungsdatenbank

D.B. Preßmar, S. Eggers

Universität Hamburg
Arbeitsbereich für Betriebswirtschaftliche Datenverarbeitung

Inhalt

1. Einleitung

Das vorliegende Konzept einer syntaxorientierten Software-Entwicklungsdatenbank entstand im Rahmen des Forschungsprojekts "Interaktive Entwurfsmethode zur computergestützten Herstellung betriebswirtschaftlicher Anwendungssoftware", das von der Deutschen Forschungsgemeinschaft unter dem Kennzeichen Pr 93/3 gefördert wurde.

Zunächst war der Ansatz einer expliziten Abbildung aller Entwurfsobjekte im Datenmodell der Entwicklungsdatenbank versucht worden[1], was vom Grundgedanken her den in der Praxis verbreiteten Data Dictionaries entspricht. Bei einer vollständigen Abbildung aller Entwurfsinformationen führt dies jedoch zu einer Komplexität, die das Datenmodell unübersichtlich, schwer handhabbar und unflexibel macht. Darüberhinaus wird die Semantik der Entwurfssprachen nicht an einer Stelle beschrieben, sondern ist sowohl in der Datenbankstruktur als auch in den Datenbanktransaktionsfunktionen und den die Entwurfsdaten manipulierenden Werkzeugen abgebildet[2].

Mit dem vorgestellten Ansatz einer syntaxorientierten Entwicklungsdatenbank wird versucht, die Schwächen traditioneller Datenmodelle zu umgehen, ohne die Vielfalt der verwendbaren Entwurfssprachen einzuschränken. Ausgangspunkt der Überlegungen waren drei Zielsetzungen:

• Jedes im Entwurfsprozeß entstehende Dokument sollte in einer Form gespeichert sein, die von seiner externen Darstellung und dem zur Erzeugung verwendeten Werkzeug unabhängig ist.

• Es sollten keine Abhängigkeiten zwischen der Form der Speicherung und den Zugriffsverfahren der Werkzeuge bestehen.

• Zwischen Struktur und Inhalt der Datenbank sollte klar unterschieden werden, so daß eine Änderung oder Hinzufügung von Entwurfsmethoden ohne Beeinflussung der Datenbankstruktur und der von dieser Methode nicht berührten bereits gespeicherten Inhalte erfolgen kann.

Im folgenden wird im einzelnen auf die Grundlagen des vorliegenden Konzepts eingegangen und das zur Implementation verwendete Datenmodell erläutert. Abschließend folgt eine kurze Beschreibung der Datenbank-Shell-Routinen, die Entwurfswerkzeugen den Zugriff auf eine syntaxorientierte Datenbank erlauben.

2. Grundlagen

2.1 Darstellung der Entwurfsdaten

Grundvoraussetzung für eine gemeinsame Speicherung der Entwurfsdaten und die Austausch von Informationen zwischen verschiedenen Methoden ist eine geeignete Darstellungsform der Entwurfsdaten. Dabei kann es nicht sinnvoll sein, Entwurfsdokumente in unverträglichen Formaten zu speichern, also beispielsweise graphische Dokumente in Bit-Image- oder Vektorformaten, Programmquellen hingegen als sequentiellen Text. Hier erscheint es sinnvoller, Entwurfsdokumente, insbesondere auch

---

1) vgl. Preßmar (1986), Preßmar (1987)
2) vgl. Gutzwiller (1988), S. 87f.

die der graphisch orientierten Methoden, mit Hilfe einer abstrakten Syntax formalisiert darzustellen [1]. Diese allgemeine Festlegung wird als abstrakte Syntax bezeichnet. Demgegenüber wird die Darstellung eines bestimmten Dokuments in seiner ursprünglichen Ausprägung, das eigentliche "Bild" also, als konkrete Syntax bezeichnet [2]. Diese konkrete Syntax kann in eine abstrakte Syntax überführt werden. Es liegt dann eine Baumstruktur vor, die das eigentliche Bild repräsentiert.

Durch diese Vorgehensweise kann der Systementwickler mit Hilfe von syntaxorientierten Editoren mit der gewohnten Darstellungsform arbeiten, für interne Verarbeitung und Speicherung steht jedoch eine formalsprachliche Repräsentation zur Verfügung, die mit den ausgereiften Verfahren und Werkzeugen des Compilerbaus bearbeitet werden kann [3].

Als Beispiel ist im Anhang ein Dataflow Diagram sowohl in graphischer als auch in textueller Darstellung aufgeführt.

Für die Übertragung von Informationen zwischen verschiedenen Methoden bzw. Entwicklungsphasen ist es erforderlich, Entwurfsinformationen nicht in Form von Quelltexten abzulegen, sondern eine atomistische Speicherungsform zu wählen. Dies erlaubt, Entwurfsinformationen in den verschiedenen Phasen des Softwareentwurfs in einer jeweils adäquaten Darstellungsform zu präsentieren, wobei überlappende Informationen (s.u.) direkt oder transformiert in mehreren Darstellungsformen in Erscheinung treten.

2.2 Syntaxrepräsentation durch Datenbankinhalte

Diese Syntaxdefinitionen sind in einer Datenbank derart abzulegen, daß einerseits die modulare Erweiterbarkeit und Änderbarkeit der Metasyntax nicht durch die Datenbankrepräsentation der Syntax eingeschränkt wird, und andererseits die Unabhängigkeit aller zugreifenden Programme von den speziellen syntaxdefinierenden Inhalten der Datenbank gewährleistet ist und dennoch ein hinreichend effizientes Arbeiten dieser Programme erreicht werden kann.

Hierzu verweist Wirth auf die Möglichkeit, syntaktische Strukturen durch zeigerverknüpfte Listen darzustellen und einen allgemeinen Parsing-Algorithmus zu verwenden, der beliebige Syntaxdefinitionen dieser Art verarbeitet: "Da immer dasselbe Prinzip der Analyse verwendet wird, ist es auch möglich, ein einziges, allgemeines Programm zu erstellen, das für alle entsprechenden Sprachen geeignet ist. Dieses Programm wird je nach Sprache mit Tabellen versehen, welche deren Syntax in codierter Form darstellen. (...) Dabei wird (...) in Frage kommen (...) eine Listenstruktur ohne festes, vorgegebenes Format. Den einzelnen Symbolen entsprechen Datenelemente (Knoten), während die Pfeile (Kanten) durch Zeiger (Pointer) dargestellt werden."[4]

---

1) vgl. Preßmar (1988), S. 20
2) vgl. Gutzwiller (1988)
3) vgl. Preßmar (1989)
4) vgl. Wirth (1986), S. 29

Eine als Listenstruktur dargestellter Syntaxgraph läßt sich aber auch direkt in eine Netzdarstellung überführen und in einer Netzwerkdatenbank implementieren: Die Knoten des Syntaxgraphen werden als Klassendefinition in der Datenbank abgelegt. Über eine Stücklistenbeziehung werden die Kanten, die zulässige Anordnung der Knoten, definiert. Ein Parsing-Algorithmus kann diese in der Datenbank abgelegte Struktur zur Abarbeitung eines Quelltextes verwenden. Die Umsetzung dieses Konzepts wird im Abschnitt 3 vorgestellt.

2.3 Objektbegriff

Der Objektbegriff in Software-Produktionsumgebungen wird in der Literatur sehr unterschiedlich verwendet. Gotthard und Lockemann [1] benutzen den Objektbegriff als Zusammensetzung von Ober- und Unterobjekten. Insbesondere weisen sie auf den Unterschied der Benutzung von Objekten in DB-Umgebungen herkömmlicher Art und SPUs hin. Erstere sind insbesondere gekennzeichnet durch eine Reihe von Attributen, letztere durch ihre Struktur. In einer späteren Veröffentlichung [2] wird der Strukturbegriff noch vertieft und besonders unterschieden in strukturierte Objekte und elementare Objekte. Hingewiesen wird besonders auch auf die rekursive Objektstruktur und auf eine mögliche Überlappung von Objekten.

Ähnlich wird der Objektbegriff auch von Batz [3] gesehen: Im kaufmännisch/administrativen Bereich speichert man in Datenbanken viele gleichartige Objekte, hingegen in SPUs sehr unterschiedliche Objekte mit einer komplexen Struktur.

Lamersdorf [4] sieht den rein technischen Aspekt des Objektbegriffs in SPUs, der neben kompliziertem Aufbau und zahlreichen Komponenten insbesondere den nicht fest formatierten Charakter der Objekte herausstellt.

Im folgenden wird der Objektbegriff im wesentlichen als struktureller Objektbegriff gesehen, also im Sinne von Lockemann, Lamersdorf oder Batz. Übereinstimmung besteht insoweit auch mit der Sichtweise der objektorientierten Programmierung [5], was die Begriffe der Klasse, der Vererbung sowie den Lebenszeitbegriff betrifft, wenn auch bislang keine Möglichkeit vorgesehen ist, Methoden im objektorientierten Sinne zu definieren.

In Anlehnung an DAMOKLES [6] soll der Objektbegriff folgendermaßen gekennzeichnet sein:

1. Ein Objekt ist eine Abbildung dieses Objekts aus dem Entwurfskontext auf ein Objekt in der Datenbank unter Berücksichtigung der Beziehungen zum Umfeld.

2. Die Abbildung soll unabhängig von der internen Struktur des Objekts sein.

1) vgl. Gotthard/Lockemann (1985)
2) vgl. Abramowicz et al. (1987)
3) vgl. Batz (1987), S. 27
4) vgl. Lamersdorf (1985)
5) vgl. Goldberg/Robson (1983), Stroustrup (1987)
6) vgl. Abramowicz et al. (1987)

Abstrakt betrachtet dient ein Objekt der Repräsentation einer in der betrachteten Umwelt existierenden Einheit. Objekte beschreibt man durch ihre deskriptiven und strukturellen Eigenschaften. Deskriptive Eigenschaften von Objekten können sinnvollerweise durch Attribute repräsentiert werden, wohingegen strukturelle Eigenschaften durch entsprechende Zeigerverbindungen in der Datenbank nachgebildet werden.

2.4 Überlappung

Überlappung bezeichnet die mittelbare oder unmittelbare Eigenschaft des Enthaltenseins von Objekten und Beziehungen. Enthalten beispielsweise zwei Programme dasselbe Modul, dann überlappen sie bezüglich dieses Moduls[1].

Gotthard[2] leitet Überlappung im Rahmen der molekularen Aggregation aus Objekt-Komponenten-Hierarchien ab. Er unterscheidet drei mögliche Fälle:

- Hierarchien verschiedenen Typs können überlappen, d.h. gemeinsame Komponenten aufweisen.

- Hierarchien desselben Typs können überlappen oder disjunkt sein.

- Ein Objekt und seine Komponenten können Exemplare desselben Typs sein.

Die Überlappung zwischen den Inhalten mehrerer Entwurfssprachen kann verwendet werden, um Informationen von einer Sprache in die andere zu übernehmen und so zum einen Informationsbrüche und Mehrfacherfassungen vermeiden, zum anderen einen über alle Phasen konsistenten Entwurf sicherstellen.

Um eine kontrollierte Überlappung der verschiedenen Entwurfssprachen sicherzustellen, wurde eine Metasprache definiert. Die Metasprache der Datenbank besteht aus einer syntaktischen Darstellung aller auftretenden Informationskategorien und den daraus erlaubten Anordnungen. Sie umfaßt damit die Syntaxdefinitionen aller verwendeten Beschreibungssprachen. Für jedes Symbol einer Beschreibungssprache ist definiert, welchem Symbol der Metasprache es entspricht. Dabei ist es zulässig und auch beabsichtigt, daß verschiedene Entwurfssprachen nur Ausschnitte eines Objekts der Metasprache beschreiben. Eine Schwierigkeit bei dieser Vorgehensweise stellt jedoch die Tatsache dar, daß nicht alle Entwurfssprachen bestimmte Objekte semantisch in gleicher Weise verwenden. Semantisch abweichende Objekte werden nicht direkt über die Syntax der betreffenden Sprache gespeichert, sondern mit Hilfe von Transformationsregeln auf die Metasyntax abgebildet. Zur Wiedergewinnung des gespeicherten Dokuments werden diese Transformationsregeln invers angewandt.

Die Auswirkung von Änderungen auf einen Quelltext einer Sprache durch andere überlappenden Sprachen wird kontrolliert, indem der ursprüngliche Quelltext als sprachspezifisches Attribut des Leitknotens mit gespeichert wird. Durch Differenzbildung zwischen dem ursprünglichen und einem wiedergewonnen Quelltext können

---

1) vgl. Abramowicz et.al. (1987), S. 4f.
2) vgl.Gotthard (1988), S. 27ff.

Änderungen sichtbar gemacht werden, die durch andere Entwicklungsschritte erfolgt sind. Soll ein Dokument als endgültig erklärt werden, besteht die Möglichkeit, seine Elemente gegen Änderungen zu sperren. Änderungen dieser Elemente durch andere Methoden werden dann von den Datenbank-Shell-Routinen unterbunden.

3. Datenmodell

Das Datenmodell der Software-Entwicklungsdatenbank stellt eine Kombination aus Data Dictionary und Datenbank dar. Das Datenmodell[1] setzt sich zusammen aus einem Definitionsteil, der ausschließlich Klassendefinitionen (Metadaten) aufnimmt (in Abbildung 1 oberhalb der strichpunktierten Linie), und einem Datenbankteil, in dem die eigentlichen Objekte des Systementwurfs gespeichert werden. Jeder dieser beiden Teile ist wiederum untergliedert in einen Bereich zur Definition bzw. Speicherung von Objektklassen/Objekten (links der gestrichelten Linie), sowie einen Bereich zur Definition bzw. Speicherung von Beziehungen, die Objektklassen untereinander haben können bzw. Objekte aktuell haben.

Die Definition von Objektklassen und Attributklassen ist der Metasprache vorbehalten. Die Syntaxrepräsentationen der einzelnen Entwurfssprachen werden durch die Strukturdefinition bzw. die syntaxspezifische Klassenhierarchie abgebildet.

3.1 Klassendefinition

Die Knoten des Netzes werden zunächst gemäß ihrer syntaktischen Bedeutung in zwei Klassen eingeteilt, zum einen die in einem Dokument enthaltenen Objektklassen, zum anderen die diesen Klassen zugeordneten Attributklassen. Jede dieser Klassen wird durch einen Satz der Satzarten "Object Class" oder "Object Attribute Class" in der Datenbank abgebildet. Wenn eine Objektklasse Leitknoten einer Syntax ist, erhält sie einen identifizierenden Namen, anderenfalls wird sie über eine vom System vergebene eindeutige Nummer gekennzeichnet. Eine Attributklasse enthält keine Bezeichnung, sie umfaßt jedoch Spezifikationen des Datentyps und Formats.

Die interne Struktur einer Objektklasse in einer bestimmten Sprache wird über die Satzart "Object Structure" dargestellt, wodurch sich implizit der entsprechende Ausschnitt des Syntaxgraphen ergibt. Es handelt sich hier um eine n:m-Beziehung, um die Überlappung der Attribute verschiedener Objektklassen abbilden zu können. Eine Objektstrukturdefinition enthält eine eindeutige Syntax-ID, um die Struktur von Objektklassen nach Sprachen differenzieren zu können, sowie Angaben über Optionalität, Wiederholbarkeit und Exklusiv-Oder-Beziehungen zu anderen Strukturelementen.

Sind bei der Speicherung eines Objekts semantische Regeln zu beachten, können diese in der Satzart "Object Rule" definiert und über die Satzart "Object Relevant Rule" einem Objekt zugeordnet werden. Wegen implementationsbedingter Restriktionen ist

1) vgl. Abbildung 1

lie Formulierung semantischer Regeln derzeit auf die Möglichkeiten einer reinen Aussagenlogik begrenzt.

3.2 Klassenhierarchie

Die Klassenhierarchie wird durch eine Stücklistenbeziehung definiert, die aus der Satzart "Connection Class" und zwei Set-Verbindungen zur Satzart "Object Class" gebildet wird. Diese Implementation erlaubt beliebige Anordnungen von Objekten wie enthalten sein, Vorgänger-Nachfolger-Beziehungen oder auch Rekursion. Wie die Satzart "Object Structure" enthält auch die "Connection Class" eine Syntax-ID sowie Angaben über Optionalität, Wiederholbarkeit und Exklusiv-Oder-Beziehungen zu anderen Verbindungen. Zusätzlich kann ein Bezeichner angegeben werden, falls diese Verbindung im Syntaxgrapen mit einem Schlüsselwort behaftet ist. Die Klassenhierarchie bildet die Teile des Syntaxgraphen ab, der über die Beziehung zwischen Objekten und elementaren Attributen hinausgeht.

Spiegelbildlich zur Modellierung der Klassendefinition erlaubt auch die Klassenhierarchie die Verwendung von Attributen, die vom System für die Versionsverwaltung benutzt werden. Ebenso ist die Angabe von Regeln möglich, die für diesem Ausschnitt des Syntaxgraphen anzuwenden sind.

3.3 Speicherung von Dokumenten

Die Objekte, Attribute und Verbindungen eines Dokuments werden in den Satzarten "Object", "Object Attribute" und "Connection" abgelegt. Jede dieser Satzarten ist durch eine Set-Verbindung mit ihrer jeweiligen Definition verbunden. "Object" enthält einen optionalen Bezeichner (sofern dies in der Klassendefinition definiert ist), um einen direkten Zugriff auf dieses Objekt zu ermöglichen. "Attribut" enthält den Wert eines bestimmten Attributs. "Connection" enthält ausschließlich systemdefinierte Daten, die nach außen verborgen bleiben. Die Satzart "Connection Attribute" wird nur systemintern für die Versionsverwaltung benutzt.

4. Datenbank-Shell

Die Software-Entwicklungsdatenbank wird von den Front-End-Werkzeugen nicht direkt auf der Ebene einer Datenbanksprache wie SQL oder CODASYL-DML angesprochen, um eine klare Trennung zwischen Inhalten und physischer Speicherung zu erreichen. Es wurde eine Datenbank-Shell implementiert, die einen Zugriff auf Quelltextebene ermöglicht. Um eine höhere Flexibilität insbesondere für Abfragen zu erreichen, wurde zusätzlich die Möglichkeit geschaffen, auf der Ebene von Objekten unter Angabe der jeweiligen Syntax zuzugreifen.

Die Werkzeuge kommunizieren mit einem Befehlsinterpreter, der grundlegende Befehle wie GET, STORE und MODIFY SOURCE/OBJECT erkennt. Dieser Interpreter aktiviert eines oder mehrere der nachfolgend beschriebenen Routinen.

4.1 Parsing und Datenspeicherung

Aufgabe des Parsers ist es, die Dokumente der Systembeschreibung zu traversieren, sie in syntaktische Elemente zu zerlegen und sie auf syntaktische Korrektheit zu prüfen. Die Ergebnisse sind außerdem mit denjenigen Informationen anzureichern, die notwendig sind, um die Inhalte der Dokumente in der Datenbank abzulegen. Ergebnis dieses Vorganges ist eine Zwischendarstellung, die für jedes zu speichernde Lexem des Quelltextes angibt, wie es in der Datenbank abzulegen ist und mit welchen anderen Records es zu verbinden ist.

Eine zweite Routine speichert den in der Zwischendarstellung dargestellten Syntaxbaum in der Datenbank, wobei die Berücksichtigung semantischer Regeln derzeit auf solche Regeln beschränkt ist, die in Form einer reinen Aussagenlogik formulierbar sind.

4.2 Retrieval

Die Retrieval-Komponente der Datenbank-Shell liest den Inhalt eines strukturierten Objekts unter Verwendung einer angegebenen Syntax aus der Datenbank aus. Das Ergebnis ist eine Textquelle, die mit dem ursprünglichen Dokument inhaltlich identisch ist, soweit zwischenzeitlich keine Änderungen durch überlappende Methoden vorgenommen wurden. Da das ursprüngliche Dokument zusätzlich in Textform gespeichert wurde, kann optional ein zusätzliches Dokument erzeugt werden, das die Unterschiede zwischen den beiden Versionen aufführt.

5. Zusammenfassung und Ausblick

Das vorgestellte Konzept ermöglicht eine flexible Verwaltung aller Daten eines Software-Entwicklungssystems, wobei insbesondere die kontrollierte Überlappung zwischen den Darstellungsformen der eingesetzten Methoden hervorzuheben ist.

Zukünftige Entwicklungen werden sich neben einer verbesserten Kontrolle der Versionsverwaltung auf eine erweiterte Integration des gesamten Software-Entwicklungssystems konzentrieren. Dies betrifft in erster Linie den Zugriff von Werkzeugen auf die Metadaten der Software-Entwicklungsdatenbank, so daß auch bei der Syntax- und Regeldefinition weitere Redundanzen eliminiert werden können. Darüberhinaus ist eine Erweiterung des Objektbegriffs um Methoden im Sinne der objektorientierten

Programmierung denkbar, um auch das Verhalten von Objekten zentral definieren zu können.

Literaturhinweise

Abramowicz,K.; Dittrich,K.R.; Gotthard,W.; Längle,R.; Lockemannn,P.C.; Raupp,T.; Rehm,S.; Wenner,T.: DAMOKLES: Entwurf und Implementierung eines Datenbanksystems für den Einsatz in Software-Produktionsumgebungen; in: Softwaretechnik-Trends, Heft 7-2, Oktober 1987; S. 2ff.

Batz,T.: Versionsverwaltung im Datenhaltungssystem PRODAT des Systementwicklungssystems PROSYT; in: Softwaretechnik-Trends, Heft 7-2, Oktober 1987; S. 22ff.

Goldberg, A., Robson, D.: SMALLTALK-80 The Language and Its Implementation; Reading 1983

Gotthard, W.; Lockemannn, P.C.: Datenbanksysteme für Software-Produktionsumgebungen - Anforderungen und Konzepte; in: Proebster, Remshard, Schmid (Hrsg.): Methoden und Werkzeuge zur Entwicklung von Programmsystemen; Techn.-Wissenschaftliches Softwareseminar der IBM Laboratorien Böblingen Bad Neuenahr 12.-14. Juni 1985; S.185ff

Gotthard, W.: DB-Systeme für Software-Produktionsumgebungen; Informatik Fachberichte Nr 193; Berlin, New York 1988

Gutzwiller, T.: Integrierte Beschreibung betrieblicher Informationssysteme; Dissertation; St. Gallen 1988

Gutzwiller,T.; Österle,H. (Hrsg.): Anleitung zu einer praxisorientierten Software-Entwicklungsumgebung (2 Bände); Halbergmoos 1988

Lamersdorf, W.: Semantische Repäsentaton komplexer Objektstrukturen. Modelle für nichtkonventionelle Datenbankanwendungen; Informatik Fachberichte Nr 100; Berlin, New York 1985

Pressmar, D.B.; Baginski, B.; Eggers, S.; Jessen, J.: Integrierte Entwurfsmethode zur computergestützten Herstellung betriebswirtschaftlicher Anwendungssoftware, 1.Arbeitsbericht; Hamburg 1986

Pressmar, D.B.; Baginski, B.; Eggers, S.; Zimmermann, P.v.: Integrierte Entwurfsmethode zur computergestützten Herstellung betriebswirtschaftlicher Anwendungssoftware, 2.Arbeitsbericht; Hamburg 1987

Pressmar, D.B.: Strategien für den Einsatz von Methoden und Werkzeugen in der Softwaretechnologie; in: Gutzwiller et al. (1988); Band 2, S.9-24.

Pressmar, D.B.; Eggers, S.; Reinken, W.: Integrierte Entwurfsmethode zur computergestützten Herstellung betriebswirtschaftlicher Anwendungssoftware; in: Kurbel, K.; Mertens, P.; Scheer, A.-W. (Hrsg.): Interaktive betriebswirtschaftliche Informations- und Steuerungssysteme; Berlin, New York 1989

Stroustrup, B.: The C++ Programming Language; Reading 1986

Wirth, N.: Compilerbau; Stuttgart 1988

Abbildungen

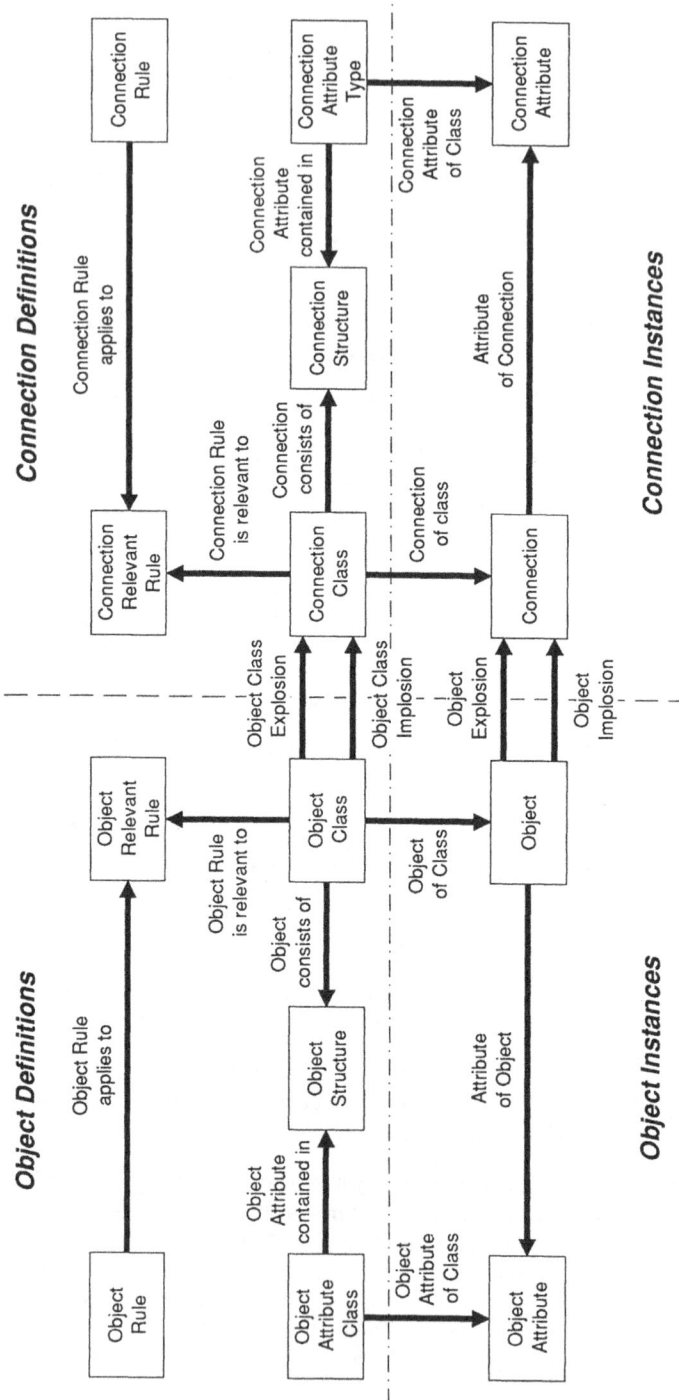

Abb. 1: Datenmodell der Software-Entwicklungsdatenbank

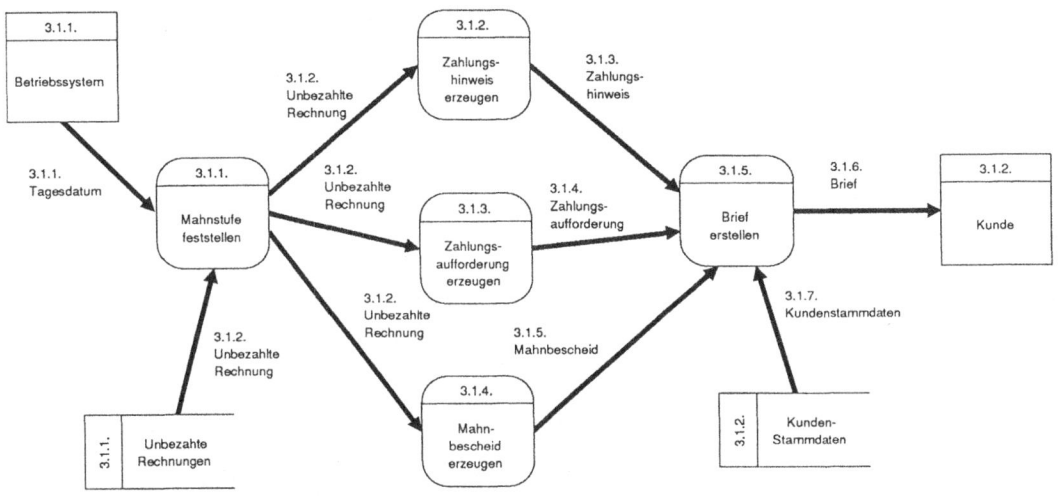

Abb. 2: Dataflow Diagram in graphischer Darstellung

DFD 3.1. "Mahnwesen"
EXTERNAL 3.1.1. "Betriebssystem" AT 0.0 0.0
PROCESS 3.1.1. "Mahnstufe feststellen" AT 40.0 45.0
PROCESS 3.1.2. "Zahlungs^-hinweis erzeugen" AT 120.0 0.0
DATASTORE 3.1.1. "Unbezahlte Rechnungen" AT 10.0 120.0
PROCESS 3.1.3. "Zahlungs^-anforderung erzeugen" AT 120.0 55.0
PROCESS 3.1.4. "Mahn^-bescheid erzeugen" AT 120.0 110.0
PROCESS 3.1.5. "Brief erstellen" AT 200.0 45.0
DATASTORE 3.1.2. "Kunden^-stammdaten" AT 205.0 120.0
EXTERNAL 3.1.2. "Kunde" AT 280.0 45.0
DATAFLOW 3.1.1. "Tagesdatum" AT 5.0 45.0
 FROM EXTERNAL 3.1.1. AT 15.0 30.0 TO PROCESS 3.1.1. AT 40.0 60.0
DATAFLOW 3.1.2. "Unbezahlte Rechnung" AT 52.0 95.0
 FROM DATASTORE 3.1.1. AT 40.0 120.0 TO PROCESS 3.1.1. AT 75.0 55.0
DATAFLOW 3.1.2. "Unbezahlte Rechnung" AT 80.0 18.0
 FROM PROCESS 3.1.1. AT 70.0 55.0 TO PROCESS 3.1.2. AT 120.0 15.0
DATAFLOW 3.1.2. "Unbezahlte Rechnung" AT 85.0 45.0
 FROM PROCESS 3.1.1. AT 70.0 65.0 TO PROCESS 3.1.3. AT 120.0 70.0
DATAFLOW 3.1.2. "Unbezahlte Rechnung" AT 90.0 80.0
 FROM PROCESS 3.1.1. AT 70.0 75.0 TO PROCESS 3.1.4. AT 120.0 125.0
DATAFLOW 3.1.3. "Zahlungs^-Hinweis" AT 165.0
 FROM PROCESS 3.1.2. AT 150.0 15.0 TO PROCESS 3.1.5. AT 200.0 130.0
DATAFLOW 3.1.4. "Zahlungs^-aufforderung" AT 150.0 52.0
 FROM PROCESS 3.1.3. AT 150.0 70.0 TO PROCESS 3.1.5. AT 200.0 60.0
DATAFLOW 3.1.5. "Mahnbescheid" AT 147.0 95.0
 FROM PROCESS 3.1.4. AT 150.0 125.0 TO PROCESS 3.1.5. AT 210.0 75.0
DATAFLOW 3.1.6. "Brief" AT 245.0 45.0
 FROM PROCESS 3.1.5. AT 230.0 60.0 TO EXTERNAL 3.1.2. AT 280.0 60.0
DATAFLOW 3.1.7. "Kundenstammdaten" AT 83.0 227.0
 FROM DATASTORE 3.1.2. AT 225.0 120.0 TO PROCESS 3.1.4. AT 220.0 75.0
END-DFD

Abb. 3: Dataflow Diagram in textueller Darstellung

Verwaltungsinformatik

Die Fachdisziplin „Verwaltungsinformatik" befaßt sich mit der informationstechnik–gesteuerten Gestaltung des Verwaltungshandelns im Gesamtbereich der öffentlichen Verwaltung auf allen politischen Ebenen. In und außerhalb der Verwaltung ist ihr Image unscharf und vielschichtig. Für manchen ist Verwaltungsinformatik nur eine Hilfswissenschaft, um mehr Büroarbeitsplätze schneller mit Bildschirmen und Tastaturen auszurüsten. Andere sehen primär die gegenwärtig dominierenden Schlüsselbegriffe: „Bürokommunikation", „Informationsmanagement". „Entscheidungsunterstützungs–Systeme" etc. und deren starke Überschneidungen mit der Wirtschaftsinformatik, der Rechtsinformatik und dem Themenbereich „Informatik und Gesellschaft". Das Fachgespräch versucht, die Konturen und das Selbstverständnis einer eigenständigen Disziplin „Verwaltungsinformatik" zu verdeutlichen.

Die Beiträge betonen einerseits die Rolle als kritischer Begleiter und Vordenker der Verwaltungspraxis und skizzieren andererseits das Theoriegerüst einer Fachinformatik mit Bausteinen aus der Verwaltungswissenschaft und der Systemanalyse (Organisationslehre). Die beschreibenden, erklärenden und gestaltenden Reflexionen über aktuelle Projekte aus der Landes– und der Kommunalverwaltung dokumentieren den Weg von der „eins-zu-eins"–Automation vorgegebener Verwaltungsabläufe bis zur gezielten Neugestaltung des Verwaltungshandelns. Praktiker und Wissenschaftler sind gleichermaßen angesprochen, um sich konstruktiv mit verwaltungspolitischen Maßstäben zur Gestaltung des Technikeinsatzes auseinanderzusetzen.

Programmkomitee

H. Bonin (Fachhochschule Nordostniedersachsen),
J. Faehling (Datenzentrale Schleswig-Holstein),
K. Lenk (Universität Oldenburg)

Verwaltungsinformatik: Ein Anwendungsriese ohne Fundament?
Einführung in das Fachgespräch

Hinrich Bonin
FH Nordostniedersachsen

__Zusammenfassung__: Verwaltungsinformatik ist mehr als die Wissenschaft von der Entwicklung und Implementation administrativer computergestützter Informationssysteme. Verwaltungsinformatik zielt auf den Synergieeffekt durch die Verschmelzung der gewachsen Verwaltungskultur mit der Sprach- und Denkwelt der Informatik. Das Fachgespräch versucht das Selbstverständnis und die Perspektiven dieser Fachinformatik zu skizzieren.

I. Verwaltungsinformatik: Eine unnötige Abgrenzungs-Worthülse?

Die bisher bewährte Gliederung in Kerninformatik (theoretische, technische sowie praktische Informatik) und Angewandte Informatik bedarf einer Fortschreibung. Die Grenzen zwischen der "Praktischen Informatik" und der "Angewandten Informatik" werden unscharf. Konstruktionstechniken erdacht für den Compilerbau bewähren sich bei der Programmierung komplexer Anwendungssysteme. Betriebssysteme werden in höheren anwendungsorientierten Programmiersprachen realisiert. Prinzipien, Methoden und Produktionshilfen (Werkzeuge?) gleichen sich. Warum ist gerade jetzt die Wiederbetonung der Angewandten Informatik, auch Fachinformatik genannt, angebracht? Warum ist der Trennstrich zwischen Basismaschine (Hardware, Betriebssystem, Compiler etc.) und Benutzermaschine (Ziele, Nutzen, Interessen, Wirkungen, Organisation, Ergonomie, Automationsgrad etc.) zu betonen?

Welche Besonderheiten hat das Anwendungsfeld "öffentliche Verwaltung", so daß eine Eigenständigkeit innerhalb der Informatik erforderlich ist? Warum reicht die traditionelle Einteilung des Gegenstandsbereiches in Verwaltungswissenschaft und Organisationslehre einerseits und Informatik andererseits nicht aus?

Nicht jedes Fachgebiet, in dem Rechner genutzt werden, begründet eine eigenständige Informatikdisziplin. Eine Transport-Informatik oder eine Einkaufs-Informatik führt sicher zur unzweckmäßigen Zersplitterung der sich gerade formierenden Wirtschaftsinformatik. Eine Feuerwehr-Informatik oder eine Forst-Informatik wäre ebenso wenig hilfreich im Anwendungsgebiet öffentliche Verwaltung. Verursacht also erst die Größe des Anwendungsgebietes die Notwendigkeit einer Fachinformatik? Ist die Zahl der Beteiligten und Betroffen ein Kriterium für die Institutionalisierung? Unstrittig sind diese Zahl und das Automationsvolumen (in Software gegossene Arbeitsprozesse) bedeutsame Aspekte. Sie allein sind jedoch nicht hinreichend. Andernfalls wäre zum Beispiel einer Forderung des Allgemeinen Deutschen Automobilclubs nach einer "Autofahrer-Informatik" statt zu geben.

Wesentliches Kriterium ist eine chrakteristische Sprach-, Denk- bzw. Lebenswelt des jeweiligen Fachgebietes. Dessen Aufgaben und Tradition prägen eine Gesamtheit von Normen, Wertvorstellungen und Denkhaltungen; kurz eine besondere "Kultur". Diese Verwaltungskultur ist aus der Sicht vieler Beteiligter und Betroffener mit den folgenden Punkten skizzierbar:

o ein System genau definierter Vorgehensweisen für die Aufgabenerfüllung,
o eine präzise geregelte Arbeitsteilung, die auf Spezialisierung beruht;
o ein starres Dienstwegesystem (vorgegebene Kommunikationskanäle), die zwingend eingehalten werden müssen;
o eine exakt festgelegte Autoritätshierarchie, kombiniert mit
o einem Regelwerk, das die Rechte und Pflichten der Organisationsmitglieder vorschreibt (vgl. z.B. Maytnz, 1972).

Nutzt die öffentliche Verwaltung die Gestaltungsoptionen der Informations- und Kommunikationstechnik, dann verfolgt sie primär die klassischen Ziele:

o Qualitäts- und Effizienzverbesserung der Aufgabenerfüllung (Produktivitätssteigerung),
o Förderung von mehr Bürgereinfluß (Kundennähe),
o Anhebung der Qualität des Arbeitslebens und
o Stärkung der Steuerbarkeit der Organisationen (Führungsfähigkeit)

Pointiert formuliert: Es geht um die Legitimation öffentlichen Handelns, die Wirtschaftlichkeit, Flexibilität, Geschwindigkeit oder Ablaufsicherheit des Handelns einschließt.

Starre Strukturen, Autoritätshierarchien, fixierte Spezialisierung etc. sind stets Kennzeichen großer Organisationen. Sie
sind keine spezifische Eigenheit der öffentlichehn Verwaltung,
sondern entwickeln sich zwangsläufig mit der Größe der Organisa-
tionseinheit. Ziele wie Wirtschaftlichkeit, Flexibilität etc.
stimmen häufig mit denen der Privatwirtschaft überein. Wäre es
daher nicht angebracht über eine Büroinformatik für Organisationen nachzudenken statt über eine Fachinformatik "öffentliche
Verwaltung" zu diskutieren? Der Blickwinkel Ziele und Arbeitsprozesse mag für eine allumfassende Büroinformatik sprechen; der
Aspekt charakteristische Sprach-, Denk- und Lebenswelt dagegen.
Die Verwaltungskultur öffentlicher Verwaltungen unterscheidet
sich signifikant von der Verwaltungskultur privatwirtschaftlicher
Organisationen. Exemplarisch sei hier auf die dominierenden
Prägung der Sprach- und Handlungsmuster verwiesen; sie wird von
Juristen bestimmt und nicht von Betriebswirten. Die Synthese der
Verwaltungskultur mit der Denkwelt der Informatik läßt sich nicht
auf das gleichartige Problem von "Very Large Scale Application of
Logic" (VLSAL, Dijkstra, 1989, p. 1402) verkürzen.

Wir zielen mit der Verknüpfung beider Denkwelten auf einen Synergieeffekt. Dieser entsteht in den einzelnen Köpfen von Verwaltungsinformatikern. Erforderlich ist daher mehr als eine Zusammenarbeit von Verwaltungswissenschaftlern und Informatikern.
Neben der Teamarbeit von Spezialisten beider Denkwelten bedarf es
der Verschmelzung zu einem eigenständigen Erfahrungs-, Arbeits-
und Wissenschaftsfeld. Nur dann können wir ein synergetisches
Plus gegenüber einer simplen Addition der beiden Gebiete erwarten. Verwaltungsinformatik zielt auf dieses Plus. Verwaltungsinformatik ist nicht durch eine zweckmäßige Arbeitsteilung
zwischen Verwaltungswissenschaft und Informatik ersetzbar. Verwaltungsinformatik ist keine Abgrenzungs-Worthülse gegenüber
einer Büroinformatik oder einer Rechtsinformatik. Verwaltungsinformatik ist vielmehr das griffige Schlagwort für die notwendige
Thematisierung dieser Synthese.

II. Konturen der heutigen Verwaltungsinformatik

Jedermann weiß, in öffentlichen Verwaltungen werden massiv Rechner genutzt. In einigen sensiblen Bereichen eher zuviel als zuwenig. Längst sind die Zeiten vorbei (falls sie überhaupt bestanden haben), bei denen ein pauschaler Verweis auf ein Automationsdefizit gegenüber der Privatwirtschaft berechtigt wahr. Zum Beispiel dokumentieren die ca. 300 gekoppelten Rechner des Datenvermittlungssystems der NRW-Landesverwaltung den aktuellen Technikstand bei komplexen heterogenen Netzen.

Offensichtlich diffundiert über die großen und vielen kleinen Automationsprojekte die Denkwelt der Informatik in den Verwaltungsalltag. In den einzelnen Verwaltungen findet vor Ort Verwaltungsinformatik mehr oder weniger bewußt statt. Solange es um überschaubare Projekte im Sinne einer eins zu eins umgesetzten Automation geht, mag diese Ausprägung der Verwaltungsinformatik genügen. Zumindest beim Übergang zur Gestaltung einer projektübergreifenden Infrastuktur bedarf es einer tieferen Durchdringung und Steuerung des Technikeinsatzes. Schon die Vorstellung, daß wir in naher Zukunft keinen Arbeitsplatz in der Verwaltung mehr ohne Rechnernutzung haben werden, sollten Anlaß sein, die Verwaltungsinformatik nicht nur vor Ort stattfinden zu lassen. Das Begreifen und Nutzen der Optionen, die eine Synthese beider Denkwelten bietet, bedarf einer Durchdringung aus vielen Perspektiven. Dabei wächst sicherlich der wissenschaftliche Verwaltungsinformatik eine bedeutsame Augabe zu.

Heute existiert eine wissenschaftliche Verwaltunginformatik nur in relativ kleinen Zirkeln. Es gibt einige wenige Kristallisationsorte im Hochschulbereich. Zu nennen sind exemplarisch Berlin, Bremen, Kassel, Koblenz, Linz, Oldenburg und Speyer. Vergleicht man jedoch ihr Ressourcenpotential zum Beispiel mit dem der Wirtschaftsinformatik, dann wird ein eklatantes Defizit deutlich. Die Bilanz ist etwas weniger düster, wenn man die traditionell enge Verknüpfung zwischen Rechts- und Verwaltungsinformatik berücksichtigt. Diese positive Kooperation, die auch in der GI-Fachbereichseinteilung ihren Niederschlag fand, war für die Gründungsphase einer wissenschaftlichen Verwaltungsinformatik von großer Bedeutung. Trotz eigenständiger Gegenstandsbereiche beider

Fachinformatiken (wie die Beiträge dieses Fachgesprächs verdeutlichen) entstand in und außerhalb der Verwaltung zunächst ein
weitgehendes gemeinsames, wenn auch unscharfes und vielschich-
tiges Bild.

Für manch einen Kritiker, insbesondere aus dem Lager der traditionellen Kerninformatik ist das Bild gekennzeichnet als eine
Hilfswissenschaft, um mehr Büroarbeitsplätze schneller und akzeptabler mit Bildschirmen und Tastaturen auszurüsten. Andere sehen
primär die gegenwärtig diskutierten Schlüsselbegriffe: Bürokommunikation, Informationsmanagement, Entscheidungsunterstützungs-
Systeme etc. und deren starke Überscheidungen mit der Wirtschaftsinformatik, der Rechtsinformatik und dem Themenbereich
"Informatik und Gesellschaft". Betrachtet man zum Beispiel als
ein Symptom für die traditionelle Informatikersicht die Beiträge
in Computing Reviews (published by the Association for Computing
Machinery), dann fallen zwei Punkte auf: eine flache Gliederung
und relativ wenige Beitäge. "Administrative Data Processing
(J.1)" ist gegliedert in "Law" und "Government". Darüberhinaus
gibt es noch eine Kategorie "Office Automation (H.4.1), gegliedert in "Equipment" und "Word processing".

Eine Wissenschaft "Verwaltungsinformatik", deren Kenntnis eine
nachzuweisende Voraussetzung für die Übernahme höherer Verwaltungsämter ist, konnte sich bisher nicht etablieren. Ein Blick in
die Vergangenheit zeigt, daß eine solche Bedingung keinesfalls
etwas ganz und gar Neues wäre. Bei der Einführung der Kammern,
die damaligen zentralen Organisationseinheiten des staatlichen
Verwaltungssystems, befaßte sich die Verwaltungswissenschaft in
jener Zeit primär mit der Kameralistik. Eine kameralistische Ausbildung wurde um die Mitte des 18. Jahrhunderts praktisch vorausgesetzt, um höhere Verwaltungsämter übernehmen zu können.

III. Evolutionsprogramm: Verwaltungsinformatik

Können wir berechtigt annehmen, daß die Verwaltungsinformatik
sich als Wissenschaft problemlos etabliert? Werden sich die bestehende Kristallisationsorte quasi automatisch vermehren
(wachsen, teilen und spezialiseren)? Oder gibt es Inhibitoren,

die zunächst überwunden werden müssen? Ein solcher Inhibitor könnte zum Beispiel die fehlende Laufbahn für Verwaltungsinformatiker sein. Innerhalb der Verwaltung ist die Aufstiegsperspektive für Verwaltungsinformatiker ungleich schlechter als die für Juristen. Selbst für Vermessungsingenieure existiert eine Laufbahn. Warum nicht auch für Verwaltungsinformatiker? Eine solche Laufbahnperspektive könnte mit dazu beitragen, mehr Studenten und (jüngere) Wissenschaftler für die Verwaltungsinformatik zu begeistern. Motivierte Studenten und der sogenannte Mittelbau sind die bewährte Basis einer Wissenschaft. Sie muß eine Mindestgröße erreichen um einen Evolutionsprozeß auszulösen und tragen zu können. Ohne positive Berufschance wird diese kritische Größe kaum erreibar sein.

Können wir auf eine stärkere Institutionalisierung der Verwaltungsinformatik verzichten? Reicht es aus, sich in den bestehenden Organisationsstrukturen auf die Erarbeitung von Visionen und Paradigmen zu konzentrieren? Sind wir potentiell in der Lage die Überarbeitung der Ziele und Maßstäbe (Lehrbücher, Handlungsempfehlungen, Leitlinien, Musterlösungen etc.) erfolgreich zu bewältigen? Oder sind zunächst die Voraussetzungen in Form eines Dringlichkeitsprogramms zu postulieren? Braucht die Verwaltungsinformatik primär einen Anschub durch Schaffung von neuen Forschungs- und Technologietransfer-Zentren? Ist hier die Wirtschaftsinformatik ein Orientierungsmaßstab: erst eine hinreichende Anzahl von Forschern können eine Disziplin zum wissenschaftlichen Erfolg führen?

Das hier dokumentierte Fachgespräch präzisiert einige der gestellten Fragen. Es zeichnet die Konturen, das Selbstverständnis und die Perspektiven der Verwaltungsinformatik. Die Beiträge betonen einerseits die Rolle als kritischer Begleiter und Vordenker der Verwaltungspraxis und skizzieren andererseits das Theoriegerüst einer Fachinformatik.

Literaturverzeichnis

Dijkstra, 1989. Edsger W. Dijkstra; On The Cruelty Of Really Teaching Computing Science, in: Communications of the ACM, December 1989, Volume 32, Number 12, pp. 1398 - 1404.
Mayntz, 1972. Renate Mayntz; Bürokratische Organisation und Verwaltung, in: Die moderne Gesellschaft, Freiburg 1972, S. 477 - 499.

Erfahrungen mit und Anforderungen an die Verwaltungsinformatik aus der Sicht der Bundesverwaltung

Franz Kroppenstedt
Staatssekretär im Bundesministerium des Innern
Graurheindorfer Straße
5300 Bonn 1

Zu den Erfahrungen der Bundesverwaltung möchte ich die wichtigsten Beispiele gleich voranschicken. In der Bundesverwaltung sind derzeit 55.000 Bildschirmarbeitsplätze eingerichtet. Nahezu drei Viertel der zugehörigen IT-Systeme (73%) sind innerhalb der letzten drei Jahre installiert worden. Diese zeitgemäße und umfassende Ausstattung war nur möglich, weil es gelungen ist, die notwendige Akzeptanz zu erzeugen. Hier liegt der bisher wichtigste Beitrag der noch jungen Disziplin Verwaltungsinformatik.

Insbesondere aufgrund der in den Anfängen dieser Wissenschaft vorherrschend betriebenen Wirkungsforschung konnten erfolgreiche Strategien für die Einführung von Informationstechnik in die Verwaltung entwickelt werden. Dazu zählen

- die frühzeitige Beteiligung der Anwender und ihrer Vertretungen, besonders der Personalräte,

- die Festlegung von Hausstandards, um technische Inkompatibilitäten zu vermeiden,

- sowie verwaltungsgerechte Schulungskonzepte.

Die Bedeutung dieser Strategien spiegelt sich auch in den Anteilen der Verwaltungsinformatik innerhalb der Hochschul- und Fachhochschulausbildung wieder.

Mit den auf diese Weise eingeführten IT-Systemen sind zahlreiche Aufgaben in der öffentlichen Verwaltung automatisiert worden. Zu diesen Systemen zählen das Ausländerzentralregister, das Verkehrszentralregister, das Bundeszentralregister oder auch das Fahndungsbuch, um nur einige Beispiele zu nennen. Die Projekte zur Automatisierung der entsprechenden Arbeitsabläufe wurden erst durch enge Zusammenarbeit von Verwaltungsfachleuten und Spezialisten auf dem Gebiet der Informationstechnik möglich.

Die Ergebnisse dieser Projekte stellen damit Leistungen der angewandten Verwaltungsinformatik dar, aber sie stammen nicht von Kräften, die auf eine Ausbildung in Verwaltungsinformatik zurückgreifen konnten. In den Bemühungen, Gemeinsamkeiten und Strukturmerkmale derartiger Entwicklungen systematisch zu erfassen, liegt vielmehr ein Ursprung für die Herausbildung der Verwaltungsinformatik als wissenschaftlicher Disziplin.

Das Bild der Verwaltungsinformatik erscheint mir allerdings noch etwas unscharf. Dieses Zusammentreffen von Vertretern dieses Gebiets wird die Konturen deutlicher umreißen.

Der Begriff Informatik ist mittlerweile in eine Reihe von sogenannten Bindestrichinformatiken untergliedert worden. Neben der Verwaltungsinformatik ist z.B. auf die Begriffe Wirtschaftsinformatik und Rechtsinformatik hinzuweisen. Das Muster, nach dem diese Bezeichnungen gebildet sind, deutet darauf hin, daß es sich hier jeweils um Informatikanwendungen in einem bestimmten, nicht-technischen Gebiet handelt.

Die Anwendung der Informatik in der Wirtschaft, im Rechtswesen, in der Verwaltung oder in anderen Bereichen scheint also besondere wissenschaftliche Anstrengungen bis hin zur Gestalt einer eigenen Disziplin hervorzubringen.

Demgegenüber sind mir Äußerungen über eine Physikinformatik oder auch eine Ingenieurinformatik noch nie begegnet.

Das Wortspiel mit der Ingenieurinformatik erinnert an den geläufigen Begriff der Ingenieurmathematik. Dabei handelt es sich wohl vornehmlich um eine geeignet aufbereitete Darstellung derjenigen mathematischen Wissensgebiete, die sich ein Student der Ingenieurwissenschaften während seines Studiums aneignen muß. Lehrbücher dazu könnten also ebenso gut unter dem Titel „Mathematik für Ingenieure" angeboten werden.

In Analogie dazu könnte Verwaltungsinformatik also auch so etwas wie Informatik für die Verwaltung sein. In diesem Zusammenhang hat das „für" noch didaktische Obertöne: Verwaltungsinformatik als Veranstaltung, um der Verwaltung Informatik nahe zu bringen. Diese Aufgabe, der Verwaltung die Segnungen der Informationstechnik nahe zu bringen, dürfte auch lange Zeit ein überwiegender Aspekt in der Verwaltungsinformatik gewesen sein. Dabei wurde die Einführung der IT zunächst sicher von Seiten der Technik beherrscht. Die Folge war dabei zunächst vielfach eine im Ergebnis schlechtere Leistung der Verwaltung für den Bürger nach der „Umstellung auf Computer".

Durch Untersuchungen darüber, welche Auswirkungen die Verwendung einer bestimmten Technik herbeiführt, wird die Einrichtung einer eigenständigen wissenschaftlichen Disziplin meines Erachtens noch nicht ohne weiteres gerechtfertigt. Es gibt wahrscheinlich tiefgreifendere Auswirkungen wissenschaftlichen Fortschritts als die Verwaltungsautomation, ohne daß sich zur Erforschung dieser Auswirkungen eine eigenständige Wissenschaft herausgebildet hat.

So befaßt sich die Soziologie mit den Konsequenzen der Automation in der Produktion im wesentlichen und schon über einen längeren Zeitraum, als es überhaupt Informatik gibt. Es erscheint mir nicht von vornherein ausgeschlossen, daß sich diese Wissenschaft – in geeigneter, interdisziplinärer Diskussion mit Vertretern der Informatik – nicht auch der Folgen von Automation in der Verwaltung annehmen könnte.

Die Verwaltungsinformatik hat aber zur Unterstützung der Einführung von IT-Systemen neue Formen der Aus- und Weiterbildung für die betroffenen Mitarbeiter in der öffentlichen Verwaltung entwickelt. Diese Formen existieren weder auf Seiten der Informationstechnik-Anbieter noch auf Seiten der wissenschaftlichen Informatik. Insofern scheint hier die Einrichtung einer eigenständigen Disziplin schon eher gerechtfertigt.

Man könnte nun die Auffassung vertreten, daß die Anwendung einer bestimmten Wissenschaft, einschließlich der zugehörigen Ausbildung, üblicherweise einem besonderen Teilbereich des entsprechenden Gebiets übertragen wird. Derartige Teilbereiche, welche auf die Umsetzung der jeweiligen wissenschaftlichen Erkenntnisse und Strukturen in die Praxis spezialisiert sind, existieren in vielen Disziplinen und werden häufig mit dem Adjektiv „angewandte" im Namen gekennzeichnet. Nach dieser Betrachtungsweise wäre Verwaltungsinformatik nichts anderes als ein Bestandteil der Angewandten Informatik.

Es ist aber nicht inmmer so, daß die Anwendungen einer Disziplin durch einen Teilbereich dieser Disziplin abgedeckt werden. Alle Ingenieurwissenschaften beruhen ja auf Anwendungen der Physik – teilweise wohl auch noch der Chemie. Eine Einzelwissenschaft „Angewandte Physik" wäre aber sicher nicht in der Lage, in dem heute erforderlichen Umfang ingenieurwissenschaftliche Forschung und Lehre sicherzustellen.

Vielleicht wird ja die Informatik in vergleichbarer Weise zu einer Grundlagenwissenschaft für vielfältige Anwendungen, wie es zunächst die Mechanik und dann die Physik insgesamt für die Technik geworden sind. Dann wäre eine analoge Herausbildung von Einzelwissenschaften zu Erforschung und Gestaltung dieser Anwendungen plausibel.

Ich möchte jetzt auf die im Titel ja bereits erwähnten Anforderungen an eine Verwaltungsinformatik zu sprechen kommen. Die Informationstechnik hat in den frühen Phasen der sechziger und teilweise auch noch der siebziger Jahre meines Erachtens die Erfüllung der Aufgaben einer öffentlichen Verwaltung in viel zu hohem Maße nur quantitativ, aber nicht auch qualitativ unterstützt.

Darin liegt – jedenfalls für mich als interessiertem Nicht-Fachmann – eine Erklärung für die schon erwähnten Klagen über das qualitativ schlechtere Angebot an Verwaltungsleistung, nachdem man „auf Computer umgestellt" hatte. Dabei soll der enorme quantitative Anstieg von Anforderungen an die Leistungsfähigkeit der Verwaltung in dem eben erwähnten Zeitraum nicht verschwiegen werden. Wegen dieses Anstiegs hätten die Bürger ohne den Einsatz von Informationstechnik auf zahlreiche Dienste ganz verzichten müssen, statt nur subjektiv eine Verschlechterung zu bemerken.

Nun gehört es heute aber zum Allgemeinwissen, daß den gewachsenen Anforderungen auch eine sehr stark angewachsene Leistungsfähigkeit der Informationstechnik gegenübersteht. Dieser Leistungszuwachs bietet auch für eine qualitative Verbesserung der Verwaltungsarbeit mit Sicherheit noch einiges an Möglichkeiten. Um diese Möglichkeiten auszuschöpfen, muß sich eine „Informatik für die Verwaltung" meines Erachtens vorrangig darum bemühen, den gestalterischen Spielraum auszufüllen, welcher sich aus dem Zuwachs an technischem Leistungsvermögen ergibt. Gestalten heißt dabei, IT-Systeme so zu entwickeln, daß sie vom Entwurf an auf die besonderen Erfordernisse des Verwaltungshandelns zugeschnitten sind.

Lassen Sie mich mein Privileg, hier vor Fachleuten sprechen zu dürfen, ohne selbst Spezialist für Informationstechnik zu sein, dazu nutzen, um mich in einem Bild auszudrücken, das der Automobiltechnik entnommen ist. Es geht darum, nicht nur Autos zu entwerfen, die immer größere Höchst- und Reisegeschwindigkeiten oder immer kürzere Beschleunigungszeiten mit dem – mangelhaften – Komfort eines Rennwagens verbinden. Wir brauchen auch familiengerechte, kinderfreundliche und umweltverträgliche Fahrzeuge.

Wenn ich dies noch einmal zu der Formulierung „Informatik für die Verwaltung" in Beziehung setze, so müßte das „für" jetzt programmatisch als Aufforderung zur Gestaltung von verwaltungsgerechter Informationstechnik verstanden werden. Das gestalterische Element hat bei der bisher praktizierten Verwaltungsinformatik meiner Einschätzung nach eine eher untergeordnete Rolle gespielt. Statt dessen wurde häufig Technik übernommen, die außerhalb der Verwaltung bereits vorhanden war.

Diese Einschätzung gilt dabei sicher, sofern sich Verwaltungsinformatik nur auf die Hilfe bei der Einführung von Informationstechnik in die Verwaltung beschränkt hat. Sie trifft teilweise auch noch die Ausbildung der Mitarbeiter in Informationstechnik und die Analyse der Auswirkungen des Einsatzes dieser Technik.

Die Vorstellung von den gestalterischen Aufgaben einer Wissenschaft „Verwaltungsinformatik" beruht aber wesentlich darauf, daß es ihr festzustellen gelang, durch welche Kriterien verwaltungsgerechte Informationstechnik überhaupt ausgezeichnet ist.

Der Computereinsatz verändert unsere Arbeits- und Lebenswelt überall. Er wirkt sich auch auf das Verhältnis Mensch/Maschine aus und beeinflußt zunehmend unser Kommunikations-, Sozial- und Lernverhalten. Dies bringt zwangsläufig auch Veränderungen in der Arbeitsweise der öffentlichen Verwaltung mit sich. Schon in naher Zukunft werden neue Anforderungen an

- die Form der Aufgabenerfüllung,
- die Verwaltungsführung,
- die Organisationsstruktur und die Verfahrensabläufe,
- die Gestaltung der Arbeitsplätze sowie an
- die Arbeitsinhalte gestellt werden.

Eine lohnende Aufgabe für gestaltende Verwaltungsinformatik könnte darin beste- hen, die in der Verwaltung üblichen Kommunikationswege so abzubilden, daß sie dem Computereinsatz zugänglich werden. Von der Darstellung des Posteingangs und -ausgangs oder der Zusammenarbeit zwischen Autoren von Schriftgut und Kanzleien bis hin zu einer Automatisierung des Mitzeichnungswesens ergeben sich hier Beispiele für Aufgaben von beachtlicher Komplexität.

Eine weitere Herausforderung für die Verwaltungsinformatik sehe ich im Bereich der Ausbildung. Die öffentliche Verwaltung benötigt für die Gestaltung informa- tionstechnischer Systeme Mitarbeiter, die neben Wissen in Informatik vor allem organisatorische Kenntnisse besitzen. Eingangs habe ich auf praktische Ergebnisse angewandter Verwaltungsinformatik hingewiesen, die aus der Zusammenarbeit von Verwaltungsfachleuten und IT-Spezialisten entstanden sind. Es gilt in Zukunft, das Zusammenwirken von Verwaltungsfachmann und Informatikspezialist in einer Person zu vereinen.

Bürger und Bedienstete in der Verwaltung erwarten heute außerdem, daß sich der technische Fortschritt im Bereich der Informationstechnik spürbar qualitativ auswirkt. Sie wünschen sich, daß die informationstechnische Unterstützung der Verwaltung den Anforderungen nach verständlichem, effizientem, verläßlichem und nachvollziehbarem Verwaltungshandeln entspricht.

Ich glaube, die Wünsche derjenigen, die Verwaltungsleistungen nachfragen, und derjenigen, welche diese Leistungen erbringen sollen, ergänzen sich. Bürger wün- schen sich verständliches und verläßliches Verwaltungshandeln. Dem entspricht der Wunsch der Verwaltungsbediensteten, innerhalb durchschaubarer Zusammenhänge selbständig und verantwortlich arbeiten zu können.

Verantwortung und Engagement lassen sich vor allem dadurch erhöhen, daß die Arbeit in der Verwaltung als sinnvolles, zusammenhängendes Ganzes erlebt wird. Unter günstigsten Umständen bedeutet das, die Bediensteten behandeln die Fälle, mit denen sie zu tun haben, vollständig selbst. Als zusätzlichen Vorteil kennen die Bürger dann „ihren" Ansprechpartner auf Seiten der Verwaltung und erleben Verwaltungshandeln weniger anonym.

Für die Verwaltungsinformatik stellt sich hier die Frage: Kann Informationstechnik die Kompetenz am einzelnen Arbeitsplatz in der Verwaltung erhöhen? Bei der Beschäftigung mit dieser Frage muß meines Erachtens die Untersuchung der bestehenden Organisationsstrukturen in der Verwaltung Vorrang vor den technischen Vorgaben haben.

Es ist jeweils zu prüfen, was durch Verwaltungshandeln beabsichtigt und wie der tatsächliche Arbeitsablauf aufgebaut ist. Möglicherweise sind ja einzelne Arbeitsschritte nur durch beschränkte Ressourcen begründet.

Gerade in einem solchen Fall bietet sich für die Verwaltungsinformatik dann auch Gelegenheit, auf Änderungen von Verwaltungsstrukturen hinzuwirken. Dabei denke ich etwa an die individuelle Ausgestaltung von Bescheiden und ähnlichen Behördenschreiben. Bei Inanspruchnahme einer zentralen Druckerei muß die einheitliche Form hier häufig die Gestalt eines Formulars annehmen. Solche Formulare werden dann in Einzelfällen uneinsichtig oder unverständlich, weil sie sich an Besonderheiten nur in geringem Maße anpassen lassen.

Eine weitere Möglichkeit zur Veränderung besteht da, wo für die Bearbeitung an einem einzelnen Arbeitsplatz nicht alle notwendigen Informationen verfügbar sind. Im Gegensatz zu der Zentralisierungstendenz in der Datenverarbeitung der sechziger Jahre schafft die Informationstechnik heute ja die Voraussetzungen dafür, daß die Information dahin kommt, wo die Arbeit anfällt, und nicht umgekehrt die Arbeit dahin gebracht werden muß, wo die Information vorliegt.

Informationstechnik kann Verwaltungshandeln verständlich und effizient machen. Möglichkeiten dazu bietet die verbesserte und individueller gestaltete Kommunikation zwischen Verwaltungsmitarbeitern und Bürgern.

Meiner Vorstellung nach kann Informationstechnik auch zu verläßlichem und nachvollziehbarem Verwaltungshandeln verhelfen. Hier sind die Gestalter der Technik allerdings besonders gefordert.

Verläßliches und nachvollziehbares Verwaltungshandeln bezieht sich im demokratischen Rechtsstaat zuerst und vor allem auf Rechtssicherheit. Verläßlichkeit möchte ich dabei so verstehen, daß die Verwaltung den – politisch artikulierten – Bürgerwillen in die Realität umsetzt. In unserer Rechtsordnung wird diese Forderung dadurch verwirklicht, daß die der Verwaltung übertragenen Aufgaben in voller Übereinstimmung mit den dafür entwickelten Rechtsnormen erfüllt werden. Nachvollziehbar wird Verwaltungshandeln, wenn seine Überprüfbarkeit durch die Rechtssprechung vom Prinzip her jederzeit garantiert ist.

Daraus ergeben sich in Verbindung mit unserer staatlichen Ordnung eine Reihe von Konsequenzen. Auf diese Konsequenzen möchte ich hier nur insoweit eingehen, als sie sich für mich erkennbar auf die Verwaltungsinformatik beziehen. Insbesondere führt der Anspruch auf Rechtssicherheit zu erhöhten Anforderungen an die Informationstechnik. Dies steht nicht im Widerspruch zu den genannten Vorteilen.

Aber mit der Kompetenzerweiterung der Bediensteten ergibt sich meines Erachtens bereits eine solche Anforderung an die Verwaltungsinformatik. Sie muß für ihren Anteil an der Verwaltungsarbeit Verläßlichkeit und Nachvollziehbarkeit sicherstellen.

Informationstechnik kann Kompetenzen erweitern, indem sie Informationen an einen Arbeitsplatz bringt, die dort ohne die entsprechende Technik nicht zur Verfügung gestanden hätte, zur Erfüllung der Aufgabe jedoch unverzichtbar ist. Hier kann die Anforderung nach Verläßlichkeit und Nachvollziehbarkeit mit geeigneten Methoden des Datenschutzes und der Datensicherheit erfüllt werden. Diese Methoden technisch zu verwirklichen, wo immer dies möglich ist, scheint mir auch eine Aufgabe der Verwaltungsinformatik zu sein.

Die Gestaltung der informationstechnischen Unterstützung am Arbeitsplatz kann aber auch eine, wie es Prof. Rupert Scholz von der Universität München einmal ausgedrückt hat, „antizipierende Vorentscheidung" für Verwaltungshandeln einschließen. Dies trifft immer dann zu, wenn Entscheidungen im Arbeitsablauf durch den Aufbau eines Programms bereits vorgeprägt sind. Schon jetzt wird beispielsweise im Kraftfahrtbundesamt automatisch festgestellt, ob ein Kraftfahrer eine Warnung erhalten muß, weil er eine bestimmte Anzahl von Punkten erreicht hat. Auf Seiten der Technik bestehen keine Probleme, auch Entscheidungen mit weiterreichenden Konsequenzen in IT-Systeme zu verlagern.

Dann muß aber jede derartige Vorentscheidung den hier dargestellten Forderungen der Nachvollziehbarkeit und Verläßlichkeit entsprechen. Es stellt sich die Frage, ob dafür das Rechtsmittel einer „Programmkontrollklage" einzuführen ist, wie Prof. Scholz in demselben Zusammenhang formuliert. Möglicherweise könnten andere Mechanismen entwickelt werden. Hier sehe ich ein gutes Beispiel für eine Forschungsaufgabe von Verwaltungsinformatik als eigenständiger Wissenschaft. Von der Informatik sind auf diesem Gebiet Ergebnisse in keinem Fall, von der Rechtslehre nur in sehr beschränktem Umfang zu erwarten.

Ich habe Anforderungen an eine Verwaltungsinformatik skizziert, die auf entsprechenden, teilweise auch persönlichen Erfahrungen im Umgang mit dieser Disziplin beruhen. Ich möchte diese Skizze hier beenden. Lassen Sie mich aber zum Schluß noch auf eine Besonderheit beim Verhältnis dieser Disziplin zu Forschung und Lehre hinweisen. In der Bundesrepublik Deutschland existiert kein verwaltungswissenschaftliches Studium, aus dessen Absolventen die Verwaltung ihre Bediensteten rekrutiert. Sie greift vielmehr auf andere Ausbildungsgänge zurück.

Dies gilt vor allem für den höheren Dienst, wo Juristen, Wirtschaftswissenschaftler und Absolventen anderer Studiengänge Verwendung finden, sofern entsprechende Spezialisten benötigt werden. Für den gehobenen Dienst bildet die Bundesverwaltung ihre zukünftigen Bediensteten an einer eigenen Fachhochschule aus. Hier können daher Themen aus der Verwaltungsinformatik verhältnismäßig leicht aufgegriffen werden, dies ist zum Teil auch bereits erfolgt.

Hingegen erscheint mir die Verbindung zwischen einer als eigenständiger Wissenschaft betriebenen Verwaltungsinformatik und der für den Nachwuchs in der Verwaltung entscheidenden Lehre deutlich schwerer herzustellen. Eine solche Verbindung ist meines Erachtens gerade dann notwendig, wenn sich die Disziplin, welche Sie vertreten, an den Hochschulen etabliert hat.

Verwaltungsinformatik als anwendungsspezifische Informatik

Heino Kaack

„Informatik auf dem Weg zum Anwender" — gleichgültig, ob dieses Tagungsmotto mehr als Programm oder mehr als Tatsachenbeschreibung zu verstehen ist, es legt nahe, auf einer derartigen Tagung nach dem Grundverständnis von Informatik und ihren Anwendungen zu fragen. In einem „Fachgespräch Verwaltungsinformatik" drängt sich darüber hinaus die Frage auf, inwieweit die Informatik allein und inwieweit sie vermittelt durch Anwendungsdisziplinen den Weg zum Anwender beschreitet bzw. beschreiten soll.

Zum Selbstverständnis der Informatik

Dies hängt zunächst einmal vom Selbstverständnis der Informatik ab, das erst seit einigen Jahren wieder zunehmend zu einem Thema wissenschaftlicher Diskussionen geworden ist. Die traditionellen Definitionen von Informatik heben ausschließlich deren generellen Charakter hervor, d. h. die Erforschung der grundsätzlichen Verfahrensweisen der Informationsverarbeitung und die *allgemeinen* Methoden der Anwendung solcher Verfahren in den verschiedensten Bereichen, und zwar mittels Abstraktion und Modellbildung ohne Berücksichtigung der speziellen Gegebenheiten, bezogen auf die Entwicklung von Standardlösungen für die Aufgaben der Praxis.(1)

In jüngster Zeit dominieren hingegen Informatik-Definitionen, die — nicht zuletzt getragen von der steigenden ökonomischen Bedeutung der Informatik-Produkte — das Fach extensiver und grundsätzlicher verstehen. Wenn Informatik sich selbst als „das zukunftsentscheidende Schlüsselgebiet und Leitfach für die weltweite und eigenständige Wettbewerbsfähigkeit unseres Landes in Forschung und Wissenschaft, in Technik und Wirtschaft"(2) darstellt und sich schließlich „die Rolle einer prägenden Kulturtechnik" zuspricht(3), kann sie die Probleme der Nutzung und der Auswirkungen ihrer Produkte nicht aus ihrem Gegenstandsbereich ausblenden. Konsequenterweise enthielt der — nicht verabschiedete — Entwurf einer GI-Denkschrift „Aufgaben und Ziele der Informatik" aus dem Jahre 1987 die Formulierung: „Die Informatik ist daher als eine umfassende Basis- und Querschnittsdisziplin zu verstehen, die sich sowohl mit technischen als auch mit organisatorischen und sozialen Phänomenen und Problemen bei der Entwicklung und Nutzung informationsverarbeitender Systeme beschäftigt. Die Informatik erschließt darüberhinaus in allen Bereichen der Natur- und Geisteswissenschaften neue Methoden, Denk- und Arbeitsweisen."(4)

Auch wenn diese Formulierungen nicht in den Studien- und Forschungsführer Informatik übernommen wurden, so liegen sie doch im Tenor des Textes, der aus der Denkschrift zitiert wurde. Auf dieser Linie liegt ebenfalls, daß unter der Überschrift „Gemeinsame Grundkonzepte der Informatik" zwischen „Konstruktion und Beherrschung komplexer

Systeme" und „Datenstrukturen, Algorithmen und Programme" ein Absatz „Organisationsstrukturen" aufgenommen wurde, in dem es heißt: „Organisationsstrukturen bilden ein wesentliches Element komplexer Systeme; sie ergeben sich vor allem aus der Aufgabenstellung, Mensch-Maschine-Systeme in umfassende Arbeitsorganisationen einzubinden und hierbei aufbauorganisatorische Zusammenhänge sowie ablauforganisatorische Regelungen angemessen zu berücksichtigen(5).

Die hier zitierten Äußerungen implizieren eine vorsichtige Öffnung hin zu Aspekten, die sich nicht über mathematische Formalisierung erschließen, aber für die praktische Verwendung von Informatik-Produkten und -Problemlösungen von steigender Bedeutung sind. Die Entwicklung im Hardware-Bereich hat bekanntlich die Voraussetzungen für eine breite Nutzung der Informationstechnik über Spezialistenkreise hinaus geschaffen. Aber der Kreis der Nutzer ist nicht nur größer und vielfältiger, sondern auch anspruchsvoller geworden, will häufig selbst steuern, was er früher DV-Experten überlassen mußte, fordert die Anpassung der Technik an seine Fachwelt, seinen Arbeitsplatz und schließlich seine Vorstellungen von optimaler Aufgabenerfüllung. Die Software-Entwicklung hat damit nicht Schritt halten können, ist vermutlich auch immer weniger auf *einer* Abstraktionsebene, d.h. im Rahmen *eines* ganzheitlichen Entwicklungsmodells, zu realisieren. Gleichwohl werden im Rahmen der KI-Forschung weitaus komplexere Probleme angegangen, für die nun vollends die Öffnung zu informatikfremden Fachwelten und Denkansätzen erforderlich ist.(6)

Dementsprechend fordert *Alfred Lothar Luft* für den Informatiker als Requirements- und Wissensingenieur ein wissenschaftstheoretisches Grundlagenwissen hinsichtlich Wissensgewinnung sowie Methoden und Prinzipien des Erklärens, für den Informatiker als Systemarchitekten, Systementwickler und Systemintegrator ein systemtheoretisch-interdisziplinäres Grundlagenwissen und für den Informatiker als Rationalisierungs- und Automationsingenieur „ein von der Anthropologie und Ethik bereitgestelltes Grundlagenwissen über den Menschen sowie sein Sollen und Dürfen" und nicht zuletzt auch „ein handlungstheoretisches und sozialwissenschaftliches Grundwissen". Letzteres soll helfen, die Zusammenhänge zwischen Handlungsdefiziten, darauf bezogenen DV-Systementwürfen und den durch Implementierungen verursachten Veränderungen von sozialen Systemen und Lebenswelten zu erkennen.(7) *Luft* konzediert, daß dies Forderungen sind, die nur schwer zu erfüllen seien. Allerdings erscheint mir dennoch fraglich, ob die hier geforderte Kombination von theoretischem Grundlagenwissen ausreicht, denn dabei bleibt ausgeblendet, wie sich die Probleme in den jeweiligen Fachwelten konkretisieren und welches Wissen notwendig ist, die Verbindung zwischen konkreten Situationen und Grundlagenwissen angemessen herzustellen.

Ebenfalls eine Ausweitung des Informatik-Verständnisses fordert *Wolfgang Coy*, der sich wie *A.L. Luft* deutlich vom Konzept einer maschinenzentrierten Computer Science absetzt, das 1989 durch den Bericht einer ACM-Arbeitsgruppe erneut betont worden war.(8) *Coy* definiert Informatik als "die Wissenschaft des instrumentalen Gebrauchs der Informationstechnik, einer Sammlung von Instrumenten, mit denen ein soziales Verhältnis, nämlich das der Menschen zu ihrer Arbeit, bestimmt wird."(9) Aufgabe der Informatik sei „also die Analyse von Arbeitsprozessen und ihre konstruktive, maschinelle Unterstützung. Nicht die Maschine, sondern die Organisation und Gestaltung von Arbeitsplätzen" müsse im

Mittelpunkt der Informatik stehen. Die Gestaltung von Hardware und Software sei dieser primären Aufgabe unterzuordnen. Mathematische Modelle bleiben ein „wesentlicher Bestandteil des Grundlagenwissens und -könnens" der Informatik, jedoch „kranken die formellen Modelle der Informatik an der mangelhaften Überprüfbarkeit ihrer adäquaten Anwendung und Anwendbarkeit, da dies gerade kein rein formales Problem" sei. Die Informatik sei „aus wissenschaftlichen und gesellschaftlichen Gründen verpflichtet, sich sozialwissenschaftlichen Fragen zu öffnen, da sie in wachsendem Maße unmittelbar sozial wirksam" werde.(10) Die Software-Krise beruhe „wahrscheinlich weniger auf mathematischlogischen oder programmatischen Mängeln..., sondern vielmehr auf der unzureichenden Reflexion des Wechselspiels von technischer Gestaltung und sozialer Wirkung informationstechnischer Systeme".(11)

Bei diesen Formulierungen bleibt der Unterschied zwischen gesamtgesellschaftlicher und einzelorganisatorischer Ebene ausgeblendet. *Coy* argumentiert aber durchgängig auf gesamtgesellschaftlicher Ebene; sein Fixpunkt ist die Verantwortung des Informatikers für sein sozial relevantes Handeln.(12) Die Idee, daß die Theoriediskussion der Informatik auch arbeitsteilig zwischen Kerninformatikern und anwendungsorientierten Informatikern (sowie Anwendern) vorangebracht werden könnte, liegt offenbar außerhalb seines Blickfeldes, widerspricht vielleicht aber auch seinem Ansatz. Ob der theoretisch fakultätenübergreifend geschulte und ethisch fundierte Informatiker eine realistische Figur im Hinblick auf verbesserte praktische Problemlösungen ist, erscheint mir zweifelhaft. Eine im Sinne von *Coy* und *Luft* fundierte breitere Grundlagenausbildung von Informatikern und eine stärkere Öffnung der Kerninformatiker über mathematische, physikalische und nachrichtentechnische Ansätze hinaus sind zwar nachdrücklich zu befürworten. Und wenn derartig ausgebildete Informatiker dann als Mitglieder interdisziplinärer Teams tätig werden, die außerdem aus Vertretern von Fachwelten und aus Vertretern entsprechender anwendungsspezifischer Informatiken bestünden, könnte vielleicht eine personelle Grundlage auch für die Lösung komplexer Probleme inklusive deren Wirkungskontrolle entstehen. Dabei käme den anwendungsspezifischen Informatiken die wichtige Bindegliedfunktion zwischen IT-Experten, Anwendern und Betroffenen zu. Derartige Folgerungen finden sich aber nicht bei den zitierten Vertretern einer theoretischen Neuorientierung der Informatik. Daher ist an dieser Stelle festzuhalten, daß eine Ausweitung des Informatik-Verständnisses nicht notwendigerweise zur Hinzunahme anwendungsspezifischer Informatiken führt. Deren verstärkte Berücksichtigung ist auch mehr im Zusammenhang der Institutionalisierung in Wissenschaftsorganisationen, insbesondere der GI, als im Rahmen konzeptioneller Einsichten zu sehen und nicht frei von Einschränkungen und Widersprüchen.

Anwendungsdisziplinen aus der Sicht der Informatik

Infolge des traditionell ungeklärten Verhältnisses von Kerninformatik und Anwendungsfächern hat sich inzwischen eine Vielzahl von Bezeichnungen herausgebildet, die folgendermaßen charakterisiert werden können:

- *Angewandte Informatik:* Die Bedeutung dieses Begriffs streut außerordentlich weit, insofern er Teile der Kerninformatik, etablierte Anwendungsfächer oder Anwendung von Informatik-Methoden bzw. sogar Informationstechnik in beliebigen Fächern umfassen kann.

- *Anwendungsspezifische Informatik(en), Anwendungsspezifische Teildisziplinen der Informatik, Anwendungsspezifische Zweige der Informatik, Anwendungsbereichsspezifische Informatik*(13): Diesen Bezeichnungen ist gemeinsam, daß das Anwendungsfach als Bestandteil der Informatik angesehen wird.

- *Fachspezifische Informatikanwendungen, Informatik-Anwendungen*(14): So werden Teilbereiche von Anwendungsfächern oder Anwendungsgebiete bezeichnet, ohne daß die Zuordnung zur Informatik direkt angesprochen ist.

- *Fachinformatik*(15): Dieser Terminus charakterisiert ein Anwendungsfach, das als Teil der fachlichen Grundlagendisziplin verstanden wird, nicht als Teil der Informatik.

- Mit „*Bindestrich-Informatik*" werden bisweilen Anwendungsinformatiken ganz allgemein bezeichnet, zumeist aber wird mit diesem Begriff Zweifel an der Informatiksubstanz des Anwendungsfaches artikuliert.

Von Anfang an hat sich Informatik stets als eine angewandte und anwendbare Wissenschaft verstanden, so daß der Begriff „angewandte Informatik" sogar zum Pleonasmus erklärt wurde.(16) Aber als Angewandte Informatik werden in traditionellen Konzepten sogar Bereiche wie Software Engineering, Datenbank- und Informationssysteme, und nicht nur Künstliche Intelligenz und Mensch-Maschine-Kommunikation eingestuft, die heute alle überwiegend als Teilgebiete der „Kerninformatik" gelten.(17) So gesehen muß es noch nicht unbedingt eine Neuorientierung des Informatik-Verständnisses bedeuten, wenn es heißt: „Der Gegenstand der Informatik ist vielschichtig. Mindestens vier miteinander eng verzahnte Schichten sind einbezogen: Hardware, Software, Organisationsstrukturen, Nutzer und Betroffene." Eher hingegen schon, wenn die Fortsetzung lautet: „Entsprechend weit gefächert sind die Teildisziplinen der Informatik. Informatik konzentriert sich einerseits auf die Entwicklung von Anwendungsbereichs-übergreifenden Hardware- und Softwaresystemen und umfaßt andererseits anwendungsspezifische Teildisziplinen, wie beispielsweise Wirtschaftsinformatik, Rechts- und Verwaltungsinformatik, Medizininformatik, in denen informatische Prinzipien eine überwiegende Rolle spielen."(18)

Um zu begreifen, inwieweit diese Formulierungen als Neuorientierung der Informatik verstanden werden können, ist an dieser Stelle ein kurzer historischer Rückblick notwendig. Als zwischen 1967 und 1971 mit dem DV-Förderungsprogramm der Bundesregierung, den ersten Lehrstühlen und der Gründung der Gesellschaft für Informatik das Fach in der Bundesrepublik Deutschland etabliert wurde, stand neben der dann vollzogenen überwiegend mathematischen Orientierung auch eine stärker anwendungsbezogene Ausrichtung zur Diskussion.(19) Während es der Informatik gelang, sich zwischen Mathematik und Nachrichtentechnik als selbständige Disziplin zu etablieren, blieb das Verhältnis zu Anwendungsfächern — vielleicht gerade wegen des Selbstverständnisses von Informatik als „anwendbare(r) und nach Anwendungen verlangende(r) Wissenschaft" — äußerst distanziert.(20) So formulierte der einflußreiche Münchner Mathematiker und Informatiker Friedrich L. Bauer 1974: „Das klingende Wort 'Informatik' und der vermeintlich fette Bundessäckel fanden auch Interesse in einigen Anwendungsgebieten der Informatik. Während aber Ausdrücke wie 'theoretische Informatik', 'praktische Informatik', 'technische Informatik' lediglich Schwerpunktbildungen innerhalb einer einheitlichen Informatik bezeichnen, waren Konstruktionen wie 'Rechtsinformatik', 'medizinische Informatik', 'Wirtschaftsinformatik', 'Ingenieurinformatik' sprachlich falsch und sollten besser 'Informatik in der Jurisprudenz, in der Medizin, in den Wirtschaftswissenschaften, in den Ingenieurwissenschaften' lauten"(21). Entsprechend wurde bei der Bezeichnung der diesbezüglichen GI-Fachausschüsse auch verfahren und dies gilt selbst für die gegenwärtigen anwendungsbezogenen Fachbereiche noch.

Immerhin erkannte auch Bauer an, daß es „Anwendungen" mit „geistige(r) Querverbindung zur Informatik" gibt, z. B. Linguistik, Biologie, Physiologie, Psychologie, aber auch Jurisprudenz. Er folgerte jedoch: „Aber selbst diese Sonderfälle rechtfertigen nicht ohne weiteres Wortverbindungen wie 'Rechtsinformatik'. Es erfordert einen gründlichen Dialog und lange Jahre zweiseitiger Zusammenarbeit, um vielleicht eines Tages zu solch anspruchsvollen Formulierungen zu gelangen. Dies gelte trotz ihrer DV-industriellen Bedeutung auch für die Betriebsinformatik, zumal in der Volks- und Betriebswirtschaftslehre noch nicht einmal „die mathematischen Methoden vollkommen eingezogen" seien.(22) Nun ist die Entwicklung über diese Bedenken inzwischen hinweggegangen und es bleibt fraglich, inwieweit Dialog und Zusammenarbeit zwischen Informatik und Betriebsinformatik stattgefunden haben, oder ob es mehr ein institutionalisiertes Nebeneinander war. Gewiß ist hingegen, daß die Betriebs- bzw. Wirtschaftsinformatik inzwischen als eigenständige Disziplin etabliert ist, vermutlich weniger wegen ihrer Fortschritte in den mathematischen Methoden als wegen der herausragenden Bedeutung der Informationstechnik für die moderne Betriebspraxis und ihrer Fähigkeit, praxisbezogene Problemlösungen anzubieten bzw. dafür relevantes Grundlagenwissen bereitzustellen.

Auch wenn in der Zwischenzeit einerseits die Übernahme informatischer Methoden in den Anwendungsdisziplinen ausgeweitet wurde, andererseits die Informatik selbst stärker zu der Einsicht gelangt ist, daß „formale und ingenieurmäßig orientierte Techniken" zwar vorwiegend, aber nicht ausschließlich ihr Instrumentarium bestimmen(23), sind die Befürchtungen einer unsachgemäßen Ausweitung des Informatik-Begriffs — sicherlich mit Recht — nicht verstummt. So versuchte der damalige GI-Präsident Fritz Krückeberg 1987 in einem Artikel „Die Informatik geht um" folgende Grenzziehung: „Im Rahmen der weiteren Vertiefung der Informatik in Teildisziplinen werden die techniknahen und ingenieurwissenschaftlichen Komponenten der Informatik (Technische Informatik) einen erheblichen Ausbau erfahren. Daneben werden sich anwendungsspezifische Zweige der Informatik entwickeln, die sich den besonderen Aufgaben eines anderen Fachgebietes spezifisch zuwenden. Gedacht ist hierbei nicht an die gelegentlich erkennbare unglückliche Neigung, eine Vielzahl von „Bindestrich-Informatiken" einzuführen. Die Informatik sollte notwendigerweise einen wesentlichen und überwiegenden Anteil bei solchen spezifischen Ausprägungen einnehmen. Unter dieser Voraussetzung erscheint eine Beschränkung auf folgende drei Gebiete angebracht: Wirtschaftsinformatik, Rechts- und Verwaltungsinformatik, medizinische Informatik. Wahrscheinlich kommt im Zuge der weiteren Entwicklung 'Ingenieur-

Informatik' hinzu."(24) Diese Grenzziehung spiegelt den derzeitigen Stand der Institutionalisierung von Anwendungsinformatiken in der „Gesellschaft für Informatik" wider. Zumindest die genannten Anwendungsfächer werden also von Informatikern als Bereiche der Informatik anerkannt.

Zum Selbstverständnis der Verwaltungsinformatik

Diese Anerkennung durch die Informatik war aber über weite Strecken der Entwicklungsgeschichte des Faches nicht das Hauptproblem der Fachvertreter, oder genauer: derjenigen Wissenschaftler, die auf dem Gebiet der Verwaltungsautomation arbeiteten. Dabei sind gewissermaßen drei „Gründungslinien" auszumachen: Erstens wurde Verwaltungsinformatik erörtert im Rahmen der Strukturierung von Rechtsinformatik durch *Steinmüller* und *Fiedler*.(25) Dabei hat vor allem *Fiedler* die Notwendigkeit der Berücksichtigung informatischer Prinzipien bei der theoretischen Fundierung hervorgehoben. In den beiden anderen Fällen stand die verwaltungswissenschaftliche — und zwar insbesondere die verwaltungspolitische — Perspektive im Vordergrund: *Reinermann* entfaltete seine Konzepte und seine Darlegungen der Fachsituation vor allem in Relation zur DV- bzw. IT-Entwicklung in der Verwaltungspraxis, und zwar unter verwaltungspolitischen wie unter Management-Aspekten. Die Kasseler *Forschungsgruppe Verwaltungsautomation* unter Leitung von *Brinckmann* und *Grimmer* konzentrierte sich auf die empirische Untersuchung und kritische Begleitung von Automatisierungsprozessen und fragte insbesondere nach den Wirkungen für das Personal, die Aufgabenerfüllung, die Organisation und die Bürger. Ihre Arbeiten können als verwaltungswissenschaftliche Forschung, teils als sozialwissenschaftliche Arbeitsweltforschung eingestuft werden. Die Wirkungsforschung war das vorherrschende Paradigma bis Anfang der achtziger Jahre. Das Bewußtsein von der weithin „folgenlosen" Wirkungsforschung führte zum Paradigma der Gestaltungsforschung, das bis heute dominiert, aber inhaltlich sehr unterschiedlich verstanden wird, einerseits faktisch als Erforschung der Gestaltungsbedingungen — selbst wenn ex ante, so doch noch mit großer Nähe zur Wirkungsforschung —, andererseits als experimentelle und konstruktive Forschung, d. h. als Forschung mittels Gestaltung der Systeme selbst. So ist in den letzten Jahren eine zunehmende Befassung mit Fragen der Systemanalyse und Systemtechnik festzustellen, die der Tendenz der IT-Entwicklung zu anspruchsvolleren benutzernahen Systemkonzepten und Werkzeugen entspricht.(26)

Der Begriff Verwaltungsinformatik spielte in der Geschichte dieses Spezialgebiets nur eine geringfügige Rolle. Die erste Publikation mit Gesamtdarstellungscharakter erschien 1974 unter dem Titel „Verwaltungsautomation" und war eine verwaltungswissenschaftlich orientierte thesenhafte Bilanz der damaligen Situation. 1976 wurde ein „Arbeitskreis Verwaltungsinformatik" gegründet und *Reinermann* stellte in einem Beitrag(27) Begriff und Probleme einer Disziplin zur Diskussion. Er ordnete Verwaltungsinformatik als „Fachinformatik" ein und setzte sie deutlich von der „computerorientierten Informatik" ab: „An materiellen Problemen der öffentlichen Verwaltung orientierte und nicht maschinenorientierte Lehr- und Forschungsziele stehen im Mittelpunkt."(28) Verwaltungsinformatik müsse mehr sozialwissenschaftlich als ingenieurwissenschaftlich ausgerichtet sein. Der

Arbeitskreis veröffentlichte 1980 ein „Verwaltungsinformatik Textbuch", das Sammlung von Beiträgen zu allen damals einschlägigen Fragen enthält. Der Begriff „Verwaltungsinformatik" schmückt zwar den Titel, spielt aber in den Beiträgen selbst kaum eine Rolle und wird auch in der Einleitung nur kurz angesprochen. Insgesamt dominiert der Terminus „Verwaltungsautomation", und „Verwaltungsinformatik" wird lediglich erwähnt als „Theorie der Verwaltungsautomation im umfassenden und grundlegenden Sinne". Andererseits stellt der Arbeitskreis die Textauswahl auch als „Beitrag zur Diskussion um einen erweiterten Informatik-Begriff" vor.(29)

Damit aber bricht die „Konjunktur" des Begriffes Verwaltungsinformatik Anfang der achtziger Jahre zunächst einmal ab. Entscheidend dafür dürfte sicherlich gewesen sein, daß man keine Institutionalisierungchancen für eine eigenständige Disziplin sah — allein schon wegen der weithin fehlenden Institutionalisierung der als „Mutterdisziplin" betrachteten Verwaltungswissenschaft, die Anfang der siebziger Jahre noch in starkem Aufwind zu sein schien.

Andererseits weitete sich die Automatisierte Datenverarbeitung in der öffentlichen Verwaltung ständig aus, so daß ohne Frage ein separates Forschungsfeld von steigender Bedeutung bestand. In dieser Situation wurde eine Serie von Fachtagungen — vor allem in Speyer — zu einem Kernbestandteil der Weiterentwicklung des Faches.(30) Die Mehrzahl der Tagungen war dadurch gekennzeichnet, daß die Verwaltungspraktiker unter den Teilnehmern überwogen und auch eine große Zahl von Referenten stellten, aber eine kleine, personell weitgehend konstante Gruppe von Professoren, insbesondere *Hans Brinckmann*, *Klaus Grimmer*, *Klaus Lenk* und *Heinrich Reinermann* kontinuierlich die generellen Aspekte thematisierte. In diesem Kontext bildete sich ein weitgehender Konsens über Gegenstandsbereich und zentrale Fragestellungen heraus, ohne daß dafür der Begriff Verwaltungsinformatik mehr als gelegentlich bemüht wurde.

Bewegung kam in die Selbstverständnisentwicklung erst wieder Ende der achtziger Jahre, nicht zuletzt durch die oben angesprochenen Diskussionen innerhalb der Gesellschaft für Informatik. Zugleich zeigten sich in der Verwaltungspraxis Modernisierungsprozesse sehr unterschiedlichen Ausmaßes, die zum Teil eine große Nähe von Anwendern zu neueren Informatikkonzepten brachten, während anderwärtig noch alte DV-Technik dominierte. Das Verhältnis zur Informatik mußte also neu definiert werden, zumal auch die Zuordnung der Verwaltungsinformatik zu Informatik-Studiengängen ins Spiel kam.(31) Dies ist der derzeitige Stand der Entwicklung.(32) Die „Verwaltungsinformatik" muß ihrem Namen näher treten und ihr Verhältnis zur Kerninformatik genauer definieren, oder besser: diesem durch praktische Kooperation eine differenzierte Gestalt geben.

Zum Kernbereich der Verwaltungsinformatik

Bei der Festlegung des Kernbereichs der Verwaltungsinformatik muß vorab folgendes bedacht werden: Die Informationstechnik ist so universell, daß alle Wissenschaften sich damit auseinandersetzen müssen, und zwar in ihrem Kernbereich. Dies bedeutet, daß eine anwendungsspezifische Informatik nicht schon dadurch entsteht, daß man die Informationstechnik-Aspekte pro Bereich bzw. pro Disziplin zunächst dominant und dann letztlich separat setzt. Vielmehr muß eine anwendungsspezifische Informatik einen eigenen Kern aufweisen, der jenseits des Kerns der etablierten Fachgebiete liegt. Die Fachgebiete nehmen im Regelfall die gegebene Technik in ihren Problemhorizont auf, die anwendungsspezifische Informatik muß die Gestaltung dieser Technik selbst als ihren Kern verstehen. Dabei kann man durchaus überlegen, ob nicht so etwas wie eine Art Äquidistanz zur Informatik und zur Ausgangsfachdisziplin wünschenswert wäre.

Verwaltungsinformatik wird im Regelfall gleichermaßen als beschreibende, erklärende und gestaltende Wissenschaft gekennzeichnet.(33) Demgegenüber soll hier der Vorschlag gemacht werden, schon in der Definition des Faches Verwaltungsinformatik den Gestaltungsaspekt dominant zu setzen. Denn auch die Erklärung dient der Vorbereitung von Gestaltung oder der Kritik bisheriger Gestaltung und zielt damit auf Änderung, also wiederum auf Gestaltung. Mittels Beschreibungen und Erklärungen werden Gestaltungsfolgen analysiert, die letztlich auf Korrektur und damit ebenso wiederum auf Gestaltung zielen. Die Dominantsetzung der Gestaltungsdimension würde Verwaltungsinformatik eindeutig als eine ingenieurwissenschaftliche Disziplin ausweisen.

Unter dieser Voraussetzung könnte man *Verwaltungsinformatik* bezeichnen *als Wissenschaft der informationstechnik-gestützten Gestaltung von Verwaltungshandeln*. Diese Definition berücksichtigt, daß nicht die gesamte Tätigkeit der Verwaltung informationstechnikgestützt ablaufen kann, und daß auch nicht von vornherein feststeht, welcher Teil der Verwaltungstätigkeit der Informationstechnikunterstützung bedarf.

Voraussetzungen und Bausteine der Gestaltung sind Informatikkonzepte, Organisationsverfahren sowie Verwaltungsprinzipien und -strukturen. Die *Verwaltungsinformatik ist eine anwendungsspezifische Informatik*, insofern sie informatische Methoden und Konzepte nutzt und für die Verwaltung entwickelt; sie ist eine *spezielle Organisationslehre*, die auf organisationstheoretischer Grundlage arbeitet und Methoden der Organisationsanalyse anwendet; und sie ist schließlich ein *Teilbereich der Verwaltungswissenschaft*, weil ihr Gegenstand die Verwaltung ist.

Dabei muß eine *Theorie der Verwaltungsinformatik auf drei Ebenen* ansetzen. Zunächst einmal muß die Frage beantwortet werden, wozu informationstechnik-gestützte Gestaltung von Verwaltungshandeln geschieht. Dazu bedarf es einer *Theorie der Ziele* sowie der gesamtgesellschaftlichen Funktionen und Restriktionen öffentlichen Handelns, deren Grundlagen die Verwaltungsinformatik aus der Verwaltungslehre, Politikwissenschaft, Soziologie sowie dem Verfassungs- und Staatsrecht bezieht. Eine Theorie der Verwaltungsinformatik muß aber auch die Frage konzeptualisieren können, unter welchen Bedingungen die informationstechnik-gestützte Gestaltung von Verwaltungshandeln abläuft. Dazu bedarf es einer *Theorie der spezifischen Organisationscharakteristika* öffentlicher Verwaltung, die als eine Strukturtheorie eingeordnet werden kann. Und schließlich muß die Verwaltungsinformatik generell die Frage beantworten, mit welchen Mitteln informationstechnikgestützte Gestaltung von Verwaltungshandeln optimal erfolgen kann. Grundlagen einer derartigen *Gestaltungstheorie* muß eine Theorie der optimalen Zuordnung von Aufgaben bzw. Anforderungen und informatischen bzw. systemanalytischen Problemlösungsverfahren sein.

Die Hauptaufgabe der Verwaltungsinformatik muß es somit sein, ausgehend von konkreten Situationen bzw. Aufgabenstellungen in der Verwaltung einerseits und generellen Problemlösungskonzepten der Informatik andererseits auf der Grundlage organisationstheoretisch gestützter Ziele, Verfahren und Methoden Problemlösungen zu finden, die in einer optimalen Zuordnung von Aufgaben und Methoden bzw. Systemen bestehen. In Anbetracht der Ausrichtung auf die Gestaltungsdimension soll nicht unerwähnt bleiben, daß es auch Aufgabe der Verwaltungsinformatik sein kann, eine Entscheidung zur Nichtgestaltung, d. h. zum Verzicht auf die Anwendung von Informationstechnik, zu empfehlen. Denn selbstverständlich hat auch eine ingenieurwissenschaftlich orientierte Verwaltungsinformatik die Implikationen ihrer Konzepte, Entwürfe und Empfehlungen zu berücksichtigen und die Implikationen der Informationstechnik-Nutzung nicht nur unter verfassungsrechtlichen und verwaltungspolitischen sowie organisatorischen Gesichtspunkten darzulegen, sondern auch unter dem Aspekt der gesamtgesellschaftlichen Verantwortbarkeit zu erörtern. Dies bedingt nicht zuletzt auch eine kritische Würdigung und ggf. Mitgestaltung einschlägiger politischer Entscheidungsprozesse. Insofern wird Verwaltungsinformatik stets einen starken Überschneidungsbereich mit dem Fachgebiet „Informatik und Gesellschaft" aufweisen.

Verwaltungsinformatik hat zwischen Informatik und Verwaltungswissenschaft einen relativ breiten Raum auszufüllen. Denn Informatik muß ihren Anspruch auf generelle Problemlösungen beibehalten, kann also nicht in ihrem Kernbereich anwendungsspezifische Dimensionen dominant setzen, und die Verwaltungswissenschaft kann sich — aufgrund ihrer Tradition, aber vor allem auch aufgrund ihrer gegenwärtigen vielfältigen Kontexte und Aufgaben — nicht als informationstechnik-bezogene Ingenieurwissenschaft begreifen, jedenfalls nicht vorrangig, selbst wenn man ihre praxeologische Komponente in den Vordergrund rückt.

Zur Verschränkung von Verwaltungsinformatik und Informatik

In der oben mehrfach erwähnten GI-Denkschrift „Aufgaben und Ziele der Informatik" werden für die anwendungsspezifischen Teildisziplinen der Informatik folgende Kriterien genannt:

- Sie beschäftigen sich schwerpunktmäßig mit der Konstruktion, Implementierung und Nutzung von Informationssystemen oder allgemeiner, informationsverarbeitender Systeme.

- Informatische Prinzipien spielen eine überwiegende Rolle.

- Sie bauen auf den Ergebnissen der Hardware– und Software-Entwicklung auf.(34)

Für die Verwaltungsinformatik läßt sich m. E. ohne Schwierigkeiten die schwerpunktmäßige Beschäftigung mit der Konstruktion, Implementation und Nutzung von Informationssystemen als zentrale Gegenstandsbereiche verstehen, wenngleich zumindest für den Bereich der Konstruktion bisher wenig Aktivitäten nachgewiesen werden können. Den Anteil informatischer Prinzipien zu quantifizieren („überwiegende Rolle"), halte ich hingegen nicht für sinnvoll, aber eine Verwaltungsinformatik, die sich nicht nur in Relation zur Verwaltungswissenschaft, sondern auch in Relation zur Informatik definiert, wird informatische Prinzipien zu ihren konstitutiven Bestandteilen zählen müssen. Darüberhinaus sollte eine so verstandene Verwaltungsinformatik nicht nur auf den Ergebnissen der Hardware- und Software-Entwicklung aufbauen, sondern sollte zumindest die Software-Entwicklung entscheidend mitgestalten. Es ist ja hinlänglich bekannt, daß für die Qualität der Software die frühen Phasen der Software-Erstellung von besonderer Bedeutung sind. In den einschlägigen Phasenmodellen werden diese frühen Phasen unterschiedlich definiert. Ohne hier auf einzelne Konzepte eingehen zu können, sei darauf hingewiesen, daß jedenfalls innerhalb der Informatik bisher zufriedenstellende generalisierbare Konzepte der Anfangssituation für Informatikproblemlösungen fehlen. Der von der Informatik einigermaßen kontrollierte Prozeß setzt zumeist erst da ein, wo mit der Spezifikation der Anforderungen an das System begonnen wird. Zwar wird in den verschiedenen Lehrbüchern und Einführungen zum Software-Engineering immer wieder darauf hingewiesen, daß der Anforderungsspezifikation andere Phasen vorausgehen müssen, die unterschiedlich bezeichnet werden, aber für diese Phasen werden meist nur relativ unpräzise Angaben gemacht. Häufig wird der Phase der Anforderungsdefinition eine Analysephase vorangestellt. In dieser Phase soll das Problem beschrieben und in den Kontext eingeordnet werden, wie dies aber zu geschehen hat, bleibt zumeist außer Betracht.(35) Es liegt auf der Hand, daß gerade für die Operationalisierung von Konzepten dieser Phase die anwendungsspezifischen Informatiken in besonderer Weise gefordert sind. Aber weil der Zusammenhang von Problemkontext, Problemfall und Problemlösung auch nach Abschluß der Analysephase keinesfalls aufgehoben wird, versteht es sich von selbst, daß die anwendungsspezifischen Informatiken, das heißt auch die Verwaltungsinformatik, den weiteren Software-Erstellungsprozeß soweit wie möglich mitgestalten sollten, ganz abgesehen davon, daß derartige Prozesse im allgemeinen zumindest partiell iterativ ablaufen.(36)

Die Frühphasen des Software-Erstellungsprozesses sind hier genannt worden als ein Beispiel für die Notwendigkeit einer intensiven interdisziplinären Kooperation zwischen Kerninformatik und Verwaltungsinformatik. (Ein weiteres Beispiel könnte die Datenmodellierung sein.) Wenn man die Lage der Verwaltungsinformatik funktionsbezogen beschreiben will, kann man zum Beispiel von folgendem — hier idealtypisch und grob vereinfachend dargestellten — Rollen- und Vorgangsmuster ausgehen, soweit die Verwaltungsinformatik nicht selbst Informatikaufgaben für die Verwaltung übernimmt, also von vornherein konstruktiv tätig wird:

Die Informatik erstellt ein Werkzeug, die Verwaltungsinformatik prüft zunächst, wie mit diesem Produkt Organisation gestaltet werden kann und in welcher Weise es den Spezifika der Organisationsform Verwaltung gerecht wird. Sie transponiert den Problemlösungsanspruch des Informatikprodukts auf die Verwaltungsebene, zunächst einmal theoretisch und dann mittels Praxistest. (In der Realität fehlt heute zumeist die theoretische Zwischenstufe, nicht zuletzt mangels einer hinreichend etablierten Verwaltungsinformatik.) Wird das Informatikprodukt nicht oder nur zum Teil für geeignet gehalten, stellt sich für die Verwaltungsinformatik zunächst einmal die Frage: Wie läßt es sich durch Verwaltungsinformatiker ersetzen bzw. anpassen, d. h. die Verwaltungsinformatik hat hier dann auch eine Konstruktionsaufgabe. Entweder wird dann im Rahmen der Verwaltungsinformatik eine neue Problemlösung erstellt oder aber es werden neue Anforderungen an die Kerninformatik definiert, was zumeist davon abhängig sein dürfte, welche Problemschicht angesprochen ist. Jedenfalls ist nicht die Unterscheidung aufrechtzuerhalten, die in den mehrfach erwähnten GI-Papieren vorgenommen wird zwischen der Kerninformatik und den anwendungsspezifischen Gebieten der Informatik. Dort wird nämlich den anwendungsspezifischen Gebieten vor allem die Zuständigkeit für die aufgabenmäßigen Unterschiede, die aufbau- und ablaufstrukturellen Eigenarten, die arbeitsorganisatorischen sowie die personalbezogenen Besonderheiten zugewiesen, während als Zuständigkeitsbereich der Kerninformatik implizit die „technischen Kriterien der zu entwickelnden bzw. einzusetzenden Hardware- und Softwaresysteme" gewissermaßen daneben gestellt werden.(37) In der Realität aber werden die Grenzen in zunehmendem Maße zwischen diesen Dimensionen verschwimmen, so daß alle realistischen Konzepte von einer starken Verzahnung der Kerninformatik und den anwendungsspezifischen Informatiken ausgehen müssen. Hier ist anzuknüpfen an das, was *Müller-Merbach*(38) und andere schon vor Jahren gefordert haben und was auch *Fiedler*(39) für die Rechtsinformatik herausgearbeitet hat, daß Anwendungsinformatiken sich als Integrationsfach zu verstehen haben, daß sie durch „Verschmelzung ... zu Stoffgebieten eigener Art" werden(40).

Dies kann m. E. umso leichter erreicht werden, je mehr sich die Verwaltungsinformatik als ingenieurwissenschaftliche Disziplin versteht, deren zentrales Anliegen die Konstruktion informationstechnischer Lösungen für die Verwaltung ist. Die Betonung der Gestaltungsdimension allein, die man gegenwärtig in der Fachdiskussion allenthalben finden kann, reicht nicht aus. Vielmehr muß dabei auch deutlich werden, daß es nicht nur um die Gestaltung der Bedingungen der Einführung von Informationstechnik geht, sondern um die Gestaltung der Informationstechnik selbst, d. h. um die Konstruktion der Systeme, was sicherlich im Regelfall eine Kooperation mit Kerninformatikern erfordert. Von daher ist es auch fraglich, ob man Kerninformatik und Verwaltungsinformatik dadurch unterscheiden kann, daß man sagt, Kerninformatik sei angebotsorientiert, Verwaltungsinformatik hingegen nachfrageorientiert.(41) In der Grundtendenz ist diese Unterscheidung sicherlich zutreffend, aber die Verwaltungsinformatik sollte sich vielleicht doch nicht nur darauf beschränken, die Fragen zu bewältigen, „die sich dem Anwender mit der Automation seiner Arbeit stellen", sondern vielleicht auch in zunehmenden Maße Angebote entwickeln, für die in der Verwaltungspraxis derzeit zwar keine akute Nachfrage besteht, die aber nach den wissenschaftlichen Erkenntnissen der Verwaltungsinformatik zur Problemlösung beitragen können, vielleicht gerade, weil sie Strukturwandel voraussetzen.

Im Mittelpunkt der Verwaltungsinformatik aber sollte „die kritische Rekonstruktion" der Verwaltungszusammenhänge unter IT-Aspekten stehen (42), so daß letztlich auch eine ingenieurwissenschaftliche Verwaltungsinformatik mit ihren Methoden, Konzepten und Produkten zur Weiterentwicklung von Verwaltung und Verwaltungswissenschaft beiträgt.

144

Anmerkungen

1. Vgl. Wilfried Brauer u.a., Studien- und Forschungsführer Informatik. Berlin (usw.) 1984, S. 34 (ebenso in der Ausgabe von 1980, S. 39).

2. Fritz Krückeberg, Die Informatik geht um. In: Computer Magazin 1987, H. 12, S. 40.

3. ebd., S. 55.

4. Aufgaben und Ziele der Informatik, (Denkschrift aus der GI), Stand: 20. Oktober 1987, S. 4.

5. Wilfried Brauer u.a., Studien- und Forschungsführer Informatik. 2. Aufl., Berlin (usw.) 1989, S. 49 f.

6. Wolfgang Coy, Brauchen wir eine Theorie der Informatik. In: Informatik-Spektrum, 1989, S. 259 (H. 5).

7. Alfred L. Luft, Informatik als Technikwissenschaft. Thesen zur Informatik-Entwicklung. In: Informatik-Spektrum, 1989, S. 272f. (H. 5)

8. Coy, a.a.O., S. 257; Luft, a.a.O. S. 268.

9. Coy, a.a.O., S. 257.

10. ebd., S. 260.

11. ebd., S. 256.

12. Insoweit bewegt sich der Beitrag auch in dem Kontext, der im Fachbereich 8 „Informatik und Gesellschaft" der GI mit der Empfehlung „Informatik und Verantwortung" angesprochen wurde, deren Mitautor Coy ist. (Siehe: Informatik-Spektrum 1989, (H. 5), S. 281-289).

13. Siehe dazu: Aufgaben und Ziele der Informatik (GI-Denkschrift), 1987, S. 3; ebd., S. 29; Krückeberg a.a.O., S. 42; Herbert Fiedler, Rechtsinformatik, in: Ergänzbares Lexikon des Rechts, 1988, 2/435.

14. Siehe dazu: Fiedler, ebd., S. 6; Luft, a.a.O., S. 268.

15. z. B. : Heinrich Reinermann, Informatik, in: Handwörterbuch der Öffentlichen Betriebswirtschaftslehre, Stuttgart 1989, S. 616.

16. Friedrich L. Bauer, Was heißt und was ist Informatik. In: IBM-Nachrichten Nr. 223, Dez. 1974, S. 336.

17. Luft, a.a.O., S. 268.

18. Brauer u.a., a.a.O., S. 48f.

19. Alfred Lothar Luft, Informatik als Technik-Wissenschaft. Eine Orientierungshilfe für das Informatik-Studium. Mannheim (usw.) 1988, S. 29 u. S. 53; vgl. ferner:
Klaus Mainzer, Entwicklungsfaktoren der Informatik in der Bundesrepublik Deutschland. In: Wolfgang van den Daele/Wolfgang Krohn/Peter Weingart (Hrsg.), Geplante Forschung. Vergleichende Studien über den Einfluß politischer Programme auf die Wissenschaftsentwicklung, Frankfurt 1979, S. 145ff., insb. S. 152.

20. Bauer, a.a.O., S. 335.

21. ebd., S. 334.

22. ebd., S. 336.

23. z.B.: Ausbildung von Diplom-Informatikern an wissenschaftlichen Hochschulen. GI-Empfehlung vom 18. März 1985. In: Informatik-Spektrum 1985, S. 164.

24. Krückeberg, a.a.O., S. 42.

25. Wilhelm Steinmüller (Hrsg.), ADV und Recht, Berlin 1976; Herbert Fiedler, Theorie und Praxis der Automation in der öffentlichen Verwaltung. In: Die öffentliche Verwaltung 1970, S. 469ff.

26. Innerhalb der Verwaltungsinformatik sind in diesem Zusammenhang vor allem Hinrich Bonin und Roland Traunmüller zu nennen.

27. Heinrich Reinermann, Verwaltungsinformatik oder verwaltungsbezogene Informationswissenschaft oder Wissenschaft der computergestützten Informationsverarbeitung in der öffentlichen Verwaltung. In: ÖVD 1976, S. 318ff. (Hier wird auch kurz auf oben zitierten Artikel von Bauer Bezug genommen.)

28. ebd., S. 323.

29. Hansjürgen Garstka/Jochen Schneider/Karl-Heinz Weigand, Verwaltungsinformatik, Textbuch, Darmstadt 1980, insb. S. 9f.

30. Siehe die Informatik-Fachberichte 44 und 98, hrsg. von H. Reinermann u.a., und 80, hrsg. von R. Traunmüller u.a. sowie den von Reinermann u.a. hrsg. Band: Neue Informationstechniken - Neue Verwaltungsstrukturen?, Heidelberg 1988 (= Schriftenreihe Verwaltungsinformatik, Band 1).

31. Vgl. dazu Edwin Czerwick, Das Studienfach „Verwaltungsinformatik" an wissenschaftlichen Hochschulen. In: VOP 1990, H.2, S. 118f; Heino Kaack/Edwin Czerwick (Hrsg.), Verwaltungsinformatik an wissenschaftlichen Hochschulen. Dokumentation eines Fachgesprächs, Koblenz 1989

32. Die Übergangssituation spiegelt sich auch in unterschiedlichen Definitionen wider; vgl. z. B.: Heinrich Reinermann, a.a.O. (Anm. 15), S. 616; Klaus Lenk, Verwaltungsinformatik als Ausbildungsangebot für die Praxis, in: Kaack/Czerwick, a.a.O., S.148; Fiedler/Lenk/Reinermann, Rechts- und Verwaltungsinformatik, in: Brauer u.a., a.a.O. (Anm. 5), S. 288f.

33. z.B.: Heinrich Reinermann, a.a.O. (Anm. 15), S. 616

34. Aufgaben und Ziele der Informatik (GI-Denkschrift), a.a.O., S.3.

35. Vgl. aber neuere Überlegungen wie: Georg Barkow u.a., Begriffliche Grundlagen der frühen Phasen der Softwareentwicklung. In: Information Management 4/89, S. 54ff.

36. Siehe dazu u.a.: Hinrich Bonin, Die Planung komplexer Vorhaben der Verwaltungsautomation, Heidelberg 1988.

37. Vgl. Brauer u.a., a.a.O. (Anm. 5), S. 53.

38. Heiner Müller-Merbach, Informatik, integriert in Anwendungsfächer. In: Angewandte Informatik 1984, S. 503ff.

39. Herbert Fiedler, Rechtsinformatik, a.a.O., (Anm. 13).

40. Müller-Merbach, a.a.O., S. 506.

41. Vgl. Heinrich Reinermann, Verwaltungsinnovation und Informationsmanagement. 105 Speyerer Thesen zur Bewältigung der informationstechnischen Herausforderung, 2. Aufl., Heidelberg 1987, These 82.

42. Vgl. Peter Mertens/Hartmut Wedekind, Entwicklung und Stand der Betriebsinformatik. In: Zeitschrift für Betriebswirtschaft, 1982, S. 511, die diesen Gedanken für die Betriebsinformatik entwickelt haben.

Verwaltungsinformatik und Verwaltungswissenschaft

Klaus Lenk

Ursachen des Schattendaseins der Verwaltungsinformatik

Im vielstimmigen Konzert der Anwendungsinformatiken ist die Verwaltungsinformatik gegenwärtig eine schwache Stimme, die vor allem von der Wirtschaftsinformatik übertönt wird.

Die Ursachen für ihre schwache Etablierung sind vielschichtig. Am wichtigsten ist der Umstand, daß die Verwaltungspraxis bislang kaum Anlaß sah, auf wissenschaftliche Ausbildungsgänge oder Beratung zurückzugreifen, um ihre Arbeit mit informationstechnischer Unterstützung zu gestalten. Ihr DV-Personal zog sie selbst heran, wobei sich der (technische wie auch nichttechnische) gehobene Dienst als großes Reservoir erwies, aus dem auch aufgrund der Aufstiegschancen und der Attraktivität der Informationstechnik gute Motivationen erwuchsen. Beraten ließ man sich vorwiegend durch Hersteller, neuerdings auch durch Unternehmensberater. Für neue Informatikkonzepte sieht man noch immer kaum Verwendung. Das geistige Bild der Informationstechnik ist nach wie vor weithin durch die Teilautomation der Entscheidungsprozesse und durch die Verwaltung großer Datenbestände geprägt; beides spielt im Produktionsgeschäft vieler Verwaltungsbetriebe eine wichtige Rolle. Unterstützung des Verwaltungsmanagements und die sowohl für die Leistungserstellung wie auch für das Management wichtige Bürokommunikation halten gegenwärtig erst recht zögernd ihren Einzug.

Ein weiterer Umstand liegt darin, daß der Verwaltungsinformatik eine einflußreiche Fachwissenschaft als Bezugspunkt fehlt, zumindest im deutschen Sprachraum. Denn auch die Verwaltungswissenschaft selbst führt ein Schattendasein. Anders als in den USA oder den Niederlanden hat sie keine Ausbildungsfunktionen. Und auch in der euphemistisch sogenannten Einführungsfortbildung, mit der Juristen auf ihre Verwaltungstätigkeit im höheren Dienst vorbereitet werden, werden ihre Funktionen von anderen Wissenschaften, vor allem von der Betriebswirtschaftslehre der öffentlichen Verwaltung, mit wahrgenommen. Die Beratungskonjunktur brach etwa Mitte der siebziger Jahre ab.

Angesichts dieser schwachen Verankerung brachte die Invasion der Moden der achtziger Jahre die Verwaltungswissenschaft in Deutschland fast zum Erliegen. Das Öffentliche wurde schlecht verstanden, alles Heil lag in Deregulierung, Privatisierung und Übernahme privater Managementmethoden. Viele deutsche Vertreter der Verwaltungswissenschaft getrauen sich nicht mehr, von einer Verwaltungswissenschaft im Singular zu sprechen. Der amerikanische Verwaltungswissenschaftler *Dwight Waldo* verglich die Verwaltungswissenschaft mit Polen, das immer wieder Invasionen von allen Seiten ausgesetzt war. Während in den USA die Verwaltungswissenschaft (vor allem als *public management*) gegenwärtig einen neuen Anlauf nimmt, haben wir sie fast von der Landkarte getilgt.

Die wissenschaftstheoretischen Zweifel sind damit keineswegs beseitigt, denn wir haben sie lediglich auf andere Disziplinen überwälzt, die in dieser Hinsicht mindestens ebenso große Fragen wie die Verwaltungswissenschaft selbst aufwerfen. Auch die Betriebswirtschaftslehre hat einmal in Handelshochschulen klein angefangen. Die Politikwissenschaft ringt um das Verständnis ihres Gegenstandes, und die Rechtswissenschaft ist notorisch von Selbstzweifeln bezüglich ihrer Wissenschaftlichkeit geplagt. Ob soziale Handlungswissenschaften, die sie allesamt darstellen, mehr sein können als eine Kunstlehre, dies ist ihr gemeinsames Problem. Etablierte Studiengänge und ein florierendes Beratungsgeschäft ersticken freilich jeden Zweifel.

Die Schwäche der Verwaltungswissenschaft mußte auf die Verwaltungsinformatik ausstrahlen. Insbesondere die Wirtschaftsinformatik betrachtet die öffentliche Verwaltung als eine Branche unter vielen anderen. Das Verständnis für die Besonderheiten öffentlicher Dienstleistungs- und Entscheidungsproduktion, öffentlichen Managements und des politischen Charakters des Verwaltungshandelns bleibt dabei unentwickelt. Die Verwaltung erhält nicht immer die Werkzeuge, Analyseverfahren und Produkte, die ihrem Handeln angemessen sind. Erst im nachhinein stellt sich oft heraus, daß das, was dem Betriebswirt als pure Nachzügelei erscheint, in Wirklichkeit wichtige Handlungsparameter des öffentlichen Sektors verkörpert.

Auch die Rechtsinformatik konnte sich bislang in dem Gefühl wiegen, mit ihrem Paradigma der Rechtsanwendung das Verwaltungshandeln mit abzudecken. Im offiziellen Verständnis wird Verwaltungshandeln ja oft noch mit dem bloßen Vollzug gesetzten Rechts gleichgesetzt, wiewohl daneben bei Praktikern immer auch die Einsicht in eine ganz andere Realität lebendig ist, die man als Mikropolitik bezeichnen könnte. Beide Denkwelten stehen offensichtlich unverbunden nebeneinander (March/Olsen, 1983). Die tatsächliche Rolle des Rechts in der Entscheidungsfindung wird von der Rechtsinformatik ausgeklammert. Sie hat keine zureichende Theorie der Funktion rechtlicher Regelungen in der (Verwaltungs-)Praxis, wo in der Regel nicht so entschieden wird, wie es die juristische Methodenlehre unterstellt.

Aufgrund dieser Lage entwickelten sich spezifische Arbeitsgebiete der Verwaltungsinformatik. Jedoch brachten die Schwerpunkte, die diese sich suchte, sie nur noch mehr ins Abseits. Weil sie nicht gefragt wurde, lieferte sie keine Rezepte. Sie konnte nur im nachhinein kritisieren, daß viele der Verwaltung zugelieferte oder von ihr selbst entwickelte Rezepte zu ungeplanten Veränderungen und Nachteilen in der praktischen Anwendung führten. Das wurde ihr als sozialwissenschaftliche Besserwisserei ausgelegt, als Unverständnis für die wahren Probleme der Praxis, obwohl sie doch gerade solche Probleme für die Entscheidungsträger sichtbar machen wollte. Überrollt wurde sie zudem durch die Mitte der achtziger Jahre sich ausbreitende Jubelstimmung angesichts des technischen Fortschritts im Hardwaresektor. Die neuen Technikgenerationen sollten die Nachteile der alten DV für die Aufgaben-erfüllung, die Flexibilität der Verwaltung, für die Mitarbeiter und die Bürger sozusagen über Nacht ausbügeln.

Zwar gelang es in dieser Phase, das Verwaltungsmanagement bewußtseinsmäßig aufzuschließen, es von manchen greifbaren Formen des Nutzens der Informationstechnik zu überzeugen und ihm zu verdeutlichen, daß ihm dieser Nutzen nicht in den Schoß fällt (Reinermann, 1986). Dennoch ist die Hoffnung auf kurzfristige Erfolge durch Hereinnahme einer von fremden Vorstellungen geprägten und in ihren Implikationen nicht bis ins Letzte ausgeloteten

Technik in der Verwaltung immer noch weit verbreitet. Das hat nicht zuletzt Gründe in der Kurzfristigkeit verwaltungspolitischen Denkens, im Zwang, schnell Erfolge vorweisen zu müssen. Immer noch läßt man sich lieber von Herstellern beraten als von den Verwaltungsinformatikern, die, auf der Wirkungsforschung der siebziger und achtziger Jahre aufbauend, inzwischen praxisnahe Modellkonzepte für einen den Verwaltungsaufgaben angepaßten Technikeinsatz entwickeln. Solche Modellkonzepte, die primär auf aufgabenadäquate Organisationsstrukturen zielen, stellen gleichsam das Gefäß dar, in das die informatischen Konzepte gegossen werden können, oder auch die Grundlage, auf der Softwareentwicklung stattfinden kann.

Der gegenwärtig ablaufende, geradezu epochale Vorgang des Auslegens einer flächendeckenden informationstechnischen Infrastruktur, insbesondere für den lokalen und überlokalen Transport von Informationsfracht, belegt einmal mehr die unbedeutende Rolle der Verwaltungsinformatik. Welche Bedeutung dieser Vorgang für die Organisationsformen haben wird, in denen die öffentliche Verwaltung ihre Arbeit verrichtet, wird zwar in Ansätzen in der Wissenschaft erkannt; in der Praxis wird der Zusammenhang zwischen den neuen informationstechnischen Infrastrukturen und einer Erweiterung der Gestaltungsspielräume in der Verwaltung aber noch kaum beachtet. Ebenso sieht die Praxis noch kaum den gegenüber der Privatwirtschaft anders gelagerten Regelungsbedarf, der mit der Einführung der Bürokommunikation auf eine Verwaltung zukommt, die verläßlich, nachvollziehbar und weithin im Glashaus arbeiten muß.

Die Behandlung des Verhältnisses von Verwaltungsinformatik und Verwaltungswissenschaft wäre müßig, wenn nicht deutlich absehbar wäre, daß beide entscheidende Beiträge zu einer Verbesserung des politisch-administrativen Umgehens mit neuen Problemen und Herausforderungen liefern können, mit denen wir in einer turbulenter werdenden, problematische Entwicklungsrichtungen aufweisenden Welt zu rechnen haben. Um die Chancen einer stärkeren Verwissenschaftlichung der Verwaltungspolitik herauszuarbeiten, müssen zunächst die Konturen der Verwaltungswissenschaft deutlicher gezogen werden, als dies gemeinhin geschieht. Dabei zeigt sich, daß die Verwaltungsinformatik der Verwaltungswissenschaft neue Perspektiven weist und ihr dabei helfen kann, einige ihrer blinden Flecken auszumalen. Insbesondere in der vorwegnehmenden Gestaltung der politisch-administrativen Prozesse der Problembewältigung und Leistungserstellung finden beide zudem einen gemeinsamen Gegenstand.

Die Verwaltungswissenschaft als Bezugspunkt

Versuche, die Verwaltungswissenschaft theoretisch zu begründen, waren im deutschen Sprachraum bislang nicht sehr erfolgreich. Das mag daran liegen, daß ihr Gegenstand, die öffentliche Verwaltung, von anderen Wissenschaften sozusagen fast vollständig besetzt ist. Diese erforschen ihn mit unterschiedlichen Methoden und unter unterschiedlichen Aspekten. Darin unterscheidet sich die öffentliche Verwaltung allerdings nicht sehr von vielen anderen Bereichen des öffentlichen Lebens.

Neben einer Verwaltungs*forschung* unterschiedlicher disziplinärer Herkunft gibt es eine als "Verwaltungslehre" bezeichnete, vorwiegend von Juristen betriebene Verwaltungs*kunde*. Sie ergänzt die Rechtswissenschaft als eine der für öffentliche Verwaltung einschlägigen sozialen Handlungswissenschaften. Wegen dieser Ergänzungsfunktion bedarf sie weder der forschungsmethodischen Reflexion noch einer Dogmatik, die den Praktikern Handlungsanleitung bietet.

Obwohl im deutschen Sprachraum weniger vertreten, gibt es als drittes - neben Verwaltungsforschung und Verwaltungslehre, aber auf diesen aufbauend - eine Verwaltungs*wissenschaft* als handlungspraktische Wissenschaft. Ihr Schwerpunkt liegt auf der Anleitung praktischen Handelns und Gestaltens. Damit ähnelt sie sehr der Betriebswirtschaftslehre und der Rechtswissenschaft. Wie bei allen sozialen Handlungswissenschaften ist Forschung nicht das primäre Ziel. Es geht in erster Linie um Methoden und um Dogmen, die dem Praktiker Orientierung bieten. Dies betrifft insbesondere auch die Gestaltung von Arbeitssystemen, die eine möglichst zielgerechte Erfüllung öffentlicher Aufgaben versprechen. Sowohl die Betriebswirtschaftslehre als auch die Verwaltungswissenschaft könnte man auch als von der Technik abstrahierende Ingenieurwissenschaften sehen; die mindere Gewißheit ihrer Gestaltungsrezepte, die sich ja nicht - wie etwa der Maschinenbau - auf naturwissenschaftliche Gesetzmäßigkeiten stützen können, verleiht ihnen allerdings einen Charakter der Kunstlehre und der Dogmatik.

Die Existenz einer solchen handlungspraktisch orientierten Verwaltungswissenschaft wird nun, wie erwähnt, oft geleugnet. Konzediert werden Verwaltungswissenschaften im Plural, aber keine Verwaltungswissenschaft im Singular. Diese Bindestrich-Verwaltungswissenschaften können freilich dem handelnden Praktiker nicht im Hinblick auf alle seine Probleme Leitschnur sein. Das Wissen der handlungspraktisch ausgerichteten Verwaltungswissenschaft überschneidet sich in vieler Hinsicht mit dem der verwandten sozialen Handlungswissenschaften. Dennoch sollte die Integration solchen Wissens nicht nur im Kopf des Praktikers stattfinden. Denn die auf die Verwaltung zukommenden Handlungs- und Gestaltungsprobleme bedürfen einer wissenschaftlichen Aufarbeitung, die keine der anderen Handlungswissenschaften einigermaßen vollständig leistet. Sowohl die künftigen Herausforderungen des politisch-administrativen Systems als auch neue Möglichkeiten, ihnen mit informatischer Unterstützung zu begegnen, werden der Verwaltungswissenschaft bald erheblichen Auftrieb bringen.

Es hat nun nicht viel Sinn, sich auf die Suche nach einem einzigen integrierenden Bezugspunkt der Verwaltungswissenschaft, gleichsam dem heiligen Gral, zu begeben. Verdeutlichen läßt sich ihr Umriß, wenn wir das politisch-administrative System in drei Ebenen auffächern.

Zuunterst finden wir eine *Arbeitsebene*. Hier erstellt die Verwaltung ihre Leistungen, hier wird produziert. Was produziert wird, ist nicht ganz leicht zu erfassen. Einfach ist es noch, wenn Dienstleistungen erbracht, Geldbeträge transferiert, Straßen gebaut werden. Aber die Verwaltung ist nicht primär Dienstleistungsverwaltung. Sie produziert Einwirkungen auf die Gesellschaft, um diese zusammenzuhalten oder zu verändern. Dies geschieht, indem Chancen der Einwirkung auf Mitmenschen und Natur per Entscheidung den Gliedern der Gesellschaft zugeteilt werden; hierin liegt der Sinn der immer wieder recht gedankenlos nachgebeteten Aussage *Niklas Luhmanns*, die Verwaltung sei eine Einrichtung zur Herstellung bindender Entscheidungen, die sie an ihre Umwelt zustelle.

Darüber findet sich eine *Management-Ebene*. Hier wird organisiert, werden die Produktionsfaktoren beschafft und gepflegt, wird gesteuert und kontrolliert und geplant.

Und noch weiter oben liegt die *politische Leitungsebene*. Hier findet die politische Willensbildung statt, wird entschieden, was die Verwaltung ausführen soll.

Dieses sehr holzschnittartige Bild soll hier nicht weiter differenziert werden. Deutlich wird aber:

1. Auf der Arbeitsebene entscheidet und leistet die Verwaltung more juridico. Daher spielt die Rechtswissenschaft eine große Rolle. Sie ist eine Kunstlehre des Umgangs mit den normativen Prämissen des Verwaltungshandelns; gleichzeitig stellt sie eine unentwickelteEntscheidungslehre dar. Mit ihren ungeschriebenen Stop-Regeln für Sachverhaltsermittlung und Problematisierung ist sie ein sehr brauchbares Mittel, um bei weniger komplexen Problemen relativ schnell zu akzeptierbaren, bestandskräftigen Entscheidungen zu gelangen.

2. Für die zweite Ebene relevant ist die Management-Lehre (in Deutschland: die Betriebswirtschaftslehre). Sie ist die Wissenschaft von der Steuerung der "Produktionsprozesse" auf der Arbeitsebene. Von der stofflichen bzw. der geistig-kommunikativen Seite der Produktionsprozesse selbst braucht sie nicht viel zu verstehen, solange sie ihre Steuerungstechniken beherrscht und diese einigermaßen problemadäquat sind.

3. Die Politikwissenschaft interessiert sich vor allem für die Leitungsebene; sie sieht die gesamte Verwaltung aus deren Perspektive. Mehr und mehr verfolgt sie aber das Schicksal einzelner politischer Programme auf ihrem Weg durch die Institutionen des Vollzugs, vor allem dort, wo sie sich konkreten Politikfeldern zuwendet.

Auf allen drei Ebenen können die Wissenschaften, die gegenwärtig dominieren, durch die Verwaltungswissenschaft mindestens ergänzt werden. Am wenigsten bedarf gegenwärtig die politikwissenschaftliche Sicht einer solchen Ergänzung. Wenngleich oft nicht in aller wünschenswerten Detailschärfe, nimmt sie doch oft auf die Verwaltung Bezug, um den Blick der Akteure dafür zu weiten, wo politische Programme (z.B. Gesetze) zur Gesellschaftsgestaltung realisiert werden können, und wo nicht.

Auf der Managementebene entsteht gegenwärtig eine Lehre vom *public management*, die sich um Erkenntnis von Gemeinsamkeiten und Unterschieden öffentlichen und privaten Handelns bemüht. Deutschsprachige Veröffentlichungen umfassenderer Art sind noch nicht zu verzeichnen. Auch darf der attraktive Ausdruck "Management" nicht überdecken, daß hier noch viel theoretische Arbeit aussteht. So muß das öffentliche Management seinen hochgradig juristisch geregelten Gegenstand viel besser kennen als die Betriebswirtschaftslehre, welche - im Industriebetrieb - von der stofflichen Seite der organisierten und gemanagten Produktions prozesse absehen kann. Und auch nach "oben" hin muß das öffentliche Management viel offener sein, es muß die Sphären der Problemfindung, Zielsetzung, Programmformulierung intensiv ausleuchten. *Public management* als genuine Verwaltungswissenschaft bedarf daher einer Integration von Rechtswissenschaft und Politikwissenschaft.

Auf der Ebene der Erstellung von Dienstleistungen bzw., der Entscheidungsproduktion bietet sich eine verwaltungswissenschaftliche Entscheidungslehre an (Möller, 1989). Zwar sind hier die juristischen Technologien der Entscheidungsproduktion unabdingbar. Gleichwohl sind die Probleme, mit denen Praktiker umzugehen haben, nicht nur juristischer Natur. Die rechtliche Seite muß also in engem Zusammenhang mit den nichtrechtlichen Aspekten der Entscheidungsfindung gesehen werden. Eine Verwaltungswissenschaft, die dies leistet, wird zu einer Entscheidungslehre auf der Ebene der Produktion, in der dem juristischen Aspekt der ihm gebührende Stellenwert eingeräumt wird.

Der Beitrag der Verwaltungsinformatik zur Verwaltungswissenschaft

Eine Verwaltungswissenschaft, die auf den drei genannten Ebenen die jetzt oder in naher Zukunft geforderten Leistungen für die Verwaltungspolitik erbringt, bildet sich auch im internationalen Maßstab gegenwärtig erst heraus. Es ist aber schon deutlich, daß Arbeiten, die der Verwaltungsinformatik zugerechnet werden können, sie in mancher Weise fördern.

Dies gilt vor allem für die Arbeitsebene, wo schon die Perspektive einer Teilautomation zu einer Aufhellung der Entscheidungsvorgänge führte (Luhmann, 1966; Fiedler, 1970). Bei der Schaffung von DV-Systemen wurden auch zuvor latente Elemente des Entscheidungsprogrammes manifest; oft mußten zusätzliche Festlegungen getroffen werden, was in der rechtlichen Betrachtung zu der Frage führte, ob nicht Ablaufpläne und Software im Bereich der Entscheidungsautomation als Rechtsnorm verstanden werden müßten (Eberle/Garstka, 1972). Die Erforschung der Auswirkungen der ersten Generationen des Technikeinsatzes in der Verwaltung führte dann zur Aufdeckung ungeplanter Folgen(Grimmer, 1986; Brinckmann/Kuhlmann, 1990). Diese konnten zum Teil so interpretiert werden, daß das Verwaltungshandeln Prämissen hat, die in dem manifesten, in der Regel in Rechtsnormen verkörperten Programm nicht auftauchen, deren Vernachlässigung aber zu einer Qualitätseinbuße beim Ergebnis führt. Die Qualitätsverluste im Verwaltungshandeln, die aufgrund einer noch weit verbreiteten Unkenntnis tatsächlicher Prämissen der Entscheidungsfindung eintraten, zeigten sich zum Teil in Auswirkungen wie etwa dem Ansteigen von Rechtsbehelfen, zum Teil führten sie zu schleichenden Veränderungen, die dann zu wachsendem Unmut etwa über unleserliche Bescheide führten oder sich in der Unmöglichkeit äußerten, Gegenvorstellungen zu erheben. Solche Folge wurden in der Öffentlichkeit "dem Computer" als gleichsam naturgesetzliche Folge zugeschrieben, was zu Beginn der achtziger Jahre zu gefährlichen Akzeptanzlücken im Technikeinsatz führte. Die weitgehende Unkenntnis der auch früher schon gegebenen Gestaltungsspielräume und der unbewußten Prämissen der Gestalter, mit denen diese solche Spielräume ausfüllten, wurde nicht abgebaut.

Weniger aufgrund der Wirkungsforschung als vielmehr durch den Zwang, im vorhinein vieles festzulegen, wurde sich auch die Verwaltung ihrer selbst stärker bewußt. Sie lernte es, ihre Arbeitsabläufe genauer zu analysieren. Ablauforganisation hielt in viel größerem Maßstab in der Verwaltung Einzug als es vorher der Fall war. (Freilich ist Ablauforganisation in der Verwaltung nicht nur das, was der Betriebswirt darunter versteht. Auch Geschäftsordnungen und das Verwaltungsverfahrensrecht, sowie die Zuweisung subjektiver Rechte, mit deren Geltendmachung Programmabläufe angestoßen werden, stellen - freilich lückenhafte - ablauforganisatorische Regelungen dar.) Das Denken in Ablauforganisation ist aber vor allem deswegen nicht sehr verbreitet, weil es zugeschnitten ist auf Arbeitsabläufe in der materiellen Welt, und nicht auf menschliche oder technische Informationsarbeit, deren Eigenart wir erst zu verstehen beginnen (Siemens, 1989).

Gestaltung von Arbeitssystemen als gemeinsamer Auftrag von Verwaltungsinformatik und Verwaltungswissenschaft

In einer praxeologisch verstandenen Verwaltungswissenschaft spielt der Aspekt der Gestaltung eine herausragende Rolle. Gestaltet werden Arbeitssysteme, mit denen die einzelnen Aufgaben der Verwaltung so erfüllt werden, daß die Ziele der (regelmäßig in Rechtsform gegossenen) Programme erreicht werden und daneben Rücksicht genommen wird auf die zahlreichen Nebenbedingungen oder Nebenziele öffentlichen Handelns, die sich etwa aus Aspekten der Rechtsstaatlichkeit, politischen Rücksichten, Abstimmungserfordernissen mit anderen Politiksektoren ergeben. Die tatsächliche Tragweite dieser Gestaltungsaufgabe wurde so lange kaum wahrgenommen, als die öffentliche Verwaltung ganz allgemein von einigen wenigen Organisationsstrukturen ausging, die sozusagen beliebigen Aufgaben übergestülpt wurden. Strukturiert werden dabei oft nur Stellenreservoirs, aus denen dann für die Erfüllung konkreter Aufgaben bzw. die Absolvierung von Problemlösungsprozessen geschöpft werden kann.

Neue Herausforderungen stellen sich der Verwaltungswissenschaft hier deswegen, weil aufgrund der informationstechnischen Möglichkeiten heute die Gestaltbarkeit der Leistungserstellungsprozesse und auch der Organisationsstrukturen erheblich wächst. Neue Arbeitsformen werden denkbar in räumlicher Hinsicht; Kooperationsprozesse können parallel statt sequentiell ablaufen; neue Formen der Zusammenarbeit von Mensch und Maschine in der Entscheidungsfindung zeichnen sich ab. Immer öfter kann es dazu kommen, daß Organisationsgrenzen durch einzelne Prozesse überspielt werden. Auch die Notwendigkeit, sich in allen Verästelungen der Ressortzuständigkeit im eigenen Hause Sachverstand zu halten, muß neu eingeschätzt werden.

Die mit dem Potential der Informatik und seiner sinnvollen Nutzung konstituierte Gestaltungsaufgabe fällt zunächst der Verwaltungswissenschaft zu. Es geht um die Umsetzung von Aufgaben in Arbeits- und Organisationssysteme. Weil es dabei aber durchweg sich informatischer Hilfsmittel zu bedienen gilt, müssen die bei *Kaack* (in diesem Band) der Verwaltungsinformatik zugewiesenen Schritte der Gestaltung von Organisation mit Informationstechnik und der Gestaltung des technischen Parts der Problemlösung unmittelbar im Zusammenhang hiermit erfolgen. Es geht um die Art und Weise, wie in einem soziotechnischen System der menschliche und der technische Part zusammenwirken, um Aufgaben zu erfüllen. Ihre Klärung ist der Spezifikation von Anforderungen an die informatische Gestaltung vorgelagert.

Diese Klärung kam in der Vergangenheit zu kurz. Die technischen Konstruktionsaufgaben standen gedanklich ganz im Vordergrund. Die Schlagseite der Gestaltung soziotechnischer Systeme im Hinblick auf ihre technischen Teile war so lange verständlich, als die Technik schwer beherrscht wurde. Vergleichbar war das mit dem Vorgehen eines Bauherrn, der für den Bau eines Hauses gleich den Bauingenieur bemüht und diesem auch jene Aufgaben überträgt, die eigentlich der Architekt zu bearbeiten hätte. Den Beruf des *"orgware"*-Architekten (Qvortrup, 1987) müssen wir erst noch schaffen; der Organisator klassischen Stils kann diese Rolle nicht ausfüllen.

Für die Zukunft könnte man sich vorstellen, daß das organisatorische Design ganz im Vordergrund steht, und der Bauingenieur dadurch weitgehend ersetzt wird, daß fertige Informatikbausteine eingesetzt werden, die auch der informatische Laie beherrschen kann (vgl. Bonin, 1988). Der Organisationsgestalter (unser Architekt) erhielte damit gleichsam seine Souveränität zurück. Er weiß, daß er es mit informatischen Lösungsverfahren und mit Menschen zu tun hat. Auch mit Menschen verfährt er ja bislang so, daß er typische Qualifikationen, Motivationen und Leistungsbereitschaften unterstellt und im Hinblick hierauf organisiert. Warum sollte es hinsichtlich der technischen Bausteine anders sein?

Wenn es einmal soweit ist, bedürfte es vielleicht keiner Verwaltungsinformatik mehr. Verwaltungswissenschaft und Informatik könnten sich unmittelbar verständigen. Eine kontaktfähigere Kerninformatik würde (neben ihren anderen Aufgaben) die dann noch benötigten Bauingenieure praxisnah ausbilden, und die Architektenausbildung wäre Sache der jeweiligen Fachwissenschaft. Den Verwaltungs- und auch Wirtschaftsinformatiker würde das Schicksal ereilen, das jüngst den sogenannten Mischberufen vorausgesagt wurde, welche Computerqualifikationen mit Anwendungsqualifikationen verbinden (Dostal, 1990).

In der Zwischenzeit aber steht die Aufgabe an, neuartige Gestaltungsverfahren erst einmal zu konzipieren, die das von *Kaack* ausgewiesene Vakuum im Vorfeld der informatischen Gestaltung füllen. Wem sonst als den Anwendungsinformatiken sollte es zufallen, solche Gestaltungsverfahren zu entwickeln, die zu Vorgaben führen, mit denen der für die Softwareentwicklung zuständige Informatiker etwas anfangen kann *und* die problemangemessen sind?

Literaturverzeichnis:

Bonin, H. (1988). Die Planung komplexer Vorhaben der Verwaltungsautomation. Heidelberg: Decker und Müller.

Brinckmann, H.; Kuhlmann, S. (1990). Computerbürokratie. Ergebnisse von 30 Jahren öffentlicher Verwaltung mit Informationstechnik. Opladen: Westdeutscher Verlag.

Dostal, W. (1990). Ende des Booms auf dem EDV-Arbeitsmarkt? In: Computer und Recht 6, 223-230.

Eberle, C.-E.; Garstka, H. (1972). Soll das Verwaltungsverfahren durch einen bundesweiten Programmablaufplan determiniert werden? Einige Bemerkungen zum Vollzug des BAFöG. In: Öffentliche Verwaltung und Datenverarbeitung (ÖVD), 65-66.

Fiedler, H. (1970). Theorie und Praxis der Automation in der öffentlichen Verwaltung. Zur Konzeption einer anwendungsorientierten "Informatik" für Recht und Verwaltung. In: Die öffentliche Verwaltung, 469-72.

Grimmer, K. (1986). Informationstechnik in öffentlichen Verwaltungen. Handlungsstrategien ohne Politik. Basel u.a.: Birkhäuser.

Luhmann, N. (1966). Recht und Automation in der öffentlichen Verwaltung. Berlin: Duncker und Humblot.

March, J.; Olsen, K. (1983). Organizing Political Life. What Administrative Reorganization Tells Us about Government. In: American Political Science Review 77, 281-96.

Möller, H.-W. (1989). Erneuerung der Verwaltungswissenschaften. In: Eilsberger, R.; Schmahl H. L. (Hrsg.), Auf dem Weg zur Verwaltungswissenschaft - 10 Jahre Fachhochschule des Bundes für öffentliche Verwaltung. Köln u.a.: Heymanns, 34-48.

Qvortrup, L. (1987). Social Experiments with I.T.: Social Basis, Pilot Definition, Future Perspectives. In: Qvortrup L. et al. (Hrsg.), Social Experiments with Information Technology and the Challenges of Innovation. Dordrecht, 271-300.

Reinermann, H. (1986). Organisations- und Informationsmanagment - Neue Herausforderungen. In: Schuster, F., Neue Informations- und Kommunikationstechniken in der Anwendung. Melle: Konrad-Adenauer-Stiftung, 264-80.

Siemens AG (Hrsg.) (1989). Informationstechnik. Eine Systemdarstellung. München.

Verwaltungsinformatik - verwaltungspolitische Maßstäbe?

Klaus Grimmer
Forschungsgruppe Verwaltungsautomation
Gesamthochschule Kassel - Universität

1   Verwaltungsinformatik als Politikwissenschaft und als Arbeitswissenschaft

Was ist Verwaltungsinformatik? - Eine anwendungsspezifische Informatik, eine formale Methode der Organisationsplanung, ein kritischer Begleiter der Verwaltungspraxis? - Mag sein.

Ist sie auch eine eigenständige Wissenschaft, wenn unter "eigenständig" eine Wissenschaft verstanden wird, die ihren Gegenstand und ihre Methotik selbst bestimmen kann?

Der Verwaltungsinformatik ist ihr Gegenstand - und wir beschränken uns hier auf die öffentliche Verwaltung - vorgegeben: die öffentliche Verwaltung. Die Verwaltung ist eine vielfach gegliederte staatliche oder staatlich bestimmte Einrichtung zur Vorbereitung, Durchführung und Kontrolle staatlichen oder staatlich bestimmten Handelns. Staatliches Handeln ist praktische Politik. Also ist die Verwaltungsinformatik, insofern sie es mit öffentlichen Verwaltungen zu tun hat, eine politische Wissenschaft?

Ein anderer Erklärungsansatz könnte auf die Affinität von Verwaltungsinformatik zur Verwaltungswissenschaft verweisen. Verwaltungswissenschaft ist die Wissenschaft von den Aufgaben öffentlicher Verwaltungen und der "optimalen" Organisation der Aufgabenerledigung durch zweckmäßigen Einsatz von Personen und Sachmitteln.

Bevor wir unter Bezugnahme auf die Verwaltungswissenschaft den Gegenstand der Verwaltungsinformatik bestimmen können, ist zunächst eine Verständigung über den Begriff der Informatik erforderlich. Unter Informatik wird hier verstanden die Wissenschaft von der Informations- und Kommunikationstechnik[1] und die Wissenschaft von den informationellen Strukturen unserer Lebenswelt und ihrer Gestaltbarkeit durch Nutzung der Informations- und Kommunikationstechniken[2].

Verwaltungsinformatik bezeichnet dann als Wissenschaft - wobei wir in unserem Zusammenhang den Wissenschaftsbegriff nicht selbst diskutieren wollen, sondern ihn als bekannt voraussetzen - die "wissenschaftliche" Befassung mit Anwendungsmöglichkeiten, Anwendungsbedingungen und Anwendungswirkungen der IuK-Technik als Mittel der Organisation oder als Mittel zur Substitution von Personen oder Sachmitteln bei der Erfüllung des

Organisationszweckes, das heißt der Erledigung von Verwaltungsaufgaben[3]. Der Begriff der Verwaltungsaufgabe und jener der Verwaltungsorganisation verweisen uns wieder auf die politische Dimension unseres Gegenstandes - Verwaltungsinformatik also eine politische Wissenschaft?

Der Anwendungsbezug der Verwaltungsinformatik verweist uns aber auch auf zwei weitere Dimensionen ihres Gegenstandes.

Die Nutzung der IuK-Technik als Arbeitsmittel, Sachmittel beinhaltet als Gegenstand der Verwaltungsinformatik die Frage nach den Eigenschaften der IuK-Technik, um entscheiden zu können, ob und in welcher Weise die Technik als Arbeitsmittel nutzbar ist. Verwaltungsinformatik also als Technikwissenschaft? - Wenn wir unter Technikwissenschaft die Entwicklung einer Technik, die Bestimmung der Eigenschaften der Technik und die Ermittlung der Nutzungspotentiale einer Technik verstehen.

Wenn und soweit aber Verwaltungsarbeit immer Menschenarbeit ist und auch Maschinenarbeit immer nur im Zusammenhang mit Menschenarbeit und durch Menschenarbeit zweckgerichtete und sinnhafte Arbeit ist, dann hat Verwaltungsinformatik auch die Befassung mit dem optimalen Umgang mit der IuK-Technik und die Nutzung dieser Technik durch den Menschen in der Arbeit und als Arbeit zu umfassen: Verwaltungsinformatik ist (auch) Arbeitswissenschaft[4].

Lassen Sie uns zunächst die beiden Überlegungen getrennt weiterverfolgen

- Verwaltungsinformatik als politische Wissenschaft, bestimmt duch den politischen Zweck von Verwaltung und

- Verwaltungsinformatik als Arbeitswissenschaft, bestimmt durch die menschliche Arbeit, durch die Verwaltungen ihren politischen Zweck erfüllen.

Beide Erörterungen stehen dabei unter der Thematik dieses Beitrages, gibt es "verwaltungspolitische Maßstäbe" für die Verwaltungsinformatik.

2 Politische Bindungen der Verwaltungsinformatik

2.1 Aufgabenangemessenheit

Was ist der politische Zweck von Verwaltungen?

Verwaltungen haben eine Vielzahl von rechtlich bestimmten Aufgaben zu erfüllen. Sie haben mehr oder minder eindeutige Rechtsbestimmungen nach - ebenfalls bestimmten Verfahrensregeln - zu vollziehen (Vollzugsaufgaben), seien es Ordnungs-, Leistungs- oder Finanz-/Steueraufgaben oder die Erstellung und der Vollzug von Plänen.

Verwaltungen haben die Stabilität des politischen Systems zu erhalten, politisch relevante Probleme als öffentliche Probleme wahrzunehmen und bearbeitungsfähig zu machen, sei es durch die Vorbereitung von Gesetzgebungsmaßnahmen, sei es durch die Bereitstellung von Leistungen oder nur schlicht durch Information.

Verwaltungen haben vor allem auch ihren Bestand, ihre Handlungsfähigkeit zu sichern, um aktiv oder reaktiv tätig werden zu können.

In unserem Zusammenhang ist nur wichtig, ob Verwaltungsaufgaben eine einheitliche informationelle Struktur haben, und ob sich aus dieser oder aus nach der informationellen Struktur unterschiedlichen Typen von Aufgaben bestimmte unterschiedliche verwaltungspolitische Anforderungen an ihre Erledigung ergeben.

Die informationelle Struktur einer Verwaltungsaufgabe wird bestimmt von der Art des erforderlichen Wissens und der zu erarbeitenden, zu verarbeitenden, zu speichernden und zu verteilenden Informationen (Texte, Daten, Bilder, Grafiken), die die Erledigung einer Verwaltungsaufgabe erfordern.

Nun ist es selbstverständlich, daß sich die Verwaltungsaufgaben nach Art und Menge von Wissen und Information unterscheiden, die zu ihrer Erledigung erforderlich sind. Wichtig ist aber ein zweiter Umstand. Das für die Aufgabenerledigung erforderliche Wissen, die zu erarbeitenden und zu verarbeitenden Informationen sind bei manchen Aufgaben durch ihr Normprogramm eindeutig definiert (Beispiel Erhebung von Gebühren für Wasserverbrauch oder Müll), bei anderen Aufgaben sind sie vollständig definiert, es gibt Ermessens- und/oder Bewertungsspielräume oder Handlungsspielräume (Beispiel Maßnahmen der Polizei bei einer Störung der öffentlichen Sicherheit und Ordnung, Geeignetheit und Verläßlichkeit bei der Erteilung von Transportgenehmigungen für gefährliche Güter) oder sie sind nicht beziehungsweise nur durch ihr Thema bestimmt (z. B. Planung arbeitspolitischer Maßnahmen zur Bekämpfung der Arbeitslosigkeit).

Der informationellen Struktur nach können wir Verwaltungsaufgaben unterscheiden in stark strukturierte, schwach oder unvollständig strukturierte und unstrukturierte Aufgaben, das heißt Aufgaben, bei denen das zu erbringende Wissen und die zu erarbeitenden, zu verarbeitenden und zu vermittelnden Informationen vollständig, unvollständig oder nicht definiert sind. Die informationelle Struktur einer Aufgabe bestimmt die erforderliche Arbeitsmethodik, diese ist je nach Struktur unterschiedlich routinisierbar und bedarf aufgabenspezifischer Spielräume. Die Nutzung der IuK-Technik, die informationelle Systemgestaltung muß der jeweiligen Aufgabenstruktur angemessen sein, sie muß entsprechend der Aufgabenstruktur flexibel gestaltbar sein[5].

2.2 Verläßlichkeit und Sicherheit

Verwaltungsaufgaben unterscheiden sich in den Folgen einer unterlassenen oder fehlerhaften Erledigung. Ein unterbliebener, verspäteter oder fehlerhafter Steuerbescheid ist reparaturfähig, eine fehlerhafte Verkehrsregelung oder Luftüberwachung kann Todesfolgen haben. Vollständigkeit und Sicherheit der Aufgabenerledigung, und das heißt auch des einzubringenden Wissens, der zu leistenden Informationserarbeitung, -verarbeitung und -speicherung sind jedenfalls bei gefahrgeneigten Aufgaben Bedingung einer informationstechnikgestützten Erledigung. Nicht nur die Leistungsfähigkeit von Verwaltung, sondern auch die Sicherheit für die Richtigkeit der Leistungen und die Vollständigkeit der Aufgabenerfüllung müssen gewährleistet sein.

2.3 Klientenangemessenheit

Die Wahrnehmnung von Verwaltungsaufgaben geschieht immer in bezug auf andere Verwaltungen, auf andere öffentliche oder private Einrichtungen oder schlicht in bezug auf den Bürger. Die Erfüllung von Verwaltungsaufgaben ist nie Selbstzweck.

Die Ausgestaltung der Interaktion zwischen Verwaltungen und den Adressaten ihres Handelns als informationelle Beziehung muß der Eigenart und Handlungsfähigkeit des jeweiligen Adressaten entsprechen. Dies gilt sowohl für die Art der von dem Adressaten zu erbringenden informationellen Vorleistungen als auch für die Ausgestaltung der an ihn zu vermittelnden Informationen. Aus dem Gleichheitsgebot des Grundgesetzes (alle Menschen sind vor dem Gesetz gleich, Art. 3 Abs. 1 GG) ergibt sich nicht nur der Anspruch auf formale Gleichbehandlung, sondern auch der Anspruch auf gleichen, und das heißt hier, der individuellen Lebenssituation entsprechenden Zugang zu Verwaltung (dies findet seinen Ausdruck in verschiedenen Beratungs- und Auskunftspflichten und dem Untersuchungsgrundsatz für Verwaltungen in verwaltungsverfahrensrechtlichen Gesetzen wie dem VwVfG, SGB u. a.). Der Einsatz der IuK-Technik muß hinsichtlich der zu erbringenden Vorleistungen wie in der Gestaltung der Produkte partnerangemessen, klientenangemessen, organisationsangemessen sein.

2.4 Verantwortungsfähigkeit und Kontrollfähigkeit

Das Handeln von Verwaltungen wird durch eine Vielzahl verfahrensrechtlicher Regeln bestimmt. Es ist selbstverständlich, daß solche verfahrensrechtlichen Regelungen Verpflichtung für die Art und Weise der Nutzung der IuK-Technik sind. Solche verfahrensrechtlichen Regelungen sind Ausdruck bestimmter verwaltungspolitischer Prinzipien wie Transparenz, Verantwortungsfähigkeit, Zurechnungsfähigkeit (Kompetenzbindung) und Kontrollfähigkeit von Verwaltungsentscheidungen. Gerade mit solchen Prinzipien verbinden sich heute Schwierigkeiten und Grenzen einer Informatisierung des Verwaltungsverfahrens (Problem der Authentizität u. a.)[6].

2.5 Organisations-Funktionsangemessenheit

Verwaltungsaufgaben sind verschiedenen Verwaltungsorganisationen zugewiesen. Solche Organisationen sind wiederum in sich strukturiert. Ihren Niederschlag finden solche Zuweisungen in Aufgaben- und/oder Organisationsgesetzen, interne Gliederungen einer Organisation sind an Stellenpläne und Haushaltspläne gebunden.

Solche Regelungen können eine überwiegend arbeitstechnische Funktion haben, sie können aber auch Ausdruck verwaltungspolitischer Zielsetzungen sein. So kann Dezentralisation der Aufgabenerledigung in Erfordernissen der Arbeitsteilung begründet sein, sie kann sich aber auch aus dem Erfordernis der Bürgernähe oder nur der räumlichen Durchdringung ergeben. Organisationsstrukturen sind häufig mehrfunktional[7].

Die Nutzung der IuK-Technik muß die mit solchen Zielsetzungen verbundenen Strukturvorgaben einer Verwaltung und die darin begründete Leistungsfähigkeit sichern. Der Einsatz der IuK-Technik hat also verwaltungs- und organisationsbezogen zu erfolgen. Hieraus ergeben sich Anforderungen an die zu nutzende Technik und ergeben sich Grenzen für Vernetzungen zwischen Verwaltungseinheiten sowie Grenzen für eine Verwaltungsreform durch Nutzung der IuK-Technik als einem darauf begründeten organisatorischen Umbau von Verwaltung.

Verwaltungsorganisationen müssen auch entsprechend den sich verändernden Aufgabenanforderungen wandlungsfähig sein. Flexibilität und Steuerungsfähigkeit einer IuK-technikgebundenen Organisation sind zu erhalten. Technikbedingte Verkrustungen einer Verwaltung sind ihr Tod.

2.6 Geschützte Rechtspositionen - zum Beispiel Datenschutz und Mitbestimmung

Verwaltungen sind in die Verfassungsordnung eingebunden, sie sind auf die Grundrechte verpflichtet. Soweit die Verfassungsordnung durch verfassungsrechtlich zulässige Maßnahmen des Parlaments oder der Regierung konkretisiert ist - sei es durch Gesetze oder regierungspolitische Vorgaben - sind Verwaltungen an solche Entscheidungen gebunden. Sie haben auch verbindliche Entscheidungen oberster Gerichte, z. B. des Bundesverfassungsgerichts oder des Bundesverwaltungsgerichts, zu beachten.

Wir können hier unterscheiden zwischen Rechtspositionen, die von Verfassungs oder Gesetzes wegen zu sichern sind, und zwar im Verhältnis Bürger/Klient zu Verwaltung und Rechtspositionen, die die Stellung der Beschäftigten in den Verwaltungen betreffen.

Für ersteres ist ein Beispiel der Schutz der Persönlichkeit, das informationelle Selbstbestimmungsrecht und seine Konkretisierung in den datenschutzrechtlichen Regelungen als Begrenzung informationstechnisch zulässiger Maßnahmen; für letzteres ist ein Beispiel mitbestimmungsrechtliche Regelungen in den Personalvertretungsgesetzen, hierzu gehören aber auch Arbeitszeitregelungen oder Regelungen zur Arbeitsbelastung.

2.7 Politikangemessenheit

Verwaltungspolitische Anforderungen an die Nutzung der IuK-Technik ergeben sich nicht nur aus der politischen Funktion von Verwaltungen, aus der Struktur ihrer Aufgaben und der Funktion ihrer Organisation oder aus geschützten Rechtspositionen in und gegenüber von Verwaltungen, sondern auch aus allgemeinen politischen Zielsetzungen, ohne daß diese unbedingt in einem Gesetz ihren Niederschlag gefunden haben. Sie können sich auch aus regierungsverbindlichen Programmsetzungen ergeben.

Technologiepolitische oder wirtschaftspolitische Entscheidungen zur Entwicklung und Förderung der Anwendung bestimmter Nutzungspotentiale der IuK-Technik, zumal wenn sie ihren Niederschlag in haushaltsrechtlichen Vorgaben finden, sind Veranlassungen für Verwaltungen, die Nutzungsmöglichkeit solcher Techniken zu prüfen und solche Nutzungen vorzunehmen.

Wichtig erscheint uns in diesem Zusammenhang auch die arbeitsmarktpolitische Funktion von Verwaltungen. Wenn politisches Ziel Vollbeschäftigung ist, wenn politisches Ziel und staatliche Aufgabe Qualifkationsbereitstellung, -förderung oder -vermittlung ist, so haben arbeitsmarktpolitische und arbeitspolitische Folgen auch Inhalt für die Art und den Umfang einer Techniknutzung zu sein. Rationalisierung ohne Rücksicht auf arbeitsmarktpolitische Folgen kann ebensowenig Ziel der Informatisierung und Technisierung einer Verwaltung sein wie die Schaffung IuK-technikbezogener Arbeitsplätze sich ausschließlich an ein bestimmtes Qualifikationsspektrum binden kann. Das häufig heute vertretene Leitbild des "autarken Sachbearbeiters" ist nicht nur aus wirtschaftlichen und organisationspolitischen Gesichtspunkten zu hinterfragen, sondern eben auch aus arbeitspolitischen und qualifikationspolitischen.

2.8 Wirtschaftlichkeit und Verhältnismäßigkeit

Verwaltungen verausgaben Haushaltsmittel. Der Einatz von Haushaltsmitteln steht unter dem Anspruch der Sparsamkeit. Dieses Prinzip bedeutet nicht, daß jeweils die billigste technische Lösung zu installieren ist oder technische Lösungen nur dann und soweit als sie billiger als manuelle Arbeit sind, eingesetzt werden können. Der Einsatz technischer Hilfsmittel hat vielmehr verhältnismäßig zu sein. Die Verhältnismäßigkeit wird bestimmt von Kosten und Ertrag einer Techniknutzung und den übrigen verwaltungspolitschen Aufgaben und Zielbindungen wie Verbesserung der Leistungsqualität.

Nur hinzuweisen ist in diesem Zusammenhang auf das Erfordernis von Normung und Standardisierung der Technik und der technischen Systemgestaltungen, um Kosten gering zu halten und die Interaktionsfähigkeit von Verwaltungen zu sichern[8].

3 Arbeitswissenschaftliche Maßstäbe als verwaltungspolitische

Thema der Arbeitswissenschaft ist die Analyse von Arbeitsprozessen und ihre Gestaltung nach arbeitswissenschaftlichen Grundsätzen.

Es handelt sich vor allem darum, solche Gestaltungen zu entwickeln und zu wählen, die ergonomischen Anforderungen genügen, und dies betrifft sowohl die Hardware wie auch die Software - aber auch Grenzen einer Technisierung und Maschinisierung der Arbeit insgesamt.

Verwaltungspolitische Maßstäbe sind solche arbeitswissenschaftliche Anforderungen, als sie ihre Grundlegung in der Vorrangstellung des Menschen, seiner Würde und Entfaltungsfreiheit haben und selbst ihren Ausdruck in politischen Vorgaben finden wie dem Programm "Humanisierung der Arbeit" beziehungsweise "Arbeit und Technik". Es handelt sich hierbei nicht nur um Begrenzungen physischer und psychischer Belastungen, sondern auch um die Gewährleistung individuell, sinnerfüllender Arbeit[9].

Arbeitswissenschaftliche Maßstäbe können auch als Inhalt von Dienstvereinbarungen oder Betriebsvereinbarungen verpflichtende Bedingung für die technisch-organisatorische Systemgestaltung sein[10].

4   Die Freiheit der Organisationsgewalt

Was hier dargestellt werden kann, ist nur eine Skizzierung verwaltungspolitischer Maßstäbe, ihrer Begründung(sfähigkeit) und der Argumentationszusammenhänge.

Im privaten Dienstleistungsbereich sind die Maßstäbe offener: Es ist zulässig, was dem
Unternehmen nutzt, soweit dem nicht arbeits- und sozialrechtliche Einschränkungen ge-
genüberstehen oder die Natur/Struktur der zu erbringenden Dienstleistungen bestimmte
Gestaltungsanforderungen beinhaltet. Aber auch hier bleibt es eine Frage der Unternehmensstrategie, ob eine bestimmte Dienstleistung weiterhin angeboten werden soll.

Im öffentlichen Bereich ist der Korridor möglicher Informatisierung und Technisierung
enger. Nur innerhalb des beschriebenen Rahmens ist es Sache der "Organisationsgewalt"[11],
die jeweils optimale Lösung zu entwickeln. Ob diese Organisationsgewalt als Organisati-
onsmanagement, Informationsmanagement oder schlicht als Aufgabe des Hauptamtes betrieben wird, ist wieder Sache der Organisationsgewalt.

Es gibt dabei - das sollte diese Analyse deutlich machen - harte verwaltungspolitische Bindungen für Einführung und Nutzung der IuK-Technik wie Aufgabenangemessenheit, Or-
ganisations-/Funktionssicherheit, Steuerungsfähigkeit, Zuverlässigkeit, Verantwortungsfähigkeit und Kontrollfähigkeit.

Es gibt daneben "weiche" Maßstäbe wie Wirtschaftlichkeit und Verhältnismäßigkeit, Ar-
beitsmarktangemessenheit oder die Berücksichtigung arbeitspolitischer Anforderungen.
Allerdings entscheidet in der Praxis gerade die Beachtung sogenannter "weicher" Maßstäbe über die Qualität und den Erfolg einer Informatisierung.

Schließlich gibt es Grundsätze, die sich erst in der Interaktion der Betroffenen und in Aus-
handlungsprozessen verdichten, wie Anforderungen an die Arbeitsplatzgestaltung und die
Leistungsqualität. Die Verfahren der Technikeinführung oder ihrer Erweiterung - selbst
wieder gestaltungsfähig - haben deshalb eine besondere verwaltungspolitische Bedeutung
(z. B. Nutzerbeteiligung).

Die Organisationsgewalt ist auch gebunden durch die Bedingungen, die erfüllt sein müssen, damit eine IuK-technikgestützte Verwaltung leistungsfähig bleibt. Hierbei handelt es
sich beispielsweise um Anforderungen an die Gestaltung der Schnittstellen zwischen ma-
schineller und manueller Arbeit, die Integration der Technik in den Zusammenhang
menschlicher Arbeit, die erforderliche Qualifikation und dafür notwendige Qualifizie-
rungsmaßnahmen, die nicht nur eine technikbezogene, sondern vor allem eine aufgabenbezogene (informationelle Struktur der Aufgabe) und arbeits- sowie informationsorganisa-
tionsbezogene zu sein hat.

Eine generelle Antwort auf die Frage, welche Technik einzusetzen ist (Großrechnerlösung mit Terminals, Arbeitsplatzrechnern, eigenen In-house-Netzen oder Nutzung von ISDN-Netzen für die interne und zwischenorganisatorische Vernetzung), welche Datenbanken aufgebaut und genutzt werden sollen, ist ebensowenig möglich wie eine generelle Aussage zu gebotenen Strategien der Informatisierung. Solche Entscheidungen sind allein im Rahmen der dargelegten Grundsätze und Zweckmäßigkeitsbindungen zu treffen in Beachtung der jeweils spezifischen Situation der einzelnen Verwaltungen.

5   Aufgaben der Verwaltungsinformatik als Wissenschaft

Wir waren ausgegangen von der Frage nach Verwaltungsinformatik als Wissenschaft: Ist sie eine Wissenschaft, welche Art von Wissenschaft ist sie?

Sie ist eine "Optimierungswissenschaft", sie hat in Kenntnis der politischen Aufgaben und politisch bestimmten Strukturen von Verwaltungen, in Kenntnis der Eigenschaften der IuK-Technik und ihrer mittelbaren und unmittelbaren Wirkungen in sozialen Zusammenhängen - und Verwaltungen sind nur und agieren nur in sozialen Zusammenhängen -, insbesondere in Kenntnis ihrer Gestaltungsbedingungen für Arbeit und ihrer Nutzungsmöglichkeiten in Arbeit als ihre Bedingungsraster "wissenschaftliche" Lösungen für den Einsatz der IuK-Technik in Verwaltungen, für die Arbeitsgestaltung und die Organisationsentwicklung bereitzustellen.

Verwaltungsinformatik hat von daher als Wissenschaft und in der Praxis immer auch Technikfolgenforschung zu sein.

Die Nutzung von IuK-Technik in öffentlichen Verwaltungen kann nur auf der Grundlage von vorlaufenden und begleitenden, hinreichend tiefer Analysen möglicher Wirkungen der IuK-Techniknutzung, das heißt in Kenntnis der Leistungsfähigkeit der Technik und der ihr eigenen "eindimensionalen" Logik erfolgen. Die Informatisierung öffentlicher Verwaltungen muß eine politisch bestimmte und politisch kontrollierbare sein.

Will eine solche Technikfolgenforschung auch wirtschaftlich sinnvoll sein, das heißt nicht zum Abbruch von Informatisierungsprozessen, zu Technisierungsruinen oder zu in der Praxis bösartigen Folgen führen, so hat sie "Anwendungsforschung" zu sein[12], indem sie in Kenntnis der verwaltungspolitischen und arbeitspolitischen Bindungen, insbesondere in Kenntnis der Struktur von Aufgaben, der Leistungsfunktionen von Organisationen, der arbeitsmäßigen Integrierbarkeit der Technik die Anwendungsanforderungen und das Spektrum von Anwendungsmöglichkeiten beschreibt und so die Entwicklung und Gestaltung anwendungsfähiger Nutzungspotentiale der IuK-Technik mitbestimmt.

Sie ist dabei auch mit den derzeit diskutierten verwaltungswissenschaftlichen Problemen konfrontiert

- Verbesserung der Problemverarbeitungsfähigkeit
- Verbesserung der Planungs- und Entscheidungsfähigkeit
- Sicherung von Steuerungs- und Koordinationsfähigkeit
- Gefahr der Überregelung
- Demokratisierung und Enthierarchisierung[13].

Nur wenn die Verwaltungsinformatik als verwaltungspolitische Aufgabe auch einen Beitrag zur Lösung dieser Probleme, und dies nicht allein durch Formen höherer Rationalität leistet, kann sie einen Beitrag zur Modernisierung von Verwaltung erbringen.

Anmerkungen [1 - 13]: Auf Ausformulierung und Abdruck der Anmerkungen wird hier dem Vortragscharakter des Beitrages entsprechend verzichtet. Die Zahlenangaben sollen auf das Erfordernis ergänzender Erörterungen zu einzelnen Aussagen des Beitrages aufmerksam machen.

Einsatz wissensbasierter Systeme im Dienstleistungsbereich

Der Einsatz wissensbasierter Systeme im Dienstleistungsbereich gewinnt zunehmend an Bedeutung. Die Vorteile solcher Systeme zur Unterstützung qualifizierter Sachbearbeiter bei Banken, Versicherungen, Unternehmensberatungen und Verwaltungen lassen sich an bereits realisierten Projekten nachweisen.

Die rasch steigenden Kosten bei der Entwicklung solcher Systeme, zwingen die Entwickler über spezielle Methoden und Werkzeuge nachzudenken, um ein angemessenes Kosten–Leistungsverhältnis zu erzielen.

In diesem Zusammenhang stellt sich die Frage nach der speziellen Aufgabenstellung in den verschiedenen Branchen im Dienstleistungsbereich. Der Schwerpunkt dieses Fachgesprächs liegt daher bei dem Erfahrungsaustausch über bereits im Einsatz befindliche wissensbasierte Systeme im Dienstleistungsbereich. Den Teilnehmern soll dadurch die Möglichkeit gegeben werden, sich einen Überblick über die unterschiedliche Problemstellung bei Planung, Realisierung, Einsatz und Wartung solcher komplexer Systeme zu verschaffen.

Programmkomitee

H. Krallmann (Technische Universität Berlin),
Hr. Dambmann (Dresdener Bank, Frankfurt),
Hr. Piel (WGZ–Bank, Düsseldorf),
Hr. von Windau (Deutsche Gesellschaft für Mittelstandsberatung),
Hr. Wöhrle (Technische Universität Berlin)

Vorgangsaspekte im Dienstleistungsbereich

Knut Hinkelmann

DFKI GmbH

Postfach 2080

D-6750 Kaiserslautern

e-mail: hinkelma@dfki.uni-kl.de

Dimitris Karagiannis

FAW Ulm

Postfach 2060

D-7900 Ulm

e-mail: karagian@dulfaw1a.bitnet

1 Einleitung

Die Wirtschaftsbereiche werden in die drei Sektoren Land- und Forstwirtschaft, warenproduzierendes Gewerbe und den sehr vielschichtig strukturierten Dienstleistungssektor untergliedert. Zum Dienstleistungssektor zählen so unterschiedliche Branchen wie Handel, Verkehr, priv. Dienstleistungen (z.B. Banken, Versicherungen), Wissenschaft, Beherbergungsgewerbe, Gesundheitswesen und öffentliche Verwaltung.

Im Vergleich zum warenproduzierenden Gewerbe ist die Automatisierung von Arbeitsabläufen im Dienstleistungssektor weniger fortgeschritten, der Mensch steht weitaus stärker im Mittelpunkt. Auch informationsverarbeitende Dienstleistungen z.B. im Bereich Banken, Versicherungen oder Verwaltungen werden durch Kooperation der am Prozeß beteiligten Personen erbracht. Solche aus unterschiedlichen Tätigkeiten bestehenden Aufgabenstellungen, bei denen eine gewisse logische Abhängigkeit zwischen den einzelnen Aktivitäten besteht, werden als *Vorgänge* bezeichnet. In diesem Zusammenhang wäre z.B. eine Herzdiagnose mit Hilfe eines Expertensystems nur eine Aktion innerhalb des Vorgangs "ärztliche Untersuchung". Ist mehr als eine Person in einen Vorgang involviert, so spricht man von einem *kooperativen Vorgang*. Logische Abhängigkeiten betreffen z.B. die Koordination von Einzeltätigkeiten, die Abstimmung über ein gemeinsames Vorgehen und die Überwachung von untergeordneten Unternehmensabteilungen und Teilaufgaben.

Bei der Klassifikation von Vorgängen im Dienstleistungsbereich kann man zwischen branchenspezifischen und branchenübergreifenden unterscheiden.

Branchenspezifische Vorgänge sind gekennzeichnet durch das Vorkommen in einer Branche des Dienstleistungsbereichs. Hierbei handelt es sich um die Bearbeitung von Aufgaben, die für die Branche typisch sind, z.B. die Kreditwürdigkeitsprüfung und Aktienanalyse im Bankbereich, die Risikoanalyse und Tarifberechnungen im Versicherungsgewerbe.

Branchenübergreifende Vorgänge dagegen sind gekennzeichnet durch ein gemeinsames Ziel, das aber durch branchenspezifische bzw. unternehmensinterne Richtlinien beeinflußt wird. Beispielhaft dafür stehen Genehmigungsprozese, die in nahezu allen Institutionen vorkommen, und Reisekostenabrechnungen, die in öffentlichen Verwaltungen nach anderen Richtlinien abgerechnet werden als in privaten Unternehmen.

Im Gegensatz zu arbeitsteiligen Prozessen in der Produktion haben diese kooperativen Vorgänge im informationsverarbeitenden Dienstleistungsbereich oft keinen strikt vorgegebenen Ablauf. Die Variationen gründen sich im wesentlichen auf drei Aspekte, die die zentrale Rolle des Menschen in diesem Bereich widerspiegeln:

- Vor allem die qualifizierten Sachbearbeiter haben ein hohes Maß an *individueller Gestaltungsfreiheit* bei der Festlegung von Prioritäten, nach denen sie die ihnen vorliegenden Tätigkeiten bearbeiten, aber auch in der Art und Weise, in der sie die Aufgaben erledigen. Dadurch kann der Gesamtablauf eines Vorgangs beeinflußt werden.

- Die jeweilige *Ausgestaltung der Arbeitsorganisation* kann zu kurzfristigen bis langfristigen Änderungen im Arbeitsablauf führen. Während der Urlaubszeit eines Angestellten werden seine Aufgaben kurzfristig von jemand anderem übernommen. So können bestimmte Kompetenzen eines Abteilungsleiters an direkt untergeordnete Instanzen übergehen. Dagegen kann das Auftreten von Engpässen zu mittel- bis langfristigen Umstrukturierungen führen.

- *Fachspezifische Änderungen von Richtlinien* bewirken weitreichende Anpassungen in der Vorgangsstruktur, wenn ganze Tätigkeiten entfallen oder neue Einzelschritte notwendig werden (z.B. zusätzliche Genehmigung).

Zur Ausübung informationsverarbeitender Dienstleistungen werden die Angestellten jeweils individuell durch Bürokommunikationstechniken und Datenbanken unterstützt. Daneben werden vereinzelt auch wissensverarbeitende Systeme eingesetzt [Kra87]. Systeme, die die Abwicklung kooperativer Vorgänge als ganzes unterstützen sollen, müssen die oben beschriebenen Merkmale von Vorgängen berücksichtigen. Techniken dazu kommen aus den Gebieten der Distributed Artificial Intelligence [Huh87] und des Computer-Supported Cooperative Work (CSCW) [Hun88].

2 Die flexible Vorgangsbearbeitung

Ein *Vorgang* besteht aus einer Menge von Aktionen, deren Ausführung zur Erfüllung einer Aufgabenstellung führt. Der Begriff Aktion wird auch als Aktivität oder Bürotätigkeit bezeichnet. Mehrere Aktionen können auch gleichzeitig ausgeführt werden, je nach logischer Abhängigkeit der Aktivitäten untereinander und der individuellen Gestaltungsfreiheit der beteiligten Personen.

In den meisten Vorgangssystemen sind die Vorgänge explizit modelliert, meist durch Petrinetz-artige Repräsentation, wie die im Verbundprojekt WISDOM entwickelte Sprache CoPlan [WK85], erweiterte Petri Netze [Zis78], Produktionssystem Netze [HF89] oder Activity Networks [TLF88]. Für die Bearbeitung wird ein solcher Vorgang wie ein Programm selektiert, instanziiert und ausgeführt.

Im Gegensatz dazu ist die hier beschriebene flexible Vorgangsbearbeitung (FVB) eine Verwirklichung der Generierungsaspekte flexibler Bürosysteme (FBS) [Kar89]. Die Philosophie der FBS beruht auf dem Einsatz verschiedener Wissensrepräsentationsstrukturen und unterschiedlicher Inferenzarten, die es ermöglichen, Vorgänge und Wissensstrukturen in Abhängigkeit vom aktuellen Kontext und den jeweiligen Anforderungen zu generieren. Die FVB weist folgende Charakteristika auf:

- kontext-sensitive Vorgänge

- dynamische Vorgangsplanung

- individueller Vorgangsablauf

- adäquate Wissensrepräsentation

Die FVB wird anhand des branchenübergreifenden Vorgangs "Genehmigungsprozeß" erläutert; hier handelt es sich speziell um die Genehmigung für einen Vortrag im wissenschaftlichen Dienstleistungssektor. In Kapitel 5 wird als weiteres Beispiel der branchenspezifische Vorgang "Aktienanalyse" exemplarisch vorgestellt [Thu90]. Analog zu deklarativen Programmiersprachen beruht die flexible Vorgangsbearbeitung auf einer Trennung der Kontrolle von der Beschreibung der Anwendungsumgebung und der Problemstellung. Die Kontrolle wird von einem Interpreter übernommen, der die Vorgangsplanung und den Vorgangsablauf steuert. Dieser Interpreter plant einen Vorgang aus einer Menge vordefinierter Aktionen, die über eine Beschreibung von Zielen, zu deren Erreichung sie beitragen können, ausgewählt und miteinander verknüpft werden (vgl. [CL88]). Allgemeine, organisationsspezifische und aufgabenbezogene Richtlinien, die in Form von Regeln repräsentiert sind, bestimmen die Planung und Ausführung von Vorgängen. Durch Änderung von Bearbeitungsrichtlinien oder Wechsel beteiligter und zuständiger Personen bzw. Abteilungen ergeben sich bei gleicher Aufgabenstellung unterschiedliche Vorgangspläne.

Während in konventionellen Vorgangsbearbeitungssystemen ein Systemverwalter die Richtlinien analysiert und einen Vorgang definiert, der dann von dem Vorgangssystem ausgeführt wird [LHWM88], übernimmt hier das System selbst die Interpretation der Richtlinien und kann somit direkt auf Richtlinienänderung in allen Vorgängen reagieren, auf die die Richtlinie Einfluß hat.

3 Wissensarten und ihre Repräsentation

Die Repräsentation der Anwendungsumgebung beruht auf einer Modellbildung der Büroumgebung, die eine adäquate Organisation des zu repräsentierenden Wissens voraussetzt. In die Vorgangsbearbeitung gehen drei Arten von Wissen verschiedener Komponenten ein (vgl. auch [KK87]):

- organisatorisches Wissen: Wissen über Projekte bzw. über Zuständigkeiten von Abteilungen und Personen, Infrastrukturwissen über nicht-menschliche Ressourcen und aktuelle Daten wie Raumbelegungen und Terminplanung

- Wissen über Büroaktionen, die zu Vorgängen kombiniert werden

- Wissen über Richtlinien, nach denen Bürovorgänge ablaufen

169

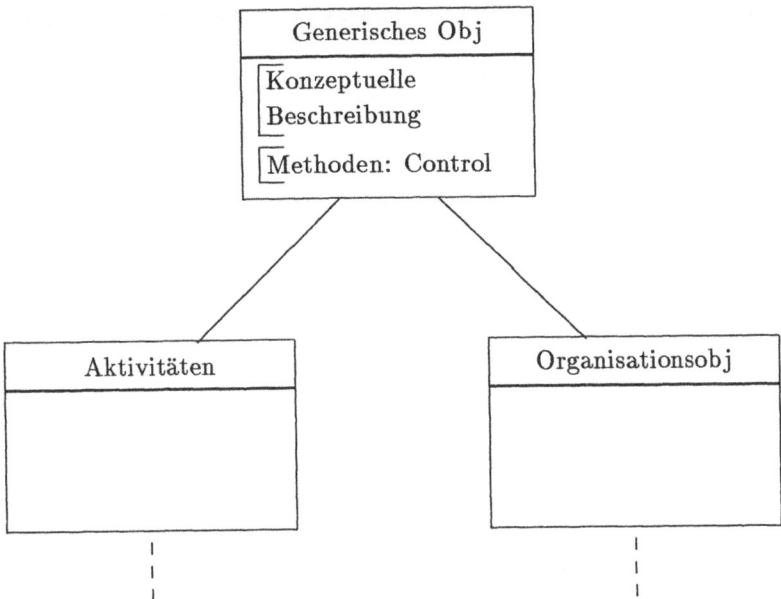

Abbildung 1: Generische Objekte

3.1 Organisatorisches Wissen und Aktionen

Die Repräsentation von Organisation und Aktionen basiert auf einer objektorientierten Sicht der Bürowelt. Die FVB ist in KEE^{TM} implementiert, wo die Objekte als "Units" bezeichnet werden. Der konzeptuelle Teil wird durch Angabe von Eigenschaften in Form sogenannter "Slots" beschrieben.

Objekte bestehen aus einem Methoden-Teil (Control) und der konzeptuellen Beschreibung (siehe Abb. 1). Sowohl die Repräsentation der statischen Organisationsstruktur eines Unternehmens als auch die Repräsentation von Büroaktionen genügen diesem Schema. Objekte werden auf Klassenebene definiert, Beschreibungen konkreter Objekte sind Instanzen dieser Klassen. Der folgende etwas vereinfachte Eintrag der Wissensbasis stellt einen Ausschnitt aus der Beschreibung einer Forschungsabteilung **Fvb-gruppe** dar:

```
Unit: Fvb-gruppe
    Klasse: Forschungsprojekt
    Mitarbeiter: Paul, George, Ringo
    Leiter: John
    UebergeordneteInstanzen: BereichsleitungBuero
    Hierarchie: Linienstruktur
    ...
```

Die Organisationswissensbasis enthält neben der Repräsentation der Organisation selbst auch domain-spezifisches Allgemeinwissen, auf das zur Beschreibung der Organisation referenziert wird. Ein einfaches Beispiel für die Verwendung dieses

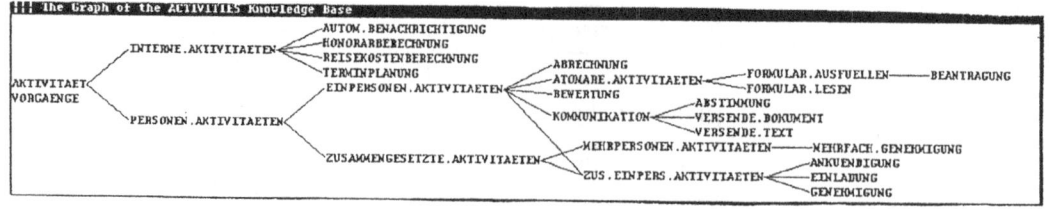

Abbildung 2: Aktivitätenhierarchie

konzeptuellen Wissens ist die explizite Repräsentation von Organisationsschemata wie Linienstruktur, Stablinienstruktur usw.. Die Verwendung dieser Konzepte vereinfacht die Darstellung der Beziehungen zwischen Abteilungen und Personen (s.o.). Indem das repräsentierte Wissen über Linienstruktur ausgenutzt wird, können durch Deduktion die Beziehungen zwischen den Projektmitgliedern von Fvb-gruppe und den übergeordneten Instanzen einfach hergeleitet werden, ohne sie jeweils explizit zu repräsentieren.

3.2 Richtlinien

Auch die Repräsentation des Wissens über Aktionen paßt in das objektorientierte Konzept, wie [Kem88] und [CL88] zeigen. Abbildung 3.1 zeigt einen Ausschnitt der Klassenhierarchie der vordefinierten Aktivitäten. Es wird unterschieden zwischen internen Aktivitäten, die ohne Interaktion mit einer Person wie ein Programm ausgeführt werden, und solchen, die von einer oder mehreren Person aktiviert und ausgeführt werden. Aktivitäten, an denen Personen beteiligt sind, können atomar sein oder sich aus mehreren Teilaktivitäten zusammensetzen. So ist eine Genehmigung eine Personenaktion, die aus Teilaktivitäten besteht. Die Klassenbeschreibung definiert folgende Slots, von denen die meisten noch keinen Eintrag haben:

```
Klasse: Genehmigung
    Superklasse: ZusammengesetzteAktion
    Akteur: unknown
    Dokumente: unknown
    Objekt: unknown
    Richtlinien: ...
    Ziel: (the Genehmigung of ?x is ?y)
    Vorbedingungen: (the Antrag of ?x is gestellt)
    Folgeaktivitaeten: unknown
```

```
Teilziele: (the Antragsteller of ?x is benachrichtigt)
Teilaktiviaetsklassen: FormularAusfuellen
...
```

Der für die Vorgangsplanung wichtigste Slot ist der Slot `Ziel`. In der Klassendefinition enthält dieser Slot eine Formel mit Variablen, die festlegt, zu welchem Zweck die Aktion auszuführen ist. Über die Slots `Vorbedingungen` und `Folgeaktivitaeten` wird die Reihenfolge von Aktionen im Vorgangsplan spezifiziert. Die Formeln im Slot `Vorbedingungen` müssen erfüllt sein, bevor die entsprechende Aktionsinstanz ausgeführt werden kann.

Weitere Slots sind für die beteiligten Personen, die zu verwendenden Dokumente, das zu genehmigende Objekt, die Bearbeitungsrichtlinien usw. vorgesehen.

Für zusammengesetzte Aktionen legen die Slots `Teilaktivitaetsklassen` und `Teilziele` fest, welche Arten von Teilaktivitäten zur Erfüllung des Zieles beitragen. Sie spielen erst für die Feinplanung während der Vorgangsausführung eine Rolle.

Die Auswahl von Aktionen für die Vorgangsplanung wird durch die Regeln in der Richtlinien-Wissensbasis festgelegt; ebenso Einzelheiten der Ausführung. Da die Richtlinien sich auf Organisationswissen beziehen, auf dessen Grundlage die Vorgänge zusammengesetzt werden, bilden sie die Verbindung zwischen der Organisationswissensbasis und der Vorgangsbearbeitung. Für die Richtlinien bietet sich eine regelorientierte Repräsentation an. Man kann drei verschiedene Regelarten unterscheiden, die anhand von Beispielen veranschaulicht werden:

- Generierungsregeln zur Bestimmung von Aktionen (durch Vorgabe von Zielen)

```
IF   (a Objekt of Aktueller.vorgang is ?vortrag)
     (?vortrag is in class Vortrag)
THEN (a Ziel of Aktueller.vorgang is
         '(the Genehmigung of ?vortrag is ?ja.oder.nein))
     (a Ziel of Aktueller.vorgang is
         '(the Termin of ?vortrag is ?datum))
```

"Ein Vortrag muß genehmigt und der Termin muß vereinbart werden werden."

- Reihenfolgeregeln zur Grobplanung der Ausführungsreihenfolge von Aktionen

```
IF   ...
     (a Aktion of Aktueller.vorgang is ?genehmigung)
     (a Aktion of Aktueller.vorgang is ?terminlanung)
     ...
THEN (a Folgeaktivitaet of ?genehmigung is ?bekanntmachung)
     (a Vorbedingung of ?bekanntmachung is
         (the Ziel of?genehmigung))
```

"Vor der Genehmigung muß die Terminplanung abgeschlossen sein"

- Bearbeitungsregeln zum Vorgangsablauf

```
IF   (a Objekt of Aktueller.vorgang is ?vortrag)
     (the Redner of ?vortrag is ?vortragender)
     (the Reiseweg of ?vortragender is Weit)
     ...
THEN (the Erstattung of Uebernachtungskosten is 100)
```

"Hat der Vortragende einen weiten Anreiseweg, bekommt er die Übernachtungskosten zu 100 % erstattet."

Die Regeln sind in Klassen angeordnet. Zu einzelnen Objekten in der Organisationswissensbasis gibt es Verweise auf verschiedene Regelklassen:

```
Klasse: Vortrag
    Superklasse: Veranstaltung
    Redner: unknown
    Thema: unknown
    Termin: unknown
    Genehmigung: (one.of genehmigt abgelehnt ruecksprache)
    Richtlinien: Genehmigungsrichtlinien, Vortragsrichtlinien
    .....
```

Die entsprechenden Richtlinien gehen in alle Vorgänge ein, in denen das Objekt eine Rolle spielt. Da allgemeine Regeln zu mehreren Klassen gehören und verschiedene Objekte auf gleiche Regelklassen referenzieren können, besteht die Möglichkeit, daß gleiche Regeln in unterschiedlichen Vorgängen verwendet werden.

4 Kontext-sensitive Vorgänge

In Abhängigkeit vom aktuellen Kontext werden Vorgänge in unterschiedlichen Varianten geplant und ausgeführt. Die Vorgangsbearbeitung startet mit der Eingabe einer Benutzeranforderung. Zu den einzelnen Objekten der Organisationswissensbasis existieren Verweise auf verschiedene Richtlinien/Regelklassen, die zusammen mit Informationen über den Initiator und die aktuelle Situation im Unternehmen gerade den Kontext des aktuellen Vorgangs ergeben. In einem ersten Schritt werden Aktionen erzeugt. Die Planungskomponente ordnet die Aktionen in einem Vorgangsplan an; durch die
Vorgangsausführung werden die Aktionen dann aktiviert. Auch die Aktivierung ist kontextabhängig, weil dabei eine Feinplanung und Initialisierung aufgrund der aktuellen Situation erfolgt.

4.1 Dynamische Vorgangsplanung

Die Generierung eines Vorgangs beginnt mit der Selektion des aktuellen Kontextes. Der Vorgangsinitiator beschreibt seine Aufgaben durch Angabe relevanter Objekte; im einfachsten Fall z.B. durch Definition eines neuen Objektes der Klasse Vortrag:

```
Unit: VortragGast
    InstanceOf: Vortrag
    Redner: Mickey
    Thema: "Ueber die Schlafstoerungen der Maikaefer bei Vollmond"
    Termin: 23.10.90
    ...
```

Angaben des Benutzers steuern den Zugriff auf relevante Teile der Organisationswissensbasis und führen zur Auswahl bestimmter Richtlinien, hier also die Regelklassen Genehmigungsrichtlinien und Vortragsrichtlinien, die in der Klasse

Vortrag angegeben sind. Die Generierungsregeln dieser Klassen leiten Ziele ab, die im Laufe des Vorgangs erfüllt werden müssen. Der Initiator hat nun noch die Möglichkeit, die Ziele zu manipulieren. Die Ziele legen Marksteine der Vorgangsbearbeitung fest, sagen allerdings nichts über die Art aus, wie sie zu erreichen sind. Zur Erfüllung dieser Ziele werden nun passende Aktivitätsklassen ermittelt. Die durch die Richtlinien vorgegebenen Ziele werden mit den Formeln im Zielslot der Aktivitätsklassen unifiziert und bei erfolgreicher Unifikation eine Instanz dieser Aktivität erzeugt. Das durch die in Kapitel 3.2 angegebene Generierungsregel definierte Ziel

```
(the Genehmigung of ?vortrag is ?ja.oder.nein)
```

ist mit dem Eintrag im Slot ziel der Aktionsklasse Genehmigung unifizierbar. Es wird also eine Instanz Genehmigung1 von Genehmigung angelegt mit der instanziierten Zielformel. Analog wird die Instanz Terminplanung3 generiert.

Über Vorbedingungen der generierten Instanzen können weitere Aktionen ermittelt werden, so daß die Vorgabe *eines* Ziels zur Erzeugung *mehrerer* Aktionen führen kann.

Die Vorbedingung der Aktion Genehmigung1:

```
(the Antrag of VortragGast is gestellt)
```

bedingt die Erzeugung einer Instanz der Klasse Beantragung. Nun können weitere Regeln Einschränkungen über die Reihenfolge der Aktionsausführung festlegen. Nach Anwendung der Reihenfolgerichtlinie aus Kapitel 3.2 sind in den drei erzeugten Aktionen also folgende Slots neu gefüllt:

```
Unit: Genehmigung1
    InstanceOf: Genehmigung
    Ziel: (the Genehmigung of VortragGast is ?ja.oder.nein)
    Teilziele: (the Antragsteller of VortragGast is benachrichtigt)
    Objekt: VortragGast
    Vorbedingungen: (the Antrag of VortragGast is gestellt)
                    (the Termin of VortragGast is ?datum)
    ...

Unit: Beantragung2
    InstanceOf: Beantraggung
    Ziel: (the Antrag of VortragGast is gestellt)
    Objekt: VortragGast
    Folgeaktivitaeten: Genehmigung1
    ...

Unit: Terminplanung3
    InstanceOf: Terminplanung
    Ziel: (the Termin of VortragGast is ?datum)
    Objekt: VortragGast
    Folgeaktivitaeten: Genehmigung1
    ...
```

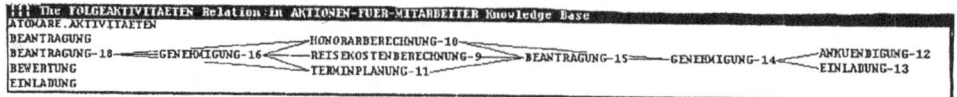

```
┌───────────────────────────────────────────────────────────────────────────────────────┐
│ ::: The FOLGEAKTIVITAETEN Relation in AKTIONEN-FUER-MITARBEITER Knowledge Base           │
│ ATOMARE.AKTIVITAETEN                                                                     │
│ BEANTRAGUNG                          ─HONORARBERECHNUNG-10─                               │
│ BEANTRAGUNG-18────═══GENEHMIGUNG-16<──┬─REISEKOSTENBERECHNUNG-9─┬──>BEANTRAGUNG-15══──GENEHMIGUNG-14<──┬─ANKUENDIGUNG-12 │
│ BEWERTUNG                             └─TERMINPLANUNG-11─┘                                └─EINLADUNG-13 │
│ EINLADUNG                                                                                │
└───────────────────────────────────────────────────────────────────────────────────────┘
```

```
┌───────────────────────────────────────────────────────────────────────────────────────┐
│ ::: The FOLGEAKTIVITAETEN Relation in AKTIONEN-FUER-ABTEILUNGSLEITER Knowledge Base      │
│ EINPERSONEN.AKTIVITAETEN                                                                 │
│ FORMULAR.AUSFUELLEN                   ─HONORARBERECHNUNG-32─                              │
│ FORMULAR.AUSFUELLEN-30<──┬─REISEKOSTENBERECHNUNG-31─┬──>BEANTRAGUNG-37══──GENEHMIGUNG-36<──┬─ANKUENDIGUNG-34 │
│ FORMULAR.LESEN           └─TERMINPLANUNG-33─┘                              └─EINLADUNG-35 │
│ GENEHMIGUNG                                                                              │
└───────────────────────────────────────────────────────────────────────────────────────┘
```

Abbildung 3: Zwei Kontext-sensitive Vorgangspläne

Als Ergebnis dieser Grobplanung wurden also Aktionsinstanzen erzeugt, die über die Slots Vorbedingungen und Folgeaktivitaeten verknüpft sind. Dadurch wird also ein Vorgangsplan spezifiziert. Die Feinplanung mit der Belegung der übrigen Slots und der Erzeugung von Teilaktivitäten erfolgt während des Vorgangsablaufs.

Die Spezifikation eines Vorgangs über Ziele macht die Richtlinien unabhängig von der konkreten Implementierung der Aktionen. Würde man in den Richtlinien direkt auf die Aktionen verweisen, so würden Änderungen in den Aktionsstrukturen zu Änderungen in den darauf verweisenden Richtlinien führen.

Es ist besonders hervorzuheben, daß schon die grobe Vorgangsplanung durch die aktuelle Situation bedingt wird, also kontext-sensitiv ist. Sie hängt z.B. von der Person des Initiators ab. Wird der Vorgang von einem Abteilungsleiter aktiviert, so entfällt gegenüber dem Vorgangsplan für einen Mitarbeiter ein Genehmigungsschritt, wie Abb. 4.1 zeigt. Erst die Zielbeschreibung macht diese dynamische Vorgangsplanung möglich.

4.2 Individueller Vorgangsablauf

Nachdem die Vorgangsgenerierung abgeschlossen ist, werden diejenigen Aktionen aktiviert, deren Vorbedingungen erfüllt sind. Während der Aktivierung werden die noch fehlenden Informationen abgeleitet. Durch Anwendung der lokalen Bearbeitungsregeln werden z.B. die für die Ausführung zuständigen Personen bestimmt, die Dokumente und Formulare festgelegt usw.. Auch diese Regeln beziehen Kontextwissen aus der Organisationswissensbasis und aktuelle Daten mit ein.

Aber vor allem erfolgt zur Ausführungszeit eine Feinplanung. Für jede Klasse im Slot Teilaktivitaetsklassen wird eine Instanz erzeugt und in den Slot Teilaktivitaeten eingetragen. Für alle Teilziele wird wie in der Grobplanung eine passende Aktionsinstanz generiert und ebenfalls als Teilaktivitaeten vermerkt. Die Aktion Genehmigung1 hat dann also die beiden Teilaktivitäten Benachrichtigung4 und FormularAusfuellen5:

```
Unit: Genehmigung1
    InstanceOf: Genehmigung
    Akteur: John
    Dokumente: Formular125
    Ziel: (the Genehmigung of VortragGast is ?ja.oder.nein)
    Teilaktivitaeten: Benachrichtigung4, FormularAusfuellen5
    Objekt: VortragGast
    Vorbedingungen: (the Antrag of VortragGast is gestellt)
                    (the Termin of VortragGast is ?datum)
    ...
```

Nach Abschluß der Feinplanung wird ein Auftrag an den mit der Ausführung bedachten Akteur (hier John) geschickt. Jede Person hat eine lokale Liste mit allen noch von ihr zu erledigenden Aufgaben, die sie zu jedem beliebigen Zeitpunkt bearbeiten kann. Erst bei Erreichen einer Frist wird die Ausführung angemahnt. Dadurch wird die individuelle Gestaltungsfreiheit (Kap. 1) gewahrt.

Hat sich der Akteur entschieden, eine Aufgabe zu bearbeiten, wird eine entsprechende Methode aktiviert, die z.B. einen Editor mit dem Antragsformular öffnet, Kommunikationskanäle zur Verfügung stellt usw.. Nebenbei kann er sich durch andere Methoden über den Stand des Vorgangs informieren, zu dem die Aktion gehört.

Nach Abschluß der Aktion werden ihre Folgeaktiviäten auf erfüllte Vorbedingungen überprüft. So ist die Aktion Genehmigung1 eine Folgeaktivität von Beantragung2. Sie kann aber erst aktiviert werden, wenn auch Terminplanung durchgeführt ist, so daß beide Vorbedingungen erfüllt sind (s.o.).

Dieser Zyklus endet, wenn keine Aktivität mehr ausführbar ist. Dabei kann es vorkommen, daß eine Aktivität zwar erzeugt aber nicht ausgeführt wird, weil ihre Vorbedingungen nie erfüllt waren, z.B. bei Verzweigungen von genehmigten oder abgelehnten Anträgen.

5   Ein branchenspezifischer Vorgang: Aktienanalyse

Branchenspezifische Vorgänge beruhen natürlich auf spezialisierten Verfahren und Aktionen. Sie können deshalb nicht so allgemein beschrieben werden wie branchenübergreifende Vorgänge. Die flexible Bearbeitung von der dynamischen Planung bis zur individuellen Ausführung ist jedoch auch auf diese übertragbar. Das folgende Beispiel stützt sich auf die Arbeiten zur expertensystemgestützten Aktienanalyse im System *FASYS (Flexibles Aktienanalyse-System)* [Thu90], [KT89].

Arbeitsabläufe und Informationsverwendung bei der Aktienanalyse sind je nach Intention des Analysten unterschiedlich. Bei der Aktienanalyse gibt es den top-down und den bottom-up Ansatz. Die Auswahl hängt vom Ziel der Untersuchung ab. Ziel

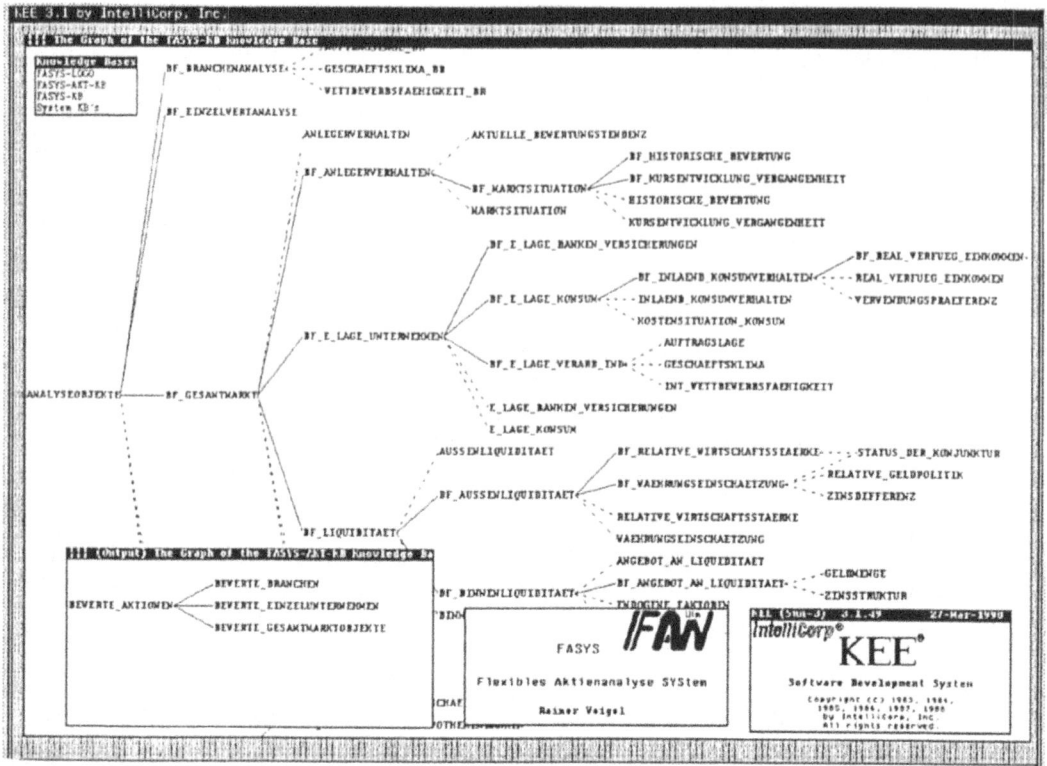

Abbildung 4: Bewertungsfaktoren

beim top-down Ansatz ist die Auswahl einer Aktie zum Kauf, beim bottom-up Ansatz die Beurteilung der zukünftigen Entwicklung einer Aktie eines konkreten Unternehmens. Als Bewertungskriterien werden Analysen von Gesamtmarkt, Branchen und Einzelunternehmen herangezogen (top-down) bzw. unternehmensspezifische Informationen und Schätzungen über Ertragsentwicklung bewertet (bottom-up). Ein flexibler Ansatz kann diese verschiedenen Abläufe in einem System anbieten.

Hier wird als Beispiel eine top-down Analyse skizziert. Im allgemeinen beginnt sie mit der Gesamtmarktanalyse, geht über ausgewählte Branchen bis zu konkreten Einzelunternehmen. Zu jedem dieser Bereiche gibt es Bewertungsfaktoren. Die Bewertungsfaktoren für den Gesamtmarkt umfassen Liquidität, Anlegerverhalten und Ertragslage, zu denen es selbst wiederum Bewertungsfaktoren gibt (Abb. 5).

Der Einstiegspunkt in die Analyse hängt von Präferenzen und Vorinformationen des Analysators ab. Die Vorgangsbearbeitung muß also flexibel reagieren. Dazu gibt der Benutzer seine Intention bekannt und das System generiert die erforderlichen Aktionen. Abb. 5 zeigt zwei solche Vorgänge, die sich aus unterschiedlichen Anforderungen ergaben.

Die Bewertung selbst, also die Ausführung der Aktionen, geschieht teilweise automatisch durch interne Berechnungen und teilweise durch Interaktion mit dem Benutzer. Dieser kann wiederum frei über Reihenfolge und Ausführung der einzelnen Aktionen entscheiden. Sobald alle Kriterien für eine Aktion vorliegen, kann das System die Bewertung durchführen und Folgeaktionen, Vorschläge oder Ergebnisse bekanntgeben. Dieser branchenspezifische Vorgang verläuft also analog zu dem im Laufe von Kapitel 4 beschriebenen branchenübergreifenden Genehmigungsprozeß.

177

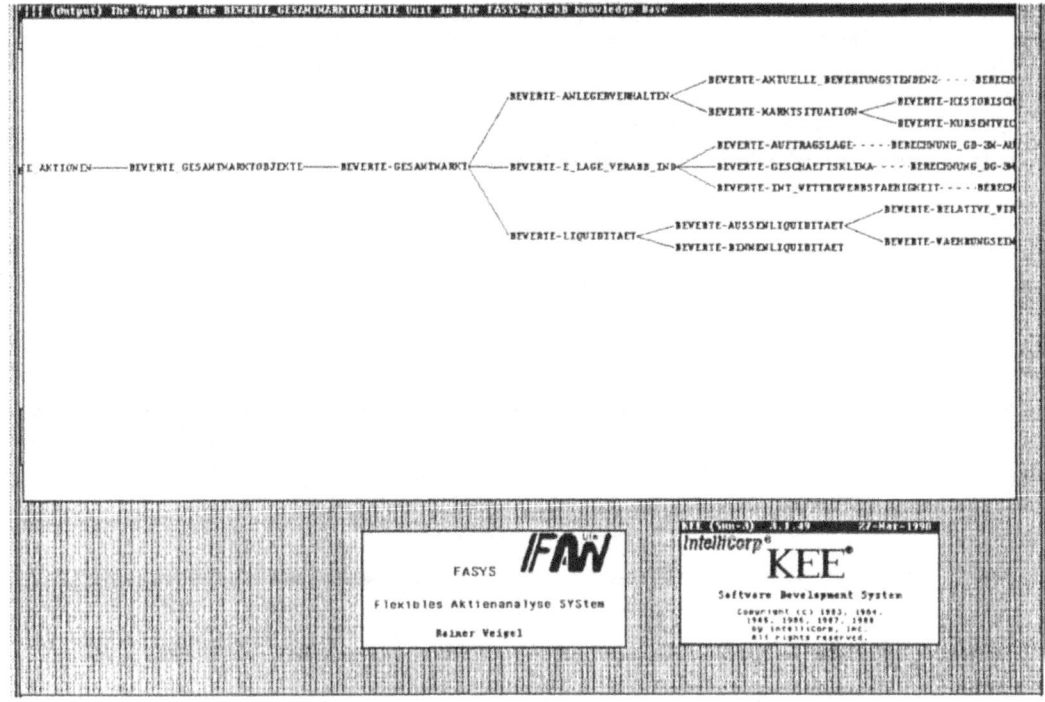

Abbildung 5: Zwei verschiedene Vorgangsausprägungen

6 Schlußbemerkungen

Die in diesem Artikel beschriebene Vorgangsbearbeitung unterscheidet bei der zielgetriebenen Planung kontext-sensitiver Vorgänge zwischen Grobplanung eines Vor-
gangsskeletts und der Feinplanung der individuellen Vorgangsausführung. Für sehr
spezielle branchenspezifische Vorgänge kann ein Vorgangsgerüst vordefiniert sein,
aus dem dann relevante Klassen selektiert und die Aktionen dann generiert werden. Im Gegensatz dazu ist in POLYMER [CL88], einem ebenfalls zielgetriebenen
Vorgangssystem, das Vorgangsskelett für jede mögliche Art von Vorgängen, die unterstützt werden, schon vorgegeben. POLYMER führt für seine Vorgänge nur eine
Feinplanung durch. Die Grobplanung mit der Generierung von Aktionen durch
Richtlinien und ihrer Spezialisierung auf die beabsichtigte Aufgabenstellung geht
gerade über dieses System hinaus.

Die eigentliche Flexibilität dieses Ansatzes wird erreicht, wenn man auch recht
vage beschriebene Aufgaben von Seiten des Initiators erlaubt. Durch Klassifikation einer Benutzeranforderung, die auf unterschiedliche Objekte der Wissensbasis
verweist, würden dann viele verschiedene Regelklassen ermittelt. Die Vereinigung
dieser Richtlinien kann einen Vorgang erzeugen, der in dieser Form nicht unbedingt
so vorgesehen war, aber für die aktuelle neue Situation paßt.

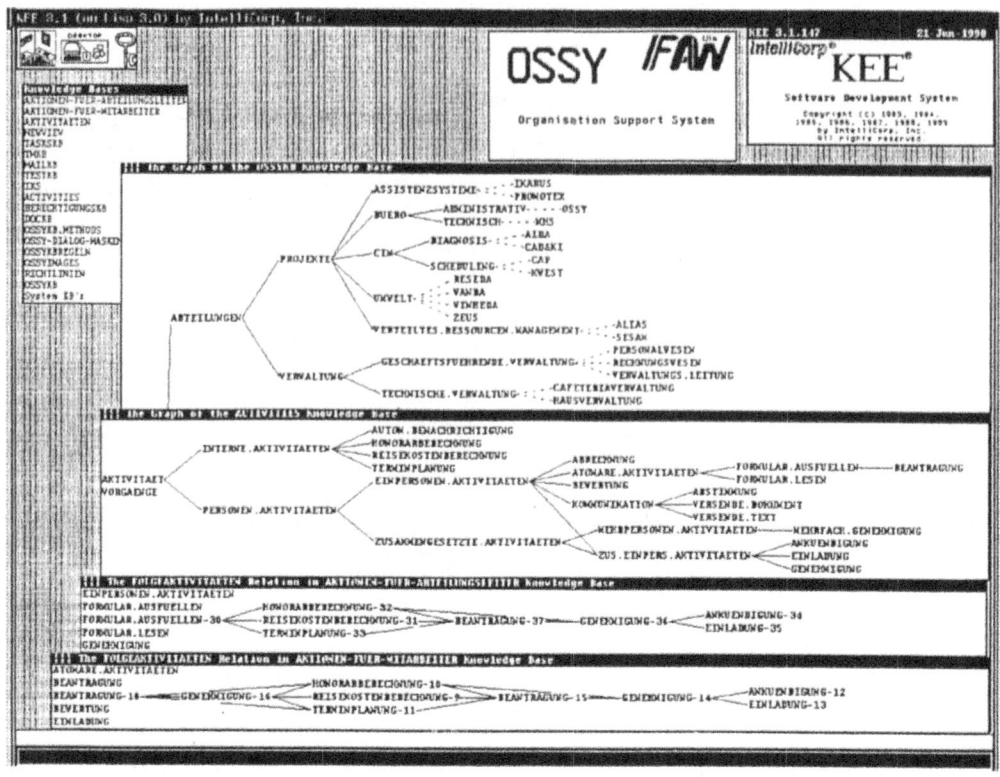

Abbildung 6: OSSY-Demonstrator: Knowledge Bases

Die Entwicklung der flexiblen Vorgangsbearbeitung erfolgte im FAW-Projekt *OSSY (Organisation Support System)*, das sich mit der Unterstützung komplexer Büroorganisationen beschäftigt [FGH*90]. Im Rahmen dieses Projekts wurde ein **Demonstrator** (siehe 6) in KEE^{TM} implementiert, das die flexible Vorgangsbearbeitung mit Komponenten zur Dokumentenverwaltung und Kommunikationsunterstützung integriert. Von diesen drei Komponenten ist jeweils nur eine aktiv. Kommunikation und Dokumentenverwaltung spielen also für die Vorgangsbearbeitung eine stützende Rolle.

Während der Bearbeitung von Aktionen eines Vorgangs werden Funktionalitäten eines Bürosystems wie Electronic-Mail, Textverarbeitung und Datenbanken benötigt. Zur Einbindung dieses Bürosystems in die organisatorische Ebene wurde die Konzeption des virtuellen Bürosystems (Virtual Office System - VOS [FK90]) entworfen. Das VOS garantiert die Unabhängigkeit von einem konkreten Bürosystem. Es werden abstrakte Büroprozesse definiert, die in die Operationen des jeweiligen Basissystems transformiert und von diesem ausgeführt werden.

Literatur

[CL88]   W.B. Croft and L.S. Lefkowitz. A Goal-Based Representation of Office
            Work. In W. Lamersdorf, editor, *Office Knowledge: Representation,
            Management, and Utilization* , Elsevier Science Publishers B.V. (North
            Holland), IFIP, 1988.

[FGH*90]   K. Faidt, H. Grünberger, H. Heller, K. Hinkelmann, D. Karagiannis,
            W. Salzmann, and S. Schebiella. *Organisation Support System*. Interner
            Bericht, FAW, Ulm, 1990.

[FK90]   K. Faidt and D. Karagiannis. Knowledge-Based Application in Office
            Information Systems: An Integration Approach. In *Int. Conference on
            Data Base and Expert Systems Applications DEXA '90*, Springer Verlag,
            1990.

[HF89]   A. Weber H. Fleischhack. *Rule Based Programming, Predicate Transi-
            tion Nets and the Mode of Office Procedures and Flexible Manufacturing
            systems*. Bericht TI 3, Universität Oldenburg, 1989.

[Huh87]   M. Huhns. *Distributed Artificial Intelligence*. Pitman, 1987.

[Hun88]   L. Hunter. AI Attitude and Techniques Informing CSCW. *Artificial
            Intelligence Research*, 1988.

[Kar89]   D. Karagiannis. Flexible Bürosysteme (FBS) - Architektur und Ein-
            satzmöglichkeiten. In T. Pietsch S. Fuhrmann, editor, *Praktische An-
            wendungen moderner Bürotechnologien, Band 12*, Erich Schmitt-Verlag,
            1989.

[Kem88]   C. Kemke. Darstellung von Aktionen in Vererbungshierarchien. In
            W. Höppner, editor, *Künstliche Intelligenz, GWAI-88*, Springer-Verlag,
            1988.

[KK87]   A.K. Kaye and G.M. Karam. Cooperating Knowledge-Based Assistants
            for the Office. *ACM Transactions on Office Information Systems*, 5(4),
            1987.

[Kra87]   H. Krallmann. Expertensysteme in der Bürokommunikation. In *VDI
            Berichte Nr. 663*, VDI, 1987.

[KT89]   D. Karagiannis and G. Thurnes. Strukturierung von Wissensräumen im
            Bankbereich: Fallbeispiel Aktienanalyse. In *Proc. of 5. Österreichische
            AI-Tagung, ÖGAI 89*, 1989.

[LHWM88]   F.H. Lochovsky, J.S. Hogg, S.P. Weiser, and A.O. Mendelzon. OTM:
            Specifying Office Tasks. In R.B.Allen, editor, *Conference on Office
            Information Systems* , Palo Alto, California , 1988.

[Thu90]   G. Thurnes. *Expertensystemgestützte Aktienanalyse*. PhD thesis, Uni-
            versität Ulm, 1990.

[TLF88]   M. Tueni, J. Li, and P. Fares. AMS: A Knowledge-based Approach to Task Representation, Organization and Coordination. In R.B.Allen, editor, *Conference on Office Information Systems* , Palo Alto, California , 1988.

[WK85]   G. Woetzel and Th. Kreifelts. *Die Vorgangssprache CoPlan.* WISDOM-forschungsbericht FB-GMD-85-92, Gesellschaft für Mathematik und Datenverarbeitung St. Augustin, 1985.

[Zis78]   M.D. Zisman. Use of Production Systems for Modeling Asynchronous Concurrent Processes. In *Pattern-directed Inference Systems*, Academic Press Inc., 1978.

Einsatz und Wartung eines wissensbasierten Systems zur Benutzerberatung in Rechenzentren

Universität Karlsruhe

Rechenzentrum

Dipl.-Inform. Harald Eckert

Abstract

Der Schwerpunkt dieses Artikels befaßt sich mit den Problemstellungen, die der Einsatz und die Aktualisierung eines wissensbasierten Systems zur Benutzerberatung im Dienstleistungsbetrieb "Universitätsrechenzentrum" aufwirft. Damit der Entwicklungstand des Systems richtig eingeordnet werden kann und die im Einsatz und der Wartung des Systems aufgetretenen Problemstellungen nachvollzogen werden können, wird ein kurzer Abriß der mit dem Einsatz des Benutzerführungssystems verbundenen Zielsetzungen gegeben. Desweiteren wird die funktionale Architektur des Systems erläutert. Die beim Einsatz des Systems gewonnenen Erfahrungen werden dann anhand einer Betrachtung der Zielerfüllung ausgeführt.

Darüberhinaus wird noch auf die Wartung des Systems allgemein und im speziellen auf die organisatorischen Aspekte der Wartung innerhalb der betrieblichen Alltagsorganisation des Rechenzentrums und die damit verbundene Problematik eingegangen. In diesem Rahmen wird dann die Praktikabilität einer Wartungsorganisation in Form des scheduled-maintenance bewertet.

In einem abschließenden Ausblick wird eine geplante Systemneukonzeption skizziert.

1   Motivation für ein System zur Benutzerberatung

In einer Zeit der "Gegenwartsschrumpfung" (siehe [Lübbe89]), in der die Zeitspanne zwischen technischen Innovationen sich immer mehr verkürzt, wird es für den Einzelnen immer schwerer, die vielfältige und diffuse Informationslandschaft an einem Rechenzentrum einer Universität mit seinen heterogenen und dezentralen Systemen zu überblicken.

Dies hat zur Folge, daß die Nutzer der Dienstleistungen eines Rechenzentrums die Übersicht verlieren und somit ein von ihnen beabsichtigter Zugriff auf relevante Informationen erschwert wird.

Dem dadurch entstehenden Beratungsbedarf darf sich ein Rechenzentrum einer Universität in seiner Funktion als Dienstleistungsbetrieb nicht verschließen. Vielmehr muß es Aufgabe sein, diesen Beratungsbedarf *benutzeradäquat* und *effizient* zu befriedigen.

Um diesen Beratungsbedarf zu befriedigen bedarf es einer großen Anzahl von kompetenten Mitarbeitern (exemplarisch seine hierbei genannt Operateure, Systemgruppe, Anwendergruppe Geschäftsführung etc.) "Experten", die das organisatorische und DV-Wissen den entsprechenden Nutzern zur Verfügung stellen.

Aber selbst auf dieses umfangreiche Wissen zuzugreifen, d.h. einen kompetenten Ansprechpartner für eine gegebene Problemstellung zu finden, wird für die Nutzer der Rechenzentrumsleistungen immer schwerer (*Zugriffsproblematik*).

Ein weiterer Problempunkt in komplexen, verteilten Systemen besteht darin, für die vorhandenen Software- und Hardwarefunktionen und die zugeordneten Ansprechpartner (DV-Experten) eine Dokumentation aufzubauen bzw. eine vorhandene Dokumentation zu erweitern oder zu aktualisieren (*Dokumentationsproblematik*).

Es liegt also nahe, die Dokumentation EDV-technisch zu unterstützen und sie zugleich derart zu gestalten, daß sie auch als Auskunftsmittel für Nutzer eingesetzt werden kann.

Aus diesen Überlegungen heraus wurde dann unter Einsatz von wissensbasierten Methoden ein Informationssystems entwickelt, welches bei den obig genannten Problematiken konkrete Abhilfe verspricht:

Das Benutzer-Führungs-System (BFS).

Die Konzeption des Benutzerführungssystems als wissensbasiertes System erfolgte mit dem Hintergrund, daß man zum einen die Einsatzmöglichkeit von wissensbasierten Systemen im Dienstleistungssektor Rechenzentrum eruieren wollte und sich zum anderen von diesem methodischen Ansatz Vorteile in der Wartungsphase des Systems versprach (siehe Kapitel 2).

Darüberhinaus verfolgte man mit dem Einsatz dieses System die Absicht, die Experten am Rechenzentrum von Routineanfragen zu befreien und das Informationsangebot am Rechenzentrum organisatorisch zu koordinieren und die verschiedenen Informationsquellen zu konsolidieren und zu integrieren.

Zusammenfassend kann also gesagt werden, daß die folgenden Punkte die Intention bildeten, das wissensbasierte Benutzerführungssystem zu entwickeln:

1) Aufbau eines "aktiven", EDV-gestützten Dokumentationsmittels

2) Koordination und Integration der Informationsangebotes am Rechenzentrum

3) Aufbau einer zentralen und interaktiv abrufbaren Informationsstelle für Benutzer, die den Zugriff auf problemadäquate Informationen erleichtert

4) Damit verbunden eine Verbesserung der Beratungsqualität durch permanenten Zugriff auf relevante Informationen

5) Letztendlich wäre mit dem Einsatz des Systems auch ein gewisser Entlastungseffekt der Berater am Rechenzentrum von Routine- bzw. Bagatellanfragen (Rationalisierungsaspekt) dadurch erreicht werden, daß ein der Kommunikation zwischen Benutzern und Beratern zwischengeschalteten Informationsmedium angeboten wird.

2   Erfahrungen im Einsatz und Wartung des Systems

Um den Einsatz und die Wartung des BFS sowohl innerhalb des gegebenen organisatorischen Rahmen des Dienstleistungsbereichs Rechenzentrum, der vorgegebenen Zielsetzungen und aus Sicht der Benutzer des Systems betrachten zu können, ist eine Betrachtung der funktionalen Architektur des Systems unerläßlich.

Die im Anschluß daran ausgeführten Erfahrungen mit dem System umfassen sowohl die Sicht des Managements, deren Ziele beim Systemeinsatz in Kapitel 1 ausgeführt wurde, und andererseits aber ausgewählte Benutzeraspekte beim Einsatz.

Darüberhinaus stellen die im Rahmen der Wartung des Systems gewonnen Erkenntnisse sicher Aspekte dar, die einer Betrachtung bedürfen, wenn es gilt, die Einsatzmöglichkeiten der Expertensystemtechnologie im Dienstleistungssektor zu beurteilen.

2.1   Die funktionale Architektur des Systems

An dieser Stelle soll nicht die interne Realisation des Systems im Vordergrund stehen, auf die in [Eckert_89], [Fries_88], [HECTOR_88], [Klein_87] [Nguyen_90] intensiv eingegangen wird, sondern die funktionale Architektur des Systems (siehe Abb.: 1), wie sie sich einem Benutzer (eingeschränkt auf die Dialog-, Problemlösungskomponente und Wissensbasis) oder einem Mitglied der Wartungsgruppe zeigt, zu betrachten.

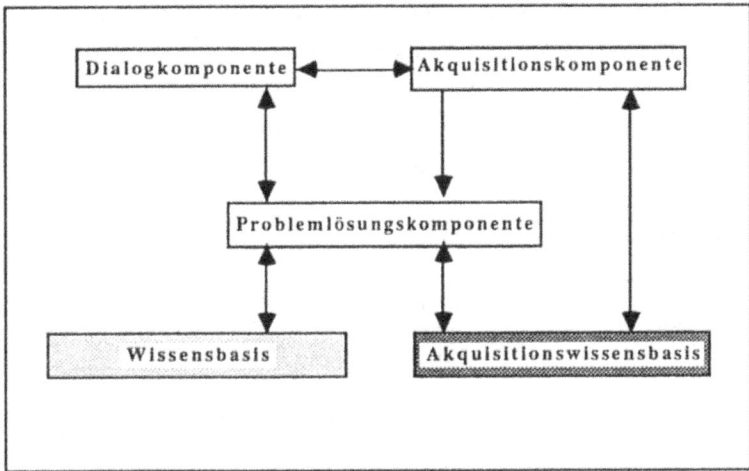

Abb.: 1 *Funktionale Architektur des BFS*

Ein Benutzer kommuniziert in einem maskenorientierten Dialog mit quasinatürlichsprachlichen Merkmalen wie z.B. eine Worterkennungskomponente, Behandlung von Synonyma, Behebung primitiver Schreibfehler etc. mit dem System (**Dialogkomponente**).

Dabei wird in einem benutzerdominanten, Situationsspezialisierung genannten Prozeß das Interessensgebiet des Benutzers, bezüglich dessen er Informationen erhalten will, im Dialog mit dem System eingegrenzt.

Dabei bewirkt die Situationsspezialisierung, daß der für den Benutzer relevante Problembereich frühzeitig fokusiert werden kann. Somit können für den Benutzer dynamisch die relevanten Informationen (in Form von im System gespeicherten Dokumente) ermittelt werden, die ihm dann präsentiert werden können.

Dieser Prozeß stellt den wesentlichen Teil der Funktionalität der **Problemlösungskomponente** dar, die auf das im BFS enthaltene Experten-Wissen zurückgreift.

Dabei existieren im System zwei Sichten auf dieses Expertenwissen, die sich in zwei unterschiedlichen Repräsentationen manifestieren:

1) die *externe* Wissens-Repräsentation (*Benutzersicht*)

2) die *interne* Wissens-Repräsentation (*Systemsicht*)

Die interne Repräsentation in Form von PROLOG-Fakten, Dateien einem Dictionary mit Stichwörtern und zugehörigen, internen Schlüsseln etc. bleibt für einen Benutzer verborgen, so daß die weiteren Ausführungen sich auf die externe Repräsentation des Wissens beschränken.

Diese externe Repräsentation unterteilt sich konzeptuell in 3 Arten:

1) Das **Wörterbuch** dient hierbei zur Identifikation einer vom Benutzer definierten Einstiegssituation bei der Problemlösung. Dieser gibt dem System ein initiales Stichwort (als grobe Festlegung des für ihn relevanten Problembereichs) vor, das als Ausgangspunkt für die Problemlösung dient.

Dieses initiale Stichwort wird dann entweder direkt oder indirekt (über Behandlung von Synonyma oder eine Schreibfehlerbehandlung) auf ein dem System bekanntes Stichwort abgebildet.

Alternativ dazu kann ein Benutzer sich ein initiales Stichwort auch vom System vorgeben lassen.

2) **Strukturwissen**, das sich in Form eines *hierarchischen Klassen-Beziehungs-Modells* zeigt und aus einer Stichworthierarchie und einer Anzahl von Beziehungen zwischen den Klassen besteht.

Zwischen je zwei Klassen können Beziehungen definiert werden (siehe Abbildung.: 2), wobei diese immer zielgerichtet sind, d.h. es gibt immer eine *Ausgangsklasse* (im Bild die Klasse Großrechner) und eine *Zielklasse* (im Bild die Klasse Software)

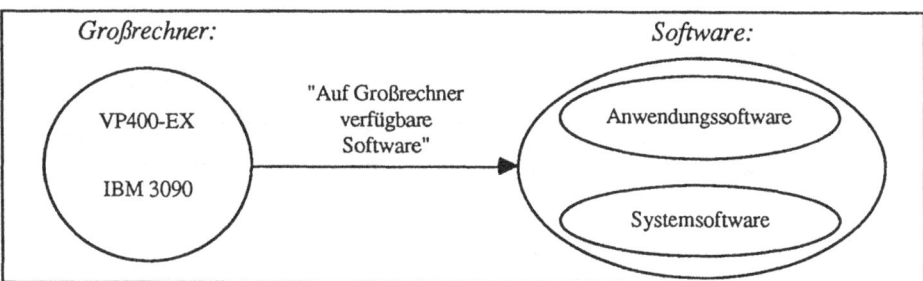

Abb. 2: Beispiel einer Beziehungsdefinition

Welche Elemente der beiden Klassen tatsächlich miteinander in Beziehung stehen, wird durch *Beziehungspaare* mit je einem Element aus beiden Klassen festgehalten:

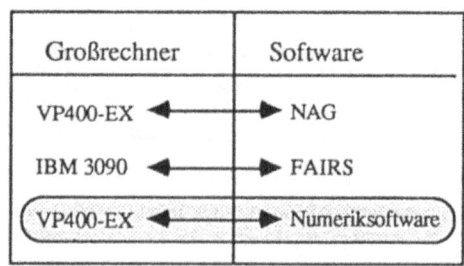

Abb.: 3.

Enthält ein Beziehungspaar eine Klasse - in Abb.: 3 z.B. (VP400-EX,Numeriksoftware) -, so gilt die

Beziehung für jedes Element dieser Klasse (im Beispiel würde das bedeuten, daß jedes, am Rechenzentrum verfügbare Numeriksoftware-Produkt auf der VP400-EX vorhanden ist).

Zwischen den Klassen bestehen desweiteren Verfeinerungsrelationen, d.h. zu einer *Klasse* existieren mehrere *Unterklassen*, so daß eine Hierarchie von Klassen entsteht. Die unterste Ebene dieser Klassenhierarchie werden *Blattklasse* und ihre Mitglieder *Individuen* genannt.

3) Ein weiterer Teil des Wissens bilden die im BFS abgelegten **Dokumente**. Diese enthalten diejenigen, detaillierten Informationen, die es bei der Suche nach relevanten Informationen für den Informationsbedarf des Benutzers zu berücksichtigen gilt. Dabei kann der Problemlösungsprozeß als eine Art zweckgerichteter, strukturierter Navigationsprozeß durch die Gesamtheit an zugreifbaren Informationen verstanden werden. Der Übergang vom Navigationsprozeß zum Informationsprozeß wird dadurch gewährleistet, daß den konzeptuellen Komponenten des Strukturwissens ein Dokument zugeordnet ist. Im Einzelnen heißt das, daß jeder Klasse, Unterklasse, Individuum, Beziehung und jedem Stichwort ein Dokument (hierbei in Form eines *Informationstextes*) zugeordnet werden kann.

Bei einer Blattklasse gibt es zusätzlich die Möglichkeit, *Attribute* zu definieren, so daß dann den Elementen dieser Blattklasse - den Individuen - entsprechende Ausprägungen der Attribut-Werte zugeordnet werden können (zusätzlich zu ihrem eigentlichen Informationstext).

Beispielsweise wurden für die Blattklasse "RZ-Mitarbeiter" die Attribute: Name, Telefonnummer, Zimmer, Sprechzeiten usw. definiert.

Eine Darstellung des im System abgelegten Strukturwissens und seiner Verbindung zu den relevanten Dokumenten zeigt die folgende, stark simplifizierte Abbildung:

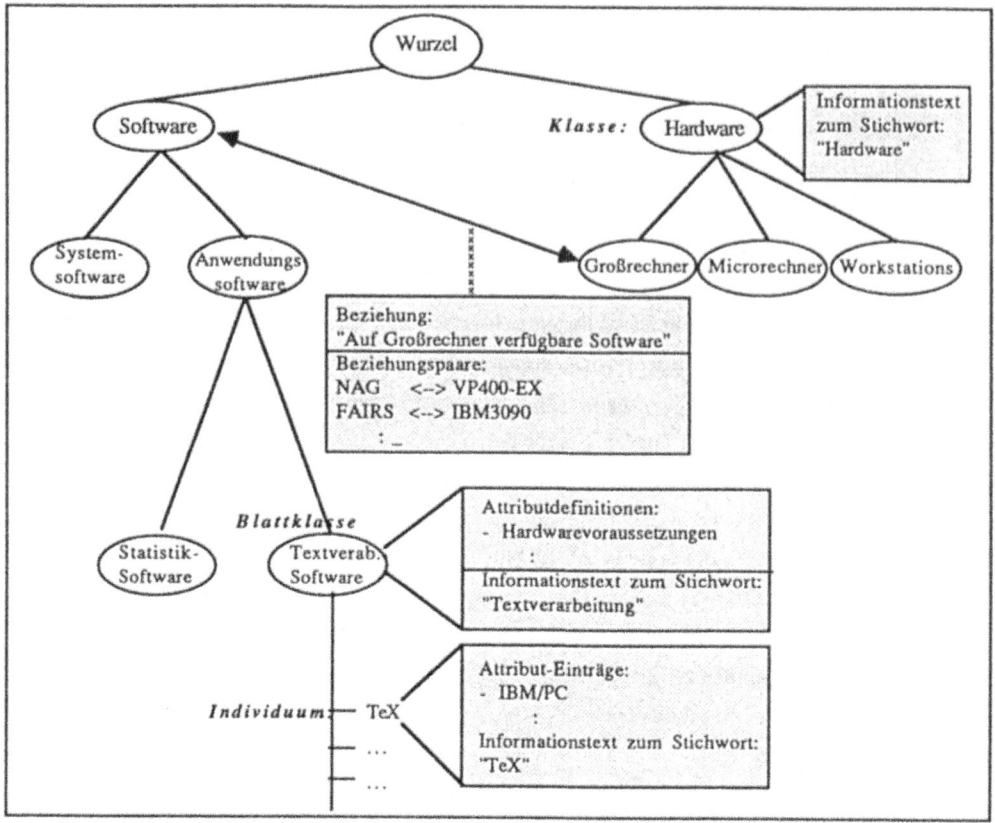

Abb. 3: Das Modell des Strukturwissens und zugeordneter Dokumente im BFS

2.2 Erfahrungen und Bewertung des Systemeinsatzes

Bezüglich der intendierten Ziele eines Systemeinsatzes kann gesagt werden, daß das System nunmehr seit November 1987 als zusätzliche Informationsquelle für die Rechenzentrumsbenutzer im Betrieb ist.

Der Zugang zum System ist für die Benutzer sowohl direkt von der Basismaschine des Systems aus (eine IBM 4381) als auch über die vorhandenen Rechnernetze möglich, wobei das Informationssystem sowohl unter der benutzereigenen Nummer als auch über vier öffentliche Benutzernummern genutzt werden kann. Darüberhinaus wurde im Januar 1988 ein öffentlich zugängliches Terminal aufgestellt, auf dem ausschließlich das BFS genutzt werden kann

Somit konnte die Zielsetzung, eine zentrale und interaktiv abrufbare Informationsstelle für Benutzer und ein "aktives" EDV-gestütztes Dokumentationsmittel aufzubauen, erreicht werden.

Jedoch gelang es in diesem Zeitraum nicht, die verschiedenen Informationsquellen am Rechenzentrum zu einer einzigen zusammenzufassen und eine im Rahmen eines solchen Integrationsprozesses notwendige Konsolidierung der vorhandenen Informationsquellen verbunden mit einer gleichzeitigen Kanalisation der Information vorzunehmen (es konnte zwar das Angebot an Informationen bereichert werden, aber die Nachfrage orientierte sich noch immer an den herkömmlichen Informationsstrukturen).

Es wurde im Verlauf des Systemeinsatzes erkannt, daß eine Koordination und Integration des Informationsangebotes auf eine zentrales Medium anderen Gesetzmäßigkeiten unterworfen ist (so hängt es vielmehr von der Akzeptanz der Benutzer ab, als zum Zeitpunkt der Entwicklung angenommen wurde) und somit auch mit dem Entwurf und dem Einsatz eines wissensbasierten Informationssystems allein nicht erreicht werden konnte.

Insofern wurde dieses weitere primäre Ziel zwar nicht erreicht, jedoch konnte in diesem Zusammenhang aber die wichtige Erkenntnis gewonnen werden, daß neben den rein technischen Problemen und Aktivitäten einer Expertensystementwicklung für den Dienstleistungssektor der organisatorische Faktor im speziellen und die Gesamtheit der organisatorischen Systemumgebung im allgemeinen ebenfalls Ansatzpunkt von Veränderungen und Maßnahmen sein müssen, wenn es darum geht, ein effektives und benutzerorientiertes Dienstleistungsangebot zu realisieren.

2.3   Der Aspekt der Wartung des Systems

Über den Aspekt der technischen Durchführbarkeit einer Entwicklung eines wissensbasierten Systems im Dienstleistungssektor Benutzerführung darf vor allem ein Punkt nicht außer Acht gelassen werden, dessen Tragweite den Erfolg einer zumeist sehr kosten- und zeitintensiven Entwicklung eines wissensbasierten Systems mit dem geschilderten Funktionsumfang und der verbundenen Komplexität entscheidend beeinflußt, nämlich der Gesichtspunkt der Wartung des Systems im Rahmen einer betrieblichen Alltagsorganisation.

Mit der Konzeption des Informationssystemes als wissensbasierten System, wollte man die prinzipiell sich ergebenden Vorteile dieses Ansatzes nutzen.

Dieser besteht darin, daß durch die Trennung der Wissens (in der Wissensbasis) von seiner Verarbeitung (durch die Problemlösungskomponente) und eine explizite Repräsentation des Wissens eine bessere Wartbarkeit (im Sinne einer leichteren Modifizierbarkeit, Änderbarkeit, Anpassbarkeit und Erweiterbarkeit) des Systems gegeben sein sollte.

In der dem BFS zugrundeliegenden Wartungsorganisation wurde nun dieser Vorteil der Trennung von Funktionssystem und Wissensbasis dahingehend ausgenutzt, daß die entsprechenden Wartungsaktivitäten in Form von *Korrekturen* (im wesentlichen Fehlerbehebung), *Anpassungen* und einer *Erweiterung* des System im funktionalem Bereich und bezüglich der in der Wissensbasis vorhandenen Informationseinheiten (in Anlehnung an die drei Wartungskategorien der *corrective*, *adaptive* und *perfective* maintenance die Swanson in [Swanson_78] unterscheidet) organisatorisch auf zwei Betätigungsfelder (Stellen) aufgeteilt werden konnten:

1)   Aktivitäten zur Koordination der Aktualisierung und Neuakquisition von Wissensfragmenten (Tätigkeiten des Informationsadministrator)

2)   Aktivitäten bezüglich Fehlerbeseitigung und der Erweiterung der funktionalen Architektur des Systems (technische Systembetreuung)

Während dadurch die Aufbauorganisation der Wartung als "natürlich vorgeben" angesehen werden kann, war die Wahl einer geeigneten Ablauforganisation eine weitaus schwierigere Aufgabe.

Um einen weitgehend stabilen organisatorischen Planungszeitraum zu haben, die Benutzer nicht durch eine zu schnelle Versionenfolge des Systems zu überfordern und aufgrund der Kenntnis der großen Dynamik des Anwendungsbereiches wurde der Ansatz der *scheduled maintenance* gewählt (siehe [Lindhorst_73]; weitere detailliertere Aussagen zum Wartungsprozeß des BFS finden sich in [Pfirrmann_90]).

Anzumerken wäre hierbei noch daß in der doch mittlerweile äußerst mannigfaltigen Expertensystemliteratur konkrete Aussagen und Erfahrungsberichte über die Wartung von Expertensystemen allgemein und einer dafür geeigneten Wartungsorganisation im speziellen kaum zu finden sind so daß für diese spezielle Software anscheinend gilt (siehe [Bendifallah_87]):

"Yet software maintenance remains the least understood and most problematic part of the software process".

So stellte die gewählte Vorgehensweise auch den Versuch dar, ein aus der Wartung von konventioneller Software bekanntes Wartungskonzept auf die spezielle Ausgangslage bei wissensbasierten Systemen zu übertragen.

Nach nunmehr einem Jahr Erfahrung bezüglich dieses Ansatzes soll an dieser Stelle jedoch nur zusammenfassend gesagt werden, daß:

- er prinzipiell für die Wartung eines wissensbasierten System geeignet ist
- damit eine gute personelle und zeitliche Planung der Wartungsaktivitäten erfolgen konnte
- wie erwartet keine Überforderung der Benutzer durch einen schnellen Versionenwechsel eintrat
- die Größe des Wartungsintervalls jedoch sehr sorgfältig die (nicht immer kalkulierbare) Dynamik einer Domäne mitberücksichtigen muß.
- bei größeren Restrukturierungsmaßnahmen an der Wissensbasis oder bei funktionalen Erweiterungen des Systems ein Wartungszyklus nicht ausreicht, um die Arbeiten abzuschließen
- die bezüglich der Granularität des Wartungsintervalls widersprechende Anforderungen aufeinandertreffen, So läßt sich die Forderung, neue Informationen möglichst schnell im System zur Verfügung zu stellen nur durch Wahl einer feinen Granularität der Wartungsmaßnahmen (kurze Intervalle) befriedigen.

  Gleichzeitig bedingen aber aufwendige strukturelle und funktionale Änderungen des Systems (auch im Hinblick auf eine Überforderung der Benutzer durch zu schnellen Versionenwechsel) eine gröbere Granularität und damit größere Wartungsintervalle.

  Aus dieser Situation heraus wurden dann zwei Wartungsintervalle definiert, wobei der Planungs-, Steuerungs und Kontrollaufwand dadurch erheblich gewachsen ist und zudem eine Priorisierung und Koordination der Arbeiten erfolgen mußte, da das Wartungspersonal für beide Intervalle identisch ist.
- es immens schwierige Entscheidungssituationen entstehen, wenn es zu beurteilen gilt, welche Wartungsmaßnahmen in dem aktuellen Wartungsintervall ausgeführt werden bzw. auf ein darauffolgendes verlegt werden können (d.h. aufgrund zeitlicher oder personeller Kapazitätsgrenzen eine Priorisierung der Wartungsanträge erfolgen muß).

Die gewählte Form der Ablauforganisation der Wartung ergänzt durch die arbeitsteilige Vorgehensweise erwies sich darüberhinaus als äußerst effektiv und effizient, da erhebliche Synergieeffekte zwischen den doch sehr unterschiedlichen Sichtweisen auf das System zu verzeichnen waren, die dem Informationsadministrator (als Koordinator der gesamten Wartungsaktivitäten) oft Handlungsalternativen bei einem konkreten Wartungsbedarf aufzeigten. Desweiteren war es dadurch möglich, die durch die jeweilige Wartungssituation geforderten Aktivitäten auf das technisch und personell Machbare zu relativieren.

Im Verlauf der Wartungsaktivitäten mußte jedoch erkannt werden, daß die Dynamik der Problemdomäne des BFS so groß ist, daß konzeptuell bereits ausgereifte Änderungen der funktionalen Architektur (siehe [Eckert_89]) hinter die Aktualisierung der Wissensbasis zurückgestellt wurden.

Der Grund lag unter ander darin, daß Untersuchungen ergaben, daß die Aktualität der im System gespeicherten Informationen mit das ausschlagende Kriterium für eine Akzeptanz des Systems durch die Benutzer ist.

3 Ausblicke und Tendenzen für eine Weiterentwicklung

Aufgrund der obig ausgeführten Aktualisierungsproblematik und der großen Dynamik der Problemdomäne (man Bedenkte nur die zahlreiche sich ergebenden Möglichkeiten, die durch eine länderweite Vernetzung und eine damit verbunden, notwendige Ausweitung eines solchen Informationssystems entstehen !) wird zur Zeit eine Phase des konzeptuellen Redesigns des Systems durchlaufen.

Die grundlegende Designidee besteht darin, eine Trennung von Informationshaltung (in Form einer Datenbank) und -zugriff (wissensbasierte Benutzerführung) zu realisieren, so daß die Experten am Rechenzentrum selbst (als primäre Informationsquelle) ihr im System abgelegtes Wissen aktualisieren können. Durch diese Vorgehensweise soll die obig angedeutete Aktualisierungsproblematik gemindert werden, so daß auch funktionale Erweiterungen des Systems aufgrund veränderter Anforderungen der Benutzer im Rahmen der Wartung absolviert werden können.

4 Literatur

[Bryant_88]   Nigel Bryant

"Managing Expertsystems"

John Wiley & Sons 1988

[Bendifallah_87]   S. Bendifallah, W. Scacchi

"Understanding Software Maintenance Work
in: IEEE Transactions on Software Engineering, Vol SE-13 NO. 3, March 1987

[Eckert_89]   Harald Eckert

"Ein Benutzerführungssystem am Rechenzentrum: Ziele, Problematiken und

Anregungen"

Vortrag im Rahmen des Informatikkolloquiums der Rheinisch Westfälischen

Wilhelms Universität Münster 1989

[Fries_88]   Wilhelm Fries

"Entwurf eines Wissenserwerbskomponente für das Benutzerführungssystem

(BFS)"

Diplomarbeit an der Universität Karlsruhe, Fakultät für Informatik, Lehrstuhl für

Organisation von Datensystemen 1988

[HECTOR_88]   Application Brief 25

"User Guidance System - A Research Project of HECTOR"

IBM Aplications Brief; IBM Form D 12-0225

[Klein_87]   Gernot Klein

"Entwicklung der Dialogkomponente zu dem Expertensystem Benutzerführung

am Rechenzentrum Karlsruhe"

Diplomarbeit an der Universität Karlsruhe, Fakultät für Informatik, Lehrstuhl für

Organisation von Datensystemen 1987

[Lindhorst_73]   W.M. Lindhorst

"Scheduled Maintenance of Applications Software"
in: DATAMATION, May 1973, S. 64 - 67.

[Lübbe_88]   Hermann Lübbe
in: ONLINE 9/88

[Nguyen_90]   Hoang-Nam Nguyen

"Eine Darstellung der technischen Systemseite des wissensbasierten Benutzer-
führungsystems (BFS)"

Studienarbeit an der Universität Karlsruhe, Fakultät für Informatik, Lehrstuhl für

Organisation von Datensystemen 1990

[Pfirrmann_90]   Matthias Pfirrmann

"Die Wartung des wissensbasierten Benutzerführungssystems"

Studienarbeit an der Universität Karlsruhe, Fakultät für Informatik, Lehrstuhl für

Organisation von Datensystemen 1990

[Schneidewind_87] N. F. Schneidewind

"The State of Software Maintenance
in: IEEE Transaction on Software Engineering Vol SE-13 NO. 3, March 1987

[Swanson_77]   Burton Swanson

"The Dimensions of Maintenance"
in: 2nd International Conference on Software Engineering 13-14 Oct 1976, San
    Francisco, California, 1977

Projekterfahrung aus der Entwicklung eines wissensbasierten Strategie-Diagnosesystems

Michael Müller-Wünsch, Technische Universität Berlin, Fachbereich Informatik

1. Die Bedeutung des Computereinsatzes im strategischen Management

Gegenstand des strategischen Managements ist die Diffusion der Vision bzw. des Leitbilds einer Unternehmung in alle operationalen und funktionalen Bereiche einer Unternehmung. Dabei liegt der Schwerpunkt auf der verstärkten Berücksichtigung der Individuen und Gruppen innerhalb einer Unternehmung hinsichtlich ihrer zentralen Rolle beim Unternehmenserfolg [HAX88, S. 129]. Ziel des strategischen Managements ist die ganzheitliche Betrachtung der Wertvorstellungen des Unternehmens, der Fähigkeiten der Mitarbeiter und der administrativen Systeme, die die strategische und operationale Entscheidungsfindung auf allen Hierarchieebenen in allen Bereichen der Unternehmung begünstigt.

Ein wesentlicher Vorgang im strategischen Management ist die Unternehmensstrategieplanung, der die vollständige Beschreibung der Unternehmensstrategie umfaßt. Diese zunächst extern orientierte Vorgehensweise konzentriert sich auf die Lagebeurteilung der Markt- und Wettbewerbssituation sowie der systematischen Auslotung strategischer Freiheitsgrade [TIMMERMANN88, S. 87]. Durch die Hinzunahme der wichtigsten Komponenten des Führungssystems und der Unternehmenskultur reift dieser Ansatz zu einem strategischen Führungskonzept.

Um diesem hohen Anspruch gerecht zu werden, müssen viele Detailprobleme im Rahmen des Strategieentwicklungsprozesses berücksichtigt werden. Die menschlichen Informationsverarbeitungskapazitäten können in vielen Situationen nur noch intuitiv und aggregiert eine Unternehmensstrategiebewertung durchführen. Durch den Einsatz von Informationstechnologien werden diese Verarbeitungsprobleme minimiert werden, indem Teile der Lagebeurteilung durch Computer-gestützte Assistenzsysteme dem Unternehmensplaner abgenommen werden, die über die fachliche Kompetenz eines strategischen Planers verfügen.

Ein Strategieprojekt kann in drei wesentliche Phasen untergliedert werden: Strategie-Status-Quo, -bewertung, -generierung und -umsetzung (Abb. 1), denen der Schritt der Projektvorbereitung vorangeht

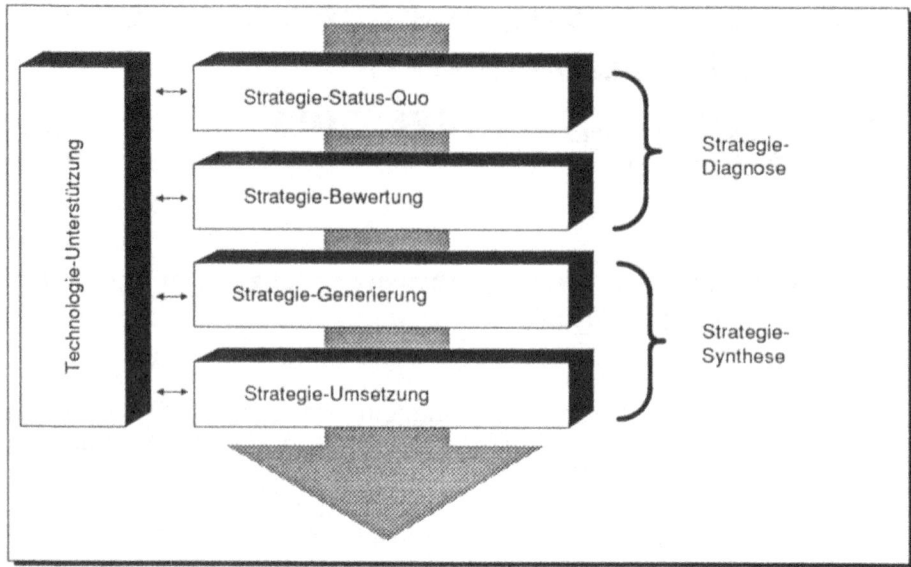

Abb. 1:   Phasen eines Strategieprojekts in Anlehnung an KRALLMANN90

[FEIDER88, S. 669]. Nach HANSSMANN et al. können die folgenden Informationsarten für die jeweiligen Phasen eines Strategieprojekts unterschieden werden [HANSSMANN88, S. 719 ff]:

» beschreibende/buchhalterische Informationen,

» erklärende und prognostische Informationen und

» normative Informationen.

Allerdings ist der strategische Wert der beschreibenden bzw. buchhalterischen Informationen mit einem Umfang von etwa 90% des EDV-Aufwandes mit 10% eher gering einzuschätzen [HANSSMANN88, S. 721]. Neben der reinen Datenversorgung aus der klassischen DV

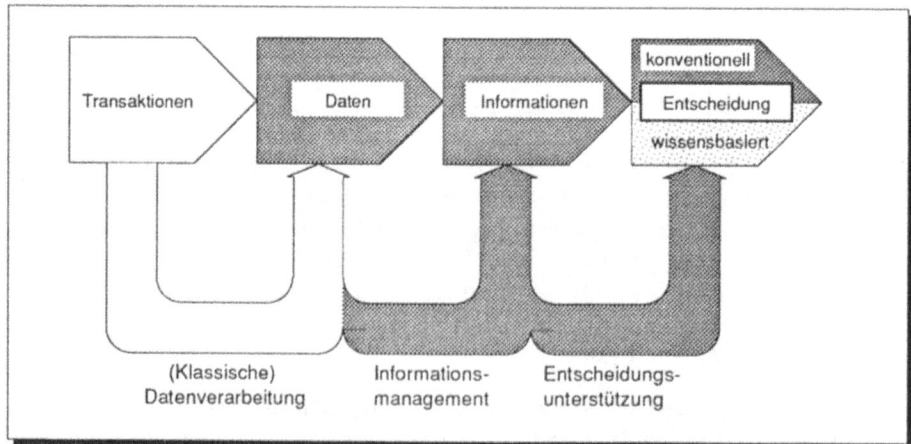

Abb. 2:   Schwerpunkt des DV-Instrumentariums für das strategische Management: Informationsmanagement und Entscheidungsunterstützung in Anlehnung an HANSSMANN88, S. 731

bekommt als Weiterentwicklung konventioneller Entscheidungsunterstützungssysteme (EUS) die wissensbasierte Informationsverarbeitung immer mehr Bedeutung (Abb. 2). Diese kann entscheidend für
die Wettbewerbsposition eines Unternehmens sein, wenn die Informa-
tions- und Wissensverarbeitung den Stellenwert einer strategischen
Erfolgsgröße erhält. Die besonderen Anforderungen durch das strategische Management an diese Wettbewerbsdeterminante lassen sich
folgendermaßen beschreiben [MOORMANN89, S. 34 f]:

» In der strategischen Unternehmensplanung variiert der Informationsbedarf ständig.

» Die Informationen werden adhoc benötigt und umfassen sowohl interne als auch externe Daten.

» Informationen stehen häufig nicht in quantitativer Form zur
Verfügung und sind meist mit hoher Unsicherheit belastet.

Insbesondere der letzte Aspekt hat in den vergangenen Jahren dazu
geführt, daß es vielfältige Bemühungen gab, durch den Einsatz wissensbasierter Systeme den Strategieentwicklungsprozeß zu formali-
sieren und DV-technisch zu unterstützen. MERTENS et al. führen etwa 20 wissensbasierte Systeme auf, die den strategischen Entscheidungsprozeß unterstützen sollen [MERTENS90, S. 235 ff]. *"Der wohl
umfassendste Ansatz von WBS im Funktionsbereich Planung/Führung
[das System CASA, Anm. d. Verf.] ist von der Deutschen Gesellschaft
für Mittelstandsberatung, München, realisiert worden."* [MERTENS90,
S. 239]. Andere wesentliche, wissensbasierte Systeme sind [DANNEN-
BERG90]

» STRATEX (und STRATEX II) [PLATTFAUT88],

» SCAI: Strategy Checking by Artificial Intelligence [RUHLAND87],

» SMARTD: Strategic Management for Analysis and Research in
Technology Diffusion [GÖTTINGER85],

» SAES: Situation Assessment Expert System [GOUL87],

» STRATEGIC PLANNER [MOCKLER89],

» ICS: Integrated Consulting System [SYED88].

Diese wissensbasierte Systeme wirken der Tendenz entgegen, die mit
dem Einsatz konventioneller EUS im strategischen Management
durch die streng quantitativ-orientierte Vorgehensweise entstanden
ist. Es werden eher die erfolgsversprechenden Größen des strategischen Managementprozesses - die Kreativität und die unternehmeri-
sche Intuition - gefördert, indem die weiche Dimension des strategischen Managements in den Systemen leichter modelliert werden
kann.

Ein solches System wird im folgenden dargestellt. Die Entwicklung
des heute eingesetzten Strategieberatungssystems rekrutierte sich
aus den Überlegungen zu einem wissensbasierten, strategie-orientier-
ten Produktplanungssystem [KRALLMANN87]. Dieser Prototyp zeigte

die grundsätzliche Machbarkeit eines rechnergestützten Ansatzes mit strategischem Aufgabencharakter.

2. Das wissensbasierte Strategie-Diagnosesystem CASA

2.1. Inhalte der Strategie-Diagnose

Durch den Einsatz des Systems CASA (Computer-Assistiertes Strategie Audit) erhält der mittelständische Kunde eine Strategieberatung in etwa der Hälfte der ursprünglichen Zeit bei 25% der bisherigen Kosten. CASA wird dabei hauptsächlich für die *Informationssammlung und -aufbereitung* eingesetzt, um den strategischen Status Quo der Unternehmung in den Feldern

- » Unternehmenskultur,
- » Markt- und Wettbewerbssituation und
- » strategische Kosten- und Ergebnisposition

zu ermitteln. *CASA wird nicht als Ersatz eines Strategieberaters einge-setzt,* sondern die Leistungsfähigkeit von CASA besteht im wesentlichen darin, daß dem Strategieberater *die Strategieproblematik in einer kürzeren Zeit aus diversen Betrachtungswinkeln* aufbereitet wird, die es dann gilt, mit der menschlichen Expertise richtig zu werten und zu interpretieren. Damit diese komplexe Aufgabenstellung erfüllt werden kann, müssen über viele Stunden die Strategie-relevanten Informationen des Unternehmens erfaßt werden.

Einstieg und Segmentierung

Im Einstiegsmodul werden die grundlegenden Merkmale des zu untersuchenden Unternehmens erfragt. Hierzu gehören der Firmenname, die Rechtsform, die Mitarbeiteranzahl, die Branchenzugehörigkeit sowie Standorte und v.a.m. Des weiteren werden die generelle Unternehmenssollstrategie (Kostenführerschaft, Differenzierung oder Nischenstrategie [PORTER87]) und die Unternehmensziele ermittelt.

Die Bildung von Strategischen Geschäftseinheiten (SGE) ist der wesentliche Prozeß, der dem Erfolg einer Strategie-Diagnose und Strategie-Entwicklung zugrunde liegt. Für die Segmentierung von Unternehmen sind bisher keine wissenschaftlich fundierten Methoden bekannt. Nachdem das Einstiegsmodul durchlaufen wurde, segmentiert CASA die angebotenen Leistungen des Unternehmens in verschiedene SGEs. Dazu werden die vom Unternehmen hergestellten Produkte (Produktgruppen) untersucht und aufgrund der Preisstruktur Teilsegmenten zugeordnet. Anschließend werden diese Teilsegmente durch eine Zahl von Merkmalen (z.B. Kostenstrukturen, Märkte, Er-

folgsfaktoren) beschrieben und anhand der Ähnlichkeiten der Beschreibungen zu SGEs zusammengefaßt. Diese Aufteilung des Unternehmens in SGEs bildet die Basis aller weiteren Untersuchungen.

Unternehmenskultur

Die Erfolgsgrößen der Unternehmenskultur, die in CASA betrachtet
werden, sind

» die Kundenorientierung,

» die Strategieorientierung,

» die Mitarbeiterorientierung,

» die Führungseffizienz und

» die Informationsoptimierung [MÜLLER-WÜNSCH89].

Zur Ermittlung der Unternehmenskultur müssen zwei Blöcke bearbeitet werden: zunächst erfolgt eine subjektive Einschätzung der Unternehmenskultur jeweils durch den Unternehmer und durch ein
"Fremdbild", und anschließend wird durch die Bearbeitung eines Fra-
ge-Antwort-Dialogs hinsichtliche der fünf Kulturdimensionen ein
analytisches Ergebnis erarbeitet. Dieses wird in Bezug zu vorher determinierten, strategie-abhängigen Soll-Unternehmenskulturprofilen
gestellt (Abb. 3).

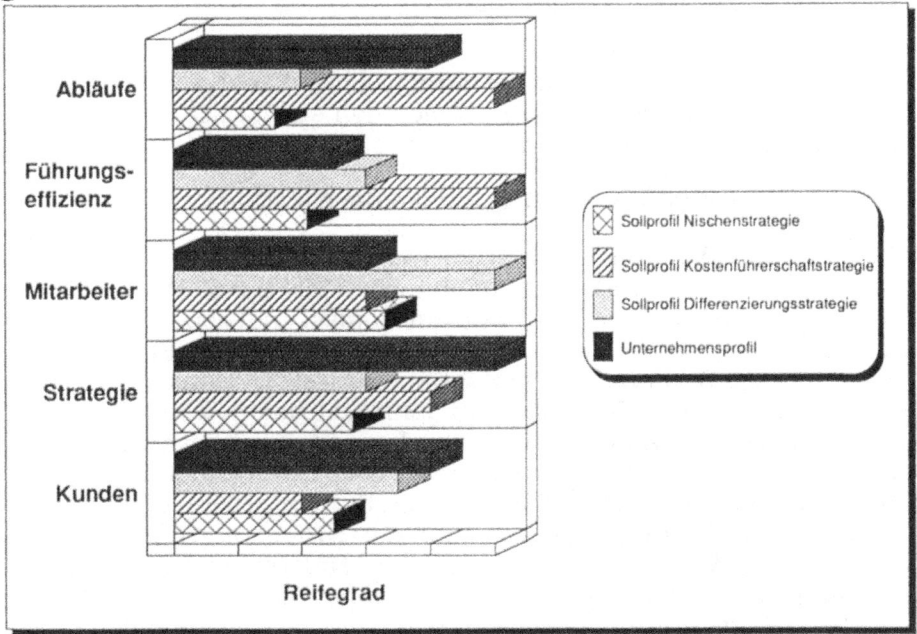

Abb. 3:   Unternehmenskulturprofile im Vergleich zur gewählten Strategie

Markt- und Wettbewerbsanalyse (M+W)

Die M+W ist das Herzstück einer jeden Strategiebetrachtung. Im System CASA soll sie die Beantwortung folgender Fragen unterstützen oder ermöglichen [KRALLMANN90]:

» Wie ist die allgemeine Markt- und Wettbewerbssituation einzelner SGEs des betrachteten Unternehmens?

» Wie funktionieren die Märkte, in denen das betrachtete Unternehmen operiert?

» Welche Regeln sind im Wettbewerb einzuhalten, um sich erfolgreich zu behaupten?

» Bestehen Diskrepanzen zwischen der praktizierten Strategie und der Sollstrategie einzelner SGEs?

Um auf diese Fragen Antworten zu erhalten, durchläuft CASA in seinem M+W-Modul folgende Teilprozesse [KRALLMANN90]:

» Ermittlung der Sollstrategie, des Geschäftstyps und der SGE-Ziele,

» Definition und Bewertung des relevanten Marktes,

» Diskussion der kritischen Erfolgsfaktoren,

» Analyse der Wertschöpfungskette im Unternehmen,

» Bestimmung der Branchenattraktivität und

» Diskussion der determinierten Strategie.

Mittels dieser Schritte wird der strategische Planer in die Lage versetzt, hinsichtlich der M+W-Dimension den strategischen Status Quo zu bestimmen.

Strategische Kosten- und Ergebnisanalyse (SKE)

Der Umfang der von CASA initiierten SKE ist vom Ergebnis des Markt- und Wettbewerbsmodul abhängig. Falls die Marktverhältnisse keine vertiefte Kosten- und Ergebnisanalyse notwendig erscheinen lassen, werden nur einige wenige Betrachtungen im Rahmen einer modifizierten Gewinn- und Verlustrechnungs(GuV)-Analyse durchgeführt. Eine optimale SKE läßt sich dann realisieren, wenn die Kosten- und Ergebnisstrukturen mit den relevanten Wettbewerbern verglichen werden können. Hier werden von CASA zwei Qualitäten angeboten: zum einen eine SKE, die eine quantitative Bewertung ermöglicht (z.B. "Unsere Fertigungskosten sind um 19% geringer als bei unserem direkten Wettbewerber A.") oder zum anderen eine qualitative Bewertung (z.B. "Unser F+E-Aufwand ist höher als bei unserem Wettbewerber mit dem größten Marktanteil."). Die Analyse kann natürlich auch "gemischt" durchgeführt werden.

Die SKE umfaßt eine Betrachtung einer modifizierten GuV-Rechnung nach dem Gesamtkosten- und Umsatzkostenverfahren. Falls eine vertiefte Analyse notwendig erscheint, werden noch die Analysekomponenten Wettbewerbervergleich, Branchenvergleich und kontrahierte

Kostenstellenbetrachtung durchgeführt. Das Ergebnis dieser SKE ist die Determinierung der auffälligen Kostenpositionen auf Gesamtunternehmens- bzw. SGE-Ebene.

Gesamtbewertung

In der Gesamtauswertung werden die in den einzelnen Teilmodulen generierten Ergebnisse und Strategie-Diagnosen zu einem Gesamtbild verdichtet. Hierzu werden teilweise noch Detailanalysen gestartet, falls ein entsprechender Bedarf existiert.

2.2. Architektur von CASA

Für Entscheidungsunterstützungssysteme in betriebswirtschaftlichen Domänen mit strategischem Charakter bedarf es eben neben den bekannten Komponenten der konventionellen Datenversorgung und dem Bearbeiten der gut verstandenen Aufgabenkomponenten noch weiterer Fertigkeiten, die bisher nur durch den Menschen (hier: Experten) geleistet werden konnten. Das System CASA verfolgt diese Richtung:

» Die Datenversorgung wird durch eine Datenbankumgebung realisiert (hier: DBASEIII+). Alle Informationen über Wettbewerber, Märkte, Branchen, usw. werden durch diese Datenbankkomponente geliefert.

» Statistische Berechnungsfunktionen und prozedurale Abläufe werden in einer integrierten Anwendungsumgebung (hier: EXCEL) zur Verfügung gestellt. Die wohl verstandenen Teile der Strategieberatung werden durch diese Komponente abgedeckt.

» Die *"Intelligenz" des Systems* hat zweierlei Dimensionen: Einerseits wird der **Informationssammlungsprozeß** möglichst genauso effizient und intelligent wie bei einem Berater durchgeführt; d.h. überflüssige Fragenkomplexe werden abgeschnitten. Andererseits kommt die Expertise der befragten und analysierten Unternehmensberater zum Tragen, wenn es um die **Interpretation der gewonnenen Informationen** geht. An dieser Stelle unterstützt das System CASA den Berater ebenfalls, indem es entsprechende Berichte und Auswertungen anfertigt. Diese Funktionalität wird durch ein regel-orientiertes Werkzeug (hier: KES II) gewährleistet, das Klassen, Objekte und Vererbungsmechanismen ebenso als Wissensrepräsentationsmethoden beinhaltet.

Für das EUS, das auf einem Personal Computer (Compaq386 portable) implementiert wurde, steht eine Plattform zur Verfügung, die vielerlei Perspektive hinsichtlich der Integration konventioneller und wissensbasierter Software-Komponenten zuläßt.

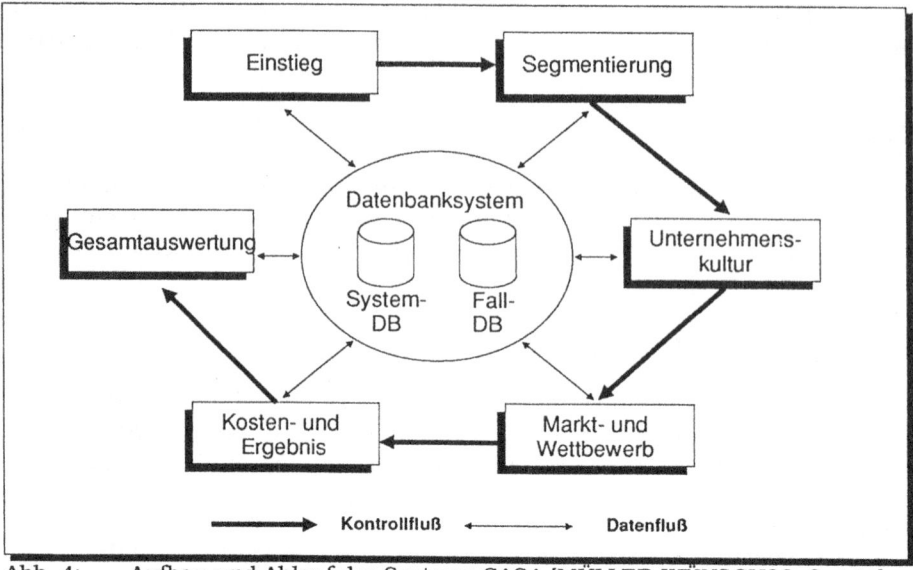

Abb. 4:   Aufbau und Ablauf des Systems CASA [MÜLLER-WÜNSCH90, S. 144]

3. Bewertung und Entwicklungstendenzen für wissensbasierte Führungssysteme

Das System CASA hat ein Jahr nach seiner Markteinführung zur CeBIT '89 durch die Deutsche Gesellschaft für Mittelstandsberatung (DGM) Produktcharakter. Wie bei vielen anderen im Einsatz befindlichen wissensbasierten Systemen ist auch beim System CASA der Wartungsaufwand nicht zu vernachlässigen. Der Arbeitsaufwand zur Erstellung von CASA betrug etwa 44 Mannmonate (MM), die sich wie folgt aufteilten [MÜLLER-WÜNSCH90, S. 150]:

» 12 MM für Knowledge Engineers,

» 14 MM für Software-Entwickler,

» 4 MM für Experten,

» 12 MM für Projekt- und Begleitdokumentation und

» 2 MM für Projektadministration.

Aufgrund der ineffizienten Programmierentwicklung und sehr geringen Verfügbarkeit der Experten war der Aufwand für Dokumentationsarbeiten ungewöhnlich hoch. Der Aufwand für die Wartung und Weiterentwicklung des Systems ist sicherlich mit ca. 6 MM im Jahr einzuschätzen. Allerdings ist die Entwicklungsumgebung nicht wartungsfreundlich. Momentan laufen Bemühungen Teile des Systems CASA mit NEXPERT Object als Kernsystem zu reimplementieren und die gemachten Erfahrungen dabei einfließen zu lassen.

Weiterhin wird gerade eine Architektur für die Entwicklung von rechnergestützten Arbeitsplätzen konzipiert, die diagnostischen Problemstellungen mit strategischem Aufgabencharakter gerecht wird. Diese Architektur besteht im wesentlichen aus folgenden Komponenten:

» einem *Diagnose-Scheduler*, der das Meta-Wissen zur speziellen diagnostischen Problemstellung umfaßt;

» den *Wissensbasen*, die jeweils diagnostische Teilprobleme lösen und diese Ergebnisse auf

» die *Blackboard* schreiben;

» dem *Datenbanksystem*, das Zugang zu den betrieblichen Informationsquellen schafft;

» der *Methoden- und Modellbank*, die konventionelle Lösungsansätze zur Bewältigung der diagnostischen Problemlösung beinhaltet;

» dem *Output-System*, das über entsprechende Funktion zur Grafik- und Reportaufbereitung verfügt;

» einer *Wartungskomponente*, die über Erkennungs- und Klassifizierungsalgorithmen aus der neuronalen Informationsverarbeitung Defizite im Problemlösungsprozeß aufarbeitet; und

» der *Falldatenbank*, die versucht über die Ansätze des fallbasierten Schließens den diagnostischen Problemlösungsprozeß effizienter zu gestalten.

Literatur

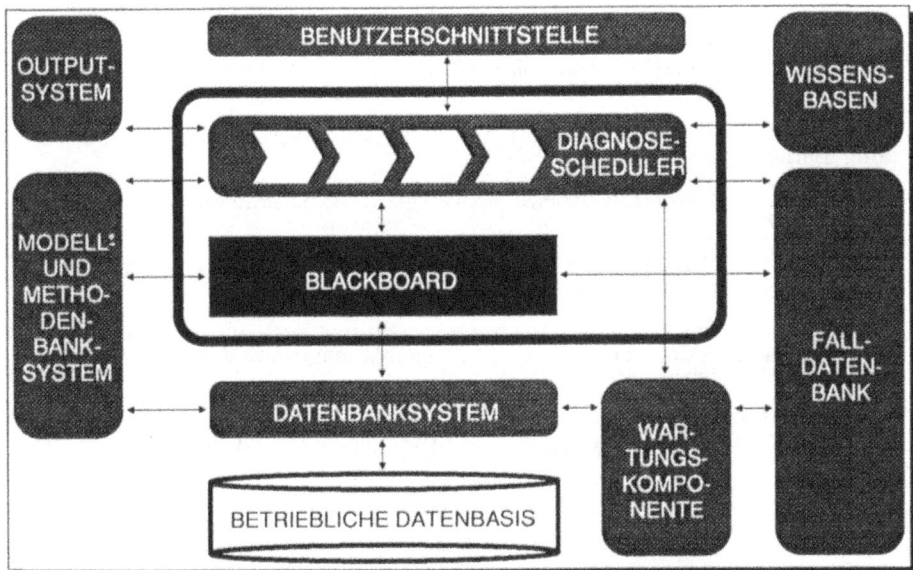

Abb. 5:   Architektur für ein wissensbasiertes Führungssystem

DANNENBERG90. J. Dannenberg. Mikrocomputergestützte Instrumente der strategischen Unternehmensplanung. Wiesbaden: Deutscher Universitäts-Verlag, 1990.

FEIDER88. Josef Feider, Willi Schoppen. Prozeß der strategischen Planung - Vom Strategieprojekt zum strategischen Management. In: H. A. Henzler. Handbuch Strategische Führung. Wiesbaden: Gabler, 1988, S. 665 - 689.

GOTTINGER85. H. W. Gottinger. SMARTD. An Intelligent Decision Support Tool for Strategic Management on Technology Diffusion. In: Strategische Planung, 1985, Nr. 4, S. 261 - 275.

GOUL87. M. Goul. On Building Expert Systems for Strategic Planners: A Knowledge Engineer's Experience. In: Information & Management, 1987, S. 131 - 141.

HANSSMANN88. F. Hanssmann, Dietmar Meyersiek. EDV-Einsatz im strategischen Management. In: H. A. Henzler. Handbuch Strategische Führung. Wiesbaden: Gabler, 1988, S. 717 - 741.

HAX88. A. C. Hax, N. S. Majluf. Strategisches Management. Frankfurt/Main: Campus, 1988.

KRALLMANN87. H. Krallmann, M. Müller-Wünsch. Decision Support Systems (DSS): Möglichkeiten der strategischen Produktplanung. In: Thexis, 1987, Nr. 3, S. 40 - 45.

KRALLMANN90. H. Krallmann, M. Müller-Wünsch. Rechnergestützte Führungssysteme - Wissensbasierter Strategieentwicklungsprozeß. In: Gabler's Magazin, 1990, August.

MERTENS90. P. Mertens, V. Borkowski, W. Geis. Betriebliche Expertensystem-Anwendungen. 2. überarbeitete Aufl.. Berlin: Springer-Verlag, 1990.

MOCKLER89. R. J. Mockler. Knowledge-based systems for strategic planning. London: Prentice Hall, 1989.

MOORMANN89. J. Moormann. Strategische Planung mit DSS-Generatoren. München: Verlag V. Florentz, 1989.

MÜLLER-WÜNSCH89. M. Müller-Wünsch. Computer-assistiertes Strategie Audit - ein wissensbasiertes System zur Strategieberatung. In: Information Management, 1989, Nr. 2, S. 26 - 30.

MÜLLER-WÜNSCH90. M. Müller-Wünsch, A. Deufel, A. Woltering. Wissensbasierte Strategieberatung. In: H. Krallmann (Hrsg.): Innovative Anwendungen der Informations- und Kommunikationstechnologien in den 90er Jahren. München: Oldenbourg Verlag, 1990, S. 127 - 154.

PLATTFAUT88. E. Plattfaut. DV-Unterstützung strategischer Unternehmensplanung. Berlin: Springer-Verlag, 1988.

PORTER87. M. E. Porter. Wettbewerbsstrategie. 4. Aufl.. Frankfurt/Main: Campus Verlag, 1987.

RUHLAND87. J. Ruhland, K. Wilde. Expertensystem für strategische Planung. In: Die Unternehmung, 1987, Nr. 4, S. 266 - 273.

SYED88. J. R. Syed, E. Tse. An Integrated Consulting System for Competitive Analysis and Planning Control. In: C. Ernst (Hrsg.): Management Expert Systems. Bonn: Addision-Wesley, 1988, S. 183 - 207.

TIMMERMANN88. A. Timmermann. Evolution des strategischen Managements. In: H. A. Henzler. Handbuch Strategische Führung. Wiesbaden: Gabler, 1988, S. 85 - 105.

GENO-STAR der WGZ-BANK
- das Expertensystem im flächendeckenden Einsatz -

Klaus Kalefeld, WGZ-Bank, Münster

Die WGZ-BANK (Westdeutsche Genossenschafts-Zentralbank eG) ist das regionale
Spitzeninstitut für 553 Volksbanken, Raiffeisenbanken und Spar- und Darlehns-
kassen im Rheinland und in Westfalen. Das Bilanzvolumen dieser Bankengruppe
beträgt insgesamt rd. 136 Mrd. DM.

Die Situation

Die WGZ-BANK bietet den Volksbanken und Raiffeisenbanken im Bereich der öffentlichen Finanzierungshilfen seit Jahren eine kompetente und aktive Beratung.
Aufgrund der dezentralen, sehr kundennahen Organisationsform zählen insbesondere die mittelständischen Firmen sowie die Privatkunden zum typischen Klientel
der genossenschaftlichen Bankengruppe. Diese ausgeprägte Mittelstandsorien-
tierung hat in der Vergangenheit die Wettbewerbsposition der Genossenschaftsbanken im Bereich der Vermittlung öffentlicher Finanzierungshilfen begünstigt.
Positiv beeinflußt wurde diese Entwicklung durch die weitgehende Ausrichtung
der öffentlichen Finanzierungshilfen auf kleine und mittlere Unternehmen. So
werden im Geschäftsgebiet der WGZ-BANK heute beinahe 4 von 10 Anträgen auf
öffentliche Finanzierungsmittel bei Genossenschaftsbanken gestellt. Diese Finan-
zierungsinstrumente in Form von Zuschüssen oder zinsgünstigen Krediten, die
sich durch lange Laufzeiten und Zinsbindungsfristen sowie Tilgungsfreijahre und
unproblematische Tilgungsmöglichkeiten auszeichnen, sind in den Finanzierungs-
plänen aller gut beratenen Investoren enthalten.

Das Problem

Bei einer einfachen Investitionsmaßnahme muß eine Vielzahl von Kredit- oder
Zuschußprogrammen auf EG-, Bundes- oder Landesebene auf ihre jeweilige Einsatzmöglichkeit geprüft werden. Nur noch besonders geschulte Experten können mit

hohen Kosten und intensivem Zeitaufwand die optimale Lösung finden, da zahlreiche Variations- und Kombinationsmöglichkeiten sich potenzieren.

Um nun sicherzustellen, daß im Geschäftsgebiet der WGZ-BANK alle Firmenkundenbetreuer der Volksbanken und Raiffeisenbanken aktuell informiert sind, wurde eine Loseblattsammlung entwickelt, die durch Rundschreiben - ggf. mehrmals wöchentlich - aktualisiert wurde. Aufgrund der Vielfalt der Fördermöglichkeiten wurde im Laufe der Zeit aus dem Informationsfluß ein reißender Strom an Informationen. Hinzu kommt, daß eine allein auf Richtlinientexte gestützte Beratung i. d. R. nicht zum optimalen Ergebnis führt, da neben den veröffentlichten Texten die jeweilige Bewilligungspraxis der Refinanzierungsstellen, die als geldgebende Institutionen die subventionierten Mittel bereitstellen, eine beinahe gleichgewichtige Bedeutung hat. Die Berater der WGZ-BANK waren aufgrund der Fülle der durchgeleiteten Fälle durchaus in der Lage, diese Bewilligungspraxis in ihre Beratungen einzubeziehen. Diese Erkenntnisse aber aktuell und vollständig den Mitgliedsbanken verfügbar zu machen, geriet allmählich zu einer kaum mehr lösbaren Aufgabe.

Für denjenigen Firmenkundenbetreuer, der nur in unregelmäßigen Abständen über öffentliche Finanzierungshilfen beraten sollte, wurde die Erfassung der Informationen und deren Verarbeitung zu einem Problem. Denn aus der Fülle der Informationen werden i. d. R. immer nur einige wenige für den konkreten zu beratenden Fall wirklich relevant. Erst die Analyse, die richtige Verknüpfung und sachadäquate Schlußfolgerung machen aus der Menge der Daten entscheidungsrelevante Informationen.

Entscheidend für den Erfolg des Firmenkundenbetreuers ist nicht, daß er die Fülle der Informationsschriften tagtäglich auf seinem Schreibtisch gestapelt sieht. Allein die auf den Einzelfall zugeschnittene Information stellt sicher, daß ein Beratungsgespräch erfolgreich für den Kunden und die Bank verläuft.

In der Literatur wird die Information heute gern als Produktionsfaktor bezeichnet. Das bedeutet dann auch - bleibt man beim Beispiel der Industrie -, daß die Information "just in time" geliefert werden muß. Es gilt also nicht, Information beliebig "abzuladen", sondern passend in bezug auf Zeit, Menge und Qualität etc. zu liefern.

Die Idee

Es war die Idee, dem Firmenkundenbetreuer genau die Informationen genau dann in der notwendigen Form bereitzustellen, wenn er sie für ein Kundengespräch benötigt. Es galt also zunächst, das Informationsmedium Papier durch Informationen, die per Bildschirm übermittelt werden, zu ersetzen.

Für die Entwicklung eines EDV-Systems sprach insbesondere die Tatsache, daß im Geschäftsgebiet der WGZ-BANK die Volksbanken und Raiffeisenbanken durch Online-Verbindungen mit ihren Rechenzentren in Koblenz, Köln und Münster verbunden sind. Durch Nutzung dieser Infrastruktur konnten somit im Geschäftsgebiet der WGZ-BANK rd. 12 000 Terminals bei Volksbanken und Raiffeisenbanken zur Übertragung und dezentralen Abfrage von Informationen nutzbar gemacht werden. Die von der WGZ-BANK formulierten Rahmenbedingungen für ein EDV-Verfahren lauteten wie folgt:

Nutzung der online-Infrastruktur

Integration in bestehende EDV-Verfahren
(sowohl bei der WGZ-BANK wie auch bei den Volksbanken und Raiffeisenbanken)

Die Informationen sind zwar tagaktuell und ohne Pflegeaufwand per Bildschirm abrufbar, doch das Problem der Informationsflut wird durch die Übertragung des Rundschreibendienstes auf elektronische Medien noch nicht gelöst. EDV-Ausdrucke und andere datenbankgepflegte "Zahlenfriedhöfe" belegen oftmals, daß mangels sachbezogener Expertise eine Analyse unterbleibt, die relevante Informationen geliefert hätte.

Neben der umfassenden Darstellung der Förderprogramme sollte es möglich werden, den menschlichen Experten zu simulieren, der aufgrund seiner Erfahrung aus der Fülle der Programme in einem gut strukturierten Gespräch das für seinen Kunden optimale Finanzierungspaket auswählt. Daher sollte jederzeit und an jedem Bankplatz im Geschäftsgebiet der WGZ-BANK (also an rd. 3 200 Bankstellen) sozusagen per EDV der Experte - selbst in jeder Zweigstelle einer Volks- oder Raiffeisenbank - zur Verfügung stehen.

Die Ziele

Im Wettbewerb unterscheiden sich Bankinstitute heute im wesentlichen durch die
Qualität ihrer Beratungsleistung. Auch zukünftig ein hohes Beratungsniveau für
die Volksbanken und Raiffeisenbanken sicherzustellen, ist eines der wesent-
lichsten Ziele, das mit der Einführung von GENO-STAR (Genossenschaftlicher
Staatshilfen-Ratgeber) verfolgt wird. Es gilt also, im Rahmen des Electronic-
banking die Firmenkundenbetreuer in geeigneter Art und Weise zu unterstützen.
GENO-STAR bildet die Brücke vom spartenbezogenen spezifischen Experten in einem
Segment des Kreditgeschäftes zum Firmenkundenbetreuer, der nicht nur das Kre-
ditgeschäft, sondern weitere Sparten des gesamten Bankgeschäftes abzudecken
hat. Dieser hier als Generalist bezeichnete Firmenkundenberater ist heute im
Zuge der Kundenorientierung zunehmend gefordert, eine immer breitere Produkt-
palette im Interesse des Kunden einzusetzen. Für den Teilbereich Programmkre-
dite ist nunmehr der Kundenbetreuer in der Lage, ohne selbst ein Experte zu
sein, den Kunden unmittelbar unter Nutzung von Expertenwissen zu beraten. Der
WGZ-BANK gelingt es, mit GENO-STAR einen kompletten Know-how-Transfer zu den
553 Genossenschaftsbanken durchzuführen. Die Erfahrung aus tausenden von beratenen und durchgeleiteten Programmkreditanträgen - allein in 1989 rd. 13 000 -
steht somit jedem Firmenkundenbetreuer in den Volksbanken und Raiffeisenbanken
zur Verfügung.

Die Lösung

Die Konzeption des Gesamtsystems GENO-STAR wurde folgerichtig so ausgelegt, daß
einerseits der für Versender und Empfänger aufwendige Rundschreibendienst entfallen konnte und andererseits den Firmenkundenbetreuern in Volksbanken und
Raiffeisenbanken effiziente Beratungsunterstützung geboten wird und für zukünftige Entwicklungen entsprechende Schnittstellen eingeplant wurden.

Während das Info-System als deutlich erweiterte Loseblattsammlung mit den Vor-
zügen einer online-Anbindung an den Zentralrechner bezeichnet werden kann, wird
das Kommunikationssystem zukünftig den Schriftverkehr (Anträge, Zusagen

Experten-System GENO-STAR

Info-System	Beratungs-System	Kommunikations-System
Allgem. Hand-buchaufbau	**Datenerfassung**	Zentrale Daten
Gewerbliche Wirtschaft	**Programmwahl**	Angrenzende EDV-Verfahren
Landwirt-schaft	**Programmkombination**	(in Planung)
Wohnungs-bau	**Finanzierungsplan Kapitaldienstplan**	

© ZVX
WGZ-BANK

etc.) zwischen Refinanzierungsstelle, WGZ-BANK und Mitgliedsbank elektronisch - ohne Papier - erledigen. Verbindungen zu Stamm- und Kontodaten etc. sind ebenfalls möglich.

Den "intelligenten Kern" von GENO-STAR stellt das Beratungssystem dar. Dort kommt ESE (Expert System Environment) der IBM zum Einsatz.

Wie unsere Voruntersuchung zeigte, gab es für den Bereich der öffentlichen Finanzierungshilfen nur eine einzige effiziente EDV-technische Realisierungs- möglichkeit, um nur relevante, d. h. zielgerichtete Informationen dem Firmen- kundenbetreuer vor Ort zur Verfügung zu stellen, nämlich den Einsatz eines derartigen Expertensystems. Aufbauend auf ESE ist GENO-STAR ein menügeführtes, intelligentes Dialogverfahren, das selbst ungeübten und unerfahrenen Mitarbei- tern eine kompetente Kundenberatung ermöglicht. GENO-STAR ist in der Lage,

- die in Frage kommenden öffentlichen Finanzierungsmöglichkeiten zu selektieren,

- diese richtliniengemäß optimal zu kombinieren,

- die Bewilligungspraxis zu berücksichtigen,

- einen konkreten Finanzierungs- und Kapitaldienstplan zu erstellen,

- eigene Mittel der Hausbank zur Deckung des Restkreditbedarfes zu berücksichtigen,

- dem Kunden wie dem Berater Hinweise zur Antragstellung zu geben.

Der Dialog mit dem Expertensystem vermittelt somit dem Kundenbetreuer Sicher- heit und garantiert eine effiziente und qualifizierte Beratung der Kunden, die ein Experte nur bei großem Fachwissen und äußerster Konzentration ohne EDV-Un- terstützung erreichen könnte. So wird sichergestellt, daß kein Aspekt übersehen und aus tausenden von Möglichkeiten tatsächlich der optimale Finanzierungsplan ermittelt wird.

Dabei ist das System so ausgelegt, daß sowohl der erfahrene wie auch der unerfahrene Firmenkundenbetreuer einen Dialog auf dem Niveau führen kann, das genau
seinem Kenntnisstand entspricht. Während der erfahrene Berater aufgrund seiner
Hintergrundkenntnisse zügig die ihm gestellten Fragen abhandeln kann (er versteht, wonach er gefragt wird), kann der unerfahrene Mitarbeiter sich jeden
Fragetext und die Antwortmöglichkeiten ausführlich erläutern lassen, damit er
auch ohne Vorkenntnisse zu einem qualifizierten Beratungsergebnis kommt.

Die Abbildung eines derart komplexen Wissens ließ sich nur mit einem Expertensystem realisieren, das ständig während des Dialogs die Einsatzmöglichkeiten
der vielfältigen Programme prüft und aus den gegebenen Antworten auf noch unbedingt zu stellende Fragen schließt, um den Dialog zeitlich so kurz zu halten,
daß er vom Kunden gern akzeptiert wird.

Die Entwicklung

Mitte 1987 entschloß sich die WGZ-BANK, zunächst mit Hilfe eines Prototypen für
ein Teilgebiet die Eignung der neuen Expertensystem-Technologie zu testen. In
folgenden Schritten wurde vorgegangen:

- Analyse des Anwendungsgebietes
- Auswahl einer geeigneten Shell
- Festlegung des Prototypumfangs
- Systemdesign
- formale Umsetzung des Wissensgebietes
- Implementierung und Test

Nach nur zwei Monaten Entwicklungszeit konnte aufgrund der überzeugenden Leistung des Prototypen entschieden werden, ein Expertensystem für den Gesamtbereich der öffentlichen Finanzierungshilfen zu entwickeln. Gemeinsam mit den
genossenschaftlichen Rechenzentralen und mit Unterstützung der TU Berlin
(Professor Krallmann) wurde die Realisierung von GENO-STAR vorangetrieben.
Während die Entwicklung von GENO-STAR unter ESE-TSO erfolgte, wurde mit Einführung der Produktion auf ESE unter IMS umgestellt.

Für die EDV-Entwicklungsarbeit der WGZ-BANK war neu, daß das Projekt GENO-STAR unter der Leitung der Fachabteilung und nicht unter dem Primat von EDV-Abteilung oder Rechenzentrum stand. Zu Beginn war die Fachabteilung mit mehr als 40 % des gesamten Man-Power-Aufwandes im Projektteam beteiligt. Im Laufe der Fortentwicklung des Systems wurde die Bedeutung des Knowledge-Engineers (als Fachkenner des Expertensystem-Shells ESE) relativ geringer. Sein Aufgabenschwerpunkt lag zunächst im Aufbau einer geeigneten Struktur, die das System flexibel und entwicklungsfähig machte. Neben der Weiterbildung der Teamkollegen, die inzwischen ebenfalls mit ESE vertraut sind, gewann die Perfektionierung und Koordinierung von Änderungen innerhalb des Gesamtsystems - die von den Fachexperten der Kreditabteilung zunächst schwer abzuschätzen sind - zunehmende Bedeutung im Aufgabenspektrum des als Teamleiter fungierenden Knowledge-Engineers.

Wenn man von der Integration des Systems in die EDV-Umgebung des Rechenzentrums und der laufenden Produktionssicherstellung absieht, wird die Weiterentwicklung des Expertensystems GENO-STAR heute zu 80 % von Mitarbeitern der Fachabteilung getragen. Daran wird plastisch sichtbar, daß bei der Entwicklung, Pflege und Wartung eines Expertensystems, das eine Wissensbasis beinhaltet, die fast täglichen Änderungen unterliegt, die Fachabteilungen primär eingebunden sind. Nicht mehr der EDV-Fachkenner steht hier im Vordergrund, sondern der Fachexperte, der sein Wissen und seine Erfahrung in das System einzubringen hat.

Ebenfalls wird deutlich, daß der Einsatz der Expertensystem-Technologie neue Anforderungen an die Systementwickler stellt. Praxiserfahrung über Knowledge-Engineering in professionellen Entwicklungsumgebungen sind erst spärlich vorhanden. Schon bei der Formulierung von Pflichtenheften treten bei Expertensystemprojekten die ersten Hürden auf, da die Beschreibung aller notwendigen Funktionen sowie aller zur Ausführung dieser Funktionen notwendigen Parameter noch nicht vorgegeben werden kann. Diese werden vielfach erst im Zuge der Entwicklung festgelegt. Selbst eine klare Abgrenzung des Anwendungsgebietes stellt noch nicht sicher, daß theoretisch alle notwendigen Parameter im Vorhinein definiert werden können. Die Begründung liegt im wesentlichen in Folgendem:

Ein großer Teil des Expertenwissens wird intuitiv verwendet. Die Strukturierung wird erst mit der Formulierung konkreter Regeln deutlich.

Die Bedeutung der Parameter ist tatsächlich oftmals nicht so klar definiert, daß eine Formalisierung den vollen Bedeutungsgehalt abbilden kann. Das Zusammenspiel der Regeln und deren Verifizierung läßt sich oftmals nur in einem ablauffähigen Prototypen konkret testen.

Die Wirkung

Neben dem Know-how-Transfer bietet das System GENO-STAR erhebliche Zeitersparnis bei der Firmenkundenberatung. Während bisher eine komplexe Beratung im Bereich einer Investition ca. 1,5 Stunden erforderte, um den optimalen Finanzierungsplan zu ermitteln, wird dieser Aufwand auf rd. 15 Minuten reduziert. Der Berater ebenso wie der Kunde haben den Nutzen einer präzisen, schnellen Analyse. Dem Firmenkundenbetreuer wird gleichzeitig genau angegeben, welche Antragsformulare und Begleitunterlagen er entsprechend dem Finanzierungsplan bei den Refinanzierungsstellen vorzulegen hat. Auch hier wird ein kleiner Dschungel, nämlich das Dickicht der vorzulegenden Unterlagen, durchschaubar gemacht. So war es nicht verwunderlich, daß alle Volksbanken und Raiffeisenbanken möglichst schnell an GENO-STAR angeschlossen werden wollten. Da der Schulungsaufwand für die Bedienung von GENO-STAR nur gering ist, was die Benutzerfreundlichkeit des Systems zeigt, konnten binnen vier Monaten alle Kreditabteilungsmitarbeiter, die GENO-STAR nutzen sollten, bei den Volksbanken und Raiffeisenbanken trainiert werden.

Die Akzeptanz von GENO-STAR kann man daran ablesen, daß in Nordrhein-Westfalen und Rheinland-Pfalz die Handwerkskammern und Industrie- und Handelskammern an GENO-STAR angeschlossen wurden; ebenso wie das Wirtschafts- und das Finanzministerium des Landes Nordrhein-Westfalen in Düsseldorf jeweils Nutzer von GENO-STAR der WGZ-BANK sind.

Ein halbes Jahr nach Einführung von GENO-STAR ist es zu früh, um eine definitive Aussage über die Wirkung in bezug auf die Aktivierung des Geschäftes zu machen. Eine erste Erkenntnis zeigt sich. Bei einer Vielzahl von Banken hat die Palette der beantragten Förderprogramme deutlich zugenommen. Also nicht mehr Standardlösungen oder Patentlösungen, die sich jeder Firmenkundenbetreuer im

Laufe seiner Praxis erarbeitet hat, werden den Kunden angeboten, sondern tatsächlich der individuelle, optimale und zinsgünstigste Finanzierungsplan wird genau für den Einzelfall zugeschnitten. Genau das ist die Leistung von GENO-STAR, und hier sieht die WGZ-BANK Wirkungen im Wettbewerb mit anderen Bankengruppen.

Die Zukunft

Der flächendeckende Einsatz von GENO-STAR im Geschäftsgebiet der WGZ-BANK bei allen Volksbanken und Raiffeisenbanken beweist die Notwendigkeit und die Akzeptanz dieses Systems. Der Ausbau von GENO-STAR zu einem Beratungssystem, das auch über die Landesgrenzen von Nordrhein-Westfalen und Rheinland-Pfalz hinaus beraten kann, wurde im letzten Quartal 1989 in Angriff genommen. Inzwischen sind die norddeutschen Förderprogramme bereits enthalten und weitere Bundesländer werden folgen.

Die zukunftsweisende Flexibilität von GENO-STAR konnte im übrigen im Februar/März 1990 bewiesen werden, als quasi "über Nacht" die ERP-Förderprogramme für die DDR einbezogen wurden.

Neben dem bundesweiten Ausbau von GENO-STAR wird die Entwicklung der bereits erwähnten Kommunikationskomponente die Zukunft prägen. Aufgrund der bestehenden Infrastruktur bietet sich an, durch GENO-STAR nicht nur die Beratung, sondern von der Antragsaufbereitung bis hin zur Konteneröffnung weitere Bearbeitungsschritte im Bereich der öffentlichen Finanzierungshilfen erledigen zu lassen.

Letztlich werden dann Anträge, Zusagen usw. zwischen den Volksbanken und der WGZ-BANK und zwischen dieser und den Refinanzierungsstellen nur noch elektronisch ausgetauscht. Wobei die Basis für die Antragstellung der Finanzierungsplan sein wird, den GENO-STAR schon heute jedem Kunden einer Volksbank oder Raiffeisenbank bieten kann.

Informationssysteme in medizinischen Anwendungen – Wechselwirkung zwischen Anforderung und Systemleistung

Erstmals versuchen die Fachausschüsse 2.5 (Informationssysteme) und 4.7 (Informatik in der Medizin) der GI in Zusammenarbeit mit der GMDS in einem gemeinsamen Fachgespräch, aktuelle Berührungspunkte zwischen medizinischen Anwendungen und rechnergestützten Werkzeugen der Informatik zu diskutieren.

Das Fachgespräch umfaßt acht Beiträge, die entweder ausgehend von anwendungsorientierten Problemstellungen der Medizin die zu ihrer Lösung verwendeten Methoden bzw. Systemrealisierungen präsentieren, oder ausgehend von Konzepten und implementierten Informatik–Werkzeugen deren Einsatz im medizinischen Umfeld vorstellen.

Alle Beiträge betonen in besonderer Weise den interdisziplinären Charakter des Fachgesprächs und behandeln Themen u.a. aus den Bereichen „Datenschutz", „Bildverarbeitung", „Klinikuminformationssysteme" und „Modellierung".

Programmkomitee

H.-J. Appelrath (Universität Oldenburg),
C. Th. Ehlers (Universität Göttingen),
D.P. Pretschner (Universität Hildesheim),
S.J. Pöppl (Universität Neuherberg),
W. Stucky (Universität Karlsruhe),
R. Wagner (Universität Linz)

Medical Database Security[1]

Joachim Biskup
Institut für Informatik
Universität Hildesheim
D-3200 Hildesheim
F. R. of Germany

1. Introduction

Medical database[2] security aims, generally speaking, at

- **high availability, accuracy, integrity** and **consistency** of stored data, as well as at
- medical professional **secrecy** and **confidentiality** (oath of Hippokrates), and
- **privacy** as the individuals constitutional right of 'informational self-determination' [Co74, Bvg83], in particular to determine and to effectively supervise the collection, maintenance, use, dissemination, and deletion of their data.

The former properties, though being of technical nature, basically require that the database system is **actually helpful** for medical care and, in particular, is **not harmful** to patients by denial of appropriate services.

The latter properties require that fundamental **ethical principles** are not violated by employing database systems, but instead are actively enforced by technical means as essential prerequisites for effective medical care in democratic societies.

Up to now in medical services systems databases mainly emerged in hospitals, insurance companies and statistic agencies. Now we observe that databases will also come into widespread use in medical practices. Moreover new public telecommunication services like computer networks or ISDN will enhance the trend to connecting local databases with each other.

Then, however, we will be faced with a peculiarity of an advanced medical services system: its scope penetrates both the spheres of private life of nearly all individuals and a considerable number of public and governmental institutions [St87, Bi89]. European integration will even further extend this scope.

Unfortunately, we currently do not have a deep understanding of the professional, ethical, organizational and technical implications of a European wide computer supported medical services system. Apparently medical databases are 'risky systems' with respect to security. But many threats do not stem from computerization per se but they originate from inescapable tradeoffs between conflicting values (for instance cost efficiency versus confidentiality and privacy) and from political and organizational decisions, see for instance [GJKS83, Re84, Ey84, St87, Se88] or many other sources. At its best medical database security can technically support good options.

---

[1] A first version of this paper was presented at EC.AIM Working Conference on Data Protection and Confidentiality in Health Informatics, Brussels, March 19-21, 1990.

[2] We use the term 'database' as a shorthand for 'computerized database'. Of course, in medical services systems there are still noncomputerized records too, and security principles should also apply to this traditional form of documentaion.

In the rest of the paper we sketch a general framework for database security and assess three prominant approaches (section 2). Then we discuss four specific proposals for medical databases (section 3). After summarizing requirements and options (section 4) we will conclude with a general recommendation.

2. A general framework for database security

Within an enterprise human individuals typically use a database as a technical tool for communication. The database mediates messages of the communicative actors where the following peculiarities hold. At any time a **large amount** of messages has already been sent and the corresponding data can be called for duplication and further transmission on demand of potential receivers. The database delays the messages by **persistently** memorizing the corresponding data following a three phase procedure: accept message - store data - assemble and duplicate data on demand. The quality of mediation is **dependably** assured by special protocols enforcing completion of transactions and integrity constraints on stored data. Mediation is **shared** among many and various users. Mediation is required to be **efficient** in time and space.

Given a definition of (medical) database security as above, if more technically we take a database as a channel in the sense of communication theory then a **database security policy** states

1. which kind of subchannels between (groups of) users can be established,
2. requirements of the availability of certain facilities of the subchannels,
3. requirements on the (partial) separation and noninterference of the subchannels.

Seen from this point of view we will assess **three prominant proposals for database security**: the military, the commercial, and the personal knowledge approach.

2.1 Military security approach

The **military security approach** or **multilevel security approach** dates back to traditional noncomputerized administration practice. Its computerized version has been elaborated in [BeLa 74], summarized in [DoD 83] and extensively discussed in many other places. This approach is based on the following constructs: there are users, data items and a lattice of **security levels**; a user has a security level as **clearence**; a data item has a security level as **classification**. The basic goal is that the clearance of a user must always be at least as high as the classification of the accessible data items.

The channel interpretation is illustrated by Figure 1 and further discussed in [Bi 90].

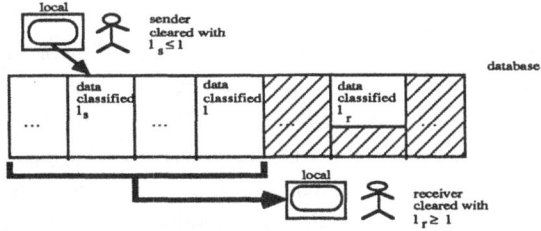

Figure 1. Subchannel defined by classification level l

In the military security approach transitive information flow is efficiently controlled. Most of the recognized shortcomings of this approach stem from the rather crude way of indirectly establishing subchannels, namely by attaching levels to data items.

2.2 Commercial security approach

The **commercial security approach** evolves from good commercial practice. It was first explicitly summarized and advocated in contrast to the military approach by [ClWi87], but up to now there is no detailed and thoroughly investigated model as in the military case. This approach is based on the following constructs: there are users, (well-formed) transactions, and (constrained) data items; according to his obligations within the enterprise a user is authorized to execute specific transactions; a transaction can access and manipulate specific data items. The basic goal is that users are restricted to employ only the transactions permitted to them and that transactions only operate on data items assigned to them.

The channel interpretation is illustrated by Figure 2 and further discussed in [Bi90].

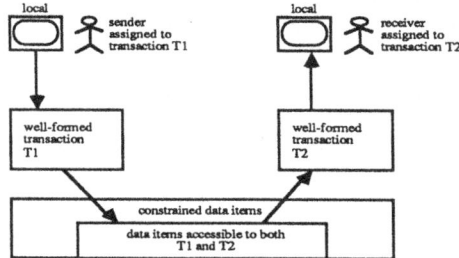

Figure 2. Subchannel defined by transaction pair (T1, T2)

It turns out, however, that in the commercial security approach our concept of subchannels is only fragmentarily present. The basic requirements still have to be ensured application specifically by certification and separation of duty, and it is felt that "an important research goal must be to shift as much of the security burden as possible from certification to enforcement" [ClWi87, p.191]

2.3 Personal knowledge approach

The **personal knowledge approach** was developed with an emphasis to favor support of privacy before any other design goal. Technically it combines techniques of relational databases, object oriented programming and capability based operating systems [BiBr88, Bi88, Br89]. This approach is based on the following constructs: there are users, encapsulated objects (persons)[3] representing individual users and their personal knowledge, surrogates for persons (acquaintances), and roles and authorities to employ them; a user can access the system only via the object (person) representing him; query evaluation on behalf of a user is confined to dynamically granted surrogates (acquainted persons) and restricted by authorities that are statically declared in class (group) definitions. The basic goal is that users can act only according to

---

[3] We add the sometimes deviating notation of our personal-knowledge approach used for the DORIS system. [BiBr88].

the authorities and current surrogates held by their representing persons.

The channel interpretation is illustrated by Figure 3 and further discussed in [Bi90].

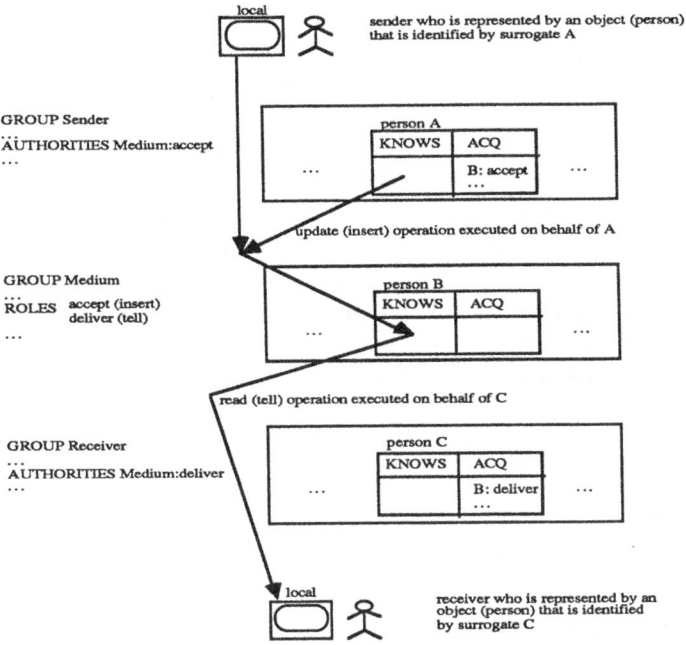

Figure 3. Subchannel defined by the ROLES accept and deliver and corresponding AUTHORITIES

In the personal knowledge approach local potential subchannels are explicitly declared and thus in particular well documented. However, transitive information flow can be controlled only by careful schema design.

2.4 Discussion

The different approaches originate from emphasizing various values. Roughly speaking the military security approach tries to keep **secrets**, the commercial security approach tries to guard **properties**, the personal knowledge approach tries to defend the constitutional right of **informational self-determination**. However we feel that many medical applications truly have to deal with all of these values at the same time even if the degree is varying.

3. Four specific proposals for medical database security

This presentation is based on published reports on medical database security that were accessible to us. We neither treat all systems known to us nor describe the systems in detail.

3.1 BAIK

The BAIK system [Be83/84, Be84, Gi86] supports "findings documentation and medical certificate writing in hospitals" (**B**efunddokumentation und Arztbriefschreibung **i**m **K**rankenhaus). The system is divided into two strictly separated subsystems: an instance of the first subsystem manages the complete medical records of patients on behalf of a treating physician who holds all access rights; the common second subsystem maintains a findings oriented register where medical data coming from all cooperating physicians is collected for purposes of research, education etc. Already before a first subsystem communicates data to the second one the data is made anonymous by substituting the identifying information about an individual by an appropriate anonym, and the data is classified according to the available thesaurus of the register. Afterwards only the treating physician is able to directly reidentify data of his patients within the second subsystem. All other physicians only see data related to anonyms.

Whereas a clean separation of treatment of individual patients and research, education, etc. has been achieved the problem remains that we cannot automatically join all data of a particular individual within the register because the register lacks information on how to decide identity among anonyms. Although this feature clearly supports the confidentiality and privacy issue it substantially diminishes the usefulness of the register.

3.2 BAZIS

BAZIS, Central Development and Support Group Hospital Information System in Leiden, aims at all aspects of security: high availability, accuracy and logical consistency, as well as privacy and confidentiality [Ba83, BLK83, MB83, LK84, LZ84, LBK86]. First of all BAZIS emphasizes that organizational structures, decisions and procedures must closely harmonize with the design of (the computerized part of) the information system. Furthermore they point out that the integration of subsystems is not only indispensible to availability and consistency but also offers means to support the privacy issue though seemingly in contrast to the principle of separation of duty. For instance, as soon as the personnel department updates the (computerized) personal file of an employee who leaves the institution the personal file subsystem can trigger the medical records subsystem to revoke all access rights. More generally, integration makes possible facilities of the following kind: checking the relationship between a user requesting access to a patient's medical records and the patient or overriding access control in case of an emergency and automatic reporting to some surveillance institution. BAZIS supports a strict separation of the roles of physicians etc. and programmers etc. by providing duplicated hardware for 'production' and development, by running the production system without any programming tools (compilers, debuggers, ...), and by administering access rights by the Medical Records Department (and not by the Computer Department!). The various roles of medical staff and administration are described by an access matrix that distinguishes (as reported in [Ba83]) many user groups and various types of data. In summary the hospital information system of BAZIS convincingly demonstrates that regarding security as a primary design goal has a considerable impact on the system structure.

3.3 University hospital Heidelberg

The EDP-masterplan for the university hospital in Heidelberg [HMSWV86, MHSWV86, SH86] considers the person oriented patient database as that component that is most important for the integration of the various special purpose subsystems. In fact, besides storing and retrieving data, this database system should be used as a common communication system within the hospital. This strategy, however, is clearly opposed to the requirement of separating the different roles. Therefore the designers try to remedy the conflict by adding a further security tool to the standard security methods of the commercial database system (ADABAS / NATURAL): users are granted access to so-called 'applications' (a set of procedures with possibly restricted range of parameters) with respect to views.

3.4 MSS

The designers of the Multi Satellite System, developped at Uppsala University Data Center, [Sch83, Sch88], strongly reject the monolithic system approach because it is incompatible with the structure and the dynamics of medical services systems. In particular they argue that using a centralized database as an enterprise-wide communication system results in some kind of "addressing to whom it may concern" which is fundamentally opposed to true communication between human individuals. Therefore, they propose a federative approach: each basic organizational unit of the 'enterprise' defines itself its specific procedures and its specific database; communication between units is defined and regulated separately by special 'communication contracts'. Then the main burden of ensuring both functionality and security of enterprise-wide applications is shifted to the underlying computer network facilities and appropriate standards for the components.

3.5 Discussion

All proposals advocate to **physically separate subsystems** that perform special tasks. **Reintegration**, however, is proposed on different layers of the overall computer system: BAIK and BAZIS manage integration as part of the specific database application, the Heidelberg proposal uses a centralized database as a generic integration tool for various more or less independent subsystems; MSS favors to integrate on the network layer. On a long-term basis all layers will remain important but the network layer will dictate the general conditions for the database layer that in turn will specify the options for specific application layers. Thus **network security** and correspondingly **security for distributed heterogenous database systems** [Mac88] will be of overwhelming importance. Although this trend clearly requires some kind of standards I want to point out that today I cannot recommend any undisputed candidate. None of the proposals for medical database security employ the multilevel security approach. All of them, especially BAZIS and the Heidelberg proposal, can be (roughly) classified as variants of the commercial security approach. This approach, however, is far away from being soundly elaborated.

4. Requirements and options

All political and organizational decisions on medical services systems should be **carefully evaluated** whether they allow computerized implementations that can technically support database security to a large extend. In particular existing national and hopefully forthcoming European data protection commissions should be heard.

The design of medical databases should follow a **structured methodology** that takes the semantics of the

application, the obligations of the **acting persons** and the interests and rights of the **affected persons** into explicit consideration.

Traditional database design techniques like for instance the entity-relationship approach [Ch76, HuKi87, PeMa88] are normally not sufficient to cover the full scope of all these aspects. Although there are some proposals of just adding security as a new design goal (for instance [Fu88]) a more fundamental revision of the design techniques seems to be necessary. I argue that a role based personal knowledge approach will be promising [Bi89]. The **role based approach** advocates to model the application in hand by considering the agents, their (structural) obligations within the medical services system, their activities of interaction, and the data that mediates interactions. The **personal knowledge approach** advocates to bind any knowledge (data) to some agents knowing it.

Implementing medical databases we should **faithfully map** the conceptual items (of the role based approach) and the perception of data (in the personal knowledge approach) onto appropriate technical programming concepts such that the 'semantic gap' between the conceptual layer and the implementation layer is as narrow as possible.

The concepts of emerging **object-oriented databases** [ABDDMZ] and of **distributed heterogenous databases** [Sh89] appear to be worthwhile candidates. In particular they are in accordance with the growing importance of the network layer for medical applications.

Variations of the role based personal knowledge design approach and its mappings are discussed by several authors: for instance [Do88, DM89] lay a general foundation; the DORIS system [BiBr88, Bi88, Br89] is intended to support both the personal knowledge approach to security (as presented in section 3), and the above mentioned design method and mappings; [ClWi87, Ha88, Ti88, LoWo88, GMP88] study further aspects in particular the affinity to the commercial security approach.

Of course the requirements principally apply also for nonmedical databases. However, as already stated before, an advanced medical services system supported by a large network of medical databases affects nearly all individuals and challenges today's technologies in an exceptional manner. According to the role based personal knowledge approach we can further add two more specific requirements.

Various database usages for direct medical treatment of patients in practices or hospitals, for certification in favor of insurance benefits, employment, criminal prosecution etc., for the payment system involving insurance companies, for organization and controlling of medical care providers, for quality assurance, for medical research, for medical education, for public health authorities, for public statistic agencies and for many other purposes (see [St87, Bi89]) should be kept **cleanly separated** though on the other hand **controlled dissemination** of role specific data must be guaranteed.

There does not exist any proved technology to fully meet this strong requirement in large scale systems and, probably, we will never achieve it. Thus we have to refrain from unmanageable global goals and instead concentrate on reasonable subgoals. For instance, it would be worthwhile to explore whether and how D. Chaum's proposal of using digital pseudonyms [Ch81, Ch85] can be made applicable for the payment systems or for medical research databases. As another example, communication of data between practices and hospitals could perhaps be better supported than today.

The **affected individuals**, first of all in the role of a patient, should be technically supported to **determine** (if not demanded by legislation) and to **effectively supervise** the collection, maintenance, use, dissemination, and deletion of their data. For direct medical treatment all such technical safeguards must reliably be overridable in case of emergency. There is no experience with direct technical assistance of affected persons (except by smartcards). For supervising once again there do not exist any generally convincing technical solutions because currently available auditing and logging techniques would produce a waste of secondary data that is sensitive to confidentiality and privacy again. Maybe that well structured design methodologies and clear documentation of database systems, effective public control by data protection commission, organizational provision and other related nontechnical actions are the only alternatives.

5. Conclusion

Security should be an **integral part** of any specification of advanced computer systems, in particular of (distributed heterogenous) database systems as we will see them in medical services systems. Although different application domains emphasize various values some of the security requirements are generic and, furthermore, highly integrated medical databases often have to take care of all kinds of values simultaneously. For instance, in a network of medical research databases secrets on certain products, money-like values, and sensitive personal data may be involved. Hence it seems to be worthwhile to explore whether and how the advantages of the three basic approaches for database security can possibly be **combined**. In particular we have to **control transitive information flow** (as in the military approach), to **use transactions** (as is the commercial approach), and to **explicitly declare subchannels** and to **bind data to agents** (as in the personal knowledge approach).

References

[ABDDMZ]   Atkinson, M., Banciltion, F., DeWitt, D., Dittrich, K., Maier, D., Zdonik, S.,
The object-oriented database system manifesto,
Proc. 1st Inf. Conf. on Deductive and Object-Oriented Databases,
Kyoto, Japan, 1989.

[Ba 83]   Bakker, A.R.,
Practical Aspects of Data Protection in a Hospital Information System,
in: Data Protection in Health Information Systems - Where do we stand ?,
North-Holland, 1983, 169-180.

[BLK 83]   Bakker, A.R., Louwerse, C.P., Kouwenberg, J.M.L.,
Data Integrity in an Integrated Hospital Information System, Practical Experiences,
MEDINFO-83, North-Holland, 959-962.

[Be 83/84]   Beier, B.,
Datenschutz in dem medizinischen Informationssystem BAIK,
Part 1: Datenschutz und Datensicherung, 1983, 245-250,
Part 2: Datenschutz und Datensicherung, 1984, 109-116.

[Be 84]   Beier, B.,
Das medizinische Informationssystem BAIK im Spiegel des Datenschutzes,
Proc. 29. Jahrestagung GMDS, Frankfurt, Medizinische Informatik und Statistik 58,
Springer, 421-428.

[BeLa 74]   Bell, D.E., LaPadula, L.J.,
Secure Computer Systems, Mitre Corporation, Bedford, 1974.

[BiBr 88]   Biskup, J., Brüggemann, H.H.,
The Personal Model of Data - Towards a Privacy-Oriented Information System,
Computers & Security, Vol.7 (1988), 575-597.

[Bi 88]   Biskup, J.,
Privacy Respecting Permissions and Rights, in [La 88], 173-185.

[Bi 89]   Biskup, J.,
Protection of privacy and confidentiality in medical information systems: problems and
guidelines, in [LaSp90], to appear.

[Bi 90]   Biskup, J.,
            A general framework for database security, draft paper, Hildesheim, 1990.
[Br 89]   Brüggemann, H.H.,
            Interaction of authorities and acquaintances in the DORIS privacy model of data,
            Proc. MFDBS 89, Lecture Notes in Computer Science 364, Springer, 1989, pp. 85 - 99.
[Bvg 83]   Bundesverfassungsgericht,
            Urteil vom 15. Dezember zum Volkszählungsgesetz 1983 (in German),
            Bundesanzeiger 35, 241a (1983).
[Ch 76]   Chen, P.P.-S.,
            The entity-relationship-model - towards a unified view of data,
            ACM Transactions on Database Systems 1 (1976), pp. 9-36.
[Ch 81]   Chaum, D.L.,
            Untraceable electronic mail, return addresses and digital pseudonyms,
            Communications of the ACM 24 (1981), no. 2, 84 - 88.
[Ch 85]   Chaum, D.L.,
            Security without identification: transaction systems to make big brother obsolete,
            Communications of the ACM 28 (1985), no. 10, 1030 - 1044.
[ClWi 87]   Clark, D.D., Wilson, D.R.,
            A comparison of commercial and military computer security policies,
            Proc. IEEE Symp. on Security and Privacy, 1987, Oakland, CA, 184-194.
[Co 74]   Congress, 93rd - 2nd Session, Privacy Act of 1974, Public Law 93 - 579.
[Do 88]   Dobson, J.,
            Security and Databases: A Personal View, in [La 88], 11-21.
[DoD 83]   Department of Defense Computer Science Security Center,
            Trusted Computer Science Systems Evaluation Criteria,
            CSC-STD-011-83, Fort Meode, 1983.
[DM 89]   Dobson, J. E., McDermid, J. A.,
            Security Models and Enterprise Models in [La89], 1 - 39.
[Ey 84]   Eys, J. van,
            Confidentiality of medical records in pediatric cancer care,
            The American Journal of Pediatric Hematology / Oncology 6 (1984),
            no. 4, 415 - 423.
[Fu88]   Fugini, M.,
            Secure database development methodologies,
            in [La88], 103-129.
[Gi 86]   Giere, W.,
            BAIK-Befunddokumentation und Arztbriefschreibung im Krankenhaus,
            Media, Taunusstein, 1986.
[GMP 88]   Glasgow, J., MacEwen, G., Panangoden, P.,
            Security by permission in databases,
            in [La89], 197 - 205.
[GJKS 83]   Griesser, G., Jardel, J.P., Kenny, D.J., Sauter, K.,
            Data Protection in Health Information Systems - Where do we stand?
            Proc. IFIP - IMIA WG 4 Working Conf., Kiel, Sept. 1982,
            North-Holland, 1983.
[Ha 88]   Haigh, J.T.,
            Modeling database security requirements,
            in [La 88], 45-56.
[HMSWV 86] Haas, P., Möhr, J.R., Sawinski, R., Wiederspohn, J., Victor, N.,
            EDV-Gesamtkonzept Universitätsklinikum Heidelberg,
            Proc. 31. Jahrestagung GMDS, 1986, Göttingen, Medizinische Informatik und Statistik 64,
            Springer, 265-268.
[HuKi 87]   Hull, R., King, R.,
            Semantic database modeling : survey, applications, and research issues,
            ACM Computing Surveys 19 (1987), pp. 201-260.
[La 88]   Landwehr, C.E. (ed.),
            Database Security: Status and Prospects, North-Holland, 1988.
[La 89]   Landwehr, C.E. (ed.),
            Database Security II: Status and Prospects, North-Holland, 1989.
[LaSp90]   Landwehr, C.E., Spooner, D. (eds.)
            Database Security III: Status and Prospects, North-Holland, 1990, to appear.

[LoWo 88]   Lochovsky, F.H., Woo, C.C.,
            Role-based security in data base management systems,
            in [La 88], 209-222.
[LBK 86]   Louwerse, C.P., Bakker, A.R., Kouwenberg, J.M.L.,
            Data Protection in a Large Hospital Information System: A Case Study on Implemented
            Measures and Experiences,
            MEDINFO 86, North-Holland, 834-838.
[LK 84]   Louwerse, C.P., Kouwenberg, J.M.L.,
            Data Protection Aspects in an Integrated Hospital Information System,
            Computers & Security, Vol.3 (1984), 286-294.
[LZ 84]   Louwerse, C.P., Zanden, H.G.M. van der,
            Impact of a Hospital Information System on Hospital Organization,
            Medical Informatics Europe 1984, Lecture Notes in Medical Informatics 24, 693-698.
[Mac 88]   MacEwen, G.H.,
            Effects of distributed system technology on database security,
            in [La 88], 253 - 261.
[MB 83]   Marel, J. van der, Bakker, A.R.,
            User Accessrights in an Integrated Hospital Information System,
            MEDINFO-83, North-Holland, 963-966
[MHSWV 86] Möhr, J.R., Haas P., Sawinski, R., Wiedersphon, J., Victor, N.,
            EDV-Gesamtkonzeption-Klinikum der Ruprecht-Karls-Universität Heidelberg,
            Universität Heidelberg, 1986.
[PeMa 88]   Peckham, J., Maryanski, F.,
            Semantic data models,
            ACM Computing Surveys 20 (1988), pp. 153-189.
[Re 84]   Reichertz, P.L.,
            Datenschutz- und Vertraulichkeitsprobleme medizinischer Daten für Krankenversorgung und
            Forschung,
            Münch. med. Wschr. 126 (1984) Nr. 8, Medizin Verlag, 1984.
[Se 88]   Selmer, K.S.,
            Legal and social aspects of medical informatics,
            Proc. Medical Informatics Europe 1988, Lecture Notes in Medical Informatics 35, 42-48.
[Sh 89]   Sheth, A.P.,
            Heterogeneous distributed databases: issues in integration,
            Tutorial IEEE 5th Int. Conf. on Data Engineering, Los Angeles, Febr. 1989.
[SH 86]   Sawinski, R., Haas, P.,
            Interaktive Definition und Pflege von datenschutzorientierten Benutzerschnittstellen,
            Proc. 31. Jahrestagung GMDS, 1986, Göttingen, Medizinische Informatik undStatistik 64,
            Springer, 295-298.
[Sch 83]   Schneider, W.,
            Impact of Distributed Health Databases on Usage Integrity,
            in: Data Protection in Health Information Systems - Where do we stand ?,
            North-Holland 1983, 119-129.
[Sch 88]   Schneider, W.,
            Strategies for Future Systems Architecture and Development: The federalistic approach,
            Proc. Medical Informatics Europe 1988, Lecture Notes in Medical Informatics 35, 42-48.
[St 87]   Stromberg, C.D.,
            Access to hospital information: problems and strategies,
            Frontiers of Health Services Management 4 (1987), 3 - 33.
[Ti 88]   Ting, T.C.,
            A user-role based data security approach,
            in [La 88], 187-208.

Integration von Sicherheitsmechanismen zum Schutz von Patientendaten in medizinischen Anwendungssystemen

Christian Gayda

Projektgruppe Medizin Informatik am
Deutschen Herzzentrum Berlin und der
Technische Universität Berlin
Voltastraße 5, D-1000 Berlin 65

Matthias Käding

Technische Universität Berlin
Fachgebiet für Offene Kommunikationssysteme
Projekt: Sichere Kommunikationssysteme
ZAZ 14, Hardenbergplatz 2, D-1000 Berlin 12

Kurzfassung

In diesem Beitrag wird ausgehend von den Sicherheitsanforderungen des PADKOM-Projektes am Deutschen Herzzentrum Berlin exemplarisch die Modellierung eines differenzierten Zugriffskontrollmechanismusses dargestellt und der Einsatz kryptographischer Verfahren beschrieben, die in Kombination mit dem Zugriffskontrollmechanismus einen optimalen Schutz der Patientendaten gewährleisten und eine authentisierbare Bearbeitung der Patientendaten ermöglichen.

1. Übersicht

Der Einsatz von Informationssystemen im medizinischen Bereich setzt sich mehr und mehr durch. So auch am Deutschen Herzzentrum Berlin (DHZB), wo verschiedene Datenverarbeitungssysteme (DV-Systeme) in den unterschiedlichsten Bereichen (Bildverarbeitung, Patientenüberwachung, Patientenverwaltung) ihren Einsatz finden. Dort stellt die größer werdende Flut von Informationen immer neue Anforderungen an die Datenverarbeitungsysteme. Um nun die Effizienz der am DHZB eingesetzten DV-Systeme zu steigern und gleichzeitig den ständig wachsenden Anforderungen an moderne informationsverarbeitende Systeme Rechnung zu tragen, wird am DHZB in Zusammenarbeit mit der Technischen Universität Berlin (TUB) im Rahmen des PADKOM-Projektes (*Patienten*Daten *Kom*munikation) ein System entwickelt, dessen Hauptaufgabe in der Integration der bestehenden DV-Systeme zu sehen ist.

Da die verschiedenen DV-Systeme auf unterschiedlichen Rechnersystemen basieren, ist es unumgänglich, diese mittels Netzwerken zu verbinden. Bei den zwischen den DV-Systemen auszutauschenden Daten handelt es sich unter anderem um hochauflösende Graphiken, so daß hinsichtlich des zu verwendenden Übertragungsmediums besondere Anforderungen bestehen. Diese können nur durch neue Technologien erfüllt werden. Es werden daher auf Glasfaser basierende Netzwerke für die Kommunikationstechnik eingesetzt. Im lokalen Kommunikationsbereich wird zur Zeit ein auf Glasfaser aufsetzendes Ethernet eingesetzt. In Zukunft wird auch FDDI (Fiber Distributed Data Interface) seine Anwendung finden. Im öffentlichen Kommunikationsbereich wird auf das BERKOM-Testnetz, welches im Rahmen des BERKOM Projektes (*Ber*liner *Kom*munikation) zur Verfügung steht, zurückgegriffen.

Die in den einzelnen DV-Systemen anfallenden medizinischen Daten werden jeweils in einer Patientenakte zusammengefaßt. Diese enthält unter anderem Formulare (z.B. Aufnahme-Formular), Berichte (z.B. OP-Bericht), Graphiken (z.B. EKG, Fiberkurve), Bilder (z.B. Röntgenbilder) und teilweise sogar Filme (z.B. Angiogramm). Viele dieser Informationen entstehen in den DV-Systemen und werden mit mehr oder weniger speziellen Ausgabegeräten zu Papier gebracht. Eine derartige herkömmliche Patientenakte hat den Nachteil, daß nur derjenige, dem diese Patientenakte vorliegt, auch Zugriff auf diese hat. Oft entstehen Wartezeiten dadurch, daß eine Patientenakte nicht zugreifbar ist oder wichtige Informationen nicht auffindbar sind. Aus diesem Grund entstand die Idee der elektronischen Patientenakte. Eine elektronische Patientenakte liegt komplett auf einem DV-System vor.

Um dieses Konzept verwirklichen zu können, wird auf den sogenannten Multimedia Dokumenten [DET88] aufgesetzt. Das dort beschriebene Multimedia Dokumenten Modell umfaßt die folgenden Informationstypen, die alle in digitaler Form vorliegen und zusammen ein Dokument bilden.

• Text   • Film
• geometrische Graphik   • Audio
• Rastergraphik

Daraus ergeben sich mehrere Vorteile. So können mehrere Benutzer (Ärzte, Pfleger) gleichzeitig auf die elektronische Patientenakte zugreifen. Wichtige Teile der elektronischen Patientenakte sind jederzeit verfügbar. Die auf dem DV-System entstehenden Daten sind jederzeit weiterverarbeitbar.

Der Einsatz einer elektronischen Patientenakte bringt jedoch auch einige Probleme mit sich. Einige der Hauptprobleme liegen im Bereich des Datenschutzes und der Datensicherheit. Diese werden noch verschärft durch den Einsatz von Kommunikationsnetzwerken. Um diese Probleme lösen zu können, sind besondere Sicherheitstechniken erforderlich. Mit der Entwicklung und dem Einsatz solcher Techniken, die insbesondere kryptographische Verfahren einschließen, die die Sicherheit von Verteilten DV-Systemen gewährleisten, befaßt sich ein Projekt im Fachgebiet für Offene Kommunikationssysteme an der TUB, dessen Arbeitsergebnisse in das PADKOM-Projekt einfließen.

In der medizinischen Datenverarbeitung werden besonders hohe Anforderungen an den Datenschutz und die Datensicherheit gestellt, da es sich hierbei um die Bearbeitung besonders sensibler personenbezogener Daten handelt. Die Einhaltung der Schweigepflicht durch medizinisches Personal reicht hier nicht aus. Die elektronischen Patientendaten sind vielmehr durch geeignete Zugriffskontroll-mechanismen in dem DV-System vor nicht autorisierten Zugriffen zu schützen. Daneben sind für die Wahrung der Vertraulichkeit, Integrität und Authentizität der elektronisch gespeicherten Patientendaten entsprechende Mechanismen vorzusehen.

In den IT-Sicherheitskriterien, deren Herausgeber die Zentralstelle für Sicherheit in der Informationstechnik (ZSI) ist, werden die Grundfunktionen sicherer DV-Systeme definiert, [ZSI89]. Die folgenden der dort geforderten Grundfunktionen werden in das PADKOM-Projekt integriert:

• *Identifizierung*   • *Datenintegrität*
• *Rechteverwaltung*   • *Datenauthentizität*
• *Rechteprüfung*   • *Authentifizierung des Senders/Empfängers von Daten*
• *Vertraulichkeit*

Die Beschreibung der Realisierung dieser Grundfunktionen mittels geeigneter Mechanismen ist der Themenschwerpunkt dieses Beitrages. Im Abschnitt zwei wird die Identifizierung der Benutzer gegenüber dem DV-System beschrieben. Die Sicherheit des Identifizierungsverfahrens hat einen unmittelbaren Einfluß auf die Sicherheit aller weiteren Grundfunktionen. Der dritte Abschnitt beschreibt einen Zugriffskontrollmechanismus, der die Rechteverwaltung und Rechteprüfung für einzelne Benutzer und der von ihnen bearbeiteten elektronischen Patientendaten gewährleistet. Die Realisierung der Vertraulichkeit, Datenintegrität, Datenauthentizität und Authentifizierung von Kommunikationspartnern mit Hilfe kryptographischer Verfahren wird im vierten Abschnitt dargelegt.

2. Identifizierung

Unabdingbare Voraussetzung für die Wirksamkeit des Zugriffskontrollmechanismusses und der kryptographischen Verfahren ist eine eindeutige Identifizierung einzelner Benutzer gegenüber dem DV-System. Die Identifizierung eines Benutzers gegenüber dem DV-System erfolgt bei einem Systemzugang i.a. durch

• *Wissen* (geheimes Kennwort)   • *Besitztum* (Magnetkarte o.ä.)

oder einer Kombination aus beiden Verfahren. Die Probleme dieser Verfahren, wie leicht erratbare Kennworte (vgl. Studie von Morris und Thompson, [MORRI79]) oder Verlust bzw. Diebstahl des Besitztums, sind hinlänglich bekannt (*impersonate* durch einen Angreifer).

Eine Kombination aus Wissen und Besitztum bietet gegenüber einfachen Kennwortverfahren bereits einen verbesserten Schutz vor einem Systemzugang durch nicht autorisierte Personen. Dieses Systemzugangsverfahren kann jedoch nicht die Sicherheit bieten, wie sie durch die Prüfung unnachahmlicher Personenmerkmale (Fingerabdruck, Netzhautabtastung, Stimmenanalyse etc.) erzielbar und letztendlich anzustreben ist.

In Abbildung 2.1 ist die Konfiguration eines Arbeitsplatzrechners mit Chipkartenlesegerät (CCR) und Netzwerkanschluß (Ethernet) dargestellt. Für einen Systemzugang benötigt der Benutzer eine für ihn ausgestellte Chipkarte (CC), die er in das Chipkartenlesegerät einlegt. Anschließend wird der Benutzer aufgefordert, an dem Arbeitsplatzrechner seine *Personal Identification Number* (PIN) einzugeben, die ihm bei der Aushändigung seiner Chipkarte mitgeteilt wurde und ihn gegenüber seiner Chipkarte als rechtmäßigen Benutzer ausweist. Die Prüfung der PIN erfolgt in der Chipkarte selbst. Nach drei Fehleingaben der PIN deaktiviert sich die Chipkarte. Diese kann erst durch einen besonders autorisierten Benutzer reaktiviert werden.

Die hier verwendete Chipkarte verfügt über einen eingebauten 8 bit Mikroprozessor (*Prozessor-Chipkarte*) und verschiedene Speicherarten (ROM, RAM, EEPROM). Dies bietet gegenüber herkömmlichen Magnetkarten oder Speicher-Chipkarten den Vorteil, daß auf ihr neben den Benutzerdaten wie Name und Systemkennung etc. *geschützt* vor einem nicht autorisierten Zugriff weitere Informationen abgelegt werden können. Die verwendete Prozessor-Chipkarte entspricht in ihren Abmessungen und elektrischen Eigenschaften den ISO Standardisierungen ISO 7816/1, 7816/2 und 7816/3.

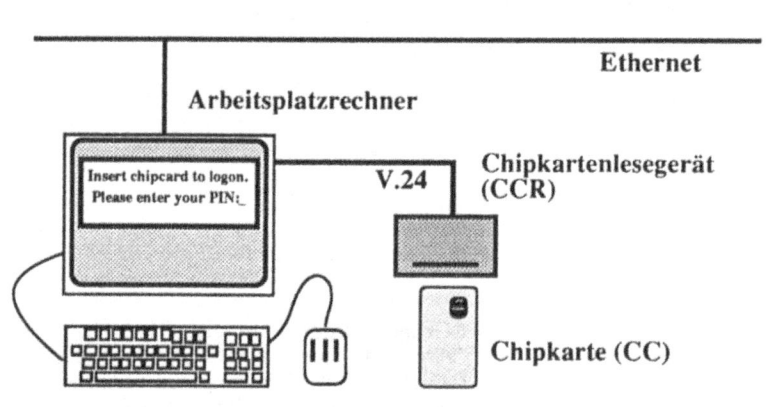

Abb. 2.1 : Konfiguration eines Arbeitsplatzrechners

Der auf der Prozessor-Chipkarte geschützt abgelegte benutzerspezifische Datensatz umfaßt folgende Informationen:

- *PIN*
- *Benutzername*
- *Benutzerkennung*
- *Rollenzertifikat*

- *Authentifizierung des Senders/Empfängers von Daten*
- *Gültigkeitsdauer der Schlüssel und der Prozessor-Chipkarte*
- *öffentlicher und geheimer Teilschlüssel des Benutzers*

Die Bedeutungen der öffentlichen und geheimen Teilschlüssel und des Rollenzertifikates werden im folgenden noch erläutert.

3. Zugriffskontrollmechanismus

Der Zugriff auf Objekte im PADKOM-System soll durch ein Rollensystem kontrolliert und verwaltet werden. Ein Objekt steht im vorliegenden Beitrag für Dokumente, Teile von Dokumenten und Ein-/Ausgabegeräte. Unter dem Begriff Rolle wird eine Abstraktion von einer Person bzw. einer Gruppe von Personen verstanden. In den folgenden Abschnitten wird zuerst ein Rollensystem sowie dessen Aufgaben vorgestellt, seine Bedeutung für das PADKOM-System dargelegt und dessen Notwendigkeit für die Rechteverwaltung, Rechteprüfung und Zugriffskontrolle aufgezeigt.

3.1 Rollensystem - Aufgaben und Zielsetzung

Ein Rollensystem dient der Beschreibung der Rechte einzelner Benutzer, die in Abhängigkeit von seiner in dem System wahrzunehmenden Aufgabe definiert werden. Einem Benutzer können dabei unterschiedliche Rollen zugeordnet werden und mehrere unterschiedliche Benutzer können die gleiche Rolle einnehmen. Welche Rolle ein bestimmter Benutzer in dem System einnehmen kann, ist abhängig von seinem Rollenzertifikat, das in seiner Chipkarte abgelegt ist und bei der Einrichtung seiner Systemkennung erzeugt wird. Eine Rolle wird beschrieben durch:

- Aufgaben
- Funktionen
- Rechte
- Objekte (z.B. Dokumente, Werkzeuge, Ressourcen)

Mit Hilfe des Rollenzertifikates, der Beschreibung einer Rolle und den an den Objekten spezifizierten Zugriffsrechten ist der Zugriffskontrollmechanismus in der Lage, jede von dem Benutzer initiierte Aktion in dem DV-System auf dessen Zulässigkeit hin zu überprüfen.

3.2 Definition eines Rollensystems

Die Tatsache, daß Rollen und die zwischen ihnen bestehenden Relationen sich nicht ändern, birgt einen weiteren Vorteil in sich, das *Vererben* von Rechten. Das bedeutet, jeder definierten Gruppe von Personen (Rolle) können pauschal bestimmte Rechte zugeordnet werden.

Bevor auf das Rollensystem eingegangen wird, soll kurz die Darstellungsmethode beschrieben werden. Das Rollensystem wird durch die nachfolgend beschriebenen Methoden (eine Art Backus Naur Form) formal dargestellt. Es gibt eine Reihe von

Schlüsselworten: und Schlüsselsymbolen:

sequence of   ::=
set of   {
choice of   }
atomic

Das Schlüsselwort **seqence of** besagt, daß alle nachfolgenden Elemente, die durch ',' getrennt sind und zwischen den Schlüsselsymbolen { und } stehen, in der entsprechenden Reihenfolge auftreten müssen. Das Schlüsselwort **set of** bedeutet, daß es sich bei dem genannten Element um eine Menge von 0 bis n Elementen dieses Types handelt. Dem Schlüsselwort **choice of** ist zu entnehmen, daß aus den Elementen, die durch ',' getrennt sind und zwischen den Schlüsselsymbolen { und } stehen, eines auszuwählen ist. Das Schlüsselwort **atomic** sagt aus, daß das Element nicht weiter verfeinert wird, sondern durch die entsprechende Anwendung festgelegt werden muß. Das Schlüsselsymbol ::= dient der Verfeinerung. Die Schlüsselsymbole { und } dienen der Klammerung von Elementen.

Bei der Beschreibung des Rollensystems wird zum größten Teil nach den im vorangegangenen Abschnitt beschriebenen Methoden vorgegangen, zum Teil wird aber auch auf mathematische Formalismen zurückgegriffen (bei den Relationen). Es ergibt sich also das folgende Rollensystem:

```
role-system ::= sequence of {
          set of relation,
          set of role,
```

```
                 set of operation
     }

     role ::= sequence of {
                 set of person,
                 set of function,
                 set of object
     }

     person ::= sequence of {
                     name,
                     set of key
     }

     object ::= choice of {
                     document,
                     resource
     }

     relation ::= atomic
     operation ::= atomic
     function ::= atomic
     name ::= atomic
     key ::= atomic
     document ::= atomic
     resource ::= atomic
```

Relation

Innerhalb des Kommunikationsmodells für medizinische Anwendungen sind drei wesentliche Relationen hervorzuheben. Bei diesen Relationen handelt es sich um zweistellige Relationen auf einer Menge von Rollen. Es sind dies die Relation *abstract*, die der Abstraktion dient, die zu *abstract* duale Relation *specification*, die der Spezialisierung von Rollen dient und die Relation *rights*, die festlegt welche Rolle mehr Rechte hat.

3.3 Einordnung des Rollensystems in das PADKOM-Projekt

Das Rollensystem ist ein Grundbaustein des PADKOM-Systems, der einem Kommunikationsmodell zugeordnet ist. Dieses wiederum enthält eine Sicherheitskomponente, in der das Rollensystem angesiedelt ist. Die schematische Darstellung (Abb. 3.1) vermittelt einen groben Überblick über den logischen Aufbau des Kommunikationsmodells.

Das Transportmodell unterstützt ein verteiltes Arbeiten und ermöglicht den Austausch von Informationen. Die Ebene, der die Multimedia Dokumente und Geräte zugerechnet werden, stellt den Zugriff auf diese zur Verfügung. In der Sicherheitsebene werden unter anderem die Zugriffe kontrolliert. Die Arbeitsumgebung für einen Benutzer wird durch die Funktionsebene bereitgestellt. Aus der obigen Abbildung geht nun hervor, daß jeder Zugriff auf Dokumente und Geräte durch den Benutzer durch die Sicherheitsebene führt. Und innerhalb dieser wird der Zugriff durch das Rollensystem kontrolliert.

Wenn ein Benutzer auf ein Dokument oder Gerät zugreifen möchte, initiiert er eine Funktion in der Funktionsebene, die Kenntnis seines Namens und seiner Rolle hat. Diese gibt sie zusammen mit dem Zugriffswunsch weiter an die Sicherheitsebene, die anhand der übergebenen Informationen prüft, ob der Zugriff zulässig ist. Ist dies der Fall, wird die entsprechende Operation durch die Multimedia Dokumenteneben ausgeführt.

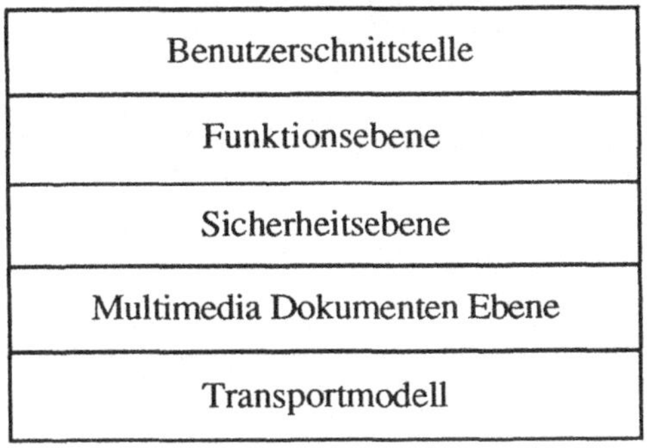

Benutzerschnittstelle
Funktionsebene
Sicherheitsebene
Multimedia Dokumenten Ebene
Transportmodell

Abb. 3.1: Kommunikationsmodell im PADKOM-System

3.4 Zugriffskontrolle durch das Rollensystem

Wie aus einem der vorherigen Abschnitte hervorgeht, können mehrere Personen ein und dieselbe Rolle annehmen und umgekehrt. Ein Rollensystem muß deshalb Zugriff auf eine Liste aller bekannten Benutzer haben. Ferner ist jedes Objekt mindestens einer Rolle (aber üblicherweise mehreren) zugeordnet.

Einer Rolle können zwar Dokumente und Geräte zugeordnet werden. Dabei kann es sich aber im allgemeinen nur um Gruppen von diesen handeln, da mehrere Personen ein und dieselbe Rolle annehmen können, Dokumente aber in der Regel bestimmten Benutzern zugeordnet sind. So hat ein Stationsarzt zwar im allgemeinen Zugang zu einer Patientenakte, jedoch nur der behandelnde Stationsarzt darf einer Patientenakte eines von ihm behandelten Patienten einen Befundbericht hinzufügen. Daher ist es notwendig, jedem Objekt (Dokument, Gerät) eine Zugangsberechtigungsliste (Access Control List - ACL) für Rollen und Benutzer hinzuzufügen.

Eine Chipkarte enthält zur Unterstützung der Zugriffskontrolle ein Rollenzertifikat. Ein Rollenzertifikat setzt sich aus dem Benutzernamen und dessen Rolle zusammen. Damit ist dem System zu jeder Zeit der Name und die Rolle des Benutzers bekannt, da er nur solange Zugang zum System hat, wie seine Chipkarte aktiv (d.h im CC-Reader liegt) ist.

4. Einsatz kryptographischer Verfahren

Bei einer Umgehung des Zugriffskontrollmechanismusses (nicht ordnungsgemäße Erlangung einer Systemkennung oder Mißbrauch) ist dennoch ein wirksamer Schutz der Patientendaten vor den *Auswirkungen* nicht oder nicht entsprechend autorisierter Zugriffe und Manipulationen zu gewährleisten. Die Wahrung der Vertraulichkeit, Integrität und Authentizität der Patientendaten bei einer Umgehung des Zugriffskontrollmechanismusses ist durch den Einsatz kryptographischer Verfahren zu erzielen. Im folgenden werden die Grundfunktionen der Sicherheitsanforderungen und deren Mechanismen, die mit kryptographischen Verfahren realisiert werden, beschrieben.

4.1 Vertraulichkeit (Geheimhaltung)

Für die Wahrung der Vertraulichkeit von Patientendaten, auch wenn diese in den Besitz nicht autorisierter Benutzer gelangen, werden Verschlüsselungsverfahren eingesetzt. Es existieren zwei Arten von Verschlüsselungsverfahren: herkömmliche *symmetrische* Verschlüsselungsverfahren, die einen Schlüssel zum Ver- und Entschlüsseln der Daten verwenden, und seit Mitte der siebziger Jahre praktikable Lösungen zum Einsatz *asymmetrischer* Verschlüsselungsverfahren, die zwei voneinander praktisch nicht ableitbare Schlüssel jeweils zum Ver- und Entschlüsseln der Daten einsetzen (*public-key* Verfahren).

Beide Arten von Verschlüsselungsverfahren sind jeweils mit Vor- (+) und Nachteilen (–) behaftet:

Symmetrische Verschlüsselungsverfahren

+ erzielbarer Datendurchsatz
– Einsatz zur Authentifizierung, da mindestens zwei Benutzer (oder Instanzen) über den gleichen geheimen Schlüssel verfügen

Asymmetrische Verschlüsselungsverfahren

+ jeder Benutzer (oder Instanz) verfügt genau über ein Schlüsselpaar, wobei die Kenntnis des geheimen Teilschlüssels mit keinem anderen Benutzer geteilt wird
+ Authentisierung von Daten und ihrer Urheber (Erzeugung digitaler Unterschriften - s. Absatz 4.3)
– erzielbarer Datendurchsatz

Ein *hybrides* Verschlüsselungsverfahren kombiniert die Vorteile der symmetrischen Verschlüsselungsverfahren mit denen der asymmetrischen. Zum raschen Datenaustausch über das Netzwerk wird das symmetrische Verschlüsselungsverfahren verwendet. Dies schützt die ausgetauschten Daten gegenüber einem Abhörangriff von Dritten und damit einem Verlust der Vertraulichkeit. Die geheime und sichere Schlüsselvereinbarung, die hierfür zunächst erforderlich ist, erfolgt vor einer solchen Kommunikationsbeziehung ebenfalls über das Netzwerk, wobei der *Kommunikationsschlüssel* jedoch nicht im Klartext über das Kommunikationsnetz ausgetauscht werden kann, sondern mittels des asymmetrischen Verschlüsselungsverfahrens in geeigneter Weise verschlüsselt wird und somit gegenüber einem Abhörer geschützt ist (s. Absatz 4.4).

Als symmetrisches Verschlüsselungsverfahren wird der *Data Encryption Standard* (DES) implementiert, [DES77],[DES80]. Das asymmetrische Verschlüsselungsverfahren wird in Form des *RSA* Verfahrens realisiert. Das RSA Verfahren ermöglicht die Austauschbarkeit des öffentlichen und geheimen Teilschlüssels und ist somit für die Generierung digitaler Unterschriften besonders geeignet, [RIVES78].

4.2 Datenintegrität

Der Schutz der Integrität von Daten wird im allgemeinen durch eine Prüfsumme, die den eigentlichen Nutzdaten hinzugefügt wird, realisiert. Als zu fordernde Eigenschaften für ein sicheres Prüfsummenverfahren lassen sich formulieren:

• Jede Instanz (Benutzer bzw. Prozeß) muß in der Lage sein, die Integrität aller ihr zugänglichen Daten nachzuprüfen, unabhängig davon, ob sie diese Daten erzeugt hat oder nicht.
• Für nicht von einer Instanz erzeugte Daten darf diese nicht in der Lage sein, eine korrekte Prüfsumme zu bilden.
• Die von einer Instanz erzeugten Daten und der dazugehörigen Prüfsummen müssen von jeder anderen Instanz nachprüfbar sein.

Diese Forderungen an ein sinnvolles Prüfsummenverfahren zum Schutz der Integrität der Daten sind vergleichbar denen, die an die Erzeugung und Verifikation *digitaler Unterschriften* zu stellen sind. In diesem Projekt wird daher die Datenintegrität mittels digitaler Unterschriften sichergestellt und im folgenden Absatz beschrieben.

4.3 Datenauthentizität (digitale Unterschrift)

Die Datenauthentizität wird mittels digitaler Unterschriften, die *jedem* Datensatz (Klartext) hinzugefügt werden, realisiert. Die wichtigsten Eigenschaften, denen digitale Unterschriften genügen müssen, sind:

- *eindeutig*
- *unteilbar*
- *kann nicht geleugnet werden*

- *einfach zu verifizieren*
- *einfach zu generieren*

Als Mechanismus zur Realisierung digitaler Unterschriften im PADKOM-Projekt wird das RSA Verfahren eingesetzt, [RIVES78].

Generierung einer digitalen Unterschrift

Die Generierung einer digitalen Unterschrift (s. Abbildung 4.1) bspw. eines Benutzers A zu einem Klartext *M* erfolgt in zwei Schritten. Zunächst wird der Klartext *M* mit Hilfe einer Hashfunktion *h* komprimiert. Das Ergebnis *s* dieser Komprimierung $h(M) = s$ wird anschließend mittels des RSA Algorithmusses verschlüsselt, wobei der geheime Teilschlüssel kGA des Benutzers A, der die digitale Unterschrift erzeugt, als Schlüssel verwendet wird.

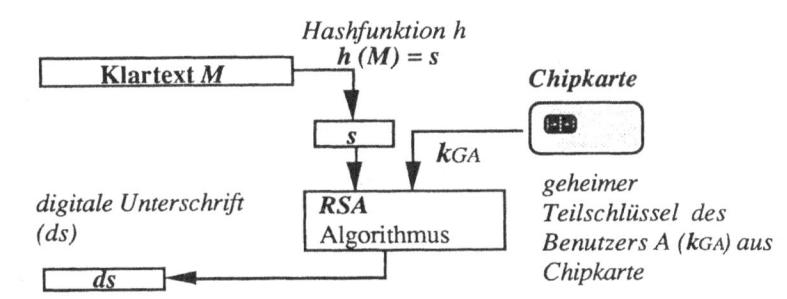

Abb. 4.1 : Generierung einer digitalen Unterschrift

Der geheime Teilschlüssel kGA wird dazu aus der Chipkarte des Benutzers A ausgelesen. Das Ergebnis *ds* dieses Verschlüsselungsvorganges ist die digitale Unterschrift *ds* zu dem Klartext *M*. Die erzeugte digitale Unterschrift *ds* ist damit zum einen vom Inhalt des unterzeichneten Klartextes *M* abhängig und zum anderen kann die digitale Unterschrift nur von dem Benutzer, der sich gegenüber der Chipkarte autorisiert hat, erzeugt worden sein, da der geheime Teilschlüssel kGA aus der Chipkarte entnommen wird.

Verifikation einer digitalen Unterschrift

Die Verifikation einer digitalen Unterschrift (s. Abbildung 4.2) erfolgt in umgekehrter Weise zu ihrer Erzeugung, wobei jedoch der öffentliche Teilschlüssel $köA$ des die Unterschrift erzeugenden Benutzers, verwendet wird. Ein beliebiger Benutzer, der die digitale Unterschrift des Benutzers A verifizieren möchte, hat als Ausgangssituation den Klartext *M* und die dazugehörige digitale Unterschrift *ds* vorliegen. Er generiert zunächst das Ergebnis der Hash-Funktion $h(M) = s$. Er verwendet dazu die gleiche Hashfunktion *h*, die von dem Benutzer A bei der Erzeugung der digitalen Unterschrift benutzt wurde. Die hier verwendete Hashfunktion ist jedem Benutzer bzw. der System- und Anwendungssoftware im System allgemein zugänglich.

Als nächster Schritt wird die digitale Unterschrift *ds* mittels des RSA Algorithmusses und des vom Authentifizierungsserver angeforderten öffentlichen Teilschlüssels $köA$ des Benutzers A entschlüsselt. Das Ergebnis s' stellt nun die Rückgewinnung des Hash-Funktionswertes dar, den der Benutzer A zur Generierung seiner digitalen Unterschrift verwendet hat.

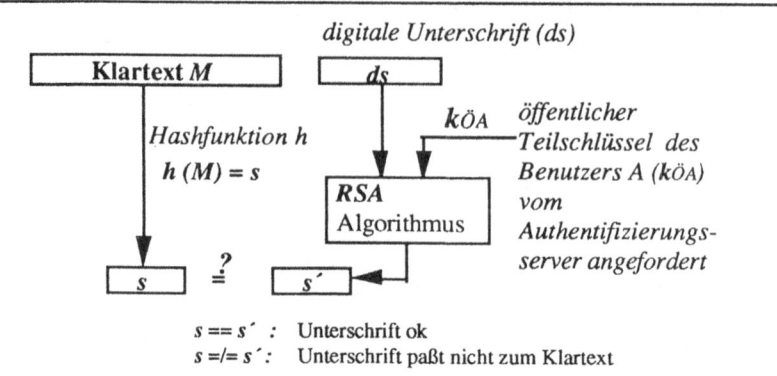

s == s' :   Unterschrift ok
s =/= s' :   Unterschrift paßt nicht zum Klartext

Abb. 4.2 : Verifikation einer digitalen Unterschrift

Ein Vergleich der beiden Hashfunktionswerte s und s' ergibt bei Gleichheit zum einen, daß die digitale Unterschrift tatsächlich von dem Benutzer A stammen muß, da nur dieser im Besitz des zu dem bei der Verifikation verwendeten öffentlichen Teilschlüssels $köA$ passenden geheimen Teilschlüssels kGA sein kann. Zum anderen kann der die digitale Unterschrift verifizierende Benutzer sicher sein, daß der Klartext M gegenüber seiner Ausprägung bei der Unterzeichnung nicht verändert wurde, da für jeden Klartext M ein anderer Hashfunktionswert entsteht.

Mit diesem Verfahren ist zum einen gewährleistet, daß die Urheberschaft eines Klartextes eindeutig feststellbar ist, und zum anderen ist damit gleichzeitig die Integrität des Klartextes sichergestellt. Die Hashfunktion übernimmt dabei die Aufgabe des Prüfsummenverfahrens, wie sie in Absatz 4.2 aufgezeigt ist.

4.4 Authentifizierung des Senders/Empfängers von Daten

Die Authentifizierung des Senders und Empfängers von Daten wird grundsätzlich vor jedem Datenaustausch vorgenommen. Jeder Benutzer und jeder einer Authentifizierungspflicht unterliegende Prozess verfügt dazu über ein RSA Schlüsselpaar.

Einem Benutzer oder Prozeß ist es i.a. nicht möglich, direkt die Identität seines Kommunikationspartners festzustellen. Eine Kommunikationsbeziehung besteht daher grundsätzlich aus zwei Phasen. In der ersten Phase authentifizieren sich die Kommunikationspartner, wobei das RSA Verschlüsselungsverfahren eingesetzt wird, und vereinbaren einen geheimen DES *Kommunikationsschlüssel*. Die dem intendierten Empfänger übermittelten Protokolldaten in der ersten Authentifizierungsphase werden mit dem öffentlichen Teilschlüssel des Empfängers verschlüsselt. In der zweiten Phase erfolgt der eigentliche geheime Datenaustausch mittels des DES Verschlüsselungsverfahrens und des in der ersten Authentifizierungsphase vereinbarten DES Kommunikationsschlüssels.

Für die Authentifizierungsphase ergeben sich jedoch zwei Probleme:

- Der Sender der Daten verfügt nicht über alle öffentlichen Teilschlüssel seiner potentiellen Kommunikationspartner.
- Der Empfänger der Daten verfügt i.a. nicht über den öffentlichen Teilschlüssel des Senders, den er aber zur Verifizierung dessen digitaler Unterschrift und damit zu dessen Authentifizierung benötigt.

Zur Lösung dieser Probleme wird ein zentraler Authentifizierungsserver installiert, der die Authentizität der verwendeten öffentlichen Teilschlüssel sicherstellt, [NEEDH78]. Dazu werden die öffentlichen Teilschlüssel jedes autorisierten Benutzers und Prozesses in einem Verzeichnis, das dem Authentifizierungsserver zugänglich ist, abgelegt (dies erfolgt bei der Ausstellung einer benutzerspezifischen Prozessor-Chipkarte bzw. Installierung eines Prozesses, der einer Authentifizierungspflicht unterliegt). Voraussetzung für dieses Verfahren ist, daß jeder Benutzer über den authentischen öffentlichen Teilschlüssel des Authentifizierungsservers verfügt. Zu diesem Zweck wird der öffentliche Teilschlüssel des Authentifizierungsservers in jeder Prozessor-Chipkarte geschützt abgelegt (s. Abschnitt 2) und vor dem Beginn einer Kommunikationsbeziehung aus dieser entnommen.

5. Zusammenfassung

Das vorgestellte Rollensystem und der Zugriffskontrollmechanismus dienen der kontrollierten Ausübung der den einzelnen Rolleninhabern zugeordneten Rechte auf Multimedia Dokumente oder auf Teilen von diesen, die in dem vorgestellten System Patientendaten beinhalten. Der Einsatz kryptographischer Verfahren wird vor allem zur Authentisierung und zum Schutz der Daten, wenn sie dem Zugriffskontrollsystem entzogen werden (bspw. bei einer Übertragung zu einem Arbeitsplatzrechner), benötigt. Daneben gelangen sie aber auch zum Einsatz zur Absicherung des Zugriffskontrollmechanismusses selbst vor unzulässigen Manipulationen an diesem.

Die zukünftige Weiterentwicklung umfaßt die Beschreibung der Aufgaben eines einzusetzenden Sicherheitsbeauftragten, der neben den üblichen Aufgaben eines Systemverwalters in einem DV-System, speziell die Aufgaben der Verwaltung und Überwachung des Rollensystems, der Zugriffsrechte und der eingesetzten kryptographischen Verfahren übernimmt. Für den Sicherheitsbeauftragten werden dazu geeignete Werkzeuge entwickelt, die die Verwaltung des Rollensystems und der kryptographischen Verfahren gestatten.

Literatur

[DES77]   *Data Encryption Standard (DES)*, National Bureau of Standard (U.S.), Federal Information Processing Standard Publication 46, National Technical Information Service, Springfield, VA, Apr. 1977.

[DES80]   *DES Modes of Operation*, National Bureau of Standards Publication 81, National Technical Information Service, Springfield, VA, Dez. 1980.

[DET88]   Deutsche Telepost Consulting GmbH: *Multi-Media-Dokumente im ISDN-B - Anforderungsanalyse*, Version 1.0, 1988

[NEEDH78]   Needham, R.M., Schroeder, M.: *Using Encryption for Authentication in large Networks of Computers*, Communications of the ACM, Vol. 21, Nr. 12, Dez. 1978, S. 993-999.

[RIVES78]   Rivest, R.L., Shamir, A., Adleman, L.: *A Method for Obtaining Digital Signatures and Public-Key Cryptosystems*, Communications of the ACM, Vol. 21, Nr. 2, Feb. 1978, S. 120-126.

[ZSI89]   *IT-Sicherheitskriterien: Kriterien für die Bewertung der Sicherheit von Systemen der Informationstechnik (IT)*, hrsg. von d. ZSI - Zentralstelle für Sicherheit in Informationssystemen im Auftr. d Bundesregierung, 1. Fassung vom 11. Januar 1989, Bundesanzeiger 1989.

Zur verteilten Datenverarbeitung bei heterogenen Subsystemen am Beispiel des Heidelberger Klinikuminformationssystems

WINTER, A., JANßEN, H., GLÜCK, E., HAUX, R., WIEDERSPOHN, J.
Universität Heidelberg
Lehrstuhl für Medizinische Informatik
Im Neuenheimer Feld 400, D-6900 Heidelberg

1 Einleitung

Daß der Umfang der Informationsverarbeitung in Klinikuminformationssystemen weiter zunimmt, dürfte unbestritten sein. Als ein Beispiel hierfür sei die vom Sachverständigenrat für die konzertierte Aktion im Gesundheitswesen geforderte und mittlerweile im Gesundheitsreformgesetz ebenfalls formulierte Notwendigkeit der Qualitätssicherung in der stationären Versorgung genannt ([Sachverständigenrat für die konzertierte Aktion im Gesundheitswesen (1989)]). Diese Zunahme trifft besonders für die Datenverarbeitung im rechnergestützten Teil solcher Klinikuminformationssyteme zu. Genannt sei hierfür als Beispiel die Notwendigkeit, Informationsdienste weiter auszubauen und etwa molekularbiologische Datenbanken zur Verfügung zu stellen ([DELISI (1988)], [SIEMENS (1989)]). Nicht zuletzt wegen der zunehmenden Verfügbarkeit von dedizierten Systemen für bestimmte klinische Aufgaben und von Arbeitsplatzsystemen (vgl. [WIEDERSPOHN (1989)]) gilt für die Rahmenplanung des rechnergestützten Teils von Klinikuminformationssystemen, daß sie soweit wie möglich dezentral und soweit wie nötig zentral ausgerichtet sein soll (vgl. z.B. [HAUX, JURANEK, SELBMANN (1989)]), um damit die in den einzelnen Kliniken und Instituten eines Klinikums teilweise sehr unterschiedliche Informationsverarbeitung sowohl für die Patientenversorgung als auch für die Forschung bestmöglich zu unterstützen.

Aufgrund wirtschaftlicher Erwägungen und aufgrund des genannten, zunehmenden Umfangs der Datenverarbeitung ist es für Klinika praktisch unumgänglich, neben selbstentwickelten Subsystemen auch gekaufte Systeme zu verwenden, die selbst wieder unterschiedlich gestaltet sein können. Dadurch entsteht eine *Heterogenität* sowohl bei Subsystemen als auch bei Rechnersystemen, die es bei der Rahmenplanung von Klinikuminformationssystemen zu berücksichtigen gilt.

2 Fragestellung

Klinikuminformationssysteme haben die Aufgabe, Informationen geeignet zu präsentieren (Informationspräsentation), zum richtigen Zeitpunkt am richtigen Ort verfügbar zu machen (Informationslogistik) und die Entscheidungsfindung zu unterstützen (Entscheidungsunterstützung) (vgl. z.B. [REICHERTZ (1984)], [HAUX (1989)]). Diese Aufgaben können innerhalb eines Klinikuminformationssystems mit heterogenen Sub- und Rechnersystemen nur dann effizient erledigt werden, wenn die hierzu erforderliche Verarbeitung medizinischer und administrativer Daten verteilt erfolgt und diese Daten zwischen den beteiligten Systemen ausgetauscht werden können.

In der vorliegenden Arbeit möchten wir ausgehend vom Beispiel des Heidelberger Klinikuminformationssystems mit seinen vernetzten, heterogenen Sub- und Rechnersystemen die folgenden Fragen diskutieren und zumindest ansatzweise Antworten auf die Fragen vorschlagen:

(i)   Welche Stufen verteilter Datenverarbeitung kann man unterscheiden?

(ii)   Welche Auswirkungen auf die Datenhaltung haben die Stufen der verteilten Datenverarbeitung in einem solchen, dezentral ausgerichteten Klinikuminformationssystem?

(iii) Wie lassen sich Probleme lösen, die sich bei einer verteilten Datenhaltung in heterogenen Sub- und Rechnersystemen ergeben?

An Stellen, an denen dies unmißverständlich ist, wird im folgenden statt des Begriffs *rechnergestützter Teil des Klinikuminformationssystems* der Begriff *Klinikuminformationssystem* verwendet.

3 Problematik

Auf Grund der postulierten verteilten Datenverarbeitung ergibt sich in einem Klinikuminformationssystem die Notwendigkeit von Kommunikation und Datenübertragung zwischen heterogenen Subsystemen einerseits und heterogenen Rechnersystemen andererseits. Dabei lassen sich zunächst zwei Problemkreise deutlich unterscheiden: Zum einen handelt es sich um den Bereich der Übertragung von Daten lediglich zur Präsentation, zum anderen um die Übertragung mit dem Ziel der Speicherung der Daten beim Empfänger.

Bei der Datenübertragung zum Zweck der Präsentation ergeben sich keine Probleme verteilter Datenhaltung. Diese Art der Datenübertragung findet sich z.B. bei der Übermittlung von Befunden aus einem Laborsubsystem an ein Stationssubsystem, wenn die übermittelten Laborbefunde beim Empfänger lediglich ausgedruckt oder auf dem Bildschirm dargestellt werden ohne sie nach der Kenntnisnahme durch das Stationspersonal für längere Zeit abzuspeichern. Diese Kommunikation ist bei verteilter Datenverarbeitung immer dann notwendig, wenn die zur Erzeugung der präsentierten Daten notwendige Datenverarbeitung an einer anderen Stelle (hier: Laborsubsystem) stattfindet, als sie zur Präsentation benötigt werden (hier: Stationssubsystem). Auch wenn in diesem Zusammenhang die Datenhaltung keine besonderen Probleme aufwirft, sind innerhalb eines Klinikuminformationssystems mit vernetzten heterogenen Sub- und Rechnersystemen insbesondere Fragen nach der Erreichbarkeit des Empfängers, der Übertragungsgeschwindigkeit, der Übertragungssicherheit und des Datenschutzes zu klären.

In vielen Fällen besteht jedoch der Bedarf, übermittelte Daten nach ihrem Empfang über einen längeren Zeitraum verteilt nicht nur in dem Subsystem des Absenders sonderen auch in dem Subsystem des Empfängers der Daten abzuspeichern. Dies kann für die oben genannte Präsentation notwendig werden, um z.B. bereits ausgedruckte Befunddokumente auch nach erfolgter Präsentation erneut präsentieren zu können. In den meisten Fällen müssen Daten verteilt gespeichert werden, um sie für eine weitere, patientenorientierte Verarbeitung innerhalb des Sub- bzw. Rechnersystems des Empfängers verfügbar zu haben; sie werden dort z.B. für eine patientenorientierte, kasuistische Dokumentation benötigt. Problematisch sind in diesem Zusammenhang Fragen nach der Integrität der Daten auch bei redundanter Datenhaltung und letztlich nach der Interpretierbarkeit der gespeicherten Daten.

Redundante Datenhaltung liegt dann vor, wenn Daten sowohl beim Absender von Daten als auch beim Empfänger gespeichert werden. Sie ist in einem Klinikuminformationssystem zumindest dann unvermeidbar, wenn übermittelte Daten patientenbezogen sind und (selbst unterschiedliche) Daten bei Absender und Empfänger in Beziehung zu demselben Patienten stehen; in diesem Fall muß zumindest ein Verweis auf die Stammdaten des Patienten redundant vorhanden sein, wenn nicht sogar Teilmengen der Stammdaten dieses Patienten redundant verfügbar sind. Nicht trivial ist das Problem, redundante Daten innerhalb eines Klinikuminformationssystems zu identifizieren und ihre Integrität auch bei Änderungen sicherzustellen.

Gespeicherte Daten sind letztlich nutzlos, wenn sie nicht ausgewertet und die Ergebnisse der Auswertungen nicht sinnvoll interpretiert werden können. Bei patientenbezogenen Daten sind neben einer kasuistischen Präsentation der Patientendaten weitergehende Auswertungen zu prüfen. Dies sind insbesondere patientenübergreifende Auswertungen z.B. im Rahmen klinischer Register. Während sich im ersten Fall Fragen nach der Interpretierbarkeit weitgehend auf Fragen nach der Korrektheit der Daten zurückführen lassen, ergeben sich im zweiten Fall die in [HAUX (1989)] dargestellten Probleme bzgl. einer multiplen Verwendbarkeit der Daten.

Bei der Suche nach Lösungen für die geschilderte Problematik soll im folgenden vereinfachend davon ausgegangen werden, daß abgespeicherte Daten in einer strukturierten Form vorliegen, die z.B. der 1. Normalform der relationalen Datenmodells entspricht.

4 Modell eines Klinikuminformationssystems

Basis für die im nächsten Abschnitt erläuterten Schritte zur Problemlösung ist das folgende Modell des rechnergestützten Teils eines Klinikuminformationssystems, das in einer elementaren Form in [WINTER, HAUX, SCHLEISIEK (1985)] dargestellt, und in der vorgestellten Form an [GERNETH, HAUX, SELBMANN (1990)] angelehnt ist. Danach lassen sich in Analogie zu Datenbanksystemen eine logische und eine physische Ebene bei dem rechnergestützten Teil von Klinikuminformationssystemen unterscheiden.

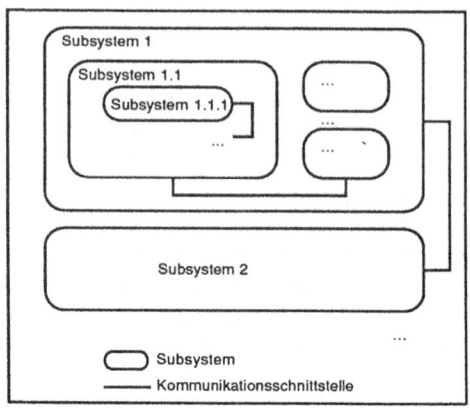

Abb. 1: Logisches Modell des rechnergestützten Teils eines Klinikuminformationssystems

Auf der *logischen Ebene* besteht der rechnergestützte Teil eines Klinikuminformationssystems aus Komponenten, die sich auf der Anwendungsebene aufgrund ihrer Funktionsweise unterscheiden. Diese Komponenten werden als *Subsysteme* bezeichnet. Die Subsysteme sind in der Regel untereinander zum Zweck der Kommunikation über *Kommunikationsschnittstellen* verbunden und können ihrerseits Komponenten wie z.B. Datenbanksysteme aber auch wieder Subsysteme enthalten. Auch diese Subsysteme sind in der Regel untereinander verbunden. Tatsächlich über die Kommunikationsschnittstellen nutzbare Verbindungen zwischen Subsystemen werden als *Kommunikationsverbindungen* bezeichnet. Diese hier als *logisches Modell* bezeichnete Sicht des rechnergestützten Teils eines Klinikuminformationssystems wird in Abbildung 1 dargestellt.

Auf der *physischen Ebene* sind *Rechnersysteme* die Komponenten des rechnergestützten Teils eines Klinikuminformationssystems. Diese Rechnersysteme (Großrechner, Abteilungsrechner, lokale Netze, Arbeitsplatzrechner, ...) sind möglicherweise über *Datenübertragungsverbindungen* miteinander verbunden und können selbst wieder in Rechnersysteme unterteilt werden. Die Datenübertragungsverbindungen umfassen sowohl die notwendigen Kabel als auch die erforderlichen *Kommunikationsprotokolle* und -dienste. Diese Sicht soll im folgenden als *physisches Modell* des rechnergestützten Teils eines Klinikuminformationssystems bezeichnet werden und ist in Abbildung 2 dargestellt.

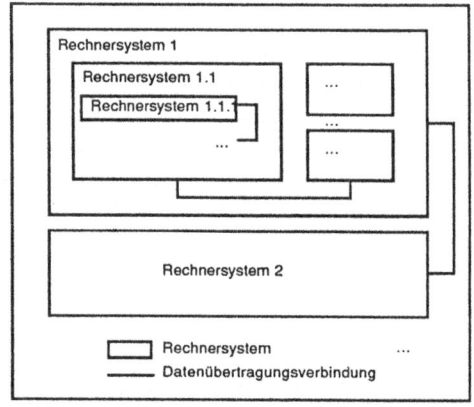

Abb. 2: Physisches Modell des rechnergestützten Teils eines Klinikuminformationssystems

Eine Kongruenz zwischen logischem und physischem Modell besteht nicht notwendigerweise. So ist es denkbar, das mehrere Subsysteme auf einem Rechnersystem realisiert sind (z.B. liegen das Patientendatenverwaltungs- und Archivverwaltungssubsystem gemeinsam auf dem Zentralrechner des Heidelberger Klinikrechenzentrums) oder aber sich ein Subsystem über mehrere Rechnersysteme erstreckt (z.B. erstreckt sich das Medizinisches Dokumentenverwaltungssubsystem der Chirurgischen Klinik über mehrere Arbeitsplatzrechner). Ebenso sind z.B. auf der physischen Ebene die Datenübertragungsverbindungen nicht immer im gleichen Umfang vorhanden und variieren von nicht vorhandener Verbindung über Verbindungen mit Hilfe des physischen Transports von Datenträgern bis hin zu lokalen Netzen.

5 Lösungsschritte zur verteilten Datenverarbeitung

Bei der Darlegung der Problematik in Abschnitt 2 zeigt sich, daß sich drei Stufen verteilter Datenverarbeitung an Hand der ihnen innewohnenden, von Stufe zu Stufe komplexer werdenden Problematik der Datenhaltung unterscheiden lassen. Diese Stufen können als Basis eines schrittweisen Vorgehens bei der Lösung der Probleme der verteilen Datenverarbeitung gewählt werden. So könnten schrittweise zunächst die Probleme bei der Übertragung von Daten zur Präsentation (Schritt 1), dann darauf aufbauend die Probleme verteilter, redundanter Datenhaltung im Sinne einer kasuistischen Dokumentation (Schritt 2) und schließlich die Probleme der Dokumentation und Interpretation bei einer multiplen Verwendbarkeit der gespeicherten Daten gelöst werden (Schritt 3). In der vorliegenden Arbeit soll bei der Darstellung dieser Lösungsschritte der Schwerpunkt auf den ersten und zweiten Schritt gelegt werden. Für die Lösung der Probleme der Dateninterpretation bei multipler Verwendbarkeit sei auf [HAUX (1989)] verwiesen.

5.1 Schritt 1: Übertragung von Daten zur Präsentation

Zur Lösung der Probleme der Übertragung von Daten, die zur Präsentation bestimmt sind, sind Angaben zum Gegenstand der Verteilung (Was?), zum Ort der Verteilung (Woher?, Wohin? und Welcher Weg?), zum Zeitpunkt der Verteilung (Wann?) und zu der Menge der Verteilung (Wieviel?) zusammenzustellen.

Zur Beschreibung des Gegenstandes der Datenverteilung wird auf ([JANßEN (1988)] und [JANßEN, WINTER (1989)] verwiesen. Dort werden Methoden vorgestellt, um unterschiedliche Kommunikationsobjekte identifizieren und in sogenannte Nachrichtentypen portionieren zu können. Die Identifizierung und Beschreibung der zu verteilenden Daten kann nach der dort angegebenen Methodik erfolgen. Insbesondere bei der Definition von Nachrichtentypen ist auf eine konsequente Standardisierung innerhalb des Klinikuminformationssystems zu achten.

Die Beschreibung der Lokalität der Datenverteilung ist in drei Bereiche zu unterteilen: Bei der Beantwortung der Fragen "Woher kommen die Daten?" (Sender), "Wohin gehen die Daten?" (Empfänger) und "Auf welchem Weg geschieht das?" ist dabei zwischen dem in Abschnitt 4 eingeführten logischen und physischen Modell eines Klinikuminformationssystems zu unterscheiden. In diesem Zusammenhang ist auch die Frage der Erreichbarkeit zu entscheiden: Sind der Empfänger und der Sender vorhanden und sowohl physisch (bzgl. notwendiger Datenübertragunsverbindungen zwischen Rechnern) als auch logisch (bzgl. notwendiger Kommunikationsverbindung zwischen den Subsystemen) verbunden?

In Bezug auf den Zeitpunkt der Verteilung und die zeitliche Verfügbarkeit existieren verschiedene Modelle, die zu einer Beschreibung oder Beurteilung herangezogen werden können (vgl. [EVERLING (1987)], [REISIG (1988)] und [LIPEK, SAAKE (1988)]). Wichtig ist hier, daß der Empfänger spätestens zum Zeitpunkt seines Präsentationsbedarfs die Daten erhalten sollte und die Qualität der Datenverteilung mit zunehmender Zeitnähe (zeitlicher Abstand zwischen der Entstehung der Daten und der Präsentation) steigt.

Die Datenmenge spielt eine wichtige Rolle bei der Abschätzung des Speicherplatzbedarfs und der Kapazität der Kommunikations- und Datenübertragungsverbindungen.

5.2 Schritt 2: Verteilte Datenhaltung

Zur Lösung der Probleme verteilter Datenhaltung soll das logische Modell des rechnergestützten Teils eines Klinikuminformationssystems um Datenbanksysteme als Komponenten der Subsysteme erweitert werden. Im folgenden wollen wir davon ausgehen, daß es sich um relationale Datenbanksysteme handelt, sodaß jede Datenbank als aktueller Zustand eines Datenbankschemas aufgefaßt werden kann, das sich aus einer Menge von Relationsschemata und semantischen Integritätsbedingungen ergibt. Semantische Integritätsbedingungen kontrollieren die Integrität der Werte einzelner Attribute (z.B. Wertebereichskontrollen), der Relationen, d.h. Zustände von Relationsschemata (z.B. Kontrolle von Schlüsseleigenschaften) und der Datenbanken als Zustände des Datenbankschemas (z.B. referentielle Integritäten). Sie sind BOOLEsche Funktionen, die Attributwerte, Relationen bzw. Mengen von Relationen auf den Wert *wahr* abbilden, wenn Integrität vorliegt, und sonst auf den Wert *falsch* abbilden.

Die Integrität von Daten innerhalb eines Klinikuminformationssystems läßt sich allerdings nicht allein durch semantische Integritätsbedingungen innerhalb einzelner Datenbankschemata kontrollieren, wie sich beim bereits erwähnten Problem der Redundanz deutlich zeigt: Die Integrität redundanter Daten einer Datenbank des einen Datenbankschemas läßt sich nur in Abhängigkeit von Daten aus einem anderen Datenbankschema kontrollieren. Folglich werden zusätzlich semantische Integritätsbedingungen auf der Ebene einer Menge von Datenbankschemata benötigt, die eine Menge von Datenbanken auf die Wahrheitswerte *wahr* oder *falsch* abbilden. Eine Menge von Datenbankschemata zusammen mit semantischen Integritätsbedingungen soll zusammenfassend als *verteiltes Datenbankschema* bezeichnet werden; eine Menge von Datenbanken dieser Datenbankschemata heißt Zustand des verteilten Datenbankschemas. Zur Abgrenzung von Datenbankschemata und verteilten Datenbankschemata sollen die nicht-verteilten Datenbankschemata auch als *atomare Datenbankschemata* bezeichnet werden.

Auf der Basis dieses Modells läßt sich die Lösung für die in Abschnitt 3 genannten Probleme prinzipiell recht einfach angeben: "Man formuliere und realisiere eine semantische Integritätsbedingung auf der Ebene des betrachteten verteilten Datenbankschemas, welche nur Kombinationen solcher Datenbanken erlaubt, bei denen die redundanten Daten integer sind." Leider zeigt es sich aber recht schnell, daß bei der Formulierung dieser semantischen Integritätsbedingung die eigentlichen Probleme erst beginnen.

Zur Erleichterung dieser Aufgabe wird nun der Einsatz des modifizierten RM/T-Datenmodells (mRM/T-Datenmodell) vorgeschlagen, wie es aufbauend auf [HAUX, WINTER (1990)] in [WINTER (1990)] im Detail beschrieben ist. Das semantische Datenmodell RM/T wurde in [CODD (1979)] erstmalig dargestellt. Wesentliches Prinzip des mRM/T-Datenmodells ist die konsequente Verwendung von Surrogaten bei der Definition der Primärschlüssel von Relationsschemata; nur die auf der Basis der Surrogate festgelegten Primärschlüssel werden zum Aufbau von Beziehungen oder Referenzen zwischen den Relationen dieser Relationsschemata herangezogen. Surrogate sind bedeutungsfreie, eindeutige Nummern. Auf einem höheren Abstraktionsniveau erlaubt dies ein objektorientiertes Denken, bei dem einem Relationsschema ein Objekttyp und dem einzelnen Tupel einer Relation dieses Schemas ein Objekt des entsprechenden Typs entspricht. Den Attributen der Relationsschemata bzw. ihren Werten in den Tupeln entsprechen die Eigenschaften der Objekttypen bzw. die sogenannten *konkreten Eigenschaften* der Objekte. Die eindeutige und permanente Objektidentifikation, wie sie bei [BLAHA, PREMERLANI, RUMBAUGH (1988)] gefordert wird, ist nun über die Surrogate leicht zu erreichen.

Formuliert man nun das Problem verteilter Datenhaltung zu einem Problem verteilt repräsentierter Objekte um, kann ein möglicher erster Schritt zur Lösung des Problems redundanter Daten angedeutet werden, mit dem die Integrität redundanter Objekteigenschaften bereits kontrolliert werden kann: "Man lege für jeden Objekttyp ein Datenbankschema als sogenanntes *zentrales Datenbankschema* fest, in dem grundsätzlich jedes Objekt dieses Typs als Tupel einer Relation repräsentiert sein muß und formuliere eine Verteilungsfunktion, die beschreibt, bei welchen konkreten Eigenschaften ein Objekt dieses Typs außer in der zentralen in welchen weiteren Datenbankschemata repräsentiert sein soll. Für jede im zentralen Datenbankschema als Attribut realisierte Eigenschaft des Objekttyps lege man fest, in welchen der anderen Datenbankschemata es (redundant) als Attribut realisiert sein soll. Dazu führe man für jedes ausgewählte Datenbankschema eine neue Eigenschaft als synonyme Eigenschaft ein und formuliere eine Synonymitätsfunktion, die jeder Eigenschaft des zentralen Datenbankschemas die synonymen Eigenschaften zuordnet."

Mit Hilfe der oben erwähnten semantischen Integritätsbedingung für das verteilte Datenbankschema können nun solche Zustände des verteilten Datenbankschemas als integer definiert werden, bei denen die repräsentierten konkreten Eigenschaften eines durch sein Surrogat identifizierten Objektes dann gleich sind, wenn es sich dabei um synonyme Eigenschaften handelt.

Daten in den atomaren Datenbanken eines Klinikuminformationssystems repräsentieren nicht nur Eigenschaften von Objekten, sondern über Surrogate auch Beziehungen zwischen Objekten. Folglich bleibt zu untersuchen, in welcher Form redundante Repräsentation von Beziehungen möglich und kontrollierbar ist.

Innerhalb des mRM/T-Datenmodells werden die Beziehungstypen *Charakterisierung* und *Assoziierung* unterschieden.

Ein Objekttyp B *charakterisiert* einen Objekttyp A, wenn jedes Objekt des Typs B nur dann existieren kann, wenn dazu ein Objekt vom Typ A existiert, zu dem es in Beziehung steht um es näher zu beschreiben. Dies ist zum Beispiel dann der Fall, wenn Objekte des Typs A Patienten und Objekte des Typs B Maßnahmen repräsentieren, die im Laufe der Behandlung eines bestimmten Patienten für bzw. an ihm vorgenommen worden sind.

Ein Objekttyp A *assoziiert* einen Objekttyp B, wenn jedes Objekt des Typs A zu höchstens einem Objekt des Typs B in Beziehung steht, um von diesem Objekt des Typs B näher beschrieben zu werden. Objekte des Typs A und des Typs B können uabhängig voneinander existieren. In einem Klinikuminformationssystem findet sich diese Situation z.B. dann, wenn der Objekttyp A Maßnahmen (s.o.) beschreibt und Objekte des Typs B Ärzte beschreiben. Die assoziative Beziehung wird z.B. dann benötigt, wenn die Maßnahme eine Patientenaufnahme ist, der ein Arzt als einweisender Arzt zugeordnet werden soll.

Durch besondere Vorkehrungen, die aber die Mächtigkeit dieses Modell nicht einschränken, kann ein streng hierarchisches, kombiniertes Charakterisierungs- und Assoziierungsnetz aufgebaut werden (siehe hierzu [WINTER (1989)]). Die so erzielten Baumstrukturen gewährleisten, daß charakterisierende oder assoziierende Beziehungen widerspruchsfrei sind und auf der Ebene der Objekttypen in einem Datenbankschema leicht dadurch realisiert werden können, daß das Relationsschema des charakterisierenden bzw. assoziierenden Objekttyps das Objekt-Attribut des charakterisierten bzw. assoziierten Objekttyps als weiteres Attribut erhält. Als Objekt-Attribut wird das Attribut bezeichnet, welches die Surrogate des jeweiligen Objekttyps enthält und damit Primärschlüssel ist.

Um nun die Integrität redundanter Beziehungen zwischen Objekten mit einer geeigneten semantischen Integritätsbedingung kontrollieren zu können, soll im wesentlichen die folgende Bedingung im verteilten Datenbankschema eines Klinikuminformationssystems erfüllt sein: Gibt es zwischen zwei Objekttypen eine charakterisierende bzw. assoziierende Beziehung, so ist sie in jedem atomaren Datenbankschema zu realisieren (s.o.), in dem jeweils beide Objekttypen repräsentiert sind.

Diese Bedingung gewährleistet, daß die (redundant) in den einzelnen Datenbankschemata realisierten Beziehungen zwischen den Objekttypen widerspruchsfrei sind. Werden die Bedingungen eingehalten und sind wie oben angegeben für jeden Objekttyp das für diesen Objekttyp spezifische, zentrale Datenbankschema festgelegt und Verteil- und Synonymitätsfunktionen formuliert, dann läßt sich die zu Beginn angestrebte semantische Integritätsbedingung rein schematisch ableiten. Mit Hilfe dieser semantischen Integritätsbedingung werden exakt die Bedingungen beschrieben, unter denen die Datenbanken des verteilten Datenbankschemas eines Klinikuminformationssystems mit allen ihren Relationen integer sind, auch wenn sie redundante Daten enthalten. Neben der Integrität redundanter Eigenschaften stellt die semantische Integritätsbedingung die angesprochene Widerspruchsfreiheit der realisierten Beziehungen und die ggf. notwendige Existenz charakterisierter Objekte sicher.

Für eine detaillierte Darstellung der Ableitung aller notwendigen semantischen Integritätsbedingungen und des zugehörigen verteilten Datenbankschemas sei der interessierte Leser auf die Ausführungen in [WINTER (1990)] verwiesen.

6 Realisierungen im Klinikuminformationssystem der Universität Heidelberg

Entsprechend der oben dargelegten Lösungsschritte konnten die im folgenden beispielhaft herausgegriffenen Komponenten des Heidelberger Klinikuminformationssystems realisiert werden.

6.1 Datenübertragung

Zur Unterstützung der Datenübertragung im Bereich des Klinikums der Universität Heidelberg steht analog zur Modellierung eines Klinikuminformationssystems in Abschnitt 4 auf physischer Ebene des rechnergestützten Teils ein Kommunikationsnetz und auf logischer Ebene ein anwendungsorientiertes Kommunikationssubsystem zur Verfügung.

Das Kommunikationsnetz ist zur Zeit weitgehend auf der Basis des Haus-Telefonnetzes realisiert, das Datenübertragungsverbindungen von dem Zentralrechner (SIEMENS H90, Betriebssystem BS2000) des Rechenzentrums des Universitätsklinikums zu seiner Peripherie und Abteilungsrechnern z.B. in den Laboratorien (PRIME, ALTOS, ...) und zu den Arbeitsplatzrechnern (MS/DOS-Rechner, APPLE-MACINTOSH, ...) herstellt. Es ermöglicht aber auch die Schaltung von Verbindungen zwischen dezentralen Rechnersystemen ohne Einbeziehung des Zentralrechners. Als Kommunikationsdienste stehen für die angeschlossenen Rechner Filetransfer und Terminalemulation verschiedener Hersteller zur Verfügung. Den künftig zu erwartenden Kommunikationsbedarf wird dieses Netz nicht decken können. Aus diesem Grund wurde für das Klinikum der Universität Heidelberg der schrittweise Aufbau eines modernen Kommunikationsnetzes auf der Basis von Lichtwellenleitern mit auf ETHERNET und FDDI aufbauenden Kommunikationsdiensten geplant (vgl. [SIEMENS (1989)]). Dieses Netz soll mit einer ISDN-fähigen Nebenstellenanlage integriert werden. Mit der Realisierung dieses Netzes wird zur Zeit begonnen.

Für die Kommunikation der Subsysteme steht das Kommunikationssubsystem HEIKO (Heidelberger Kommunikationssystem) zur Verfügung (vgl. [JANßEN, WINTER (1989)]). HEIKO bietet als Kommunikationsschnittstelle Unterprogramme mit Sende- und Empfangsfunktionen an, die auf dem SIEMENS-Zentralrechner und den PRIME-Rechnern der Laboratorien für die Kommunikation zwischen Subsystemen beider Rechnersysteme zur Verfügung stehen. Über Administrationsfunktionen können Kommunikationsverbindungen erlaubt bzw. gesperrt, Nachrichtentypen dokumentiert und für die Nutzung in einer Kommunikationsverbindung erlaubt oder gesperrt werden. Beim Versenden einer Nachricht müssen die Empfänger nicht explizit angegeben werden, sondern können von HEIKO auf Grund von angegebenem Nachrichtentyp, Absender und einer Kostenstellenangabe eigenständig ermittelt werden. Damit ist über die Administrationsfunktion ansatzweise die Parametrierung einer Verteilungsfunktion möglich, wie sie in Abschnitt 5.2 erläutert worden ist.

Über HEIKO werden zur Zeit das in Heidelberg eingesetzte Patientendatenverwaltungssystem IDIK5 mit dem Archivverwaltungssystem (AVS), den Laborsubsystemen und Abteilungsinformationssystemen in der Nuklearmedizin und der Hautklinik verbunden und Nachrichten über Patientenaufnahmen, -verlegungen, -entlassungen und über Datenänderungen von IDIK5 an die genannten Subsysteme übertragen. Belegleser oder Laborsubsysteme senden Nachrichten über erbrachte Leistungen nach IDIK5, die dort für Leistungsabrechnung und -statistik weiterverarbeitet werden. Eine weitere Anwendung ist im nächsten Abschnitt beschrieben.

6.2 Zeitnahe Befundübermittlung im Laborbereich

Die Übermittlung von Laborbefunden auf die anfordernden Stationen wurde im Heidelberger Klinikuminformationssystem wie folgt auf der Basis der in Abschnitt 5.1 erläuterten Methodik realisiert:

Gegenstand der Verteilung: Bei den Laborbefunden handelt es sich sowohl um Abschluß-Routinebefunde (sowohl Kummulativ- als auch Einzelbefunde), als auch um vorläufige Werteübermittlungen in Notfällen oder bei langwierigen Untersuchungen. Die zu versendenden Befunddateien haben keine einheitliche Struktur, es handelt sich vielmehr um druckaufbereitete Textdateien, die zum Ausdruck oder zur Präsentation am Bildschirm bestimmt sind.

Ort der Verteilung: Auf der logischen Ebene stellt sich der Teilausschnitt aus dem Modell des Klinikuminformationssystem wie in Abbildung 3 gezeigt dar:

Laborsubsysteme bestehen im Universitätsklinikum Heidelberg u.a. in der Medizinischen Klinik, der Chirurgischen Klinik und der Kinderklinik. Diese Subsysteme sind mit unterschiedlicher Software von verschiedenen Herstellern realisiert. Für alle Laborsubssysteme sind Kommunikationsschnittstellen zum Kommunikationssubsystem HEIKO entweder vorhanden oder kurzfristig geplant. Zur Entgegennahme von Befunden wurde ein Stationssubsystem eingerichtet, das ebenfalls über eine Kommunikationsschnittstelle zu HEIKO verfügt. Über HEIKO ist z. Zt. eine Kommunikationsverbindung vom Labor-

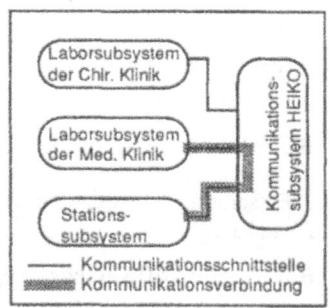

Abb. 3: Teilausschnitt 'Laborbefundübermittlung' aus dem logischen Modell

subsystem der Medizinischen Klinik zum genannten Stationssubsystem parametriert. Über diese Kommunikationsverbindung werden Befunde versandt.

Auf der physischen Ebene (vgl. Abbildung 4) sind in diesem Zusammenhang auf der Laborseite eine Palette von PRIME-Rechnersystemen und ein ALTOS-System relevant. Zur Zeit gibt es keine direkten Datenübertragungsverbindungen zwischen diesen Rechnern. Über das Filetransfer-System RDAC sind die einzelnen Rechner jedoch mit dem Siemens-Großrechner des Rechenzentrums des Universitätsklinikum verbunden, auf dem die Stationssubsysteme implementiert sind.

Der Sender bei der beschriebenen Datenverteilung ist das Labor-Subsystem, das auf den Laborrechnern implementiert ist. Das System stellt die zu übertragenden Befunddateien zusammen und ruft eine HEIKO-Sendefunktion auf, um die Datei an die zugelassenen Empfänger zu versenden (i.d.R. die anfordernde Abteilung).

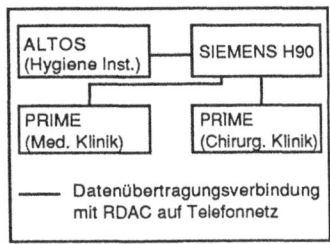

Die in dem Kommunikationssubsystem HEIKO parametrierte Kommunikationsverbindung erstreckt sich über physische Rechnergrenzen hinweg, da Teile sowohl auf den Labor-Systemen als auch auf dem Großrechner realisiert sind. Das System ist so konzipiert, das die physische Grundlage (RDAC) nach dem ISO-7-Schichten-Prinzip austauschbar ist.

Abb. 4: Teilausschnitt
'Laborbefundübermittlung' aus dem
physischen Modell

Der Empfänger der beschriebenen Datenverteilung ist das Stations-system der Station, das die Laboruntersuchung angefordert hat. Dieses System ist auf dem Siemens-Großrechner implementiert und mit dem System können in der ersten Prototyp-Version alle vorliegenden Befunde gedruckt, der letzte Druckauftrag erneut ausgeführt, ein ausgewählter Befund erneut gedruckt und der Drucker gestartet werden.

Zeitpunkt der Verteilung: In Bezug auf die Befundübermittlung wird eine besonders große Zeitnähe gefordert, da es sich insbesondere bei vorläufigen Werteübermittlungen im Notfallbereich um entscheidungs-relevante Informationen handelt, die möglichst schnell am richtigen Ort verfügbar sein sollen. Das heißt, daß hier in der Regel lediglich die Übertragungszeit als zeitverzögernder Faktor zu akzeptieren ist. Sofort nachdem ein Befund zusammengestellt worden ist, wird der betreffende Befund verschickt und sobald der Befund zum Ausdruck im Stationssystem bereit liegt, kann er auch gedruckt werden.

6.3 Verteilte Datenhaltung

Analog zur Vorgehensweise in Abschnitt 5.2 werden in diesem Abschnitt Objekttypen aus dem Klinikuminformationssystem der Universität Heidelberg, ihre Repräsentation in zentralen und dezentralen Datenbankschemata und die verwirklichten Maßnahmen zur Erhaltung der Integrität bei redundanter Datenhaltung vorgestellt.

Aus der Fülle der Objekttypen sollen drei herausgegriffen werden: die Objekttypen PATIENT, MASSNAHME und FALL. Objekte des Typs PATIENT beschreiben Patienten, für die im Klinikum der Universität Heidelberg eine ambulante oder stationäre Behandlung durchgeführt worden ist. Eigenschaften dieses Objekttyps sind z.B. Nachname, Geburtsname, Geburtsdatum, aktueller Wohnort aber auch die I-Zahl. Administrative oder medizinische Maßnahmen, die an bzw. für Patienten vorgenommen werden, werden als Objekte des Typs MASSNAHME repräsentiert. Seine Eigenschaften sind z.B. eine Kennzeichnung für die Art der Maßnahme (z.B. Aufnahme oder Entlassung des Patienten, Anamnese, Laboruntersuchung, OP, ...), Datum und Zeit der Durchführung der Maßnahme u.v.a.m.. Objekte des Typs FALL beschreiben einen Behandlungsfall eines Patienten im Klinikum. Eigenschaften sind z.B. das Aufnahme- und Entlassungsdatum, die Station, auf welche die Aufnahme erfolgte, der Wohnort während der Zeit der Behandlung usw.. Über semantische Integritätsbedingungen, die implizit in den Subsystemen enthalten sind, welche die zentrale Patientendatenbank verwalten, wird kontrolliert, daß die zu jedem als Objekt repräsentierten Behandlungsfall gehörenden administrativen Maßnahmen ebenfalls repräsentiert sind. Die Objekttypen MASSNAHME und FALL charakterisieren jeweils den Objekttyp PATIENT.

Die Objekttypen PATIENT, MASSNAHME bzw. FALL werden durch die Relationsschemata PDV-PATSTAMM, PDV-PATFALL bzw. PDV-PATVER in dem Schema der zentralen Patientendatenbank repräsentiert. Die zentrale Patientendatenbank wird mit dem Datenbankverwaltungssystem ADABAS auf dem SIEMENS-Zentralrechner verwaltet. Jedes Relationsschema enthält ein Objekt-Attribut, welches die

Surrogate der Objekte des jeweils repräsentierten Objekttyps aufnimmt; die Relationsschemata der beiden charakterisierenden Objekttypen enthalten zusätzlich ein Objekt-Attribut zur Aufnahme der Surrogate der Objekte des Objekttyps PATIENT.

Zur Zeit sind die beiden Objekttypen PATIENT und FALL verteilt ebenfalls in den Datenbankschemata der Subsysteme AMAIS/NUKMED (Medizinisches Abteilungsinformationssystem der Nuklearmedizin), STD (System der STD-Sprechstunde der Hautklinik) und MDVS/KICH (Medizinisches Dokument-Verwaltungssystem der Abteilung Kinderchirurgie) realisiert. Zentrales Datenbankschema für beide Objekttypen ist das Schema der zentralen Patientendatenbank. Während für den Objekttyp PATIENT keine Verteilungsfunktion definiert ist, ordnet die Verteilungsfunktion des Typs FALL jedem Behandlungsfall genau das Datenbankschema der entsprechenden Subsysteme zu, wenn die aufnehmende Station z.B. in der Nuklearmedizin liegt, die STD-Sprechstunde ist oder in der Abteilung Kinderchirurgie liegt. Die Verteilungsfunktion ist innerhalb von HEIKO als ein Mechanismus realisiert, der in Abhängigkeit von der vom Absender angegebenen Kostenstelle der aufnehmenden Station die erforderlichen Empfänger bestimmt (vgl. Abschnitt 6.1). Die Synonymitätsfunktion ist implizit über den Aufbau der Nachrichten beschrieben, die mit HEIKO von dem zentralen Patientendatenbanksystem an die Subsysteme gesendet werden. Zur Erhaltung der Integrität der Daten der verteilt repräsentierten Objekte werden über HEIKO alle in der zentralen Patientendatenbank an den Objekten der Typen PATIENT und FALL vorgenommenen Änderungen an die betroffenen Subsysteme weitergemeldet; die betroffenen Subsysteme werden über die in HEIKO parametrierte Verteilungsfunktion ermittelt.

7 Diskussion

Aufgrund der Erfahrungen bei der Realisierung von Komponenten verteilter Datenverarbeitung in dem Heidelberger Klinikuminformationssystem sollen nun die in Abschnitt 2 gestellten Fragen beantwortet werden:

Zu (i): Es erweist sich als zweckmäßig, in einem Klinikuminformationssystem drei Stufen verteilter Datenverarbeitung zu unterscheiden, die sich aus den Eigenheiten der Datenübertragung und der Verwendung der Daten ergeben: In der ersten Stufe erfolgt eine Datenübertragung nur zum Zweck der Präsentation, in der zweiten Stufe zur Speicherung im Sinne einer kasuistischen Dokumentation und in der dritten Stufe muß die multiple Verwendbarkeit der gespeicherten Daten berücksichtigt werden. Diese Stufen legen die Realisierung des rechnergestützten Teils eines Klinikuminformationssystems in drei Schritten nahe, die sich an diesen Stufen orientieren.

Zu (ii): Besondere Auswirkungen auf die Datenhaltung in einem dezentral ausgerichteten Klinikuminformationssystem ergeben sich in der zweiten Stufe, die zu verteilten, redundanten Datenbeständen führen kann. Redundante Daten müssen innerhalb des Klinikuminformationssystems identifiziert und ihre Integrität muß auch bei Änderung dieser Daten sichergestellt werden. Eine fehlerhafte Verwaltung redundanter Datenbestände kann z.B. bewirken, daß die selben Daten in unterschiedlichen Subsystemen verschiedenen Patienten zugeordnet werden, was zu einer Beeinträchtigung der Behandlung des Patienten führen könnte.

Zu (iii): Zur Lösung der Probleme der in der zweiten Stufe auftretenden verteilten Datenhaltung in heterogenen Sub- und Rechnersystemen wird eine objektorientierte Entwurfsmethode für Datenbankschemata vorgeschlagen, die sich an dem semantischen Datenmodell RM/T orientiert; dieses Datenmodell sieht Surrogate zur Identifizierung von Objekten in Datenbanken vor. Über Verteilungs- und Synonymitätsfunktionen wird beim Entwurf des verteilten Datenbankschemas die Verteilung von Daten und ihre Redundanz so beschrieben, daß die Integrität der Daten algorithmisch kontrolliert werden kann.

Insgesamt darf neben diesen eher technischen Lösungsvorschlägen die Frage nach der Interpretierbarkeit der Daten nicht vernachlässigt werden. Hierzu ist es notwendig, die Fragestellungen zu ermitteln, die mit den zu dokumentierenden Daten beantwortet werden sollen. Je nach Fragestellung muß die Art der Dokumentation (z.B. kasuistische Dokumentation zur Befundpräsentation oder standardisierte Dokumentation für ein klinisches Register) und die Art der Datenerhebung geklärt werden und ggf. in einem *Studienplan* analog zum Studienplan z.B. bei kontrollierten klinischen Therapiestudien festgehalten werden. Der Aufwand für die Dokumentation sollte dem Nutzen für die Patientenversorgung und für die Erkenntnisgewinnung in der Medizin gegenübergestellt werden.

8 Literatur

BLAHA, M., PREMERLANI, W., RUMBAUGH, J. (1988). Relational Database Design Using an Object-Oriented Methodology. *Communications of the Association for Computing Machinery* **31**, 414-427.

CODD, E.F. (1979). Extending the Database Relational Model to Capture More Meaning. *Transactions On Database Systems* **4**, 397-434.

DELISI, C, (1988). Computers in Molecular Biology: Current Applications and Emerging Trends. *Science* **240**, 47-51.

EVERLING, W. (1987): Temporal Logic . *Informatik-Spektrum* **10**, 99-102.

GERNETH, F., HAUX, R., SELBMANN, H.K. (1990). Medizinische Forschungssubsysteme und ihre Integration in Klinikuminformationssysteme: ein Beispiel. in KÖHLER, C.O. (Hrsg.) (1990). *Medizinische Dokumentation und Information - Handbuch für Klinik und Praxis*, **10**. Ergänzungslieferung 1/90.

HAUX, R. (1989). Knowledge-Based Decision Support for Diagnosis and Therapy: On the Multiple Usability of Patient Data . *Methods of Infomation in Medicine* **28**, 69-77.

HAUX, R., JURANEK, H., SELBMANN, H.K. (1989). *Informationsverarbeitung im Klinikum der Universität Tübingen - Rahmenkonzept für den rechnergestützten Teil des Infomrationssystems des Universitätsklinikums, 2. Auflage.* Institut für Medizinische Informationsverarbeitung der Universität Tübingen: Bericht 5/1989.

HAUX, R., WINTER, A. (1990) *Universal Relation Assumptions in a Modified RM/T Data Model.* Zur Veröffentlichung eingereicht.

JANßEN, H. (1988): *Kommunikationsbedarf zwischen den DV-Systemen des Universitätsklinikums Heidelberg und resultierende Kommunikationsstandards.* Diplomarbeit des Studienganges Medizinische Informatik, Universität Heidelberg / Fachhochschule Heilbronn.

JANßEN, H., WINTER, A. (1990). Das Heidelberger Kommunikationssystem HeiKo. In GIANI, G., REPGES, R. (Hrsg.). *Biometrie und Informatik - Neue Wege zur Erkenntnisgewinnung in der Medizin.* Berlin: Springer, 195 -198.

LIPECK, U.W., SAAKE G. (1988): Entwurf von Systemverhalten durch Spezifikation und Transformation temporaler Anforderungen. In VALK R. (Hrsg.). *Vernetzte und komplexe Informatik-Systeme.* Berlin:Springer, 449-464.

REICHERTZ, P.L. (1984). *Hospital Information Systems - Past, Present, Future.* Keynote address, Medical Informatics Europe '84, Brüssel, 10.-13. Sept. 1984 (Manuskript).

REISIG, W. (1988): Temporal Logic and Causality in Concurrent Systems. In VOGT F.H. (Hrsg.): *Concurrency 88.* Berlin: Springer, 121-139.

Sachverständigenrat für die konzertierte Aktion im Gesundheitswesen (1989). *Qualität, Wirtschaftlichkeit und Perspektiven der Gesundheitsversorgung: Vorschläge für die konzertierte Aktion im Gesundheitswesen.* Baden-Baden: Nomos Verl.-Ges.

SIEMENS (1989). *Planung eines Kommunikationsnetzes im Klinikum der Universität Heidelberg.* SIEMENS AG Fachberatungszentrum Südwest, Mannheim: Bericht.

WIEDERSPOHN, J. (1989). *Eine Objektorientierte Architektur für integrierte, patientenorientierte Arbeitsplatzsysteme im Krankenhaus.* Universität Heidelberg, Institut für Medizinische Biometrie und Medizinische Informatik: Dissertation.

WINTER, A., HAUX, R., SCHLEISIEK, K.-P. (1985). Systematic Development of a Hospital Information System with Distributed Data- and Methodbase Systems: the AACHMED Project. In ROGER, F.H., GRÖNROOS, T., TERVO-PELLIKA, R., O'MOORE, R. (Hrsg.). *Medical Informatics Europe 85.* Berlin: Springer, 487-491.

WINTER, A. (1990). Eine objektorientierte Methode zum Datenbankschemaentwurf auf der Basis des modifizierten RM/T-Datenmodells. In GIANI, G., REPGES, R. (Hrsg.). *Biometrie und Informatik - Neue Wege zur Erkenntnisgewinnung in der Medizin.* Berlin: Springer, 199 -203.

WINTER, A. (1990). *Die Verwaltung verteilter Datenbestände in einem Klinikuminformationssystem.* Universität Heidelberg, Institutfür Medizinische Biometrie und Medizinische Informatik: Dissertation (in Vorbereitung).

Modellierung medizinischer Welten in Objektstrukturen

L. Gierl D. Füermann H. Müller S. Villain

Rechenzentrum der Universität München für die Medizinische
Fakultät

Zusammenfassung

Eine objektorientierte Architektur eines Klinikkommunikationssystems
(KKS) ermöglicht nicht nur mittelfristig die Beschleunigung des
Softwareentwicklungsprozesses, sondern auch die Modellierung des An-
wendungsfeldes. Die Modellierung Medizinischer Welten in Objekten erzwingt ein tieferes Verständnis des Systems Krankenhaus, das unabdingbar ist für ein homogenes, nicht in einzelne "Anwendungsinseln" zer-
fallendes KKS. Die Definition von Objekten legt eine normierte Sprache
der Nachrichten zwischen ihnen nahe. Als Instrumente einer Modellierung kommen objektorientierte Tools wie MACAPP und C++ für den Apple
Macintosh in Betracht.

Einführung

Die Realisierung eines Krankenkenhaus-Kommunikationssystems (KKS) erfordert nicht nur die Implementierung von Funktionen zur Unterstützung
der Tätigkeiten medizinischen Personals. Vielmehr soll ein Großteil
des klinischen Geschehens und Wissens modelliert werden. Modellierung
bedeutet die Schaffung eines Bildes des Orginales, des Krankenhauses.
Zum einen ist es angesichts der Vielfalt und Komplexität der zu
erstellenden Anwendungs-Software unerläßlich, diese sinnvoll zu strukturieren und zu organisieren. Zum anderen vermittelt der Modellbil-
dungsprozess selbst Erkenntnisse über das Orginal. Damit gelangt der
Entwickler des KKS zu einem tieferen Verständnis des Systems Krankenhaus auf das sich sein Interesse richtet [Gebhardt, Ameling, S.430].
Verständnis ist die wesentliche Voraussetzung dafür, daß nicht Anwen-
dungs-Inseln entwickelt werden, sondern Einzelfunktionen grundsätzlich
so angelegt werden, daß ihre Einbettung in das Gesamtsystem vorgesehen
ist. Beispielsweise wäre es in diesem Sinne ein Fehler, bei der
Entwicklung eines dezentralen Pathologiesystems einen Anschluß an die
Patientendatenbank zu unterlassen und die Übertragung von Befunden auf
Station außer Acht zu lassen. Ein System zur Arztbriefschreibung für
eine chirurgische Klinik wäre unvollständig, wenn nicht berücksichtigt
würde, daß histologische Daten während der Erstellung des Arztbriefes
integriert werden müssen.

Für die Entwicklung eines KKS sind die folgenden Forderungen zu beachten, um den Entwicklungsprozess überschaubar zu halten:

- Wiederverwendbarkeit von Programmen

(und damit Minimierung des entstehenden Programmieraufwandes)
- Eingliederung bestehender Programme
- leichte Modifizierbarkeit
- Verständlichkeit der Funktionen
- Datenabstraktion
- Verteilung von Prozessen auf mehrere Rechner

Um diesen Anforderungen gerecht zu werden, erscheint eine **objektorientierte Systemarchitektur** als geeignet. Damit würde "Programmierung" langfristig "nur" noch das Kombinieren von Objekten und damit das Modellieren einer Medizinischen Welt bedeuten. Der nachstehend beschriebene Ansatz entwickelt langjährige Erfahrungen mit Teilaspekten eines KKS an der Medizinischen Fakultät der Universität München weiter [Villain et al.], [Gierl et al. 1987].

Objektorientierte Architektur

Komponenten des auf einem Rechner ablaufenden KKS sind **Objekte**, d. h. Abstraktionen von Einheiten des klinischen Geschehen (z.B. Diagnose, Kurve, Bildschirm, Datenbank).

Jedes Objekt setzt sich aus einem passiven und einem aktiven Anteil zusammen:
Die **Attribute**, d. h. die objektlokalen Daten, bilden den passiven Anteil des Objekts ("Eigenschaften" des Objekts, z. B. Farbe einer Kurvendarstellung, Typ eines Bildschirmgerätes).
Auf diesen (passiven) Daten arbeiten die (aktiven) Prozeduren des Objekts, die sog. **Methoden** ("Teilfunktionen" des Objekts, z. B. Kurve_ausgeben, Datenbank_lesen).
Objekte werden systemeindeutig durch <Objektname> identifiziert.

Der - in einem Objekt eindeutige - Bezeichner einer Methode ist <Methodenselektor>. Damit ist jede Methode systemweit eindeutig identifizierbar durch:

    <Methodenname> ::= <Objektname>_<Methodenselektor>

Der Aufruf eines Objektes erfolgt mittels Senden einer **Nachricht** (message passing), die folgendermaßen definiert ist:

    <Nachricht> ::= <Objektname> <Methodenselektor> <Parameter>

Als **Parameter** beim Objektaufruf dürfen nur Attribute des betreffenden Empfänger-Objekts angegeben werden.

Methoden können Funktionsaufrufe oder Unterprogramme einer höheren Programmiersprache sein. Ein weiterer zentraler Begriff ist der der **Klasse**. Ein Objekt weist dabei die Eigenschaft "Klasse" auf. Es ist **also etwas** Allgemeineres als andere Objekte. Spezialisierungen von Klassen-Objekten sind **Instanzen**. Es sind Objekte, die zu einer bestimmten Klasse gehören, sozusagen Abkömmlinge einer eines elterlichen Objektes. Beispielsweise ist "Befunde der klinischen Chemie" eine Instanz des Objektes "Befund". Die Instanzen "**erben**" Methoden, aber auch Daten und Eigenschaften wie Attribute usw. eines Klassen-Objektes. Auf diese Weise werden Methoden nur einmal und maximal generalisiert implementiert.

Objekte sind danach eine Form der Datenabstraktion (Schmitz S. 71). Durch die Verbindung von Daten (Parameter) und Algorithmen (Methoden), die auf ihnen arbeiten, stellen sie ein Abbild des Denkens dar, das nach unserem gegenwärtigen Verständnis aus geistigen Strukturen und den zugehörigen kognitiven Prozessen besteht [Thagard S. 5].

Syntax und Semantik einer Sprache für Nachrichten zwischen Objekten

Eine prinzipielle Barriere gegen eine breite Verwendung medizinischer Informationen in maschinell lesbarer Form ist das Fehlen von logischen Verbindungen zwischen Entitäten verschiedener Systeme (Programme, Datenbestände, Wissensbasen usw.). Syntax und Semantik unterscheiden sich oftmals so, daß nur das "eigene", bekannte System nutzbar ist.

Ein Ansatz zur Überwindung dieser "Sprachlosigkeit" ist, eine einheitliche, medizinische Sprache (unified medical language) zu schaffen. Diese soll allerdings nicht als Norm der Medizin aufgezwungen werden, sondern als abstrakte Metastruktur zwischen solchen Systemen eine Verbindungen herstellen. Damit kann die Bedeutung von Entitäten eines Systems in die eines anderen "übersetzt" werden [Lindberg, Humphreys]. Beispielsweise kann auf diese Weise eine Brücke zwischen unterschiedlichen Klassifikationssystemen (ICD, Scheibe-Schlüssel) geschlagen werden.

Darüberhinaus wird seit 1987 die Normung von Datenübertragungsprotokollen für Leistungsanforderung, Patientenaufnahme und -entlassung etc. im Rahmen der HL-7 Arbeitsgruppe vorangetrieben. Während der HL7 Standard die inhaltliche Normierung der Nachrichten zwischen Systemen zum Ziel hat, ermöglicht das MEDAS-Protokoll einen einheitlichen Nachrichtenaustausch zwischen heterogenen Hardware- und Softwaresystemen [Gierl et al. 1989].

Analog zu diesen systemübergreifenden Kommunikationsproblemen ist

- die Kommunikation zwischen Entwicklern, die Objekte (von Methoden angebotene Leistungen, "öffentliche" Daten von Objekten) der Mitentwickler verstehen müssen, um sie einsetzen zu können und

- die inkrementelle Fortentwicklung des Verständnisses von Modell im Rechner (Medizinische Welt) und Wirklichkeit des Krankenhausgeschehens

zu sehen.

Wichtig ist für die Entwicklungsarbeiten, daß gemeinsame Begriffe für gleiche Tatbestände verwendet werden. Beispielsweise sollte das Beschaffen von Patientendaten unabhängig von der Art (über MEDAS, lokal in einer Datenbank) stets von allen Entwicklern gleich benannt werden: etwa "Holen" oder "Get" oder "Lesen". Andernfalls sind

1. Bezeichnungen nicht mehr selbsterklärend und führen zu einem stän-

digen Nachfragen beim Autor der Methode und

2. wird eine Modellierung der Objektstruktur praktisch unmöglich, da
eine Klassenbildung im Sinnen der objektorientierten Programmierung
voraussetzt, daß zu erkennen ist, daß zwei Methoden anähernd das
gleiche tun und demzufolge zu einer Methode in einem Objekt vereinigt
werden können. Beispielsweise müßte klar erkennbar sein, daß mit dem
Begriff "Alter des Patienten berechnen" gemeint ist, daß dies in einer
Funktion errechnet wird, während "Alter des Patienten holen" den Zugriff auf einen Datenbestand meint, der das Alter schon enthält. Semantisch unscharf und damit unbrauchbar wäre für diese beiden speziellen
Methoden die Bezeichnung "Alter des Patienten bestimmen", da eben die
Spezialisierung nicht daraus hervorgeht und damit zu Mißverständnissen
führt.

Klassen werden nach [Barth, Welsch] nicht erfunden, sondern entdeckt.
Für das "Entdecken" von Klassen (d.h. Abstraktionen) ist also zunächst
eine präzise, spezialisierte Benennung nötig. Dann kann die Benennung
verallgemeinert werden. Es ist also im allgemeinen nicht möglich, im
Sinne eines top-down Entwurfes Klassen zu definieren, da das Verständnis der Problematik des KKS stets nur lückenhaft und unscharf sein
kann.

Die **Syntax einer Sprache im KKS** verwendet 1- und 2- stellige, rekursive Prädikate in Präfix-Notation :

Def 1:
Prädikat::= Prädikat-Name Variable-1 {Variable-2}
Variable-1::= Prädikat ¦ Datenfeld {Datenfeld ...} ¦ Funktion
Variable-2::= Prädikat ¦ Datenfeld {Datenfeld ...} ¦ Funktion

Beispiele:

bestimmen Patientenalter
kontraindiziert? Antibiotika-Unverträglichkeit Penicillin
lesen Befund-Klinische-Chemie
hält-ein? Kreatin-Wert Referenzwerte
älter-als? Befund-1 Befund-2

Die **Semantik einer Sprache im KKS** wird beispielhaft durch die nachste-
henden Begriffe festgelegt, die nur als ein erster exemplarischer Ansatz zu verstehen sind, der ständig fortgeschrieben werden muß.

Begriff	Bedeutung
gehört-zu	Aggregation
für-alle	Allquantor
es-gibt	Existenzquantor
ist-ein	Klassifikation
bestimmen	Daten mittels einer Funktion zur Verfügung stellen

lesen	Daten aus einem lokalen Datenbestand lesen
schreiben	Daten in einen lokalen Datenbestand eintragen
übertragen	Daten in einen entfernten Datenbestand über MEDAS eintragen
drucken	Daten auf einem Drucker ausgeben
erfassen	Daten vom Bildschirm oder Maus erfassen
prüfen	Überprüfen der formalen Korrektheit (Datentypen, Wertebereich)
nachsehen	Auskunft über Patientendaten
ist-größer-als	Größer-Relation zwischen Entitäten
älter-als?	Validierung der Älter-Relation
hält-ein?	Validierung eines Bereiches
kontraindiziert?	Feststellen der Relation Kontraindikation
verdächtig	Fokussierung auf relevante Diagnose

Im folgenden werden Beispiele für die Anwendung dieser Sprache im KKS gezeigt.

Grundlage der Implementierung des KKS auf einem Netzknoten ist, wie erläutert, eine objektorientierte Struktur. Zwischen Objekten werden Nachrichten in Form von Protokollen ausgetauscht. Es ist also die Nachricht an Objekte mit der oben definierten Sprache zu formulieren.

Beispiel: Nachricht an Objekt Blutbild lautet

"Blutbild, ausgeben, Patient x, Befund, Bildschirm"
 Objekt Prädikat   ¦--------Variable-1----------¦

Die Methode Befundausgabe erzeugt für den Patienten x auf dem ein Bildschirm den Verlauf des Blutbildes. Die Daten hierfür beschafft sich das Objekt aus der Datenbank.

Die physikalischen Zugriffe auf Daten, Peripheriegeräte, Netz und Wissensserver müssen als **abstrakte Datentypen** implementiert werden. Das bedeutet, daß der Anwendungsprogrammierer von der physikalischen Sicht nichts zu wissen braucht. Abstrakte Datentypen bestehen aus spezialisierten Objekten für Datenzugriffe, Präsentation von Daten über Peripheriegeräte, Zugriff auf das Netz und den lokalen Wissensserver. Die Bezeichnung des abstrakten Datentyps sowie seine Parametierung folgt den oben genannten Regeln.

Beispiel: lesen Verlauf, Patient x, Blutbild
         Prädikat ¦--------Variable-1-------¦

Der abstrakte Datentyp "Verlauf" (etwa als Funktion in der Sprache C implementiert) liefert für den Patienten x den Verlauf des Blutbildes durch mehrere geeignete Zugriffe auf die Datenbank, so daß der zeitliche Verlauf ermittelt werden kann.

Ähnlich läßt sich ein **Medizinisches Merkmal** definieren:

```
Kreatinin hat-Wertebereich 1,47 0,6
 Objekt         Prädikat    ¦-Variable-1-¦
```

Modellierung der Objektstruktur

Ziel der Entwicklung eines KKS ist die Modellierung einer Medizinischen Welt. Im Rechner wird damit ein Bild des Orginals "Krankenhausgeschehen" implementiert. Eine Medizinische Welt wird durch folgende Attribute beschrieben:

Def 2:
<Medizinische_Welt>::= <Strukturelemente> <Relationen_zwischen_Strukturelementen> <Medizinische_Ereignisse> <Relationen_zwischen_Medizinischen-Ereignissen> <Sichtweisen>

Im Sinne der Objektorientierten Programmierung sind Strukturelemente Objekte (einschließlich Methoden und Daten). Relationen stellen die Methoden dar, die Beziehungen zwischen Objekten etablieren (also etwa "älter-als? Befund-1 Befund-2").

Medizinische Ereignisse sind Zustände die in einer Medizinischen Welt zu beobachten sind. Dabei handelt es sich etwa um "Patient_entlassen", "Befund_auf_Station_eingetroffen", "Diagnose_etabliert" etc.
Zwischen Medizinischen Ereignissen bestehen Beziehungen wie in Def 1 in Form von Prädikatsausdrücken festgelegt wie z.B. "folgt_auf Arztbrief Patient_entlassen" oder "beginnen Abgleich_Patientendaten_24.00_Uhr". Sie stellen den dynamischen Teil Medizinischer Welten dar. Auf ihre Implementierung wird in dieser Arbeit nicht weiter eingegangen.

Die Medizinische Welt eines KKS vermag die Wirklichkeit, in der sich ein Arzt bewegt, naturgemäß nur unvollständig abzubilden. Das integrale Bild der Wirklichkeit zerfällt in der Medizinischen Welt in einzelne zu modellierende Sichtweisen (Abbildung 1). Beispielsweise ist die Sicht eines Arztes auf einer Intensivstation bei der Aktenvisite eine andere als der seines Kollegen, der eine Studie über virale Erkrankungen auswertet. Ein KKS muß diese Sichtweisen auf die Medizinische Welt explizit zur Verfügung stellen, d.h. sie müssen erkannt und implementiert werden.

Objektorientierte Softwareentwicklung ist nach [Barth, Welsch, S. 419] der Entwurf und die Definition von Objektklassen. Die Wiederverwendbarkeit der Objekte steht dabei im Vordergrund. Der Abstraktionsvorgang mit dem möglichst allgemeine und anwendungsunabhängige Klassen entworfen werden, ist die eigentlich - schwierige - Aufgabe.

Abbildung 2 zeigt beispielhaft einen Ausschnitt aus einer Medizinischen Welt in der Nachrichten zwischen Objekten über message passing ausgetauscht werden.

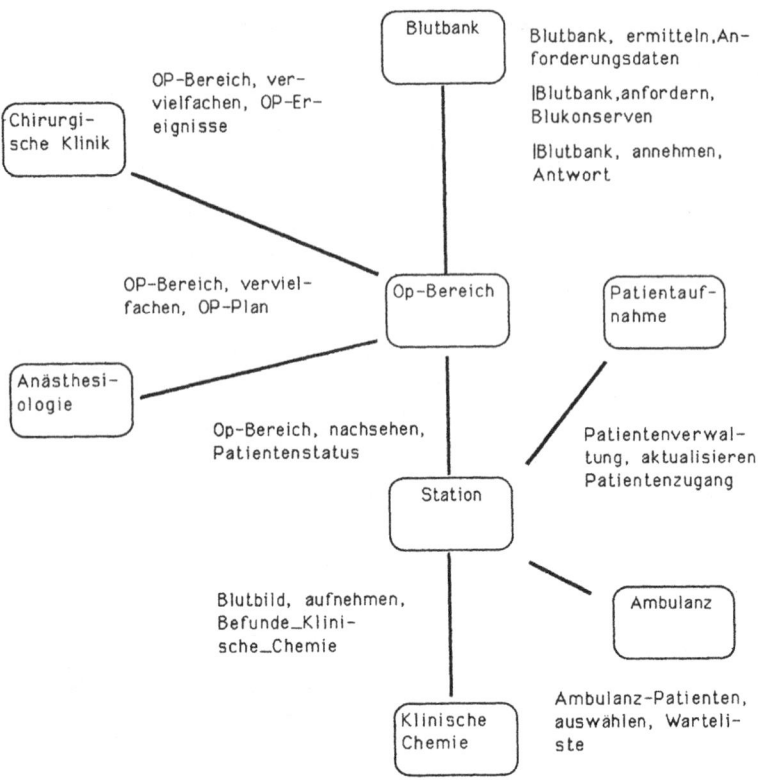

Abb 2: Ein Beispiel für message passing in einer medizinischen Welt

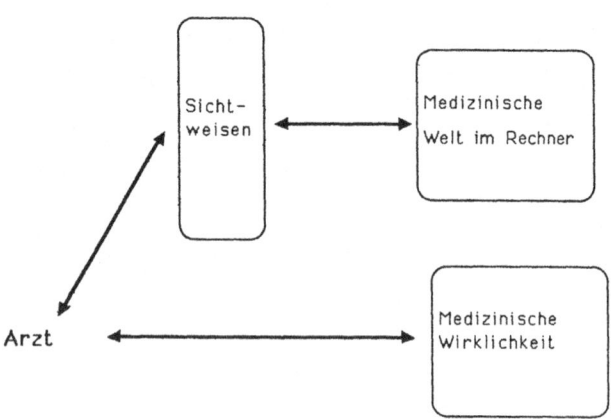

Abb 1: Medizinische Welt und Wirklichkeit für den Arzt

Der Aspekt "Sichtweisen" einer Medizinischen Welt erfordert die Ergänzung der Semantik von Objekten über die oben dargestellte Form hinaus.
Objekte werden danach als Sichtweisen hierarchisch gegliedert (Abbildung 3). Die aufgabenbezogene Ebene aggregiert Objektklassen, die bestimmten Tätigkeitsfeldern des medizinischen Personals (z.B. Interpretieren von Befunden) entsprechen. Unter dieser Ebene sind spezifische
Teilbereiche angesiedelt, wie z.B. Radiologiebefunde. Schließlich sind
auf der untersten Ebene die konkreten Manifestationen in Form von Graphiken auf dem Bildschirm oder Datenbankinhalte zu finden.

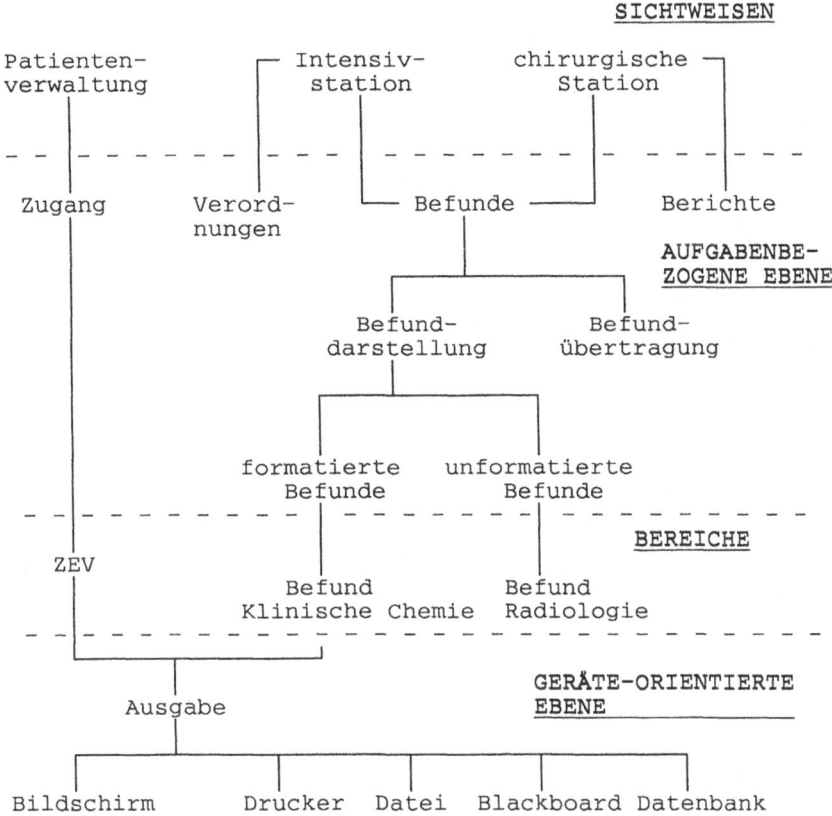

Abbildung 3: Beispiel für die Ebenen der Objektstruktur

Instrumente für Objektstrukturen

Die Modellierung von Objektstrukturen bedient sich zu Vermeidung von
Entwicklungsaufwand sinnvollerweise der Tools, die zur objektorien-

250

tierten Programmentwicklung von Herstellern angeboten wird. Für den Apple Macintosh stehen MACAPP [Schmucker] und C++ [Apple Computer] zur Verfügung.
MACAPP bietet eine bildschirmorientierte Strukturierung von Objekten. Ein Beispiel ist in Abbildung 4 zu sehen. Unter dem Objekt TCommand sind Funktionen aus pull down Menus gesammelt (anwesende Patienten, Zugänge, Etikettendruck, Befunddarstellung). Objekte wie TButton steuern die Verwendung von Buttons. Der Vorteil von MACAPP liegt darin, daß eine Standard-Objektstruktur für eine Anwendung schon vorgegeben ist. Sie muß nur durch anwendungsspezifische Instanzen von Klassen ergänzt werden. MACAPP integriert auch die event-getriebene Ereignissteuerung (Maus, Diskettenlaufwerk, Tastatur, Kommunikationsport usw.) des Macintosh, so daß der Programmierer auch hiervon entlastet ist.

Daneben werden die Verarbeitungsfunktionen (Zugriff auf Datenbanken, Berechungen, Kommunikation über Rechnergrenzen) in einer parallelen Objektstruktur - in C++ - realisiert. Durch message passing kann von einem Objekt der MACAPP-Struktur an eines der C++ Struktur und umgekehrt eine Nachricht geschickt werden.
Vorteilhaft ist dabei auch, daß Benutzeroberfläche und Verarbeitungsfunktionen getrennt sind. Damit sind Sichtweisen von Benutzern auf die Medizinische Welt im Rechner leicht modellierbar.
Überblick und Auskunft über das die Objektstruktur können Intrumente bieten, die eine graphisch aufbereitete Form präsentieren, sowie Browser, die ein Navigieren nach Art und Inhalt von Objekten und Methoden ermöglichen

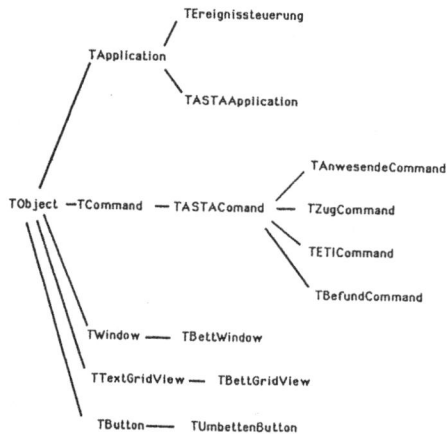

Abb 4: Beispiel für eine Anwendung unter MACAPP

Diskussion

Obwohl die Erfahrungen mit objektorientierten Software-Architekturen in allen Gebieten noch gering sind - in der Medizin liegen sie kaum vor (Ausnahme [Wiederspohn]) -, ist dennoch unübersehbar die objektorientierte Programmierung das Softwareentwicklungsparadigma schecht-

hin. Entscheidender Vorteil ist, daß sie den Entwurf von abstrakten Strukturen - Klassen - erzwingt. Damit ist der Entwickler gehalten, die medizinische Wirklichkeit und seine eigene Erfahrung nach möglichst allgemeinen Strukturen zu untersuchen. Dies bedeutet, er muß, will er sein Aufgabe bewältigen, zu einem Verständis in Form von Erklärungen gelangen.
Nur auf diesem Wege ist die Modellierung von Medizinischen Welten möglich.
Die eigenen Erfahrungen zeigen jedoch, daß selbst erfahrene Programmierer erhebliche mentale Widerstände überwinden müssen, um statt der prozedural-orientierten eine objekt-orientierte auf abstrakte Klassenstrukturen ausgerichtete Programmierung zu akzeptieren.

Literatur

Apple Computer: MPW C++, Cupertino, 1989

Barth G, Welsch C: Objektorientierte Programmierung, Informationstechnik Band 30, 1988, 404-421

Cox B J: Object Oriented Programming - An Evolutionary Approach, Addison-Wesley,1986

Englemore R, Morgan T (Hrsg.): Blackboard Systems, Reading, 1988

Gebhardt R, Ameling W: Aspekte und Perspektiven zur Anwendung der obejktorientierten Programmierung bei der Entwicklung großer Software-Systeme, Angewandte Informatik, Band 10, 1989, 429-435

Gierl L, Greiller R, Meyer-Bender B, Überla K: Der Aufbau eines Netzwerks aus Mainframes, Minicomputern und PC's für eine Medizinische Fakultät: Erfahrungen und künftige Entwicklung, Praxis der Informationsverarbeitung und Kommunikation, 10.Jahrgang, 1987, 247-254

Gierl L, Greiller R, Landersdorfer Th, Müller H, Überla K: A User-oriented Protocol for Integrating Heregeneous Communication Systems of Medical facilities Using Ports, Meth. Inf. Med., Vol. 28, 1989, 97-103

Lindberg DAB, Humphreys BL: Toward a Unified Medical Language, MIE 87, Rom, 1987, XXIII - XXXI

Schmitz L: Wiederverwendbarkeit von Software - eine Fallstudie anhand von Ada und Smalltalk, Band 13, 1990, 71-85

Schmucker K S: Object Oriented Programming for the Macintosh, Hayden Books,1986

Schultz S, Abraham I: HL7: An Emerging Standard for Health Information Systems, in: MEDINFO 89,Amsterdam, 1989, 1032-1035

Thagard P: Compotational Philosophy of Science, Cambridge, 1988

Villain S, Müller H, Bunk M, Scherrman W, Pollwein B, Gierl L: Integration von Arbeitsplatzsystemen in ein heterogenes Klinikkommunikationssystem, GI-Jahrestagung 89, Berlin, 1989, 575-583

Wiederspohn J A: Eine objektorientierte Architektur für integrierte, patientenbezogene Arbeitsplatzsysteme im Krankenhaus, Dissertation, Universität Heidelberg, 1989

Multimediale Systeme in der Medizin

P. Jensch

Universität Oldenburg,
Fachbereich Informatik
Postfach 2503, 2900 Oldenburg

Information in der Medizin ist vielfach multimedial. Erst die integrative Zusammenfassung von Bildern in unterschiedlichen Modalitäten, Signalen, Daten und Texten ergibt einen qualifizierten Befund oder hilft bei der Therapie. In der modernen Kommunikationstechnik ISDN (Integrated Services Digital Networks) heißt diese Zusammenfassung "Diensteintegration", die mit einer durchgängig digitalen Übertragungstechnik ermöglicht wird. Dieser Beitrag zeigt nun insbesondere auf, in welcher Weise ISDN-Ideen mit multimedialen Ansprüchen in der Medizin in Verbindung zu bringen ist.

ISDN stellt dem Anwender eine Vielzahl von Diensten zur Verfügung, deren Flexibilität den Kommunikationsbedürfnissen angepaßt werden kann. Es ist unser Ziel, die Vorteile der Diensteintegration durch ISDN - die Verschmelzung von Bildern mit Sprache und Daten - insbesondere für medizinische Anwendungen zu nutzen. Darüber hinaus konzentrieren wir unsere Anstrengungen auf medizinische Szenarien, für die ein allgemeines PACS-Konzept gegenwärtig oder in der nahen Zukunft nicht realisierbar ist.

Wir haben ein Bild/Sprache/Daten-Management und Kommunikationssystem unter Einbezug von ISDN entwickelt. Erste Anwendungen für die Städtischen Kliniken in Oldenburg befassen sich mit:

- Bilddatenakquisition, wobei die unterschiedlichen Bildmodalitäten von CT, Angio und NI von verschiedenen Krankenhausabteilungen berücksichtigt werden können
- Kommunikation mit einem entfernten Bildverarbeitungszentrum (Universität)
- kooperativen Arbeiten zur Annotierung von bildhaften Darstellungen mit Sprache, Graphik und Daten, so daß das Endergebnis eine multimediale Animation sein kann
- Verteilung multimedialer Information auf Video-Kassetten für Chirurgie, Therapie, Schulung bzw. Ausbildung.

Die multimediale Information ist schließlich digital verfügbar an einem speziell eingerichteten PC-Arbeitsplatz. Sie kann interaktiv wiedergegeben, als Ganzes oder in Teilen auf Video-Kassetten im PAL- oder NTSC-Standard zwecks weiterer Verteilung aufgezeichnet werden.

Die Bildverarbeitungsgruppe produziert gegenwärtig Video-Clips für häufige chirurgische Situationen.

Dieser Beitrag beschreibt ebenfalls ein Netzwerk zur multimedialen Nutzung von medizinischen Daten für den Nebenstellen- und öffentlichen Bereich. Ferner wird auf einige neuartige Anwendungen durch Fusion von Informationsmodalitäten eingegangen.

1. Einleitung

ISDN ist ein öffentlicher Kommunikationsdienst, der - nach Ablösung der gegenwärtig noch dominierenden analogen Technik - in digitaler Form weltweit Punkt-zu-Punkt-Kommunikationen für Sprache, Bilder und Daten in einem einheitlichen Übertragungsnetz erlaubt. Durch die Wirkung der hiermit verbundenen CCITT- und ANSI-Standards wird außerdem bei den Endgeräten eine Herstellerunabhängigkeit gewährleistet [5].

Die Deutsche Bundespost Telekom begann Ende 1989 in Oldenburg mit dem Anschluß von ISDN-Teilnehmern. Unabhängig hiervon bietet die Telekom-Industrie schon seit ca. 2 Jahren ISDN-Anschlüsse im Nebenstellenbereich an. In beiden Fällen werden diese Anschlüsse zur Zeit hauptsächlich zur Sprach-Kommunikation benutzt. Ein steigender Bedarf nach anderen Diensten

(Teletex, Telefax und Datenkommunikation) ist festzustellen. Die mit ISDN mögliche Diensteintegration ist noch nicht weit verbreitet.

In verschiedenen Krankenhäusern wird ISDN gegenwärtig bei der Patientendatenverwaltung und bei administrativen Aufgaben erprobt. Dieses Einsatzspektrum wird in Kürze durch Labordatenübermittlungen ergänzt werden, gefolgt von der Übertragung von biologischen Signalen und Bildern.

Um das Potential von ISDN zur Übertragung und entfernten Verarbeitung von Signalen und Bildern studieren zu können, haben wir eine entsprechende Umgebung eingerichtet. Das primäre Ziel einer Arbeitsgruppe aus Ärzten und Informatikern besteht in der Schaffung und Erprobung einer Infrastruktur für "gemeinschaftliches Arbeiten" bei räumlich verteilten Arbeitsplätzen. Dies ist besonders wichtig bei der Begutachtung von Bildern. Bei der Form der gemeinschaftlichen Arbeitsweise unterscheiden wir - abhängig von der Verfügbarkeit der Primärinformation zwischen "kooperativem" und "koordiniertem" Arbeiten. Das sekundäre Ziel dieser Arbeitsgruppe ist die Fusion von unterschiedlichen Bildmodalitäten (CT, Angio- und Szintigraphie), die zusätzlich durch Graphik und sprachliche Anmerkungen annotiert werden kann. Alle individuellen Informationsmodalitäten können einzeln existent bleiben oder als integrierter Datensatz dauerhaft digital (auf magnetoptischen Speicherplatten) oder analog (auf Video-Bändern) aufbewahrt werden.

2. Koexistenz von ISDN und LANs

Der wachsende Bedarf zur Datenkommunikation führte in der Vergangenheit zu Rechnernetzen, den Local Area Networks (LANs), die von Rechnerherstellern entwickelt wurden. Die heute verfügbaren, verschiedenen LAN-Konzepte erfordern eine spezielle Installation und sogenannte Brücken zur Anpassung, wenn übergreifende Kommunikation gewünscht wird.

ISDN konkurriert mit LANs in folgender Art und Weise:

- ISDN bietet dem Anwender kostengünstige Kommunikationseinrichtungen.

- ISDN gibt dem Benutzer weitreichende Verbindungen ohne Einschränkungen.

- ISDN verbessert die Übertragungsleistung von üblichen Modems erheblich.

- ISDN benutzt existierende Telefonleitungen.

- Kommunikation kann stattfinden, wenn es nötig ist.

In diesem Sinne weist ISDN viele Vorzüge auf. Dennoch haben LANs aus folgenden Gründen ihre Berechtigung:

- Verkehrsgebühren bei ISDN sind zeitabhängig bzw. volumenabhängig (für die meisten LANs gelten Fixkosten)

- Bei häufiger Kommunikation über ISDN sind Leitungen oder Teilsysteme inakzeptabel lange belegt.

- Schmalband-ISDN (64kBit/s) hat keine Realzeiteigenschaften für große Datenmengen.

- Der Schutz der Daten ist bei LANs einfacher als bei ISDN.

- Die große Zahl existierender LANs kann nicht ignoriert werden.

Diese Vor- und Nachteile führten uns zu einer Konfiguration für das Krankenhaus, die in Bild 1 dargestellt ist.

Im Krankenhaus befinden sich moderne bildgebende Systeme (Radiologie: Somatom DRH-CT; Nuklearmedizin: 2 APEX-Systeme - Ende 1989 installiert; Invasive Kardiologie: Digital Cardiac Imaging System - Ende 1989 installiert), die nicht mit Nachverarbeitungssystemen ausgerüstet sind. Darüber hinaus hat das Krankenhaus keine Unterstützung für Forschung und das Personal ist mit rechnerunterstützter Nachverarbeitung nicht vertraut. Das Haus widmet sich ausschließlich der Patientenversorgung. Aus diesen Gründen wurden alle Nachverarbeitungen aus dem Krankenhaus ausgelagert und in die Universität verlegt. Zu einem späteren Zeitpunkt soll jedoch die Rechnerunterstützung in die Klinik gebracht werden.

Die genannten bildgebenden Systeme haben alle unterschiedliche (untereinander nicht kompatible) LANs. Um diese Mischung zu verwalten, wurde ein AT-386-System speziell konfi-

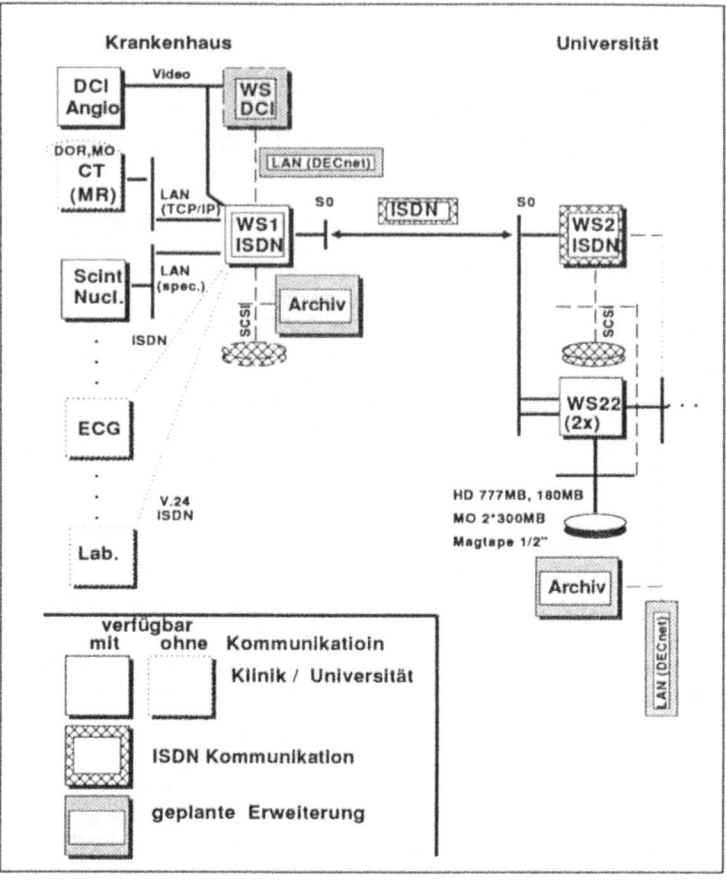

Bild 1: Koexistenz von ISDN und LANs

guriert. Als Betriebssystem wird UNIX verwendet. Die Verbindung zum ISDN-Netz wird durch einen entsprechenden Adapter hergestellt.

Das AT-386-System in der Universität ist um eine Bildverarbeitungseinheit, eine DSP-Baugruppe, eine Sprachverarbeitungsbaugruppe und eine Ansammlung von Massenspeichern (Magnetoptisches Plattensystem, Wechsel-Winchesterplatten, Großraumspeicher, Magnetband) erweitert. Außerdem können verschiedene Zeigergeräte (Mäuse, 3D-track-ball, Tablett) benutzt werden.

3. Multimediale Paradigmen

3.1 Kooperatives und koordiniertes Arbeiten

Bildverarbeitung ist bei CT-Sequenzen dann schwierig, wenn Weichteile zu interpretieren sind. Die Analyse von angiographischen Sequenzen erfordert oft die Hilfestellung eines erfahrenen Kardiologen. Die meisten Schwierigkeiten in der klinischen Routine wären zu bewältigen, wenn eine interaktive Beeinflussung oder Hilfestellung bei der Bildverarbeitung möglich wäre. Hierfür entwickeln und testen wir die Arbeitsweisen "kooperatives " und "koordiniertes" Arbeiten (Bild 2).

Kooperatives Arbeiten

Die grundlegende Idee ist, daß ein Arbeitsplatz Zugriff auf alle relevanten Datenbestände hat und daß ein entfernter zweiter Arbeitsplatz über annotierende Geräte (Maus, Mikrophon, etc.) verfügt. Am zweiten Platz hat ein Experte (oder ärztlicher Kollege) Zugriff auf den Datenbestand des ersten Platzes. Durch sprachliche Anweisungen oder Maus/Tastatur-Kommandos kann der Datenbestand gesichtet werden. Beide Benutzer können so den Datenbestand annotieren. Dieses Konzept hat den Vorteil, daß ein sehr entfernter Experte beteiligt werden kann.

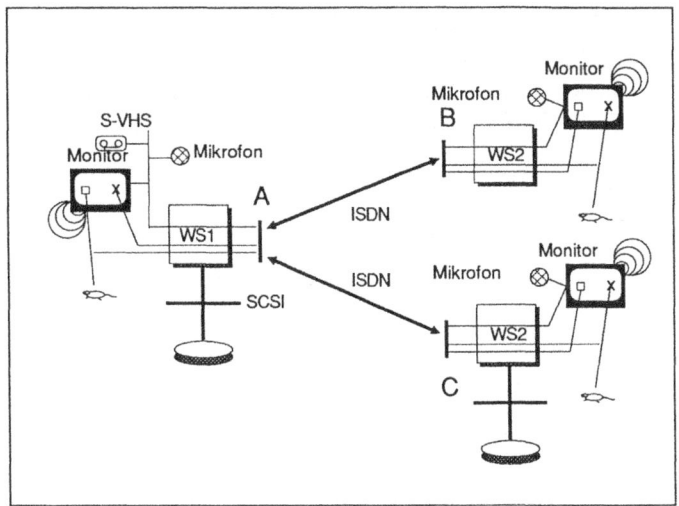

Bild 2: Kooperatives und koordiniertes Arbeiten

Es hat leider den Nachteil, daß die Kommunikationslast bei Bildübertragung sehr hoch ist. Dies erfordert Geduld.

Koordiniertes Arbeiten

Diese Konzept vermeidet den vorstehenden Nachteil: Zur tariflich günstigen Zeit wird der Datenbestand vom ersten zum zweiten Platz transferiert. Später tauschen beide Benutzer nur noch Anweisungen (von Mäusen, Tastaturen, etc.) aus, die dupliziert und synchronisiert auf die lokalen Datenbestände wirken. Die Kommunikationsstrecke wird nun anstelle der langwierigen Massendatenübertragung nur noch mit kurzen Anweisungs-Botschaften belastet. Die ISDN-Last ist somit mäßig und eine Interaktion findet augenblicklich statt. Durch einen speziellen - verbindungsweit wirkenden - Scheduler werden beide Plätze synchronisiert. Dies bedeutet, daß nach Abschluß einer Sitzung der Datenbestand am zweiten Platz gelöscht werden kann.

Der letzte Ansatz ist besonders attraktiv in den vielen klinischen Fällen, wo das Klinikpersonal die Arbeitsumgebung vorbereiten kann, um dem vielbeschäftigten Experten Gelegenheit zu geben, sich nur auf das Wesentliche zu konzentrieren.

3.2 Anrufbeantworter (Multi-media-Informationsserver)

Zum koordinierten Arbeiten ist zwischen den beiden beteiligten Plätzen ein Client-Server-Verhältnis notwendig:

- Die hereinkommende Information muß (unbeaufsichtigt) abgespeichert werden.
- Die spezielle Umgebung der empfangenden Station muß transparent für die sendende Station sein.
- Fehler bei der empfangenden Station müssen auch der sendenden Station mitgeteilt werden.

3.3 Video-Clips - Annotierte Animation zur Diagnose und OP-Planung

Multimediale oder hypermediale Information ist durch folgende Merkmale gekennzeichnet [1,4]:

- Information ist in kleine Einheiten zerstückelt.
- Die Einheiten repräsentieren Information spezifischer Modalität, z.B. Daten, Text, Graphikelemente, Bitmap-Bilder, Sprache.
- Einheiten mit sichtbarer Information (sichtbare Einheiten) lassen sich in einem Fenster darstellen.

- Einheiten zu nicht sichtbarer Information (nicht sichtbare Einheiten) sind mit sichtbaren Einheiten oder Icons verbunden.
- Einheiten sind verkettet oder verbunden.
- Eine Informationsdarstellung ist eine Navigation im multimedialen Datenbestand durch Auswahl von Verbindungen.

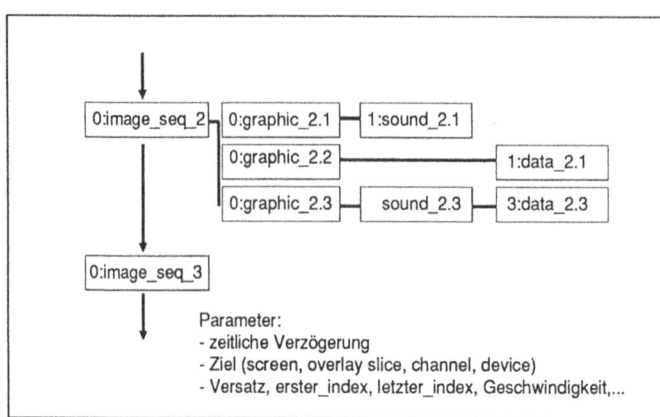

Bild 3: Baum zur Dokumentation multimedialer Information

Um die verschiedenen Informationsmodalitäten zu handhaben, entwickeln wir gegenwärtig eine einfache Verbindungssprache (Bild 3). Teile dieser Sprache lehnen sich an das Folder-Konzept von OCCAM an. Das ganze MM-PROGRAM (Multimedia Programm) ist demnach ein strukturierter Baum, der interpretiert einen annotierten "Video-Clip" erzeugt. Für die Interpretation des MM-PROGRAMs ist es nicht notwendig, daß die individuellen Einheiten auf einem Speichermedium zur Verfügung stehen; für verstreute Speichermedien wird das Network-File-Konzept benutzt.

Die gewählte Strukturierung der Information ist besonders an medizinische Aufgabenstellungen angepaßt, wo ohnehin einzelne Informationsmodalitäten unabhängig voneinander und zu verschiedenen Zeiten anfallen. Sind die Einheiten aber einmal über den Baum integriert, so kann der Bestand als Ganzes in einfacher Weise behandelt werden.

Laufende Arbeiten werden als Benutzeroberfläche MOTIF - ein allgemein anerkanntes komfortables Bedienkonzept - und intelligente interaktive Merkmale aufweisen:

- Kontext-sensitiver Cursor
  Das Umfeld des Cursors bestimmt die Menge der verfügbaren Operationen der Maus-Tasten. Als weitere Hilfe soll sich das Cursor-Symbol nach dem Umfeld richten und zusätzlich bei Bedarf (für Novizen) erläuternder Text ausgeben werden.

- Blättern
  Das Blättern ist unabdingbar für multimediale Datenbestände. Besonders bei große Datenmengen ist das Überstreichen mehrerer Knoten notwendig.

- Grafische Darstellung der Datenbestands-Struktur
  Dies ist notwendig bei nicht hierarchischen Strukturen. Die Strukturdarstellung ist stark vereinfacht; sie kann interaktiv verändert werden (top-down, Verfeinerung).

4. Multimediale Workstation

Die Grundlage unserer multimedialen Workstation (Bild 4) ist ein AT-386-System, das für die spezifischen Anwendungen entsprechend konfiguriert ist.

Zusammen mit dem PC-ISDN-Adapter kann ein ISDN-Telefon zur separaten Sprachkommunikation genutzt werden. Zur Darstellung einzelner oder kombinierter Informationseinheiten benutzen wir Windowing auf einem oder vier Monitoren.

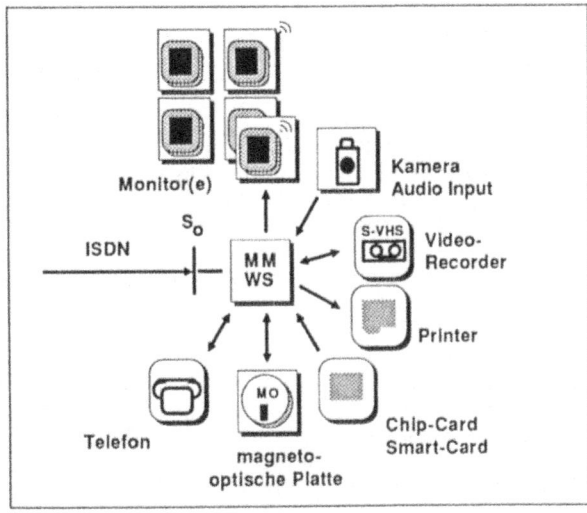

Bild 4: Multimediale Workstation

Um in Sonderfällen die begrenzte ISDN-Transportleistung kompensieren zu können, kann an die Workstation ein (durch die Workstation) fernbedienter PAL- oder NTSC-Video-Recorder angeschlossen werden.

Für Massendaten können über den SCSI-Bus entsprechende Großraumspeicher angeschlossen werden. Vorgesehen ist ferner ein Interface für Chip-Karten für eine spätere verbesserte Betreuung ambulanter Patienten oder Patienten mit chronischen Leiden.

In zahlreichen medizinischen Situationen ist ein ansprechendes Protokoll erwünscht. Hier setzen wir einen Laser-Drucker ein, um auch Bildausschnitte in geeigneter Darstellung präsentieren zu können.

5. Szenarien

Gegenwärtig ist zwischen Schmalband- und Breitbandkommunikation zu unterscheiden. Wir sehen aber schon für die (übliche Schmalband-) Kommunikation mehrere klinische Situationen, bei denen eine augenblickliche Verarbeitung von Daten nicht zwingend ist. Diese Fälle sind:

Operationsplanung
Annotierte Animationen können ein chirurgisches Team unterstützen, dies insbesondere in der Vorbereitungsphase.

Komplizierte Diagnose
Es könnte eine fallbezogene Animation vorbereitet werden, um eine Konsultation mit Experten zu vereinfachen. Zusätzliche Annotationen durch Graphiken, Daten und Sprache werten den Datenbestand deutlich auf. Auch könnten neuartige Darstellungen entwickelt werden, insbesondere solche, die sich auf eine Fusion verschiedener Modalitäten stützen (gezeigt im Vortrag: Integration von coronar-angiographischen Sequenzen mit Myokard-Szintigraphiebildserien)

Entwurf von Implantaten
Die Vorbereitung von Implantaten benötigt ohnehin Zeit. Ein Datenaustausch in diesem Kontext könnte zur Verifizierung verwendet werden.

Für normale Krankenhäuser wird die Breitbandkommunikation erst in einigen Jahren zur Verfügung stehen. Als Vorbereitung auf diesen Einsatz scheint es sinnvoll zu sein, das Personal über die heute möglichen ISDN-Dienste an die Breitbandära heranzuführen.

5.1 Mobilität

Es ist vorauszusehen, daß neue Nebenstellenanlagen vollständig ISDN-fähig sein werden. Dort, wo ISDN-Standards genutzt werden können, kann auch Multimedialität in der bisher geschilderten Weise eingesetzt werden. Eine besondere Rolle werden hierbei Laptops spielen, so daß viele technische Hilfestellungen unmittelbar zum Patienten gebracht werden können. (Wir experimentieren in diesem Sinne.) Hierdurch dürfte sich auch die Stations-Visite verändern - die akuten Patientendaten könnten auf Chip- oder Smart-Cards abgelegt werden.

5.2 Leistungsfähigkeit

Bei der Beurteilung der Leistungsfähigkeit sind Kommunikations-Leistungsfähigkeit und Verarbeitungsleistung bzw. Rechnerleistung zu beachten.

Zwischen zwei ISDN-Endpunkten konnten wir eine Transferrate von 7,5 kByte/s (d.h. netto 60 kBit/s oder 93,75% der maximalen Transferrate) erreichen. Auf Ethernet LANs sind Netto-Transferraten zwischen 25 und 85 kByte/s zu erzielen (bestätigt [2]). Bei CT-Sequenzen liegt die Transferrate bei ca. 25 kByte/s. Ein Vergleich mit ISDN läßt somit ISDN als vielversprechend einordnen.

Weitere Verbesserungen sind mit geeigneten Kompressionstechniken zu erwarten, die in Kürze als ISDN-Optionen genutzt werden können.

Bezüglich der Verarbeitungsleistung des gewählten AT-Systems wirkt sich die Abwesenheit eines Onboard-high-speed-co-processors ungünstig aus. Einfache Funktionen wie Vergrößern oder direkt kontrollierte Rotationen von 3D-Modellen können nicht in angemessener (akzeptabler) Zeit ausgeführt werden. Wir kompensieren diesen Nachteil durch eine DSP-Baugruppe mit einer Leistung bis zu 25 MFLOPS. Eine Systemerweiterung mit DSPs zieht leider auch andere Programmierkonzepte nach sich (Datenfluß- und objektorientierte Programmierung), die noch nicht Allgemeingut sind.

6. Schlußbemerkung

Für multimediale Anwendungen haben wir systematisch ISDN-Konzepte ausgenutzt und sind somit in der Lage, neue Kommunikationsformen mit angepaßten Benutzeroberflächen zu entwickeln und zu erproben. Durch den Einsatz eines AT-Systems als Kern einer Kommunikations-Workstation können wir die allgemeine Vertrautheit mit derartigen Systemen nutzen. So wird es einfacher, die Konzepte "kooperatives", "koordiniertes Arbeiten" und "Video-Animationen" in klinische Umgebungen einzuführen. Eine Pilotanwendung in den Städtischen Kliniken bestärkte uns, den eingeschlagenen Weg durch Standardanwendungen für klinische Szenarien fortzusetzen.

7. Anerkennung

In den Städtischen Kliniken ist Prof. Niemann für seine tatkräftige Mithilfe und die Bereitstellung der medizinischen Infrastruktur zu danken. Ferner muß ich hervorheben, daß meine Mitarbeiter Herr Dr. Hewett, Herr Köhler und Herr Schwanke durch einen intensiven Einsatz und Abstieg zu vielen Bytes, Bits und Signalen die einzelnen losgelösten Teile zu einem funktionierenden Ganzen zusammenstellen konnten.

8. Literatur

1. R.M. Akscyn, D.L. McCracken, E.A. Yoder, KMS: A Distributed Hypermedia System for Managing Knowledge in Organizations, Communications of the ACM, 31/7 (July 1988), pp. 820-835

2. S. Lou, H.K. Huang, N.J. Mankovich, H. Kangarloo, K.S. Park, O.M. Ratib, A. Wong, M.Komori, D. Valentino, Z.L. Barbaric; A CT/MR/US Picture Archiving and Communication System, SPIE Vol. 1093, (1989) pp. 31-36

3. P. Jensch, H. Niemann; Multimedia medical communication with ISDN technologies - early experiences, SPIE Vol 1234, 1990

4. W.E. Mackay, G. Davenport, Virtual Video Editing in Interactive Multimedia Applications, Communications of the ACM, 32/7 (July 1989), pp. 802-810

5. J. Ronayne; The Integrated Services Digital Network: from concept to application, Pitman Publ. (1987)

PRÄOPERATIVE THERAPIESIMULATION AM BEISPIEL DER HÜFTGELENKCHIRURGIE

P.C. Müller, O.J. Grolle, D.-P. Pretschner
Institut für Medizinische Informatik
Universität Hildesheim

Marienburger Platz 22, D-3200 Hildesheim

1. Einleitung

Es wird ein entscheidungs- und planungsunterstützendes System für Operationen im Hüftgelenkbereich vorgestellt. Die Schwerpunkte liegen dabei auf dem Gebiet der Prothesenimplantationen und der Umstellungsosteotomien. Im ersten Fall wird der Oberschenkelkopf (Femurkopf) und Teile der Gelenkpfanne (Acetabulum) entfernt und durch eine Endoprothese, bestehend aus Prothesenschaft und Prothesenpfanne, ersetzt. Bei einer Osteotomie wird ein - meist keilförmiges - Stück des Femurs entfernt, um nach Zusammenfügung der verbleibenden Teile eine verbesserte, weniger schmerzhafte, Stellung des Femurkopfes zum Acetabulum zu erzielen. Diese Operationen sollen am Bildschirm interaktiv simuliert werden.

2. Dreidimensionale Detektion und Darstellung der Knochen

Als Ausgangsdaten liegen transversale CT-Schichtbilder der Größe 512*512 Pixel mit einer Auflösung von zwei Byte pro Pixel vor. Diese Schichten werden in äquidistanten Abständen von zwei Millimetern aufgenommen. Aufnahmegerät ist ein Somatom Plus (Fa. Siemens) im Städtischen Krankenhaus Hildesheim. Von dort werden die Rohdaten über Magnetband zum Institutsrechner transferiert. Zur dreidimensionalen Darstellung wird am Institut bereits vorhandene Software verwendet. Da sich Knochengewebe in CT-Aufnahmen durch hohe Grauwerte vom umgebenden Gewebe abhebt, ist ein Threshholding-Verfahren zur Detektion der entsprechenden Regionen ausreichend. Die Grenzen des Knochenbereiches werden trianguliert und als schattierte Oberflächen dargestellt. Das entstandene Objekt ist interaktiv am Bildschirm bewegbar, so daß sich der Chirurg beliebige Ansichten des Gelenks anzeigen lassen kann.

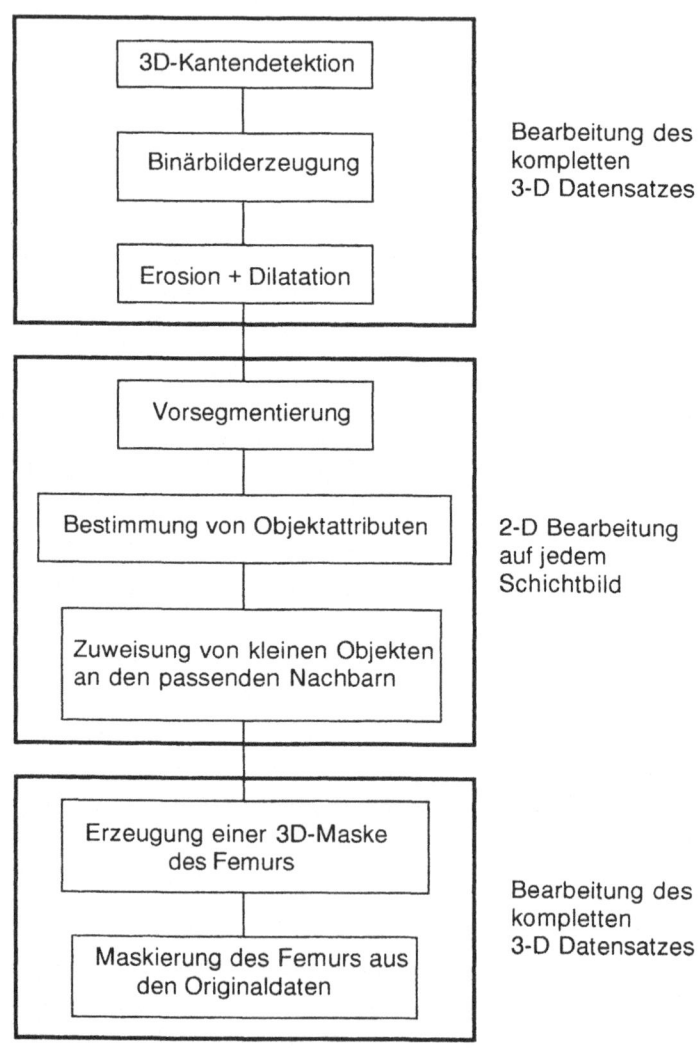

Abb. 1 : Ablaufplan der Segmentierung

3. Segmentierung

Um eine Operation simulieren zu können, müssen Femur und Acetabulum als getrennte Objekte vorliegen. Der Gelenkspalt ist über Schwellwerte allein nicht zu lokalisieren, da die Grauwerte von Knochen und Gelenkspalt sich besonders in pathologischen Fällen kaum oder gar nicht unterscheiden. Es ist also ein besonderes Segmentierungsverfahren erforderlich (Abb. 1).

3.1 Kantendetektion

Als Basis für die Kantendetektion wurde ein zweidimensionaler Sobeloperator gewählt, da er in der Literatur als wenig rauschempfindlich beschrieben wird. Für eine dreidimensionale Erweiterung wird zur Berechnung des Kantenwerts die 26-Nachbarschaft des aktuellen Voxels betrachtet.

Sei W(0,0,0) der Grauwert des aktuellen Voxels, (0,0,0) bezeichnen dessen Koordinaten . $A = \{ (x,y,z) : -1 \leq x,y,z \leq 1 \}$ seien die Nachbarschaftskoordinaten. Der Sobelwert S(0,0,0) berechnet sich wie folgt:

$$S(0,0,0) = \sqrt{X{*}X + Y{*}Y + Z{*}Z} \qquad \text{mit :}$$

X = W(1,1,0)+2W(0,1,0)+W(-1,1,0) - (W(1,-1,0)+2W(0,-1,0)+W(-1,-1,0))
Y = W(1,-1,0)+2W(1,0,0)+W(1,1,0) - (W(-1,-1,0)+2W(-1,0,0)+W(-1,1,0))
Z = W(0,-1,1)+2W(0,0,1)+W(0,1,1) - (W(0,-1,-1)+2W(0,0,-1)+W(0,1,-1))

Das mit dem Sobeloperator gewonnene Bildvolumen wird als Binärvolumen abgespeichert.

Binaer(x,y,z) = 1   <=> S(x,y,z) > Schwellwert;   0 sonst.

Um die gefundenen Konturen zu glätten, wird anschließend ein Closing durchgeführt, d.h. eine Erosion gefolgt von einer Dilatation.

3.2 Vorsegmentierung

Jedes Einzelbild aus dem Binärvolumen wird vorsegmentiert. Hierbei wird jedem Bildpunkt eine Objektnummer zugewiesen. Das Bild wird zeilenweise durchsucht. Benachbarte Pixel mit gleichem Wert erhalten dieselbe Objektnummer.

$$\text{Objekt\#}(i,j) = \text{Objekt\#}(i,j\text{-}1) \iff \text{Binaer}(i,j) = \text{Binaer}(i,j\text{-}1)$$

Mit Auftreten eines Kantenelements, also Binaer(i,j) = 1, wird eine neue Objektnummer vergeben. Es erfolgt ein Vergleich des Binärwertes mit den Werten der Nachbarn aus der vorhergehenden Zeile und eventuell die Zuweisung der Objektnummer aus der vorhergehenden Zeile an alle Elemente des aktuellen Objekts. Auf diese Weise werden nur geschlossene Objekte gefunden.

Nach Zuweisung aller Pixel werden Objektattribute bestimmt und zwar: Elementzahl, mittlerer und maximaler Grauwert des Ausgangsbildes. Außerdem werden die Nummern der Nachbarobjekte festgestellt. Objekte, die weniger Elemente als ein festgelegtes Minimum haben (ein Wert von 15 erbrachte gute Ergebnisse), werden dem geeigneten Nachbarobjekt zugewiesen. Die Eignung ergibt sich durch minimale Differenzen der mittleren und maximalen Grauwerte.

$$\text{Objekt\#} := \min_{\text{alle\_Nachbarn}} \{|\max(\text{Objekt})-\max(\text{Nachbar})|+|\text{mittel}(\text{Objekt})-\text{mittel}(\text{Nachbar})|\}$$

Im Durchschnitt erhält man nach der Neuzuweisung weniger als 20 Objekte.

3.3 Hauptsegmentierung

Im ersten Schnittbild, auf dem die Diaphyse des Femurs zu finden ist, wird die Objektnummer gesucht, die den Femur repräsentiert. Dabei wird das gesuchte Objekt durch folgende Attribute bestimmt:

- |Ausdehnung_in_Y-Richtung – Ausdehnung_in_X-Richtung| ≤ Konstante
- Lokalisation im linken bzw. im rechten Drittel des Bildes
- Maximaler Grauwert ≥ Schwellwert für Knochengewebe

Es wird eine Binärmaske des Objekts Femur in diesem Schnittbild erzeugt. Ausgehend von dieser Objektmaske werden im nächsten Schnittbild die Objekte bestimmt, deren Grenzen nur minimal von denen des Vorbildes abweichen. Die gefundene Maske wird wieder mit dem nächsten Bild verglichen usw.

Da die Vorsegmentierung nur geschlossene Objekte liefert, die Kontur des Femurs aber nicht in allen Schnitten vollständig gefunden wird, erfolgt eine Korrektur der gefundenen Masken nach der Regel, daß sich die Begrenzung des Objekts von einer Zeile zur nächsten nur minimal verändern darf. Große Sprünge werden durch eine kleine Veränderung in dieselbe Richtung ersetzt.

Mit der erzeugten dreidimensionalen Maske wird der Femur aus dem Originaldatensatz herausgeschnitten. Das Negativbild der Maske bestimmt den Rest des Beckens.

4. Schnittoperation

Es wird ein Schneidemodul zur Teilung eines Datensatzes B(x,y,z) in zwei Teile entwickelt. Die Schnitte werden planar durchgeführt (Abb.2a). Der Benutzer sieht zusammen mit dem zu schneidenden Objekt mehrere Ebenen. Jede ist allein positionierbar (Abb.2a). Die Ebene wird definiert durch die interaktive Eingabe eines Raum-Punktes und der drei bestimmenden Winkel. Das Programm berechnet die definierte Ebene P(x,y) = z und erzeugt aus den Ausgangsdaten zwei Datensätze. Diese enthalten oberhalb bzw. unterhalb der Ebene Nullen. Für den Rest des Datensatzes werden die Ausgangsdaten übernommen.

$$\text{Teil1}(x,y,z) = B(x,y,z) \text{ für } z \leq P(x,y) \; ; \; 0 \text{ sonst}$$
$$\text{Teil2}(x,y,z) = B(x,y,z) \text{ für } z > P(x,y) \; ; \; 0 \text{ sonst}$$

5. Zusammenfassung

Das vorgestellte System verhilft dem Chirurgen durch die dreidimensionalen Rekonstruktionen zu einer besseren Vorstellung über das Operationsgebiet. Durch die beschriebenen Werkzeuge kann eine Operation simuliert werden, wodurch der Chirurg seine Vorgehensweise für die reale Operation exakter planen kann. Das Resultat einer simulierten varisierenden Osteotomie wird in Abb. 2 gezeigt.

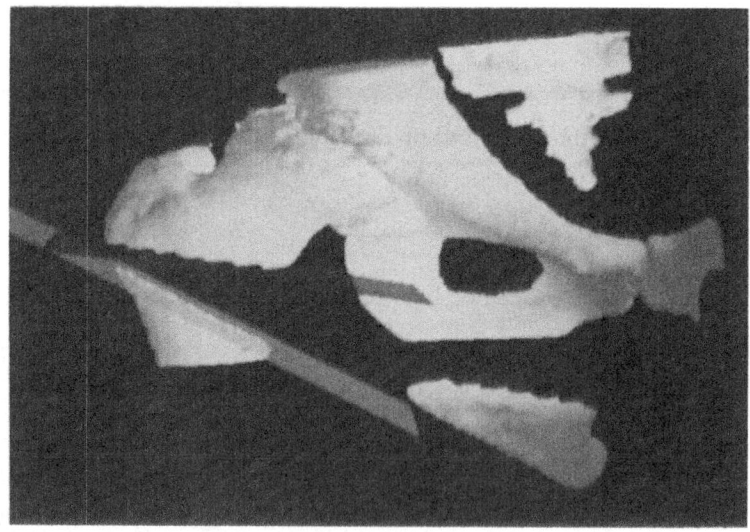

Abb.2a: Simulation einer varisierenden Osteotomie: Die Ebenen kennzeichnen die Schnittflächen

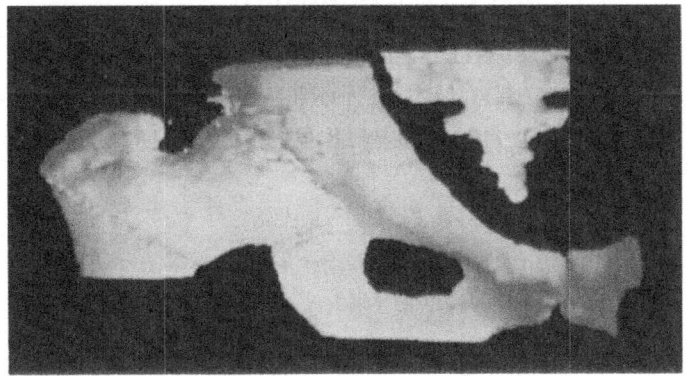

Abb. 2 b: Simulation einer varisierenden Osteotomie:
Nach Entfernung des mittleren Teils des Femurs wurden die verbleibenden
Segmente neu angeordnet. Der Femurkopf hat jetzt einer verbesserte Position
gegenüber dem Acetabulum.

Literatur

1. Ballard, D.H., Brown, C.M. : Computer Vision
   Prentice-Hall, Englewood Cliffs, New Jersey, 1982
2. Frommhold, W. & Gerhardt, P. (Hrsg.) : Erkrankungen des Hüftgelekns
   Thieme, Stuttgart, 1988
3. Müller, P.C., Pretschner, D.P. : Präoperative Therapiesimulation in der Hüftgelenkchirurgie
   Bildschirm aktuell, 1/90 (s. 4-8), 1990
4. Pratt, W.K. : Digital Image Processing, Wiley & Sons, New York, 1978
5. Schneider, R. : Die intertrochantere Osteotomie bei Coxarthrose
   Springer, Berlin, 1979

ZUR EVALUATION VON WISSENSBASIERTEN BILDANALYSESYSTEMEN MIT PHANTOMEN AM BEISPIEL DER MOTILITÄTSINTERPRETATION DES LINKEN VENTRIKELS

K. Kotzke, D.-P. Pretschner
Institut für Medizinische Informatik
Universität Hildesheim

Marienburger Platz 22, D-3200 Hildesheim

1. Einleitung

Mit wachsender Komplexität wissensbasierter Systeme (WBS) wird die Forderung nach verläßlicher Evaluation zu einem wesentlichen Aspekt einer Systementwicklung mit klinisch applikativem Anspruch. Am Beispiel eines WBS für die Motilitätsinterpretation der linken Ventrikelkontur wird ein Lösungsansatz mit Hilfe eines Softwarephantoms vorgestellt.

2. Problematik der Evaluation von Bildanalysesystemen

Ein bestimmter Zustand oder ein bestimmtes Verhalten von anatomischen Objekten kann durch verschiedene Ausprägungen von Bilddaten repräsentiert werden. Von einem WBS, das z.B. aus Bilddaten Diagnosen ableitet, wird erwartet, daß es den abgebildeten Zustand oder das Verhalten unabhängig von variierenden Ausprägungen korrekt beschreibt.

Aufgabe der Evaluation ist zu überprüfen, ob das WBS die Fälle erkennt, die es nach Vorgabe erkennen soll, und die von ihm nicht interpretierbaren Fälle abweist oder zumindest nicht falsch zuordnet. Ein Ansatz, dies zu überprüfen, ist die Verwendung von Originaldaten z.B. aus einer umfassenden klinischen Fallsammlung (Abb. 1).

Abb. 1 : Original-Sequenzszintigramm, das in 20 Bildern einen Herzschlag von
Enddiastole bis Enddiastole repräsentiert

Die Nachteile, die bei einer "Beschränkung" auf Patientenstudien im Original wirksam werden, liegen in der Begrenzung der Datenmenge, da die Zahl der untersuchten Patienten und damit die Größe des Datenpools nicht beliebig erweitert werden kann, und in der vom Systemtester nicht beeinflußbaren zufälligen Verteilung der Ausprägungen auf die repräsentierten Fälle. Die Aussagen über die Qualität der Resultate des WBS können dann nicht global für das System übernommen werden, sondern gelten nur für die geprüften Fälle. Über die Lücken im Spektrum möglicher Ausprägungen, die nicht von den vorhandenen Originaldaten abgedeckt werden, ist keine Aussage möglich. Abb. 2 zeigt die abstrahierte Verteilung von Diagnosen aus medizinischen Bilddaten. Die Grauzone zwischen disjunkten Diagnosen ist mit 5 Fällen verdeutlicht. Das mögliche Verhalten des Systems bei der diagnostischen Einordnung dieser Fälle ist schwer vorhersehbar und einer Evaluation zunächst nicht zugänglich. Ziel der vorliegenden Arbeit ist es, über Softwarephantome den Bereich von Diagnosen und Diagnoseübergängen beurteilbar zu machen. Es gilt, die Symptomatik, die zur Diagnose n führt, kontinuierlich variabel so zu variieren, bis die Diagnose n+1 greift.

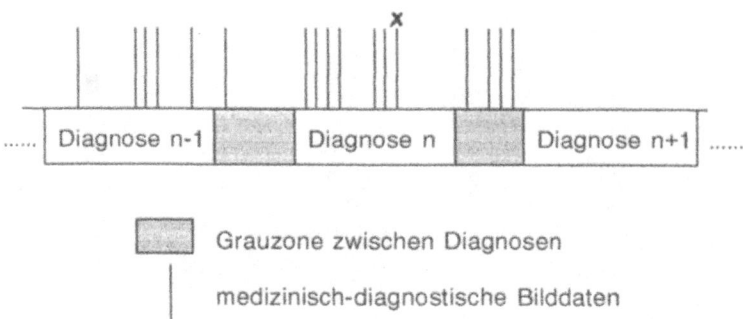

Abb. 2 : Zuordnung von Fällen (senkrechte Striche) zu Diagnosen n-1,n,n+1.
Über dem schraffierten Bereich sind 5 nicht klassifizierbare Fälle dargestellt
Abb. 1 gehört als ein Repräsentant zur Diagnose n (x)

Als zu evaluierendes komplexes wissensbasiertes Bildanalysesystem dient ein nach Bunke [1] und Sagerer [4] entwickeltes System, das als semantisches Netz repräsentiert ist. Eine Übersicht zeigt Abb. 3. Es interpretiert die Herzbewegung für die Diagnose von Bewegungsstörungen. In einem Vorverarbeitungsschritt werden das Herz, der linke Ventrikel und seine anatomischen Segmente aus Herzsequenzszintigrammen (Abb. 1) segmentiert. Ihre Begrenzungslinien sind die Eingangsdaten des WBS. Der durch die Konturen definierte Flächenverlauf wird durch eine Transformation der numerischen Daten mittels symbolischer Benennungen für Kontraktionen, Expansionen und Stagnationen beschrieben. Die Symbolik wird einer medizinischen Beschreibung zugeordnet, aus der unter Berücksichtigung von Form und Proportionen die Motilitätsinterpretationen abgeleitet werden. Sie setzen sich aus globalen (bezogen auf den ganzen Ventrikel) und regionalen (bezogen auf seine anatomischen Segmente) Bewegungsbeschreibungen zusammen.

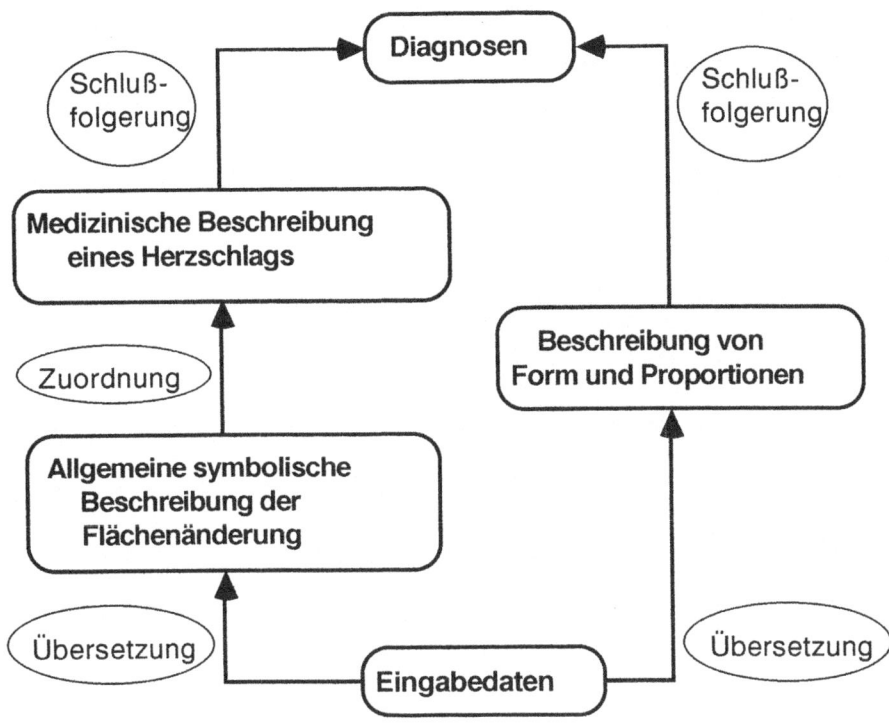

Abb. 3 : Übersicht über das Interpretationssystem der Herzmotilität
nach Bunke [1] und Sagerer [4]

3. Motilitätsanalyse der Herzkontur mit einem Herzphantom

Das Herzphantom ist ein Softwarephantom, das die Herzbewegung simuliert. Es liefert Konturdaten, deren zyklische Veränderungen die Bewegung repräsentieren. Die Verfeinerung von Bewegungsunterschieden ist durch Verfeinerung der Parameter, die das Phantom definieren, generierbar. Die Definition des Phantoms basiert auf einer Beschreibung durch in beliebige Anzahl von Bereichen unterteilte kreisförmige Objekte (Abb. 4). Den Bereichen sind Funktionen zugeordnet, die die Form und das Bewegungsverhalten festlegen (Abb. 4a). Durch die Veränderung der Bereichsgrößen, Definition unterschiedlicher Funktionen und Veränderung von Funktionsparametern lassen sich gezielt Motilitätstypen generieren.

a.

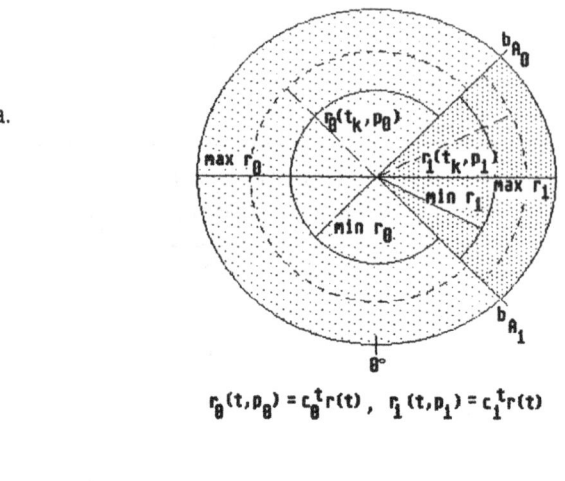

$$r_0(t,p_0) = c_0^t r(t), \quad r_1(t,p_1) = c_1^t r(t)$$

b.

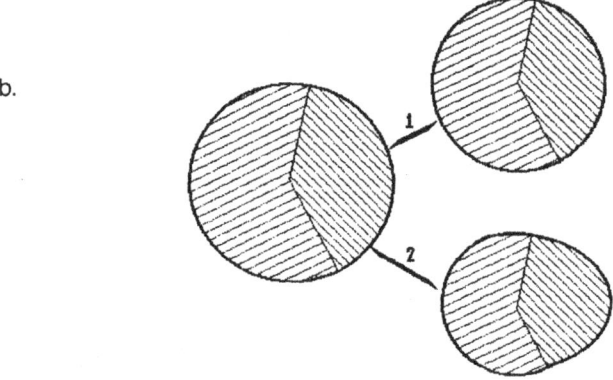

Abb. 4 : Darstellung eines Phantoms mit 2 Bereichen zu verschiedenen Zeitpunkten
   a) parametrisierte Darstellung mit den Bereichsfunktionen $r_0(t,p_0)$ und $r_1(t,p_1)$,
      die aus formbeschreibenden konstanten Funktionen c_i und den bewegungs-
      beschreibenden Funktionen $^t r(t)$ zusammengesetzt sind. min r_i bezeichnet
      den Radius bei minimaler Ausdehnung, max r_i den Radius bei maximaler
      Ausdehnung. Die B_{A_i} sind die Bereichsanfänge
   b) Darstellung zur Zeit maximaler (links) und minimaler (rechts) Ausdehnung
      Im Fall 1 liegt global (in beiden Bereichen) eine formkonstante Veränderung,
      im Fall 2 lokal (im rechten Bereich) eine formverändernde Bewegung vor.
      Fall 1 simuliert eine global geschwächte Bewegung,
      Fall 2 eine regional normale bzw. hypokinetische Bewegung.

Ausgehend vom Mittelpunkt werden für äquidistante Gradwerte zwischen 0 und 360 Grad orts- und zeitabhängig Radien r (t,p) für den i. Bereich berechnet.,

$$r_i(t,p_i) = {}^t r_i(t)^{p_i} r_i(p) , i=0,1,2,..,n; \ n=\text{Anzahl\_Bereiche}$$

$$t=0,1,..,l; \ l=\text{Zykluslänge};$$

$$p_i \epsilon [0.0, 360.0],$$

deren Endpunkte die Konturpunkte des Phantoms sind (Abb. 4a). Die Auswahl der Berechnungsfunktionen ist bereichsabhängig. Die Gradwerte sind die Parameter p des Funktionsteils, der die Form bestimmt., z.B. ob der Radius im Bereich konstant ist, sich zur Bereichsmitte verlängert oder sich auf eine andere beliebige Weise verhält. Der Wert der Radiuslänge r_i wird erst mit der bewegungsbeschreibenden Funktion festgelegt, die zeit- aber nicht ortsabhängig ist. Sie legt fest, wie langsam oder schnell sich die Radien im festgelegten Bereich verändern, ohne dabei Einfluß auf die Form zu nehmen.

Abb. 4b zeigt zwei Beispiele eines in zwei Bereiche unterteilten Phantoms zum enddiastolischen (maximale Ausdehnung) und zum endsystolischen Zeitpunkt (minimale Ausdehnung). In Beispiel 1 liegt eine formkonstante Änderung in beiden Bereichen vor. Unter Berücksichtigung der Fläche zum endsystolischen Zeitpunkt ist die Bewegung geschwächt. Beispiel 2 zeigt eine in einem Bereich formverändernde Bewegung, die schwächer ist, als im benachbarten Bereich. Das entspricht einer regionalen Hypokinesie.

3.1 Beispiel einer Phantomgenerierung

Für die Evaluation des WBS zur Motilitätsinterpretation des linken Ventrikels sind die Phantome zur Untersuchung der wissensbasierten Analyse globalen Bewegungsverhaltens in 1 Bereich und zur Untersuchung des regionalen Bewegungsverhaltens in 2 Bereiche unterteilt. Bei der Unterteilung in 2 Bereiche bewegt sich die Kontur der Region, die von besonderem Interesse ist, gleichstark oder schwächer als die Kontur des anderen Bereichs.

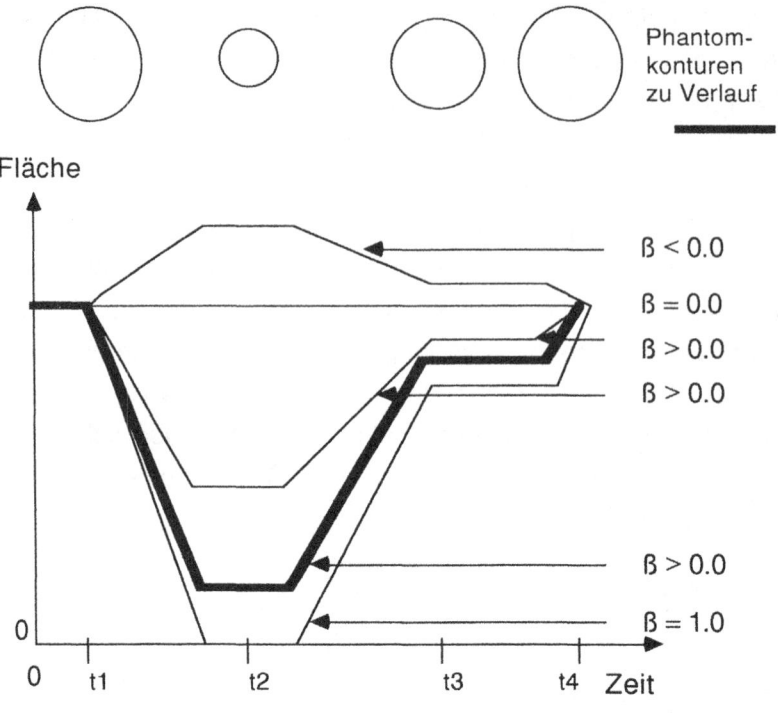

Abb. 5 : Ausprägungen verschiedener Phantombewegungen repräsentiert durch
ihren Flächenverlauf. Zu den Zeitpunkten t1,t2,t3 und t4 sind repräsentativ
Konturen der Phantome, die zum breit gezeichneten Verlauf führen,
dargestellt. Der Bewegungstyp ist in allen Fällen durch die gleiche
Folge von Kontraktionen, Expansionen und Stagnationen bestimmt. Die
Unterschiede ergeben sich durch differenzierte Bewegungsstärken ß.
ß < 0.0 simuliert dyskinetisches Verhalten
ß ~ 0.0 simuliert akinetisches Verhalten
ß > 0.0 simuliert hypo- bzw. normokinetisches Verhalten

Zum enddiastolischen Zeitpunkt ist das Phantom kreisförmig. Die
formbeschreibenden Funktionsteile sind in allen Fällen konstant. Die
bewegungsbeschreibenden Funktionsteile simulieren die Volumenverlaufskurve
des linken Ventrikels. Für die Generierung liegt eine Tabelle verschiedener
Symbolfolgen vor. Die Symbole bezeichnen Kontraktionen, Expansionen und
Stagnationen des Verlaufs. Eine bereichsabhängige Bewegungsstärke $ß_i$, die

zwischen -1.0 und 1.0 liegt, bestimmt die endsystolische Ausdehnung des Bereichs über die Beziehung

$$r_i(\text{Endsystole}, p_i) = r_i(\text{Enddiastole}, p_i) * (1.0 - \beta_i).$$

$r_i(t, p_i)$ ist dabei die zu Bereich i gehörende Funktion. Negative Werte β_i simulieren Dyskinesien, Werte um Null Akinesien und Werte im positiven Bereich Hypo- bzw. Normokinesien.

Die Ergebnisse der Generierung bei unterschiedlichen Bewegungsstärken repräsentiert Abb. 5 durch den Flächenverlauf der Phantome. Der Verlaufstyp ist durch die Symbolfolge, seine konkrete Ausprägung durch β_i und die ortsbeschreibende Funktion festgelegt.

3.2 Ergebnisse der Phantomauswertung

Insgesamt sind über 900 in ß gleichmäßig veränderte Phantome generiert. Die Daten werden als Konturen abgespeichert und in dieser Form vom WBS eingelesen. Ein Unterschied zu Originaldaten ist in diesem Stadium nicht mehr erkennbar. Die Phantome dienen der Überprüfung globaler (der ganze Ventrikel) und regionaler (die Segmente) Motilitätsanalysen. Unter der Annahme, daß gleichmäßige Veränderungen der Bewegungsstärke zu gleichmäßigen Veränderungen der Analyseergebnisse führen sollten, sind Abweichungen von dem erwarteten Verlauf Hinweise auf Systemfehlverhalten.

Die Analyseergebnisse sind Bewertungen von Diagnosen und fachsprachliche Beschreibungen, die auf der Grundlage der Bewertungen generiert werden. Ein Beispiel für das Ergebnis einer Analyse sind folgende Aussagen:

1. "Verdacht auf Akinesie im posterolateralen Segment mit 60% aufgrund der regionalen Auswurffraktion von 15%."

2. "Verdacht auf Hypokinesie im inferoapikalen Segment mit 100% aufgrund der Dauer der Stagnationen im Zyklus."

Die Liste ist für alle weiteren implementierten Bewegungsinterpretationen fortzuführen, die ebenso während der Analyse überprüft werden. Da die Bewertungen eine zentrale Bedeutung besitzen, ist die Evaluation des WBS auf ihre Überprüfung ausgerichtet.

Ein Auszug aus den Ergebnissen der Evaluation soll das Verfahren zur Aufdeckung von Fehlverhalten verdeutlichen. Abb. 6 zeigt Bewertungen der Diagnosen Normokinesis, Hypokinesis und Akinesis im inferoapikalen Segment des linken Ventrikels. Die Bewegungsstärken ß der Phantome, die zur Bewertung führen, unterscheiden sich um den Betrag 0.05 und liegen zwischen 0.0 und 1.0. Die Diagnosebewertungen für Normokinesis und Hypokinesis entsprechen dem erwarteten Verlauf. Die Bewertungen für Akinesis zeigen eine Abweichung für das Phantom mit der Bewegungsstärke 0.05, die zu einer Überprüfung der Analyse führte. Die Ursache für die abweichende Bewertung liegt in der Behandlung der Unsicherheiten, die bei der Zuordnung der numerischen zur allgemeinen symbolischen Flächenverlaufsbeschreibung (Abb. 3) auftreten.

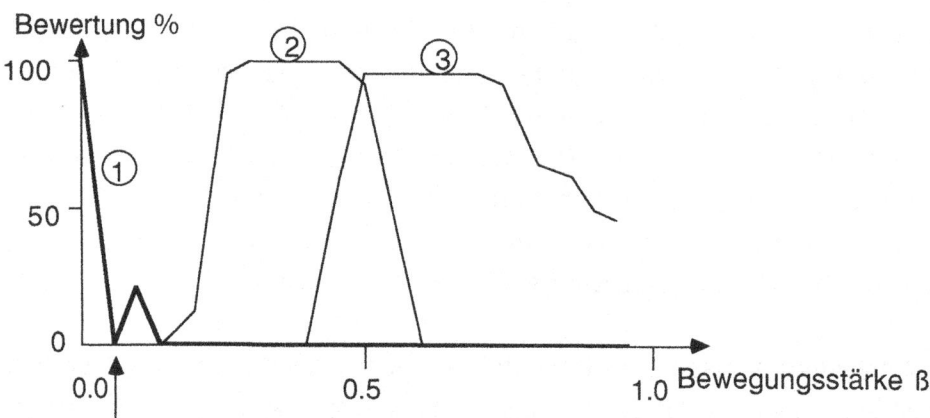

Abb. 6 : Bewertungen von Akinesis(1), Hypokinesis (2) und Normokinesis (3)
bezogen auf Phantombewegungen mit konstant um 0.05 erhöhter
Bewegungsstärke ß (2) und (3) zeigen einen erwarteten Verlauf, während
(1) bei ß = 0.05 (Pfeil) eine Abweichung auweist.

4. Zusammenfassung

Mit dem Herzphantom existiert ein Werkzeug, das die Nachteile von Originaldaten, die die Forderung nach Diagnosekontinua nicht erfüllen, nicht besitzt. Es liefert die Möglichkeit der Fallgenerierung in beliebig feinen Abstufungen. Das Spektrum der zu untersuchenden Motilitätstypen kann in der gewünschten Dichte abgedeckt werden. Trotzdem ist die Evaluation des WBS mit Originaldaten unumgänglich, um die Routinefähigkeit zu überprüfen. Beim derzeitigen Entwicklungsstand ermöglicht das Herzphantom die kritische Betrachtung von Resultatverläufen, um durch Abweichungen von vordefinierten Erwartungsbereichen auf unerwünschtes Verhalten aufmerksam zu werden. Es liefert keine Hinweise auf die Ursachen, die zum Analyseergebnis führen. Durch Kenntnis der selbstdefinierten Phantombewegung ist jedoch die Ursacheneingrenzung vereinfacht.

Literatur

[1] Bunke, H., Modellgesteuerte Bildanalyse,
    B.G. Teubner Stuttgart (1985)
[2] Kotzke,K., Pretschner, D.-P., Quality assurance of knowledge-based systems:
    Experience and results from evaluation of the automatic diagnosis of cardiac motility
    in: COST B2 Knowledge-based systems to aid medical image analysis Volume 1
    Commission of the European Communities, Luxembourg (1990)
[3] Miller,P.L., Evaluation of Artifical Intelligence Systems in Medicine
    in: Computers and Medicine, Selected Topics in Medical Artifical Intelligence
    Springer-Verlag New York (1988), 203-211
[4] Sagerer, G., Darstellung und Nutzung von Expertenwissen für ein Bildanalysesystem
    Informatik Fachberichte 104, Springer-Verlag Berlin (1985)
[5] Zadeh, L.A., Fuzzy Sets and Applications
    John Wiley & Sons New York (1987)

Eine Biofeedback-Einrichtung zur Trainingstherapie von Gleichgewichtsstörungen

U. Jobst

Ostertal Klinik für

Neurologie und klinische Neurophysiologie

D 6690 St. Wendel

1 Medizinische Fragestellung

1.1 Therapie bei zentral bedingten Ataxien

Gleichgewichtsstörungen stellen bei einer Vielzahl von neurologischen Erkrankungen insbesondere im Bereich des Hirnstammes und des Kleinhirns ein hartnäckiges therapeutisches Problem in der neurologischen Rehabilitation dar. In der physikalischen Therapie (Krankengymnastik) von Ataxien bei Hirnstamm-, Kleinhirn- und extrapyramidalmotorischen Schädigungen werden – im wesentlichen empirisch – folgende Ansätze verfolgt:

1.1.1 Verminderung oder Verunsicherung der afferenten Information aus dem Bein- und Körperbereich durch eine Reduktion der Stand- bzw. Sitzfläche, Kipp-, Schaukel- und Labilisierungseinrichtungen unterschiedlicher Art.

1.1.2 Verstärkung der proprioceptiven Bewegungsteuerung durch Druck und Zug auf Gelenke, Gewichtszugabe (z.B. beim Besteck).

1.1.3 Förderung einer bewußten Körperhaltungs- und Bewegungswahrnehmung, z.B. über eine verstärkte optische Kontrolle.

1.1.4 Manuelles Setzen von Halte- und Bewegungswiderständen, von der bloßen Körperstammstabilisierung bis zu kontrolliert geführten Bewegungsabläufen reichend.

1.1.5 Vorgestellte Widerstände, allein können bereits zu einer gezielteren Bewegung führen.

1.2 Gleichgewicht und Posturographie

Neurophysiologisch versteht man unter Gleichgewicht ein komplexe Hirnleistung, die vestibuläre, optische und proprioceptive Informationen integriert und unter Berücksichtigung willkürlicher Bewegungsintentionen im Zusammenspiel von spinalem Reflexsystem und subcortikaler Autoregulation das primär labile Körpergleichgewicht des aufrecht stehenden (oder sitzenden) Menschen aufrecht erhält. Zur Quantifizierung der dabei auftretenden Körperschwankungen (= *Posturographie*) werden u.a. Kraftmeßplattformen eingesetzt, die die vom darauf stehenden Körper ausgeübte Kraft in drei elektrische Signale entsprechend den Richtungen des Raumes umwandeln.

1.3 Aufgabenstellung

Unter Einbeziehung einer Posturographie – Einrichtung mit angeschlossenem Mikrocomputer als Rückkoppelungsinstrument in einem optischen Biofeedback wurde die hier vorzustellende Trainingstherapie – Methode entwickelt, die auf die Aufgabenstellung einer neurologischen Rehabilitationsklinik zugeschnitten und im klinischen Therapie – Alltag einsetzbar sein sollte.

277

Sie umfaßt nicht nur statische Übungen im Sinne eines möglichst ruhigen Standes, sondern insbesondere dynamische Übungen mit induzierten willkürlichen Schwankbewegungen, welche dadurch den Körper so weit wie möglich aus der Vertikalposition herausbringen. Damit werden andere Ansätze aufgenommen und modifiziert (siehe *Jobst 1989*) . Gegenüber der physikalischen Therapie hat sie den Vorteil einer Quantifizierbarkeit der Trainingsverläufe. Die Methode enthält im wesentlichen Elemente vergleichbar den letzten drei Kategorien in 1.1, schließt also koordinative Anforderungen mit ein, indirekt aber auch von 1.1.1, indem der / die Übende durch die intendierte Schwerpunktverlagerung des Körpers aus der vertikalen heraus sich gewissermaßen selbst in seinem Stand labilisiert.

Ferner werden Planungs- und Antizipationsmechanismen der Patienten in Anspruch genommen, um über das *Training von Restfunktionen* hinaus *Kompensationsmechanismen* für das gestörte Gleichgewicht zu entwickeln und diese *Strategien* zunächst in einem umgrenzten, wohl definierten Rahmen zu erproben. Die Gewichtung dieser beiden Möglichkeiten im Rahmen einer neurologischen Rehabilitation ist umstritten. Mit Hilfe des *therapiebegleitenden Monitorings* könnten darüber eventuell sicherere Erkenntnisse erlangt werden.

1.4 Erprobung und Erfahrungen

In einer offenen randomisierten Studie an 72 Patienten/innen mit Ataxie aufgrund von Kleinhirn-, Hirnstamm- und vestibulären Störungen wurde der Effekt eines solchen Trainings anhand der Verläufe der Trainingsmeßparameter, welche mit den Trainingsverläufen von 10 Normalpersonen verglichen wurden, sowie Selbsteinschätzung und Arzteinschätzung der Stand- und Gangsicherheit im Alltag untersucht. Es zeigte sich insbesondere eine signifikante *Verbesserung der Alltagsfunktion* in der Biofeedback - Trainingsgruppe gegenüber der Kontrollgruppe mit lediglich üblicher Behandlung, sodaß dieses Training bei sehr hoher Akzeptanz eine wirksame Behandlung im Rahmen der neurologischen Rehabilitation ataktischer Patienten zu sein scheint. Ganz offensichtlich kommt es zumindest teilweise zu einer *Generalisierung* der Fertigkeiten aus dem künstlichen Laborbereich in den Alltagsbereich (*Jobst 1989*).

In einer post hoc Studie an 252 Patienten, die diese Therapie im Routineprogramm einer neurologischen Rehabilitation erhielten, konnten bestimmte zeitliche Verlaufsmuster definiert werden. Ferner zeigten sich eine gewisse Mindestverschiedenheit der Aufgaben innerhalb des Trainings als förderlich für den Erfolg (*Jobst 1990*).

Daraus abgeleitet wurde eine zweite, erweiterte Version des Biofeedbacktrainings erstellt, die seit dem Herbst 1989 in Betrieb ist. Sie bildet die Grundlage der folgenden Darstellung.

2 Das Prinzip des Posturographie–Biofeedback

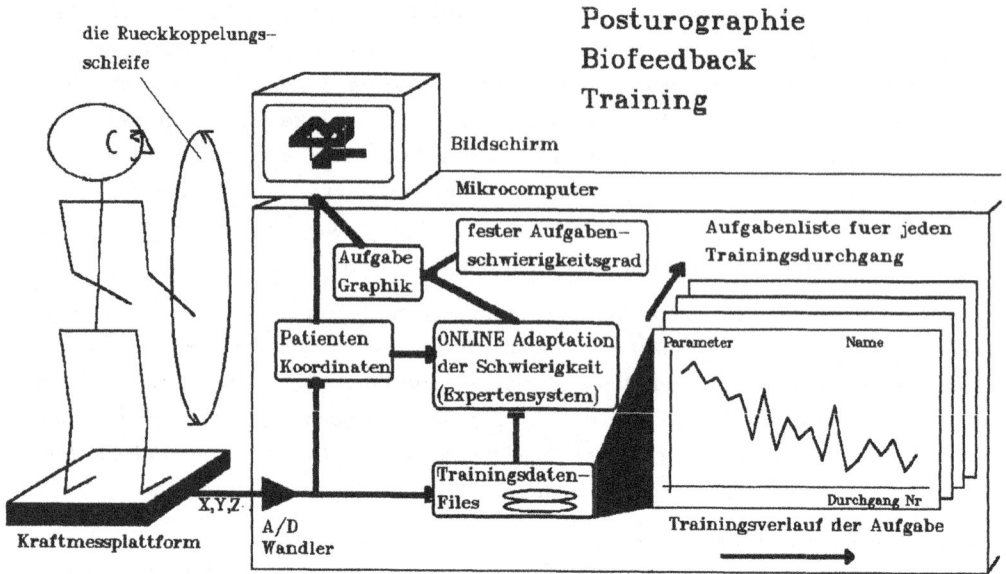

Der Patient / die Patientin steht auf der Plattform in Richtung auf einen in Kopfhöhe angebrachten Bildschirm, auf dem ein Punkt oder ein Balken als Repräsentation seines / ihres Schwerpunktes erscheint. Wenn er oder sie ihren Körperschwerpunkt nach vorn oder nach hinten verlagert, wandert der Punkt nach oben oder nach unten, entsprechendes gilt für die seitlichen Richtungen. Abhängig von der Aufgabe kann alternativ auch nur eine Schwankrichtung oder eine pseudodreidimensionale Perspektive dargestellt werden. Die Fußposition soll dabei nicht geändert werden. Änderungen der Position des Bildpunktes sollen nur durch Neigen des Körpers aus der Vertikalen heraus bewirkt werden.

Die Krafteinwirkung des Patienten / der Patientin auf die Plattform wird gemessen und ihm / ihr mittels des Bildschirms über den optischen Sinneskanal als zusätzliche Information über die Lage des Körpers im Raum zurückgekoppelt. Damit ist der Biofeedback – Kreis definiert.   Diese Repräsentation des Körperschwerpunktes wird nun dazu benützt, um im Rahmen von Trainingsprogrammen bestimmte Aufgaben über eine Darstellung auf dem Bildschirm durchführen zu lassen. Die Art dieser Aufgaben wird zu Beginn der Trainingsphase individuell mit dem Patienten / der Patientin zusammen aus einem Menu ausgewählt.

Bei einem Teil der Aufgaben bleibt der Schwierigkeitsgrad während des Trainings konstant und kann nur durch Intervention des überwachenden Therapeuten geändert werden, bei den anderen Aufgaben erfolgt eine ON–LINE Adaptation des Schwierigkeitsgrades während des Trainingsvorganges. Somit legt sich eine zweite Rückkoppelungsschleife mit höherer Zeitkonstante über die erste des optischen Biofeedbacks.

Während jeder Aufgabe werden on-line bestimmte Meßparameter erhoben und die Werte in einer Verlaufskurve abgespeichert, die jederzeit auf dem Bildschirm dargestellt und ausgedruckt werden kann. Die ausgewählten Aufgaben werden zu einem feststehenden Trainingsblock zusammengefaßt, der nach Bedarf jedoch jederzeit abgeändert werden kann. Die Gesamttrainingsdauer eines Durchlaufes beträgt 10 bis 15 Minuten, bei Konzentrations- und Ausdauer-Störungen muß ein kürzeres Trainingsprogramm zusammengestellt werden.

3 Hardware Realisation

3.1 Analog – Teil

Die Einrichtung besteht aus einer stationären Posturographie-Plattform, bei der dreidimensional angebrachte Dehnungsmeßstreifen unter den vier Ecken der Plattform als Kraftmeßwandler fungieren. Damit werden nicht nur Verlagerungen des Körperschwerpunktes aus der Vertikalen heraus, sondern vor allen Dingen in den höheren Frequenzanteilen auch dynamische Bewegungskomponenten erfaßt (Gurfinkel). Die analog vorverarbeiteten Meßwerte in beiden horizontalen sowie der vertikalen Kraftrichtung werden über einen Analog-Digital-Wandler dem Rechner zur Weiterverarbeitung übergeben.

3.2 Analog-Digital Wandlung

Da die Werte sofort nach der Wandlung dem Rechner zur Verfügung stehen müssen, muß eine direkte Ankoppelung des A/D-Wandlers ohne Pufferung etc. gewählt werden. Während bei einer statischen Messung eine Wandlungsrate von 40 Werte-Trippeln pro Sekunde als ausreichend angesehen werden, treten bei aktiven Schwankbewegungen des Körpers deutlich über 20 Hz liegende Frequenzanteile auf. Da die minimale Reaktionszeit des Systems durch die Bildwiedergaberate des Bildschirms von 60 Hz begrenzt ist, genügt eine solche A/D-Abtastrate zur Rückkoppelung einer Schwankposition auf dem Bildschirm, soll jedoch auf eine Schwank"spur" reagiert werden, oder Geschwindigkeits- und Richtungsänderungen mit dargestellt werden, so ist eine wesentlich höhere Abtastrate bis zu 200 Hz erforderlich, um zum einen den Eindruck einer gleichmäßigen Bewegungsspur aufrechtzuerhalten, zum anderen adäquat genaue und aktuelle Werte zu erhalten.

Der verwandte S&H A/D-Wandler hat eine interne Wandlungszeit von 25 µsek pro Kanal. Der Wandlungsbeginn ist jeweils frei durch die Software festlegbar. Es können somit beliebige Abtastraten bis zu 12,5 kHz realisiert werden.

3.3 Rechner

Zum Einsatz kommt ein AT-compatibler 80386 Rechner mit 16 MHz CPU Takt mit mindestens 640K Speicher und einer Festplatte von 40 MByte. Da alle Echtzeitberechnungen auf Integerarithmetik zurückgeführt werden, ist keine Coprocessor installiert. Für die meisten Übungen ist die Geschwindigkeit ausreichend, nur bei dreidimensionalen Darstellungen kommt man sehr rasch an Grenzen.

3.4 Graphik-Bildschirm

Der Kontrast und die Bildschärfe sind von entscheidender Bedeutung in der optischen Rückkoppelung unter gleichzeitiger Bewegung der Patientenkopfposition relativ zum Bildschirm. Außerdem soll eine definiertes, auch relativ niedriges Reizkomplexitätsniveau erreicht werden können. Deshalb wird ein 19" Schwarz–Weiß–Monitor (Fa.Sigma) mit einer Auflösung von 1600x1200 Punkten verwandt, der allerdings über eine Emulation der zugehörigen Graphikkarte nur mit 720x348 Pixels (Hercules–Standard) vom Rechner angesteuert wird. Eine höhere Pixelauflösung wäre nur bei dreidimensionalen Darstellungen erforderlich, bei erheblich größeren Rechnerzeiten.

4 Software Realisation

Die Software ist in *FORTH* (Urforth) geschrieben und läuft unter MSDOS 3.3. Der Vorteil von FORTH liegt in seiner großen Flexibilität: Bei zeitkritischen Abschnitten ist ein sehr hardwarenahes Programmieren möglich, zugleich können beliebig komplizierte Datenstrukturen, ja Objekte und Generatoren, leicht erstellt werden.

4.1 Die Biofeedback Schleife

Die Biofeedback – Schleife ist zeitkritisch: Sie muß längstens mit der Bildwechselfrequenz, je nach Aufgabenstellung aber auch rascher durchlaufen werden. Im Pseudokode stellt sie sich wie folgt dar:

wiederhole alle (4 bis) 16 msek, *solange* Abbruchkriterium nicht erfüllt

- *hole* A/D–Werte
- *errechne* Patientenkoordinaten
- *vergleiche* Patientenkoordinaten mit Aufgabewert
- *prüfe* Abbruchkriterium   (aus dem Vergleichsergebnis)
- *errechne* neuen Schwierigkeitswert   (aus dem Vergleichsergebnis)

wenn

      Schwierigkeit > Max.erlaubt

          – *reduziere* Schwierigkeit

      Schwierigkeit < Min.erlaubt

          – *erhöhe* Schwierigkeit

- *errechne* neue Patientenposition auf dem Bildschirm
- *errechne* neue Aufgabenwerte   (bei bewegten Zielobjekten...)
- *errechne* neue Aufgabenposition auf dem Bildschirm
- *aktualisiere* die Graphik mit neuen Patienten– und Aufgabenpositionen

Die Adaptation für die Aufgabenschwierigkeit ist in die Biofeedbackschleife eingewoben. Über den Zwischenschritt "Errechnung eines neuen Schwierigkeitswertes" kann die gewünschte höhere Zeitkonstante dieser zweiten Nachführung implementiert werden.

4.2 Aufgabentypen

Es werden bestimmte Reize auf dem Bildschirm verbunden mit einer zuvor formulierten Aufgabenstellung vorgegeben (*Ziele*). Eine Aufgabe kann ein Ziel oder mehrere aufeinanderfolgende Ziele haben. Die Aufgaben unterscheiden sich hinsichtlich dreier Gesichtspunkte:

4.2.1 Bewegungsdimension
Zweidimensionale Bewegungen werden auf die zwei Bildschirmdimensionen transferriert, pseudodreidimensionale Aufgaben in der perspektivischen Projektion dargestellt. Inhaltlich handelt es sich dabei aber zunächst auch um zweidimensionale Bewegungsaufgaben. Bei Bewegungen allein in seitlicher oder

vorwärts–rückwärts Richtung wird die zweite Dimension entweder gar nicht oder zur Abbildung einer zeitlichen Dimension benutzt (Das Zielobjekt bewegt sich im rechten Winkel auf die Bewegungsebene des Patienten / der Patientin zu).

4.2.2 Eingeschränktheit der Zielbewegung der Patienten Diese können sich **frei** ohne Vorgabe auf das Ziel hinbewegen, es kann eine bestimmte **Richtung** in der Horizontalen vorgegeben sein, oder es handelt sich um eine **geführte Bewegung**, wo gerade die möglichst nahe Nachführung der vorgegebenen Bewegung zur Aufgabe wird.

4.2.3 Die Art der Ziele Es werden **feststehende** Punkte verwandt, die während der Vorbereitungsphase bei jedem Durchgang der Aufgabe neu durch einen Zufallsgenerator mit ellipsoider Begrenzung im zweidimensionalen Reizraum festgelegt werden. Je weiter weg vom Mittelpunkt sich ein Zielpunkt befindet, desto schwieriger ist die Aufgabe, desto eher besteht die Gefahr des Umfallens. Es wird ein bestimmter fixer *Fangradius* festgelegt, der als Maß der nötigen Treffgenauigkeit in die Definition der Schwierigkeitsgrade einer Aufgabe eingeht.

Objekte mit linearer **Bewegung konstanter Geschwindigkeit** werden in ihrem Anfangsort ebenfalls durch den Zufallsgenerator festgelegt. Sie werden während der Biofeedbackschleife durch einfache inkrementale Vektoraddition, gegebenfalls mit Reflektion an den Bildschirmgrenzen fortgeschrieben.

Objekte mit einer **sinusoidalen Bewegungs**form in ein oder zwei Richtungen werden im Bildschirmmittelpunkt gestartet und über eine Sinuswerttabelle aktualisiert, um keine Zeitprobleme in der Biofeedbackschleife zu bekommen.

Schließlich können Zielpunkte definiert werden, deren Lage, Richtung, Geschwindigkeit und Beschleunigung **von der Bewegung der Patienten abhängig** ist. Es handelt sich dabei um verschiedene Abwandlungen eines Zweikörperproblems, gegebenfalls unter Zufügung eines Bremsterms (Simulation von Luftwiderstand bei der Aufgabe "Golf"). Die zugehörigen Bewegungsgleichungen wurden in sukzessive Differenzengleichungen überführt. Somit sind auch diese Aufgaben in Echtzeit abwickelbar.

4.3 Die Trainingsparameter

Um die Ausgangsdatenmenge von vornherein auf ein verträgliches Maß herabzudrücken, wird pro Aufgabe und Durchlauf nur **ein** Datum zur weiteren Auswertung genommen. Es kann sich dabei um die Zeit handeln, in der eine Aufgabe gelöst wurde, die Anzahl der erfüllten Teilaufgaben, der erreichte Schwierigkeitsgrad (bei adaptiven Aufgaben), oder die mittlere synchronisierte Abweichung von einer gewünschten Bewegung (eine Zeitverzögerung der Patientenbewegung zur Aufgabenbewegung wird vorher abgerechnet). Dennoch ergaben sich bei der zweiten oben erwähnten Studie über 18000 Einzelwerte!

4.4 Die Benutzerführung

```
F1=Hilfe F2=neu.Train.F3=von Tr.liste F4=auswerten F5=absetzenF6=alt.Train.Esc
Nr.Übung                     Dim Bew  Ziel
1   Ausprobieren             2   -    -    ┌========== Pilze Suchen ==========┐
2   Ruhigstehen im Kreis     2   -    -    │
3   Punkte Treffen           2   Frei Fest │Es erscheinen mehrere Pilze auf dem
4   Pilze Suchen             2   Frei F+H  │Schirm, die Sie mit Ihrem "Standpunkt"
5   Ausmalen                 2   Frei Gr   │einsammeln sollen, indem Sie gezielt
6   Fische Fangen            2   Frei Bew  │leicht hin und her schwanken. Achten
7   Bälle Auffangen          r-l Frei Bew  │Sie jedoch darauf, daß Sie dabei nicht
8   Bälle Stoppen            AP  Frei Bew  │auf die Schlangen (S) treffen, sonst
9   Golf spezial             2   Rich Fest │ist die Suche vorzeitig beendet.
A   Pendel Folgen            r-l Führ Bew  │Beginn mit dem Startton!
B   Schaukeln                AP  Führ Bew  └
C   Schiffschaukel           r-l Führ Gr
D   Ziehen + Schieben        2   Führ rBew Dim: 2-dim.AP+seitl.,'3D'perspektivisch
E   Straßenjagd              R+L Frei Gr   r-echts<>l-inks Stand,R-L Bein,Ant<>Post
F   Fliegende Teppich        3D  Frei rBew Bew-egung: Frei,best.Richtung,Führung
                                           Ziele : Fest, definierte Gr-enzen
                                                   Fest+Hindernisse,(r-el.) Bew-eglich
                                           Übungsnr: 'Zeichen',^,v,PgUp,PgDn
                                           Ablauf: <,>,Home,End,Enter=Übung testen
                                           Ins=Eintragen,Del=Eintrag Löschen

Übung Nr.      1 3 7 6 8
U'prog.Nr.     3 2 3 2
```

Abb.2: Auswahlmenü. Die Aufgaben sind mit Kurzbezeichnungen versehen. Der Übungscursor steht auf Nr.4. Dabei wird im Fenster rechts oben zugleich der Anleitungstext angezeigt, der zu Beginn dieser Übung in Großschrift auf dem Bildschirm zur Instruktion der Patienten erscheint. Der Trainingscursor steht auf 6/3. An dieser Stelle kann die Übung 4 nach Probelauf in die Liste eingefügt werden.

Sämtliche Ausgabetexte sind vektorisiert, sodaß leicht eine Version in einer anderen Sprache erstellt werden kann. Die Benutzung ist in drei Vorgänge zu unterteilen:

4.4.1 Die Trainingsprogrammerstellung erfolgt gemeinsam durch Patienten und Therapeuten über ein Auswahlmenü. Dabei werden aus der Vorkenntnis des Therapeuten / der Therapeutin über die Art der Gleichgewichtsstörung heraus bestimmte Übungen und ggf. ein bestimmter Schwierigkeitsgrad ausgewählt. Der Patient / die Patientin führt einen Probelauf dieser Übungsaufgabe durch. Liegt der daraus resultierende Trainingsparameter in einem bestimmten Bereich, ist die Aufgabe und ihre Schwierigkeit also angemessen, wird sie in eine Trainingsliste (am Unterrand der Bildschirmmaske) eingetragen, bis eine Trainingsliste von meist 4 bis 6 Aufgaben zusammengestellt ist.

4.4.2 Trainingsdurchführung und Verlaufsdokumentation Aus der Trainingsliste erstellt das Programm ein individuelles Trainings"objekt", bestehend aus einem Teil zur Programmsteuerung und einem Datenteil, das unter dem Namen des Patienten / der Patientin abgespeichert wird. In dem zugeordneten Datenbereich dynamischer Größe werden in folgenden alle Trainingsdurchgänge über die Trainingsparameter protokolliert. Die Trainingsliste kann auch während des Trainings jederzeit von Therapeuten abgeändert werden.

Das Training wird jeweils beim Erscheinen der Patienten über eine Namensliste auf dem Bildschirm aufgerufen und läuft der Reihe nach ab, solange die Patienten auf der Plattform stehen. Vor jeder Aufgabe, zum Beginn und Ende erscheinen Anleitungstexte in Großschrift auf dem Bildschirm (Während der "Lesezeit" von 10 Sekunden je Text werden zugleich 400 Wertetrippel von der Plattform eingelesen. Daraus errechnet sich das Gewicht zur genäherten Kippwinkelkorrektur und eine mittlere Position auf der Plattform in den beiden horizontalen Richtungen, die zur Zentrierung mit der Bildschirmmitte herangezogen wird). Das Programm ist voll selbsterklärend. Geht der Patient / die Patientin vor dem Ende des Durchlaufes von der Plattform herunter, wird das Programm unterbrochen: Tritt der Patient / die Patientin anschließend wieder auf die Plattform, wird das Programm mit der abgebrochenen Aufgabe fortgesetzt, sonst besteht die Auswahl auf dem Bildschirm zwischen E = vorzeitige BeEndigung des Durchlaufs und V = Beginn des Programms von Vorn.

4.4.3 *Verlaufsdokumentation und Bewertung des Trainingsergebnisses* Bei der derzeitigen Version wird pro Durchgang für jede Trainingsaufgabe genau ein Wert als Trainingsparameter abgespeichert. Für jede Aufgabe erhält man somit eine Zeitreihe, aus der folgende Werte berechnet werden: (Abb.)

1. Der Startwert (STW) als Mittelwert der beiden ersten Durchgänge. Die Mittelwertbildung erfolgt wegen relativ starker kurzfristiger intraindividueller Schwankungen der Leistungen.

2. Der Trainingsquotient (TQ) als Quotient des Mittelwertes der beiden letzten Durchgänge durch den Startwert

3. Der S1-Wert (S1W) als Normalverteilungstransformation eines nichtparametrischen Trendmaßes. Nach *Lienert* errechnet sich dieser wie folgt:

gegeben die Zeitreihe $z_1 ... z_i ... z_n$

$$s_1 = \sum_{i=1}^{n/2} (n-2i+1)(h_i) \quad mit \quad h_i = \begin{cases} 1\ für\ z_{n-i+1} > z_i \\ 0\ ansonsten \end{cases}$$

transformiert nach *Cox* und *Stuart:*

$$S1W = \frac{\left| s_1 - \frac{n^2}{8} \right| - \frac{1}{2}}{\sqrt{\frac{n(n^2-1)}{24}}} \quad für \quad (n > 12)$$

Das Maß wurde gewählt, weil die Trainingsparameter alle nicht normalverteilt sind und das Maß robust ist gegenüber kurzzeitigen Schwankungen ("sägezahnartigen" Kurvenverläufen).

Das Training einer Aufgabe wird dann als erfolgreich angesehen, wenn der S1-Wert über der Schwelle für $p < 0,05$ liegt und der Trainingsquotient $< 1,0$ ist. Der Gesamttrainingserfolg wird anhand der Werte für alle Aufgaben der Trainingsliste beurteilt.

4.5 *Statistische Aufarbeitung*
Weitere statistische Aufarbeitungen können über eine Datenschnittstelle auf dem Statistikprogrammpaket *CSS* erfolgen.

5 Grenzen und Erweiterungen der Realisation

Es zeigte sich, daß bei der Realisation eines Echtzeitinformationssystems Detailentscheidung bis auf die Stufe der Hardware hinunter von entscheidender Wichtigkeit für die Funktionsfähigkeit des Systems sind. Zugleich mußten jedoch auch Kompromisse eingegangen werden, um die Finanzierbarkeit und die Verbreitbarkeit einer solchen Einrichtung zu gewährleisten.

Das zugrundeliegende Expertenwissen ist nicht als explizites Regelwerk, sondern implizit prozedural über Faktoren, Tabellen von Konstanten, etc. implementiert. Diese Begrenzung macht sich ferner im Bereich der Graphikaufbaugeschwindigkeit bemerkbar, wenn es um pseudodreidimensionale Darstellungen geht. Bei allen übrigen Aufgaben bleibt bei der vorliegenden Konfiguration allerdings noch genügend freie Zeit in der Biofeedbackschleife, um noch gewisse Softwareerweiterungen einbinden zu können.

Von der medizinischen Seite her stellt sich z.B. die zusätzliche Anforderung, nicht nur einen globalen Trainingsparameter je Aufgabe zu verfolgen, sondern auch unterschiedliche Lösungsstrategien und Änderungen derselben im Verlauf des Trainings zu erfassen.

Zum Beispiel kann ein Zielpunkt auf dem Bildschirm nicht nur durch eine direkte Zielbewegungen des Körpers erreicht werden. Wenn einem Patienten / einer Patientin diese Strategie wegen einer Schädigung im Bereich des Kleinhirns nicht zu Verfügung steht ("Intentionstremor"), so ist aber immer noch möglich, durch eine rasches, relativ niedrigamplitudiges seitliches Schwanken den gefragten Bereich mehr oder weniger geordnet zu überstreichen (Scanning Strategie), und so den Punkt zu erreichen. Diese Strategie kann optimiert und asymptotisch der Ursprungsstrategie angenähert werden.

Da ein solcher Vorgang wie Strategie nur sehr schwer operationalisierbar ist, und vor allen Dingen viele Strategien als solche nicht oder kaum bekannt sind, ist zunächst eine möglichst gering hypothesengeleitete Erfassung anzustreben. In diesem Fall soll zunächst die Abbildung auf eine topologische Karte nach Kohonen versucht werden. Die Bewegungen der Patienten während des Trainingsverlaufes auf der Karte würden dann Änderungen in der Strategie bedeuten. Eine Softwareimplementation wäre dann möglich, wenn man on-line während der Biofeedbackschleife nur alle Einzelwerte zwischenspeichert, um direkt im Anschluß in der sowieso eingeplanten Pause bis zur nächsten Aufgabe innerhalb des Trainings die Abbildung vorzunehmen.

6 Literatur

6.1 Jobst, U.: Posturographie-Biofeedback-Training bei Gleichgewichtsstörungen. Fortschr.Neurol.Psychiatr. 57(1989), 74-80
6.2 Jobst, U.: Patterns and Strategies in Posturographic Biofeedback Training. Tagungsband zum X th International Symposium on Disorders of Posture and Gait (Herausgeber Th.Brandt) Thieme, Stuttgart, in Vorbereitung (erscheint Sept.1990)
6.3 Gurfinkel,E.V.: Physical foundation of the stabilography. Agressologie 14C (1973) 9-13
6.4 Lienert,G.A.: Verteilungsfreie Methoden in der Biostatistik. 2.Aufl. A.Hain, Meisenheim (1978)
6.5 Kohonen, T: Self Organisation and Assoziative Memory, 3.Aufl. Springer, Heidelberg-,Berlin (1989)

Was erwarten Anwenderinnen von der Informatik?

Frauen sind in hohem Maß von den Auswirkungen der Informationstechnik betroffen. Aus verschiedenen Sichtweisen haben sie heute begonnen, ihre Haltung zu dieser Technologie zu diskutieren und Positionen zu formulieren. Im Fachgespräch wird die Situation von Frauen dargestellt, und ihre Anforderungen an die Informatik werden entwickelt.

Koordination

H. Schelhowe (Fachgruppe Frauenarbeit und Informatik)

ENTWICKLUNG DER FRAUENERWERBSARBEIT UNTER
DEM EINFLUSS DER COMPUTERTECHNOLOGIE
Forderungen an die Informatik aus Frauensicht

Ina Wagner
Institut für Praktische Informatik
Technische Universität Wien
Argentinierstraße 8, A-1040 Wien

1. Einleitung

Erfahrungen mit der Praxis der Systementwicklung und -nutzung in unterschiedlichen Arbeitsbereichen haben eine außerordentliche Vielfalt in den Anwendungsformen von Computertechniken gezeigt und auf die ungleiche Betroffenheit erwerbstätiger Frauen vom Computereinsatz verwiesen. Anstatt diese Vielfalt im Einzelnen nachzuzeichnen, fragt dieser Beitrag nach den Bedingungen für die Diskussion frauenspezifischer Interessen in der Informatik und deren Wahrnehmung in der Praxis der Systementwicklung.

Ausgangspunkt ist die Beobachtung, daß die Einführung von Computertechniken in einer Organisation umfassende Restrukturierungsprozesse in Gang setzt, in deren Verlauf nicht nur Arbeitsaufgaben, Arbeitsteilungen und Kooperationsbeziehungen sondern auch professionelle Identitäten sowie Fragen einer angemessenen Codierung sozialer Realität neu ausgehandelt werden. Diese Aushandlungsarbeit hat Anselm Strauss (1985) als den Kern organisatorischen Handelns bezeichnet.

Die folgenden Ausführungen gehen von dieser umfassenden Sicht der Technikeinführung aus. Sie stellen drei Fragen in den Vordergrund:

+ Welche neuen Möglichkeitsfelder eröffnen Computertechniken für die Organisation von Arbeit und wie verändern diese die Handlungsspielräume der Akteure?
+ Welche Dynamik der Restrukturierung entsteht in der Organisation, in welchen Spannungsfeldern bewegt sich die Aushandlungsarbeit der Akteure (diese Frage wird exemplarisch, anhand des Computereinsatzes im Stationsbereich von Krankenhäusern erörtert)?
+ Welche spezielle Rolle kann die Informatik in diesem komplexen Handlungsfeld zur Wahrnehmung von Fraueninteressen einnehmen?

2. Neuorganisation von Information

Computertechniken eröffnen neue Möglichkeitsfelder für die Gestaltung von Arbeit und Organisation. Zu diesen gehören insbesondere:
+ die Konstruktion einer 'integrierten Sicht',
+ die Systematisierung von Wissen,
+ die Verschärfung der Leistungsorientierung.

Shoshana Zuboff (1988) vergleicht Computernetzwerke mit der Architektur eines Panopticons. Der Ausleuchtung und Transparenz, die im Panopticon architektonisch hergestellt wird, entsprechen im Computersystem der Zwang zur Dokumentation von Arbeitshandlungen, im allgemeinen in codierter Form, und die Vernetzung. Bislang wurde vor allem die eine Seite der panoptischen Funktion von Computersystemenuniverselle Transparenz und totale Kontrolle - diskutiert. Die andere besteht in der Möglichkeit, zu einer integrierten Sicht der Einzelereignisse und Entscheidungen in einer Organisation zu gelangen. Der 'elektronische Text' wird, im Idealfall, von Allen gelesen und erzeugt eine integrierte Sicht der Arbeitsabläufe. Die Beziehungen der einzelnen organisatorischen Einheiten zueinander und zu ihrer 'Umwelt' geraten stärker ins Blickfeld.

Diese integrierte Sicht führt zu einer Verdichtung der sozialen Kontrolle. Die Erfahrung der Arbeit als 'kollektive Aktivität' wird in ganz spezifischer Weise verstärkt; Eigensinn und Eigenbrötelei erschwert. Entscheidungen werden der Reflexion und Diskussion zugänglicher. Es steigt generell der Rechtfertigungsdruck.

Die durch den 'elektronischen Text' vermittelte integrierte Sicht fördert die Dezentralisierung. Es entstehen Arbeitsplätze, an denen vormals verteilte Tätigkeiten konzentriert werden. Endverantwortlichkeiten werden zunehmend an diese Arbeitsplätze ausgelagert. Aufgrund der gleichzeitigen Zunahme der Kontrollmöglichkeiten scheint es sinnvoll, von kontrollierter Dezentralisierung zu sprechen.

Unterstützt wird dieser Integrationsprozeß durch das Angebot an computergestützten Systematisierungs- und Auswertungshilfen. Der Aufbau informatisierter Wissensbestände und die zusätzlichen Möglichkeiten der Systematisierung von Wissen wirken sich auf die Qualifikationsanforderungen aus. Ein Teil des Erfahrungswissens der Beschäftigten wird in der EDV abgebildet und nicht mehr nachgefragt. Spezialisierte Fachkenntnisse werden in Prüfroutinen und Expertensysteme aufgenommen und unterstützen die Arbeit von Beschäftigten, die nicht unbedingt über das entsprechende Fachwissen verfügen müssen. Gleichzeitig wächst der

Bedarf an Wissen darüber, wie Informationen sinnvoll aufbereitet, systematisiert und ausgewertet werden können. Es steigen die Anforderungen an die organisatorische Reflexivität der Beschäftigten. Diese werden zunehmend aufgefordert, neue EDV-Applikationen zu entwickeln und damit auch den Arbeitsprozeß auf seine Effektivität und auf Möglichkeiten der Veränderung hin zu überprüfen.

Eine 'Paradoxie' der Informatisierung besteht gerade darin, daß diese die Eigenbeiträge menschlicher Arbeitskraft keineswegs überflüssig macht. Der 'elektronische Text' bedarf einer Rückkoppelung an den jeweils konkreten Entscheidungskontext. Zudem stellen sich im Betriebsalltag eine Fülle unvorhergesehener, nicht eindeutig entscheidbarer Probleme. Deren Bewältigung unter produktiver Nutzung der Technik erfordert die Herausbildung neuen Erfahrungswissens. Sich verändernde Umweltbedingungen erzeugen gemeinsam mit den vielfältigen Bearbeitungsmöglichkeiten, die die EDV bietet, einen hohen Druck, immer neue Anwendungen zu entwickeln und in den Arbeitsprozeß zu integrieren. Malsch spricht von einem " kreisförmigen Prozeß der Wissenstransformation, der vom Arbeitsvermögen ausgeht und zu diesem zurückkehrt. Im Transformationsprozeß der Gewinnung, Objektivierung und Rückkehr des Wissens wird das Erfahrungswissen zugleich destruiert und erneuert"(1987, 79).

Der Aufbau informatisierter Wissensbestände und Maßnahmen zu einer kontrollierten Dezentralisierung tragen zu einer Verstärkung des Leistungsdrucks auf die Beschäftigten bei. Die Implementierung von Computernetzen stärkt die Vorstellung des Hochleistungsunternehmens. Die mit dem 'elektronischen Text' verbundenen Möglichkeiten der Integration von Tätigkeiten, der Systematisierung von Wissen und der fortschreitenden Reflexion fachlicher und organisatorischer Praktiken führen zu einer außerordentlichen Arbeitsverdichtung. Der integrierte Arbeitsplatz ist durch die Konzentrierung von - vormals arbeitsteilig oder überhaupt nicht durchgeführten - Tätigkeiten in einer einzelnen Person gekennzeichnet.

Gleichzeitig werden die Selektionsprozesse innerhalb des Unternehmens verstärkt; explizit, über das innerbetriebliche Angebot an Schulungen und materiellen Ressourcen (z.B. Geräteausstattung), implizit über eine scheinbare 'Selbstselektion' der Beschäftigten in jene, die den Computer selbständig für Anwendungen über die geforderten Routinen hinaus nutzen und jene, die ihn lediglich innerhalb vorgegebener Abläufe bedienen. Eine generalisierte Leistungsbereitschaft gewinnt gegenüber dem gewissenhaften Ausführen von Tätigkeiten an

Bedeutung, auch auf den mittleren Hierarchieebenen. Vorteile in diesem 'Wettrennen' besitzen im allgemeinen jüngere Beschäftigte mit überdurchschnittlich hoher Initiative, Flexibilität und Verfügung über freie Zeit nach Dienstschluß.

3. Dynamik der Restrukturierung: Das Beispiel der Pflegetätigkeit

Wie die sich mit dem Aufbau von Computersystemen eröffnenden Möglichkeiten der Restrukturierung von Arbeit - Konstruktion einer integrierten, prozeßorientierten Sicht, Systematisierung von Wissen, Stärkung der Hochleistungsidee - genutzt werden und wie dies die beruflichen Entwicklungschancen der Betroffenen verändert, soll nun im folgenden anhand eines noch wenig diskutierten Beispieles für Computereinsatz - der Stationspflege in Krankenhäusern - erläutert werden.

Im Kontext eines Krankenhauses treffen eine Vielzahl von Akteuren aufeinander. Patienten, Ärzte (als Vertreter medizinischer Schulen), PflegerInnen, das technische Personal, die interne Verwaltung, regionale und nationale Institutionen repräsentieren durchaus unterschiedliche 'soziale Welten'. Diese wiederum beeinflußen, wie die Akteure Krankheit wahrnehmen und deuten, welche Vorstellungen 'guter Organisation' sie entwickelt haben, wie sie die Beziehungen zu anderen - den Patienten, KollegInnen, KonkurrentInnen um Wissen und Macht, MitarbeiterInnen - gestalten, welche Strategien zur Wahrung und Weiterentwicklung professioneller Interessen sie einschlagen.

Um Handlungsoptionen im Interesse der vom Computereinsatz betroffenen Frauenarbeitsbereiche zu erschließen, ist deshalb eine Analyse dieser 'sozialen Welten' und der resultierenden Spannungsfelder unerläßlich. Das zeigt etwa das Beispiel computergestützter Pflegedokumentationssysteme. Eingebunden in ein stationsübergreifendes Patienteninformationssystem, fördert eine solche Pflegedokumentation die Konstruktion einer integrierten, prozeßorientierten Sicht: Es entsteht ein integriertes Dokument, an dem sich alle vorgenommenen Interventionen, Befunde, Komplikationen ablesen lassen.

Dies hat erhebliche Konsequenzen für den Erfahrungshorizont der ja nur in einer spezifischen Funktion und zu bestimmten Zeiten mit dem Patienten befaßten PflegerInnen. Ihr Blickfeld verschiebt sich von einer, im wesentlichen statischen Sicht der jeweils eigenen

Arbeitshandlung und deren Folgen auf den Krankheitsverlauf selbst und die verschiedenen involvierten Tätigkeiten (Wagner 1990):

+ die rasche Verfügbarkeit von Befunden am Terminal fördert deren aktive Einbeziehung in die Pflegearbeit;

+ das System erlaubt einen Blick in andere Abteilungen und damit ein Vorsorgen und unter Umständen schnelleres Reagieren auf die spezifischen Erfordernisse neu eingewiesener oder zu speziellen Untersuchungen transportierter Patienten;

+ es kommt zu einer besseren Verteilung der Dokumentations- und Informationsbeschaffungsaufgaben unter dem Krankenpflegepersonal (damit verliert die Stationsschwester ihre Funktion als Informations'zentrale' und ihr Monopol über Organisationswissen);

+ dem Pflegepersonal erschließen sich über das System neue Möglichkeiten der Dokumentation von Arbeitsbelastungen sowie der dezentralen Personalplanung.

Diesen Erweiterungen der Entscheidungsspielräume und der Kontrolle der eigenen Arbeitsumwelt stehen allerdings auch neue Möglichkeiten des Zugriffs von außen auf die Organisation der Pflegearbeit gegenüber. So erlaubt etwa die Durchleuchtung der Zeitorganisation auf einer Station der Verwaltung es, auf gewisse, von den Pflegerinnen stillschweigend eingerichtete Freiräume in einem intensiven Arbeitstag zuzugreifen. Der Dokumentationszwang hebt eine für das ökonomische Überleben der Organisation zentrale Dimension ins Bewußtsein der Akteure - die Kosten einzelner Interventionen, die keinesfalls zu den 'natürlichen' Regulatoren pflegerischen Handelns zählt. Die Verwendung einheitlicher Codierungsschlüssel verstärkt diesen Anpassungsdruck auf Wahrnehmungs- muster und Situationsdeutungen.

Ähnlich zwiespältige Befunde ergeben Analysen der Veränderungen der Pflegetätigkeit unter dem Gesichtspunkt der Systematisierung von Wissen. Vor allem in den USA und in Frankreich nehmen PflegerInnen den Computereinsatz als eine Chance wahr, ihre Professionalisierung voranzutreiben. Die Erstellung von Pflegedokumentationssystemen ist mit Bemühungen verbunden, wissenschaftliche Modelle der Pflegetätigkeit zu entwickeln. An den Einsatz in der Praxis knüpft sich die Hoffnung:

+ die qualifizierten Anteile der Pflegetätigkeit über ein solches System sichtbar und damit auch 'öffentlich' zu machen;

+ den Austausch und die Systematisierung von spezialisiertem Pflegewissen zu erleichtern;

+ Arbeitsbelastungen zu dokumentieren.

Auf der 'anderen' Seite steht das Interessen der Krankenhausverwaltung an einer Standardisierung der Pflegetätigkeit als Teil kostensparender Maßnahmen sowie an der Durchsetzung und Kontrolle von Qualitätsstandards.

Aus der Perspektive der PflegerInnen ergeben sich aus einer solchen Analyse mehrere konkrete Forderungen an die Informatik; vor allem jene, Pflegedokumentationssysteme so zu gestalten, daß sie

+ zur Erhöhung der Eigenorganisationsfähigkeit der Station (Erleich-terung der Verwaltungstätigkeiten, bessere Organisation des Informationsaustausches bei Schichtwechsel, dezentral flexible Personalplanung) beitragen;

+ als Instrument der Dokumentation und Weiterentwicklung von Pflegewissen und damit auch der Professionalisierung der Pflege wirksam werden;

+ im Zusammenhang mit dem Aufbau von Datenbanken und neuen Formen der Dokumentation und Auswertung auch der Entwicklung neuer Arbeits-teilungen und Kooperationsformen zwischen Pflegepersonal und Ärzten (im Sinne einer horizontalen und vertikalen Integration von Arbeitsaufgaben) förderlich sind.

4. Handlungsspielräume der Informatik

Die Perspektive der Akteure und ihrer Handlungsspielräume, der Dynamik, die aus den Differenzen zwischen den sozialen Welten verschiedener, am Restrukturierungsprozeß beteiligter Akteure und Gruppen entsteht, unterstützt Ansätze der Systementwicklung, wie sie beispielweise von Margrit Falck (1989) vorgeschlagen werden. Diese beginnen den Gestaltungsprozeß mit kommunikativen Methoden der Organisationsanalyse und dem Entwurf mehrerer sozialer Gestaltungsvarianten von Organisation und Arbeit.

Weitgehend unbearbeitet ist indes die Frage, welche Handlungs-spielräume der Informatik in einem so komplexen Handlungsfeld offenstehen. Diese sind durch programmatische Forderungen und methodische 'Spielregeln' allein noch nicht ausreichend definiert.

Um an die Informatik Forderungen aus Frauensicht herantragen zu können, bedarf es der Aufarbeitung der Situation von InformatikerInnen 'im Schnittpunkt unterschiedlicher sozialer Welten', wie ihn ein Systementwicklungsprojekt darstellt. Im Folgenden werden einige Überlegungen zu diesem notwendigen Prozeß der (Selbst)reflexion angestellt, unter den Stichworten: professionelle Befangenheit, Derealisierung, begrenzte Kontrolle.

<u>Professionelle Befangenheit:</u> Die Debatten innerhalb der Frauenforschung zu Betroffenheit als methodischem Postulat haben darauf verwiesen, daß der Zwang zum Sich-Identifizieren, zu Empathie und Miterleben als Forschungsstrategie keineswegs unproblematisch sind (Volst 1990). Auf die Situation der Informatik übertragen, kann emphatische Identifikation gerade dann hinderlich sein, wenn es darum geht, Unterschiede in der Betroffenheit von Frauen vom Computereinsatz, in ihren professionellen Interessen, in ihren Erwartungen an berufliche Arbeit zu erkennen.

Ein Beispiel eines Problems, für dessen Lösung Betroffenheit alleine nicht ausreicht, ist die Frage nach dem Sinn einer 'Verwissenschaftlichung' der Pflegetätigkeit. Die dahinterliegende Vorstellung ist eine doppelte: die, sich mit dem Computereinsatz eröffnenden Möglichkeiten einer systematischen Aufarbeitung von Wissens zur Systematisierung von Pflegetätigkeiten zu nutzen und sich damit Statuszuwachs und relative Autonomie zu erkämpfen. Das ist eine emminent politische Frage, zu der - auch im Rahmen eines feministischen Diskurses - wohl kaum von einem Konsensmodell ausgegangen werden kann. Unterschiedliche Auffassungen der Pflegetätigkeit sowie der, zur Durchsetzung von Fraueninteressen geeigneten politischen Strategie stoßen hier aufeinander.

Konflikte zwischen den Möglichkeiten einer 'integrierten' Sicht von Krankheitsverläufen und Arbeitsprozessen und dem Bedürfnis nach 'lokaler Autonomie' in der Wahrnehmung von Arbeitsaufgaben und in der Interpretation von Krankheit und Gesundung bieten ein zweites Beispiel, bei dem es gerade auf das Erkennen und Analysieren von Differenzen ankommt.

Mit Betroffenheit als methodologischem Prinzip stellt sich schließlich auch das Problem einer ethnozentrischen Perspektivekurzzuschließen von der eigenen Befangenheit in spezifischen impliziten Normen, Werten, Ängsten, Sinngebungen und Bedeutungsgehalten auf die in der fremden 'sozialen Welt' vorherrschenden Handlungsorientierungen. Das Erkennen dieser Differenzen wird umso wichtiger, je weiter die Welt der 'AnwenderInnen' von Computersystemen von jener der InformatikerInnen entfernt ist. Besonders schwierig gestaltet sich diese Selbstreflexion, wenn sie von InformatikerInnen fordert, sich von gelebten Formen der Disziplinierung und Leistung zu distanzieren. Ein Beispiel dafür ist die, sich mit dem Computereinsatz verstärkende Idee der 'Hochleistung'. Die Übertragung eigener Maßstäbe und Praktiken auf Arbeitsbereiche und Personengruppen, denen diese Art des Leistungsdrucks fremd ist, mag schwer bearbeitbare 'Fremdheiten' und Mißverständnisse entstehen lassen.

Anstelle des Prinzips der Betroffenheit setzt Uta Schmidt (1988) jenes eines mehrstufigen Reflexionsprozesses. Dieser schließt sowohl die intersubjektive Kommunikation über 'Betroffenheiten' und Interessenslagen als auch die Bearbeitung der eigenen professionellen Befangenheit ein: der impliziten kulturellen Normen, die mit der Praxis der Informatik vermittelt werden - Vorstellungen 'guter Organisation', Hierarchi- sierungen von Wissen, Praktiken der Codierung und Dokumentation.

Derealisierung: InformatikerInnen lernen, sich in künstlichen Territorien und Zeitstrukturen zu bewegen und heimisch zu fühlen. Diese Künstlichkeit wird durch die 'panoptische Funktion' von Computer- systemen noch verstärkt. In einem vernetzten System erscheint die Realität des Organisationslebens in Codes verdichtet. Für die Organisation und das Erleben von Arbeit aber auch die Einzelbiographie bedeutsame Zeitfolgen und Zeitdauern werden im Medium ausgelöscht- Alain Gras (1989) spricht von einer 'présentification' der Zeiten in Computersystemen. Reale Räume werden, wenn überhaupt im Medium noch dargestellt, zu künstlichen Territorien; Körper zu digitalisierten, manipulierbaren Bildern.

Das Leben in simulierten Welten stellt InformatikerInnen vor spezifische Kommunikationsprobleme mit den Bewohnern realer Welten (etwa mit einer an den Körperkontakt mit Patienten, an das Zurücklegen von Wegstrecken gewöhnten Krankenschwester); denn (Wagner 1990):

+ es entmutigt Versuche, die Differenzen zwischen Simulation und Realität zu entziffern;

+ es läßt das Gefühl entstehen, daß alles 'erlaubt' ist, weil es sich ohnehin nur um ein Spiel handelt - die außerhalb der Informatik gültigen sozialen Normen scheinen aufgehoben;

+ es läßt alle Anstrengungen auf das Medium selbst konzentrieren - auf die Möglichkeiten, Bilder, Effekte, Variablen zu selegieren, zu rekombinieren, in verdichteter Form darzustellen.

Diese Prozesse der Derealisierung lassen die praktische, handanlegende Auseinandersetzung mit der Arbeitsrealität in einer Organisation als eine wesentliche Vorausetzung für das Erkennen und Vertreten von Interessen erscheinen.

Begrenzte Kontrolle: InformatikerInnen besitzen, so zeigen empirische Studien, bei weitem nicht jene Kontrolle über die Definition und Lösung von Problemen, wie dies für andere Professionen typisch ist (Orlikowski/Baroudi 1989). Das hat mehrere Gründe: InformatikerInnen arbeiten zunehmend in Organisationen, in denen sie nur über einen begrenzten Zugang zu Wissen und Macht verfügen. Auch wenn die Behauptung einer fortschreitenden Taylorisierung der Tätigkeit von InformatikerInnen deren Arbeitsrealität nur in Teilen zu entsprechen scheint (Kuhn 1990), so arbeitet doch die Mehrzahl von ihnen in Kontexten, in denen sie auch 'fremddefinierten' Kriterien und Beurteilungen unterworfen sind.

Zweitens, besitzen InformatikerInnen kein Monopol über das für ihre Tätigkeit notwendige Expertenwissen. Externe Softwareproduzenten, die Zunahme von 'end-user computing' und, damit verbunden, die Verlagerung informatischer Kompetenzen an 'angelernte', fachfremde Personen erschweren die Ausrichtung der Entwicklungsarbeit an einem Set intern definierter, professioneller Kriterien: " IS workers' diagnosis and understanding of user problems and needs is contextual, constrained by their involvement in a shared organizational culture, by organizationally defined goals, priorities and values, by the history of prior IS-user relations, existing technology, and IS department procedures" (Orlikowski/Baroudi 1989, 22).

Eine wesentliche Einschränkung der Kontrolle von InformatikerInnen über das Produkt ihrer Arbeit ergibt sich aus der Tatsache, daß ein Teil der Aushandlungsarbeit der Akteure erst nach der Implementierung eines Systems stattfindet. Wie sich im Beispiel Krankenhaus PflegerInnen und medizinisch-technische AssistentInnen repositionieren, hängt wesentlich von den sozialen Prozessen der Aneignung des Computersystems ab. Barley (1987) hat in einer detaillierten Studie in zwei radiologischen Abteilungen die, mit der Einführung von Computertomographen verbundene Aushandlungsarbeit nachgezeichnet und analysiert. Die sich einpendelnde Arbeitsteilung zwischen Arzt und AssistentInnen hängt etwa davon ab, inwieweit in der Technik bereits erfahrene Ärzte zur Einschulung der AssistentInnen bereit sind und ihre Anweisungen durch entsprechende Erläuterungen verständlich machen; wie unerfahrene Ärzte mit dem unter Umständen überlegenen technischen Know-How der AssistentInnen umgehen bzw. wie erfolgreich diese eine 'versteckte Unterweisung' der Ärzte (ohne die Statusdiskrepanz in Frage zu stellen) praktizieren. In diese Restrukturierungsprozesse ist die Informatik kaum einbezogen.

5. Schlußfolgerungen

Dieser kurze Blick auf InformatikerInnen als Akteure in einem komplexen Handlungsfeld soll nicht Parteilichkeit für die Interessen von Frauen entmutigen. Aus den dargestellten Schwierigkeiten der Parteinahme- Ungenügen von 'Betroffenheit' als methodologisches Prinzip, Derealisierung, begrenzte Kontrolle - lassen sich differenzierte Erkenntnischancen für den Prozeß der Systemgestaltung erschließen. Wichtige Schritte in dem zur Einlösung dieser Erkenntnischancen notwendigen Reflexionsprozeß sind:

+ die Analyse der 'systemischen' (über den einzelnen Arbeitsplatz hinaus reichenden) Wirkungen von Computertechniken in einer Organisation;

+ die Selbstreflexion auf die in der eigenen beruflichen Sozialisation erworbenen 'Standorte';

+ die Analyse der eigenen Positionierung und Verflechtung im Machtgefüge einer Organisation;

+ sich einzulassen auf einen Kommunikationsprozeß zwischen 'wechselseitigen Fremdheiten', in dessen Verlauf die Vielge- staltigkeit von Organisationsrealität, Differenzen und Ambiguitäten in der Betroffenheit und den Interessen (auch von Frauen in ein und derselben Organisation) zutage treten können.

Dies scheinen die Bedingungen dafür zu sein, daß InformatikerInnen in ihrer konkreten Arbeit zu PartnerInnen betroffener Frauen werden.

Literatur

Barley St.: Technology as an Occasion for Structuring: Evidence from Observation of CT Scanners and the Social Order of Radiology Departments, in: Administrative Science Quarterly 31 (1986), 78-108.
Falck M.: Nutzerbezogene Systemgestaltung in sozialen Organisationen- Ein integrierter Methodenansatz für Arbeits-, Organisations- und Technikgestaltung, IFIP-HUB Conference on Information System, Work and Organization Design, Berlin, Juli 10-13, 1989.
Gras A.: Sur la Terre comme au Ciel: l'aéronautique entre les mathématiques supérieures et le jeu de tennis, in: Gras A., Poirot- Delpech S. (Hg): L'Imaginaire des Techniques de Pointe, Paris 1989, 115-132.
Kuhn S.: Against Industrialization. Computer Software Development in a Large Commercial Bank, in: Wood S.: The Transformation of Work? London 1990.
Malsch T.: Die Informatisierung des betrieblichen Erfahrungswissens und der 'Imperialismus der instrumentellen Vernunft', in: Zeitschrift für Soziologie 16/2 (1987), 77-91.
Orlikowski W., Baroudi J.: The Information Systems Profession: Myth or Reality? in: Office.Technology&People 4 (1989), 13-30.

Schmidt U.: Wohin mit 'unserer gemeinsamen Betroffenheit' im Blick auf die Geschichte? Eine kritische Auseinandersetzung mit methodischen Postulaten der feministischen Wissenschaftsperspektive, in:
Becher U., Rüsen J. (Hg): Weiblichkeit in geschichtlicher Perspektive, Frankfurt 1988, 502-516.

Strauss A., Fagerhaugh Sh., Suczek B., Wiener C.: Social Organization of Medical Work, Chicago 1985.

Volst A.: Feministische Forschung im Spannungsfeld zwischen Wissenschaft und Politik, in: Enzinger H., Schmid S., Schwab R.: Frauenforschung an österreichischen Universitäten, Wien 1990.

Wagner I.: Restructuring Hospital Work. Negotiable Issues for Nurses and Radiology Assistants, in: Office. Technology& People, 1990.

Wagner I.: Feministische Technikkritik und Postmoderne. In:
Lichtblau K., Ostner I. (Hg): Kultur, Wissenschaft, Frauenforschung, Frankfurt 1990.

Zuboff S.: In the Age of the Smart Machine. The Future of Work and Power, New York 1988.

INFORMATIONSTECHNISCHE BILDUNG: WAS ERWARTEN MÄDCHEN UND FRAUEN ?

Hannelore Faulstich-Wieland
Querenburg 32
3510 Hann. Münden

Informationstechnische Bildung für Mädchen und Jungen gleichermaßen ?

In bildungspolitischen Begründungen erfährt die informationstechnische Bildung einen sehr hohen Stellenwert. So leitet z.B. die Kultusministerkonferenz (KMK) ihre Bestandsaufnahme über die Aktivitäten der Länder zur informationstechnischen Bildung folgendermaßen ein:
"In allen Ländern ist anerkannt, daß die Vermittlung einer informationstechnischen Bildung zum Auftrag der Schule gehört. Die Einbeziehung der neuen Informations- und Kommunikationstechniken in das Schulwesen ist im Zuge ihrer wachsenden Bedeutung und dynamischen Entwicklung zu einer wichtigen Aufgabe aller Länder geworden. Dabei steht das Bildungswesen in einem Verhältnis enger Wechselwirkung mit der Berufs- und Arbeitswelt, der Wirtschaft und der Wissenschaft" (KMK 1986, S. 1).
Die Bund-Länder-Kommission für Bildungsplanung (BLK) definiert in ihrem "Gesamtkonzept für die informationstechnische Bildung" als "Ziel aller Bemühungen" in Schule und Ausbildung,
"durch die informationstechnische Bildung allen Jugendlichen
- Mädchen und Jungen gleichermaßen - die Chancen der neuen Techniken zu eröffnen und sie zugleich vor den Risiken zu bewahren, die durch unangemessenen Gebrauch entstehen können" (BLK 1987, S. 8).

Wie stehen Mädchen und Frauen selber zu dem Angebot einer informationstechnischen Bildung ?
Allgemein überwiegt die Zustimmung der Bevölkerung zu einer entsprechenden Bildung, wenngleich mehr Frauen als Männer

eine skeptische Einstellung zeigen: In einer Enmid-Untersuchung von 1986 stimmten 70 %, und zwar 63 % der Frauen und 78 % der Männer der Aussage "Eine Aubildung am Mikrocomputer sollte in Zukunft zur Schulbildung und zur Berufsausbildung gehören" "voll und ganz" oder "voll" zu (zit. nach FAULSTICH / FAULSTICH-WIELAND 1988, S. 124). Die Befürwortung ist - wie eine andere Repräsentativbefragung ergab - um so größer, je jünger die Befragten sind (ebd.).
Untersucht man genauer, was Jugendliche in einer informationstechnischen Bildung lernen und erfahren möchten, so zeigen sich deutliche Unterschiede in den Erwartungen von Mädchen und Jungen. Standardisierte Befragungen zeigen, daß Mädchen zu geringeren Prozentanteilen sich für die verschiedenen Aspekte der Informationstechnik interessieren. Dies gilt einzig nicht für den Wunsch, die Bedienung des Computers zu lernen (vgl. ALTERMANN-KÖSTER u.a. 1990). In qualitativ angelegten Untersuchungen zeigt sich das geringere Interesse bei Mädchen weniger deutlich, aber auch hier finden wir andere Schwerpunkte: Für Mädchen ist die (vermutete) Notwendigkeit von Kenntnissen am und über Computer für den späteren Beruf das zentrale Motiv, sich mit den neuen Techniken auseinanderzusetzen. Jungen dagegen ist es selbstverständlich, sich für Computer zu interessieren. Dieses Interesse richtet sich vor allem auf den Besitz eines Gerätes und dessen Nutzung in der Freizeit (vgl. FAULSTICH-WIELAND / DICK 1989; FAUSER / SCHREIBER 1989).

Bestätigen diese Ergebnisse, daß Frauen eben doch "mit Technik nichts am Hut haben", zumindest nichts, was über die zwingende Notwendigkeit zu verwertbarem Wissen hinausgeht ? Sind dann Konzepte, die "Mädchen und Jungen gleichermaßen" ansprechen, überhaupt geeignet ? Sollten diese Konzepte auch oder vor allem Anwendersoftware und ihre Einsatzmöglichkeiten beinhalten ?
Ich denke, daß sehr genau überlegt werden muß, wie eine informationstechnische Bildung aussehen sollte, die weder Mädchen und Frauen in ihrem vermeintlichen Desinteresse beläßt noch sie zu bloß verwertbaren Arbeitskräften macht. Im folgenden möchte ich ein Argumentationsmuster entwickeln, daß mir geeignet scheint, Richtlinien für eine informationstech-

nische Bildung im Interesse von Mädchen und Frauen abzuge-
ben. Es geht darum, klar zu machen, woher sich die Assoziation von Technik mit Männlichkeit begründet und wie sie für
Frauen überwindbar wird. Zentral halte ich dafür den Tech-
nikbegriff, und zwar zum einen seine Reduzierung auf Maschinen und Geräte, zum anderen das damit einhergehende Verständnis von technischer Kompetenz als Fähigkeit zur Erfindung, Entwicklung, Wartung und Reparatur dieser Maschinen
und Geräte, nicht jedoch zu ihrer Bedienung.

Gerade die Diskussion um die IuK-Techniken könnte deutlich
machen, daß mit Technik kein ein für alle mal fixiertes System von Artefakten gemeint ist. Um das Wesen der Technik zu
verstehen, darf man nicht ausschließlich von den Werkzeugen,
Maschinen, Systemen sowie Methoden ausgehen. In den Instrumenten und Apparaten vergegenständlichen sich gesellschaftliche Verhältnisse und Beziehungen zwischen Gesellschaft und
Natur. Technik ist gleichzeitig Resultat und Instrument gesellschaftlicher Arbeit - sie präsentiert sich auf jeder
gesellschaftlichen Entwicklungsstufe als Ergebnis bisheriger
kultureller Muster und schafft gleichzeitig Möglichkeiten
zur Veränderung (vgl. FAULSTICH / FAULSTICH-WIELAND 1988;
FAULSTICH 1989). Gesellschaftliche Arbeit und technische
Entwicklung sind untrennbar miteinander verbunden.
Gesellschaftliche Arbeit wiederum ist geschlechtsspezifisch
differenziert und darüber entsteht auch jeweils ein Bezug
zwischen Männlichkeit bzw. Weiblichkeit und Technik.

Technik, Arbeit und Geschlecht - historisch betrachtet

Der Zusammenhang von Technik und Männlichkeit stellte sich
vor allem dadurch her, daß Männer die ökonomischen Positionen besetzten, von denen aus Entwicklungen möglich waren,
und das **ein** Motor der Entwicklung der Ausschluß von Frauen
war. Körperkraft war und ist dabei ein Kriterium zur Identifizierung von Berufen und von technischen Entwicklungen mit
Männlichkeit.

Körperliche Kräfte zählten schon immer als männliche Norm -
unabhängig davon, daß keineswegs alle Männer, durchaus aber
viele Frauen sehr wohl kräftig waren und sind. Frauen tun
sich jedoch schwer mit der Vorstellung, "stark" zu sein.
Weiblichkeit ist mit Kraft nur schwer in Einklang zu bringen
(vgl. WAGNER 1984).
Ein zweites Kriterium für den Zusammenhang von Technik und
Männlichkeit war und ist Wissen und Denkfähigkeit. Für Männer kann sich sehr wohl ein Widerspruch zwischen beiden Kriterien herstellen, weil in männlichen Berufsmöglichkeiten
durchaus auch ein Gegensatz zwischen körperlicher und gei-
stiger Arbeit existiert. Kein Widerspruch besteht jedoch in
der Auffassung, daß Frauen weder über Kraft noch über technische Intelligenz verfügen. Tatsächlich waren Frauen ja
auch von Bildungsmöglichkeiten ausgeschlossen und ihr Einbezug wurde - wie RENATE FEYL (1984) aufzeigt - erbittert
mit allen Argumenten bekämpft.

Die Entwicklung der kapitalistischen Gesellschaft, für welche technische Erfindungen ein zentraler Bestandteil sind,
fand allerdings keineswegs ohne Frauen statt. Frauen wurden
an den Maschinen als Arbeitskräfte sehr wohl gebraucht, der
Prozeß, wie sie dahin kamen, ist einer, dessen Folgen noch
heute für das Verhältnis von Frauen und Technik bestimmend
sind. Durch den Einsatz der Technik konnten Arbeitsplätze
geschaffen werden, die ohne Ausbildung und Qualifikation
ausfüllbar waren, und auf die vorrangig Frauen gesetzt wurden. Sie dienten damit dazu, die Arbeiterschaft zu spalten.
Von den zunächst zünftig, später gewerkschaftlich organisierten Arbeitern wurde der Kampf sowohl gegen die Technik wie gegen die Frauen geführt, statt - dies wäre die wesentliche Alternative gewesen -, den Frauen Qualifizierungs-
möglichkeiten zu eröffnen und damit gemeinsam eine Technikentwicklung im Interesse der Beschäftigten zu fördern.
Statt dessen kämpften die Männer um Positionen für sich - in
diesem Kampf verloren viele Männer ihre Arbeit, andere stie-
gen auf und es entstanden Frauenbereiche und Frauenberufe.
Die Separierung von Frauen in eigene Abteilungen und eigene
Berufe war ein wesentliches Mittel, Kompetenzen und Fähigkeiten von Frauen nicht anzuerkennen, vermeintlich höhere

Kompetenzen und Fähigkeiten von Männern beizubehalten und Hierarchien mit Männern oben und Frauen unten zu schaffen. Das Verständnis von Technik als Erfindung, Entwicklung, Wartung und Reparatur spielte dabei eine wichtige Rolle, denn Technik wurde darauf eingeschränkt, während die Bedienung von technischen Geräten, die Arbeit an Maschinen usw. nicht als Umgang mit Technik galt.

Technik, Arbeit und Geschlecht - aktuelle Entwicklungen

Der Prozeß der "Vermännlichung" technischer Tätigkeiten spielt sich in ähnlicher Weise auch heute bei der Einführung neuer Technologien ab: Männer befinden sich zum einen in den Bereichen, in denen Technik entwickelt, eingerichtet und gewartet wird - dies sind Bereiche, die Prestige, Einkommen und Sicherheit bieten. Zum anderen schaffen sie sich Positionen in neuen Hierarchien, wenn ihre bisherigen Tätigkeiten durch Computer rationalisiert werden und/oder Frauen in diese Bereiche eindringen. Frauen verlieren - wie allerdings natürlich auch ein Großteil von Männern - häufig ihre Arbeitsplätze. Frauen erfahren aber auch Arbeitsplatzveränderungen, die sie einschränken in ihrer Bewegungsfreiheit, sie stärker binden an die Vorgaben und den Rhythmus der Maschinen. Schließlich bestehen Tendenzen, qualifizierte Tätigkeiten von Frauen zu entwerten und entweder zum "Knöpfchen-drücken" zu machen oder doch vom Ansehen her dazu werden zu lassen.

CYNTHIA COCKBURN hat diese Entwicklungen an verschiedenen Bereichen in England untersucht. Ich greife hier den Krankenpflegebereich heraus, um die Entwicklung zu beschreiben:
Im Krankenhausbereich haben sich mit der zunehmenden Technisierung auch unterschiedliche Spezialistengruppen etabliert. Die Einführung der Computertomographie (CT) kann hier Änderungen bewirken, die sich insbesondere negativ für die medizinisch-technischen Radiologieassistentinnen (MTRA) auswir-

ken würden. MTRA ist traditionell ein Frauenberuf, obwohl dieser Beruf "mehr technologisches Wissen und technische Kompetenzen als alle anderen vermeintlich typischen Frauenberufe" verlangt (COCKBURN 1988, S. 115). Die Röntgentätigkeit ist eine qualifizierte Arbeit, sie erfordert "ein hohes Maß an Gelassenheit, Genauigkeit, Effektivität und Wissen. Und sie erfordert, ebenso wie die Krankenpflege, emotionale Stärke. Wer die Röntgenaufnahmen macht, der oder die ist eine Brücke zwischen der Technik und dem kranken Menschen, ein Vermittler zwischen Maschinerie, Schmerz und Angst" (ebd. S. 123). Die Einführung der Computertomographie erfordert - weil sich mehr Patienten als bei dem traditionellen Röntgenvorgang vor der Maschine fürchten, von der MTRA fürsorgliche und pflegerische Qualifikationen. Die CT erlaubt den MTRA eine Ausweitung ihrer anatomischen Kenntnisse und sie weckt medizinisches Interesse. Die qualifizierte Ausbildung der MTRA erhält durch die CT eine Ergänzung der bisherigen Kompetenzen. Allerdings ist diese Kompetenzerweiterung nicht gesichert, sondern durchaus bedroht. COCKBURN beschreibt, daß die Bedienung des Computertomographen im Vergleich zur Röntgentätigkeit doch mehr eine Art "Knöpfchendrück"-Arbeit darstellt. Die Bedienung des CT ist relativ schnell zu lernen und die auf der Basis umfassender Kompetenzen zu treffenden selbständigen Entscheidungen beim Röntgen werden weitgehend überflüssig, weil sie vom Computer übernommen werden. Die hohen Kosten der CT führen außerdem dazu, daß ein unverhältnismäßig häufiger Einsatz erfolgt, der den Zeitaufwand für die einzelnen PatientInnen - und damit die Möglichkeit, auf deren Ängste und Probleme einzugehen - verringert.

Von Seiten der Hersteller wird die Weiterentwicklung der CT in Richtung auf immer "idiotensicherere" Bedienung vorangetrieben, und an dieser Stelle kommt die vorhandene Spezialisierung im Krankenhaus mit ihrer Spaltung von Frauen- und Männerbereichen für die Perspektiven ins Spiel. Mit dem Einzug der Strahlentechnologie wurden auch Wissenschaftler und Techniker aus der Medizinphysik eingestellt, die für Sicherheit und Präzision der Ausrüstung auf der Basis des Strahlenschutzgesetzes verantwortlich waren. Den Technikern kam auch die Wartung der Geräte zu. Beide Gruppen sind überwie-

gend männlich besetzt. Die Herstellerstrategien der immer
größeren Bedienungsvereinfachung einerseits und der Abschot-
tung ihrer Geräte vor Konkurrenz durch Modultechniken beim
Reparieren bedroht den Status der Wartungstechniker und das
Prestige der Physiker. Hier nun bietet sich als Reaktion an,
die Tätigkeit der MTRA zu verändern: Bedienung der Technik
könnte in kürzester Zeit angelernt werden. Von diesen ange-
lernten Bedienerinnen würden viele gebraucht, und dazu ent-
stünde dann noch Bedarf an wenigen "vorausschauenden Menschen", die technische Qualifikationen besitzen - daß es
sich bei diesen vorwiegend um Männer handeln würde, können
sich die solche Veränderungen vorschlagenden Physiker und
Techniker gut vorstellen. Die Begründungen für eine solche
Entwicklung beziehen die männlichen Befürworter aus ihrem
Technikverständnis, das Bedienung nicht einschließt, und aus
ihren Geschlechterstereotypen, denen zufolge einerseits Kompetenzen von Frauen - wie die fürsorglichen und pflegerischen der MRTA - nicht erkannt werden und andererseits ihnen
technische Fähigkeiten abgesprochen werden.
Sollten sich die Männerinteressen hier durchsetzen, so würde
das erneut eine Ausgrenzung von Frauen bedeuten, eine Verringerung qualifizierter Erwerbsmöglichkeiten. Es würde aber
auch eine Verschlechterung der PatientInnenversorgung zur
Folge haben, denn mit der Reduktion der Fähigkeiten der MRTA
auf das Drücken der richtigen Knöpfe und Tasten am Computer-
tomograph fallen bei ihnen auch die pflegerischen Qualitäten
weg. Bei den Physikern und Technikern gehörten diese bisher
nicht zum Berufsbild und sie werden dort - aufgrund gerade
der Nichtwahrnehmung solcher Qualifikationen - auch nicht
entwickelt.

COCKBURNS Fazit ihrer Analyse der technischen Entwicklung
lautet: Entwicklung, Wartung und Reparatur werden als Technik und als männliche Domäne gehalten. Männer können dies
tun, weil sie Männerbünde bilden, die gegen Frauen gerichtet
sind. Im kapitalistischen System wird grundsätzlich Technik
eingesetzt. Dabei werden, wenn es für die profitable Verwendung notwendig ist, daß Entscheidungen gegen Männer getroffen werden müssen, diese Entscheidungen auch durchgesetzt.
Können Männer jedoch sich zuungunsten von Frauen stützen, so

geschieht eben dies. In der Konsequenz heißt das für die
technische Entwicklung, daß sie überwiegend so betrieben
wird, daß eine Verbindung von fachlichen Qualifikationen und
technischen Veränderungen nicht gesehen und sich entsprechend ungeplant ergibt.

Was heißt das nun für die informationstechnische Bildung ?

Zwei Punkte halte ich für zentral für eine informationstechnische Bildung, die parteilich ist im Interesse von Mädchen
und Frauen:
- Zum einen gilt es, Gegengewichte zu den Männerbünden zu
schaffen.
Diese Forderung zielt auch auf die koedukative Schulsitua-
tion: Jungen reklamieren die Informationstechnik als ihr Gebiet, unterstellen den Mädchen, daran kein Interesse zu haben. Selbstverständlich trifft dies nicht auf alle Jungen
zu, selbstverständlich hält das nicht alle Mädchen davon ab,
sich mit Technik und Computern zu beschäftigen. Die Mechanismen der Diskriminierung, Demotivierung und Benachteili-
gung sind jedoch vielfältig und subtil - sie überhaupt erst
einmal wahrzunehmen, scheint mir sehr wichtig. Ob daraus
dann folgt, geschlechtshomogene Lerngruppen zu bilden, ist
erst die zweite Frage. Meiner Meinung nach ist sie keineswegs uneingeschränkt mit ja zu beantworten.
- Zum anderen geht es darum, die Verbindung von fachlichen
Qualifikationen und technischen Veränderungen durch die Inhalte der informationstechnischen Bildung zu leisten. Dabei
gehören zu den fachlichen Qualifikationen - dies macht das
Beispiel der Krankenpflege sehr deutlich - auch die sozialen
Aspekte der Tätigkeit. Die Verbindung von sozialen Momenten
mit technischen Inhalten scheint im übrigen das Merkmal,
welches in der Regel Frauen von Männern unterscheidet. Dieser Verbindung Rechnung zu tragen, stellt eine zentrale Forderung an Bildungskonzeptionen dar, allerdings in Bil-
dungsprogrammen für Männer gleichermaßen.

Ein angemessenes Konzept für die informationstechnische Bildung muß drei Aspekte berücksichtigen: die Entfaltung eines ganzheitlichen Menschenbildes, die Einheit von materialer und formaler Bildung sowie die historisch-genetische Herangehensweise. Der Bildungsbegriff der humanistischen Tradition enthält eine Vorstellung von Entfaltung des ganzen Menschen, welche Bildung umfaßt als Zusammenhang kognitiver, emotionaler und motorischer Kompetenzen und Motivationen. Ein solcher Bildungsbegriff steckt weiterhin voll von utopischen Potentialen. Er geht aus vom Menschen und nicht von der Technik. Allerdings kann Bildung erst wirklich umfassende Kompetenzen der Menschen bewirken, wenn sie angelegt ist als *polytechnische Bildung*, die

"die allgemeinen Prinzipien aller Produktionsprozesse vermittelt und gleichzeitig das Kind und die junge Person einweiht in den praktischen Gebrauch und die Handhabung der elementaren Instrumente aller Arbeitszweige" (Marx MEW 16, S. 195).

Wenn die konreten technischen Anwendungen in ihren organisatorischen, ökonomischen und politischen Bedingungen und Auswirkungen diskutiert werden, kommt *Technik als Gestaltungsaufgabe* ins Blickfeld. Curricular geht es demnach darum, Ansätze zu entwickeln, welche wissenschaftliche Grundlagen und technische Kompetenzen mit gesellschaftlicher Einsicht und Handlungsbereitschaft verbinden. Notwendig dafür ist es, von den durch die Informationstechnologie gegebenen Strukturaspekten auszugehen und diese in einer historischen Herangehensweise zu verbinden - damit auch das Geschlechterverhältnis ins Blickfeld rückend.

Die Zielvorgaben der Bund-Länder-Kommission ermöglichen es durchaus, Bildungskonzeptionen zu entwickeln, die disen Kriterien entsprechen. Insofern gibt es keine unüberwindlichen Hindernisse. Die vorhandenen Konzepte allerdings sind im allgemeinen noch weit davon entfernt. Insofern gibt es noch viel Arbeit.

Literatur

ALTERMANN-KÖSTER, MARITA u.a.: Bildung über Computer ? Informationstechnische Grundbildung in der Schule. Weinheim 1990

BLK: Gesamtkonzept für die informationstechnische Bildung. Materialien zur Bildungsplanung Heft 16. Bonn 1987

COCKBURN, CYNTHIA: Die Herrschaftsmaschine. Geschlechterverhältnisse und technisches Know-how. Berlin 1988

FAULSTICH, PETER: Technik und Symbolik. Gesamthochschule Kassel 1989

FAULSTICH, PETER / FAULSTICH-WIELAND, HANNELORE: Computer-Kultur. München 1988

FAULSTICH-WIELAND, HANNELORE / DICK, ANNELIESE: Mädchenbildung und neue Technologien. Abschlußbericht der wissenschaftlichen Begleitung zum hessischen Vorhaben. HIBS Sonderreihe Heft 29, Wiesbaden 1989

FAUSER, RICHARD / SCHREIBER, NORBERT: Informationstechnische Bildungsangebote für Frauen. Konstanz 1988

FAUSER, RICHARD / SCHREIBER, NORBERT: Ansatzpunkte für eine informationstechnische Grundbildung. In: ZfPäd. (1989) H. 2, S. 219-240

FEYL, RENATE: Sein ist das Weib, Denken der Mann. Ansichten und Äußerungen für und wider den Intellekt der Frauen von Luther bis Weiniger. Neuwied 1984

KMK: Neue Medien und moderne Technologien in der Schule. Bonn Februar 1986

MARX, KARL: MEW Band 16

WAGNER, INA: Zwischen Erfolg und Selbstbeschränkung. In: Soziale Welt (1984) H. 1/2

INFORMATIK UND KARRIERE

Zur Situation von Informatikerinnen in Studium und Beruf

Christine Roloff
Hochschuldidaktisches Zentrum – Universität Dortmund

Die Informatik als akademische Ausbildung und hochqualifizierter Beruf hat erst eine relativ kurze Geschichte. Für die Frauen erscheint sie schon recht bewegt, auch was die prophezeiten Aussichten für sie in diesem Neuland anbelangt. Diese Aussichten verbanden sich insbesondere mit Hoffnungen auf eine größere Offenheit eines Faches, in dem "Normierungen von gestern" weniger wirksam sind, und das den Aufbruch in die postindustrielle Gesellschaft vorantreibt (Janshen 1986). Auch die Tatsache, daß Frauen im Gegensatz zu den Verhältnissen im 19. Jahrhundert von Anfang an Zugang zu dem neu eingerichteten Studiengang hatten und nicht erst mit Verspätung ein von Männern etabliertes Fachgebiet betreten durften, gab Anlaß zu Perspektiven einer weiblichen Mitgestaltung des Berufsbildes (Roloff 1989). Die verfügbaren Daten über Informatikerinnen in Studium und Beruf zeigen jedoch das bekannte Muster der Frauenbeteiligung und Frauenbenachteiligung in einem technischen Fachgebiet, wenn auch mit einigen neuen Schattierungen und Entwicklungslinien.

Die Frage, ob technische Qualifikation, Karriere und männliche Macht sich in der Informatik weniger eng verzahnen als in den klassischen Ingenieurwissenschaften oder ob Frauen eher Mitsprachemöglichkeiten in dieser Entwicklung durchsetzen und Entfaltungschancen wahrnehmen können, erscheint demnach beinahe als beantwortet. Dennoch sind insbesondere die heute anvisierten und begonnenen gemeinsamen Strategien von Informatikerinnen in Studium und Beruf als Veränderungsimpulse aufzufassen. Sie könnten ein Netzwerk und Kräftefeld bereitstellen, in dem junge Frauen sich vermehrt und mit größerer Selbstverständlichkeit für technische Wissensgebiete entscheiden können und das dazu beitragen wird, langfristig die Berufsorganisation frauengerechter zu gestalten.

Informatikerinnen im Studium und an der Universität

Die Frauenbeteiligung im Informatikstudium zeigt ein widersprüchliches Bild. Einerseits entscheiden sich zahlenmäßig immer mehr Frauen für die Informatik. Zur Zeit studieren in der BRD rund 5000 Frauen Informatik an wissenschaftlichen Hochschulen und 2300 an Fachhochschulen. Die Tendenz zur Wahl der Informatik als Studienfach ist leicht steigend. Machten 1985 die Diplom-Informatikstudentinnen noch weniger als 1% aller Studentinnen an Universitäten aus, so sind es heute 1,1%. An Fachhochschulen entwickelte sich dieser Anteil im gleichen Zeitraum von 1,7% auf 2,3%. Andererseits haben sich die Frauenanteile im Studium gegenüber den männlichen Kommilitonen im Bereich der Diplom-Informatik innerhalb der letzten 10 Jahre deutlich von 19% auf 14,5% verringert, obwohl sich die Anzahl mehr als verdreifacht hat (vgl. Tabelle 1).

Tabelle 1

Studentinnen der Diplom-Informatik
Vergleich WS 1978/79 und 1988/89

	alle absolut	in %	davon im 1. Studienjahr absolut	in %
1978/79	1418	18,8	449	20,8
1988/89	4609	14,5	1282	16,3

(Quelle: Stat. Bundesamt, Fachserie 11, Reihe 4.2)

Erst seit wenigen Jahren wird überhaupt die nach Geschlechtern asymmetrische Verteilung der Studierenden auf die Fachgebiete problematisiert. Mit der Einführung der Koedukation an den Gymnasien und der wachsenden Studienbeteiligung von Frauen erschien die Chancengleichheit hergestellt. Die trotz formaler Gleichheit diskrete Diskriminierung muß jedoch insbesondere in den unterschiedlichen Fachzugängen gesehen werden (Kauermann-Walter u.a. 1988).

Zuerst zog das Ende der 60er Jahre neu eingerichtete Informatikstudium anteilsmäßig viele Frauen an. Mathematisch interessierte Abiturientinnen ließen sich von der Berufsberatung in das unbekannte Fach locken oder entdeckten selbst ihren Spaß daran. Damals hatten die Computer noch nicht Einzug in die privaten Haushalte und die Kinderzimmer gefunden und in der Schule gab es noch keine Auslese von Computerfreaks. So sind die Informatikerinnen, die damals ihre Studienentscheidung getroffen haben, gar nicht auf die Idee gekommen, dies könnte kein Studienfach für sie sein. Es gab keine männliche Vorprägung der Materie, die sie davon abgehalten hätte, sich darauf einzulassen.

Das hat sich gründlich geändert. Der Zugriff auf die Geräte wurde eine Männersache und über die neuen technischen Werk- und Denkzeuge sowie die damit verbundene nicht ausschließlich fachliche, sondern risikosimulierende (vgl. Beisenherz 1989, Krafft/Ortmann 1988) und machterfüllende Faszination haben viel mehr junge Männer den Weg zur Computertechnologie geschafft als junge Frauen. Insbesondere seit in den Schulen Computer-Arbeitsgemeinschaften durchgeführt wurden, konnten computererfahrene Schüler Lehrer überrunden und andere Schüler und vorallem Schülerinnen ausbooten. Nur wenige Mädchen können ihr Informatikinteresse über die 11. Jahrgangsstufe hinaus retten. Das haben viele Studien ergeben (z.B. Sander 1988, Hejl/Klauser/Köck 1988).

Ob dies das einzige Hemmnis für Abiturientinnen ist, in größerer Zahl ein Informatikstudium zu ergreifen, und es nur darauf ankommt, den Unterricht in den Gymnasien zu verbessern und mädchengerechter zu gestalten, ist fraglich. Zeitlich treffen die ungleichen Lernchancen - verhindernd bei Mädchen, Raum und Ressourcen gebend bei Jungen - und die politische und wirtschaftliche Vorantreibung der Technologieentwicklung, die auch durch Männer geschieht, mit dem Sinken der Studentinnenanteile in den 80er Jahren zusammen.

Wenn auch die Tendenz der Entscheidung für die Informatik bei jungen Frauen steigend ist, ist diese bei männlichen Kommilitonen ungleich höher. Männer entscheiden sich im Einvernehmen mit dem Verhalten und den Erwartungen ihres Umfeldes ihnen gegenüber, während Frauen viel bewußter geschlechtsspezifische Signale und Bedeutungskontexte überwinden müssen, wollen sie sich der Computertechnologie zuwenden. Diejenigen, die Informatik wählen, geben zu 85% Fachinteresse als Grund an. Für 80% sind die Berufsaussichten mitentscheidend (Roloff u.a. 1987, 56).

Nicht, daß nicht seit einiger Zeit Schülerinnen aufgefordert werden, sich technischen Berufen und Studiengängen zuzuwenden. Rein verbale Aufforderungen und insbesondere Aufforderungen, die den Charakter von Änderungwünschen an die Frauen tragen, ohne ihnen veränderte Gestaltungsbedingungen anzubieten, laufen ins Leere. Noch fehlt es an Wissen und Erfahrung darüber, wie die Bereitschaft von Schülerinnen, sich auf technische Wissensgebiete einzulassen, gefördert werden kann. Die Erkenntnis, daß ein beständiges Interesse auch davon abhängig ist, daß es sich mitgestaltend äußern kann, ist noch wenig verbreitet. Allenfalls werden bei Mädchen spezifische Zugangsweisen zur Informationstechnologie gesucht, beachtet und auch gelobt (z.B. Schiersmann 1988, Überblick und Kritik bei Schelhowe 1989), aber es fehlt angesichts der durch Männer inhaltlich, politisch und organisatorisch vorangetriebenen Technologieentwicklung der identifikatorische Entwicklungs- und Gestaltungsort für Frauen.

Sind sie einmal im Studium, so fühlen sich Informatikerinnen nicht diskriminiert. Sie brechen im Vergleich zu Männern auch nicht überproportional häufig ihr Studium ab. Der Diplomandinnenanteil entspricht dem Studentinnenanteil unter Anrechnung einer durchschnittlichen Studienzeit. Allerdings zeigen die an den Universitäten vielerorts aktiven Frauengruppen, daß sich die Informatikstudentinnen ihrer strukturellen Minderheitensituation bewußt sind, und die Themen von Frauenseminaren und Arbeitsgruppen - Erfahrungsaustausch über die Studiensituation, Kritik an der männlichen Prägung von Naturwissenschaft und Technik und Ansätze der Frauenforschung, Umfragen und Befragungen zur Berufssituation von Informatikerinnen, Professorenbefragung über den Frauenanteil in Studium und Universität, Frauenförderung an den Hochschulen - diese Themen weisen deutlich auf die Problempunkte hin (z.B. Brunk u.a. 1985, Dokumentation 1986, Detlefs u.a. 1988, Arbeitskreis der Frauen des Fachbereichs Informatik an der Uni Dortmund 1990).

Zu ihrer ganz konkreten Studiensituation befragt, nennen die Informatikstudentinnen die Überfüllung des Studiengangs als belastend. Die explodierenden Studierendenzahl in den 80er Jahren hat in der Tat zu einem Massenbetrieb geführt, in dem beispielsweise lange Anmelde- und Wartezeiten für Projektgruppen und Prüfungen bestehen. Diese Bedingungen teilen die Studentinnen mit ihren männlichen Kommilitonen, beklagen aber etwa in praktischen Übungen den Platzmangel, dem die Männer mit Drängeln und Bluffen eher gewachsen wären. An denjenigen Universitäten (z.B. Dortmund), an denen Übungen in Kleingruppen mit Tutoren abgehalten werden, fühlen sich die Studentinnen wohler und sie finden guten Kontakt zu andern. Insgesamt empfinden Informatikerinnen ihr Studium streckenweise als hart und stressig. Insbesondere die Diplomarbeit ist für sie mit einem enormen Einsatz verbunden, und manche empfinden durchaus einen Druck zu überdurchschnittlichen Leistungen, um ihre Daseinsberechtigung als Frauen zu beweisen.

Ein weiterer Problempunkt ist in der Tatsache zu sehen, daß Informatikerinnen nicht ihrem Absolventinnenanteil gemäß im Promotionsstudium und im Mittelbau vertreten sind. Obgleich 1981 der Anteil der von Frauen erworbenen Diplome auf 19% geschnellt ist und seither zwischen 16% und 20% schwankt, waren 1987 bundesweit in Mittelbaustellen (incl. Drittmittel) nur 11% Frauen beschäftigt, ein Anteil, der sich seit 1984 nur geringfügig erhöht hat. Im Promotionsstudium befanden sich im Wintersemester 1988/89 mit der absoluten Zahl 44 12,8% Frauen. 1986 und 1987 promovierten an bundesdeutschen Hochschulen nur 5 und 6 Frauen in Informatik (anteilsmäßig zwischen 7% und 8%). Auch sind die Lehrenden an den Universitäten nahezu ausschließlich männlich und es fehlt wiederum an Identifikationsmodellen nicht nur im Studium, sondern auch für eine akademische Laufbahn. Bis 1986 gab es bundesweit nur drei Professorinnen auf C3/C4-Stellen. Obwohl sich dann die Zahl verdreifacht hat, sind es nur 3% (vgl. Tabelle 2).

Tabelle 2
Informatikerinnen an der Universität
1987

	absolut	Frauenanteil
Diplome von Frauen	238	18,1 %
Promotionen von Frauen	6	7,9 %
Frauen im Mittelbau	114	11,1 %
C2-Professorinnen	3	1,7 %
C3/C4-Professorinnen	9	2,9 %

(Quelle: Stat. Bundesamt, Fachserie 11, Reihen 4.3 und 4.4)

Informatikerinnen im Beruf

Die allgemeine Einschätzung der Arbeitsmarktentwicklung in der Softwarebranche ist zur Zeit uneinheitlich. Meldet das Handelsblatt: "Softwarebranche hat Karriereampeln trotz Konzentrationsprozeß auf grün gestellt" (HB/Karriere 11./12.5.90), so wird in Untersuchungen sozialwissenschaftlicher Institute vor einem "Ende der Pionierzeit" im DV-Sektor gewarnt (Trautwein-Kalms 1989) und mitgeteilt, "die rosigen Zeiten" seien vorbei (Boss/Roth 1989). Zwar wird noch nicht die Vision "massenhafter Entlassungen" heraufbeschworen, jedoch zeichne sich eine Differenzierung der Berufschancen und Arbeitsmarktsituationen innerhalb der DV-Berufe ab (Trautwein-Kalms 1989, 41).

Tiefgreifende Veränderungen spielen sich im Hinblick auf den kommenden europäischen Binnenmarkt ab. In der härter werdenden internationalen Konkurrenz sollen hauptsächlich mittlere Unternehmen vom Markt verdrängt werden, während sich multinationale Anbieter Standardprodukten zuwenden und kleinere dynamische Firmen mit hoher Innovationskraft auf Besonderheiten spezialisieren. Der Umstrukturierungsprozeß habe bereits eingesetzt. Der Markt müsse sich mehr an den ausländischen oder hochspezialisierten Erfordernissen orientieren.

Den Arbeitskräften – den Softwerkern – wird empfohlen, ihr Blickfeld in Richtung Mehrsprachigkeit und Auslandserfahrung zu erweitern, dann "gehören sie zu den Gewinnern der technischen, wirtschaftlichen und politischen Entwicklung" (HB/Karriere 30./31.3.1990). In diesem konkurrenzorientierten Klima verändert sich auch die gefragte Mentalität von vielen DV-Fachleuten: "Waren bisher Präzision, logisches Arbeiten, Selbstbeherrschung, Vorsicht, Sicherheitsstreben, Konformität, Geduld und Toleranz die wesentlichen Tugenden für die Mitarbeiter in der EDV Abteilung, so müßten künftig Innovationsfreudigkeit, Kreativität, Unternehmungsgeist, Initiative, Flexibilität und Frustrationstoleranz an erster Stelle stehen", wird gefordert (Diebold Management Report 8/9, 1989, 22).

Obwohl also die Konkurrenzsituation auf dem Arbeitsmarkt härter geworden ist und beispielsweise im September 1988 364 berufserfahrene DV-Fachkräfte mit einschlägigem Hochschulabschluß arbeitslos waren (Diebold Management Report 8/1989), ist nach wie vor davon auszugehen, daß Informatik-AbsolventInnen als Berufsanfänger innert kurzer Zeit eine angemessene Stelle finden (ANBA 5/1989). "Software-Entwickler, Systemingenieure, Anwendungsprogrammierer und DV-Organisatoren stehen ganz oben auf den Wunschlisten", resümiert das Handelsblatt einen Stellenreport im Februar 1990 (HB/Karriere 16./17.2.90).

Frauen erhalten übrigens durchaus Signale ihrer Willkommenheit. Hochglanzbroschüren stellen berufstätige Technikfrauen vor (z.B. Siemens), Betriebsvereinbarungen und Tarifverträge in der Elektronikindustrie garantieren Erziehungsurlaub und Weiterbildung im "Babyjahr" für Mütter oder Väter (IBM) und jedes dritte Unternehmen erwartet demnächst mehr Frauen in den Chef-Etagen (HB/Karriere 27./28.4.90).

Betrachtet man jedoch Daten über die Anteile der Frauen in den DV-Berufen, ihre Positionen und Gehälter, so sieht die DV-Welt etwas anders aus.

Der Frauenanteil unter den im Mikrozensus 1987 gezählten 217.000 DV-Fachkräften betrug 23,5%. Mit DV-Fachleuten sind nicht allein InformatikerInnen gemeint, sondern diese Berufsgruppe umfaßt verschiedene ingenieurwissenschaftliche, mathematisch-technische und betriebswirtschaftliche Abschlüsse, sowie auch innerbetrieblich qualifizierte DV-MitarbeiterInnen. Die Kienbaum-Vergütungsberatung weist in ihrer Studie von 1989 über die Situation in der DV-Branche für Frauen einen Anteil von 17% in Fach- und 4% in Führungspositionen aus. Mit diesen Daten verglichen, sind bei den arbeitslos gemeldeten DatenverarbeiterInnen Frauen mit 31% (September 1988) bei weitem überverteten.

Solche Daten verweisen auf einen eher mangelhaften Berufszugang von Frauen. Die Berufsumfrage der Gesellschaft für Informatik 1985 hatte übrigens nur 5,5%

Frauen erreicht (Bäßler u.a. 1987). Unter allen befragten InformatikerInnen waren 9% Frauen, auch diese – verglichen mit den Absolventinnenanteilen jener Zeit – bei weitem zu wenige.

So wäre es nicht verwunderlich, wenn Frauen auch weniger ein beruflicher Aufstieg gelingt.

Als AbsolventInnen einer neu eingerichteten Studienqualifikation werden alle InformatikerInnen zunächst in die unteren Ebenen des spezialisierten EDV-Berufsfelds eingestellt. Angesichts der starken Expansion im Technologiesektor nehmen sie häufig neu geschaffene Arbeitsplätze ein. Nach der GI-Umfrage war das für jeden zweiten Informatik-Arbeitsplatz der Fall. Auf den hohen Positionen saßen größtenteils Arbeitskräfte mit einem Ingenieurabschluß. Hier sind traditionell kaum Frauen dabei. Mit längerer Berufserfahrung sind Informatiker auch Anwärter auf eine Führungsposition. In der GI-Umfrage waren von allen Befragten mit Ingenieurabschluß 74% in einer leitenden Stellung, von denjenigen mit Informatikabschluß hingegen 27%.

Da zum erstenmal vergleichsweise viele Frauen unter denjenigen mit der neuen Qualifikation Informatik-Abschluß sind, aber die Berufswege noch nicht so lang, daß sich Aufstiegsmöglichkeiten schon in differenzierten Daten nachweisen lassen, kann eine gleiche Teilhabe an diesen Chancen weder negiert noch bewiesen werden. Allerdings belegen auch hier die globalen Daten eher die Benachteiligungsthese. Mit 4% insgesamt, in einzelnen Firmen zwischen 0% und 7% – und dies nicht im oberen, sondern im mittleren Managementbereich – ist der Frauenanteil an Führungskräften extrem gering (Computer Magazin 11/1988, 27). Qualitative Betriebsfallstudien und Einzeluntersuchungen belegen jedenfalls noch deutlich großes Widerstreben, Frauen Führungsverantwortung zu übertragen, wenn auch durchaus verbal und subjektiv die Bereitschaft dazu zu bestehen scheint (Braszeit u.a. 1988, Roth/Boss 1990). Auch Frauen selbst berichten von ihren geringeren Chancen, innerhalb der expandierenden und dadurch oftmals von Umstrukturierungen und Hierarchisierung betroffenen EDV-Abteilungen Leitungsfunktionen (z.B. Projektleitung) übertragen zu bekommen (Roloff 1989, 184ff.)

Bleiben Frauen somit in Programmier- und Beratungstätigkeiten, die als Einstiegspositionen gelten, während Männer in die Aufstiegs- und Leitungspositionen wechseln? In dem Projekt "Zukunft der DV-Berufe" am Insitut für sozialwissenschaftliche Forschung in Marburg wurden 300 DV-Fachkräfte befragt. Der Frauenanteil in der Systemberatung lag bei 67%, in der Organisations- und Anwendungsprogrammierung bei 44% bzw. 35%, in der Systementwicklung bei 23%, während bei den Führungskräften die Frauen die obligaten 4% ausmachten (Roth/Boss 1990).

Auch in der GI-Umfrage waren Frauen als (Anwendungs-) Programmiererinnen und Beraterinnen überproportional vertreten gewesen. Ebenso weist die Kienbaum-Studie 1988 entsprechende Frauenanteile aus (vgl. Tabelle 3). Die Übersichten über Gehaltsstrukturen verdeutlichen außerdem den geschlechtsspezifischen Bias (Tabelle 4).

Tabelle 3
Frauenanteile in ausgewählten DV-Positionen
1988

Position	Frauenanteil
Leitung Organisation und Datenverarbeitung	4 %
Leitung Programmierung	4 %
Leitung Rechenzentrum	1 %
Leitung Datenbank	3 %
Projektleitung/Systemgruppenleitung	4 %
EDV-FachdozentIn	4 %
EDV-Koordination	21 %
Datenbank-Organisation, Administration	11 %
Systemanalyse/Systemorganisation	20 %
Systemprogrammierung	5 %
Systembetreuung	8 %
Organisationsprogrammierung	18 %
Anwendungsprogrammierung	20 %

(Quelle: Kienbaum-Vergütungsstudie nach Computer Magazin 11/1988)

Tabelle 4
Durchschnittliche Jahresgehälter nach Geschlecht
in ausgewählten Positionen
1989

	Jahresgehalt in DM	
	Männer	Frauen
Einstiegspositionen		
Organisationsprogrammierung	56.000	49.280
Systemanalyse	61.000	53.680
Systemprogrammierung	66.000	58.000
Aufstiegspositionen		
Projekt-/Systemgruppenleitung	80.000	70.400
EDV-FachdozentIn	85.000	74.800
Karrierepositionen		
Leitung Rechenzentrum	100.000	88.000
Leitung Programmierung	101.000	88.880
Leitung Organisation und EDV	140.000	123.200

(Quelle: Kienbaum Vergütungsberatung nach Marie Claire 5/1990)

Informatik und Karriere

Es ist zwiespältig, den Berufserfolg von Informatikerinnen am gängigen Karrierebegriff mit den Kriterien beruflicher Aufstieg bzw. Führungsposition und erzieltes Gehalt zu messen. Folgende Anhaltspunkte verdeutlichen diese Ambivalenz.

1. Studentinnen problematisieren diesen Karrierebegriff für sich selbst. Sie möchten keine "Männerkarriere" machen. Sie verbinden damit "Geld raffen und Macht ausüben" (vgl. Detlefs u.a. 1988).

2. Frauen setzen Erfolg nicht mit beruflichem Aufstieg gleich, sondern mit Erreichen selbstgesteckter Ziele, Durchsetzen inhaltlicher Vorstellungen, Anerkennung bei MitarbeiterInnen und Vorgesetzten, Zufriedenheit mit der eigenen Leistung (vgl. Roloff 1989).

3. Informatikerinnen möchten keine Einführung oder Verfestigung überkommener Hierarchiestrukturen, wo diese sich noch nicht herausgebildet haben. Sie stellen sich eine Projektleitung im Turnus vor, möchten aber allerdings diese Leitung selbst auch übernehmen, um eigene Ideen umzusetzen (ebenda).

4. Frauen ist das Arbeitsklima wichtig. Sie befürchten den Verlust der guten Beziehungen zu Kollegen und Kolleginnen durch einen Aufstieg (ebenda, vgl. auch Gerke u.a. 1989).

5. Karriere machen heißt aber für Informatikerinnen im Beruf auch "immer interessante Arbeit haben und immer Neues dazulernen" (Detlefs u.a. 1988). Sie möchten sich entwickeln, Herausforderungen annehmen, Schwierigkeiten überwinden. Im Berufseinstieg setzen sie sich mit ganzer Kraft ein und sie möchten im Sinne dieses Engagements weiterkommen.

6. Informatikerinnen möchten auch eine sinnvolle Arbeit tun. Sie möchten eine gebrauchswertorientierte und sozialverträgliche Technik (Eckardt 1989).

7. Finanzielle Unabhängigkeit und materielle Sicherheit empfinden die Frauen als relevant, nicht aber ist ihnen das Geldverdienen das Wichtigste (ebenda).

8. Frauen streben Vereinbarkeit von Beruf und Familie an. Stabile menschliche Beziehungen im Privatleben zu pflegen, muß sich ihren Vorstellungen nach mit engagierter Berufstätigkeit vertragen.

Die Nicht-Übereinstimmung von gängigem Karrierebild einerseits und objektiver Passung und subjektiven Wünschen von Frauen andererseits bekommt nun noch eine verschärfte Brisanz durch die derzeitigen Entwicklungen am Software-Arbeitsmarkt. Die Informationstechnologie selbst wird zur Zeit in eine Karriere getrieben, die auf der einen Seite hohe Positionen im Beruf hervorbringt, auf der anderen die Informatikexperten als Berufsstand mit hohem Prestige etabliert. Die Informationstechnik müsse zunehmend als Instrument der Unternehmensführung anerkannt werden, damit die Fachkompetenz sich auch in Entscheidungskompetenz umsetzen könne, wird etwa postuliert (HB/Karriere 30./31.3.90). Und die Klage, daß "im Gegensatz zu vielen anderen intelligenten Dienstleistern wie Ärzten, Anwälten, Wirtschaftsprüfern ... die Gilde der Informatikexperten noch längst nicht als Berufsstand etabliert (sei), wenngleich zahlenmäßig und volkswirtschaftlich vergleichbar bedeutend" (HB 13.2.90), weist auf Wünsche hin, eben diese Etablierung herbeizuführen. Dies wird über die traditionellen Pofessionalisierungsstrategien getan: Reklamierung hoher gesellschaftlicher Relevanz des Fachgebiets, Anspruch großer Entscheidungsmacht, hoher Status des Berufs und entsprechende Erwartungen, was soziale Chancen und Reproduktionsniveau durch den Beruf betrifft. "Technologie ist ein Mittel zum Zweck", schreibt Cynthia Cockburn (1988, 147), und als solches wird es zur Statusgewinnung, zum Machtausbau und zur Hierarchisierung eingesetzt. Auch der aktive Beitrag von Männern zur Vergeschlechtlichung von Berufen und Tätigkeiten hat hier seine machtpolitische Funktion.

Und deshalb die Ambivalenz: Wollen Frauen wirklich gleiche Chancen erreichen, dann müssen sie diese an den geltenden Kriterien ausrichten. Erst vor deren Folie kann ihre Benachteilung aufgedeckt werden. Dennoch liegt diese eben nicht nur im mangelhaften Zugang zu den Karrierepositionen innerhalb einer von Männern für Männer geschaffenen Berufshierarchie. Herstellung gleicher Chancen ist eine weitergehende Forderung. Sie impliziert Teilnahme an der Setzung von Kriterien und darauf bezogener Laufbahnentwürfe. Damit liegen wir noch viel weiter zurück.

Die Diskussion um künftig wichtig werdende "weibliche" Eigenschaften im Management halten viele in der Hinsicht für förderlich. Sie ist jedoch selbst eine Gefahrenquelle für eine erneute geschlechtsspezifische Tätigkeitszuweisung. Denn es könnte ja passieren, daß Frauen für die kommunikative Arbeit im Kundenbereich oder in der Menschenführung als hervorragend geeignet willkommen geheißen werden (z.B. der hohe Frauenanteil in der Beratung wird so interpretiert, vgl. Roth/Boss 1990), wenn es aber um Technikgestaltung und Entscheidungen über Weiterentwicklung und Einsatz von Technologien geht, haben weiterhin ausschließlich Männer das Sagen. Damit sich mehr junge Frauen für Informatik entscheiden können, braucht es aber auch eine inhaltliche Mitgestaltung von Frauen.

Ob die in manchen Firmen jetzt entstehenden Fach-Aufstiegslinien für Frauen eher förderlich sind, ist noch nicht bekannt. In diesen Laufbahnen werden Spezialisten wichtige funktionale, aber keine Personalverantwortung übertragen. Für die neuen europäischen Anforderungsprofile sind im übrigen Frauen gut vorbereitet. Schon als Oberstufenschülerinnen wählen sie zur Mathematik eher eine Fremdsprache als Physik wie die Jungen (Küllchen/Sommer 1989).

Eines der zusätzlichen Kriterien für Frauen zur Herstellung von Chancengleichheit im Beruf ist das mögliche Lebensmuster. Es ist für Informatikerinnen ein brennendes Problem, daß sie interessante, verantwortungsvolle und auch entscheidungsrelevante Arbeit mit der Chance verbinden können, ein Kind aufzuziehen. Bisher lösen sie dieses Problem individuell mit zeitlicher Hinausschiebung dieser Wunscherfüllung oder durch Halbtagsstellen nach einem Mutterschaftsurlaub - mit entsprechenden negativen Begleiterscheinungen, was die Zuteilung an Aufgaben, was arbeitsrechtliche Fragen und Gratifikationen anbelangt. Daß von den in einer Untersuchung befragten männlichen DV-Fachleuten 74% verheiratet waren und 62% Kinder hatten, von den weiblichen aber nur 49% verheiratet waren und 5% Kinder hatten, spricht Bände (Boss/Roth 1989).

Hier gälte es also, Spielregeln zu verändern. Insbesondere wären sogenannte Sachzwänge zu hinterfragen: ein Anforderungsprofil mit extremer zeitlicher Verfügbarkeit der Arbeitskraft, die Vorstellung einer totalen Dequalifizierung bei Berufsunterbrechung, die Unteilbarkeit von Führungsaufgaben, der Zusammenhang von bestimmten Altersstufen und der angemessenen Karriere, die Unvereinbarkeit von Familie und Beruf.

Die Bedingungen und Handlungsmöglichkeiten für die Umsetzung solch veränderter Akzente in der Berufsorganisation müssten deshalb genau analysiert werden. Angesichts des Zusammenhangs von Beruf als Perspektive der Lebensplanung junger Frauen und ihrer Ausbildungsentscheidung wäre zu erwarten, daß bei entsprechender Realisierung sich mehr Frauen für Technologiebereiche entscheiden.

Literatur:

Arbeitskreis der Frauen des Fachbereichs Informatik an der Uni Dortmund: Selbstdarstellung. In: Margot Gebhardt-Benischke/Ingeborg Stahr (Hg.): Frauenpolitik im Wissenschaftsbetrieb, Alsbach/Bergstr. 1990

Beisenherz, H. Gerhard: Computer und Stratifikation. In: Heidi Schelhowe (Hg.): Frauenwelt – Computerräume, Berlin u.a. 1989

Boss, Christian / Volker Roth: "Die rosigen Zeiten sind vorbei!" DV-Berufe im Wandel, Insitut für sozialwissenschaftliche Forschung Marburg o.J. (1989)

Braszeit, Anne / Ursula Müller / Gudrun Richter–Witzgall / Martina Stackelbeck: Einstellungsverhalten von Arbeitgebern und Beschäftigungschancen von Frauen, Landesinstitut Sozialforschungsstelle Dortmund 1988

Brunk, Marlis / Jung Sun Lie / Loryn Brakenhoff: Die Situation von Informatikerinnen in Studium, Beruf und im familiären Bereich. Informatik-Berichte 85-07, TU Braunschweig 1985

Cockburn, Cynthia: Die Herrschaftsmaschine. Geschlechterverhältnisse und technisches Know-how, Berlin/Hamburg 1988

Detlefs, Kordula u.a.: Frauen und Informatik – Anspruch und Realität, Mitteilung Nr. 155, FB Informatik Uni Hamburg 1988

Dokumentation zur Veranstaltung "Frauen in Mathematik, Naturwissenschaft und Technik" im Sommersemester 1986 an der Uni Bremen

Eckardt, Christiane: Welche gesellschaftliche Forderungen stellen wir Informatikerinnen? Politische Forderungen von Frauen für Frauen, die mit Computern arbeiten. In: Heidi Schelhowe (Hg.): Frauenwelt – Computerräume, Berlin u.a. 1989

Gerke, Katrin u.a.: Arbeits- und Lebenssituation von Informatikerinnen. In: Ralf Klischewski/Simone Pribbenow (Hg.): Computer Arbeit. Täter, Opfer – Perspektiven, Berlin 1989

Hejl, Peter / Raimund Klauser / Wolfram K. Köck: "Computer Kids". Telematik und sozialer Wandel. Ergebnisse einer Pilotstudie in NRW, LUMIS-Schriften, Sonderreihe Band I, o.O. 1988

Janshen, Doris: Frauen und Technik – Facetten einer schwierigen Beziehung. In: Karin Hausen/Helga Nowotny: Wie männlich ist die Wissenschaft?, Frankfurt a.M. 1986

Kauermann-Walter, Jacqueline / Maria Anna Kreienbaum / Sigrid Metz-Göckel: Formale Gleichheit und diskrete Diskriminierung. Forschungsergebnisse zur Koedukation. In: Hans Günther Rolff u.a.: Jahrbuch der Schulentwicklung 5, Weinheim 1988

Krafft, Alexander / Günther Ortmann (Hg.): Computer und Psyche. Angstlust am Computer, Frankfurt a.M. 1988

Küllchen, Hildegard / Lisa Sommer: Mädchen, Macht (und) Mathe. Hg. von der Parlam. Staatssekretärin für die Gleichstellung von Frau und Mann NRW, Düsseldorf 1989

Roloff, Christine: Von der Schmiegsamkeit zur Einmischung. Professionalisierung der Chemikerinnen und Informatikerinnen, Pfaffenweiler 1989

Roloff, Christine / Sigrid Metz-Göckel / Christa Kock / Elke Holzrichter: Nicht nur ein gutes Examen. Forschungsergebnisse aus dem Projekt "Studienverlauf und Berufseinstieg von Chemikerinnen und Informatikerinnen", Dortmunder Diskussionsbeiträge zur Hochschuldidaktik, Band 11, Dortmund 1987 (2. Aufl. 1988)

Roth, Volker / Christian Boss: Frauen sind von gleichen Chancen noch weit entfernt. In: Online 2/1990

Sander, Wolfgang (Hg.): Schülerinteresse am Computer. Ergebnisse aus Forschung und Praxis, Opladen 1988

Schiersmann, Christiane: Computerkultur und weiblicher Lebenszusammenhang. Zugangsweisen von Frauen und Mädchen zu neuen Technologien, Bonn 1987

Schelhowe, Heidi: Frauenspezifische Zugänge zu und Umgangsweisen mit Computertechnologie. Bericht im Rahmen des Projekts "Persönlichkeit und Computer", So-Tech-Programm MAGS/NRW, Bremen 1988

Trautwein-Kalms, Gudrun: Das Ende der Pionierzeit? Berufsentwicklung von InformatikerInnen und DV-Fachkräften. In: Wechselwirkung 43/1989

Periodica:
Amtliche Nachrichten der Bundesanstalt für Arbeit (ANBA)
Computer Magazin
Diebold Management Report
Handelsblatt (HB) und Handelsblatt/Karriere
Marie Claire

Informatikerinnen suchen nach eigenen Wegen.

Positionen und Perspektiven aus der Arbeit der Fachgruppe "Frauenarbeit und Informatik"

Heidi Schelhowe
Forschungszentrum Arbeit und Technik
Universität Bremen

Wenn die Fachgruppe "Frauenarbeit und Informatik" in diesem Jahr erstmals ein Fachgespräch auf einer Jahrestagung der Gesellschaft für Informatik veranstaltet, so ist dies Ergebnis einer Entwicklung, in der Frauen sich zunehmend ihrer eigenen Geschichte in der Informatik bewußt werden. Ich möchte beginnen mit einem kurzen historischen Rückblick und danach einige Perspektiven für eine Zukunft der Frauen in der Informatik entwickeln.

Computerfrauen als "Resultat einer Fehleinschätzung"?

Als 1986 in der Bundesrepublik der erste große bundesweite Kongreß zum Thema "Frauen und Computer", organisiert vom Institut Frau und Gesellschaft (Frauenforschung 1987), stattfand, waren Informatikerinnen und andere EDV-Fachfrauen kaum vertreten. Umso mehr wurde Ada Gräfin von Lovelace als Urahnin aller Computerfrauen, als Erfinderin der Software überhaupt, gefeiert.

Diese euphorische Sicht auf die erste Computerexpertin und die vermutlich doch überzogene Betonung ihres Einflusses (Ute Hoffmann 1987 ist in ihrem Buch "Computerfrauen" der Rezeptionsgeschichte nachgegangen) ist zu erklären aus dem verständlichen Bedürfnis, die bislang verschwiegenen Frauen in der Geschichte sichtbar zu machen und das eigene Geschlecht nicht mehr nur in der Rolle der "Opfer" und der "Betroffenen" der Computertechnologie zu begreifen.

Ada Gräfin von Lovelace, 1815 geboren, gehörte zu den letzten "scientific ladies" in England. Sie erhielt eine mathematisch-naturwissenschaftliche Ausbildung und zeigte großes Interesse an Charles Babbages "Analytical Machine". Ada Lovelace übersetzte Babbages Schriften aus dem Italienischen und Französischen und versah sie mit ausführlichen Kommentaren.

Ihr Beispiel weist einerseits darauf hin, daß Frauen in einem anregenden und offenen Bildungsumfeld ganz selbstverständlich auch naturwissenschaftlich-technische Neigungen und Begabungen entwickeln. Andererseits wirft ihre Person auch ein Licht darauf, wie schwer oder unmöglich es für Frauen war und ist, Selbständigkeit zu zeigen und zugebilligt zu bekommen: Ada Lovelace konnte nur als Übersetzerin von Charles Babbage ihre eigenen Gedanken verbreiten und in die Geschichte eingehen.

In den 40er und frühen 50er Jahren findet Ada Gräfin von Lovelace Nachfolgerinnen in den frühen Computerlaboratorien. Mathematikerinnen schreiben dort Computerprogramme. Die Tatsache, daß sie als Frauen in einem Bereich tätig waren, den Männer später zunehmend für wichtig und innovativ halten, wird in der Geschichtsschreibung erklärt "als Resultat einer Fehleinschätzung der wahren Natur des Programmierens" (nach Ute Hoffmann 1987, S.99). In der Folgezeit gibt es Frauen dann als (elektrotechnische, mathematisch-technische) "Assistentinnen" in der Computerbranche, während sie sich in den qualifizierten Berufen, die die Entwicklung der Informationstechnologien entscheidend mitbestimmen, nicht etablieren können (ebenda 1987, S.130ff).

In dieser ersten Phase weiblicher Tätigkeiten im Computerbereich, als Ausnahmefrauen, als "Fehleinschätzung", als Assistentinnen, gelang es Frauen nicht, entscheidenden Einfluß auf die Ausgestaltung der neuen Berufe im Bereich der Software-Entwicklung zu nehmen. Der Aufbau der neuen, zukunftsträchtigen Professionen wurde nicht aus der Tradition der frühen Programmiererinnen weiterentwickelt, sondern knüpfte an die Ingenieursarbeit und die Arbeit des Naturwissenschaftlers und Mathematikers, die als genuin männlich gelten, an.

Christine Roloff hat den Begriff der "Schmiegsamkeit" dem der Einmischung gegenübergestellt (Roloff 1989), und er scheint mir treffend die Rolle der Ausnahmefrauen und Assistentinnen zu kennzeichnen: Übernahme des männlichen Musters von Berufstätigkeit oder Akzeptanz der weiblichen Rollenzuweisung scheinen oft der Preis, den Frauen für ihre Anwesenheit in Männerdomänen zahlen.

Selbstfindung in einer Männerdomäne

1986 gründeten wir in der Gesellschaft für Informatik im Fachbereich 8 erstmals einen Arbeitskreis, in dem wir Frauen uns selbst, unsere Situation in einer Männerdomäne, zum Thema machten. Inzwischen sind wir eine eigene Fachgruppe im Fachbereich 8 mit über 600 Mitgliedern.

Der Gründung dieser Gruppe in der GI war vorausgegangen und sie wurde begleitet von einer Reihe anderer Zusammenschlüsse von Frauen in Naturwissenschaft und Technik.

Schon seit 1977 gibt es jährlich das bundesweite Treffen von Frauen in Naturwissenschaft und Technik. Ein Verein "Frauen in Naturwissenschaft und Technik" vertritt die Interessen gegenüber der Öffentlichkeit. Als Verband außerhalb der etablierten Organisationen hat sich der Deutsche Ingenieurinnenbund 1986 gegründet, in dem mehr als 300 Ingenieurinnen aus der Bundesrepublik organisiert sind. Im Verein Deutscher Ingenieure existieren ein Ausschuß "Frauen im Ingenieurberuf", daneben auf Bezirksebene verschiedene Arbeitskreise zum gleichen Thema. Zwischen diesen Organisationen gibt es Kontakte, sie geben eine gemeinsame Broschüre heraus, in der die Gruppen ihre Zielsetzungen darlegen (FiT 1990).

Der Zusammenschluß von Informatikerinnen findet aber auch auf lokaler Ebene statt, so hat die Fachgruppe von Anfang an auch in Regionalgruppen gearbeitet. An einigen Universitäten gibt es in der Informatik Frauenseminare, die auf Initiative von Studentinnen zustandegekommen sind (Berlin, Bremen, Dortmund, Hamburg).

Die Thematisierung der eigenen Situation stand und steht in diesen Gruppen und Seminaren zunächst im Vordergrund. Die Zusammenschlüsse sind entscheidende Voraussetzung für die Selbstfindung von Frauen in einer Männerdomäne.

Eine wichtige Unterstützung sind in diesem Zusammenhang die Untersuchungen von Sozialwissenschaftlerinnen, die Bedingungen und Handlungsweisen von Frauen in der Ingenieursdisziplin erforschen und bewußt machen und so einen allgemeinen Bezugsrahmen für individuelle Erfahrungen schaffen können.

Alarmierend in der Öffentlichkeit wirkte ein Ergebnis der Dortmunder Untersuchungen, daß ein Drittel der befragten Informatik-Studentinnen aus Mädchenschulen kommt (Roloff u.a. 1987). Sie geben einen weiteren Hinweis darauf, daß nicht mangelndes mathematisches und technisches Interesse, sondern Lernumgebungen und Verdrängungsprozesse maßgebend dafür sind, daß Mädchen und Frauen technische Ausbildungsgänge eher meiden.

Die Berliner Ingenieurinnen-Untersuchung von Doris Janshen und Hedwig Rudolph (Janshen/Rudolph 1987) kommt zu dem Ergebnis, daß sich bezüglich der Sozialisationsbedingungen und der Verhaltensweisen der Ingenieurinnen in erstaunlich vielen Bereichen eine gesellschaftliche "Normalverteilung" abzeichnet. Gute mathematische, aber auch sprachliche (hier besteht ein Unterschied zu den männlichen Kollegen) Leistungen und überdurchschnittliche Studienleistungen kennzeichnen den Werdegang der Ingenieurin. Die Frauen scheinen während der Zeit des Studiums stärker mit sozialen Filtern, Barrieren und Zumutungen zu kämpfen zu haben als mit den fachlichen Anforderungen.

Im Beruf planen Frauen nur selten ihren beruflichen Werdegang im Voraus. Sie stellen die traditionellen Karrieremuster in Frage: Erfolg bedeutet für sie meist, inhaltlich ausgefüllt und befriedigend arbeiten zu können, nicht Aufstieg in der Hierarchie. Durchgängig zeigen die befragten Frauen eine gleichstarke Orientierung an Beruf *und* Familie bzw. an reichhaltigen sozialen Kontakten und Betätigungen außerhalb des Berufs (Janshen/Rudolph 1987; Roloff 1989).

"Technikdistanz" als Bildungsproblem

Im folgenden möchte ich einen Blick werfen auf die gegenwärtig mit relativ großer öffentlicher Aufmerksamkeit geführte Diskussion um "Frauen und Technik" und "Frauen und Computer" und die dort erörterten Gründe für die Differenz im Verhältnis der Geschlechter zur Technik.

Von seiten der Bundesregierung wurden eine Reihe spektakulärer Maßnahmen zur Verringerung der angeblichen Technikdistanz von Mädchen und Frauen gestartet. Ich möchte hier z.B. an den Modellversuch "Mädchen in Männerberufe" erinnern oder die sogenannte "Brigitte"-Aktion, die Computer-Kurse für Mädchen, die vom Bundesministerium unterstützt, von der Firma Nixdorf durchgeführt und von der Zeitschrift "Brigitte" publizistisch begleitet wurden.

Ziel dieser Bemühungen ist es, die sogenannte "Technikdistanz" von Mädchen und Frauen zu beseitigen. Frauen, so die Hauptlinie der Argumentation, hätten spezifische sozialisations- und bildungsbedingte Defizite, was den Zugang zur Technik betrifft. Aus dieser Grundannahme resultieren eine Vielzahl von Untersuchungen zur frühkindlichen Sozialisation, zur Geschlechtsspezifik schulischer Bildung, zu Behinderungen von Frauen im Berufsalltag, insbesondere in typischen Männerberufen. Das Thema "Frau und Technik" wird dieser These folgend als "Bildungsproblem" diskutiert. Prominentes Beispiel dafür ist das Zukunftskonzept Informationstechnik, das von der Bundesregierung vorgelegt wurde. Dort werden Frauen ausschließlich im Kapitel "Bildung" unter der Überschrift "Förderung von Frauen und Mädchen" erwähnt. Während in der Frauenforschung unter der Grundannahme eines Bildungsdefizits nach den *strukturellen Behinderungen* von Frauen gefragt wird, wird die gesellschaftliche Debatte rasch verkürzt auf Appelle an Mädchen und Frauen zu größerer Bildungsbereitschaft.

Dem ist entgegenzuhalten, daß Mädchen in ihren allgemeinbildenden Schulabschlüssen die Jungen inzwischen überholt haben (Metz-Göckel u.a. 1989), eine deutliche Verbesserung ihrer Aufstiegschancen aber bislang nicht zu beobachten ist (ausführlicher diskutiert wird diese Frage in Rabe-Kleberg 1990).

Was die These von der Technikdistanz betrifft, die lange Zeit unumstritten schien, so ist auch diese heute nicht mehr glaubwürdig: Wir wissen heute, daß Mädchen geschlechtshomogene Freizeitangebote im Bereich informationstechnologischer Bildung gerne wahrnehmen (Schulz-Zander 1989) und daß Weiterbildungsangebote bei erwachsenen Frauen auf Gegenliebe stoßen, wenn ihnen Gelegenheit und Zugang gegeben werden (Faulstich-Wieland 1989). Karin Gottschall hat in ihrer Untersuchung in mittelständischen Betrieben herausgefunden, daß dort gerade Frauen die Trägerinnen technischer Innovation sind (Gottschall 1990).

Frauenspezifische Zu- und Umgangsweisen

Mit der neuen Frauenbewegung begannen Frauen, nicht nur nach formaler und rechtlicher Gleichstellung, sondern auch nach der eigenen Kultur, den eigenen Räumen und dem eigenen Weg zu und in typische(n) Männerdomänen, in Politik, Wirtschaft, Wissenschaft und Technik zu fragen.

In Anlehnung und Weiterentwicklung der namhaft von Männern geführten Kritik an der neuzeitlichen Naturwissenschaft und Technik entwickelte sich eine feministische Kritik von Naturwissenschaft und Technik. Diese war in ihrer ersten Phase deutlich geprägt von den Rollenzuweisungen, wie sie von männlichen Kritikern vorgenommen wurden.

So hatte z.B. Capra in positiver Umkehr der alten Verbindung von Frau und Natur den Frauen eine "natürliche" ökologische Grundhaltung bescheinigt: "Die altüberlieferte Assoziation von Frau und Natur verknüpft also die Geschichte der Frau mit der Geschichte der Umwelt und ist Quelle der natürlichen Verwandtschaft zwischen Feminismus und Ökologie, die immer deutlicher in Erscheinung tritt" (Capra 1984, S.38). Mike Cooley forderte die Frauen auf, mehr Weiblichkeit, nämlich "Gefühl, Mitleidsfähigkeit, Intuition, Rezeptivität, Kreativität" (Cooley 1984, S.62) in Computerprojekte einzubringen, um diese "mitmenschlicher, freiheitlicher, sozial verantwortlicher" zu gestalten (ebenda, S.64).

Da die neuen Rollenzuweisungen unter umgekehrten Vorzeichen, nämlich als Überlegenheit des Weiblichen, vorgenommen wurden, gab es im feministischen Diskurs zunächst Tendenzen, diese anzunehmen.

Die Einsicht in die Gestaltbarkeit von Software ließ die Hoffnung entstehen, Frauen hätten sich durch ihre Nichtbeteiligung an technologischen Zielsetzungen eine gewisse Unschuld bewahrt, und sie hätten einen ganzheitlichen, empathischen, sanften Zugang und Umgang mit dem Computer einzubringen und könnten somit existierende Gestaltungsspielräume anders und besser nutzen als männliche Ingenieure und Benutzer.

Mit einer Reihe empirischer Untersuchungen (eine Zusammenstellung bei Heidi Schelhowe 1988) wurde versucht, spezifisch weiblichen Zu- und Umgangsweisen auf die Spur zu kommen. In den Forschungen, wie sie z.B. am Institut Frau und Gesellschaft durchgeführt wurden, wurde von der Hypothese ausgegangen, daß Frauen den besseren Zugang zur und Umgang mit der Technik hätten: "Pragmatisches, realistisches und gebrauchswertorientiertes Handeln bewahrt die Frauen davor, sich blindlings einer Sache anheimzugeben, mit der Gefahr, ihr zu verfallen; es befähigt sie von Anfang an zur Kritik und der Insistenz, in gesellschaftsbezogenen Konstellationen zu denken" (Brandes u.a. 1985, S.43; siehe dazu auch Schiersmann 1987). Die Erhebungen selbst aber fördern keine aufsehenerregenden Unterschiede zutage. Sie geben wenig Anhaltspunkte für die weitverbreitete Annahme eines weiblichen "Sozialcharakters", der sich unabhängig vom Kontext in den unterschiedlichsten Situationen und auch im Umgang mit Technik realisieren würde.

Die ungleichen Chancen von Frauen und Männern in der Gesellschaft lassen sich weder aus der biologischen Konstitution noch aus den Charaktereigenschaften begründen. Die tatsächlichen Verhaltensweisen von Männern und Frauen unterscheiden sich von den männlichen und weiblichen Stereotypen erheblich und sind weniger different als gemeinhin unterstellt wird. In der Frauenbewegung und Frauenforschung setzt sich heute zunehmend die Erkenntnis durch, daß eine positive Umwertung der Geschlechterrollen und die Suche nach dem "Ganz-Anderen" in den Persönlichkeitsmerkmalen und Verhaltensweisen keine Strategie für die Emanzipation der Frauen sein kann.

"Von der Schmiegsamkeit zur Einmischung"

Ursula Beer benennt als den zentralen Punkt, an dem sich die Ungleichheit der Geschlechter manifestiert, die "Verfügungsgewalt über soziale Gestaltungsräume" (Beer 1990, S.216). In der gegenwärtig sich anbahnenden Kündigung verschiedener Übereinkünfte zwischen Mann und Frau sieht sie eine soziale Sprengkraft: "Die Übereinstimmung von gegenseitigen Erwartungen zwischen Mann und Frau kann als der psychische und normative Kitt bezeichnet werden, der das gesellschaftliche Organisationsprinzip einer geschlechtsspezifischen Arbeitsteilung und einer personalen Unterordnung der Frau gegenüber dem Mann zusammenhält. Wird dieser Kitt brüchig, sind weit mehr als die Beziehungen der Geschlechter tangiert, zur Disposition steht dann das Geschlechterverhältnis selber." (Beer 1990, S.284)

Technologie und die technologische Profession gehören zu den zentralen Orten für die Konstruktion und Rekonstruktion des Geschlechterverhältnisses. Gab es lange Zeit eine weitgehend akzeptierte Übereinkunft zwischen den Geschlechtern, eine Übereinstimmung der gegenseitigen Erwartungen, daß Entscheidungen über Technik Männersache seien und Frauen sich dort im wesentlichen heraushalten, so wird diese Zuteilung des Gestaltungsraums gegenwärtig und insbesondere im Hinblick auf die Informationstechnologie in Frage gestellt.

Christine Roloff benennt das Differenzbewußtsein als "Motor für Veränderung" (Roloff 1989, S.287). Die Zusammenschlüsse von Frauen sind ein entscheidender Faktor, der das Differenzbewußtsein gegenüber Männern wachsen läßt, das Bewußtsein über die Unterschiede in den Lebensbedingungen und über widerstreitende Interessenlagen, z.B. die gleichstarke Orientierung von Frauen an Beruf und Familie.

Profession ist nichts, was nur von außen gesetzt wird und danach unveränderlich ist, sondern sie wird ständig neu gestaltet durch die Menschen, die dieser Profession angehören. Frauen sind an diesem Vorgang der Professionalisierung des

Ingenieurberufs, d.h. an der Errichtung der fachlichen und sozialen Standards, an der Setzung der erforderlichen professionellen Qualifikationen und der Bestimmung der Zielrichtung von inhaltlichen und sozialen Aktivitäten bislang kaum beteiligt.

Die in den technisch-wissenschaftlichen Vereinen wie VDI oder GI angesichts der ökologischen Krise und der veränderten gesellschaftlichen Diskussionen um Technologie und Fortschritt in Gang gekommenen Debatten um eine Neuorientierung des Ingenieurberufs kann uns Frauen eine gute Chance geben, Zielsetzungen, die wir aus der Diskussion unserer Differenzerfahrungen gewinnen, stärker zur Geltung zu bringen.

In welche Richtung eine solche Einmischung gehen könnte, möchte ich an Aufgaben, wie sie sich aus meiner Sicht für eine Frauenforschung in der Informatik stellen, andeuten.

Frauenforschung in der Informatik

Elvira Scheich hat dargelegt, wie sich die Tatsache der gesellschaftlichen Arbeitsteilung zwischen den Geschlechtern in der Theoriebildung von Physik und Biologie niederschlägt (Scheich 1990). So wie die Hausarbeit und die Arbeit zur Erziehung der Kinder aus der Ökonomie ausgeschlossen bleiben, obwohl sie die Basis für die marktorientierte Produktion bilden, so bleiben auch Fragen der Reproduktion von Mensch und Natur und auch die Fragen danach, was die Grundlagen für die Produktion und Reproduktion der wissenschaftlichen Theorie- und Methodenbildung sind, aus den Naturwissenschaften ausgeschlossen.

Mir scheint es erfolgversprechend, diesem wissenschaftstheoretischen Ansatz nachzugehen und die Kategorie der Reproduktion als Kategorie einer feministischen Kritik auch der Informatik in Betracht zu ziehen. Wenn durch Technik, wie Elvira Scheich sagt, Natur neu konstruiert wird, so wäre zu fragen, ob und wie in dieser Neukonstruktion die reproduktiven Anteile von Prozessen eine Rolle spielen bzw. inwiefern sie bei der technischen Konstruktion verloren gehen.

Es scheint mir wichtig, daß Frauenforschung zu der Diskussion um eine Theoriebildung der Informatik, wie sie gegenwärtig z.B. in der GI geführt wird (Coy 1989), Positionen beiträgt. Informatik ist bis heute eine Wissenschaft, die ihre theoretischen Fundamente wenig reflektiert und die Fragen nach ihrem Gegenstand, ihren Theorien und Methoden zu wenig erörtert.

Technologisches Wissen, so sagt Cynthia Cockburn, ist übertragbares Wissen, das erfolgreich von einem Produktionsprozeß auf den anderen übersetzt werden kann. Männer, so Cynthia Cockburn, wandern von Industriezweig zu Industriezweig und tragen das Know-how über die Grenzen von Firmen und Branchen. Männer besaßen die dazu notwendige intellektuelle, berufliche und physische Bewegungsfreiheit und den erforderlichen Überblick. Die Denkweise, die technische Erfindungen ermöglicht, erwächst weniger aus dem konkreten Arbeitsvorgang selbst heraus, sondern aus Ähnlichkeiten des Arbeitsgeräts mit anderen Geräten und Techniken (Cockburn 1988, S.18). So vermittelt dem Ingenieur seine Tätigkeit die Illusion eines technologischen Abenteuers: "Heldentaten, besonders solche im Bereich kreativer Technologie, geben dem Mann das Gefühl, sich über das alltägliche Einerlei zu erheben" (ebenda, S. 18).

Die Ablösung der technologischen Entwicklung von den konkreten Kenntnissen und Fertigkeiten des jeweiligen Berufszweiges hat mit der Computertechnologie, mit der sogenannten "universellen Maschine", die unabhängig vom Anwendungsbereich konstruiert und vom Prinzip her überall (für alle berechenbaren Probleme) einsetzbar ist, einen Höhepunkt erreicht. Gleichzeitig aber stößt diese Art der Konstruktion und Anwendung in der Software an Grenzen, wie sie vorher nie sichtbar wurden. Die Erkenntnis, daß Systeme nicht funktionieren, wenn nicht BenutzerInnen an der Entwicklung beteiligt sind und ihr Anwendungswissen in die Konstruktion einfließt, beginnt langsam an Boden zu gewinnen.

Die Vorstellung, daß Forschungsfragen und insbesondere informationstechnologische Fragestellungen sich aus sich selbst heraus entwickeln, kennzeichnet traditionelles Bewußtsein in den Ingenieurwissenschaften. Forschungfragen enstehen jedoch nicht aus einer technikimmanenten Logik. Sie sind Ergebnis gesellschaftlicher Interessen und Auseinandersetzungen. Diese müssen bewußt und dem Diskurs zugänglich gemacht werden. Solange Technikforschung und Technikentwicklung als Höhenflug und nicht als konkretes Einlassen auf konkrete Probleme begriffen werden, werden die Zielsetzungen und gesellschaftlichen Konsequenzen nicht diskutierbar.

Als Beispiel für eine Kritik an der Theoriebildung in der Informatik, das gleichzeitig auch der Vorstellung von technologischer Entwicklung als Höhenflug entgegentritt, möchte ich auf das u.a. von Christiane Floyd und Fanny Michaela Reisin entwickelte, von Margrit Falck weitergedachte Modell des Software-Entwicklungsprozesses (STEPS) hinweisen (Floyd 1989; Falck 1989; Reisin 1989). In Kritik am traditionellen Phasenmodell entwickeln die Informatikerinnen die Modellvorstellung eines Zyklus, mit einem ständigen Rückbezug auf die Anforderungen der AnwenderInnen und ihre sich im Verlauf des Prozesses verändernden Bedürfnisse. Diese werden nicht als störend, sondern als förderlich für den Gestaltungsprozeß gesehen.

Gestaltung von Technik von Frauen für Frauen

Wenn es um Fragestellungen für eine Frauenforschung in der Informatik geht, so sehe ich neben der Kritik der Theoriebildung v.a. eine sehr naheliegende Aufgabe: Technikgestaltung von Frauen für Frauen.

Bis Anfang der 80 Jahre waren die Prognosen bzgl. der Frauenerwerbsarbeit ausnahmslos düster: Arbeitslosigkeit, Heimarbeit und Dequalifizierung wurden angesichts der rapiden Ausbreitung der Informations- und Kommunikationstechnologien insbesondere für Frauen vorausgesagt (Vogelheim 1984; Huber/Bussfeld 1985). Heute stellen Sozialwissenschaftlerinnen fest, daß die Entwicklungen weitaus widersprüchlicher sind als ursprünglich erwartet (Heinig/Lenz 1988).

Immer deutlicher wird heute, daß die Einführung von Informationstechnik nicht nur ein neues Arbeitsmittel an die Arbeitsplätze bringt, sondern daß sie mit Umstrukturierungen größeren Ausmaßes verbunden ist. Dies gilt sowohl für die betrieblichen Organisationsstrukturen insgesamt als auch für die Qualifikationsanforderungen an einzelnen Arbeitsplätzen. Es hat den Anschein, als ob mit der Informationstechnik eine große Umverteilung von Plätzen, Hierarchien und Qualifikationen stattfindet.

In diesem Rahmen stehen auch traditionelle geschlechtsspezifische Arbeitsteilungen zur Disposition. Dies birgt die Gefahr, daß diese - wie schon häufig in der Vergangenheit (vgl. Cockburn 1988) - weiter zugunsten des männlichen Geschlechts verschärft werden. Es wird viel davon abhängen, ob Lösungen gefunden werden, um Männern mehr Verantwortung für die Reproduktionsarbeit zu übertragen.

Wir wissen heute, daß Technik - und dies gilt ganz besonders für Software - unterschiedlich aussehen und wirken kann, je nach den Zielvorstellungen, mit denen sie entwickelt wird. So liegen auch in der Technikgestaltung selbst gewisse Chancen, die Gleichstellung von Frauen und Männern zu unterstützen.

Wir haben den Verdacht, daß für Technik an Frauenarbeitsplätzen schneller an leichte Bedienbarkeit und einfache Handhabung gedacht wird als an den Erhalt und die Förderung von Qualifikationen. Bei Frauenarbeit werden eher "Eigenschaften" assoziiert als Qualifikationen, die durch Ausbildung und Erfahrung erworben sind. Dies gilt z.B. für die Schreibarbeit, wo erst durch Jacobi u.a. 1980 die Bedeutung dieser Arbeit ins richtige Licht gerückt wurde. Entsprechend ist auch der Gestaltung von Technik für Schreibarbeitsplätze keine Bedeutung zugemessen worden. Daß es z.B. einen Unterschied für die Auswahl und Konstruktion des technischen Arbeitsmittels ausmachen kann, ob es sich um professionelle Schreibarbeit oder um gelegentliches Eintippen von Texten durch AutorInnen handelt, wurde bislang kaum diskutiert (siehe dazu Köhler u.a. 1986).

Technikgestaltung für Frauen darf aber nicht nur die Arbeitsbedingungen in der Erwerbsarbeit in den Blick nehmen. Sie orientiert sich auch an den Arbeitsbedingungen am zweiten, bislang fast ausschließlich Frauen vorbehaltenen Arbeitsplatz, dem Bereich der Hausarbeit und der Kindererziehung. Das heißt, Leben und Arbeiten zusammen in den Blick zu nehmen. Die Befriedigung unmittelbarer Lebensbedürfnisse kann unter dieser Blickrichtung auch zum Maßstab für gesellschaftliche Produktion werden (siehe auch dazu Köhler u.a. 1986).

Zur Gleichstellung der Frau in allen Lebensbereichen brauchen Frauen auch "Technikgestaltungsräume". Ich denke, daß Ingenieurinnen diese Räume mit dem Blick auf die Interessen von Frauen ausgestalten wollen und werden.

LITERATUR:

Ursula Beer 1990. Geschlecht, Struktur, Geschichte. Soziale Konstituierung des Geschlechterverhältnisses. Frankfurt, New York.

Uta Brandes,Doris Riechelmann,Ilona Valentin-Pralat 1985. Workshop im IFG. Computer-Bildung für Frauen — Didaktisch-methodische Ansätze. In: Frauenforschung, hrsg. vom Institut Frau und Gesellschaft, Heft 4, Hannover, S.36-46.

Fritjof Capra 1984. Wendezeit. Bausteine für ein neues Weltbild. München (7.Aufl.).

Cynthia Cockburn 1988. Die Herrschaftsmaschine: Geschlechterverhältnis und technisches Know-how. Berlin, Hamburg.

Mike Cooley 1984. Produkte für das Leben statt Waffen für den Tod. Arbeitnehmerstrategien für eine andere Produktion. Reinbek.

Wolfgang Coy 1989. Brauchen wir eine Theorie der Informatik? In: Informatik-Spektrum Heft 5, Oktober.

Margrit Falck 1989. IMPACT - ein Methodenansatz zur interessengeleiteten Systemgestaltung als Beispiel zum Gestaltungsvorhaben einer Informatikerin. In: Heidi Schelhowe (Hrsg.), a.a.O.

Hannelore Faulstich-Wieland 1989. Bildungskonzeptionen zur Informationstechnik. In: Heidi Schelhowe (Hrsg.), a.a.O.

Christiane Floyd 1989. Softwareentwicklung als Realitätskonstruktion. In: W.-M. Lippe (Hrsg.). Software-Entwicklung. Konzepte, Erfahrungen, Perspektiven. Berlin, Heidelberg, New York.

FiT. Frauen in Technik und Naturwissenschaft 1990. Deutscher Ingenieurinnenbund (Hrsg.). Bremen, Frankfurt. Ausgabe 2, März.

Frauenforschung 1987. Informationsdienst des IFG, hrsg. vom Institut Frau und Gesellschaft, Themenschwerpunkt: Frauen und neue Technologien. Heft 1/2 Bielefeld.

Karin Gottschall 1990. Innovation im Betrieb als Motor naturwüchsiger Frauenförderung? Zum widersprüchlichen Charakter betrieblicher Qualifizierungsprozesse am Beispiel weiblicher Angestellter in Klein- und Mittelbetrieben. In: Ursula Rabe-Kleberg (Hrsg.), a.a.O.

Sabine Heinig, Ilse Lenz (Hrsg.) 1988. Schöne neue Frauenwelt. Computer in Bildung, Beruf und Beziehungen. Münster.

Ute Hoffmann 1987. Computerfrauen. Welchen Anteil haben Frauen an Computergeschichte und -arbeit? München.

Michaela Huber, Barbara Bussfeld 1985. Blick nach vorn im Zorn. Die Zukunft der Frauenarbeit. Weinheim, Basel.

Ursula Jacobi, Veronika Lullies, Friedrich Weltz 1980. Textverarbeitung im Büro. Alternativen der Arbeitsgestaltung. Schriftenreihe "Humanisierung des Arbeitslebens" Bd 4. Bundesminister für Forschung und Technologie (Hrsg.) Frankfurt.

Doris Janshen, Hedwig Rudolph u.a. 1987. Ingenieurinnen. Frauen für die Zukunft. Berlin, New York.

Doris Köhler, Frieder Nake, Heidi Schelhowe, Ludwig Voet 1986. Orientierung an Gebrauchswerten. Zur Gestaltung der Informationstechnik am Beispiel der Herstellung von Dokumenten. In: Klaus Theo Schröder (Hrsg.): Arbeit und Technik. Proc. GI- Fachtagung Karlsruhe, Juli. Berlin, Heidelberg, New York.

Sigrid Metz-Göckel, Christine Roloff, Anne Schlüter 1989. Frauenstudium nach 1945 — Ein Rückblick. In: Aus Politik und Zeitgeschehen. Beilage zur Wochenzeitung Das Parlament. B 28.

Ursula Rabe-Kleberg (Hrsg.) 1990. Besser gebildet und doch nicht gleich! Frauen und Bildung in der Arbeitsgesellschaft. Bielefeld.

Fanny Michaela Reisin 1989. Software-Entwicklung aus weiblicher Perspektive. In: Heidi Schelhowe (Hrsg.), a.a.O.

Christine Roloff, Sigrid Metz-Göckel, Christa Koch, Elke Holzrichter 1987. Nicht nur ein gutes Examen. Forschungsergebnisse aus dem Projekt: Studienverlauf und Berufseinstieg von Frauen in Naturwissenschaft und Technologie — Die Chemikerinnen und Informatikerinnen. Dortmunder Diskussionsbeiträge zur Hochschuldidaktik. Band 11, August.

Christine Roloff: Von der Schmiegsamkeit zur Einmischung. Professionalisierung der Chemikerinnen und Informatikerinnen. Pfaffenweiler 1989.

Elvira Scheich 1990. Naturbeherrschung und Weiblichkeit. Abstrakte Bewußtseinsstrukturen - unbewußte Gesellschaftlichkeit objektiver Wissenschaft. Dissertation Frankfurt.

Heidi Schelhowe 1988. Frauenspezifische Zugänge zu und Umgangsweisen mit Computertechnologie. Bericht im Rahmen des Projekts "Persönlichkeit und Computer", So-Tech-Programm MAGS/NRW. Bremen.

Heidi Schelhowe (Hrsg.) 1989. Frauenwelt — Computerräume. Proc. GI- Fachtagung 21.-24. Sept.1989. Berlin, Heidelberg, New York.

Christiane Schiersmann 1987. Computerkultur und weiblicher Lebenszusammenhang: Zugangsweisen von Frauen und Mädchen zu neuen Technologien. Bundesministerium für Bildung und Wissenschaft (Hrsg.). Schriftenreihe Studien zu Bildung und Wissenschaft 49. Bad Honnef.

Renate Schulz-Zander 1989. Konzepte und Strategien zur informationstechnologischen Bildung für Mädchen und Frauen. In: Heidi Schelhowe (Hrsg.), a.a.O.

Elisabeth Vogelheim (Hrsg.) 1984. Frauen am Computer. Was die neuen Technologien den Frauen bringen. Eine Einführung. Reinbek.

Intelligente Lernsysteme

Die GI-Fachgruppe „Intelligente Lernsysteme" veranstaltet am 12. Oktober 1990 im Anschluß an ihre Workshops in den Jahren 1987, 1988 und 1989 erstmals ein eigenes Fachgespräch auf einer GI–Jahrestagung zum Thema „intelligente" tutorielle Systeme.

Intelligente Lernsysteme (ILS; engl.: Intelligent Tutoring Systems) beruhen als spezielle Form des rechnerunterstützten Lernens wesentlich auf modernen Ansätzen der Kognitionsforschung und der Künstlichen Intelligenz als Disziplin der Informatik. Sie werden als „intelligent" bezeichnet, weil sie in der Lage sind, einen flexiblen und adaptiven Dialog mit dem Lernenden zu führen. Flexibel bedeutet hier, daß der Lernende auf bestimmte Lerninformationen und/oder spezifische Präsentationsformen des Lehrstoffes in unterschiedlicher Weise zugreifen kann. Als adaptiv gilt ein Lernsystem dann, wenn die Darbietung dieses Lehrstoffes an das Kenntnis– und Fertigkeitsniveau des jeweiligen Lernenden angepaßt werden kann.

Daher bestehen intelligente Lernsysteme im wesentlichen auch aus folgenden Komponenten:

- Eine Wissensbasis (Expertenkomponente), die das zu vermittelnde Wissen enthält;
- ein Lernermodell, in dem Informationen über den jeweiligen Wissensstand des Lernenden festgehalten sind;
- eine tutorielle Komponente, die angibt, auf welche Weise dem Lernenden der Lehrstoff dargeboten wird, sowie
- eine (natürlichsprachliche) Dialogkomponente zur Verbesserung des Dialogs zwischen Lernendem und Lehrsystem.

Die aktuelle Entwicklung intelligenter Lernsysteme (ILS) wirft eine Reihe grundlegender Forschungsfragen auf, die eine interdisziplinäre Zusammenarbeit von Informatik, Künstlicher Intelligenz, Wissenspsychologie, Linguistik und Fachdidaktik notwendig machen. Die Informatik/Künstliche Intelligenz untersucht dabei sowohl methodische Grundlagen für die Verwirklichung komplexer rechnerunterstützter Lernumgebungen als auch neue Ansätze für die Wissensrepräsentation und die Dialoggestaltung von ILS.

Für das Fachgespräch wurden mehr als 20 Beiträge eingereicht, aus denen insgesamt 12 Fachvorträge ausgewählt wurden. Sie befassen sich vorwiegend mit folgenden Themenkreisen:

- Wissensmodellierung und -repräsentation bei ILS;
- adaptive Benutzermodellierung bei ILS;
- Anwendungen von ILS auf der Basis von Hypermedien;
- Modelle und Applikationen von ILS aus der Wissenspsychologie;
- Expertensysteme als ILS.

Programmkomitee

R. Gunzenhäuser (Universität Stuttgart),
H. Mandl (DIFF, Universität Tübingen)

EIN KOGNITIVES MODELL DES ALGORITHMENENTWURFS

und einige Schlußfolgerungen für Tutorsysteme des Programmierens[1]

Lorenz M. Hilty

Fachbereich Informatik

Universität Hamburg

1. Einleitung

Der Entwurf von Algorithmen wird häufig als eine Form des *Problemlösens* bezeichnet. Einige Lehrbücher des Programmierens führen das Wort "Problemlösen" im Titel, um anzuzeigen, daß sie dem Weg von einer Problemstellung zum Algorithmus mehr Bedeutung beimessen als seiner Implementation mit den Mitteln einer Programmiersprache.[2]

Einerseits erscheint es sinnvoll, daß ein Lehrbuch mehr vermitteln will als die Syntax und Semantik einer Programmiersprache – offenbar hat sich Dijkstras Auffassung, Programmieren erfordere nur zu 10 Prozent Faktenwissen über Programmiersprachen oder Geräte (Dijkstra, 1982), weitgehend durchgesetzt. Andererseits bleibt häufig unklar, was mit dem Schlagwort "Programmieren und Problemlösen" gemeint ist. Es gibt zumindest zwei Interpretationen dieser Formulierung. Zum einen kann der Entwurf eines Algorithmus (und evtl. auch seine Implementation) als das zu lösende Problem gesehen werden; in diesem Sinne ist z.B. die Methode der schrittweisen Verfeinerung ein präskriptives Modell des Problemlösens. Nach der zweiten Lesart ist ein Problem in einer bestimmten Domäne gegeben, das *durch* den Entwurf eines Algorithmus (und seine Implementation) gelöst werden soll.[3]

E. Kant und A. Newell (1984) haben in einer Untersuchung des Entwurfsverhaltens von Informatikern beobachtet, daß die Versuchspersonen in zwei unterschiedlichen Problemräumen operierten, einem *Algorithmenraum* (algorithm space) und einem *Domänenraum* (task domain space). Im Algorithmenraum findet der eigentliche Entwurf statt; die Operatoren dieses Raumes dienen z.B. zur Verfeinerung der bisherigen Lösung. Stießen die Probanden auf Schwierigkeiten, unternahmen sie "Exkursionen" in den Domänenraum, indem sie Instanzen der ursprünglichen Problemstellung (hier die Bestimmung der konvexen Hülle einer Menge von Punkten) mit Papier und Bleistift selber lösten. Durch diese Experimente gewannen sie offenbar Einsichten, die für die Weiterentwicklung des Algorithmus nützlich waren. Dieses Zwei-Problemraum-Modell des Algorithmenentwurfs, das die Basis der folgenden Überlegungen bildet, führt auf die Frage nach der Beziehung zwischen den beiden Problemräumen. Ein Algorithmus ist eine *allgemeine* Lösung eines Problems. Es ist alles andere als selbstverständlich, daß aus Beobachtungen, die an *speziellen* Fällen gemacht werden, Schlüsse für den allgemeinen Fall gezogen werden können. Hier stellt sich das *Induktionsproblem*.

Wesentlich für die weiteren Überlegungen ist die Unterscheidung zwischen *singulären* und *generischen* Problemen. Das wahrscheinlich meistzitierte "Lehrbuchproblem" der Informatik und der kognitiven Psychologie, der "Turm von Hanoi", soll diesen Unterschied illustrieren. In der psychologischen Literatur wird es häufig für eine feste Anzahl von Scheiben formuliert (so z.B. bei Anderson, 1988; Brander et al., 1989). Es handelt sich in diesem Fall um ein singuläres Problem. In der Informatik dagegen wird diese Aufgabe typischerweise für eine *beliebige* Anzahl von Scheiben gestellt ("Gegeben seien drei Stäbe und n Scheiben ... Man

---

[1]Teile dieses Beitrags basieren auf der Dissertation des Autors, die am Fachbereich Informatik der Universität Hamburg unter Betreuung von Prof. P. Schefe entstanden ist.
[2]z.B. Schneider et al. (1982): "An Introduction to Programming and Problem Solving With Pascal"; Grogono & Nelson (1982): "Problem Solving and Computer Programming"; Fave, Milbrandt & Garth (1972): "Problem Solving – The Computer Approach"; Hoppe & Löthe (1984): "Problemlösen und Programmieren mit LOGO".
[3]Eine dritte Interpretation ergibt sich, wenn wir von der umgangssprachlichen Bedeutung des Wortes "Problem" ausgehen. In diesem Text wird jedoch von jenem speziellen Problembegriff ausgegangen, der in der Informatik und kognitiven Psychologie üblich ist.

bestimme einen Algorithmus, der diese Aufgabe löst", Wirth, 1979, S. 219). In diesem Fall handelt es sich um ein generisches (allgemeines) Problem. Die Lösung eines singulären Problems ist ein Lösungsfpad, also ein Pfad durch einen Problemraum, der vom gegebenen Anfangs- zu einem Zielzustand führt. Die Lösung eines generischen Problems ist dagegen ein allgemeines Verfahren; handelt es sich um ein Verfahren mit abstrakten Objekten, das sich aus elementaren Operationen zusammensetzt, ist es speziell ein Algorithmus.

2. Verwandte Arbeiten

Die Frage, wie Menschen beim Entwurf von Algorithmen vorgehen und insbesondere, auf welches *Wissen* sie sich dabei stützen, wurde in der *Psychologie des Programmierens* vielfach untersucht. In der kognitiv orientierten Richtung dieses Forschungsgebietes gibt es zwei Ansätze, die ich im folgenden als *schema-orientiert* bzw. *regel-orientiert* bezeichne.

Der schema-orientierte Ansatz wird hauptsächlich von Elliot Soloway und seinen Ko-Autoren vertreten. Die grundlegende These lautet, daß erfahrene Programmierer über ein Repertoire von stereotypischen Lösungen verfügen, die sie beim Programmieren modifizieren und kombinieren bzw. beim Lesen von Programmen wiedererkennen. Diese Lösungsschemata werden bei Soloway et al. (1982, 1984, 1986) als *Pläne* bezeichnet. Spohrer und Soloway (1986) zeigten durch eine Analyse der Programmierfehler von PASCAL-Anfängern, daß falsche Annahmen über die Bedeutung von Sprachkonstrukten (Fehlkonzeptionen) – entgegen einer verbreiteten Auffassung – nicht die wichtigste Ursache für Anfängerfehler sind. Viele Studenten hatten die Syntax und Semantik von PASCAL verstanden; es fiel ihnen jedoch schwer, korrekte Lösungen für Teilprobleme zu einem sinnvollen Ganzen zusammenzufügen. Man kann dieses Ergebnis zur These generalisieren, daß es möglich ist, *eine Programmiersprache zu erlernen, ohne Programmieren zu lernen.*

Auf der Basis des schema-orientierten Ansatzes ist das System PROUST entstanden, das Fehler in syntaktisch korrekten Pascal-Programmen diagnostiziert (Johnson, 1986, 1990). Das neuere kognitive Modell MARCEL (Spohrer & Soloway, 1989) geht über diesen Ansatz hinaus, indem es der Dynamik des Entwurfsprozesses und den individuellen Unterschieden von Programmierern berücksichtigt. In Experimenten, die mit der Methode des lauten Denkens durchgeführt wurden, stellten die Autoren fest, daß die Probanden die Ausführung des Algorithmus häufig *mental simulierten* und dabei Schwierigkeiten erkannten, die zu einer Korrektur des Entwurfs führen. Die Vorgehensweise, eine allgemeine Lösung zu generieren, sie an einem singulären Fall zu testen und anschließend zu verbessern ("generate, test and debug", kurz GTD) ist offenbar dem Algorithmenentwurf inhärent und nicht an die Tätigkeit am Rechner gebunden.

Der regelorientierte Ansatz ist aus der ACT*-Theorie von Anderson (1983) hervorgegangen. Kern dieser Theorie ist die These, daß deklaratives Wissen durch seinen Gebrauch in prozedurales Wissen transformiert wird; dieses wird in Form von Produktionsregeln dargestellt. Im Rahmen der Produktionssystem-Architektur GRAPES, die einige Aspekte von ACT* implementiert, wurde das Verhalten von Anfängern beim Erlernen von LISP simuliert (Anderson et al., 1984, 1985). Das Modell löst einfache Aufgaben zunächst dadurch, daß es oberflächliche syntaktische Analogien zu bereits bekannten Lösungen herstellt oder vorgegebene textuelle Muster (deklaratives Wissen) anwendet. Das Ergebnis solcher Problemlösungsepisoden wird dann durch die ACT*-Lernmechanismen der *Prozeduralisierung* und *Komposition* zu neuen Regeln kompiliert. Auf der Basis dieses Ansatzes ist der LISP-Tutor GREATERP entstanden (Anderson & Reiser, 1985; Anderson et al., 1990). Interessant ist, daß im meistzitierten Beispieldialog (Definition der Fakultätsfunktion) der Benutzer aufgefordert wird, einzelne Ein-/Ausgabe-Paare des gesuchten Algorithmus selbst zu berechnen. Der Tutor stellt die Ergebnisse dann in einer Tabelle zusammen. Offenbar wird hier davon ausgegangen, daß der Benutzer durch induktives Lernen einen Algorithmus entdeckt.

Eine Gemeinsamkeit vieler Untersuchungen über die Vorgehensweise von Programmierern ist die Beobachtung, daß sie die Ausführung des entstehenden Algorithmus mental oder mit Papier und Bleistift *simulieren* (Hoc, 1983; Anderson et al., 1984; Adelson & Soloway, 1985; Gugerty & Olson, 1986; Guindon et al., 1987; Visser, 1987; Spohrer & Soloway, 1989). Durch solche Testläufe kann ein Algorithmus prinzipiell nur falsifiziert, nicht aber verifiziert werden.

Amarel (1986) sieht hier eine Analogie zur Entwicklung empirisch-wissenschaftlicher Theorien, die durch Experimente ebenfalls nur falsifiziert werden können. In beiden Fällen stellt sich beim negativen Ausgang eines Experiments die Frage, welche Konsequenzen auf der generischen Ebene zu ziehen sind, d.h. auf welche Weise die Theorie (bzw. der Algorithmus) modifiziert werden muß. Daß erfahrene Programmierer nach einem Test mit negativem Ergebnis *qualitativ höherwertige Hypothesen* über die notwendige Programm-Modifikation bildeten als Anfänger, haben Gugerty und Olson (1986) beobachtet.

Es gibt somit eine Reihe von Hinweisen darauf, daß das induktive Verallgemeinern bei der Entwicklung von Algorithmen eine wesentliche Rolle spielt. Sowohl aus der Lösung singulärer Probleme als auch aus einem gescheiterten Lösungsversuch (der Falsifikation eines Algorithmus durch einen Testlauf) können nur durch induktive Generalisierung Konsequenzen für den Entwurf oder die Verbesserung des Algorithmus gezogen werden.

3. Empirische Untersuchung

Die zitierten Ergebnisse legen die Vermutung nahe, daß Programmierer sich durch die Denkgewohnheit auszeichnen, aus *singulären* Lösungen (oder Lösungsversuchen) geeignete Konsequenzen für die Entwicklung oder Modifikation der *generischen* Lösung eines Problems zu ziehen. Zur Prüfung dieser Hypothese wurde im Wintersemester 88/89 eine Untersuchung durchgeführt, an der 123 Teilnehmer der Vorlesung "Einführung in die Informatik für Nebenfachstudenten I" der Universität Hamburg beteiligt waren.[4]

Die Hälfte der Probanden verfügte zum Zeitpunkt der Studie über Programmierkenntnisse, die übrigen hatten noch nie ein Programm erstellt. Ich bezeichne sie im folgenden kurz als "Programmierer" bzw. "Nicht-Programmierer". Alle Probanden lösten die gleichen zwei Aufgaben; die freiwillige Teilnahme an diesem Versuch wurde zur Motivation der Teilnehmer als gelöste Übungsaufgabe angerechnet. Die Probanden hatten u.a. die Beschreibung eines Verfahrens an die Adresse eines fiktiven Kommilitonen ohne Informatikkenntnisse zu erstellen.

Abb. 1 zeigt eine der beiden Aufgaben. Es ist zu beachten, daß der Text keinen Hinweis darauf gibt, wie Objekte des gezeigten Typs ("Würfelpyramiden") im allgemeinen aufgebaut sind. Es ist lediglich ein einziges Beispiel für n=3 gegeben. Beide Teilaufgaben erfordern eine induktive Generalisierung dieses Beispiels. Aus diesem Grund kann bei solchen Aufgaben nicht von richtigen oder falschen Lösungen gesprochen werden; jedoch sind singuläre von generischen Lösungen zu unterscheiden.

Die Versuchspersonen verwendeten natürliche Sprache, Skizzen und die mathematische Notation zur Beschreibung des Verfahrens. In 3 Fällen wurde eine Art Pseudo-Programmcode verwendet. Die Beschreibungen wurden durch eine zusammenfassende Inhaltsanalyse, die anhand eines Kategoriensystems von studentischen Hilfskräften durchgeführt wurde, auf wenige Variablen reduziert. Als *allgemeines* Verfahren wurde eine Lösung klassifiziert, wenn sie die folgenden Bedingungen erfüllte:

(1) Die Lösung enthält keine unentbehrlichen Bestandteile, die sich auf *singuläre* Fälle (z.B. für n=3, n=5) beziehen.

(2) Die Lösung ist mit dem vorgegebenen Beispiel *konsistent*, d.h. die Anwendung des Verfahrens für n=3 liefert das Ergebnis 15.

Abb. 2 zeigt zwei typische Beispiele. Die Häufigkeit allgemeiner Verfahren in den beiden Gruppen ist in Abb. 3a) dargestellt. Der Unterschied ist statistisch signifikant ($chi^2 = 5.08$, $p < 0.05$).

Eine methodische Schwierigkeit dieser Untersuchung bildet die Inhomogenität der Stichprobe bezüglich der Vorbildung der Probanden. Es ist zu vermuten, daß die Art des Hauptfaches oder die bisherige Studiendauer (einige Teilnehmer waren Erstsemester, andere hatten bereits einen Studienabschluß) sich neben den Programmierkenntnissen auf die Lösung solcher Aufgaben auswirken. Diese personengebundenen Störvariablen waren unter den gegebenen Bedingungen nicht kontrollierbar. Um die interne Validität der Untersuchung zu

---

[4]In diesem Beitrag kann nur ein Ausschnitt der Ergebnisse dargestellt werden.

Dieses Objekt hat eine Höhe von 3 Würfeln und besteht aus insgesamt15 Würfeln.

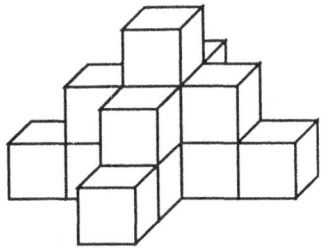

Ihre erste Teilaufgabe besteht darin, herauszufinden, aus wievielen Würfeln ein Objekt besteht, das nach dem gleichen Muster gebaut ist, aber 5 Würfel hoch ist.

Zweite Teilaufgabe: Beschreiben Sie das Verfahren, das Sie zur Lösung der ersten Teilaufgabe verwendet haben. Stellen Sie sich vor, daß die Beschreibung an einen Kommilitonen gerichtet ist, der **nicht das Nebenfach Informatik studiert und keinerlei Kenntnisse im Computerbereich hat.**

Ihre Beschreibung sollte den Kommilitonen in die Lage versetzen, bei gegebener Höhe die Anzahl der Würfel zu bestimmen, aus denen ein Objekt des gezeigten Typs besteht. Sie können jedes Mittel der Beschreibung einsetzen, das Ihnen hierfür zweckmäßig erscheint.

Abb. 1: Die Aufgabe "Würfelpyramide" (nach Ridgway, 1988)

"Der Untergrund des Gebildes besteht aus 9 Würfeln die noch 2 x ergänzt werden um jeweils 4 Würfel. Wir haben also in der 1. Ergänzung 13 Würfel und in der 2. Ergänzung 17 Würfel. Diese insgesamt 30 Würfel werden zu den vorhandenen 15 Würfeln gezählt, ergibt 45 Würfel."

"Der Turm ist n Würfel hoch [...] dann werden an die 4 Seiten des Turms 4 Türme der Höhe n–1 aufgebaut, dann an jeden dieser 4 Türme 1 Turm der Höhe n–2 und so weiter bis die Höhe = 1. Also ist die Anzahl [...] gleich $1 n + 4 (n-1) + 4 (n-2) + 4 (n-3) + ... + 4 (n - (n-1))$."

Abb. 2: Eine singuläre und eine generische Lösung

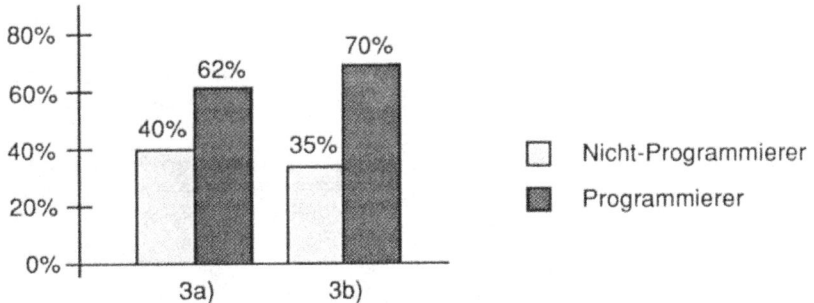

Abb. 3: Häufigkeit allgemeiner Verfahren in den beiden Gruppen. 3a) zeigt das Ergebnis für die ursprüngliche Stichprobe, 3b) für das "matched sample".

verbessern, wurde ein *matched sample* gebildet, d.h. es wurde für jede Versuchsperson der einen Gruppe ein passender Partner aus der anderen Gruppe gesucht (die Hauptfächer und die Studiendauer wurden hierfür in jeweils drei Klassen eingeteilt). Auf diese Weise konnten 40 Paare gebildet werden, so daß nun eine bezüglich Fachrichtung und Studiendauer parallelisierte Stichprobe von 80 Probanden vorlag. Das Ergebnis fiel hier noch deutlicher aus, wie Abb 3b) zeigt ($chi^2=9.82$, $p<0.01$).

Bei der zweiten Aufgabe, bei der ein Verfahren zur Textformatierung zu finden war, zeigte sich ebenfalls ein höherer Anteil allgemeiner Lösungen bei den Programmierern; der Unterschied war hier jedoch nicht signifikant.

4. Das kognitive Modell ALI

Ein zweites Ziel der empirischen Untersuchung war es, qualitative Daten für die Entwicklung eines kognitiven Modells zu gewinnen. Es ergab sich ein breites Spektrum von teilweise originellen Lösungen, die die Probanden entwickelt hatten. ALI (ALgorithmenentwurf durch Induktion) ist ein deskriptives Modell in dem Sinne, daß es den Raum dieser Lösungen beschreibt. Es ist nicht Ziel dieser Modellbildung, psychologische Erklärungen für die individuellen Unterschiede zu finden.

Aufgaben des in Abb. 1 gezeigten Typs sind dadurch gekennzeichnet, daß ihre Lösung in jedem Fall eine induktive Generalisierung erfordert. Wer die 1. Teilaufgabe löst (mit welchem Ergebnis auch immer), muß zumindest eine intuitive Vorstellung davon besitzen, wie eine "Würfelpyramide" im allgemeinen aufgebaut ist. Er muß also auf der Grundlage eines einzelnen Beispiels ein allgemeines Konzept gelernt haben. Hier soll nicht untersucht werden, auf welche Weise dies geschieht.[5]

Nun ist aber mit dem Erwerb eines Konzeptes noch kein Konstruktions- oder Berechnungsverfahren für Instanzen dieses Konzeptes gegeben. Der Schritt von einer intuitiven Vorstellung zu einem effektiven Verfahren kann sehr weit sein. Mit dem Erwerb des allgemeinen Konzeptes wird zunächst nur das *Problem* generalisiert; eine generische Lösung (ein allgemeines Verfahren) ist damit noch nicht erreicht. Abb. 4 illustriert diese Zusammenhänge in idealisierter Form. Aus der Aufgabe "Würfelpyramide" kann das singuläre Problem gewonnen werden, einen Pfad von einem Anfangszustand (dem leeren Objekt) zu einem Zielzustand (der Würfelpyramide der Höhe 3) zu finden. (Dies ist ein "Interpolationsproblem" im Sinne von Dörner, 1976). Es gibt nun prinzipiell zwei Wege, die zu von einem solchen Problem zu einer generischen Lösung führen:

— Der *erste Weg* besteht in der Generalisierung des Problems und einem zweiten Schritt, der vom Problem zum allgemeinen Verfahren führt. Dieser Schritt entspricht der Ableitung eines Algorithmus aus einer Spezifikation, also dem Top-Down-Entwurf. Hierbei wird das generische Problem so lange zerlegt und verfeinert, bis es einem Operationalitätskriterium genügt und damit als effektives Verfahren qualifiziert ist.

— Der *zweite Weg* (dick gezeichnete Pfeile) beruht auf der Rekonstruktion des Beispiels (durch Lösung des Interpolationsproblems) und der anschließenden Generalisierung der singulären Lösung.

Aufgrund verschiedener empirischer Ergebnisse kann der zweite Weg höhere kognitive Adäquatheit beanspruchen als der erste. So kommt Rist (1989) nach einem Vergleich der Resultate mehrerer unabhänger Untersuchungen und einer eigenen Längsschnittstudie zum Schluß, daß Top-Down-Entwurf nur unter der Voraussetzung möglich ist, daß der Programmierer das gleiche oder ein sehr ähnliches Problem schon einmal gelöst hat.[6] *Top Down-Entwurf beruht auf der Anwendung domänenspezifischer Schemata.*

---

[5]Einen Hinweis gibt jedoch die Beobachtung, daß die Probanden beim Versuch, das Konzept zu definieren, häufig Metaphern verwendeten ("Treppe", "Kreuz", "Flügel", "Ast", "Ableger", "sternförmig"); hier scheint das Wiedererkennen bekannter Schemata eine Rolle zu spielen.
[6]Diese Beobachtung ist für die Lehre und insbesondere die Konzeption von Tutorsystemen bedeutsam. Es ist wirkungslos, Teilnehmer von Programmierkursen zur Verwendung einer Top-Down-Strategie *aufzufordern*. (Wer Anfänger unterrichtet hat, wird dieses Phänomen aus eigener Erfahrung kennen.) Anschaulich ausgedrückt,

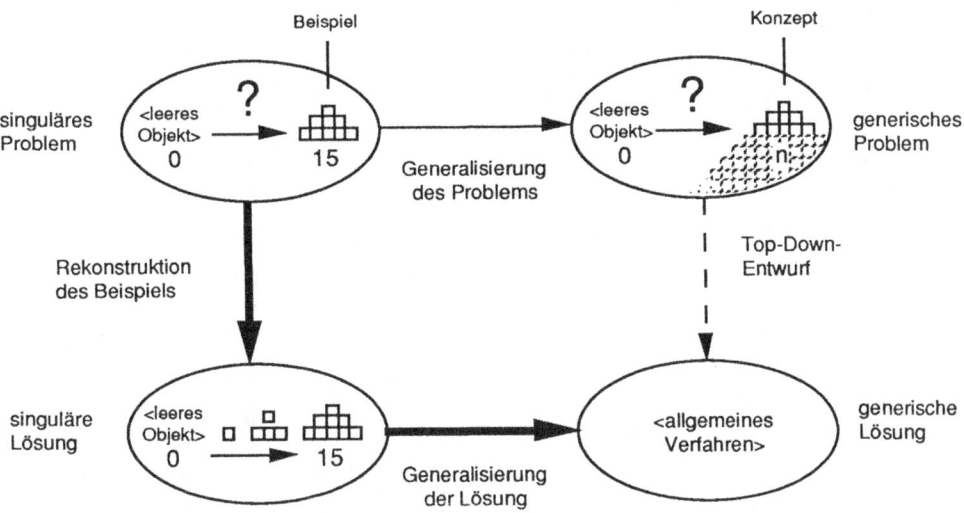

Abb. 4: Zwei Wege, ein allgemeines Verfahren zu entwickeln

Damit stellt sich die Frage, wie ein Programmierer vorgeht, wenn er mit einem gänzlich unbekannten Problem konfrontiert ist und einen wirklich neuen Algorithmus entdecken muß. ALI setzt an diese Stelle Heuristiken zur Generalisierung singulärer Lösungen. Zusätzlich kann das generische Problem als Spezifikation für den zu entwickelnden Algorithmus vorgegeben werden; diese wird ausschließlich zur *Falsifikation* generischer Lösungen verwendet und beschränkt auf diese Weise den Suchraum, der von den heuristischen Regeln aufgespannt wird.

ALI arbeitet nach dem Prinzip, ein vorgegebenes singuläres Problem zu rekonstruieren und die Lösung nach heuristischen Regeln zu generalisieren. Eine Heuristik zur Rekonstruktion des vorgegebenen Beispiels ist die *Dekomposition*; dadurch entstehen unabhängige Teilprobleme, deren Lösungen einzeln generalisiert werden können. Aus jedem Teilproblem geht auf diese Weise ein neuer Operator hervor; Heuristiken zur *Vereinheitlichung* sorgen dafür, daß jeder neu gebildete Operator zur Lösung möglichst vieler Teilprobleme verwendet wird; bereits vorhandene Lösungen für Teilprobleme können unter Verwendung des neuen Operators *umformuliert* werden.

Abb. 5 zeigt zwei idealisierte Pfade durch den Algorithmenraum für die Aufgabe "Würfelpyramide". Am rechts gezeigten Pfad werden exemplarisch die Heuristiken von ALI besprochen. Eingeklammerte Zahlen im folgenden Text beziehen sich auf Kanten in Abb. 5.

4.1 Dekomposition

Die erste Verzweigung in Abb. 5 entspricht den beiden Zerlegungen, die die Probanden am häufigsten wählten: eine Mittelsäule mit 4 gleichen Seitenteilen (linker Pfad) oder 3 Schichten (rechter Pfad). ALI hat an dieser Stelle noch keine Information, die eine Entscheidung für eine bestimmte Zerlegung (weitere sind denkbar) ermöglichen würde. Deshalb wird hier die schwächste Dekompositionsheuristik eingesetzt; sie zerlegt das Objekt, das zu rekonstruieren ist, in jene Teile, die in der vorgegebenen Objektrepräsentation definiert sind. Wird das Objekt in der folgenden Weise repräsentiert, resultiert (1):

---

versucht man damit jemandem ein Kochrezept zu empfehlen, dem die benötigten Zutaten nicht zugänglich sind. Dennoch kann Top-Down-Entwurf als Zielvorstellung eine wichtige didaktische Funktion erfüllen, insbesondere dann, wenn (wie Soloway, 1986, es vorschlägt), problemspezifische Schemata (Pläne) explizit gelehrt werden.

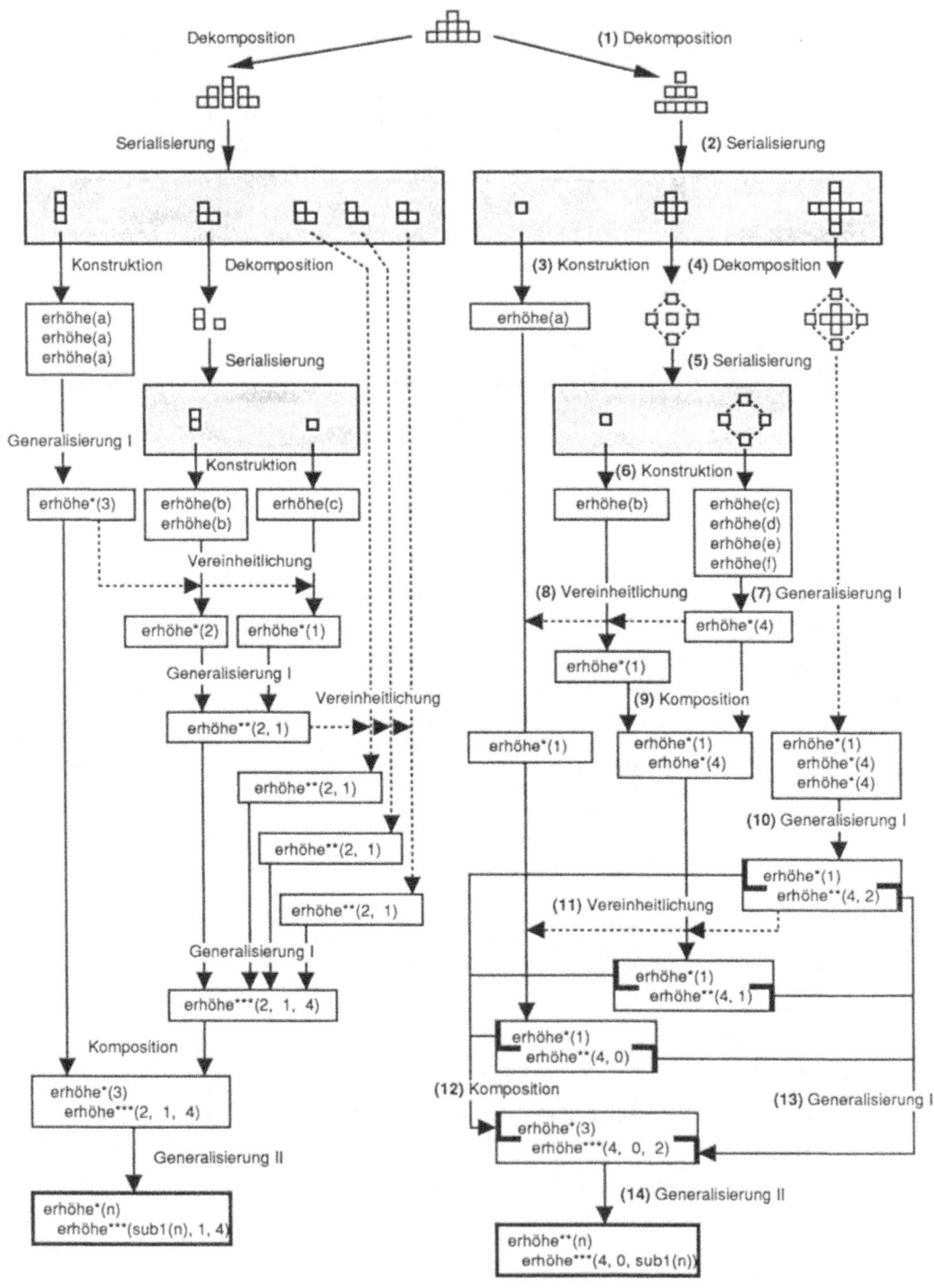

Abb. 5: Ausschnitt aus dem Algorithmenraum zur Aufgabe "Würfelpyramide"
(Erläuterung im Text)

```
(Instanz Würfelgebilde1
  (InstanzVon Würfelgebilde)
  (Attribute  (Höhe 3) (AnzahlTeile 3))
  (Struktur
    (Teile Schicht1 Schicht2 Schicht3)
    (Beziehungen (Auf Schicht1 Schicht2)
                 (Auf Schicht2 Schicht3)))))
```

In späteren Schritten liegt dagegen Information vor, die eine zielgerichtete Dekomposition ermöglicht. Dies ist der Fall bei Dekomposition (4). Hier greift die Heuristik "Zerlege ein Problem so, daß möglichst viele Teilprobleme entstehen, die zuvor bereits gelöst wurden". Die zweite Schicht des Objekts wird daher so zerlegt, daß erneut das Teilproblem entsteht, die erste Schicht zu rekonstruieren (ein einziger Würfel) und das zweite Teilproblem, 4 Würfel anzufügen. Entsprechend wird die 3. Schicht als "2. Schicht plus vier Würfel" erkannt.

Diese Heuristik stützt sich auf Information, die ein Modul zur Herstellung einer Analogie-abbildung zwischen Teilproblemen erzeugt; dieser *Matcher* gibt u.a. eine Liste von Differenzen aus. Eine Differenz ist ein Merkmal eines Problems (hier speziell ein Teil des Zielzustandes) für das keine Entsprechung im anderen Problem gefunden wurde.

4.2 Serialisierung

Nach jeder Dekomposition werden Heuristiken zur Serialisierung der Teilprobleme aktiv. Diese erzeugen eine vollständige Ordnung der Teilprobleme (einen linearen Plan), in Abb. 5 durch grau ausgefüllte Rechtecke dargestellt. Bei unabhängigen Teilproblemen greift die schwächste Heuristik: "Ordne die Teilprobleme so, daß möglichst ähnliche Teilprobleme direkt aufeinanderfolgend bearbeitet werden". Die Ähnlichkeit von Teilproblemen wird mit Hilfe des Matchers bewertet (s. 4.1). Spätere Phasen des Problemlösungsprozesses sind sensitiv für die Bearbeitungsreihenfolge der Teilprobleme (4.4 und 4.5).

4.3 Konstruktion

Jedes Problem zur Rekonstruktion eines Objekts kann prinzipiell durch Suche in einem Raum von primitiven Operatoren gelöst werden. Die Operatoren des Problemraums sind problemspezifische Primitive; für die Aufgabe "Würfelpyramide" gibt es nur den Operator `erhöhe(x)`, der einen Turm von Würfeln einen weiteren Würfel erhöht. Diese "brute force"-Methode zur Konstruktion ist dann anwendbar, wenn das Zielobjekt nur aus wenigen elementaren Objekten (hier Würfeln) besteht. Im rechten Pfad von Abb. 5 kommt nur der Spezialfall vor, daß Instanzen der Klasse `leeresObjekt` (hier dargestellt durch ein Symbol, das zum ersten Mal als aktueller Parameter auftritt, z.B. `a` in `erhöhe(a)`) um einen Würfel "erhöht" werden; es werden also nur "Türme" der Höhe 1 gebildet.[7]

4.4 Generalisierung I und II

Die Generalisierung von Lösungspfaden (Sequenzen von Operator-Anwendungen) erfolgt in ALI in zwei Schritten, die nicht unmittelbar aufeinanderfolgen müssen.

Generalisierung I: Ein neuer Operator wird erzeugt (in Abb. 5 mit einem Stern gekennzeichnet), der bestimmte *strukturelle Merkmale* eines Lösungspfades durch zusätzliche Parameter explizit macht. Durch Instantiierung des neuen Operators wird anschließend ein Teil des Lösungpfades umformuliert. Damit ist noch keine Generalisierung der Lösung verbunden. Ein wichtiges strukturelles Merkmal ist die Wiederholung, das in ALI durch Heuristiken der Anzahl-Generalisierung (number generalization; vgl. Cohen, 1988) behandelt wird. Bei (7) wird die einfachste dieser Heuristiken verwendet: "Wenn ein Operator mehrfach auf Instanzen der Klasse `LeeresObjekt` angewandt wird, dann erzeuge einen Operator, der als einzigen Parameter die Anzahl der Anwendungen besitzt". In diesem Fall wird `erhöhe*(n)` erzeugt und zu `erhöhe*(4)` instantiiert. Bei (13) werden die drei Instanzen

---

[7]Dies ist eine Konsequenz der ursprünglichen Zerlegung des Würfelobjekts in waagerechte Schichten.

des (bereits zweifach generalisierten) Operators `erhöhe**(m,n)` zu einem Operator `erhöhe***(m,a,b)` generalisiert, der `erhöhe**` für alle Werte eines Intervalls `[a,b]` (hier `[0,2]`) ausführt.

Generalisierung II: Strukturelle Merkmale, die als explizite Parameter vorliegen, können nun durch Ersetzung der aktuellen Parameter durch andere Terme generalisiert werden. So könnten generell Konstanten durch Variablen ersetzt werden; dies führt im allgemeinen jedoch zu unsinnigen Ergebnissen, weil die Beziehungen zwischen den ursprünglichen Werten verlorengehen (vgl. Anderson, 1983). ALI führt prinzipiell nur eine einzige Variable ein (sie entspricht dem Anfangszustand des Problems) und versucht andere Konstanten durch einfache Terme zu ersetzen, die die Beziehung zwischen den entsprechenden Parametern und dem Anfangszustand des Problems ausdrücken..(Was als "einfacher" Term gilt, ist durch weitere Heuristiken festgelegt.) Bei (14) wird eine Variable für die Höhe der zu konstruierenden Würfelpyramide eingeführt; hier mit n bezeichnet. Die Konstante 3 wird durch n, 2 durch `sub1(n)` ersetzt. Andere mögliche Ersetzungen (etwa 4 durch `add1(n)`)[8] werden durch Testläufe für n=2 und n=1 falsifiziert.

Diese Zweistufigkeit unterscheidet die Generalisierung in ALI von anderen prozeduralen Lernmechanismen wie z.B. dem SOAR-Chunking. SOAR bildet in einem Schritt neue Regeln *und* ersetzt Konstanten durch Variablen (Laird et al., 1986).

4.5 Vereinheitlichung

Die Heuristik der Vereinheitlichung sorgt dafür, daß jeder durch Generalisierung I erzeugte Operator zur Lösung nachfolgender Teilprobleme bevorzugt eingesetzt und auch zur Umformulierung bereits vorliegender Lösungspfade verwendet wird. Erst dadurch werden Beziehungen zwischen den Lösungen von Teilproblemen erkennbar. Bei (8) sorgt diese Heuristik dafür, daß auch die einmalige Anwendung des primitiven Operators `erhöhe` mit dem generalisieren Operator `erhöhe*(n)` formuliert wird (als `erhöhe*(1)`). Bei Vereinheitlichung (11) wird erkannt, daß alle drei Schichten der Würfelpyramide nach dem Schema `erhöhe*(1)  erhöhe**(4,?)` konstruiert werden können. (Der Operator `erhöhe**(m,n)` wurde bei (10) gebildet; er erzeugt n mal m neue Würfel.) Das erste Teilproblem, die Konstruktion der Spitze der Pyramide (also eines einzigen Würfels) wird speziell durch `erhöhe*(1)  erhöhe**(4,0)` gelöst. Diese Einbeziehung auch der Grenzfälle (hier n=0) in das allgemeine Schema ist eine typische Heuristik von erfahrenen Programmierern; für Anfänger ist diese Vorgehensweise erfahrungsgemäß sehr ungewohnt. In ALI haben die Heuristiken zur Vereinheitlichung im wesentlichen die Funktion, die Voraussetzung für die Anwendung der Generalisierungsheuristiken zu schaffen.

5. Schlußfolgerung und Ausblick

Obwohl die vorgestellte Arbeit nicht mit dem Ziel entstanden ist, ein Intelligentes Tutorsystem (ITS) zu entwickeln, können einige Schlußfolgerungen für die Gestaltung solcher Systeme gezogen werden. Eingangs wurde festgestellt, daß das Erlernen einer Programmiersprache keine ausreichende Grundlage für den Entwurf von Algorithmen schafft. In welcher Hinsicht geht das Wissen von Programmierern über syntaktisches und semantisches Programmier-wissen hinaus? Die empirische Studie und das Modell ALI liefern eine mögliche Antwort; Programmierer sind offenbar geübter im Generalisieren von Lösungen singulärer Probleme, und diese Fähigkeit kann auf der Basis heuristischer Regeln modelliert werden.

Nun ist die verständliche Vermittlung syntaktischen und semantischen Programmierwissens durch ein ITS bekanntlich kein triviales Problem (vgl. Möbus & Schöder, 1988). *Um so schwieriger dürfte es sein, die hier diskutierten, schwer explizierbaren Aspekte des Algorithmenentwurfs zu vermitteln.* Vorstellbar ist ein ITS, das dem Benutzer die Lösung singulärer Probleme am Bildschirm durch direkte Manipulation ermöglicht (für die Aufgabe "Würfelpyramide" z.B. Aufstapeln von Würfeln, Benutzung eines Taschenrechners etc.) und

---

[8]Dies würde dem Konzept einer "Würfelpyramide" entsprechen, deren Anzahl der seitlichen Ausläufer stets um 1 höher ist als ihre Höhe. Eine Pyramide der Höhe 2 hätte damit nur 3 (statt 4) Seitenteile.

die gefundenen Lösungspfade explizit darstellt. Dieser Ansatz ist dem Experimentieren in Mikrowelten oder Spielumgebungen verwandt, wie es in einigen ITS eingesetzt wird (vgl. Stumpf, Opwis & Spada, 1988; Reimann, 1988; Kühme, Malinowski & Witschital, 1987). Das System könnte den Benutzer unter Verwendung von Heuristiken des hier vorgestellten Typs auf strukturelle Merkmale der Lösungspfade und mögliche Generalisierungen aufmerksam machen und bei dieser Gelegenheit *die Konstrukte der jeweiligen Programmiersprache als Ausdrucksmittel für generalisierte Operatoren* einführen. Der Kern eines solchen ITS wäre unabhängig von einer speziellen Programmiersprache. Diese Konzeption erlaubt es also, ein ITS für die Programmierung modular zu gestalten, wobei eine Problemlösungs- und Induktionskomponente zum Kern des Systems gehört und sprachspezifische Moduln austauschbar sind.

Für hilfreiche Kommentare zu früheren Versionen dieses Beitrages danke ich: Kai-Uwe Carstensen, Yvonne Dietrich, Wolfgang Geßner, Andreas Häuslein, Michael J. Hußmann, Sonja Schneeberg-Kirchner, Renate Seidler, Heike Tappe.

LITERATUR:

Adelson, B., Soloway, E. (1985): The Role of Domain Experience in Software Design. IEEE Trans. on Software Engineering SE-11, 1351-1360
Amarel, S. (1986): Program Synthesis as a Theory Formation Task: Problem Representations and Solution Methods. In: Michalski, R. S.et al. (eds.): Machine Learning — An Artificial Intelligence Approach II. Palo Alto: Morgan Kaufmann
Anderson, J. R. (1983): The Architecture of Cognition. Cambridge Mass.: Harvard University Press
Anderson, J. R. (1988): Kognitive Psychologie — Eine Einführung. Heidelberg: Spektrum der Wissenschaft Verlagsgesellschaft
Anderson, J. R., Boyle, C. F., Corbett, A. T., Lewis, M. W. (1990): Cognitive Modeling and Intelligent Tutoring. Artificial Intelligence 42, 7-49
Anderson, J. R., Farrell, R., Sauers, R. (1984): Learning to Program in LISP. Cognitive Science 8, 87-129
Anderson, J. R., Jeffries, R. (1985): Novice LISP Errors: Undetected Losses of Information from Working Memory. Human-Computer Interaction 1, 107-131
Anderson, J. R., Reiser, B. J. (1985): The LISP Tutor. BYTE 4, 159-175
Brander, S., Kompa, A., Peltzer, U. (1989): Denken und Problemlösen. Opladen: Westdeutscher Verlag
Cohen, W. W. (1988): Generalizing number and learning from multiple examples in explanation based learning. In: Laird, J. (ed.): Proc. of the fifth international conference on machine learning. Campus Drive: Morgan Kaufmann
Dijkstra, E. W. (1982): Craftsman or Scientist?.In: Dijkstra, E. W. (ed.): Selected Writings on Computing: A Personal Perspective. New York Heidelberg Berlin: Springer
Dörner, D. (1976): Problemlösen als Informationsverarbeitung. Stuttgart: Kohlhammer
Gugerty, L., Olson, G. M. (1986): Comprehension Differences in Debugging by Skilled and Novice Programmers. In: Soloway, E., Iyengar, S. (eds.): Empirical Studies of Programmers. Norwood, New Jersey: Ablex
Guindon, R., Krasner, H., Curtis, B. (1987): Breakdowns and Process During the Early Activities of Software Design by Professionals. In: Olson, G. M. et al. (eds.): Empirical Studies of Programmers: Second Workshop. Norwood NJ: Ablex
Gunzenhäuser, R., Mandl, H. (1988): Workshop der Fachgruppe "Intelligente Lernsysteme" der GI, Tübingen
Hilty, L.M. (in Vorb.): Ein kognitives Modell des Algorithmenentwurfs. Dissertation, Universität Hamburg
Hoc, J. M. (1983): Analysis of Beginners' Problem-Solving Strategies in Programming. In: Green, T. R. G., Payne, S. J., Van Der Veer, G. C. (eds.): The Psychology of Computer Use. London: Academic Press
Johnson, W. L. (1986): Intention-Based Diagnosis of Novice Programming Errors. London: Pitman
Johnson, W. L. (1990): Understanding and Debugging Novice Programs. Artificial Intelligence 42, 51-97
Kant, E., Newell, A. (1984): Problem Solving Techniques for the Design of Algorithms. Information Processing and Management 28 (1), 97-118
Kühme, T., Malinowski, U., Witschital, P. (1987): TRAPS - Ein Trainer für die Anwendung von Programmstrukturen.In: Gunzenhäuser, R., Mandl, H. (eds.): Workshop der Fachgruppe "Intelligente Lernsysteme" der GI, Tübingen
Laird, J. E., Newell, A., Rosenbloom, P. S. (1986): Soar: An Architecture for General Intelligence. Report CMU-CS-171 Carnegie Mellon University
Möbus, C., Schröder, O. (1988): Representing semantic knowledge with 2-dimensional rules in the domain of functional programming. ABSYNT-Report 6/88, Universität Oldenburg
Reimann, P. (1988): Modelling Prototyical Learning Processes in a Microworld,. In: (Gunzenhäuser ,1988)
Ridgway, P. (1988): Of course ICAI is impossible ... worse though, it might be seditious. In: Self, J. (ed.): Artificial Intelligence and Human Learning. London New York: Chapman and Hall
Rist, R. S. (1989): Schema Creation in Programming. Cognitive Science 13, 389-414
Soloway, E., Ehrlich, K., Bonar, J., Greenspan, J. (1982): What Do Novices Know About Programming? In: Badre, A., Shneiderman, B. (eds.): Directions in Human/Computer Interaction. Norwood, NJ: Ablex
Soloway, E., Ehrlich, K. (1984): Empirical Studies of Programming Knowledge. IEEE Trans. on Software Engineering SE-10 (5), 595-609
Soloway, E. (1986): Learning to Program = Learning to Construct Mechanisms and Explanations. CACM 29 (5), 850-858
Spohrer, J. C., Soloway, E. (1986) Novice Mistakes: Are the Folk Wisdoms Correct? CACM 7 (29), 624-632
Spohrer, J. C., Soloway, E. (1989): Simulating Student Programmers. In: (ed.) Proc. of the Eleventh International Joint Conference on Artificial Intelligence, Detroit
Stumpf, M., Opwis, K., Spada, H. (1988): Wissenserwerb in einer Mikrowelt für elastische Stoßvorgänge – Das System DiBi. In: (Gunzenhäuser, 1988)
Visser, W. (1987): Strategies in Programming Programmable Controllers: A Field Study on a Professional Programmer. In: Olson, G. M., Sheppard, S., Soloway, E. (eds.): Empirical Studies of Programmers: Second Workshop. Norwood NJ: Ablex
Wirth, N. (1979): Algorithmen und Datenstrukturen. Stuttgart: Teubner

Individualisierte, auf ein Benutzermodell gestützte Präsentation von Lerninhalten

Heinz-Dieter Böcker, Hubertus Hohl und Thomas Schwab

Universität Stuttgart, Institut für Informatik
Herdweg 51, D-7000 Stuttgart 1

1 Einleitung

Die Zeiten, in denen der Benutzer zwischen ein oder zwei Anwendungsprogrammen eines 64K Rechners zu wählen hatte, sind vorüber. Heutige Systeme sind „integriert". Für beinahe alle vorstellbaren Probleme liegen Lösungen bereit, eine verwirrende Vielfalt unterschiedlichster Werkzeuge wartet darauf, benutzt zu werden. Diese Feststellung gilt für viele Bereiche der Computernutzung, für die Bereiche Programmiersprachen und -umgebungen ist sie offensichtlich. Die Zahl der primitiven Funktionen, Objekte, Variablen, usw. in Sprachen wie COMMONLISP oder SMALLTALK geht in die Hunderte oder Tausende; alles elementare Wissenseinheiten (*Chunks*), die der Programmierer lernen und schließlich beherrschen muß.

Andererseits zeigen empirische Untersuchungen, daß Programmierer nur einen kleinen Teil der angebotenen Funktionalität effizient nutzen können [Fischer et al. 85]. Die wachsende Funktionalität und Komplexität moderner Programmierumgebungen führt daher tendenziell zu Systemen, die allein wegen ihrer Größe unbrauchbar sind.

Neben dem Wunschtraum *Small is beautiful* gibt es mindestens zwei einander ergänzende Antworten auf dieses Problem. Erstens mag das Problem in der von uns beschriebenen Form nicht existieren. Wir werden uns vielleicht eingestehen müssen, daß die heute am weitesten entwickelten Programmierumgebungen so komplex sind, daß niemand sie je vollständig *meistern* wird. Wir können realistischerweise nur hoffen, Teilbereiche soweit zu kennen, daß in ihnen konkrete Probleme lösbar sind.

Wenn es aber hoffnungslos ist, ein Meister werden zu wollen, dann sollte es auch nicht notwendig sein, Lehrling zu sein. Wir sollten uns daher überlegen, wie wir den Benutzer aus der Lehrlingsrolle befreien. Als langfristiges Ziel schlagen wir vor, Systeme zu bauen, die als intelligente Assistenten immer dann in Aktion treten, wenn sie gebraucht werden [Teitelman 79, Böcker 88]. Sie stellen dem Benutzer die jeweils gerade zur Lösung seines Problems benötigte Information zur rechten Zeit zur Verfügung. Dazu müssen sie in der Lage sein, das Ziel der Arbeiten des Benutzers zu „erspüren". Sie müssen auch die Erfahrungen, die ein Benutzer mit einem bestimmten System hat, modellieren und erinnern; da keine zwei Benutzer gleich sind, müssen sie sich darüberhinaus die unterschiedlichen Weltsichten ihrer Benutzer zu eigen machen können.

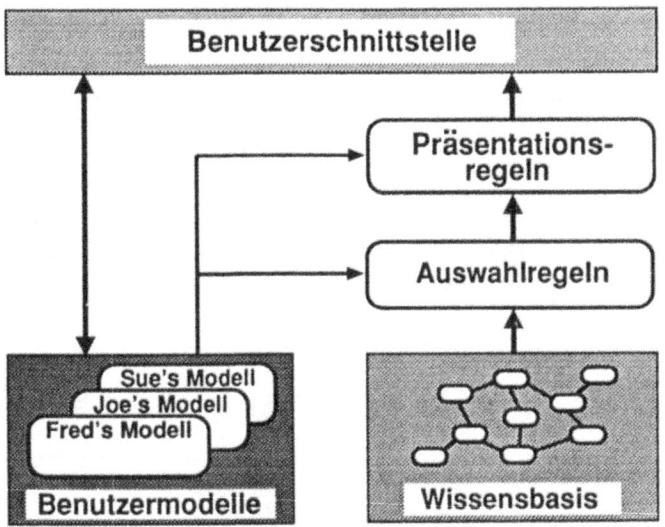

Abbildung 1: Systemarchitektur von $\Upsilon\pi\text{ADAPT}\epsilon\rho$

Mit dem Verzicht auf die Gildenstruktur Meister–Geselle–Lehrling bricht eine andere, tiefverwurzelte Unterscheidung zusammen: die zwischen „Lernen" und „Arbeit". Stattdessen verschmelzen beide Tätigkeiten nahezu ununterscheidbar miteinander. Lernen und Informationsbeschaffung bei Bedarf werden in der Zukunft zur alltäglichen Praxis. Wenn wir in diesem Artikel bei der Beschreibung von Prinzipien und Verfahren vorwiegend eine auf das Paradigma des Lernens bezogene Terminologie verwenden, so ist das eigentlich ein Anachronismus. Tatsächlich sind wir an Systemkomponenten jeglicher Art zur Unterstützung der Mensch-Problembereich-Kommunikation [FischerLemke 88] interessiert. In dem in diesem Artikel beschriebenen System $\Upsilon\pi\text{ADAPT}\epsilon\rho$ haben wir *Programmieren* als prototypischen Problembereich gewählt.

2 Das $\Upsilon\pi\text{ADAPT}\epsilon\rho$ System

$\Upsilon\pi\text{ADAPT}\epsilon\rho$ (sprich „Hypadapter") ist *eine* Antwort auf einige der aufgeworfenen Fragen. Es ist ein System, das Programmierer bei der Aneignung der Programmiersprache COMMONLISP individuell unterstützt. Es verhält sich dabei wie ein *intelligenter Assistent* [Teitelman 79, Böcker 88], der eine adaptive und adaptierbare Lernumgebung anbietet: $\Upsilon\pi\text{ADAPT}\epsilon\rho$ generiert individualisierte Präsentationen von tutoriellen Informationen und erlaubt den Benutzern, private Pfade im komplexen Netz der Informationseinheiten anzulegen und zu verwalten. Ein hinsichtlich der globalen Zielsetzung sehr ähnliches System (COACH) ist in [Selker 89] beschrieben.

$\Upsilon\pi\text{ADAPT}\epsilon\rho$ ist als Hypertextsystem [Conklin 87] implementiert, erweitert um eine Komponente zur Benutzermodellierung [Rich 83, Schwab 89]. Es kann folgendermaßen charakterisiert werden (vgl. Abbildung 1): Die verfügbaren Lerninhalte, die den Anwendungsbereich COMMONLISP beschreiben, sind als Informationseinheiten in einer komplex strukturierten *Wissensbasis* repräsentiert. In Abhängigkeit vom Kenntnisstand des Benutzers, der in einem dynamischen *Benutzermodell* repräsentiert ist, identifiziert eine auf *Auswahlregeln* basierende Auswahlkomponente geeignete Lerninhalte. Diese werden auf einer direkt-manipulativen Benutzeroberfläche visualisiert. Die Präsentation wird dabei durch *Präsentationsregeln* bestimmt, die über den Inhalt des Benutzermodells gesteuert werden. Ein auf Hypertext-Designprinzipien basierendes Browsingwerkzeug unterstützt die Navigation im Netz der Lerninhalte. Benutzermodelle in $\Upsilon\pi$ADAPT$\epsilon\rho$ sind dynamisch: Um den Lernfortschritt des Benutzers zu modellieren, wird das Modell während des Navigationsprozesses automatisch aktualisiert.

2.1 Die Wissensbasis

Die Wissensbasis beschreibt einen Teil des für COMMONLISP relevanten Programmierwissens. Sie ist als semantisch verzeigertes Netz von heterogenen Informationseinheiten, die Lerninhalte (*topics*) repräsentieren, strukturiert. Die Wissensbasis gliedert sich in folgende *Teilräume*, deren Lerneinheiten sowohl innerhalb eines Raumes als auch mit Einheiten anderer Teilräume semantisch verknüpft sind:

Meta-Topics — beschreiben die konzeptionelle Struktur der Wissensbasis. Jeder Teilraum wird durch ein Meta-Topic repräsentiert, das u.a. Verweise auf alle in diesem Raum enthaltenen Lerninhalte beinhaltet. Damit können Meta-Topics als Ausgangspunkte für Suchprozesse und Navigation in der Wissensbasis dienen.

Programmierkonzepte — bilden das abstrakte Grundgerüst jeder Programmiersprache. Sie sind — zusätzlich zu Bezügen auf andere Teilräume — in eine Heterarchie eingebettet, die konzeptionelle Spezialisierungen und Generalisierungen zum Ausdruck bringt. Dabei werden allgemeine Programmierkonzepte (z.B. Datentyp, Rekursion) in den Schichten der Heterarchie zu COMMONLISP-spezifischen Konzepten (z.B. Liste, Makro) verfeinert.

Funktionen — repräsentieren Wissen über die individuellen COMMONLISP-Funktionen, Makros und Special Forms.

Programmierziele — spezifizieren normative Kategorien für den COMMONLISP-Programmierer, wie z.B. stilistische Eigenheiten, Fragen der Effizienz oder die Bevorzugung bestimmter Sprachkonstrukte.

Optimierungsregeln — beschreiben Transformationsregeln, mit denen Programmcode gemäß den durch die Programmierziele vorgegebenen Richtlinien optimiert werden kann.

Programmierfehler — beinhalten Informationen über typische Programmierfehler, die z.B. durch eine Analyse des Programmcodes entdeckt werden können.

Die Eigenschaften einer Lerneinheit werden durch *Attribute* definiert. Jeder Lerninhalt umfaßt neben Teilraum-spezifischen Attributen die folgenden allgemeinen Attribute: Name, Schwierigkeitsgrad, notwendiges Vorwissen, Verweise auf verwandte bzw. gemeinsam darzustellende Lerneinheiten, ein Verweis auf die zugehörige Meta-Lerneinheit, Beschreibung, Beispiele, Anmerkungen, Zusammenfassung und Verweise auf Literatur.

Bekanntheit eines Lerninhalts in Abhängigkeit von Stereotyp und Schwierigkeitsgrad					
Stereotyp	*Schwierigkeitsgrad des Lerninhalts*				
	mundane	simple	advanced	complex	esoteric
novice	FAMILIAR	UNFAMILIAR	UNKNOWN	UNKNOWN	UNKNOWN
beginner	KNOWN	FAMILIAR	UNFAMILIAR	UNKNOWN	UNKNOWN
intermediate	KNOWN	KNOWN	FAMILIAR	UNFAMILIAR	UNKNOWN
expert	KNOWN	KNOWN	KNOWN	FAMILIAR	UNFAMILIAR

Abbildung 2: In $\Upsilon\pi$ADAPT$\epsilon\rho$ enthaltene Stereotypen.

Die Attribute *Beschreibung*, *Beispiele* und *Anmerkungen* stehen in verschiedenen Ausprägungen, passend für Benutzer unterschiedlichen Kenntnisstandes, zur Verfügung. Die Werte dieser Attribute sind Texte mit graphischen Illustrationen und *aktiven* Elementen. Aktive Elemente können auf der Benutzeroberfläche durch Zeigehandlungen aktiviert werden, um bestimmte Aktionen auszulösen.

2.2 Das Benutzermodell

$\Upsilon\pi$ADAPT$\epsilon\rho$ verwendet *dynamische, individuelle Benutzermodelle* [Rich 83], um Informationen über einzelne Benutzer zu repräsentieren. Jedes Modell umfaßt eine Menge von Eigenschaften mit Werten, die den Benutzer charakterisieren. Diese Eigenschaften reichen von allgemeinen Angaben zur Person, Erfahrungen mit bestimmten Computersystemen, dem gegenwärtigen Kenntnisstand von Lerninhalten bis zu Vorlieben bzgl. der Art der Präsentation von tutoriellen Informationen.

Durch die Verwendung von *Stereotypen* [Schwab 89] ist es möglich, zusätzliche Informationen über den Benutzer zu erschließen. Ein Stereotyp definiert eine Menge von Eigenschaften mit zugehörigen Ausprägungen, die häufig gemeinsam auftreten. Treffen einige dieser Ausprägungen auf einen bestimmten Benutzer zu, so kann man annehmen, daß er, solange keine gegenteilige Information vorliegt, auch die übrigen Stereotyp-Eigenschaften besitzt.

Jeder Benutzer wird einem der Stereotypen *novice*, *beginner*, *intermediate* oder *expert* zugeordnet (vgl. Abbildung 2). Sie modellieren den Lernfortschritt vom Neuling zum Experten durch Differenzierung bezüglich des Kenntnisstandes von Lerninhalten. Dabei beherrscht jeder Stereotyp Lerninhalte bis zu einem bestimmten Schwierigkeitsgrad. Abhängig von der bereits im System enthaltenen Information wird jeder Benutzer mit Hilfe von Klassifikationsregeln genau einem dieser Stereotypen zugeordnet.

Im Unterschied zur relativ stabilen Wissensbasis verhalten sich die Benutzermodelle *dynamisch*: Der während der Arbeit mit dem System erzielte Lernfortschritt des Benutzers bewirkt Anpassungen im Modell, beispielsweise eine Reklassifikation bezüglich Stereotypen, was sich unmittelbar auf die Präsentation von tutoriellen Informationen auswirkt.

Das Benutzermodell bestimmt die Auswahl und Präsentation der Lerninhalte. *Auswahlregeln* identifizieren die für einen bestimmten Benutzer geeigneten Lerninhalte auf der Grundlage von im Benutzermodell repräsentierten Informationen. Damit wird einerseits verhindert, daß Benutzer mit Lernthemen konfrontiert werden, die ihrer Qualifikation nicht entsprechen; andererseits wird eine schrittweise Erweiterung des Wissenshorizonts unterstützt. Die Auswahlregeln basieren auf folgenden Kriterien:

- Vermeidung schon bekannter Lernthemen,

- Vermeidung von Lernthemen mit unbekanntem Vorwissen,

- Bevorzugung von unmittelbar benötigten Lernthemen,

- Bevorzugung von Lernthemen mit Beziehungen zu bereits Bekanntem,

- Übereinstimmung des Lernthemen-Schwierigkeitsgrades mit der Qualifikation des Benutzers.

Die Präsentation eines Lerninhalts berücksichtigt individuelle Aspekte. Dabei werden diejenigen Attribute und Verweise ins Blickfeld gerückt, die den Bedürfnissen und Interessen des Benutzers, wie im Benutzermodell repräsentiert, am ehesten entsprechen. Dazu werden *Präsentationsregeln* gemäß folgenden Kriterien formuliert:

- Anpassung der Präsentation von Attributen wie *Beschreibung*, *Beispiele* und *Anmerkungen* an die Qualifikation des Benutzers,

- Berücksichtigung des Lernertyps sowie Vorlieben des Benutzers bezüglich gewisser Attribute,

- Auswahl unterschiedlicher Detaillierungsgrade (z.B. kurze Übersicht oder vertiefende Erklärungen).

2.3 Die Benutzerschnittstelle

Modellinspektion

Zur Vermeidung von Akzeptanzproblemen wird das Benutzermodell dem Benutzer offen gelegt. Mit Hilfe des *Model Inspector* kann er im Modell enthaltene Belegungen von Attributen inspizieren und sich so z.B. über die augenblicklich gültige Stereotyp-Klassifizierung informieren.

Darüberhinaus kann der Benutzer mit dem Model Inspector über einen Fragebogen im Benutzermodell verwendete Attributwerte festlegen, die nicht implizit erschließbar sind. Diese Attribute beziehen sich auf das allgemeine Wissen des Benutzers über Computer, auf die Art wie er LISP verwendet und auf seine Vorlieben bzgl. der Visualisierung und Präsentation von Lerninhalten (z.B. den bevorzugten Erklärungsstil und den Detailliertheitsgrad).

Der Browser für Lerninhalte

$\Upsilon\pi$ADAPT$\epsilon\rho$ bietet eine direkt-manipulative Benutzerschnittstelle an, die vorwiegend selektionsorientierte Interaktionstechniken unterstützt. Operationen werden durch Zeigehandlungen mit der Maus

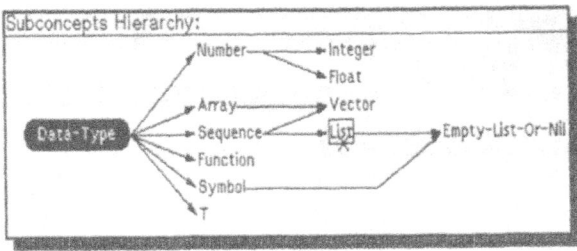

Abbildung 3: Subkonzept Hierarchie von `Data-Type`.

ausgelöst. Dem Benutzer wird eine explorative Vorgehensweise ermöglicht, die durch Navigation im Netz der Lerninhalte mittels Verfolgen von Verweisen gekennzeichnet ist. Dabei behält der Benutzer die Kontrolle über den Dialog. Das System schlägt bestimmte Lerninhalte vor, aus denen der Benutzer auswählen kann.

Die zu präsentierenden Lerninhalte werden in multiplen, sich überlappenden Fenstern visualisiert (*Viewer*). Jeder Viewer verwaltet seine eigene chronologische Historie der bisher in ihm dargestellten Lerninhalte (*Topic History*). Dies ermöglicht dem Benutzer, individuelle Pfade im Netz der Lerninhalte anzulegen und diese durch den Zugriff auf die Topic History zurückverfolgen zu können.

Durch die Repräsentation von Dialoghistorien wird verhindert, daß sich der Benutzer beim Navigieren im komplexen Netz der Informationseinheiten „verirrt". Darüberhinaus stellt $\Upsilon\pi$ADAPT$\epsilon\rho$ alternative Zugriffsstrategien auf Lerninhalte zur Verfügung, die den in Hypertextsystemen häufig auftretenden Orientierungsproblemen begegnen und Abkürzungsmöglichkeiten bieten:

Wissenslandkarten — stellen Teile des Informationsnetzes als Graph dar. Insbesondere kann damit die Generalisierungsheterarchie im Raum der Programmierkonzepte visualisiert und durchwandert werden. Die Abbildung 3 zeigt die Subkonzepte von `Data-Type`.

Lesezeichen — erlauben es dem Benutzer, sich wichtige Punkte des Navigationsprozesses zu markieren, um später darauf zuzugreifen.

Direkter Zugriff — erlaubt den Zugriff auf Lerninhalte über ihren Namen. Damit werden ineffiziente Suchprozesse vermieden, die durch das Verfolgen vorgegebener Pfade verursacht werden.

Als Beispiel zeigt Abbildung 4 einen Ausschnitt der Benutzeroberfläche für einen Programmierer namens Fred. Zentrale Komponente ist der *Topic Browser*, der neben einer Kommandoschnittstelle (zum Direktzugriff auf Lerninhalte) einen integrierten Viewer, ein graphisches Menü aller weiteren im System vorhandenen Viewer (mit Ausschnitten ihrer Topic History) sowie ein Menü aller Lesezeichen (*Bookmarks*) umfaßt. Im Viewer auf der linken Seite des Bildschirms ist der Lerninhalt `Append` durch Präsentation einer Teilmenge seiner Attribute visualisiert. Die Darstellung der Attribute beruht dabei auf den Präsentationsregeln, die auf Freds Benutzermodell operieren. Dieses Modell charakterisiert Fred als LISP-Anfänger. Deshalb sind `Description` und `Examples` auf Anfänger zugeschnitten.

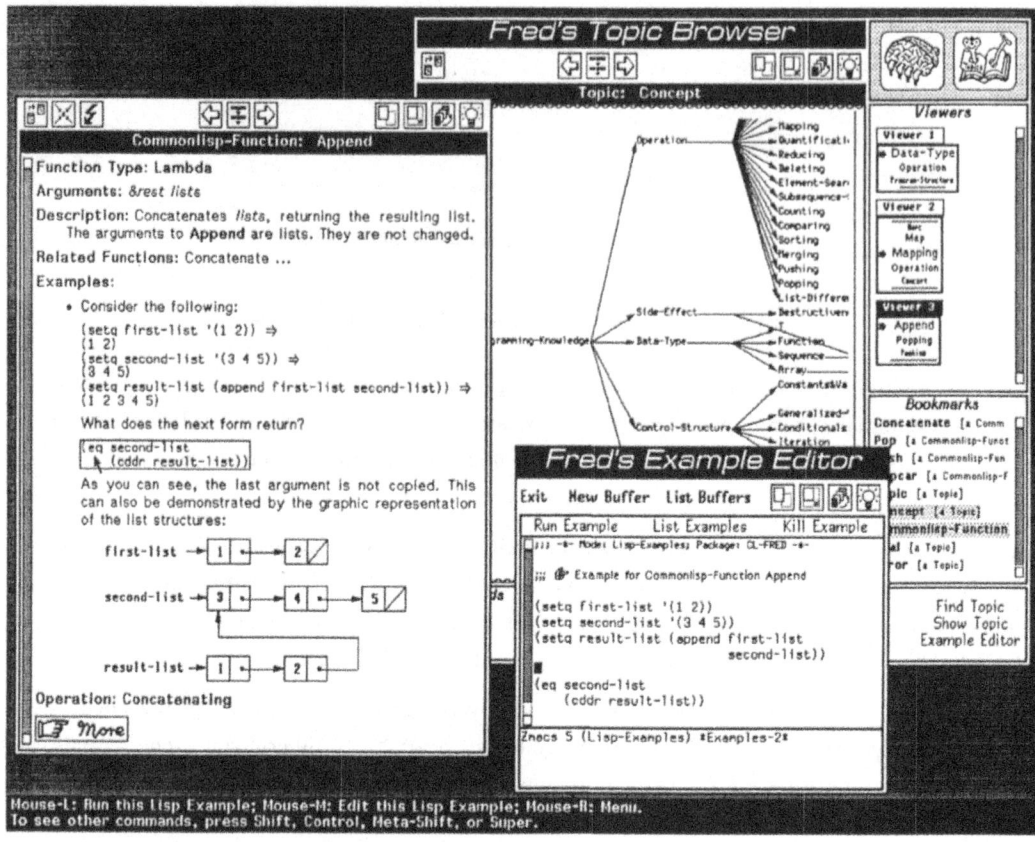

Abbildung 4: Ausschnitt der Lernumgebung des Programmierers Fred.

Die wesentliche, charakteristische Eigenschaft von $\Upsilon\pi\text{ADAPT}\epsilon\rho$ ist seine *Adaptivität*: Die Benutzerschnittstelle spiegelt immer eine individuelle Sicht auf die darunterliegende Wissensbasis wider. Sie zeichnet sich durch eine individualisierte Auswahl und Präsentation von Informationseinheiten aus. $\Upsilon\pi\text{ADAPT}\epsilon\rho$ wirkt als automatischer Informationsfilter, der die für den Benutzer augenblicklich relevanten tutoriellen Informationen hervorhebt und weniger wichtige Aspekte in den Hintergrund rückt.

Während der Navigation durch die Wissensbasis wird das Benutzermodell implizit aktualisiert: Jede Inspektion eines Lerninhalts führt z.B. zu einer Erhöhung des dem Lerninhalt zugeordneten Kenntnisgrades im Benutzermodell. Damit wird der Lernfortschritt vom Neuling zum Experten modelliert. Dies kann dazu führen, daß derselbe Lerninhalt zu verschiedenen Zeitpunkten unterschiedlich präsentiert wird. Die durch die Auswahl- und Präsentationsregeln generierten Präsentationen stellen jedoch lediglich einen Vorschlag dar, der den Benutzer in keiner Weise einschränkt. Es ist ihm jederzeit möglich, Informationen einzusehen, die bei der Präsentation ausgefiltert wurden.

Integration in LISP

ϒπADAPTεϱ unterstützt eine an Beispielen orientierte Lernstrategie. Dazu sind jedem Lerninhalt Attribute zugeordnet, die Code-Beispiele enthalten. Beispiele spielen insbesondere beim Erlernen einer Programmiersprache eine wichtige Rolle (siehe z.B. [Rissland 84]). Anfänger verwenden in Lehrbüchern aufgefundenen Code häufig rezeptartig in Standardsituationen und auch fortgeschrittene Programmierer orientieren sich an der in Beispielen implizit enthaltenen Struktur bei der Entwicklung ihrer Problemlösefähigkeiten. Darüberhinaus fungieren Beispiele häufig als Erinnerungsstützen für spezielle, syntaktische Formen.

Der LISP-Code der Beispiele ist aktiv: durch Anklicken kann er evaluiert bzw. zum weiteren Experimentieren in einen Beispiel-Editor (siehe Abbildung 4) kopiert werden. Aktive Beispiele unterstützen damit eine "Learning by doing" Strategie: Sie regen den Programmierer dazu an, sich mit bestimmten Problemen auseinanderzusetzen und ermöglichen tiefere Einblicke in den Problembereich. Diese, über eine rein passive (Hypertext-)Präsentation von Texten hinausgehende Form der Textverwendung wird dadurch möglich, daß die Anwendung, LISP, da gleichzeitig Implementationssprache, direkt zugänglich ist.

2.4 Implementationsaspekte

ϒπADAPTεϱ besteht aus mehreren Teilsystemen, die in COMMONLISP auf Symbolics Lispmaschinen implementiert sind. Die Inhalte der Wissensbasis sind als Klassen und Instanzen von OBJ-TALK [GirgensohnRathke 88], einer mächtigen, objekt-orientierten Erweiterung von COMMONLISP modelliert. Die Benutzermodellierungskomponente ist mit Hilfe von MODUS [Schwab 89], einem allgemeinen Baukasten zur Implementation von Benutzermodellen realisiert. Zur Konstruktion der Benutzerschnittstelle wurde der in der Symbolics GENERA Programmierumgebung enthaltene Benutzerschnittstellenbaukasten verwendet.

3 Zusammenfassung und Ausblick

ϒπADAPTεϱ ist ein erster Schritt hin zu einer neuen Klasse von Systemen, die Lernen und Arbeiten in gleicher Weise unterstützen. Auf der Grundlage einer detaillierten Wissensbasis über COMMONLISP baut das System ein differenziertes Benutzermodell auf, das es zur Generierung von individualisierten Hilfestellungen verwendet. Die Wissensbasis verfügt neben der faktischen Ebene der eigentlichen Lerninhalte über eine zusätzliche explizite Repräsentation ihrer eigenen Struktur. Die Präsentation von Lerninhalten ist nicht auf ein fixes Layout mit fest vorgegebenen Verweisen beschränkt, sondern berücksichtigt immer die gerade aktuellen Anforderungen des Benutzers.

Zukünftige Weiterentwicklungen des Systems sind vor allem in folgenden Bereichen möglich und angezeigt:

- Die von ΥπΑDAPTερ anfänglich verwendeten Benutzermodelle sind vergleichsweise einfach. Es ist notwendig, sie durch realistischere zu ersetzen. Wir haben vielversprechende, erste Versuche mit diagnostischen Komponenten unternommen, die aufgrund von anderen, bereits existierenden COMMONLISP-Programmen ein anfängliches, bereits differenziertes Benutzermodell füllen.

- Gegenwärtig beinhaltet das System keinerlei Vergessenskomponente; eine realistischere Benutzermodellierung sollte eine Theorie des Vergessens von Lerninhalten beinhalten.

- Der Aufbau der von ΥπΑDAPTερ verwendeten Wissensbasis geschieht gegenwärtig „von Hand". Semi-automatische Werkzeuge zur Wissensaquisition sind für den Aufbau größerer Wissensbasen dringend erforderlich.

- Die gegenwärtig von ΥπΑDAPTερ verwendeten Stereotypen schließen sich wechselseitig aus. Realistischer wäre es, mit inhaltsbezogenen Stereotypen zu arbeiten, die sich z.B. an Teilmengen des Wissens über COMMONLISP (Funktionen) orientieren. Derartige Stereotypen (z.B. Experten für Numerik, Ein-/Ausgabe, Laufzeiteffizienz) wären für sich überlappende Wissensbereiche definiert.

Literatur

[Böcker 88] H. D. Böcker. OPTIMIST: Ein System zur Beurteilung und Verbesserung von Lisp-Code. In R. Gunzenhäuser und H. D. Böcker (Hrsg.), *Prototypen benutzergerechter Computersysteme*, Kapitel 9. Verlag Walter de Gruyter & Co., Berlin - New York, 1988.

[Conklin 87] J. Conklin. Hypertext: An Introduction and Survey. *Computer*, 20(9):17–41, September 1987.

[Fischer et al. 85] G. Fischer, A. Lemke und T. Schwab. Knowledge-based Help Systems. In L. Borman und B. Curtis (Hrsg.), *CHI-85, Human Factors in Computing Systems Conference Proceedings*, S. 161–167, New York, April 1985. ACM SIGCHI/HFS.

[FischerLemke 88] G. Fischer und A. Lemke. Construction Kits and Design Environments: Steps Toward Human Problem-Domain Communication. *Human-Computer Interaction*, 3(2), 1988.

[GirgensohnRathke 88] A. Girgensohn und C. Rathke. ObjTalk - Version 16.0. INFORM Manual, Institut für Informatik, Universität Stuttgart, August 1988.

[Rich 83] E. Rich. Users are individuals: individualizing user models. *International Journal of Man-Machine Studies*, 18:199–214, 1983.

[Rissland 84] E. L. Rissland. Explaining and Arguing with Examples. In AAAI (Hrsg.), *Proceedings of the National Conference on Artificial Intelligence. August 1984, University of Texas at Austin*, Los Altos, 1984. American Association for Artificial Intelligence, W. Kaufmann, Inc.

[Schwab 89] T. Schwab. Methoden zur Dialog- und Benutzermodellierung in adaptiven Computersystemen. Dissertation, Fakultät Informatik der Universität Stuttgart, Oktober 1989.

[Selker 89] T. Selker. COgnitive Adaptive Computer Help (COACH). In *Proceedings of the Fourth Conference on AI and Education*, S. 245–251, Amsterdam, May 1989. IOS.

[Teitelman 79] W. Teitelman. A Display Oriented Programmers Assistant. *International Journal of Man-Machine Studies*, 11(2):157–187, 1979.

BENUTZERMODELLIERUNG MIT HILFE NEURONALER NETZE

F. Bodendorf
Universität Erlangen-Nürnberg
Abteilung Wirtschaftsinformatik

8500 Nürnberg, Deutschland

1. Zielsetzung

Fortgeschrittene, "intelligente" Lernsysteme sollen sich flexibel und adaptiv verhalten. Aus anwenderorientierter Sicht heißt flexibel, daß in einer konkreten Dialogsituation eine breite Palette unterschiedlicher Aktionsmöglichkeiten seitens des Systems und des Benutzers gegeben ist. Hierzu gehören zum Beispiel der wahlfreie Zugriff auf verschiedene Informationselemente, mehrere Varianten der Stoffpräsentation oder spezifische Interaktionsformen zur Einübung, Anwendung und Überprüfung des Gelernten. Adaptiv bedeutet, daß die Dialogführung an den Lernenden angepaßt wird. Man fordert, daß sich das System an dessen Vorkenntnissen, bisherigem Dialogverhalten, seinen Zielsetzungen und sonstigen Bedürfnissen und Wünschen orientiert.

Um eine individuelle Behandlung gewährleisten zu können, muß dem System Wissen über den Benutzer zur Verfügung stehen. Ein Benutzermodell dient generell dazu, Informationen über den Lernenden zu sammeln und daraus Konsequenzen für eine angepaßte Dialogführung zu ziehen (Rich 1983).

Bei der Gestaltung dieser Komponente sind unter anderem folgende Fragen zu beantworten:
- Welches Wissen soll im Modell festgehalten werden?
- In welcher Repräsentationsform soll dieses Wissen abgespeichert werden?
- Auf welche Weise kann dieses Wissen gewonnen werden?

Im Rahmen eines längerfristigen Projektes wird an unserem Lehrstuhl* die Möglichkeit der Benutzermodellierung auf der Basis Neuronaler Netze untersucht. In einer ersten Studie wurde ein derartiger Ansatz für die Modellierung von OS/2-Anwendern realisiert. Die grobe Zielsetzung dieses Pilotprojektes wird im folgenden anhand der oben gestellten Fragen skizziert; weitere Details sind in den Kapiteln 2 und 3 zu finden.

Der Inhalt des Benutzermodells hat im wesentlichen zum Ziel, Kompetenz, d. h. Erfahrungen und Vorkenntnisse, sowie Intention, d. h. Ziele und Absichten des Benutzers abzubilden (Balzert 1988). Auf die OS/2-Umgebung bezogen bedeutet dies, Wissen über den individuellen Benutzer bezüglich

---

*Universität Erlangen-Nürnberg, Abteilung Wirtschaftsinformatik, Lehrstuhl Wirtschaftsinformatik II (Prof. Dr. F. Bodendorf)

des "Handlings" von OS/2-Befehlen und des allgemeinen Umgangs mit dem Betriebssystem zu gewinnen.

Die Repräsentation des Wissens erfolgt mit Hilfe eines Neuronalen Netzes. Hierbei werden keine festen Regeln vorgegeben, die angeben, welche Daten auf welche Weise zu speichern und welche Schlüsse bezüglich des individuellen Benutzers daraus zu ziehen sind. Das Neuronale Netz arbeitet nach dem "Blackbox-Prinzip". Es reagiert auf einen Eingabevektor mit benutzerspezifischen Daten in Form einer bzw. mehrerer Aussagen über diesen Benutzer. Diese Fähigkeit muß das Netz zunächst lernen. Um dies zu errreichen, ist es durch eine Reihe von Beispielen zu trainieren.

Bei der Gewinnung des Wissens über den Benutzer sind zwei Aspekte zu berücksichtigen: zum einen ist der Eingabevektor für das Neuronale Netz zu generieren, zum anderen ist das Netz genügend intensiv zu trainieren, so daß auf der Basis der Eingabedaten die richtigen Schlüsse gezogen bzw. die richtigen Aussagen getroffen werden.

2. Neuronale Netze

Bei Neuronalen Netzen unterscheidet man eine Reihe von zum Teil sehr unterschiedlichen Erscheinungsformen. Diese ergeben sich unter anderem durch Variierung der Netztopologie und der Möglichkeiten, wie Wissen in ein derartiges Netz eingebracht werden kann, d. h., über welche Lernregeln sich das Netz trainieren läßt. Die nächsten beiden Abschnitte geben hierzu einen kurzen Überblick und die Hintergrundinformationen zu der für das OS/2-Benutzermodell verwendeten Variante.

2.1 Implizite Wissensrepräsentation

Die Wissensrepräsentation in künstlichen Neuronalen Netzen wird implizit durch vereinfachte Simulation der Informationsverarbeitung des menschlichen Gehirns, einem massiv parallelen System, vorgenommen. Sie bestehen aus Neuronen bzw. Prozessorelementen und sogenannten synaptischen Verbindungen zwischen diesen. Die Prozessorelemente summieren gewichtete Eingangssignale, bearbeiten das Ergebnis mit einer nichtlinearen Übertragungsfunktion und geben ein einzelnes Ausgangssignal aus, das wiederum an die Eingänge anderer Neuronen des Netzwerks angelegt wird (vgl. Abbildung 1).

Die Neuronen werden in Schichten angeordnet. Man unterscheidet eine Eingangs- und eine Ausgangsschicht und bei einigen Netztopologien zusätzliche "versteckte" Schichten. Der Informationsfluß erstreckt sich von der Eingangsschicht, die alle vom Netz zu verarbeitenden Signale empfängt, über die evtl. versteckten Schichten bis hin zur Ausgangsschicht. Die Art der Verknüpfung dieser Schichten bestimmt die Netztopologie und somit das gesamte Übertragungsverhalten.

Abb. 1	Neuronale Prozessorelemente

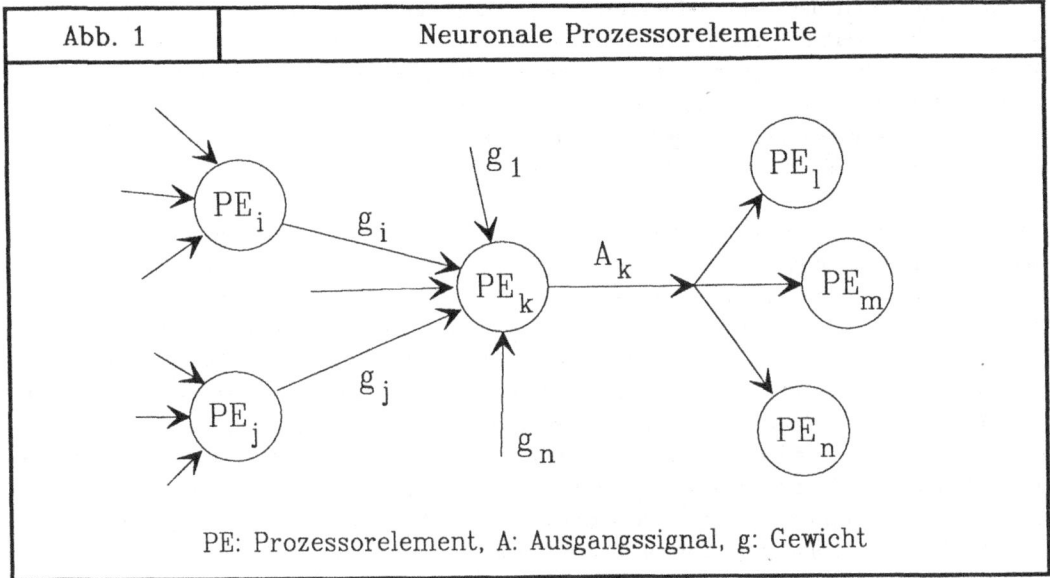

PE: Prozessorelement, A: Ausgangssignal, g: Gewicht

Künstliche Neuronale Netze werden nicht programmiert, sondern trainiert. Es können drei Trainingsarten unterschieden werden (Hecht-Nielsen 1989, S. 449). Im ersten Fall werden dem Netz zu den gewünschten Ausgaben entsprechende Eingaben durch einen Lehrer vorgegeben. Die innere Struktur des Netzes paßt sich an seine jeweilige Umgebung an und liefert nach erfolgreichem Training für die eingehenden Eingangssignale die zuordenbaren Ausgangssignale. Bei einer zweiten Art des Trainings wird den Eingaben keine Ausgabe mehr, sondern nur die Bewertung eines Kritikers der vom Netz gelieferten Ausgabe gegenübergestellt. Im dritten Fall organisiert sich die Ausgabe selbständig; das Netz wird daher als selbstlernend bezeichnet.

2.2 Typologie Neuronaler Netze

Eine Typisierung künstlicher Neuronaler Netze kann auf der Basis einer Vielzahl von unterschiedlichen Kriterien durchgeführt werden (Hecht-Nielsen 1989, HNC 1989, Kemke 1988). Klassifikationsmerkmale sind z. B.
- die Art der Information (binär, kontinuierlich),
- der Unterschied hinsichtlich der Informationsflußrichtung zwischen den Neuronenschichten (Feedforward, Feedback und deren Kombination),
- der Gleichzeitigkeit der Informationsverarbeitung (synchron, asynchron),

- die Homogenität der Verknüpfungsstruktur (symmetrisch oder asymmetrisch, vollständig oder unvollständig verbunden),
- die Homogenität der Neuronen (Art der internen Parameter, Anzahl der Eingänge),
- die Art des Lernens (mit Lehrer, mit Bewerter, selbstlernend),
- die Art der Anwendung (Klassifikation zeitlich statischer oder veränderlicher Signale, Assoziativspeicher, Signalverarbeitung, Datenmodellierung usw.).

Aus dieser Vielzahl möglicher Variationen hat sich die Gattung der "Backpropagation-Netze" bisher herausgehoben. Sie können kontinuierliche Daten in "Feedforward-Richtung" verarbeiten, arbeiten asynchron, weisen eine unvollständige, symmetrische Verbindungsstruktur auf, besitzen homogene Neuronen, werden durch einen Lehrer trainiert und weisen das größte Einsatzspektrum auf (HNC 1989, S. 1-17). Deshalb werden "Backpropagation-Netze" bisher in mehr als 40% aller betrieblichen Anwendungen verwendet (Ziegler 1990). Unter den "Backpropagation-Netzen" sind auf Klassifikationsaufgaben spezialisierte Varianten zu finden. Diese Netze ermöglichen im Gegensatz zu anderen Netzen dieser Familie zusätzliche statistische Auswertungen und enthalten spezielle neuronale Hilfsschichten für Klassifikationszwecke (HNC 1989, S. 6-1). Da in unserer Studie für die Modellierung von OS/2-Anwendern der Stereotypenansatz gewählt wurde (vgl. Kapitel 3), entschied man sich für den Einsatz eines sogenannten "Backpropagation-Classifier-Netzes".

3. Benutzermodell für OS/2-Anwender

3.1 Stereotypenkonzept des Modellinhaltes

Das Benutzermodell für OS/2-Anwender basiert auf dem Stereotypenansatz. Unter einer Stereotype versteht man ein Bündel von Eigenschaften, die man dem Benutzer zuordnet, wenn bestimmte auslösende Informationen (Trigger) bekannt werden.

Die Stereotypisierung der OS/2-Benutzer wird anhand einer zweidimensionalen Klassifikation vorgenommen.

Die erste Dimension repräsentiert den Erfahrungshorizont. Sie ist in die fünf Stufen
- Laie,
- Anfänger,
- Gelegentlicher Benutzer,
- Systemerfahrener und
- Experte
unterteilt. Die Vorkenntnisse des Benutzers sollen sich dabei hauptsächlich auf das Betriebssystem OS/2 beziehen. Eine Unterscheidung, z. B. von DV-Kenntnissen, Fachkenntnissen, Abstraktionsvermögen, Schulung und Übung (Zwerina 1988), erscheint nicht sinnvoll. Benutzer, die keinerlei OS/2-Kenntnisse besitzen, werden als Laien bezeichnet. In der Einarbeitungsphase ist häufig zu beobachten, daß sich der Benutzer vereinzelte Befehle gut einprägt oder eine bestimmte Vorgehensweise detailliert notiert. Dieser Personenkreis hat sehr geringe Kenntnisse über OS/2, gibt aber teilweise Befehle ein, die dem Wissen von Experten entsprechen. Dieser Diagnose wird die Gruppe

"Anfänger" zu geordnet. Zusätzlich zum gelegentlichen Benutzer ist der Benutzertyp "Systemerfahrener" aufgenommen, der OS/2 in etwa so gut kennt wie dieser, jedoch schon mit anderen Betriebssystemen vertraut ist. Dieser Typ beherrscht nur einen Teil der OS/2-Befehle, kennt aber allgemeine Konzepte von Kommandosprachen. Experten beherrschen das Betriebssystem und benutzen häufig OS/2-Kommandos.

Die zweite Dimension berücksichtigt die Ziele des Benutzers. Für den Stereotypenansatz sind vor allem langfristige Ziele von Bedeutung. Eine gebräuchliche Einteilung nach Aufgabengebieten (Bauer 1985) ist die nach
- Systempfleger,
- Programmierer und
- Anwender.

Ziele des Systempflegers sind z. B., Systemeinstellungen vorzunehmen, Dateien zu verwalten oder Sicherungskopien anzulegen. Der Programmierer entwickelt selbständig Software. Hierzu benutzt er Editoren, Kompilierer und Binder, löscht und kopiert Dateien, verändert Verzeichnisstrukturen und vergibt Zugriffsrechte. Der Anwender nutzt vorhandene Anwendungsprogramme, wechselt häufig Zugriffspfade und ruft gezielt ausführbare Dateien auf.

Die Trigger, über die das Neuronale Netzwerk einen der fünfzehn Stereotypen zu bestimmen hat, werden in einem Eingabevektor zusammengestellt. Wichtige Trigger sind z. B. die Häufigkeit und der Schwierigkeitsgrad von verwendeten Kommandos und Funktionen, die Zahl und der Detailierungsgrad von Hilfeanforderungen, die Zahl der Systemfehlermeldungen, Korrekturen und Abbrüche sowie der "Warmstarts" oder die benötigte Zeit für die Befehlseingabe. In dem 65-stelligen Eingabevektor sind die Häufigkeiten für 55 OS/2-Befehle und daneben zehn weitere Sonderdaten enthalten. Gibt der Anwender einen Befehl ein, werden der entsprechende Wert im Eingabevektor erhöht und eventuell die Sonderdaten angepaßt.

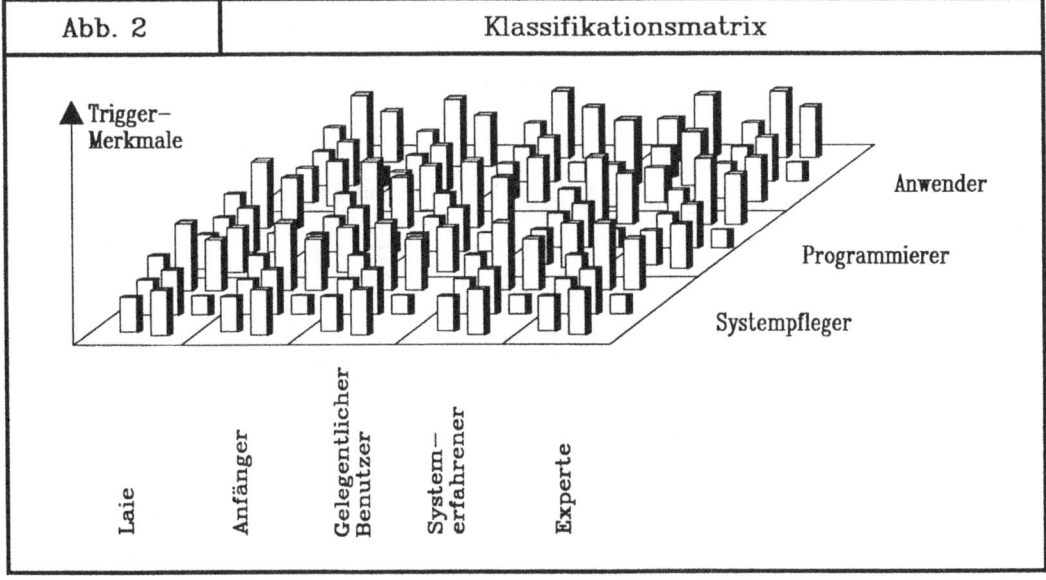

Abb. 2 — Klassifikationsmatrix

Eine bestimmte Kombination dieser 65 Einzeldaten kann nicht eindeutig einem Stereotyp zugeordnet werden. Die Überlappungsbereiche sind sehr groß. Beispielsweise könnte ein Anfänger den Befehl CHDIR mit einer Häufigkeit von 20 bis 90 pro 100 Befehlseingaben, ein Systemerfahrener den gleichen Befehl mit einer Häufigkeit von 10 bis 50 pro 100 Befehlseingaben verwenden. Abbildung 2 veranschaulicht diese Problematik. Jeder Stereotyp ist durch 65 Triggermerkmale gekennzeichnet, deren Ausprägungen jedoch relativ großen Schwankungen unterliegen, da auch innerhalb eines Stereotyps individuelle und auch von der aktuellen Aufgabe abhängige Unterschiede in den Triggermerkmalen bestehen. Die Kombination der 65 Merkmalsbereiche ist jedoch trotzdem in irgendeiner Weise typisch.

3.2 Training des Neuronalen Netzes

Die Zuordnung eines Stereotyps zu einem vorgegebenen Eingabevektor kann nicht algorithmisch angegeben werden. Es ist Aufgabe des Neuronalen Netzes, diese Verbindung zwischen einem Eingabe- und einem Ausgabemuster herzustellen. Diese Fähigkeit erlernt es anhand vieler Beispiele, d. h., es ist zunächst auf diese Aufgabe hin zu trainieren. Dieses Training erfolgt durch ein Simulationsprogramm.

Für jedes Triggerelement existiert ein Datensatz, der aus dem Namen des Merkmals (z. B. eines Befehls), einer kurzen Beschreibung sowie 15 weiteren Feldern besteht, die jeweils für jeden Stereotyp den Wertebereich des Merkmals angeben. Abbildung 3 zeigt dies beispielsweise für den Befehl CHDIR. Neben dieser Datenbank mit 65 Datensätzen wird für jeden Stereotyp eine Simulationsdatei angelegt. Jede dieser 15 Dateien enthält pro Datensatz 65 Trigger-Einträge. Abbildung 4 veranschaulicht diese vertikale Projektion.

Abb. 3	Stereotypmatrix für CHDIR				
Befehl: CHDIR	Laie	Anfänger	Gelegentl. Benutzer	System-erfahrener	Experte
Anwendungen ausführen	10 −30	20 −90	10 −70	10 −50	10 −30
Programmieren	10 −50	20 −90	10 −80	10 −70	10 −60
System pflegen	20 −90	40 −100	20 −80	20 −80	20 −70
Beschreibung:	Inhaltsverzeichnis wechseln				

355

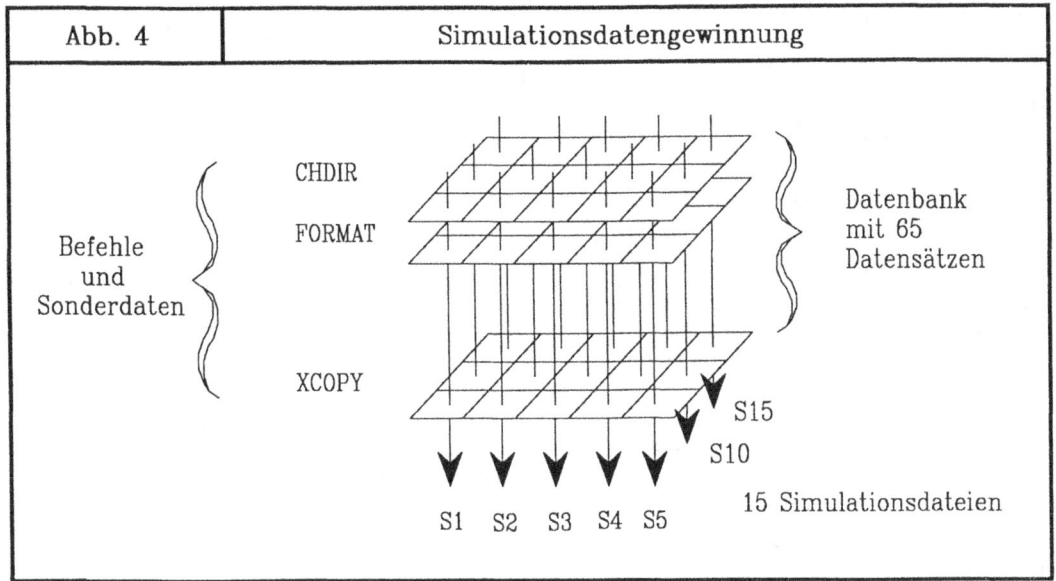

| Abb. 4 | Simulationsdatengewinnung |

Befehle und Sonderdaten

CHDIR
FORMAT
XCOPY

Datenbank mit 65 Datensätzen

S15
S10
15 Simulationsdateien
S1 S2 S3 S4 S5

Zur Vorbereitung der Simulation werden die 15 Simulationsdateien zunächst mit Zufallszahlen gefüllt. Dies geschieht dadurch, daß für jeden Stereotyp jeweils ein aus 65 Merkmalswerten bestehender Eingabevektor erzeugt wird, indem die einzelnen Werte zufällig aus den jeweiligen Merkmalsbereichen gezogen werden. Jeder so generierte Eingabevektor wird in der Simulationsdatei des zugehörigen Stereotyps abgelegt.

Mit Hilfe der Simulationsdateien wird anschließend das Neuronale Netz trainiert. Hierzu werden einzelne Datensätze aus den Dateien als Eingabevektor für das Netz entnommen und gleichzeitig das Ergebnis, d. h. der zugehörige Stereotyp vorgegeben. Das Netz regelt daraufhin seine internen Verknüpfungsparameter und -gewichte neu ein. Anhand einer Statistik, die unter anderem die mittlere Anzahl der korrekten Klassifikationen angibt, kann der Lernfortschritt des Netzes beobachtet werden. Nach hinreichendem Training ist das Netz bereit für den Einsatz.

Es wäre natürlich wünschenswert, anstelle von Zufallszahlen tatsächlich gemessene Werte zu verwenden, die ein "Benutzermonitor" liefern könnte. Dies ist zwar prinzipiell machbar, die Schwierigkeit bei dieser Form der Gewinnung der Trainingsdaten liegt jedoch darin, neben der Erfassung der Trigger-Daten den Benutzer einem Stereotyp zuzuordnen. Dies müßte durch eine "übergeordnete Instanz" oder eventuell durch den Benutzer selbst erfolgen.

3.3 Integration in die OS/2-Umgebung

Abbildung 5 zeigt, wie die OS/2-Umgebung um das Benutzermodell angereichert werden könnte. Alle Eingaben werden in konventioneller Weise an den Kommandointerpreter von OS/2 übergeben.

Ein Kommandomonitor im Hintergrund kann parallel dazu "mithören" und, wenn ein den Eingabevektor betreffender Befehl eingegeben wurde, dieses Triggermerkmal verändern. Sonderdaten für weitere Trigger können durch einen Tastatur- und einen Mausmonitor generiert werden. OS/2 stellt zur Realisierung entsprechender Monitore spezielle Werkzeuge zur Verfügung, mit denen es möglich ist, sämtliche Tastatureingaben und Mausbewegungen "abzuhören".

Der Eingabevektor wird an das Neuronale Benutzermodell übergeben. Das Klassifikationsergebnis, d. h. der Stereotyp, wird an die OS/2-Umgebung weitergereicht. Dort können diese Informationen beispielsweise dazu dienen, gezielte Erläuterungen oder Hinweise auszugeben. Darauf aufbauend ist die Konstruktion aktiver Hilfesysteme möglich, die darüber hinaus auch konzeptionelle Fehler seitens des Benutzers erkennen und Ratschläge für effizientere Befehlsfolgen geben.

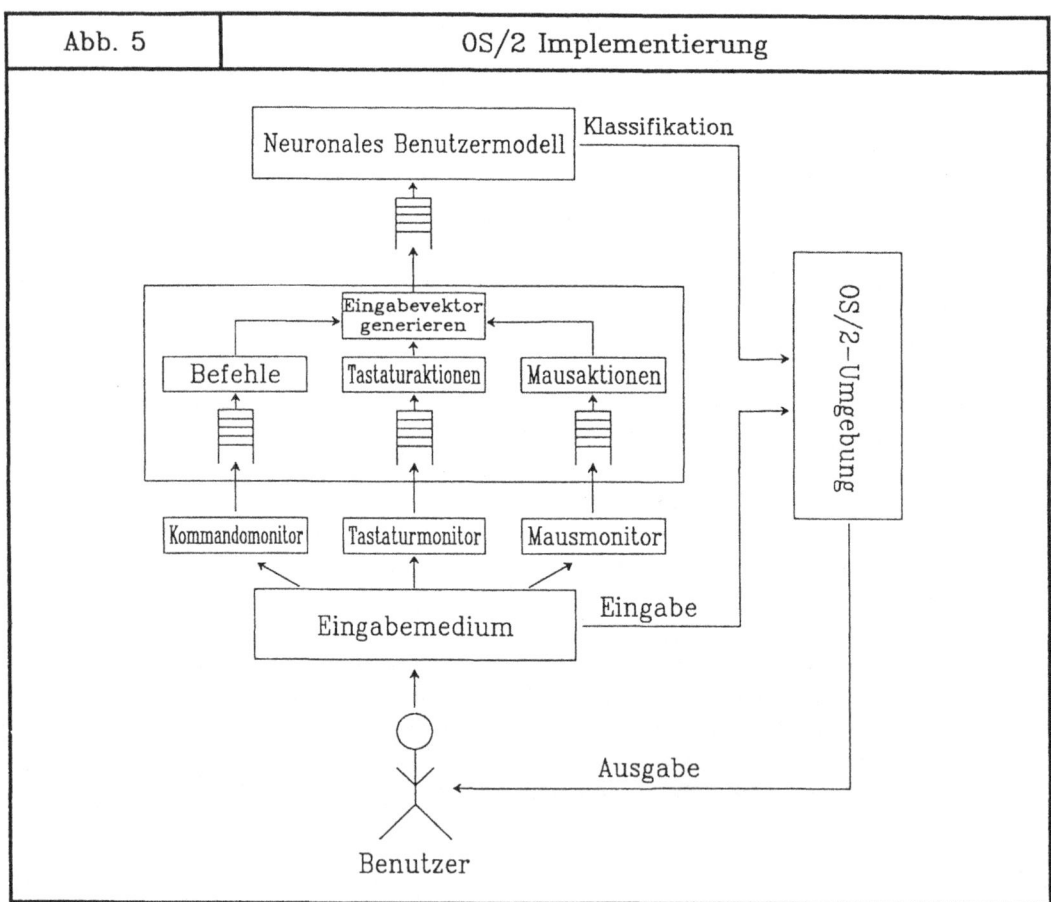

Abb. 5 — OS/2 Implementierung

Bedingt durch die Verwendung spezieller Hardware für Neuronale Netze liegt es nahe, einen "Neuro-Server" in ein Netzwerk zu integrieren. Auf diesen können dann bei Bedarf für verschiedene Anwendungen unterschiedliche Benutzermodelle online geladen werden. Voraussetzung ist, daß diese Modelle denselben Netztyp verwenden. Arbeiten verschiedene Benutzer an der gleichen Anwendung, z. B. mit dem OS/2-Betriebssystem, so würden jeweils der entsprechende Eingabevektor über das Netz zum Neuro-Server gesendet und das Einstufungsergebnis bzw. die Stereotypenmerkmale auf dem gleichen Wege zurückgeschickt werden. Bei gemischten Anwendungen müßte jeweils vor Interpretation des Eingabevektors das betreffende Netz konfiguriert, d. h. die entsprechenden Parameter der betreffenden Netzarchitektur geladen werden.

4. Perspektiven

Der untersuchte Ansatz der Realisierung eines Benutzermodells auf der Basis eines Neuronalen Netzes liefert sehr reizvolle Aspekte. Durch das "Learning by Examples" entfällt die schwierige Aufgabe, Verarbeitungsalgorithmen für Daten über den Benutzer zu definieren, die letztlich zu den gleichen Interpretationsergebnissen führen sollen, die das Neuronale Netz "automatisch" liefert. Prinzipiell kann nach jeder Eingabe die Einstufung des Benutzers neu erfolgen, wobei das System einerseits genügend träge reagiert und sich von einzelnen "untypischen " Reaktionen nicht beeinflussen läßt, andererseits es möglich ist, daß der Benutzer während des Dialogs in verschiedene Rollen schlüpft und das Benutzermodell dies relativ schnell nachvollzieht.

Eines der Hauptprobleme liegt in der Gewinnung der Trainingsdaten. Diese können z. B. durch Experten vorgegeben oder in Form von empirisch gewonnenen Daten geliefert werden. Die daraus abgeleiteten Eingabevektoren bilden dann mit ihren zugehörigen Stereotypinformationen die Trainingsbasis. In vielen Fällen dürfte es jedoch nicht leicht sein, auf "Experten" oder empirische Daten zurückzugreifen.

Ein weiteres Problem stellt die Konfiguration des Netzes dar, da es bisher keine Einstellregeln für dessen Parameter gibt. Z. B. existieren keine allgemeingültigen Regeln oder Entscheidungshilfen, wie für eine konkrete Klassifikationsaufgabe die optimale Netztopologie zu finden ist. Hier kann meist nur ein Ausprobieren und ein Orientieren an bereits vorhandenen Beispielen weiterhelfen. Im vorliegenden Fall zeigt sich z. B., daß eine Erweiterung des Netzes um Zwischenschichten von Neuronen nicht notwendigerweise zu besseren Ergebnissen führt.

Literatur

Balzert, H.: Trends und Perspektiven der Software-Ergonomie. In: Balzert, H., u.a. (Hrsg.): Einführung in die Software-Ergonomie. Berlin u.a.: Walter de Gruyter 1988, S. 345 ff.

Bauer, J., Schneider, M.: Hilfe- und Dokumentationssysteme im Softwareengineering-Prozeß. Vortrag für ONLINE'85. Düsseldorf 1985

Hecht-Nielsen, R.: Neurocomputer Applications. In: Eckmiller, R., v. d. Malsburg, C.: Neural Computers. Berlin u.a.: Springer 1989, S. 445ff.

HNC: Neurosoftware. Release 2.22. San Diego 1989

Kemke, C.: Der Neuere Konnektionismus. Informatik-Spektrum 3, 11 (1988), S. 143-162

Rich, E.: Users are individuals: Individualizing user models. International Journal of Man-Machine Studies 9, 18 (1983), S. 199ff.

Ziegler, U.: Neuronale Netze in betriebswirtschaftlichen Anwendungen - Möglichkeiten und potentielle Vorteile im Vergleich mit anderen entscheidungsunterstützenden Methoden. Diplomarbeit. Universität Erlangen-Nürnberg, Abteilung Wirtschaftsinformatik. Nürnberg 1990

Zwerina, H.: Masken und Formulare. In: Balzert, H., u.a. (Hrsg.): Einführung i.d. Software-Ergonomie. Berlin u.a.: Walter de Gruyter 1988, S. 163ff.

Schülermodellierung bei Dreieckskonstruktionsaufgaben
mit dem tutoriellen System TRICON
G.Holland, Gießen

1. Vorbemerkungen

TRICON (Triangle Construction) ist ein intelligentes tutorielles System zur Untertützung von Dreieckskonstruktionsaufgaben, das im Rahmen des GIT-Projektes (Geometry and Intelligent Tutoring) am Institut für Didaktik der Mathematik an der Universität Gießen entwickelt wird. Ziele des Projektes sind die Entwicklung und Erprobung von Lernumgebungen mit intelligenten Komponenten für den Geometrieunterricht in der Sekundarstufe I.

TRICON enthält einen Experten, welcher die Aufgaben der unterstützten Aufgabenklasse löst, und einen Tutor, der den Problemlöseprozess des Schülers überwacht und auf Anforderung Hilfen gibt. Auf eine Schülermodellierung wurde in der ersten Version von TRICON (Holland 1988) verzichtet. Hier wird zwar ein vollständiges Protokoll der Tutor-Schüler Interaktion geführt, welches ein vollständiges Playback ermöglicht, der Tutor greift aber auf die Daten des Protokolls nicht zurück. Deshalb erhält der Schüler auch keine tutorielle Unterstützung bei der Aufgabenauswahl, so daß bei einem Training mit TRICON eine vorgegebene Aufgabensequenz lückenlos zu durchlaufen ist. Diese Version von TRICON wurde in drei Gymnasialklassen eingesetzt und erprobt (Barz/Holland 1989). Da aufgrund der vorhandenen Ausstattung jeweils zwei oder drei Schüler an einem Arbeitsplatz zusammenarbeiteten, erwies sich hier die fehlende Schülermodellierung nicht als Nachteil. Für eine inzwischen begonnene Neuimplementierung von TRICON ist jedoch eine Schülermodellierung vorgesehen, über die hier berichtet werden soll[1].

TRICON gehört zu einer Kategorie tutorieller Systeme, bei denen der Gegenstandbereich durch eine Aufgabenklasse definiert ist, und die Schüler beim Lösen der Aufgaben durch das ITS unterstützt werden. Erwerb und Festigung von Wissen und Fertigkeiten erfolgen in einem derartigen ITS ausschließlich durch das Lösen von Aufgaben[2]. Fehlendes Begriffs-und Regel-Wissen wird erworben, indem der Tutor während des Lösungsprozesses aktive oder passive Hilfe leistet. Ebenso werden Fehlkonzeptionen auf diese Weise korrigiert. Der wesentliche Sinn einer Schülermodellierung besteht darin, dem Tutor jeweils nach erfolgter Bearbeitung einer Aufgabe durch den Schüler diejenigen Informationen zu liefern, die es ihm ermöglichen, eine neue und für

---

[1]) Die Implementation erfolgt in LPA-Prolog 3.0. Die Graphikmöglichkeiten dieser Prologversion ermöglichen eine wesentliche Verbesserung der Benutzerschnittstelle, insbesondere auch die Schülereingaben über ein Menü unter Verwendung einer Maus.

[2]) Dies entspricht dem Prinzip von J.R.Anderson, alle Instruktionen im Kontext der Problemlösung zu geben (Anderson 1986).

den betreffenden Schüler geeignete Aufgabe aus einer vordefinierten Lernsequenz auszuwählen. Da die Funktion einer Schülermodellierung nur im Kontext mit den Funktionen von Tutor und Experten zu verstehen ist, wird zunächt auf diese beiden Komponenten des Systems eingegangen.

2. Tutor

Bei einem aufgabenorientierten ITS wie TRICON findet das Lernen in sich wiederholenden Lernzyklen statt. Nach Auswahl einer Aufgabe durch den Tutor wird diese vom Schüler bearbeitet. Dabei findet eine mehr oder weniger weitgehende Überwachung durch den Tutor statt. Außerdem kann der Schüler Hilfe vom Tutor anfordern. Nach Beendigung der Bearbeitung wird das Ergebnis vom Tutor analysiert, eine ausführliche Rückmeldung gegeben und das Schülermodell aufbereitet. Mit der Auswahl einer neuen Aufgabe beginnt ein neuer Zyklus. Im folgenden gehen wir kurz auf Überwachung und Hilfeleistung des Tutors ein.

Überwachung durch den Tutor: Für die Bearbeitungsphase kann der Schüler zwischen drei Modi der Überwachung wählen. Im Modus1 meldet der Tutor lediglich Syntaxfehler und Übertragungsfehler. Im Modus2 wird der Schüler auf alle fehlerhaften Schritte aufmerksam gemacht, es werden jedoch keine richtigen Schritte mitgeteilt[3]. Im Modus3 erfolgen zusätzlich Rückmeldungen auf richtige Schritte. Wie die Untersuchungen mit der voliegenden Version von TRICON gezeigt haben, wird eine Überwachung während der Aufgabenlösung besonders von schwächeren Schülern bevorzugt.

Gestufte Hilfen: In jeder Phase des Lösungsprozesse kann der Schüler beim Tutor Hilfe anfordern. Diese wird in mehreren Stufen angeboten, und zwar derart, daß in jeder Situation eines Problemlöseprozesses adäquate Informationen geliefert werden. Zunächst werden lediglich allgemeinere Hinweise gegeben, die dem Schüler z.B. mitteilen, welche Methode zum Ziel führt oder ob sich der Lösungsprozess in einer Sackgasse befindet. Weitergehende inhaltliche Hilfen, die sich z.B. auf anwendbare Ortslinien und deren Voraussetzungen (Berechnungen von Größen, Orthogonalität und Parallelität von Geraden) beziehen, erfolgen erst in den späteren Stufen. In der letzten Stufe wird dem Schüler ein vollständiger Konstruktionsschritt (in der einzugebenden Syntax) mitgeteilt. Nach jeder Stufe kann der Schüler aus dem Hilfesystem aussteigen oder aber zur nächsten Stufe weitergehen. Durch vollständige Ausnützung des Hilfesystems kann sich der Schüler somit eine komplette Musterlösung der Aufgabe geben lassen. Die Stufung des Hilfsangebot soll es dem Schüler ermöglichen, unter Inanspruchnahme von möglichst geringer Hilfe, möglichst viel selber zu entdecken. Außerdem wird es dem Tutor auf diese Weise erleichtert, die Schwierigkeiten des Schülers zu lokalisieren.

---

[3]) Dieser Modus entspricht dem Prinzip der unmittelbaren Rückmeldung von J.R. Anderson (Anderson 1986).

3. Experte

Der Experte hat die Aufgabe, dem Tutor das für Analyse und Hilfeleistung benötigte Begriffs-
und Regelwissen zur Lösungs von Dreieckskonstruktionsaufgaben zur Verfügung zu stellen.
Unterstützt werden Aufgaben, bei denen drei Größen (darunter wenigsten eine Länge) vorgegeben
sind. Die gegebenen Größen können sein: Die drei Seitenlängen die drei Innenwinkel, die drei
Höhen, die drei Winkelhalbierenden und die drei Seitenhalbierenden eines Dreiecks.

Für die Lösung der Aufgaben stehen dem Experten zwei Methoden zur Verfügung, die *Methode der
Ortslinien*, bei der ein gesuchter Punkt als Schnittpunkt zweier Ortslinien konstruiert wird und
eine *Punktspiegelungsmethode*, die zur Konstruktion zweier Punkte genau dann angewendet
werden kann, wenn der Mittelpunkt der beiden Punkte schon gegeben ist, und es zu jedem der
beiden Punkte eine Ortslinie gibt. Als abkürzende Spezialfälle der Ortslinienmethode sind drei
weitere Methoden aufzufassen, nämlich die Konstruktion eines Punktes als Mittelpunkt zweier
Punkte, als Bildpunkt bei einer Punktspiegelung und als Endpunkt bei der Längenabtragung auf
einer Halbgeraden. Jede Konstruktion beginnt mit einer Basisstrecke gegebener Länge. Weitere
Punkte werden dann mit einer der genannten Methoden konstruiert.

Das benötigte Wissen ist im Experten in Form von hierarchisch strukturierten Regelsystemen
repräsentiert. Das Regelsystem <methoden> der obersten Hierarchiestufe besteht aus Regeln,
welche die oben genannten Methoden zur Konstruktion von Punkten repräsentieren. Sie bedienen
sich dazu eines Regelsystems <ortslinien>, welches das Wissen über Ortslinien repräsentiert. Mit
Hilfe der Ortslinienregeln werden alle Ortslinien gefunden, die in dem jeweiligen Problemlösezustand zur Konstruktion eines gesuchten Punktes geeignet sind. Zur Überprüfung ihrer
Anwendbarkeit (Berechenbarkeit einer Größe, Bestehen einer Relation) greifen die Ortslinienregeln wiederum auf ein Regelsystem <konfig> zurück, welches die speziellen Beziehungen der
Planfigur repräsentiert. Für die Berechnung benötigter Größen aus gegebenen Größen stehen
außerdem Regeln eines Regelsystems <sätze> zur Verfügung.

4. Schülermodell

Da das im Experten repräsentierte Regelwissen dem Wissen und den Fertigkeiten entspricht,
welches auch einem menschlichen Problemlöser das Lösen der Aufgaben ermöglicht, lassen sich
die Regeln der Regelsysteme als Lernvoraussetzungen für den Schüler interpretieren[4]. Die

---

[4]) Die Aussage, daß der Schüler eine Regel erworben hat, soll jedoch lediglich
besagen, daß der Schüler sich in einer Anwendungssituation dieser Regel so verhält
wie der Experte, der diese Regel anwendet, um den entsprechenden Schritt (z.B.
Zeichnen eines Kreises als Ortslinie für einen gesuchten Punkt) durchzuführen. Über
die Art und Weise, wie das entsprechende Wissen im menschlichen Problemlöser
repräsentiert ist, soll nichts impliziert werden.

hierarchische Struktur der Regelsysteme des Experten induziert eine hierarschische Struktur der Lernvorausseteungen, so daß der *durchsichtige* Experte (vgl.R.R.Burton & J.S.Brown 1982) die *Lernhierarchie* eines "idealen" Schülers repräsentiert. Eine einfache und naheliegende Weise der Schülermodellierung ist in diesem Fall das Overlay-Paradigma (vgl.Goldstein 1982): Das Schülermodell gibt für jede der Lernvoraussetzungen an, ob, bzw. mit welchem Kompetenzgrad sie in dem jeweiligen Lernzustand des Schülers realisiert ist. Über das Konzept eines Overlays hinausgehend sind dem Regelsystem <konfig> auch einige Falschregeln hinzugefügt worden, die solche Fehlkonzeptionen des Schülers erklären, welche sich auf die Verwechselung von Eigenschaften der Höhen, Winkelhalbierenden und Seiten beziehen. (Ob diesen Regeln auch ein beobachtbares Schülerverhalten entspricht, muß empirisch unterucht werden.) Tab.1 zeigt ein (fiktives) Beispiel für ein Schülermodell. Man entnimmt ihm beispielsweise folgende Informationen:

(1) Für die Schülerin Angelika Meyer wurde die Lernsequenz B voreingestellt (vgl.6.). Sie befindet sich in der 4. Lerneinheit dieser Lernsequenz und hat als letztes die Aufgabe Nr.16 (fehlerhaft) bearbeitet. Vorher wurden drei Aufgaben der Lerneinheit B3 richtig gelöst, allerdings Aufgabe 10 mit Hilfe.

(2) In den bisher bearbeiteten Aufgaben kamen als Methoden die *Ortslinienmethode*, die *Längenabtragung auf einer Halbgeraden* und die *Konstruktion des Mittelpunktes* vor. In den ersten beiden aufgetretenen Anwendungssituationen für die Längenabtragung wurde die Anwendbarkeit nicht erkannt.

(3) Die Ortslinie hg (Halbgerade durch Winkelantragung) wurde viermal richtig angewendet, aber ihre Anwendbarkeit dreimal nicht erkannt.

(4) In fünf Anwendungssituationen für den Winkelsummensatz, wurde dieser zur Berechnung eines unbekannten Winkels das erste mal entweder falsch oder nur mit Hilfe angewendet.

(5) Bei der ersten Aufgabe mit gegebener Winkelhalbierenden, wurden unzulässige Aussagen aus der Planfigur deduziert.

(6) Es trat einmal eine Sackgassensituation auf, in der ein Wechsel der Basisstrecke notwendig gewesen wäre, aber nicht erfolgte.

Das Schülermodell ist zu Beginn "leer" und wird erst im Laufe des Aufgabentrainings dynamisch aufgebaut und geändert. Die Aufbereitung erfolgt jeweils im Kontext der ausführlichen Analyse, die einer Aufgabenbearbeitung folgt (vgl.5.). Für die Festlegung eines Kompetenzgrades einer Lernvoraussetzung gibt es viele Möglichkeiten. Hier wurde das einfachste Modell, nämlich die absolute Häufigkeit der richtigen Anwendungssituationen gewählt. Zu Beginn können dann beträchtliche Schwankungen auftreten. Auch ist es sicherlich sinnvoll, anfängliche negative Eintragungen später nicht mehr zu berücksichtigen, da Lernen bekanntlich unstetig stattfindet.

Das Schülermodell enthält mehr Informationen, als für seine Funktionen der Analyse und Aufgabenauswahl vorerst vorgesehen sind. Diese können jedoch für die empirischen Erprobungen oder für den Lehrer von Wert sein.

Beispiel eines Schülermodells

Name: Angelika Meyer

LE	Aufgaben
B1	(1,h), (2,+), (3,+)
B2	(5,-), (5,+), (7,h), (8,+)
B3	(10,h), (11,+), (14,+)
B4	(16,-)

Methode	Sequenz	KG
Ortslinienmethode	+ + + + + + + + + +	1.0
Streckenabtragung	- - + +	0,5
Mittelp. einer Strecke	- + +	0,7
Bildpunkt bei Punktsp.		
Punktspiegelungsmethode		

Ortslinie	Sequenz	KG
h		
g		
hg	- - + + + - +	0.6
par	- + - +	0,5
ortho	- + + +	0.8
kr	+ + + + + +	1.0
thales		
umkr		

Satz	Sequenz	KG
Winkelsummensatz	- + + + +	0.8
Nebenwinkelsatz	- +	0.5
Schwerpunktsatz		

Konfiguration	Sequenz	KG
Höhe	+ + + +	1.0
Winkelhalbierende	- +	0.5
Seitenhalbierende	+	1,0

Sonstige Fehler:	Häufigkeit
Übertragungsfehler	1
Berechnungsfehler	3
Unberechtigte Anwendung einer Methode	0
Unberechtigte Anwendung einer Ortslinie	2
Unerkannte Basis-Sackgasse	1
Unerkannte Punkt-Sackgasse	0

Berechnung des Kompetenzgrades:
KG = relative Häufigkeit von "+".   Tab.1

5. Fehleranalyse, Rückmeldung und Aufbereitung des Schülermodells

Eine umfassende Analyse der Schülerlösung unter Einbeziehung der in Anspruch genommenen Hilfe und des Schülermodells bildet die Grundlage für die Rückmeldung des Tutors, seine therapeutische Maßnahmen und für die Aufbereitung des Schülermodells. Die Analyse wird von dem Regelsystem eines speziellen Analyse-Moduls des Experten durchgeführt. Die Regeln operieren auf den Konstruktionsschritten der Schülerkonstruktion. Zur Analyse eines Konstruktionsschrittes prüft der Experte die Verträglichkeit dieses Schrittes mit seinen eigenen Operationen, d.h. er prüft, ob dieser Schritt auch von ihm selber produzierbar ist. Ist das nicht der Fall, so prüft er, ob er den Schülerschritt mit Hilfe von Falschregeln generieren kann. Auf diese Weise werden (durch Falschregeln repräsentierte) Mißkonzepte des Schülers diagnostiziert.

Die analysierten Schülerfehler werden gemäß der folgenden zweistufigen Einteilung klassifiziert:
Methodenfehler: Falschanwendung einer Methode, Begriffsfehler.
Ortslinienfehler: Übertragungsfehler, Berechnungsfehler, Falschanwendung, Begriffsfehler.
Basisstreckenfehler: Übertragungsfehler, Berechnungsfehler.
Strategiefehler: Ungeeignete Basisstrecke, Ungeeigneter Zielpunkt.

Im folgenden gehen wir exemplarisch auf die Ortslinienfehler genauer ein.

Übertragungsfehler: Für eine anwendbare Ortslinie wird eine vorausgesetzte (und gegebene Größe) falsch übertragen.
Rückmeldung: Hinweis und Angabe des korrekten Wertes.
Schülermodell: Häufigkeitskorrektur unter "Sonstige Fehler"

Berechnungsfehler: Für eine anwendbare Ortslinie wird eine benötigte (und aus gegebenen Größen berechenbare) Größe falsch berechnet.
Mögliche Ursache: Wenigstens eine der zur Berechnung benötigten Lernvoraussetzungen der Kategorien <satz> oder <konfig> ist noch nicht gelernt. (Einengung der möglichen Ursachen mit Hilfe des Schülermodells.)
Rückmeldung und Therapie: Hinweis auf den Berechnungsfehler und Ausgabe der richtigen Berechnung samt der verwendeten Regeln.
Auswahl einer Aufgabe vom selben Typ.
Schülermodell: Negativ-Eintrag für die noch nicht gelernt diagnostizierten Lernvoraussetzungen der Kategorien <satz> bzw. <konfig>.

Falschanwendung: Eine nicht anwendbare Ortslinie wird angewendet. *Mögliche Ursachen:*
a) Anwendung einer Falschregel;
b) Unzulässige Informationsentnahme aus der Planfigur.
Rückmeldung und Therapie: Hinweis auf den möglichen Fehler. Bei Anwendung einer Falschregel wird auf das Mißkonzept hingewiesen. Auswahl einer Aufgabe vom selben Typ.

Schülermodell: Häufigkeitskorrektur unter "Sonstige Fehler".

<u>Begriffsfehler</u>: Eine anwendbare Ortslinie wird nicht angewendet.
Diagnose: Der Fehler wird im Kontext einer unberechtigt angewendeten Ortslinie diagnostiziert, sowie bei der Inanspruchnahme von Hilfe.
Mögliche Ursachen:
a) Die Ortslinie ist dem Schüler nicht bekannt;
b) Die Ortslinie ist dem Schüler nur unzureichend vertraut, sodaß ihre Anwendbarkeit im Kontext der Konfiguration nicht erkannt wird. (Diskrimination mit Hilfe des Schülermodells).
Rückmeldung und Therapie:
Fall a): Hinweis auf die nicht angewendete Ortslinie und Präsentation einer Info-Lerneinheit, in der die Eigenschaften der Ortslinie vom Schüler untersucht werden können. Danach Auswahl einer möglichst einfachen Aufgabe, in der die Ortslinie benutzt wird.
Fall b): Hinweis auf die nicht entdeckte Ortslinie. Aufforderung, die Aufgabe noch einmal zu bearbeiten.
Schülermodell: Negativ-Eintrag für die als noch nicht hinreichend gelernte Ortslinie.

Bei Inanspruchnahme des Hilfesystems müssen die gegebenen Hilfen in die abschließende Analyse einbezogen werden. Dabei werden jedoch nur inhaltliche Hilfen berücksichtigt, also keine "Denkanstöße". Bricht z.B. ein Schüler die Inanspruchnahme weiterer Hilfe ab, nachdem er lediglich den Hinweis erhalten hat, daß eine Länge oder Winkelgröße berechenbar ist, so geht dieses in das Analyseergebnis nicht ein. Läßt er sich jedoch zusätzlich das Ergebnis geben, so wird diese Hilfeleistung wie ein Berechnungsfehler gewertet. Läßt er sich schließlich noch die Ortslinie mitteilen, welche diese Größe benötigt, so wird dieses wie ein Begriffsfehler für die Ortslinie gewertet.

6. Wahl einer neuen Aufgabe, Lernsequenzen

Eine Schülermodellierung hat für den Tutor eine zweifache Funktion. Auf Grund der jeweiligen Bewertung der Lernvoraussetzungen liefert sie zusätzliche Informationen für die Fehleranalyse. Zweitens führt sie Buch über die bereits bearbeiteten Aufgaben und über den Standort des Schülers in der vom Benutzer (oder Lehrer) voreingestellten *Lernsequenz.*

Die Auswahl der jeweils neuen Aufgabe ist ein entscheidender Punkt für effektives Lernen mit einem aufgabenorientierten ITS. Hat der Schüler die letzte Aufgabe fehlerhaft bearbeitet, so wird er im Rahmen der Rückmeldung aufgefordert, dieselbe Aufgabe noch einmal zu bearbeiten, oder es wird ihm eine Aufgabe zugewiesen, welche zur Therapie eines bestimmten Fehlers besonders geeignet ist (vgl.5.).

Wurde die vorhergehende Aufgabe jedoch richtig gelöst, so soll die neue Aufgabe einerseits das bisher Gelernte festigen, aber auch andererseits dem Schüler die Gelegenheit bieten, eine schwierigere Situation zu meistern. Das wird durch den Übergang zu einer neuen Lerneinheit innerhalb der voreingestellten Lernsequenz erreicht.

Eine Lernsequenz ist eine Sequenz von *Lerneinheiten* (LE) mit zunehmenden Lernvoraussetzungen. Während zu jeder LE Aufgaben mit denselben Lernvoraussetzungen gehören, bedeutet der Übergang von einer Lerneinheit zur nachfolgenden eine Erweiterung der zu erwerbenden Lernvoraussetzungen. Dem entsprechend enthalten die Aufgaben der neuen LE die Aufgaben des Vorgängers als echte Teilmenge. Zur letzten LE gehört dann die gesamte von dem System unterstützte Aufgabenklasse. Zu einer gegebenen Aufgabensammlung können verschiedene Lernsequenzen vom Lehrer voreingestellt werden[5]. Diese unterscheiden sich einerseits durch die Gesichtspunkte, nach denen die Aufgaben sequentiert werden, und andererseits durch die Feinheit ihrer Stufung – und damit durch die Anzahl der Lerneinheiten. Gute Schüler benötigen offensichtlich eine nicht so fein gestufte Lernsequenz wie schwache Schüler.

Der Tutor muß dafür sorgen, daß die Lernsequenz vom Lernenden möglichst effizient durchlaufen wird. Das ist relativ einfach, wenn das ITS zum Neuerwerb des Lehrstoffes eingesetzt wird, der Schüler also noch keine oder nur wenige der Lernvoraussetzung erfüllt. Der Schüler beginnt in diesem Fall mit der ersten LE. Der Übergang von einer LE zur nächsten findet statt, sobald der Schüler die Lernvoraussetzung der gegenwärtigen LE realisiert hat. Ein sehr guter Schüler benötigt gegebenenfalls dazu nur eine einzige Aufgabe, während ein schwächerer Schüler ein umfangreicheres Aufgabenangebot pro LE benötigt. Wird das ITS hingegen zur Wiederholung eingesetzt, so muß sich der Tutor zunächst einen Überblick über die Leistungsfähigkeit des Schülers und die schon vorhandenen Lernvoraussetzung verschaffen, um dann zu entscheiden, bei welcher LE das Training einsetzen soll.

7. Schlußbemerkungen

(1) Berichte über vergleichbare Systeme für den Schulunterricht liegen bisher kaum vor. Eine Ausnahme bildet der Geometrie Tutor von J.R.Anderson und Mitarbeitern (Anderson e.a. 1986, 1987). Ein ausführlicher Vergleich der für TRICON vorgesehenen Schülermodellierung mit dem im Geometrie Tutor realisierten Modell–Tracing–Paradigma von J.R.Anderson kann hier leider nicht erfolgen. Bei vielen funktionalen Gemeinsamkeiten beider Systeme dürfte ein wesentlicher Unterschied darin bestehen, daß die Diagnose von Schülerfehlern beim Modell Tracing allein mit Hilfe von Falschregeln erfolgt, und daß ein realer Schüler modelliert wird, indem korrekte Regeln

---

[5]) Für eine spätere Version von TRICON ist vorgesehen, daß der Tutor aufgrund von Analysedaten die Voreinstellung selber vornimmt und die Lernsequenz gegebenenfalls während des Trainings wechselt.

des idealen Schülers (Experten) durch die diagnostizierten Falschregeln ersetzt werden. Dieses bei TRICON nur ansatzweise realisierte Konzept ist wegen des unterschiedlichen Gegenstandsbereiches hier kaum konsequent durchführbar. Beispielsweise dürfte es (wegen des quantitativen Charakters) nicht möglich sein, alle Berechnungsfehler auf durch Falschregeln repräsentierte Mißkonzepte zu reduzieren.

(2) Die Fertigstellung der Neuimplemantation von TRICON ist für das Ende des Jahres anvisiert, so daß dann mit der empirischen Erprobung, – insbesondere der Schülermodellierung – begonnen werden kann. Nach einer vermutlich notwendigen Revision stellt sich dann die wichtige Frage, ob bzw. inwieweit sich Architektur und verwendete Techniken von TRICON auf andere aufgabenorientierte ITS für den Mathematikunterricht übertragen lassen. Nur falls das in einem beträchtlichen Umfang gelingt, besteht die Aussicht, daß in absehbarer Zeit intelligente tutorielle Systeme als neue Medien für den Mathematikunterricht zur Verfügung stehen werden.

Literatur

Anderson,J.R.,Boyle,C.F.,Farell,R. & Reiser,B.J. (1986). Cognitive Principles in the design of computer tutors. In Morris,P.(Ed), Modelling Cognition. Chichester: Wiley 1986.

Anderson,J.R.,Boyle,C.F.,Corbett,A.,Lewis,L. (1987). Cognitive Modelling and Intelligent Tutoring. Advanced Computer Tutoring Project. Research Report, Carnegie–Mellon University, Pttsburgh,PA.

Barz,W. & Holland,G. (1989). Intelligent Tutoring Systems for Training in Geometrical Proof and Construction Problems. In H.Mandel, E.DeCorte, N.Benett & H.F.Friedrich (Eds), Learning and Instruction, European research in an international context. Volumes II & III. Oxford:Pergamon.

Burton,R.R. & Brown,J.S. (1982). An investigation of computer coaching for informal learning activities. In Sleeman,D. & Brown,J.S., Intelligent Tutoring Systems. London: Academic Press 1982.

Goldstein,I.P. (1982). The genetic graph: a representation for the evolution of procedural knowledge. In Sleeman,D. & Brown,J.S., Intelligent Tutoring Systems. London: Academic Press 1982.

Holland,G. (1988). TRICON, Ein intelligentes tutorielles System für Dreieckskonstruktionen. Projektbericht, Institur für Didaktik der Mathematik, Universität Gießen.

Ohlsson,St.(1986). Some Principles of Intelligent Tutoring, Instructional Science 14 (1986),293–326.

HERON: EIN ADAPTIVES TUTORIELLES SYSTEM ZUM LÖSEN MATHEMATISCHER TEXTAUFGABEN[1]

Kurt Reusser, Alexander Kämpfer, Ruedi Stüssi
Abteilung Pädagogische Psychologie
Postfach 264, Universität Bern
Muesmattstrasse 27

3012 Bern (Schweiz)

Textrechnungen bereiten Schülern - aber auch Lehrern - immer wieder Schwierigkeiten. Schüler bekunden oft Mühe, die situativen Gegebenheiten, welche in mathematischen Aufgabentexten dargestellt werden, in entsprechende semantische Repräsentationen überzuführen, und Lehrer wissen bei Verstehensproblemen oft keinen besseren Rat, als das mehrmalige Durchlesen des Aufgabentextes zu empfehlen. Mangelnde Kompetenz im Bereich des formalen mathematischen Operierens ist nur selten die primäre Ursache für die auftretenden Schwierigkeiten (Cummins, Kintsch, Reusser & Weimer 1988). Die Crux liegt meist darin, dass es dem Schüler schwerfällt, eine geeignete mentale Situationsvorstellung für eine im Aufgabentext beschriebene Handlungs- oder Prozessstruktur zu finden, d.h. ein aufgabenadäquates kognitives Situationsmodell zu konstruieren und damit die Aufgabe zu verstehen. HERON ist der Prototyp eines adaptiven tutoriellen Systems, das Schüler zum Verstehen und Lösen semantisch komplexer Text- oder Sachrechnungen anleitet, indem es Lösungsstrategien und Repräsentationshilfen anbietet, welche zuerst den Aufbau einer mentalen semantischen Struktur des im Aufgabentext beschriebenen Sachverhaltes unterstützen und anschliessend deren Überführung in eine Gleichung ermöglichen.

Theoretischer Hintergrund

HERON's theoretisches Konzept beruht auf dem kognitiven Simulationsmodell SPS (Situation Problem Solver; Reusser 1989a,b). SPS stellt eine psychologisch-didaktische Prozesstheorie des Verstehens und Lösens mathematischer Textaufgaben dar und ist auf einer XEROX 1186 Lisp-Workstation als Produktionssystem implementiert. Gemäss SPS führen in einer ersten Verstehensphase teils reduktive, teils elaborative strategische Konstruktions- und Inferenzprozesse in Interaktion mit dem allgemeinen Sprach- und Weltwissen zu einer konkreten Situations- und Handlungsvorstellung (situation oder mental model). Diese mentale Struktur wird in einer zweiten Phase mit Hilfe zielgerichteter Abstraktionsprozesse graduell auf ihr mathematisches Gerüst - im Endeffekt eine Gleichung -

---

[1] Das Forschungsprojekt wird unterstützt vom Schweizerischen Nationalfonds zur Förderung der wissenschaftlichen Forschung. Die Projektgruppe besteht aus den Mitgliedern Alexander Kämpfer, Kurt Reusser (Projektleiter), Markus Sprenger, Fritz Staub, Rita Stebler und Ruedi Stüssi.

reduziert. Die Anwendung strategischer Umformungsprozesse auf den Aufgabentext (vom Text zum konkreten Situationsmodell zur mathematischen Gleichung), basiert auf einem Set von Produktionsregeln. Diese Regeln widerspiegeln nicht nur spontane Verstehens- und Lösungsprozesse von Schülern, sondern auch eine didaktische Strategiefolge (vom Textverständnis zum Situationsverständnis zum mathematischen Verständnis). Mit anderen Worten: Die von SPS verwendeten Strategien können explizit formuliert und in ein didaktisches Prozess- oder Strategiemodell übergeführt werden.

Strategien oder Produktionsregeln sind im Prinzip lehrbar. Das heisst: Ein Schüler kann durch einen Lehrer oder durch ein tutorielles System dazu angehalten werden, verschiedene Ebenen des Textverstehens zu durchlaufen und dabei Strategien anzuwenden, welche den Aufbau einer mentalen Repräsentation und ihre nachfolgende Abstraktion auf eine Lösungsgleichung erleichtern. Von besonderer Bedeutung sind in diesem Zusammenhang *Repräsentationshilfen*, die es erlauben, die mathematische und situative Struktur einer Aufgabe didaktisch sinnvoll darzustellen und die Übergänge zwischen verschiedenen Ebenen oder Stufen der Problemrepräsentation zu sichern. HERON wird mit einem Set von Repräsentationsstrategien ausgestattet, um dem Schüler möglichst alternative Darstellungsmöglichkeiten für eine grosse Klasse von Aufgaben zu bieten. Verschiedene Arten der grafischen Darstellung sollen ausgewählt und zur Unterstützung der Konstruktion mentaler Situationsmodelle herangezogen werden können.

Alle tutoriellen Systemkomponenten basieren in HERON auf der gleichen propositionalen Datenstruktur der Aufgabentexte. Damit wird eine Vereinheitlichung in bezug auf die Protokollierung des Schülerverhaltens, die Feedbackgenerierung, die Vermittlung von Strategien und die Kontrolle der Lösungsschritte erzielt. Auch bei der formalen, system-internen Repräsentation der Aufgabentexte macht HERON Anleihen bei SPS, wo Aufgabenstrukturen in einem propositionalen Format als Textbasis (Kintsch 1974) repräsentiert werden, eine Darstellung welche zu semantischen Netzwerken theoretisch äquivalent ist (Ballstaedt, Mandl, Schnotz & Tergan 1981). HERON verwendet eine funktionell ähnliche Datenstruktur für die Darstellung der Aufgabentexte.

Die Systemarchitektur

HERON's Aufbau weist starke Ähnlichkeiten mit Autorensystemen oder Expertenshells auf. Die Datenstruktur der Aufgabentexte ist für alle Systemkomponenten identisch und wird mittels dem eigens dafür geschaffenen Programm PROPOS durch einen Autor in einem interaktiven Prozess eingegeben (Stüssi, in Vorb.). Die so erzeugte Datenbasis umfasst somit jenen Ausschnitt spezifischen Aufgaben- und Weltwissens, der für das Lösen einer bestimmten Textaufgabe erforderlich ist. PROPOS ist insofern unabhängig von HE-RON, als die Komponente für das Tutoring nicht benötigt wird. Der tutorielle Teil des Systems HERON ist konsequent modular aufgebaut. Das Konzept der Modularisierung gilt sowohl für die Benutzeroberfläche, als auch für die verschiedenen didaktischen Komponenten. Da sich alle Systemkomponenten auf eine einheitliche Aufgabenrepräsentation abstützen, erläutern wir im Folgenden die entsprechende Datenstruktur, bevor wir die einzelnen tutoriellen Komponenten vorstellen.

HERON's austauschbare Wissensbasis

Die meisten bekannten tutoriellen Systemansätze zielen auf die Vermittlung von naturwissenschaftlichem Wissen, für welches relativ formale, das heisst wohldefinierte Problembeschreibungssprachen existieren. Diese Tutoren verfügen in der Regel auch über ein Expertenwissen (themenspezifisches deklaratives und prozedurales Wissen), das relativ zu einem umschriebenen Problembereich universell ist.

Für das Verstehen und Lösen von mathematischen Textaufgaben, welche als Vermittler zwischen formaler Mathematik und einer immensen Fülle sprachlich formulierter situativer Problemstellungen (den mathematischen Anwendungen) fungieren, ist aus naheliegenden Gründen eine einheitliche Wissensbasis nicht realisierbar. Schon aus pragmatischen Gründen liesse sich das notwendige Sachwissen auch innerhalb eines mathematischen Problemtyps nur für ein paar ausgewählte Problemsituationen implementieren. Bei unserem Tutoring-Ansatz integrieren wir deshalb das Sachwissen nicht in ein allgemeines Expertenmodul sondern in die Repräsentation der einzelnen, einer kognitiven Aufgabenanalyse unterworfenen Textaufgaben. Damit erreichen wir eine Flexibilität, die es erlaubt, den Tutor für im Prinzip beliebige Aufgabenklassen einzusetzen. Zudem wird es möglich, das System für Schüler unterschiedlicher Altersstufen zu konzipieren.

Die mit HERON assoziierten aufgabenzpezifischen Wissensbasen umfassen nicht nur die semantische Struktur der Textoberfläche von Aufgaben (Textbasis), sondern auch durch den Autor beigefügte Inferenzen und Elaborationen. Der Name des Autorenprogramms, PROPOS, deutet an, dass sich die Datenstruktur der Aufgaben an die von Kintsch (1974) verwendete Methodik der Propositionalisierung anlehnt. Die Eigenschaft von Propositionen, welche als elementare Sinneinheiten aufgefasst werden können, kommt aber nicht nur der semantischen Darstellung der Textaufgaben zugute. Auch Probleme der Benutzeroberfläche lassen sich mit Hilfe propositionaler Datenstrukturen elegant lösen. So ist es einfach, ausgehend von einem durch den Benutzer mit der Maus angeklickten Wort, zu der zugehörigen Proposition und damit zu der intendierten Bedeutungseinheit zu gelangen. Bei einer bloss syntaktischen Gliederung der Datenbasis wäre dies oft nur über Rückfragen des Systems an den Benutzer möglich.

Propositionen in unserem System bestehen aus einem Prädikat und seinen zugehörigen Argumenten, wobei durch jedes Verb im Aufgabentext ein Prädikat und somit eine Proposition erzeugt wird. Die von PROPOS erzeugten Propositionen besitzen eine fixe Zahl möglicher Argumente, die aber derart grosszügig bemessen ist, dass damit eine Vielzahl möglicher Aufgabentexte dargestellt werden kann. Die meisten Propositionsar-

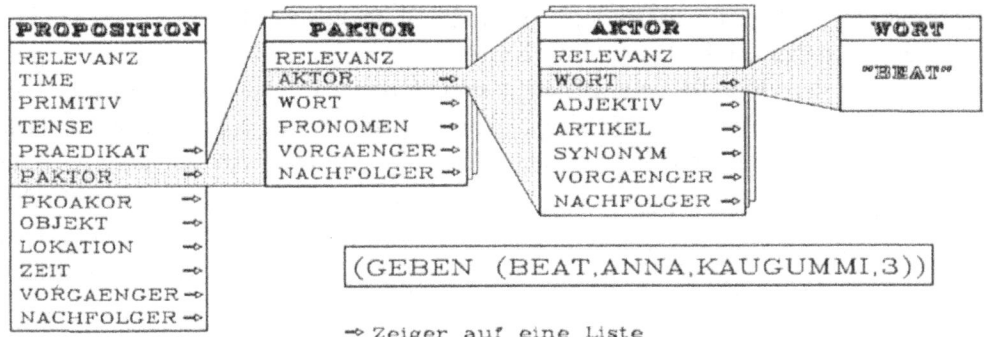

PROPOSITION		PAKTOR		AKTOR		WORT
RELEVANZ		RELEVANZ		RELEVANZ		"BEAT"
TIME		AKTOR	→	WORT	→	
PRIMITIV		WORT	→	ADJEKTIV	→	
TENSE		PRONOMEN	→	ARTIKEL	→	
PRAEDIKAT	→	VORGAENGER	→	SYNONYM	→	
PAKTOR	→	NACHFOLGER	→	VORGAENGER	→	
PKOAKOR	→			NACHFOLGER	→	
OBJEKT	→					
LOKATION	→					
ZEIT	→					
VORGAENGER	→					
NACHFOLGER	→					

(GEBEN (BEAT,ANNA,KAUGUMMI,3))

→ Zeiger auf eine Liste

Abbildung 1: *Vereinfachte Darstellung einer einzelnen Proposition. Das Datum PAKTOR (**p**ropositionsbezogener **Aktor**) verweist auf eine Liste propositionaler Aktoren. Diese Liste zeigt auf Objekte in der Aktorliste, welche PAKTOR genauer spezifiziert. Das Datum WORT verweist schliesslich auf das physische Wortobjekt, dessen Bezeichnung am Bildschirm erscheint.*

gumente sind als Listen ausgelegt, die entweder leer sind oder eine beliebige Anzahl typgleicher Objekte enthalten können.

Inhalte solcher Argumentlisten können u.a. Objekte der folgenden Typen sein: Aktoren, Koaktoren, Objekte, Lokationen oder definierte Zeitpunkte. Jedes Argument ist seinerseits wieder ein komplexes Datenobjekt, das ebenfalls Listen anderer Objekte referenzieren kann. Die meisten Datenobjekte besitzen eine Rückreferenzierung auf das Stammargument oder die Stammproposition, um Such- und Vergleichsoperationen zu vereinfachen. Relationen zwischen einzelnen Propositionen werden durch spezielle Relationsobjekte gebildet und nicht, wie dies sonst üblich ist, durch eigenständige relationale Propositionen. Zusätzlich zur propositionalen Darstellung des semantischen Gehalts existiert auch eine Repräsentation der Satzstruktur der Aufgabe. Dies ist notwendig, damit sich der Tutor bei gewissen Strategiehinweisen auch auf die Satzgliederung des Aufgabentextes beziehen kann. Damit ergibt sich

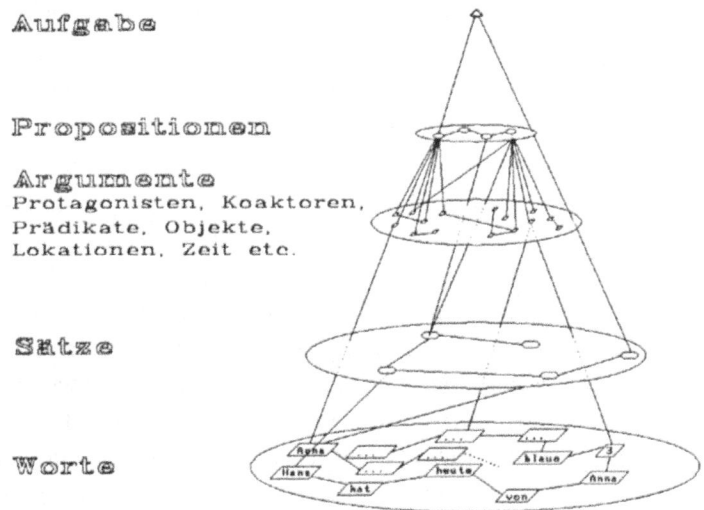

Aufgabe

Propositionen

Argumente
Protagonisten, Koaktoren, Prädikate, Objekte, Lokationen, Zeit etc.

Sätze

Worte

Abbildung 2: Systeminterne Datenstruktur einer von HERON verwendeten Aufgabe. Die Verbindungen - hier nur zum Teil eingezeichnet - sind bidirektional.

ein komplexes Datengeflecht zweier hierarchisch gegliederter Strukturen. Dieses Konglomerat lässt sich am besten als Kegel beschreiben (Abb. 2), bei dem die physischen Wortobjekte auf der Grundfläche angesiedelt sind. Ausgehend von der Kegelspitze kann man das hierarchisch organisierte Geflecht über die Satzstruktur oder über semantische Relationen bis zur Grundfläche durchlaufen. Genau gleich kann man sich aber auch auf den verschiedenen horizontalen Ebenen des Kegels bewegen oder von den syntaktischen Relationen zu den semantischen wechseln. Da die Datenobjekte auch Rückreferenzierungen besitzen, kann man, ausgehend von den am Bildschirm dargestellten Wortobjekten, auch den umgekehrten Weg zur Kegelspitze beschreiten.

HERON's tutorielle Komponenten

HERON ist modular organisiert und somit im Prinzip beliebig erweiterbar. Im geplanten Endausbau wird HERON vor allem zwei Typen von strategischen tutoriellen Komponenten umfassen, welche der Lösungsplanung und der Problemrepräsentation beim Aufbau einer Lösungsstruktur dienen. Weiter sind Komponenten vorgesehen, die partielle Schülerlösungen mit einer gegebenen Musterlösung vergleichen und bei Schwierigkeiten beim Aufbau einer Lösungsstruktur Strategiehilfen anbieten oder auf spezifische Fehler hinweisen. Der Schüler soll dabei eine ganze Palette medialer Repräsentationshilfen, sowie ein Set von Planungshilfen zur Verfügung haben, die er entweder frei nutzen kann oder deren Nutzung durch das System gesteuert werden kann. Alle Komponenten werden die gleiche Benutzeroberfläche aufweisen, so dass der Schüler rasch mit den verschiedenen Möglichkeiten vertraut wird. Der Schüler kann mit einer Maus alle Eingaben tätigen, Tools auswählen und die grafischen Hilfsmittel steuern. Wir verzichten auf Eingaben über die Tastatur, damit Schüler schon im ersten Lesealter problemlos mit dem Tutor umgehen können. Bei unseren bisherigen empirischen Versuchen mit Kindern hat sich die Benutzeroberfläche als robust und leicht lernbar erwiesen.

Planungsstrategien

Entsprechend den theoretischen Einsichten aus SPS handelt es sich beim Verstehen und Lösen mathematischer Textaufgaben um einen mathematisch gerichteten strategischen Prozess. Dabei muss der Aufbau einer adäquaten mentalen Problemrepräsentation durch den Schüler selbst in einem aktiven kognitiven Konstruktions- und Planungsprozess geleistet werden. HERON nutzt in dieser Hinsicht u.a. Erkenntnisse, die von Aebli, Ruthemann & Staub (1986) im Rahmen einer metakognitiven Interventionsstudie gewonnen wurden. Zu den von Aebli et al. verwendeten Lösungsplanungsstrategien gehören:

- Welche numerischen Grössen sind gegeben?

- Einflussgrössenregel zur Identifikation lösungsrelevanter Grössen und deren Einflussrichtung: Wie wirkt es sich auf das Resultat aus, wenn Du die Grösse <x> verdoppelst/halbierst?

- Bezeichne die Frage im Text! Suche eine andere Formulierung für die Frage!

- Welche Dimension (Masseinheit) wird die gesuchte Grösse haben?

- Was ist schon vorhanden? Was fehlt noch?

Lösungs- oder Rechenbäume als eine Repräsentationsstrategie

Vor allem Gestaltpsychologen verglichen das Verstehen und Problemlösen immer wieder mit dem Sehen der inneren Beziehungen einer Problemstruktur. Gute Problemrepräsentationen zeichnen sich dadurch aus, dass sie dem Schüler diese inneren Beziehungen sichtbar machen. Weiter sollte eine gute Problemrepräsentation leicht manipulierbar sein und ein möglichst freies Explorieren des Problemraums erlauben. Die erste in HERON implementierte Komponente zur Unterstützung der Repräsentation von Lösungsstrukturen be-

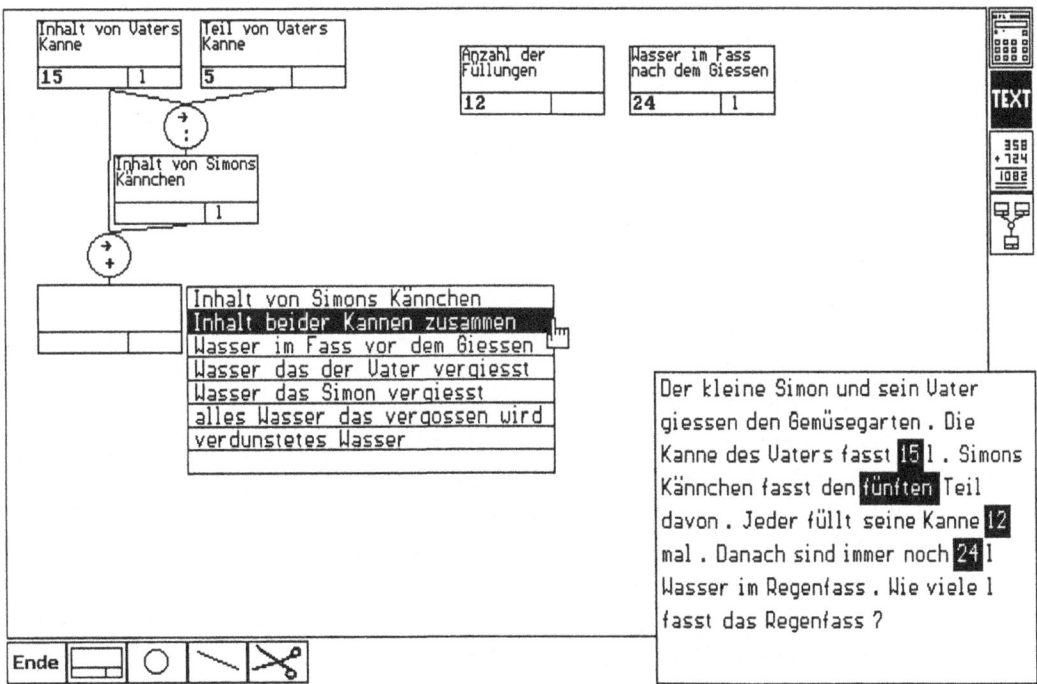

Abbildung 3: *Ein Rechenbaum wird mit Hilfe von HERON erstellt. Labels zu den Kästchen können mit der Maus über ein Menu gesetzt werden. Alle grafischen Objekte sind frei manipulierbar.*

zeichnen wir im Anschluss an Aebli, Ruthemann & Staub (1986) als Lösungs- oder Rechenbaum. Unter einem Lösungs- oder Rechenbaum verstehen wir die Gesamtstruktur der mathematischen Beziehungen oder Sachverhältnisse bzw. der relevanten zielführenden mathematischen Operationen einer Aufgabe. Aebli et al. haben Lösungsbäume zur Darstellung komplexer Handlungsaufgaben verwendet und dabei unter metakognitiven Fragestellungen deren Funktionalität und Nützlichkeit für die Problemrepräsentation und die Lösungsplanung hervorgehoben. Rechenbäume, welche im Unterricht verwendet werden, haben allerdings den Nachteil, dass die Schüler schon im voraus eine einigermassen klare Vorstellung vom ganzen Baum haben müssen. Da die Diagramme normalerweise mit Papier und Bleistift skizziert werden, ist es nämlich sehr zeitraubend und umständlich, während ihrer Konstruktion Änderungen vorzunehmen. Damit kann im Regelfall der Aufbau eines Lösungsbaums nicht in einer explorativen und flexiblen Art stattfinden. Immer wieder notwendige Korrekturen lenken im Gegenteil von der zielgerichteten Konstruktion der Lösungsstruktur ab. Der Computer bietet nun aber die Möglichkeit, solche Diagramme flexibel und bequem zu erzeugen. HERON benutzt zur Darstellung der Argumente, die Elementen einer Problemsituation entsprechen, Kästchen, welche in drei Felder unterteilt sind. Im grössten Feld kann der Schüler kurze Paraphrasierungen (Situationsbegriffe) zu der entsprechenden Handlungs- oder Prozessepisode oder zu einem Zwischenresultat eintragen. Diese Begriffe werden dem Problemlöser in Menus als fertige Labels oder als Wortbausteine zur Verfügung gestellt (Abb. 3). Ein weiteres Feld enthält die numerische Grösse, welche entweder direkt aus dem Text entnommen oder mit Hilfe eines Taschenrechners eingetragen werden kann. Das dritte Feld nimmt die Masseinheit auf, welche ebenfalls einem Menu entnommen werden kann. Kästchen können je nach Modus des Tutors direkt aus dem Aufgabentext generiert oder durch das Anklicken eines entsprechenden Icons erzeugt werden. Die Kästchen sind systemintern über einen Zeiger mit dem zugehörigen Propositionsargument der Aufgabendatenstruktur verbunden. Operatoren werden als Kreise dargestellt und ihre Werte können ebenfalls über ein Menu gesetzt werden. Im Moment stehen die vier Grundoperationen zur Verfügung. Der Schüler kann Operatoren genau gleich wie Kästchen durch das Anklicken eines entsprechenden Icons produzieren. Je zwei Argumentkästchen können über einen Operator miteinander verbunden werden, worauf HERON automatisch ein drittes Kästchen für das Resultat der Argumentverknüpfung generiert und mit dem Operator verbindet. Dadurch entstehen relationale Schemata mit jeweils zwei Argumenten und einem dazugehörigen Resultat. Solche Tripel können beliebig mit weiteren Tripeln zu komplexen "Bäumen" verbunden werden (Abb. 4). Der Schüler kann alle Elemente des Rechenbaums frei auf dem Bildschirm bewegen, wobei Verbindungen zwischen Objekten mit Hilfe der "rubber band"-Technik erhalten bleiben. Elementverbindungen können auch wieder gelöst oder einzelne Elemente können vernichtet werden. Der Aufgabentext kann ständig eingeblendet sein oder durch den Schüler abgerufen werden. Alle Fenster, also das Fenster für den Aufgabentext, jenes für die Angabe der Lösungsgleichung oder der Taschenrechner, können auf dem Bildschirm bewegt werden, wobei auch Überlappungen erlaubt sind. Die grafische Oberfläche ist so ausgelegt, dass die Elemente der Lösungsstruktur auf jeden Fall die Fenster überlagern, damit sie immer sichtbar bleiben. Der auf diese Weise erzeugte Rechenbaum ist das repräsentationale Bindeglied zwischen der mentalen episodischen Problemrepräsentation des Schülers und der abstraktesten Form der Situationsbeschreibung - der mathematischen Gleichung (Reusser 1989a). Dieser Doppelcharakter äussert sich auch in der verbalen Funktionszuordnung der Kästchen mittels Labels bzw. durch die den Zahlen zugeordneten Situations- oder Funktionalwerte. Die entsprechende mathematische Gleichung lässt sich aus der Lösungsstruktur ablesen.

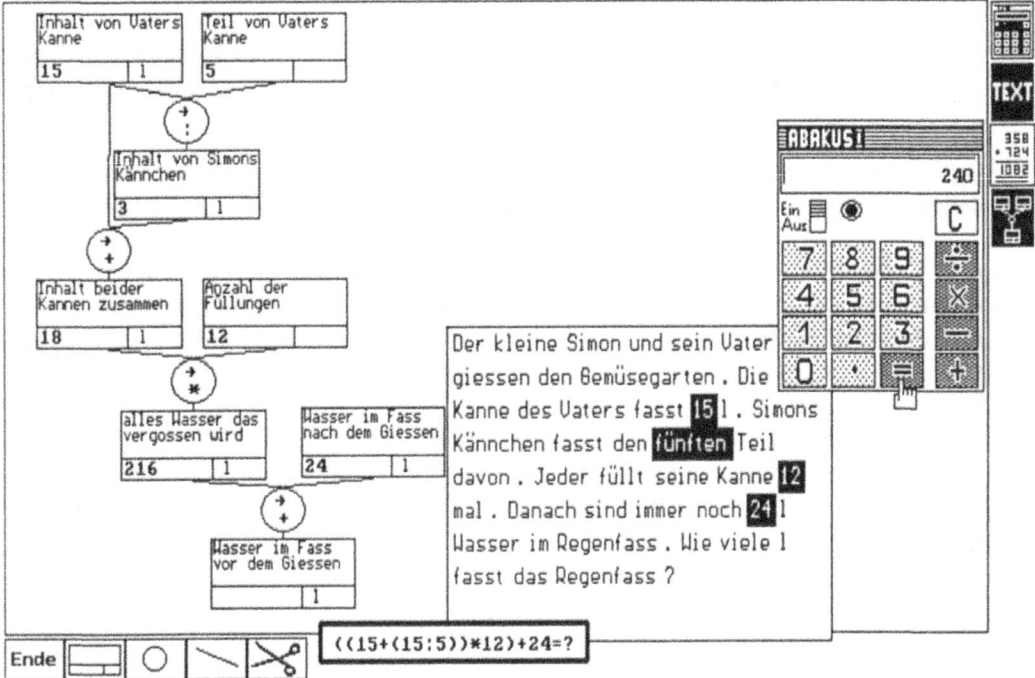

Abbildung 4: *Ein kompletter Rechenbaum. Die numerischen Werte können entweder automatisch oder mit dem Taschenrechner berechnet und in die Kästchen eingesetzt werden. Der Schüler kann sich auch die dem Rechenbaum entsprechende Lösungsgleichung anzeigen lassen.*

Ausblick

Für die künftige Erweiterung von HERON überlegen wir uns die Gestaltung weiterer grafischer Komponenten, welche andere Formen der Repräsentation von Lösungsstrukturen und alternative Möglichkeiten der Planung ermöglichen. Wir denken dabei auch an grafische Komponenten, welche für bestimmte Aufgabentypen eine bewegte Animation von Handlungen oder Prozessen erlauben.

Für die Kontrolle der Lösungsschritte explorieren wir gegenwärtig zwei Möglichkeiten:

- Eine Musterlösung wird mit der partiellen oder vollständigen Schülerlösung aufgrund numerischer Merkmale verglichen. Durch eine Technik der Graphvervollständigung können damit beliebige Lösungswege analysiert werden.

- Eine Expertenkomponente vergleicht die Schülerlösung mit der semantischen Datenstruktur der Aufgabe.

Aber auch in bezug auf didaktische Strategien im Umgang mit den bisher verwendeten Lösungsbäumen sind die Möglichkeiten von HERON bei weitem noch nicht ausgeschöpft. Unter anderem denken wir an die folgenden Möglichkeiten:

- Durch das System wird eine fertige Lösungsstruktur zur Verfügung gestellt, und der Schüler nimmt, ausgehend vom Aufgabentext, die notwendigen Eintragungen vor.

- Eine Verknüpfung der Phase der Situationsverständnisses mit der Phase der Baumkonstruktion könnte darin bestehen, dass der Schüler bei falschen Eintragungen im Lösungsbaum in die Phase des Textverstehens zurückgeführt wird, und ihm das System Verstehenshilfen für die entsprechende Episode anbietet.

HERON wird auf einer XEROX 1186 Lisp-Maschine entwickelt (Kämpfer, in Vorb.). Um die Anwendung in Schulen zu ermöglichen, wird gleichzeitig ein zweiter Prototyp für PC XT/AT und Kompatible mit HERCULES- oder VGA-Grafikkarte in C implementiert (Stüssi, in Vorb.).

Literatur

Aebli,H., Ruthemann,U. & Staub,F.(1986) Sind Regeln des Problemlösens lehrbar? *Zeitschrift für Pädagogik*, 32, 617-638.

Ballstaedt,S.P.,Mandl,H.,Schnotz,W. & Tergan,S.O.(1981) *Texte verstehen - Texte gestalten*. München: Urban & Schwarzenberg

Cummins Dellarosa,D.,Kintsch,W.,Reusser,K. & Weimer,R.(1988) The role of understanding in solving word problems. *Cognitive Psychology*,20,405-438.

Kämpfer,A.(in Vorb.) *Die Implementation eines Expertenmoduls in ein adaptives tutorielles System*. Universität Bern.

Kintsch,W.(1974) *The representation of meaning in memory*. Hillsdale, NJ: Lawrence Erlbaum.

Reusser,K.(1989a) *Vom Text zur Situation zur Gleichung - Kognitive Simulation von Sprachverständnis und Mathematisierung beim Lösen von Textaufgaben*. Habilitationsschrift. Universität Bern.

Reusser,K. (1989b) From text to situation to equation: cognitive simulation of understanding and solving mathematical word problems. In: H. Mandl, N. Bennett, E. De Corte & H.F. Friedrich (Eds.) *Learning and Instruction in an international context*. Volume III. Oxford: Pergamon.

Reusser,K.,Kämpfer,A.,Sprenger,M.,Staub,F.C.,Stebler,R. & Stüssi,R.(1990) *Tutoring mathematical word problems using solution trees*. Forschungsbericht Nr. 8. Universität Bern.

Stüssi,R.(in Vorb.) *WATGRAF - ein tutorielles System zum Lösen von handlungsbezogenen Textaufgaben*. Universität Bern.

Adaptivität durch Flexibilität in Repräsentationsform und Kontrollstruktur im System DiBi-MR[†]

Michael Stumpf

Psychologisches Institut der Universität

Niemensstr. 10, D-7800 Freiburg, West Germany

<S=stumpf; OU=cogsys; OU=psychologie; P=uni-freiburg; A=dbp; C=de> (X.400)
stumpf@cogsys.psychologie.uni-freiburg.dbp.de (RFC 822)
++49 +761 203 3987 (FAX)

ZUSAMMENFASSUNG

Zur Anpassung an den Kenntnisstand des Lernenden benötigen Intelligente Lernsysteme ein hohes Maß an Flexibilität bzgl. der Präsentation der Lerninhalte und der Interaktion zwischen Benutzer und System. Am Beispiel des Systems DiBi-MR werden Dimensionen, Probleme und mögliche Lösungen für diese Anforderung speziell im Hinblick auf die Benutzeroberfläche diskutiert. Im Vordergrund stehen dabei die Repräsentation und die Präsentation des Gegenstandsbereiches, die Strukturierung des Dialogs durch Varianten des Mikrowelt-Paradigmas und Möglichkeiten der Steuerung der Verarbeitung durch externe Module, z.B. zur Diagnose und Modellierung des Lernprozesses beim Schüler.

1. Einleitung

Effizientes Lernen und damit auch effizientes Lehren sind eng verknüpft mit den Begriffen Entdeckung und Erfahrung (Schank & Edelson, 1989): Ein Lernender[‡] sammelt individuelle Erfahrungen in einem Gegenstandsbereich, indem er Hypothesen entwickelt, testet und ggfs. revidiert und so mehr oder weniger systematisch die dem Gegenstandsbereich zugrundeliegenden Konzepte und Regeln entdeckt. Soll eine computerisierte Lernum-

---

[†] Diese Arbeit entstand im Rahmen des von der Deutschen Forschungsgemeinschaft im Schwerpunktprogramm *Wissenspsychologie* unter dem Az. Sp 251/2-x geförderten Projekts *Wissenserwerb durch Hypothesenbildung: Computerisierte Modellierung, Diagnose und Förderung*. Es wird geleitet von Prof. Dr. Hans Spada und Dr. Klaus Opwis, denen ich -ebenso wie Thomas Schult- für ihre Kommentare zu einer früheren Fassung dieses Beitrages danke.

[‡] *Männliche* Terme sind -wann immer möglich- *generisch* zu interpretieren.

gebung bei diesem Prozeß Hilfestellung leisten, so muß sie individuell auf den einzelnen Schüler, insbesondere auf sein Vorwissen, abstimmbar sein. Sie muß den Lernenden in seinem Bemühen zu lernen unterstützen und ihn lehren zu lernen (Lesgold, 1987).

Klassische Systeme im CAI-Bereich (Computer Aided Instruction) der 60er Jahre verfügten über eine vom (Programm-)Autor fest vordefinierte Lehrstrategie und Ablaufkontrolle; sie repräsentierten den Gegenstandsbereich auf genau eine Weise und sie realisierten nur eine rudimentäre Anpassung an den Benutzer. Die später entwickelten Systeme des ICAI-Bereiches (Intelligent Computer Aided Instruction) sowie Intelligente Tutorielle Systeme (ITS) sind hingegen gekennzeichnet durch mehr Flexibilität bzgl. der Repräsentation des gegenstandsbereichsspezifischen Wissens, der verfügbaren Interaktionsmöglichkeiten und der Diagnose des Lernerwissens.

Ein intelligentes tutorielles System, beispielsweise für einen physikalischen Gegenstandsbereich, kann den Lernprozeß dadurch unterstützen, indem es (a) den Gegenstandsbereich adäquat repräsentiert, (b) verschiedene Interaktionsparadigmen realisiert, die dem Lernenden weitgehende Freiheit im Umgang mit dem System erlauben, (c) über ein detailliertes Lerner- und Lernprozeß-Modell verfügt und darauf aufbauend (d) kontext- und benutzerabhängige Hilfen anbietet. Die Repräsentation eines Gegenstandsbereiches ist in diesem Sinne insbesondere dann adäquat, wenn sie im Einklang steht mit dem aktuellen Prozeß des Wissenserwerbs des Lernenden, eine Diagnose seines Wissens erleichtert, und wenn sie gewissermaßen den Endzustand eines idealen Lerners darstellt, der noch Zugriff hat auf die Erfolge und Mißerfolge während seines eigenen Lernprozesses. In unterschiedlichen Stadien des Wissenserwerbs können verschiedene Formen der Interaktion angemessen sein (z. B. Tests, Experimente, Simulationen, Frage-Antwort-Sequenzen, Instruktionen). Durch eine geeignete Dialogstrukturierung und sinnvolle Navigationshilfen lassen sich auch die in weitgehend vom Benutzer kontrollierten komplexen Dialogsystemen typischerweise auftretenden Orientierungs- und Überforderungsprobleme reduzieren. Während der Interaktion sollte der Lernende immer den Eindruck einer möglichst weitgehenden Kontrolle über das System haben. Dies läßt sich beispielsweise dadurch verwirklichen, daß das System dem Benutzer mögliche Änderungen im Input/Outputverhalten zu bestimmten Zeitpunkten anbietet und die Entscheidung dem Benutzer vorbehalten bleibt. Kontext-abhängige, tutorielle Hilfesysteme innerhalb eines ITS können den Lernprozeß entscheidend beeinflussen, so etwa durch das Anbieten von Verweisen, das Erinnern an bereits durchgeführte, analoge Fälle oder das Vorschlagen anderer, neuer Fälle oder Vorgehensweisen (Schult, i.Vorb.;

Schank & Edelson, 1989). So kann dem Lernenden eine Strukturierung des Gegenstandsbe-reiches nahegebracht werden, und der Lernende erwirbt zusätzlich Wissen über mögliche Vorgehensweisen zur Strukturierung komplexer Gegenstandsbereiche.

Ausgehend von einer Diskussion des Begriffs Adaptivität im Kontext intelligenter tuto-rieller Systeme werden im Abschnitt 2 zunächst spezifische Anforderungen skizziert und Ansätze zu deren Realisierung im Rahmen des Systems DiBi-MR (Disk-Billiard / Multiple Representation) beschrieben.

2. Grundlagen von Adaptivität in intelligenten Lernsystemen und ihre Realisierung im System DiBi-MR

Im Allgemeinen kann eine Anpassung an den Benutzer im wesentlichen in zwei ver-schiedenen Varianten vorliegen: Liegt die Initiative zur Anpassung hauptsächlich beim Benutzer und verhält sich das System im wesentlichen nur reaktiv, so sprechen wir von pas-siver Adaptivität. Im Rahmen eines ITS ist passive Adaptivität dadurch gekennzeichnet, daß der Lernende Einfluß nehmen kann auf die Art der Präsentation des Gegenstandsbereiches, die Sequenzierung der Aufgaben sowie auf die Struktur des Dialoges. Im Gegensatz dazu verändert ein aktiv adaptives System sein Input-/Outputverhalten durch Eigensteuerung auf der Grundlage von Benutzermodellen und tutoriellen Teilkomponenten.

In einem ITS kann eine Anpassung an den Lernenden in unterschiedlicher Weise und in Abhängigkeit von der jeweils betrachteten Systemkomponente mit unterschiedlichen Methoden realisiert werden. Jede der traditionell unterschiedenen Komponenten (Wissens-komponente / Expertenmodul; Schülerkomponente / Diagnose und Lernermodellierung; Lehrkomponente zur Realisierung der tutoriellen Strategien; Benutzerinterface als Schnitt-stelle zwischen dem technischen System und dem Benutzer) definiert einen Teilbereich, dem spezifische Möglichkeiten und Grenzen für eine Realisierung von Systemadaptivität zukom-men.

Das Expertenmodul enthält die computerisierte Repräsentation des dem Gesamtsystem zugrundeliegenden Gegenstandsbereiches und ist in der Lage, entsprechende Aufgaben zu lösen. Der gerade in physikalischen Domänen naheliegende Ansatz, das Expertenwissen in Gestalt von kompakten, numerischen Formeln darzustellen, greift allerdings zu kurz, weil er psychologisch unplausibel ist: Er berücksichtigt nicht den Charakter, die Flexibilität und die

Robustheit der Konzepte und Strategien eines menschlichen Experten (Lesgold, 1987) und er ist zudem unvereinbar mit der Vorstellung von einem Lernenden als einem sich zu einem Experten entwickelnden Problemlöser (Plötzner, Spada, Stumpf & Opwis, 1990). Dies führt zur Entwicklung von differenzierten Gegenstandsbereichsrepräsentationen einerseits (Spada, Stumpf & Opwis, 1989), zu geänderten Anforderungen an das Lernermodul andererseits (Plötzner, 1990) und aufgrund der engen Verzahnung der einzelnen Komponenten zu neuen spezifischen Erfordernissen im Bereich der Benutzeroberfläche.

Nachfolgend soll nun zunächst im Abschnitt 2.1 auf die Problematik der Domänenrepräsentation eingegangen werden; deren Implikationen für die von der Benutzeroberfläche bereitzustellende Funktionalität stehen im Mittelpunkt von Abschnitt 2.2. In DiBi-MR werden Schülerkomponente und Lehrkomponente durch auswechselbare externe Module realisiert; dieses Konzept wird in Abschnitt 2.3 erläutert.

2.1. Domänenrepräsentation und -präsentation

Problemlösen in einer relativ komplexen mathematisch-naturwissenschaftlichen Domäne involviert neben bereichsspezifischem Wissen in hohem Maße auch eher bereichsunspezifisches Wissen in Form von (hier nicht weiter betrachtetem) Alltagswissen, mathematisch-experimentellem Wissen und Problemlösestrategien. Ist ein Problem hinreichend kompliziert, so werden beim Problemlösevorgang etwa die folgenden Strategien eingesetzt: Vereinfachung durch Idealisierung und Approximation, Transformation (insbesondere bei nicht zielführender Klassifikation), Klassifikation, qualitative Überlegungen im Sinne von Plausiblitätsbetrachtungen und schließlich die quantitative Lösung. Im Rahmen der Idealisierung werden für die Kernphänomene irrelevant erscheinende und die Beschreibung unnötig verkomplizierende Einflüsse unberücksichtigt gelassen. Ein typisches Beispiel dafür ist die Vernachlässigung der Reibung bei Problemen der Mechanik. Ziel der Idealisierung ist die Transformation des Problemes in einen einfacher handhabbaren Problemraum. Unter Umständen ist eine weitere Vereinfachung des Problems durch die Approximation komplizierter Elemente durch einfachere möglich und sinnvoll (z.B. Linearisierungen). Im nächsten Schritt kann es in ein Klassifikationsschema eingeordnet werden und ggfs. vorhandenes Wissen über Spezialfälle auf das vorliegende Problem angewendet werden (s.a. Roschelle, 1988). Ist dies nicht direkt möglich, so können die Voraussetzungen hierfür evtl. durch eine geschickt gewählte Transformation des Problems geschaffen werden.

Dieses Vorgehen soll anhand des Gegenstandsbereiches elastische Stoßvorgänge als Teilbereich der klassischen Mechanik[†], der dem System DiBi-MR in einer Einkleidung als Scheibenbillard zugrunde liegt, erläutert werden. Anstöße und Kollisionen von Scheiben bilden dabei einen Problem- und Experimentraum, in dem maximal vier skalare Ausgangsgrößen (Betrag und Richtung der Geschwindigkeit einer bzw. zweier Scheiben kurz nach dem Stoßereignis) von maximal sieben skalaren Eingangsgrößen (Richtungen und Beträge der anstoßenden Kraft bzw. der Geschwindigkeiten der beiden Scheiben kurz vor dem Stoßereignis, der Kollisions- bzw. Anstoßwinkel und die zwei Scheibenmassen) abhängen können.

2.1.1. Problem-Klassifikation von Kollisionsphänomenen

Im Rahmen einer phänomenologischen Grobeinteilung ergeben sich zunächst die drei Klassen: (1) Anstoß einer ruhenden Scheibe, (2) Kollision einer sich bewegenden Scheibe mit einer Bande und (3) Zwei-Scheiben-Phänomene. Wir wollen nachfolgend nur die erste und die dritte Klasse näher untersuchen. Die Anstoßphänomene werden naheliegenderweise nach dem Anstoßwinkel in zentrale und schiefe Anstöße unterschieden. Während für die Anstoßphänomene eine weitere Klassifikation nicht sinnvoll erscheint, bieten sich für die Kollisionsphänomene drei zusätzliche Unterscheidungsmerkmale an: (1) der Kollisionswinkel - zentral oder schief (analog zum Anstoßwinkel), (2) die Gleichheit der Massen beider Scheiben und (3) das Ruhen einer der beiden Scheiben vor der Kollision. Hieraus ergeben sich sieben Spezialfälle (s. Bild 1), deren Behandlung z.T. sehr einfach ist. Eine problemerhaltende, sinnvolle Transformation ist bei den Fällen 2, 5 und 8 möglich, die auf die Fälle 1, 3 und 7 resp. abgebildet, als solche gelöst und wieder zurücktransformiert werden können (physikalisch gesehen bestehen diese Transformationen in einem Wechsel des Bezugssystems). Kriterien zu einer weiteren Unterteilung (z.B. $m_1 > m_2$ vs. $m_1 < m_2$) und ihre phänomenologischen Auswirkungen auf das Ergebnis des Experiments können ebenfalls durch den Umgang mit dem System gewonnen werden.

---

† Für die bei der quantitativen Repräsentation des Bereiches zugrundegelegten Idealisierun-gen und die formale Beschreibung der Experimente vgl. Stumpf et al., 1988.

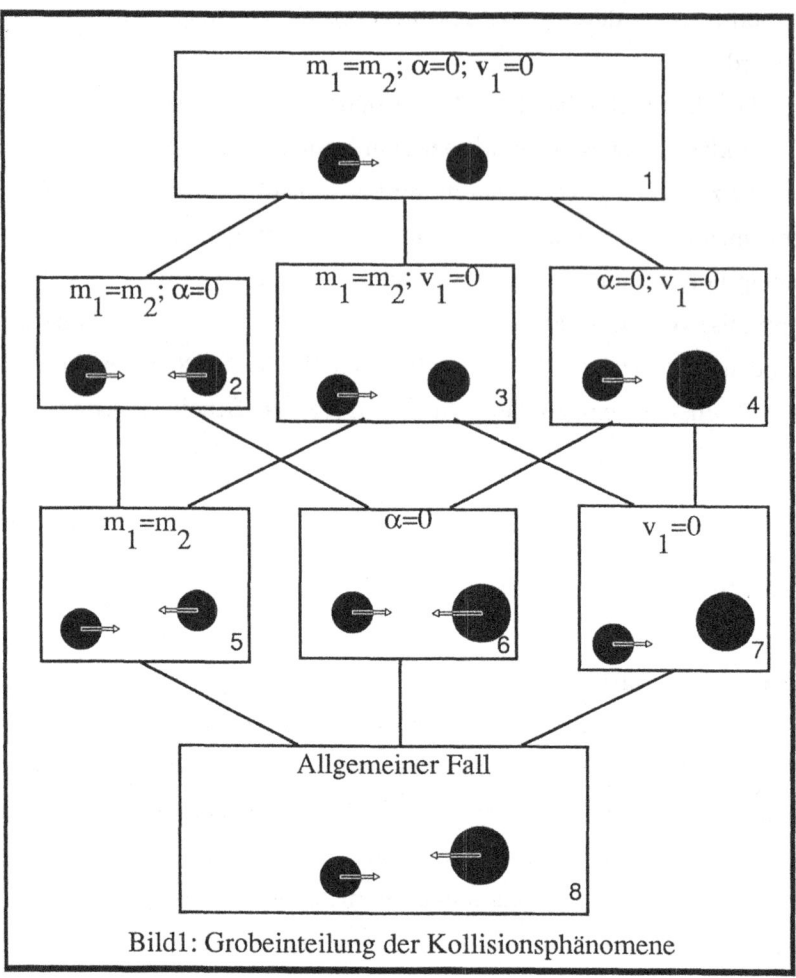

Bild1: Grobeinteilung der Kollisionsphänomene

2.1.2. Mehr-Ebenen-Darstellung proportionaler Beziehungen

Zur Modellierung des Wissenserwerbs und zur Behandlung der u.a. bei den Anstoßphä-
nomenen auftretenden Proportionalitätsbeziehungen wird auf eine Mehr-Ebenen-Repräsen-
tation zurückgegriffen, die Auswirkungen von Änderungen von Eingangsvariablen auf
Ausgangsvariablen betrachtet, wobei immer ein Experimentpaar im Mittelpunkt steht (z.B.

bewirkt die Vergrößerung der Masse der angestoßenen Scheibe eine Verringerung der Geschwindigkeit nach dem Stoß); das aktuelle Experiment entsteht durch eine Modifikation einer Eingangsgröße aus einem Referenzexperiment. Auf einer semi-quantitativ-relationalen Ebene werden Monotoniebeziehungen und auf einer quantitativ-relationalen Ebene Proportionalitätsbeziehungen thematisiert. Im Falle der Integration zweier relationaler Aussagen mit unterschiedlicher Steigungsrichtung (z.B. bzgl. Masse der Scheibe und Größe der anstoßenden Kraft) ist zusätzlich Wissen in Form von mathematisch-experimentellen Regeln erforderlich (vgl. Spada, Stumpf & Opwis, 1989). So stehen den verschiedenen im Laufe des Wissenserwerbs auftretenden Ebenen der mentalen Repräsentation entsprechende Ebenen der Problemlösung und Aufgabenpräsentation gegenüber (Plötzner et al., 1990). Auf der untersten Ebene wird dabei schließlich auch quantitatives Wissen abgebildet.

DiBi-MR unterstützt den Wissenserwerb auf diesen Ebenen durch entsprechende externe Präsentationen: Experimente können relational graphisch-statisch in Form von Scheiben und Pfeilen, graphisch-dynamisch durch Scheibenbewegungen und numerisch dargestellt werden, und Ebenenwechsel können sowohl vom Lernenden als auch vom System initiiert werden.

2.2. Interaktionsvarianten

Die unterschiedlich feine Klassifikation von Experimenten legt es nahe, zwischen einer auf Experimentklassen operierenden *globalen* und einer auf Experimenten einer Klasse basierenden *lokalen* Navigation zu unterscheiden. DiBi-MR bietet Interaktionsmechanismen, die diese Unterscheidung handhabbar machen. Es wird ein breites Spektrum von Varianten des Mikrowelt-Interaktionsparadigmas angeboten, das von der Präsentation einer festgelegten Experimentsequenz bis hin zu selbstkontrollierter Navigation im Raum der Mehr-Ebenen-Repräsentationen reicht. Hierunter fallen die Auswahl von Aufgaben aus einem Pool (Sequenzierung), die Bestimmung der Interaktionsstruktur etwa durch eine WEIV-Sequenz (Wahl einer Aufgabe durch den Lernenden oder das System, Abgabe einer Erwartung bzgl. des Versuchsergebnisses durch den Lernenden, Information in Form verschiedener Rückmeldungen über das tatsächliche Versuchsergebnis und Verarbeitung dieser Informationen durch den Lernenden) und auch die extern induzierte individuelle Generierung von Aufgaben zur Erzielung eines bestimmten erwünschten Lernschritts (Auflösung von Fehlkonzepten, Erwerb neuen Wissens, Disambiguierung des Schülermodells). Interaktionen werden in einer eigenen Sprache beschrieben, die auf eine nachfolgende Verarbeitung in einem Diagnose- und/oder Expertenmodul zugeschnitten ist und die umgekehrt auch eine Steuerung der Benutzeroberfläche erlaubt.

2.3. Kontrollstruktur und externe Erweiterungen

Eine strikte modulare Trennung der verschiedenen Komponenten eines ITS ist wegen der intensiven Verzahnung der Module schwierig - ein Problem, das immer dann auftritt, wenn eine Benutzeroberfläche möglichst unmittelbares reaktives Verhalten zeigen soll (Took, 1990). Das bei der Realisierung des Systems DiBi-MR verfolgte Konzept sieht eine Steuerung der Oberfläche unter Verwendung eines Interpreter und lokaler Übergangsnetzwerke in Verbindung mit einem Blackboard-Mechanismus zur Koordination mehrerer konkurrierender Pläne vor. Extern angelagerte Module können über eine Schnittstelle integriert werden und das Systemverhalten beeinflussen. Beispiele hierfür sind die Systeme MULEDS (Multi-Level Diagnosis System; Plötzner et al., 1990) zur Diagnose und Generierung von Gegenbeispielen im Bereich der proportionalen Beziehungen beim Phänomen des zentralen Anstoßes und CABAX (Case-Based Explainer; Schult, i. Vorb.) zur Präsentation tutorieller Erinnerungen und Generierung analoger Kollisionsexperimente. Soweit das Systemverhalten in einer bestimmten Weise vordefiniert sein soll (feste, ausgezeichnete Lernsequenz; Testaufgaben u.a.) kann ein Autor eine Lehrlektion mittels eines kleinen Autorensystems erstellen. DiBi-MR läuft unter InterLISP-D auf Lisp-Maschinen vom Typ XEROX 11xx / Siemens 58xx und verwendet die dort verfügbaren elaborierten Ein- und Ausgabemöglichkeiten u.a. zur Realisation einer vom Paradigma der direkten Manipulation der graphischen Objekte geleiteten Interaktion zwischen Benutzer und System. Die Anbindung externer Kontrollmodule kann netzwerkweit unter Verwendung von TCP/IP erfolgen.

3. Literatur

Lesgold, Alan
    Education applications.
    In Shapiro, S.C. (ed.). Encyclopedia of artificial intelligence, vol. 1, pp. 267-272.
    New York: Wiley (1987).

Plötzner, Rolf; Spada, Hans; Stumpf, Michael; Opwis, Klaus;
    Learning qualitative and quantitative reasoning in a microworld for elastic impacts.
    Forschungsberichte des Psychologischen Instituts der Universität Freiburg, 59
    (1990).

Plötzner, Rolf
    Analysis-based induction of elementary functional relationships.
    Forschungsberichte des Psychologischen Instituts der Universität Freiburg, 65
    (1990).

Roschelle, J.
    Integrated commonsense and theoretical mental models in physics problem solving:
    Proceedings of the 10th annual conference of the cognitive science society, 188-194,
    Montreal, Quebec, Canada (1988)

Schank, Roger C.; Edelson, Daniel J.
    Discovery systems: Proceedings of the 4th International Conference of AI and Edu-
    cation, Amsterdam, Netherlands, 24-26 May 1989, pp. 236-237.
    Amsterdam: IOS (1989).

Schult, Thomas J.
    Fallbasierte Erklärungen - Unterstützung des Wissenserwerbs bei intelligenten tutori-
    ellen Systemen. Forschungsberichte des Psychologischen Instituts der Universität
    Freiburg, XX (in Vorb.).

Spada, Hans; Opwis, Klaus
    Intelligente tutorielle Systeme aus psychologischer Sicht.
    In Mandl, Heinz (ed.); Fischer, Peter Michael (ed.). Lernen im Dialog mit dem Com-
    puter, 13-23.
    München etc.: Urban und Schwarzenberg (1985).

Spada, Hans; Stumpf, Michael; Opwis, Klaus
    The constructive process of knowledge acquisition: student modeling: Proceedings of
    the 2nd International Conference on Computer-assisted Learning, pp. 486-499, Dal-
    las, USA, 9-11 May 1989.
    Berlin etc.: Springer (1989).

Stumpf, Michael; Branskat, Sonja; Herderich, Christoph; Newen, Albert; Opwis, Klaus;
    Plötzner, Rolf; Schult, Thomas; Spada, Hans
    The graphical user interface of DiBi, a microworld for collision phenomena.
    Forschungsberichte des Psychologischen Instituts der Universität Freiburg, 44
    (1988).

Took, Roger
    Surface interaction: A paradigm and model for separating application and interface:
    Proceedings of the Conference on Human Factors in Computing Systems, Seattle,
    U.S.A., 1-5 April 1990 pp. 35-42.
    Reading, MA: Addison-Wesley (1990).

EIN REGEL-BASIERTES DIAGNOSE-SYSTEM ZUR IDENTIFIZIERUNG
VON FEHLKONZEPTEN

Uwe Oestermeier, Jürgen Bollwahn, Aemilian Hron,
Heinz Mandl und Sigmar-Olaf Tergan
Deutsches Institut für Fernstudien an der Universität Tübingen
Bei der Fruchtschranne 6, 7400 Tübingen (FRG)

Für ein computergestütztes Lehrprogramm zur physikalischen Bewegungsüberlagerung wurde ein Diagnosesystem entwickelt. Es ermöglicht die
automatische Diagnose von korrektem und fehlerhaftem Wissen, das ein
Lerner beim Lösen physikalischer Probleme zeigt. Zu jeder Problemstellung generiert das System sowohl die richtige Lösung, als auch falsche
Lösungen, die auf möglichen Fehlvorstellungen des Lerners über den
physikalischen Sachverhalt beruhen. Durch den Vergleich dieser Lösungen mit dem Lösungsergebnis des Lerners schließt das System auf das
jeweilige Konzeptwissen des Lerners.
Das Diagnose-System bildet korrektes und fehlerhaftes Wissen in Form
von Produktionsregeln ab. Die Implementation dieser Regeln erfolgte in
einem Classifier-System (Holland, 1986; Bollwahn, et al., 1989). Bei
der Diagnose werden Regeln, die zu einer mit der Lernerantwort
übereinstimmenden Lösung führen, verstärkt und gegebenenfalls über
Aufgabenmerkmale diskriminiert.
Läßt sich eine Lernerantwort nicht eindeutig einem Fehlkonzept zuordnen, so ist das System in der Lage, durch Auswahl eines geeigneten
Nachfolge-Problems diesen Konfliktfall zu lösen.
Das Diagnose-System wurde in LOOPS auf einer Xerox 1108 Workstation
implementiert.

1. Die Domäne des Diagnose-Systems

Das Diagnose-System wurde im Zusammenhang mit einer Lernumgebung zur
Vermittlung von Wissen über den physikalischen Inhaltsbereich der Be-
wegungsüberlagerung entwickelt. Die Lernumgebung beinhaltet Aufgaben
mit unterschiedlichem Schwierigkeitsgrad zur Zusammensetzung und zur
Zerlegung überlagerter Bewegungen. Den Aufgaben liegt ein Szenario
zugrunde, bei dem eine Mutter und ein Kind auf einem überdimensionalen
Fließband verschiedene Bewegungen ausführen, die sich mit der
Fließbandbewegung überlagern. Zur Veranschaulichung der Aufgaben und

als Bezug für die nachfolgende Erläuterung des Diagnose-Systems sei kurz ein Beispiel einer Aufgabe zur Zusammensetzung gegeben (siehe Abbildung 1):

Bei dieser Aufgabe wird die Mutter, die auf dem Fließband steht, durch das Fließband nach rechts transportiert. Das Kind läuft in Bandbewegungsrichtung von der Mutter fort. Mutter und Kind starten bei Punkt 0. Die Eigengeschwindigkeit des Kindes ist halb so groß wie die Geschwindigkeit des Bandes. Der Lerner soll angeben, bei welchem Punkt das Kind ankommt, wenn die Mutter Punkt 2 erreicht.

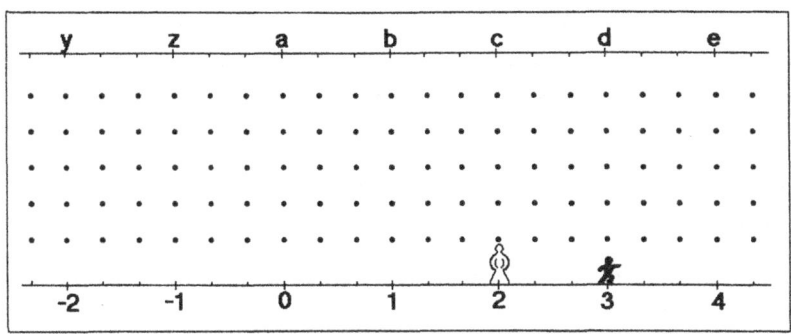

Abb. 1: Graphische Darstellung einer Aufgabensituation

Im Rahmen einer kognitiven Aufgabenanalyse wurden als relevante physikalische Konzepte die "Relativität" von Bewegungen und die "Unabhängigkeit" von überlagerten Teilbewegungen ermittelt. Empirische Untersuchungen ergaben ferner Hinweise auf sieben Fehlkonzepte: Bewegungen bilden einen Kompromiß; Bewegungen verlieren an Impetus; eine Hauptbewegung setzt sich durch; Bewegungen sind abhängig voneinander; aktive Bewegungen dominieren über passive; Bewegungen sind absolut, wobei sie entweder gleichförmig sind oder sich abschwächen.

2. Strukturierung der Wissensdomäne

Der Kern des Diagnose-Systems besteht aus einer Regel-Menge, durch die sowohl konzeptuelles als auch operationales Wissen zur richtigen und falschen Lösung von Aufgaben der Bewegungsüberlagerung abgebildet wird. Durch die Vorwärtsverkettung der Regeln ergibt sich eine vernetzte Struktur von Nachfolger-Beziehungen, die im folgenden als Diagnose-Netz bezeichnet wird.

Das Diagnose-Netz wird mit jeder Aufgabe, die das Regelsystem als Eingabedaten erhält, neu aufgebaut. Dabei ändert sich die Struktur des Netzes, die Regeln selbst bleiben aber erhalten. Abbildung 2 zeigt ein Beispiel des Diagnose-Netzes. Die Knoten des Graphen stellen die Regeln, die Kanten die potentiellen Nachfolger-Beziehungen dar. Die Regeln teilen sich in vier verschiedene Schichten, durch die die Lernerantwort unter verschiedenen Aspekten eingeordnet werden kann:

I: Regeln, die Problemstellungen klassifizieren

Es hat sich herausgestellt, daß bei der Zusammensetzung von Teilbewegungen Fehler auftreten, die bei der Zerlegung von Bewegungen nicht diagnostiziert werden können. Deshalb ist eine Klassifizierung nach Aufgabenanforderungen nötig.

```
Beispiel:    (CLASSIFIER Ziel:Gesamtbewegung
                  (IF ((0 Gegeben:Bandbewegung
                       Gegeben:Eigenbewegung
                       Ziel: Gesamtbewegung))
                  THEN (1 Operation:Zusammensetzung)))
```

II: Regeln, die (Fehl-)Konzepte identifizieren

Bei der Lösung physikalischer Aufgaben spielt Konzeptwissen eine entscheidende Rolle. Durch die Identifikation von Fehlkonzepten wird die Steuerung des Einsatzes spezieller tutorieller Maßnahmen in der Lernumgebung ermöglicht.

```
Beispiel:    (CLASSIFIER Abhängigkeit
                  (IF ((1 Operation:Zusammensetzung))
                  THEN (2 Fehlkonzept:Abhängigkeit)))
```

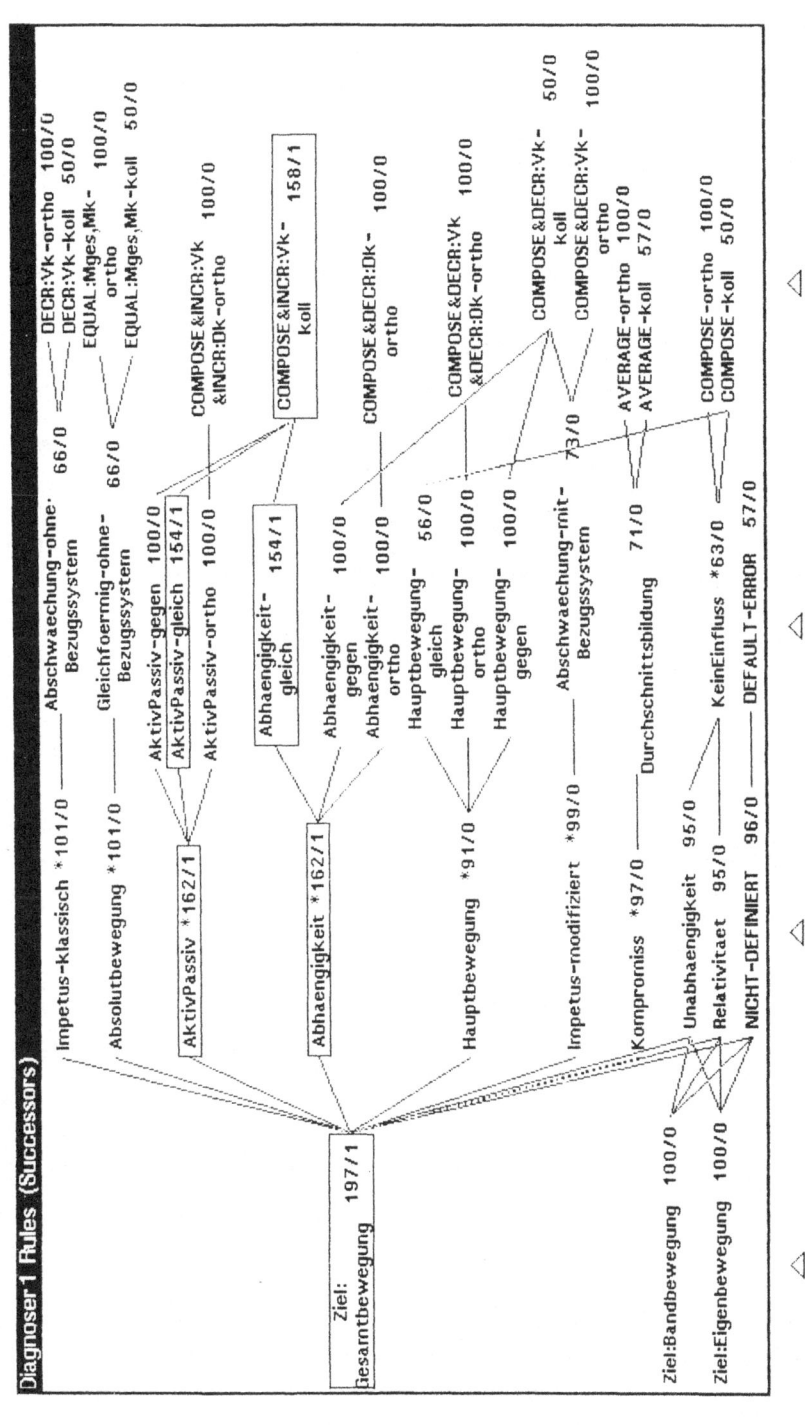

Abb. 2: Das Diagnose-Netz

Das Fehlkonzept Abhängigkeit besagt, daß die Bandbewegung die Eigenbe-
wegung des Kindes beeinflußt.

III: Regeln, die die qualitativen Operationen klassifizieren

Die qualitativen Regeln zur Beurteilung der Bewegung sollen das kau-
sale Alltagswissen des Lerners widerspiegeln.

Beispiel: (CLASSIFIER **Abhängigkeit-gleich**
                   (IF ((2 Fehlkonzept:Abhängigkeit
                        Richtung:kollinear-gleich))
                   THEN (3 Eigengeschwindigkeit:+ Eigen-
                        richtung:=)))

Bei Aufgaben, in denen Kind und Band sich in dieselbe Richtung bewe-
gen, äußert sich das Fehlkonzept "Abhängigkeit" dadurch, daß eine
Steigerung der Eigengeschwindigkeit angenommen wird, die Richtung des
Kindes jedoch unbeeinflußt gedacht wird.

IV: Regeln, die die quantitativen Operationen ausführen

Diese Regeln produzieren im Gegensatz zu den anderen keinen Output,
der im Regelsystem selbst wieder benutzt wird. Stattdessen rufen sie
Lisp-Funktionen zur Berechnung von Ergebnissen auf. Regeln dieser Art
werden als Effektoren bezeichnet.

Beispiel: (EFFECTOR **COMPOSE&INCR:VK-koll**
                   (IF ((3 Eigengeschwindigkeit:+ Eigenrichtung:=
                        -Richtung:orthogonal)
                   THEN (EQUAL t (QUOTIENT skxb vkxb))
                        (EQUAL t (QUOTIENT skx vkx))
                        (EQUAL t (QUOTIENT sb vb))
                        (EQUAL skx (PLUS sb (TIMES skxb 1.15)))
                        (EQUAL vkx (PLUS vb (TIMES vkxb 1.15)))))

Gemäß der qualitativen Abschätzung wird bei der annäherungsweisen
quantitativen Berechnung die Geschwindigkeit erhöht. (Hier um 15 %,
d.h. bei der Aufgabe aus Abbildung 1 wird angenommen, daß das Kind
über 3 hinausgetragen wird. Das Ergebnis wird gerundet und unter der
Annahme von Toleranzen mit der Lernerantwort verglichen.)

Den Effektoren des Diagnose-Netzes steht eine Berechnungs-Komponente zur Verfügung, der die in den Effektoren bezeichneten Gleichungen und die Merkmale der aktuellen Aufgabe übergeben werden. Anhand dieser Eingabedaten ermittelt die Berechnungskomponente für jeden Effektor ein quantitatives Ergebnis.

3. Abbildung des Lernerverhaltens im Diagnose-Netz

Mögliche Fehlkonzepte des Lerners werden durch den Vergleich der Lernerantwort mit den in der Berechnungs-Komponente erarbeiteten Lösungen ermittelt. Für jedes Effektor-Lösungs-Paar, dessen Lösungs-Teil mit der Lernerantwort übereinstimmt, wird der Lösungspfad ausgehend vom Effektor bis hin zum entsprechenden Fehlkonzept zurückverfolgt. Das Beispiel der in Abbildung 2 markierten Pfade zeigt, daß die Identifizierung eines Fehlkonzepts nicht immer eindeutig erfolgen kann.

3.1 Abbildung durch numerische Regelattribute

Die Lösungspfade des Diagnose-Netzes, die zu einer mit der Lernerantwort übereinstimmenden Lösung führen, werden durch Erhöhung von Stärkewerten hervorgehoben. Daneben wird für jede Regel notiert, wie oft sie in einem Lösungspfad liegt, dessen Endergebnis mit der Lernerantwort übereinstimmt. Im Gegensatz zu diesem Zähler, der eine kontinuierlich wachsende Größe darstellt, wird der Stärkewert im Laufe der Zeit wieder verringert, wenn eine Regel nicht mehr in einem erfolgreichen Pfad liegt. (In Abbildung 2 ist bei der Regel "Abhängigkeit" 162 der Stärkewert. Die Ausgangsstärke ist 100. Der Zähler steht auf 1.) Mit Hilfe der mit den Regeln verknüpften Werte kann nun mittels Schwellwert-Vergleich der Einsatz tutorieller Maßnahmen seitens des Lernsystems gesteuert werden.

3.2 Diskrimination von Regeln

Bei der Diskrimination werden Aufgabenbedingungen, die für die beobachteten Lösungen vermutlich relevant sind, in zusätzliche Regeln aufgenommen. Dadurch soll die Diagnose die Regeln unterschiedlichem Lernerverhalten bei verschiedenen Aufgabenmerkmalen anpassen. Das Diagnose-System startet zuerst mit allgemein formulierten Regeln, die dann im Laufe der Zeit spezialisiert werden.

Beispiel: Die allgemeine Regel, die auf die Anwendung des Fehlkonzepts "Abhängigkeit" verweist, lautet (s.o.):

```
(CLASSIFIER Abhängigkeit
        (IF ((1 Operation:Zusammensetzung))
        THEN (2 Fehlkonzept:Abhängigkeit))
```

Wenn wir nun annehmen, daß der Lerner schon eine Reihe von Aufgaben gelöst hat, und beim erstmaligen Auftreten einer Aufgabe, die die Bewegungsüberlagerung orthogonaler Teilbewegungen behandelt, auch dieses Fehlkonzept das erste Mal anwendet, so muß diese Regel bezüglich dem Aufgabenmerkmal "orthogonal" spezialisiert werden. Die neu eingefügte Regel lautet dann:

```
(Classifier Abhängigkeit001
        (IF ((1 Operation:Zusammensetzung
              Richtung:orthogonal)
        THEN (2 Fehlkonzept:Abhängigkeit)))
```

Da der Algorithmus zur Konfliktauflösung einer speziellen Regel Vorrang vor ihrer allgemeinen Form gibt, wird der Lösungspfad, der durch die neue Regel entstanden ist, verstärkt. Somit kann unterschiedliches Lernerverhalten bei der Beantwortung von Aufgaben mit unterschiedlichen Merkmalen abgebildet werden.

4. Automatische Auswahl spezieller Aufgaben zur effizienteren Diagnose

Da bei vielen Aufgaben unterschiedliche Lösungspfade zu derselben Lösung führen, ist nicht gewährleistet, daß ein Fehlkonzept eindeutig identifiziert werden kann. In Abbildung 2 gibt es beispielsweise zwei Pfade. Ein Pfad führt zum Fehlkonzept "Abhängigkeit", der andere zu "Aktiv/Passiv". D.h. es gibt Überschneidungen der Lösungspfade hinsichtlich ihrer Lösungen, die aber von Aufgabe zu Aufgabe variieren. Deshalb stellen sich im Laufe der Zeit doch unterschiedliche Stärkewerte für die fehlkonzept-beschreibenden Regeln ein. Dieser Prozeß kann forciert werden, indem man Aufgaben gezielt so auswählt, daß die

Überschneidungsmengen unterschiedlich sind (Becker, 1988). Dazu wird mit Hilfe des Diagnose-Netzes und der Berechnungs-Komponente für jede Aufgabe eine Tabelle erstellt, in der vom Diagnose-System für jedes Fehlkonzept die anfallende Lösung berechnet und eingetragen wird. Graphisch lassen sich die Lösungs-Überschneidungen einer Aufgabe folgendermaßen darstellen:

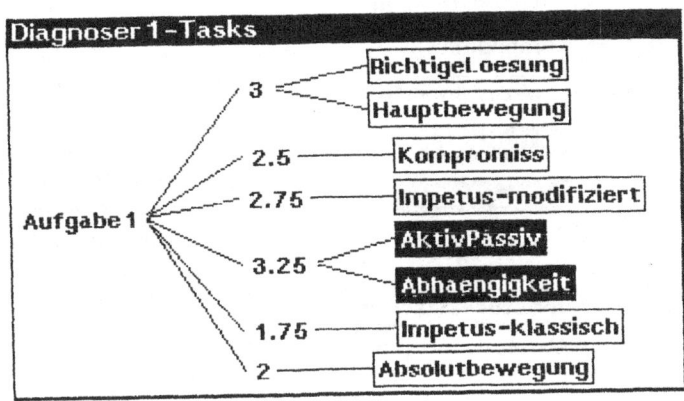

Abb. 3: Graphische Darstellung der Fehlkonzept-Lösungs-Relationen bei der Aufgabe aus Abbildung 1.

Ein Konfliktfall für die Diagnose tritt nun auf, wenn die Lernerantwort einer Lösung entspricht, die nicht eindeutig zugeordnet werden kann (z.B.: die Lösung "3.25" in obiger Abbildung). Mit Hilfe der Fehlkonzept-Lösungs-Tabellen, die das System für die Aufgaben erstellt hat, ist es nun einfach, eine Aufgabe zu suchen, bei der sich die Lösungen für die fraglichen Fehlkonzepte (hier: "Aktiv/Passiv" und "Abhängigkeit") unterscheiden.
Abbildung 4 zeigt, daß die ausgewählte Nachfolge-Aufgabe bezüglich der Fehlkonzepte "Aktiv/Passiv" und "Abhängigkeit" unterschiedliche Lösungen hat, sie zur Feststellung speziell dieser Fehlkonzepte also geeigneter ist als die ursprüngliche Aufgabe.
Durch die gezielte Aufgaben-Auswahl wird die unterschiedliche Ausprägung von Stärkewerten beschleunigt und die Diagnose insgesamt damit

effizienter. D.h. es werden weniger Aufgaben benötigt, um ein Fehlkonzept festzustellen und eine entsprechende tutorielle Maßnahme einzuleiten.

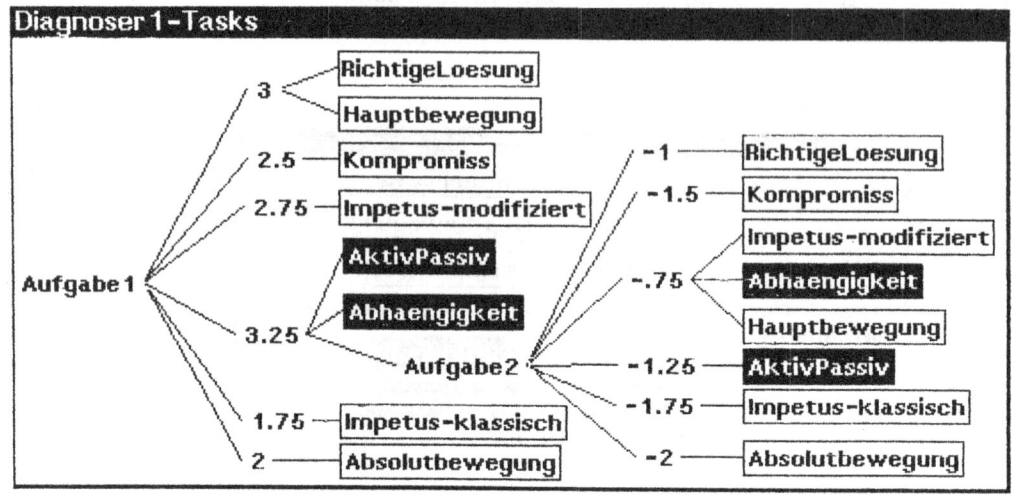

Abb. 4: Auswahl einer Aufgabe zur Auflösung des Diagnose-Konflikts

Literatur

Holland, J.H. (1986). Escaping Brittleness: The Possibilities of General Machine Learning Algorithms Applied to Parallel Rule-Based Systems. In R.S. Michalski, J.G. Carbonell & T.M. Mitchell (Eds.), Machine Learning: An Artificial Intelligence Approach, Vol. 2 (pp. 539-623). Los Altos, California: Kaufman

Bollwahn, J., Hron, A., Mandl, H., Oestermeier, U. & Tergan, S.-O. (1989). Repräsentation von Wissen und Wissenserwerbsprozessen auf der Grundlage von Classifier-Systemen. In R. Gunzenhäuser & H. Mandl (Hrsg.), Abstracts des III. Workshop "Intelligente Lernsysteme" (S. 25-40), 8.-9.6.1989, Tübingen.

Becker, L.A. (1988). Computer-Aided Misconception-Based Intelligent Tutoring and Exercise Generation. Programmed Learning and Educational Technology - Journal of the Association for Educational & Training Technology, Vol. 25 (pp. 67-75). Kogan Page

Modellgestütztes Tutoring

Andreas Kohl

Gesellschaft für Mathematik und Datenverarbeitung
Forschungsgruppe Expertensysteme
Postfach 1240
D-5205 Sankt Augustin 1

e-mail: kohl@gmdzi.uucp

Ausgehend von der Idee, das in Expertensystemen explizit repräsentierte Wissen, mittels einer Tutoringkomponente an Lerner weiter zu vermitteln, wird das in dieser Hinsicht bekannteste System, GUIDON [Clancey 87], kritisch analysiert. Es werden Probleme identifiziert, die sich auf eine fehlende, epistemologisch begründete Repräsentation des Wissens zurückführen lassen. Konkurrierend dazu wird die KADS-Methodik [Wielinga, Breuker 86] vorgestellt. Sie führt den Begriff der "konzeptuellen Modelle" ein. Es wird diskutiert, in wieweit die oben erwähnten Probleme damit lösbar sind.

Eine an das "experiential learning" [Kolb, Frey 75] angelehnte Tutoringstrategie wird skizziert, und konzeptuell modelliert. Mit ihr sollen Klassifikationswissensbasen vermittelt werden, die nach der KADS-Methodik entstanden sind.

1. Einleitung

Ziel von Expertensystementwicklungen ist es, Programme zu entwickeln, die in einem gewissen Maße intelligentes Verhalten an den Tag legen. Das heißt, sie sollen in einem bestimmten Gegenstandsbereich (Domäne) das Verhalten eines Experten auf diesem Gebiet simulieren können. Um dies zu ermöglichen, wird das Expertenwissen akquiriert und mittels geeigneter Formalismen repräsentiert. Somit liegt das Wissen explizit vor, ein wesentliches Unterscheidungskriterium gegenüber konventionellen Programmen.

Bereits Mitte der siebziger Jahre kam die Idee auf, die so gewonnenen Wissensbasen nicht nur zum Problemlösen innerhalb der Domäne zu benutzen, sondern auch zur Wissensvermittlung an Nicht-Experten (Lerner) zu verwenden. Das umfangreichste Experiment in diese Richtung bildet das sogenannte GUIDON Programm [Clancey 87].

2. Der GUIDON Ansatz

Clancey entwickelte ein System namens GUIDON (sprich "giude on"). Es stellt einen tutoriellen Aufsatz auf MYCIN dar. MYCIN, die bislang bekannteste Expertensystementwicklung, ist ein Expertensystem zur Diagnose und Therapie von Meningitis und bakterieller Infektionen. Es wurde Anfang der siebziger Jahre an der Stanford University entwickelt [Shortliffe 76]. Sein Wissen über die Domäne ist regelorientiert repräsentiert und wird mittels eines rückwärtsverkettenden Inferenzmechanismuses verarbeitet.

Die Architektur von GUIDON entspricht dem allgemein akzeptierten 4-Komponenten-Modell (siehe beispielsweise: [Wenger 87], [Mandl, Lesgold 87]): Wissen über die Domäne, Lernermodell,

Tutoringstrategien und Dialogkomponente. Erstere Komponente wird in GUIDON durch die MYCIN-Wissensbasis realisiert. Dabei wurden einige grundlegende Probleme identifiziert, die durch die regelorientierte Wissensrepräsentation bedingt sind.

- Schlechte Trennung von wissensrelevanten und rein technisch bedingten Programmteilen
- Regeln als eigenständig zu vermittelnde Wissenseinheiten nicht geeignet
- Keine explizite Strukturierung der Wissensbasis
- Keine Struktur auf Konzepten
- Rolle der Wissenselemente im Problemlösungsprozeß nicht expliziert
- Unterschiedliche Granularität der Wissenseinheiten (Regeln)
- Mangelnde "kognitive Adäquanz"[1] der Repräsentation.

Die anderen drei Komponenten von GUIDON, nämlich Lernermodell, Tutoringstrategien und Dialogkomponente, sollen hier nicht näher beleuchtet werden.

Die geschilderten Probleme wurden in ähnlicher Form auch bei der Generierung von Erklärungen [Swartout 81] und der Unterstützung des Wissensakquisitionsprozesses [Wielinga, Breuker 86] identifiziert. Sie lassen sich zusammenfassend auf die Strukturarmut der verwendeten regelorientierten Wissensrepräsentation zurückführen.[2] Für die Verwendung von Wissensbasen zu "Meta Zwecken", wie Tutoring, Erklärung, etc., ist zusätzliches Wissen (Metawissen) erforderlich, das für das reine Problemlösen nicht notwendigerweise vorhanden sein muß[3].

In GUIDON wurden eine Reihe pragmatischer Ansätze verfolgt (Klassifizierung von Regeln, Definition von Regelschemata, Regelmodelle, etc.), um nachträglich Metawissen zu etablieren. Die fehlende explizite Strukturierung der Wissensbasis wurde durch einen geeignete Tutoringstrategie kompensiert, dem "case-method dialogue" Ansatz. Zufriedenstellend in Hinblick auf einen allgemeinen Formalismus waren diese Experimente jedoch nicht.

3. Konzeptuelle Modelle

Um die konzeptuelle Distanz zwischen dem mentalen Modell des Experten und der Implementation einer Wissensbasis zu überbrücken, wurden in den letzten Jahren eine Reihe von Ansätzen entwickelt. Besonders elaboriert ist die KADS-Methodik (Knowledge Acquisition and Design System) [Wielinga, Breuker 86]. Sie führt den Begriff des "konzeptuellen Modells" ein, eine implementationsunabhängige

---

[1] Der Begriff "kognitive Adäquanz" müßte an dieser Stelle eigentlich genauer definiert werden, um einer überhöhten Erwartungshaltung an die weiteren Ausführungen, die durch einen solchen Begriff berechtigterweise entstehen könnte, entgegenzuwirken. Dies würde den Rahmen dieses Papiers sprengen. Folgendes soll ein intuitives Verständis des Begriffs vermitteln. Konfrontiert man einen Experten (Arzt) mit der Wissensbasis, so wird man feststellen, daß er mit der Repräsentation nichts anfangen können wird. Die konzeptuelle Distanz seiner - mentalen - Repräsentation vom Gegenstandsbereich zu der des Expertensystems ist zu hoch.

[2] In NEOMYCIN, dem Folgesystem von MYCIN, wurde durch die Einführung sogenannter Metaregeln ein erstes Strukturierungsmittel angeboten.

[3] Eine Evaluationsstudie zeigte, daß MYCIN innerhalb seiner Domäne eine Diagnoseleistung erbrachte, die mit der eines Experten (Arzt) vergleichbar ist [Yu, et al. 79].

Zwischenschicht, die eine expertennahe Darstellung des Wissens ermöglichen soll. KADS wurde in erster Linie entwickelt, um den Knowledge Acquisiton und Knowledge Engineering Prozeß zu unterstützen [Breuker, Wielinga 89]. Die mit ihr erstellten, sogenannten "modell-gestützten" Wissensbasen erscheinen wesentlich besser geeignet, um in einem Tutoringprozeß vermittelt zu werden, als rein regelorientierte wie MYCIN. Dies soll im Folgenden näher erläutert werden.

Dazu wird an Hand eines Beispiels die KADS-Methodik beschrieben und die jeweiligen Implikationen für Tutoringprozesse aufgezeigt. Als Beispiel dient die Pilzklassifikation. Es wurden mehre Experimente zur Modellierung dieses Problems unternommen ([Müller, et al. 86], [Voß, et al. 87]). Als Wissensquelle diente neben einem Experten ein Pilzbestimmungsbuch [Richter 80].

Der Ablauf einer Pilzklassifikation läßt sich grob folgendermaßen skizzieren. Zunächst erhebt man einige leicht und ungefährlich zugängliche Eigenschaften des zu bestimmenden Pilzes, wie Hutform, Hutfarbe, etc. Daraus ergeben sich eine Reihe von möglichen Kandidaten. Im nächsten Schritt werden die Eigenschaften bestimmt und erhoben, die einen der Kandidaten auswählen lassen. Um sicher zu gehen, wird untersucht, ob es Pilze gibt, die mit dem Kandidaten verwechselt werden könnten, insbesondere giftige. Ist dies der Fall, werden die Eigenschaften bestimmt, durch die sich der Kandidat eindeutig von dem ähnlichen Pilz differenzieren läßt. Nachdem auch diese Merkmale erhoben sind, ist der Kandidat entweder einwandfrei identifiziert oder man ist mit seinem Latein am Ende.

4. KADS

KADS stellt Sprachmittel auf vier Beschreibungsebenen zur Verfügung. Auf jeder dieser Ebenen werden unterschiedliche Arten von Wissen dargestellt. Durch Entwicklung der Programmiersprache MODEL-K [Voß, et al. 90], einem Aufsatz auf das Expertensystemwerkzeug BABYLON [Christaller, et al. 89], konnten diese Sprachmittel operationalisiert werden. Die einzelnen Ebenen sollen nun beschrieben werden[4].

Domain Layer.

Auf dieser Ebene wird das faktische Wissen über den Gegenstandsbersich in Form von Konzepten und Relationen dargestellt.

Konzepte werden mit Hilfe eines objekt-orientierten Formalismus repräsentiert. Damit lassen sich in gewohnter Weise Konzepthierarchien (Taxonomien) aufbauen. Eine Besonderheit des implementierten Formalismus ist sein umfangreiches Typkonzept. Attributwerte und ihre Struktur können deklarativ beschrieben werden. Dies ermöglicht beispielsweise eine detaillierte Konzeptbeschreibung während des Tutorings.

Neben den einzelnen Pilzen werden die taxonomischen Klassen und Pilzattribute wie Hutform, Hutoberfäche, usw. durch Konzepte dargestellt.

---

[4]Die verwendeten Beispiele werden in der Notation von MODEL-K präsentiert. Auf die syntaktischen und semantischen Feinheiten soll hier aber nicht weiter eingegangen werden. Außerdem wird an manchen Stellen von der Syntax abgewichen, um die Darstellung zu vereinfachen bzw. zu verkürzen.

Ein objekt-orientierter Formalismus stellt bereits gewisse Relationen auf Konzepten zur Verfügung. So hat man natürlich eine "Konzept-hat-Attribut"-Relation und über die Vererbungshierarchie eine "Konzept-hat-übergeordnetes-Konzept"-Relation zur Verfügung.

```
(DEF-CONCEPT champignon
   (SUPERS egerling)
   (SLOTS hutform halbkugelig        ....))
```

Das Konzept champignon hat das Attribut hutform (mit der Ausprägung halbkugelig) und gehört zu der Gattung der Egerlinge (übergeordnetes Konzept).

MODEL-K erlaubt auch die Definitionen weiterer Relationen. So kann eine Relation unterscheidbar-durch definiert werden, die angibt an Hand welcher Attribute man zwei Pilze unterscheiden kann:

```
(DEF-RELATION unterscheidbar OF relation
   ((pantherpilz perlpilz (fleischfarbe hutrand))
    (champignon riesenroetling (stielform lamellenfarbe     ...))
```

Auf den Relationen selber lassen sich wiederum Hierarchien definieren. Interessanter für die Wissensvermittlung ist die Möglichkeit, Metainformation zu den Relationen zu spezifizieren. So kann beispielsweise angegeben werden ob sie sich reflexiv, symmetrisch, usw., verhalten.

Durch Konzepte und Relationen erhält man eine Wissensrepräsentation der Dömane, die einem semantischem Netz ähnelt. Die Vorteile semantische Netze für Tutoringsysteme sind hinlänglich bekannt.

Inference Layer

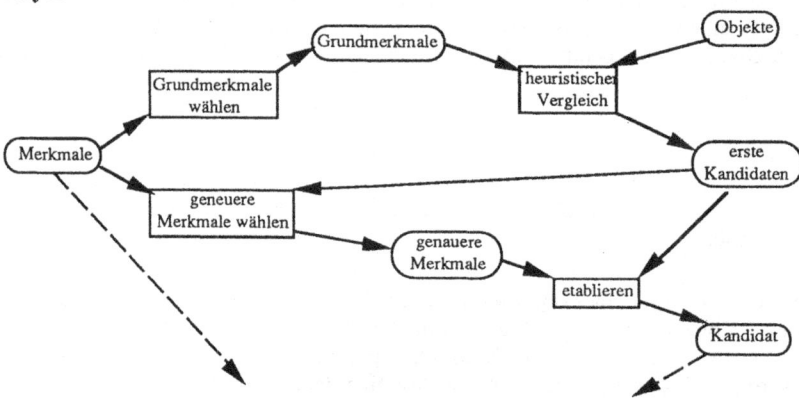

Inference Layer der Pilzklassifikation (Ausschnitt)

Während auf dem Domain Layer nur statisches Wissen modelliert wurde und noch keine Aussagen darüber getroffen wurden, wie es verarbeitet werden soll, werden auf der zweiten Ebene des konzeptuellen Modells elementare Inferenzschritte spezifiziert. Gleichzeitig wird von den Domänkonzepten abstrahiert, sodaß diese Ebene und die folgenden unabhängig von dem konkreten Anwendungsproblem sind.

Die Sprachmittel des Inference Layers sind Metaklassen und Knowledge Sources. Metaklassen, in der Abbildung als Kringel dargestellt, abstrahieren Konzepte des Domain Layers und bezeichnen deren Rollen im Problemlösungsprozeß. <u>Knowledge Sources</u>, in der Abbildung als Rechtecke dargestellt, führen Inferenzen aus. Sie benutzen dazu Metaklassen als Ein- und Ausgabeobjekte.

```
(DEF-METACLASS merkmale
    WITH VALUE (hutform hutfarbe ...)
        STRUCTURE = SET    ....)


(DEF-KNOWLEDGE-SOURCE grundmerkmale-waehlen
    WITH INPUT-METACLASSES = (merkmale)
        OUTPUT-METACLASSES = (grundmerkmale)      ...)
```

Die Metaklasse merkmale umfasst alle Konzepte, die beobachtbare Attribute von Pilzen repräsentieren. Die Knowledge Source grundmerkmale-waehlen wählt aus der Menge der grundmerkmale diejenigen aus (grundmerkmale), an Hand derer Kandidaten (erste-kandidaten), die aus einer Vorauswahl resultierten, unterschieden werden können. Die Knowledge Sources greifen auf Relationen des Domain Layers zurück. So benutzt genauere-merkmale-waehlen die bereits erwähnte Relation unterscheidbar-durch. Auf diese Weise ist die Verknüpfung von Inference Layer zu Domain Layer explizit nachvollziehbar.

Wie man bereits erkennen kann, wird auf dieser Ebene keine Begrifflichkeit mehr benutzt, die auf die Pilze als Gegenstandsbereich hinweisen würde. Vielmehr ist hier generell der Problemlösetyp Klassifikation modelliert. Das hat für die Wissensvermittlung vielfältige Auswirkungen. Soll sich ein Lerner die Fähigkeit aneignen, eine Klassifizierungsaufgabe zu lösen, so muß man ihm zweierlei Wissen vermitteln. Er muß die Taxonomie hinreichend beherrschen und er muß die notwendigen Problemlöseprozesse nachempfinden können. Durch die beiden Modellebenen Domain und Inference Layer wird diese Unterscheidung optimal unterstützt. In der weiter unten kurz skizzierten Tutoringstrategie wird dies ausgenutzt. Eine weitere Chance des anwendungsunabhängigen Inference Layers ist die Ausnutzung von Erfahrung des Studenten auf dem Gebiet dieses Problemtyps. Hat er beispielsweise bereits Erfahrung mit Klassifikationsproblemen, so wird ihm die Einordnung des unter dem Inference Layers dargebotenen Wissens besonders einfach fallen. Das kann in einer Tutoringstrategie sinnvoll ausgenutzt werden. Baut man nach diesem Schema weitere Tutorsysteme für Klassifikationsprobleme, so besteht die Möglichkeiten Analogien, die über den gemeinsamen Inference Layer zustandekommen, als Hilfsmittel zu verwenden.

Task Layer

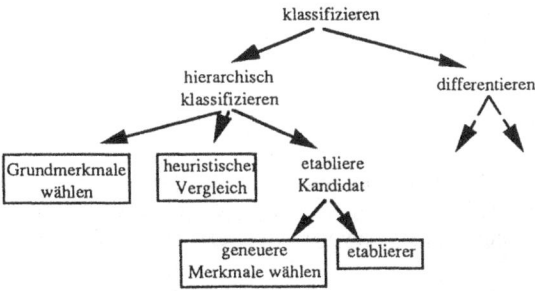

Task Struktur (Ausschnitt)

Auf dem Inference Layer wurden zwar Inferenzen spezifiziert, wie und wann sie auszuführen sind, wurde noch nicht angegeben. Dazu dient der Task Layer. Auf ihm werden Knowledge Sources, in der Abbildung wiederum als Rechtecke dargestellt, verknüpft durch einfache Kontrollanweisungen (if, while), zu sogenannten <u>Tasks</u> zusammengefaßt.

```
(DEF-TASK etabliere-kandidat
    WITH GOAL = finde-einzelnen-kandidaten
        KNOWLEDGE-SOURCES-USED = (genauere-merkmale-waehlen etablieren)
        BODY = ....   )
```

Durch die Taskstruktur werden Abstraktionen über den elementaren Inferenzschritten repräsentiert, die während des Tutorings beispielsweise zur Fokusbildung dienen können. Bei der Vermittlung des Problemlöseverhaltens sollte der Fokus immer nur entlang der Kanten in der obigen Abbildung erfolgen. Da die Verknüpfungen von jeder Ebene zu ihrer Unterebene explizit modelliert ist, lassen sich alle für einen Kontext relevanten Wissensanteile schnell berechnen.

Strategic Layer

Die Steuerung der Abarbeitung der Tasks obliegt dem Strategic Layer. In unserem Beispiel startet er lediglich die Task *classify*. In komplexen wissensbasierten Systemen muß man sich hier eine Planungskomponente vorstellen, die durch Ziele und Pläne gesteuert Tasks aufruft. Mit dieser Ebene liegen allerdings bisher wenig praktische Erfahrungen vor.

Inference, Task und Strategic Layer werden zusammenfassend auch als Interpretationsmodell bezeichnet. Es stellt eine domänenunabhängige Beschreibung von Problemlöseprozessen dar. Das beinhaltet die bedeutende Folgerung, daß man weitere Systeme von einem bestimmten Problemlösetyp einfach dadurch erhält, daß der Domain Layer ausgetauscht wird. Will man beispielsweise ein weiteres Klassifikationssystem erstellen, kann der Strategic, Task und Inference Layer übernommen werden.

5. Vergleich

Was ist nun durch das modell-basierte Vorgehen a la KADS bei der Erstellung einer Domänenwissensbasis gegenüber dem rein regelorientierten Vorgehen bei GUIDON gewonnen worden?

Wie die Autoren der KADS-Methodik ausdrücklich betonen, sind die unterschiedlichen Ebenen und ihre Sprachmittel epistemologisch begründet. Das heißt, daß unterschiedliche Arten von Wissen auch unterschiedlich repräsentiert werden können. Damit ist eine explizite Strukturierung der Wissensbasis gewährleistet. Unterschiedliche Granularität wird explizit durch unterschiedliche Sprachmittel und/oder Hierarchiebildung dargestellt. Der Domain Layer bietet auf natürliche Weise Sprachmittel zur Bildung von Strukturen auf Konzepten an, Konzepthierarchien und Relationen.

MODEL-K erlaubt jederzeit den Durchgriff auf die zugrundeliegende Implementierungssprache LISP. Die Realisierung von Programmteilen, die lediglich der Systemsteuerung dienen, kann somit in LISP erfolgen und läßt sich dadurch eindeutig syntaktisch von wissensrelevanten Teilen unterscheiden.

Da die einzelnen Wissenseinheiten explizit miteinander vernetzt sind (Konzepthierarchien, Metaklassen mit Konzepten, Tasks mit Knowledge Sources, usw.), ist es durchaus sinnvoll, einzelne Einheiten zu vermitteln. Denn über die Vernetzungen kann relevantes Wissen zu der Einheit jederzeit aus dem Modell extrahiert werden.

Eine Motivation zur Einführung des Inference Layers mit seinen Sprachelementen Metaklassen und Knowledge Sources, war die Einsicht, daß die Elemente des Domänenwissen nicht automatisch mit einer bestimmten Funktion innerhalb des Problemlöseprozesses verbunden sein müssen. Ein Element kann durchaus unterschiedliche Rollen übernehmen. So kann ein bestimmter Pilz zum einen die Rolle eines möglichen Kandidaten spielen, kann aber auch einen mit dem Kandidaten verwechselbaren Pilz darstellen. Während eines Tutoringprozesses über den Domain Layer wiederum spielt ein Pilz die Rolle einer (mehr oder weniger abgeschlossenen) Lehreinheit.

Ein Ziel der KADS-Methodik ist die Erstellung konzeptueller Modelle. Das heißt Modelle auf einem dem mentalen Modell des Experten näheren Niveau. Somit erreicht man eine erhöhte "kognitive Adäquanz" gegenüber der regelorientierten Darstellung. Betrachtet man die textuellen Ausführungen zur Pilzklassifikation zu Ende des Abschnitts 3 (Konzeptuelle Modelle) und die Abbildung zum Inference Layer, wird dies deutlich.

Aufgrund dieser Ausführungen erscheint uns, daß sich Wissensbasen von Expertensystemen, die mit einer modellgestützten Methodik erstellt worden sind, besser für Intelligente Tutor Systeme (ITS) eignen als herkömmlich erstellte.

6. Konzeptuelle Modellierung einer Tutoringstrategie für Klassifikation

Wir wollen nun ein Tutoringsystem für Klassifikation konzeptuell modellieren. Das bedeutet, daß das konzeptuelle Modell der Anwendung (Pilzklassifikation) mit all seinen vier Ebenen auf dem Domain Layer des Tutoringsystems in Form von Konzepten und Relationen verfügbar gemacht werden muß[5]. Somit erhalten wir folgende Konzepte:

- Konzepte des ADL
- Metaklassen
- Knowledge Sources
- Tasks

und Relationen:

- Relationen des ADL
- zusätzlichen Relationen, die die oben beschriebenen Verknüpfungen zwischen den unterschiedlichen Ebenen und deren Elementen repräsentieren (task-use-knowledge-source, usw.). Sie können automatisch generiert werden.

Die Tutoringstrategie, die auf diesem Domain Layer basiert, soll das unter dem Namen "experiential learning" [Kolb, Fry 75] (s. Abb.) bekannte Lernmodell unterstützen.

Das zyklische Modell des "experiential learning" geht von konkretem Erfahrungswissen (concrete experience) beim Lerner aus. Durch Beobachtungen o.ä. (observations and reflections) wird er veranlaßt neue Konzepte zu formieren (formation of abstract concepts and generalizations). Seine Einordnung versucht er durch Anwenden in neuen Situationen zu stabilisieren (testing implications of concepts in new situations).

---

[5]Um Verwechselungen zu vermeiden, wollen wir für die Modellebenen der Anwendung folgende Kürzel benutzen. ADL für den Domain Layer, AIL für den Inference Layerund ATL für den Task Layer. Der Strategic Layer bleibt unberücksichtigt.

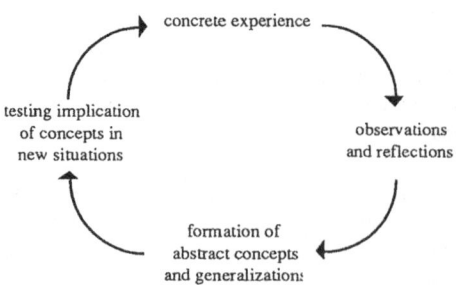

Das "experiential learning" Modell [Kolb, Fry 75]

Für die Pilzklassifikation bedeutet das, daß ausgehend vom Lernermodell[6] (concrete experience) ein ADL-Konzept ausgewählt und dem Lerner präsentiert wird (observations and reflections). Ein Konzept kann auf verschiedene Arten angeboten werden. Ein Pilz beispielsweise kann durch Auflistung seiner Attribute, Einordnung in der Taxonomie, Vergleich mit anderen, dem Lerner bereits bekannten Pilzen, usw. beschrieben werden. Für das Selektieren des Konzepts und eines Präsentationsmodi sowie für die Abwicklung der Präsentation sind Knowledge Sources auf dem Inference Layer zuständig. Sie benutzen zusätzlich Wissen des AIL und ATL. So werden Konzepte, die in der AIL-Metaklasse "Grundmerkmale" enthalten sind vor Konzepten ausgewählt, die unwichtige Attribute beschreiben.

Der Lerner wird nun das neue Wissen in das bereits vorhandene Wissen einordnen (formation of abstract concepts and generalizations). Um dies zu testen und damit das Lernermodell fortzuschreiben und um ihm weitere Sichten auf das Konzept zu ermöglichen (testing implication of concepts in new situations), wird ihm eine komplexere Aufgabenstellung bezüglich des Konzeptes gestellt. Sie ist in dem Sinne komplex, als daß sie bereits Elemente des AIL oder sogar ATL umfaßt. So kann man den Lerner beispielsweise zu einem frisch vermittelte Pilzkonzept fragen, welcher andere Pilz die gleichen Grundmerkmale aufweißt. Dabei würde Bezug auf die AIL Knowledge Source "heuristischer Vergleich" genommen. Voraussetzung ist, das dem Lerner bereits die Knowledge Source "Grundmerkmale wählen" und die Metaklassen "Merkmale" und "Grundmerkmale" hinreichend kennt. Daß es genau diese sind, die er bereits beherrschen muß, kann über den ATL eruiert werden.

Neben dieser eher systemseitig gesteuerten, wenn auch sehr flexiblen "Didaktik", kann der Lerner zu jeder Zeit die Taxonomie eigenständig explorieren und, nachdem ein minimales Wissen über den Problemlöseprozeß bei ihm vorhanden ist, auch die Inferenz- und Taskstruktur. Seine Aktivitäten dabei werden zur Fortschreibung des Lernermodells genutzt.

Einige Merkmale dieses Vorgehens:

- kein reines "Pauken" der Taxonomie
- Immer ein Zusammenhang zwischen Konzepten des Gegenstandsbereichs und ihren Rollen im Problemlöseprozeß
- gezielte (Teil-) Fälle generierbar.
- Motivationssteigerung durch die Möglichkeit eigenständig die Kontrolle zu übernehemen

Zwei interessante Fragen für die Zukunft:

---

[6]Dies ist ein einfaches "overlay model" zu den Elementen des Domain Layer.

- Bilden der Inference und Task Layer des beschriebenen konzeptuellen Modells ein Interpretationsmodell ? Dies würde bedeuten, daß man auch andere Klassifikationsdomänen damit vermitteln könnte, ohne diese Ebenen zu verändern.

- ist das konzeptuelle Modell auch auf Wissensbasen anwendbar, die andere Problemklassen repräsentieren, z.B Planung oder Konfiguration ?

Danksagung

Meinem Kollegen Hans Voß möchte ich für die Diskussion dieser Ideen danken. Meiner Kollegin Claudia Karger ist zu verdanken, daß der Begriff "Kognitive Adäquanz" nicht vollkommen unreflektiert und in inflationärem Maße Gebrauch gemacht worden ist.

Literatur

Breuker, Wielinga 89
Breuker, J.; Wielinga, B. (1989). Models of Expertise in Knowledge Acquisition. in: Guida, G.; Tasso, C. (Eds.), Topics in Expert System Design. Elsevier Science Publishers, North-Holland 1989. S. 265-295.

Clancey 87
Clancey, W. J. (1987). Knowledge-based Tutoring: The GUIDON Program. MIT Press, Cambridge, Massachusetts.

Mandl, Lesgold 87
Mandl, H.; Lesgold, A.M. (Eds.) (1987). Learning Issues for Intelligent Tutoring Systems. Springer-Verlag, New-York.

Müller, et al. 86
Müller, B.S.; Voß, A.; Walther, J. (1986). Modellierung wissensbasierter Systeme. interner Bericht GMD.

Richter 80
Richter, R. (1980). Der praktische Pilzführer.Mosaik Verlag, München

Shortliffe 76
Shortliffe, E. H. (1976). Computer-based medical consultations: MYCIN. Elsevier Science Publishers, New York.

Swartout 81
Swartout, W. (1981). Explaining and Justifying Expert Consulting Programs. Proceedings of 7th International Joint Conference on Artificial Intelligence. Vancouver, British Columbia, Canada 1981. S. 815-822.

Voß, et al. 87
Voß, A.; Müller, B.S.; Walther, J. (1987). Über ein Experiment zur Umsetzung einer BABYLON-Wissensbasis in das KADS-Modell: Erste Schritte auf dem Weg zur Modellierung wissensbasierter Systeme. interner Bericht GMD.

Voß, et al. 90
Voß, A.; Karbach, W.; Drouven, U.; Lorek, D.; Schuckey, R. (1990). Operationalization of a Synthetic Problem. ESPRIT Basic Research Project P3178, Task I.2.1.

Wenger 87
Wenger, E. (1987). Artificial Intelligence and Tutoring Systems. Morgan Kaufmann Publishers, Los Altos, California.

Wielinga, Breuker 86
Wielinga, B.; Breuker, J. (1986). Models of Expertise. Proceedings of European Conference on AI. Brighton, UK 1986. S. 306-318.

Yu, et al. 79
Yu, V.L.; Buchanan, B.B.; Shortliffe, E.H.; Wriath, S.M.; Davis, R.; Scott, A.C.; Cohen, S.N. (1979). Evaluating the Performance of a Computer-Based Consultant. Computer Programs in Biomedicine 9. S. 95-102.

Eine inhaltsorientierte Architektur für tutorielle CUU-Systeme

U. Dumslaff (Universität Koblenz, FB Informatik, 5400 Koblenz)
D. Meyerhoff (GMD, 5205 St. Augustin, Schloß Birlinghoven)

1 Einleitung

Lernsysteme gliedern sich in ablauforientierte Systeme des computerunterstützten Unterrichts (CUU-Systeme) und in intelligente Lernsysteme (IL-Systeme). CUU-Systeme basieren auf den verhaltenspsychologisch orientierten Ansätzen der Unterrichtsbetrachtung (Instructional Technology); IL-Systeme sind aus den wissens- und kognitionspsychologischen Forschungsaktivitäten und der Künstlichen Intelligenz herausgewachsen.

Courseware unter CUU-Systemen leidet unter dem Nachteil mangelnder Flexibilität in Bezug auf die Adaption an Lernerbedürfnisse. IL-Systeme hingegen haben das Ziel sich dem menschlichen Lernverhalten anzupassen, indem Wissen über die zu lehrenden Inhalte, über die kognitiven Prozesse des Lernens und über das Lehren explizit modelliert und durch geeignete Wissensrepräsentationen bereitgestellt wird. Die Bestimmung eines Lernablaufes wird dabei z.B. opportunistisch betrieben (vgl. [Murray89]) oder es wird ein dynamisches Planungsverfahren verwendet (vgl. [MaEmBe88, PeMc86]).

Bei der Entwicklung von CUU-Systemen wird meist auf Autorensoftware zurückgegriffen, die den Autor primär bei der Implementierung von Courseware unterstützt. Während des Entwerfens von Courseware aber bietet die Autorensoftware kaum Unterstützung bei der Strukturierung von Inhalten, so daß ein Autor in die Rolle des Planers von Lernabläufen gedrängt wird. Nur über die Antizipierung möglichst vieler Lernabläufe kann ein flexibles Systemverhalten erreicht werden. Die Haupttätigkeit verlagert sich von der inhaltlichen Gestaltung eines CUU-Systems hin zu der Erstellung einer aufwendigen Verzweigungslogik. Neuere Ansätze zur Gestaltung von CUU-Systemen greifen auf Hypertext-Strukturen zurück (vgl. [StSc89]), die eher auf eine Herausarbeitung inhaltlicher Bezüge ausgerichtet sind.

Hier werden konkret *tutorielle* CUU-Systeme betrachtet, deren Aufgabe die Vermittlung von Inhalten ist, die von einem Autor geeignet aufzubereiten sind. Der tutorielle Charakter dieser CUU-Systeme steht im Kontrast zu reinen Simulationssystemen, Drill & Practice-Systemen, Lernsystemen mit entdeckendem Charakter (z.B. durch sokratischen Dialog) oder Lernsystemen auf der Basis von strategischen Spielumgebungen (mit Coaching).

Im folgenden wird eine Architektur für tutorielle CUU-Systeme vorgestellt, in der die Strukturierung von zu lehrenden Inhalten zentral ist und durch die ein Autor bei der Planung von Lernabläufen entlastet wird. Mittels eines skizzierten Planungsverfahrens werden vorläufige Pläne erstellt, die durch einen Interpreter in sequentielle Lernabläufe umgesetzt werden. Pläne können bei Bedarf verändert werden, so daß mit dem skizzierten Verfahren erstellte Courseware ein adaptives Verhalten aufweist, das mit konventionellen Mitteln kaum erreichbar ist.

2 Netzwerkorganisation von Inhalten

Zur Organisation der zu vermittelnden Inhalte tutorieller CUU-Systeme werden diese in *Konzeptwissen*, *Prozedurwissen* und *Prinzipienwissen* (komplexe Zusammenhänge) gegliedert. Jede dieser Wissensarten fordert eigene Analysemethoden und darauf aufbauend eigene Organisationen, Strukturen und Aufbereitungen für Lernabläufe. Ähnliche Ansätze zur Organisation von Inhalten wie im folgenden dargestellt, werden in [Lesg88] motiviert und vorgeschlagen, wobei dort der Schwerpunkt auf der grundsätzlichen Einbeziehung von Lernzielinformationen zur Erweiterung der eigentlichen Wissensbasis liegt.

2.1 Netzwerke für Konzepte

Ein *Konzept* ist hier eine Menge von spezifischen Objekten, Symbolen oder Ereignissen, die auf der Basis von gemeinsamen charakteristischen Eigenschaften gruppiert und mit einem eindeutigen Namen oder Symbol bezeichnet und referiert werden können (vgl. [MeTe77]). Für Konzeptwissen bieten sich hierarchische Strukturierungen durch über-, bei- und untergeordnete Konzepte an. Diese Hierarchisierung resultiert aus der Betrachtung der für eine Konzeptdefinition relevanten Konzeptattribute, welche in kritische, notwendige, und variable Attribute differenziert werden. *Kritische* Attibute beschreiben diejenigen Eigenschaften eines Konzeptes, die zur Unterscheidung von Instanzen auf der beigeordneten Ebene dienen. *Notwendige* Attribute beschreiben die Eigenschaften eines Konzeptes, die ein übergeordnetes Konzept charakterisieren und damit zur Identifizierung notwendig sind, aber nicht Instanzen beigeordneter Konzepte differenzieren. Hiermit werden die Gemeinsamkeiten auf der beigeordneten Ebene charakterisiert, indem sie auf einer übergeordneten Ebene repräsentiert werden. *Variable* Attribute eines Konzeptes sind genau die kritischen Attribute der untergeordneten Konzepte. Der Instanziierungsraum eines Konzeptes wird somit durch die Partitionierung der kritischen Attribute auf einer untergeordneten Ebene verfeinert.
Die Vermittlung von Konzepten folgt dem Ziel, zur Diskriminierung und Generalisierung von Konzeptinstanzen zu befähigen. Dieses wird durch Präsentation der Konzeptdefinition, durch Beispiele und Gegenbeispiele zu einem Konzept, durch praktische Übungen mit Feedback und durch evtl. notwendige remedierende Aktionen erreicht. Hierzu ist jeweils eine geeignete, flexible Reihenfolge zu bestimmen. Vorschläge dazu bieten [MeTe77], wobei dort Wert auf ein Offenlegung der strukturellen Beziehungen zwischen Attributen gelegt wird.
Konzepte sind parallel dazu auch mittels einer Lernzielhierarchie (sh. [Gagné85]) strukturierbar (Prerequisite-Relation). Geht man davon aus, daß nur ein Teil einer Konzepthierarchie gelehrt werden soll und/oder Wert auf bestimmte Reihenfolgen gelegt wird, so sind diese Faktoren durch die Prerequisite-Relation zwischen Konzepten beschreibbar. Die Vereinigung der inhaltsorientierten Hierarchie und der Lernzielhierarchie führen dann zu einem Netzwerk für Konzepte.

2.2 Netzwerke für Prozeduren

Eine *Prozedur* ist eine Folge von Operationen mit dem Ziel, ein Problem zu lösen oder eine Aufgabe zu erfüllen, wobei die korrekte Proceduranwendung das gewünschte Resultat liefert. Das Wesentliche einer Prozedurbeschreibung sind die durchzuführenden Operationen, die Reihenfolge dieser Operationen und die Bedingungen, die erfüllt sein müssen, um Operationen durchzuführen. Ist eine einzelne Prozedur sehr komplex, läßt sie sich in Teilprozeduren zerlegen.
Es gilt nun, eine zu lehrende Prozedur zu analysieren, um eine eindeutige Beschreibung mittels der Sequenz, der bedingten Verzweigung und der bedingten Wiederholung zu erhalten (sh. [Merr87]). Diese Beschreibungen lassen sich in Kontrollflußdiagramme übersetzen, welche abstrakt als gerichtete Graphen betrachtet werden können. Diese umfassen verschiedene Pfade, beginnend bei der ersten Operation und endend bei der letzten (oder einer der möglichen letzten) Operation(en) der

Prozedur. Es gibt eine endliche Anzahl von Pfaden, die unterschiedliche (aber endliche) Längen bezüglich der von ihnen erfaßten Operationen in Abhängigkeit von den Auswertungen der Bedingungen in Verzweigungen und Wiederholungen besitzen.

In [Merr87] wird ein Verfahren auf der Basis der Pfadanalyse in Kontrollflußdiagrammen zur Bestimmung einer Lernzielhierarchie durch Verschmelzung der Knoten der einzelnen Pfade beschrieben. Die Strategie ist dabei, die einfachen Anwendungen einer Prozedur den komplexen in der Lernzielhierarchie als Prerequisite zuzuordnen. Überlagert man diese Kontrollflußdiagramme mit der Lernzielhierarchie, dann erhält man ein Netzwerk, das sowohl die operationalen Beziehungen als auch die Prerequisite-Relation repräsentiert. Die erste gilt es zu vermitteln, wobei die zweite die Lehrstrategien beeinflußt.

2.3 Netzwerke für Prinzipien

Prinzipien sind Erklärungen, Begründungen und Aussagen mit vorhersagendem Charakter über Phänomene. Komplexe Zusammenhänge werden durch Prinzipien in Form von korrelationalen oder kausalen Beziehungen der zu betrachtenden Tatsachen oder Sachverhalte erklärbar, begründbar und vorhersagbar (vgl. [Merr83]).

Man kann Konzepte unabhängig von anderen Wissensarten und man kann Prozeduren im Zusammenhang mit den relevanten Konzepten lehren. Konzepte erscheinen in den Prozeduroperatoren als die zu verändernden Objekte und in den Bedingungen als die zu überprüfenden Objekte. Zur Vermittlung von Wissen über komplexe Zusammenhänge gilt es, beide Wissensarten mittels kausaler Relationen zu organisieren und evtl. um nicht weiter strukturierbares Faktenwissen (wie z.B. einen Eigennamen, ein Datum) zu ergänzen. Diese Struktur stellt ein Gerüst dar für die Integration der Konzeptnetze und der Prozedurnetze sowie der ergänzenden Fakten zum Lehren dieser Wissensarten zuzüglich übergeordneter Prinzipien. Teile der Prinzipstruktur können wiederum Prinzipien sein.

2.4 Netzwerkknoten

Bis hier wurden nur Aussagen über die Netzrelationen (Kanten) zur Strukturierung von Inhalten gemacht. Die Knoten eines solchen Netzwerkes sind für die Repräsentation der zu lehrenden Inhalte zuständig. Da es sich hier um die Architektur eines tutoriellen CUU–Systems handelt, bietet sich die Entscheidung an, die Lernabläufe als Dialogmodelle durch hierarchische deterministische Automatenmodelle zu beschreiben (vgl. Statecharts in [Harel88]), die für die Beschreibung des Ein-/Ausgabeverhaltens verantwortlich sind.

Jeder Knoten eines Netzwerkes besitzt eine typische lokale Struktur (unterschiedlich für Konzepte, Prozeduren und Prinzipien) in der die Information repräsentiert wird, die seine Rolle als Netzwerkknoten verlangt. Als Beispiel sei hier angedeutet, daß mit einem Konzeptknoten u.a. eine Definition eines Konzeptes (oder Varianten), Beispiele (typische oder untypische), Gegenbeispiele und Testitems assoziiert sind. Jede dieser lokalen Komponenten ist durch einen Automaten beschrieben, so daß für animierte Graphiken oder komplizierte objektorientierte Zuordnungsaufgaben ein adäquates Beschreibungsmittel zur Verfügung steht. Ein aktivierter Automat wird durch Lernereingaben getriggert und kann genau die intendierten Ausgaben auf die Ausgabemedien in Abhängigkeit von Lernereingaben erzeugen. Jeder Automat ist parametrisierbar, so daß zwischen den verfügbaren Präsentations-/Eingabevarianten gewählt werden kann und ein Knoten genau die Information über die von ihm durchzuführenden Aktionen enthält.

3 Lernabläufe

Mit dem Ziel der Bestimmung konkreter Lernabläufe wird ein Planer verwendet, der sowohl auf der Makroebene (Netzwerkrelationen) als auch auf der Mikroebene (Netzwerkknoten) von konkret zu spezifizierenden Lehrstrategien (wie z.B. der Elaboration Theory [ReSt83] und Component Display Theory [Merr83]) gesteuert wird. Gegeben sei ein wie oben beschriebenes intaktes Netzwerk mit durch Statecharts „gefüllten" Knoten. Der Plan wird in zwei Schritten erstellt.

- Im ersten Schritt wird für die vorgegebenen Lernziele die Menge der relevanten Knoten bestimmt. Diese wird durch Informationen über den Lerner (Vorwissen, Interessen) und die Relationen zwischen Knoten determiniert. Der im Vordergrund stehende Netzwerktyp bildet die erste Vorauswahl aus dem Gesamtnetzwerk. Dem Lerner bekannte oder für die Lehrziele nicht relevante Knoten werden ebenso wie die Knoten der als sekundär eingestuften (Teil-)Netzwerke aus der vorläufigen Planung herausgenommen.

- Im zweiten Schritt wird diese Menge von Knoten in eine partielle Ordnung gebracht. Bei diesem Schritt fließen wieder Angaben über den Lerner und über die Kanten zwischen den Knoten ein. Nun werden die einzelnen Knoten entsprechend ihrer Position bzw. Funktion parametrisiert. So kann ein Knoten beim ersten Auftreten auf eine Einführung seiner Inhalte eingestellt werden, um diese dann beim nächsten Auftreten zu vertiefen.

Dieser durch die partielle Ordnung repräsentierte Plan wird durch einen Interpreter in einen sequentiellen Lernablauf überführt. Dies bedeutet, daß die durch die Parametrisierung spezifizierten Aktionen der Knoten (wie Präsentationen, Simulationen oder Lernermodelladaptionen) ausgeführt werden. Stellt der Interpreter fest, daß ein Lernziel nach dem vorgegebenen Plan nicht erreicht wurde, kann er folgende remedierende Aktionen in Betracht ziehen:

1. Anpassung der Parametrisierung des betroffenen Knotens.

2. Bestimmung einer alternativen Knotensequenz auf der Basis des vorgegebenen Planes.

3. Eine Planrevision auf der Basis des aktuellen veränderten Lernermodells.

Der beschriebene Planer ermöglicht zusammen mit dem Planinterpreter ohne Antizipierung aller möglichen Lernabläufe ein an die aktuellen und sich fortlaufend verändernden Lernerbedürfnisse anpassendes Verhalten des tutoriellen CUU-Systems. Die Flexibilität ergibt sich aus den explizit repräsentierten inhaltlichen Beziehungen (Netzwerk), der Verwendung von explizit gemachten Lehrstrategien und der Berücksichtigung der Informationen über den Lerner.

4 Fazit

Konventionelle Autorenumgebungen für die Kodierung von Courseware für tutorielle CUU-Systeme erfordern vom Autor die Antizipation aller möglichen Lernabläufe durch die Menge der von ihm erstellten Bildschirme, falls adaptives Systemverhalten zu den angestrebten Zielen gehört. Dies liegt insbesondere daran, daß dem System kein explizites Wissen über die inhaltlichen Zusammenhänge der Bildschirme untereinander bekannt ist.

Der Gewinn des hier skizzierten Vorschlages ist die explizite Repräsentation der inhaltlichen Beziehungen und der Verwendung dieser zur Realisierung eines adaptiven Verhaltens von tutoriellen CUU–Systemen. Einen besonderen Vorteil sehen wir darin, daß ein Autor nicht gezwungen wird, sich mit der vollständigen Antizipierung aller möglichen Lernabläufe zu beschäftigen, sondern sich auf die zu lehrenden Inhalte konzentrieren kann. Die angemessene Reaktion auf mögliches Fehlverhalten bezüglich der zu erreichenden Lernziele wird vom System automatisch vollzogen. Weiter integriert diese Architektur die Vorteile zweier ganz unterschiedlicher Ansätze, die noch viel voneinander lernen können. Dies sind zum einen die Methoden der IL–Systeme im Bereich von Tutormodulen als (lern)zielorientierte Planer und zum anderen die konventionellen Methoden des Unterrichtsentwurfes und der Aufbereitung von Lerninhalten.

Eine prototypische Implementierung dieses Vorschlages, bestehend aus einer interaktiven graphischen Autorenumgebung und einer zugehörigen Ausführungsumgebung, ist unter einem Smalltalk-80 System realisiert. Eine detailliertere Beschreibung der Netzwerkstrukturen, der Netzwerkknoten, der Planstruktur und des Planers wird in [DuMe90] gegeben. Als mittelfristiges Ziel wird eine erweiterte Verwendung der Netzwerkstruktur zur selbstständigen Bearbeitung von Inhalten durch Lerner angestrebt.

Literatur

[DuMe90]   Dumslaff U.; Meyerhoff D. *Eine inhaltsorientierte Architektur für tutorielle CUU-Systeme* Fachbericht, Universität Koblenz, FB Informatik, 5400 Koblenz, Oktober 1990.

[Gagné85]   Gagné R.M. *The Conditions of Learning* Holt, Rinehart and Winston, New York, 4.Aufl., 1985.

[Harel88]   Harel D. *On Visual Formalism* Communications of the ACM, 31(5):514–530, Mai 1988.

[Lesg88]   Lesgold A. *Toward a Theorie of curriculum for Use in Designing Intelligent Instructional Systems* In Mandl H.; Lesgold A. (Hrsg.), *Learning Issues for Intelligent Tutoring Systems*, Kapitel 6, Seite 114–137; Springer Verlag, Berlin, 1988.

[MaEmBe88]   Macmillan S.A.; Emme D.; Berkowitz M. *Instructional Planner: Lessons Learned* In Psotka J.; Massey L.D.; Mutter S.A. (Hrsg.), *Intelligent Tutoring Systems: Lessons Learned*, Kapitel 8, Seite 229–256; Lawrence Earlbaum, Hillsdale, New Jersey, 1988.

[Merr83]   Merrill M.D. *Component Display Theory* In Reigeluth [Reig83], Kapitel 9, Seite 279–334.

[Merr87]   Merrill P.F. *Job and Task Analysis* In Gagné R.M. (Hrsg.), *Instructional Technology: Foundations*, Kapitel 6, Seite 141–173; Lawrence Erlbaum Assoc., Hillsdale, N.J., 1987.

[MeTe77]   Merrill M.D.; Tennyson R.D. *Teaching Concepts: An Instructional Design Guide* Educational Technology, Englewood Cliffs, NJ, 1977.

[Murray89]   Murray W.R. *Control for Intelligent Tutoring Systems: A Blackboard-based Dynamic Instructional Planner* Ai Communications, 2(2):41–57, Juni 1989.

[PeMc86]   Peachey D.R.; McCalla G.I. *Using Planning Techniques in Intelligent Tutoring Systems* Int'l Journal Man-Machine Studies, 24:77–98, 1986.

[Reig83]   Reigeluth C.M. (Hrsg.) *Instructional-Design Theories and Models: An Overview of their Current Status* Lawrence Erlbaum Assoc., Hillsdale, NJ, 1983.

[ReSt83]   Reigeluth C.M.; Stein F.S. *The Elaboration Theory of Instruction* In Reigeluth [Reig83], Kapitel 10, Seite 335–382.

[StSc89]   Stern W.; Schlageter G. *EULE: An Object-Oriented Authoring and Learner System* In Maurer H. (Hrsg.), *Computer Assisted Learning: 2. International Conference, ICCAL'89, DALLAS*, Seite 517–531; Springer, Berlin, 1989.

'Intelligenz' versus Hypermedia in Lehrer-/Lernerumgebungen

Max Mühlhäuser

Universität Kaiserslautern, FB Informatik, AG Telematik
Erwin-Schrödinger-Str., D-6750 Kaiserslautern

1 Überblick

Es wird berichtet über neuartige hypermedia-basierte Konzepte, die im Rahmen des Projektes Nestor von Digital Equipment und den Universitäten Karlsruhe, Freiburg und Kaiserslautern entwickelt werden. Projektziel ist eine prototypische Lehrer-/Lernerumgebung auf vernetzten multimedialen Workstations. Die hier diskutierten Konzepte gestatten die Kombination von Hypermedia mit einfach zu handhabenden Techniken des 'Instructional Design' und intelligenter Lernsysteme. Wichtige Grundprinzipien sind 'Wiederverwendbarkeit' und 'klare Trennung von Didaktik und Lerninhalten'.

2 Historische Sicht

Die Forschung auf dem Gebiet der computergestützten Ausbildung ist geprägt durch Wogen aus Hoffnung und Ernüchterung.

Die erste Hoffnungswoge des "programmierten Unterrichtes" ebbte ab mit der ernüchternden Erkenntnis, daß sich eine diversifizierte Lernerpopulation nur schwer in die Zwangsjacke imperativen Programmierens stecken läßt.
Neue Hoffnung wird seit etlichen Jahren durch die intensive KI-Forschung genährt, die die Techniken zur Erstellung *intelligenter tutorieller Systeme* oder *intelligenter Lernsy-*

steme (ILS) liefern soll [SEE88]. Eine zweite Ernüchterungswelle ist jedoch zu befürchten: zum einen, weil eine umfassende Modellierung der Lernerpopulation - insbesondere jeder denkbaren Mißkonzeption - bisher nur sehr schwer möglich erscheint, zum anderen und insbesondere, weil bisherige Lernermodelle, Lehrstrategien und sonstige pädagogisch/didaktischen Elemente so gut wie nicht in *generischer* und *wiederverwendbarer* Form rechnerverarbeitbar dargestellt wurden und sich somit der erhebliche Entwicklungsaufwand i.a. nicht durch Wiederverwendung kompensieren läßt.

Schon keimt eine dritte Welle der Hoffnung mit nicht minder großer Gefahr einer nachfolgenden Ernüchterung: der vermeintlich langsame Fortschritt in der ILS-Forschung führte nämlich vielerorts zu der Ansicht, pädagogisch/didaktische Konzepte, Lehrstrategien und Lernermodelle würden besser vollständig dem Menschen überlassen, weil Computer dafür sowieso kein sinnvolles Werkzeug darstellten (s.o.); statt dessen solle das Hauptaugenmerk auf eine möglichst optimale Strukturierung und Darstellung der Informationsinhalte gelegt werden. Hypermedia-Systeme [HAL88] sollten dies leisten.

3 Ansatz: Hyperinformation

Nestor versucht, dem geschilderten Dilemma durch eine geeignete Kombination der beiden letztgenannten 'Wogen', *ILS* und *Hypermedia*, zu begegnen. Dabei wird das Konzept 'Hypermedia' so erweitert, daß pädagogisch-/didaktische Konzepte a) flexibel mit Lerninhalten kombinierbar sind und b) generalisiert (wiederverwendbar) formal dargestellt werden können. Drei Anstrengungen - und als Resultat drei aufeinander abgestimmte Komponenten - sind hierzu notwendig:

1. **NICEnet:** NICEnets sind eine Erweiterung von Hypermedia um objekt-orientiertes Typkonzept, Dynamik, mehrstellige Links, bessere Medien-Integration und Präsentationsaspekte. Erst dadurch können Lerninhalte ('Informationen', Wissensdomänen) adäquat computergestützt dargestellt werden. NICEnet-Elemente (Knoten, Links, Abstraktionen) bestehen optional aus:

    a. **Struktur:** fest vorgegebener hypermedia-artiger Information,

    b. **Verhalten:** objekt-orientiert strukturiertem Code (für Simulationen, Evaluationen etc.),

c. **Erscheinen**: dem elementspezifischen Teil der 'Präsentation', d.h. der Benutzer-Interaktion.

2. **PreScript**: PreScripts stellen ein generisches Navigationskonzept für NICEnets dar. Sie eignen sich zur rechnergestützten Beschreibung von Lehrstrategien [REI83] und (bedingt, s.u.) Lernermodellen, werden aber auch z.B. zur Beschreibung des Zusammenspiels von Werkzeugen im Autorenprozeß (Werkzeugsatz als NICEnet dargestellt) verwendet. PreScripts werden im nächsten Abschnitt noch näher beschrieben.

3. **PresentationInterface**: Das PresentationInterface dient der Koordination und Durchführung des Benutzerdialoges. Es enthält einen InterfaceBuilder zur Koordination des Gesamtdialoges, ein Toolkit für den Präsentationsteil von NICEnets, sowie graphische Editier- und Navigationsschnittstellen für NICEnets und PreScripts.

4 PreScripts

PreScripts bestehen aus einem Konstruktions- und einem Navigationsteil.

Der *Konstruktionsteil* beschreibt die 'Familie' von NICEnet Hyperinformationsnetzen, für welche das PreScript gültig ist. Dies geschieht mit Hilfe eines konstruktiven Ansatzes, der am ehesten mit 'Graph Grammatik' bezeichnet werden kann: es wird eine Hierarchie von 'Metaknoten'-Graphen ('Webs') beschrieben. Jede dieser Web-Beschreibungen besteht aus typisierten Metaknoten-Bezeichnern, die mittels Konstruktoren zu einem Web verknüpft sind. Alle Metaknoten werden entweder im selben oder in einem anderen PreScript näher detailliert oder aber später auf NICEnet-Knoten oder -Metaknoten 'gemappt' (s.u.). Konstruktoren sind entweder deterministisch (z.B. Konkatenation, Fork, Join) oder aber indeterministisch (z.B. Sequenz oder Iteration mit variabler Anzahl von Metaknoten/Links); es können beliebige Graphen (nicht nur Bäume) konstruiert werden. Die Hierarchie kann an beliebiger Stelle abbrechen (s.u.).

Der *Navigationsteil* definiert für jedes im Konstruktionsteil beschriebene Web die zulässigen Navigations-Pfade. Die Beschreibung erfolgt ähnlich den Übergangstabellen erweiterter endlicher Automaten; Bedingungen und Aktionen können im objekt-orientierten Sinne flexibel programmiert bzw. importiert werden, die Bedingungs-Auswertung insgesamt folgt der regelbasierten Programmierung.

Eine vollständige Hyperinformation (d.h. ein computergestützer Kurs oder ein Lernpaket) entsteht durch die Kombination *(mapping)* eines NICEnets mit einem PreScript (sowie ggf. einer InterfaceDefinition, was hier vernachlässigt werden soll). Dabei werden die generischen Metaknoten und Links aus den Webs der tiefsten Hierarchiestufe des PreScripts auf ein konkretes NICEnet (eine Wissensdomäne) abgebildet. Somit kommen 'Information' und 'Navigation' zusammen, im Kontext der Nestor-Ausführungsunterstützung entsteht so das Lernsystem.

Wie äußern sich nun 'Wiederverwendbarkeit', 'Flexibilität' sowie 'Integration von Lehrstrategien und Lernermodellen mit hypermedia-strukturierten Wissensdomänen'?

Die *Wiederverwendbarkeit* liegt darin begründet, daß PreScripts nur die unbedingt notwendigen Einschränkungen über die *Familie* von NICEnets machen, für die sie gelten. Ein PreScript für die Lehrstrategie 'progressive deepening' (s. [REI83]) konstruiert z.B. beliebige baumartige Sequenzen von Metaknoten des Typs 'topic' unterschiedlich tiefen Detaillierungsgrades, es ist für *alle* NICEnets dieser Struktur (und das sind genau all diejenigen, auf die 'progressive deepening' anwendbar ist) wiederverwendbar. Darüberhinaus kann der Konstruktionsteil des PreScripts auch verwendet werden, um neue oder existierende NICEnets für eine Wissensdomäne so zu strukturieren, daß die entsprechende Strategie darauf angewendet werden kann.

Flexibilität wird zum einen dadurch erreicht, daß ein NICEnet zu mehreren unabhängigen PreScripts ge*mappt* werden kann, wodurch dann der Lerner zwischen mehreren Strategien auswählen kann. Andererseits kann - wie oben erwähnt - die Web-Hierarchie im Konstruktionsteil des PreScripts an beliebiger Stelle abgebrochen werden. Beim *mapping* kann dann für einen Metaknoten auch ein weiteres PreScript eingebunden werden, welches die Navigation im Metaknoten beschreibt. So lassen sich z.B. 'Unter'-Strategien flexibel einbinden. Zudem kann der objekt-orientierte Vererbungsmechanismus eingesetzt werden, z.B. um verschiedene Evaluationsmethoden bei der Lernermodellierung zuzulassen etc. Schließlich muß das *mapping* nicht notwendigerweise statisch geschehen, d.h. ein Metaknoten kann auch zum Ausführungszeitpunkt als NICEnet-Teilnetz instanziiert werden (mittels NICEnet-Inhalts-/Struktursuche ähnlich einer Datenbankabfrage).

Lehrstrategien und Lernermodelle schlagen sich also in PreScripts nieder und werden dort *einmalig* zusammen mit der Beschreibung der NICEnet-Familie, für die sie anwendbar sind, festgehalten. Die rechnerverarbeitbare Beschreibung der Navigationsregeln stellt einen wesentlichen Vorteil sowohl gegenüber heutigen Autorensprachen (auch 'Icon-basierten') als auch gegenüber heutigen Autorensystemen dar. Erstere besitzen nur Konstrukte für elementare instruktionelle Transaktionen ('Präsentation', 'Evaluation', 'Verzweigung', ...) und explizieren 'höhere' Strategien nicht; letztere sind auf eine Strategie (in Ausnahmefällen mehrere Strategien) fest und unabänderlich fixiert, attraktive moderne Strategien (situatives, spielerisches Lernen o.ä.) sind dort nicht möglich.

Die *generische* Handhabung von *Lernermodellen* ist natürlich überall dort *beschränkt*, wo domänenspezifisches Wissen relevant ist. Das scheint beim Blick auf heutige ILS der überwiegende Teil. Jedoch entstehen erstens immer mehr domänenunabhängige (dafür häufig Lehrstrategieabhängige) Lernermodelle (man denke an die Analyse der Navigationshistorie in einem PreScript); zweitens ist zumindest die *Lehrstrategie-bezogene Bearbeitung* des Lernerverhaltens ('function', s. [SEL88]) domänenunabhängig; und drittens wird durch die Wiederverwendung eines NICEnet in mehreren Strategien auch die domänenabhängige Modellierung in gewissem Sinne wiederverwendbar.

5 Ausblick

Hyperinformation, ein Teilprojekt innerhalb von Nestor, kombiniert Hypermedia-Erweiterungen mit einem Navigationskonzept, das für wiederverwendbare Lehrstrategien und Lernermodelle einsetzbar ist. Derzeit werden Werkzeuge zur Erstellung und Handhabung von Hyperinformation erstellt; gleichzeitig werden erste Kurse, Lehrstrategien und Lernermodelle implementiert. Über die Erfahrungen wird auf dem Fachgespräch berichtet.

6 Literatur

[HAL88] Halasz, F.G.: Reflections on Notecards: Seven Issues for the Next Generation of Hypermedia Systems. *CACM 31/7, 7/1988, pp. 836-852*
[REI83] Reigeluth, C.M. (Ed.): Instructional design theories and models: An overview of their current status. *Erlbaum Ass., Hillsdale, NJ, USA*
[SEE88] Self, J. (Ed.): Artificial Intelligence & Human Learning - Intelligent Computer-Aided Instruction. *Chapman and Hall Ltd., London 1988*
[SEL88] Self, J.: Bypassing the intractable problem of student modelling. *in: Proc. of the ITS conference, Montreal, Canada, 1988, pp. 18-24*

Hypertutorial - Wissensbasiertes Blättern als Grundlage eines intelligenten Lernssystems

Uwe Sens
Institut für Regelungstechnik und Prozeßautomatisierung
Universität Stuttgart

Abstract

Hypertext-basierte Lernsysteme finden zunehmend Verbreitung für die Erstellung rechnerunterstützter Lernsysteme und ermöglichen es, behaviouristisch geprägtes Lernen mit herkömmlichen Lernsystemen [Gunz 87, Lelo 87, Weng 87] zu überwinden. Sie erlauben ein entdeckendes Lernen, das durch seine Freiheit vielen Lernenden entgegenkommt.

Einige Nachteile reiner hypertext-basierter Lernsysteme sollen durch das Konzept des Hypertutorials vermieden werden. Entwickelt wurde dieses Konzept in der laufenden Arbeit für ein intelligentes Lernsystem zur Unterstützung der Einarbeitung in komplexe CA-Werkzeuge, die auf leistungsfähigen Arbeitsplatzrechnern verfügbar sind [LaSe 89].

Kern ist eine nach Hypertext-Prinzipien realisierte Datenbank (zu erlernendes Wissen), in der elementare Wissenseinheiten [Lesg 88] eingeordnet und über vielfältige Relationen miteinander verbunden sind. Für den Zugriff durch den Lernenden bzw. die Darbietung für den Lernenden stehen verschiedene Teilkomponenten des Gesamtsystems zur Verfügung, die Benutzeranfragen, -antworten und auswerten und ein Curriculum anbieten.

Einleitung

CASE-Werkzeugsysteme unterstützen den gesamten Produktlebenszyklus vom Entwurf bis zur Wartung maßgebend. Sie sind durch ihre Komplexität bei der Anwendung und der Handhabung charakterisiert. Solchen Werkzeugen liegen neue Methoden zugrunde, die die Arbeitsweise des Entwicklers bestimmen und die für den Einsatz des Werkzeugs beherrscht werden müssen.

Die bisherigen Ausbildungsangebote - Vorlesungen an Hochschulen, Lehrgänge bei Weiterbildungseinrichtungen, Schulungskurse bei Werkzeuglieferanten usw. - reichen nicht aus, um den Ausbildungsbedarf zu decken. Nach der Einführung eines neuen Werkzeugs wird es oft falsch gehandhabt, es besteht längere Zeit Unsicherheit über die richtige Anwendung. Diese Schwierigkeiten entstehen nicht selten aus den den Werkzeugsystemen zugrundeliegenden Methoden, die ein weitgehendes Umdenken erfordern.

Der Grundgedanke des hier vorgestellten Verfahrens lautet: Der Arbeitsplatzrechner selbst, auf dem ein bestimmtes "Tool" als Entwicklungswerkzeug verwendet werden soll, wird als "Ausbilder" für eben dieses Tool benutzt.

Pädagogische Konzeption

Die pädagogische Konzeption folgt der kognitiven Lerntheorie. Lernen wird als ein von der Umwelt unabhängiger Denkprozeß aufgefaßt. Über die optimale Gestaltung dieses Denkprozesses gibt es zwei prinzipielle Auffassungen, die durch die Begriffe "systematisches Lernen" und "entdeckendes Lernen" gekennzeichnet werden. Das System TUTOR bietet beide Vorgehensweisen entsprechend dem Verhalten des Lernenden an.

Vorallem entdeckendes Lernen wird durch die offene Systemarchitektur von Hypertextsystemen unterstützt. Daher besteht der Kern des vorzustellenden Systems aus einer Hypertext-Datenbank. Aber reine Hypertext-Systeme haben mit dem Konzept des Blätterns (Browsen) verschiedene Nachteile [Schu 89]:

- Beim Blättern hängt alles von der motivierenden Qualität des Materials ab.
- Der Lernerfolg durch Blättern ist stark benutzerabhängig.
- Blättern ansich stellt nur eine Erkundung zum Sammeln von Informationen dar.
- Die Übersicht über die Ziele und den Umfang einer Lerneinheit fehlt oder kann leicht verloren gehen.
- Gezielte Suche nach Information ist aufwendig, besonders bei ungenauer Fragestellung durch den Lernenden

Um die genannten Schwächen zu verringern, wird das Hypertextsystem um mehrere Eigenschaften erweitert:

- Präsentation der Struktur des zu erlernenden Wissens
- Orientierungshilfe (Lesezeichen, Aufzeichnung von Pfaden)
- Vorschlag von Pfaden durch das Lernmaterial
- Evaluierung des Lernfortschritts
- Anregung kognitiver Methoden der Informationsverarbeitung
- Beantwortung von Fragen
- Beratung über Inhalte und Lernmethodik

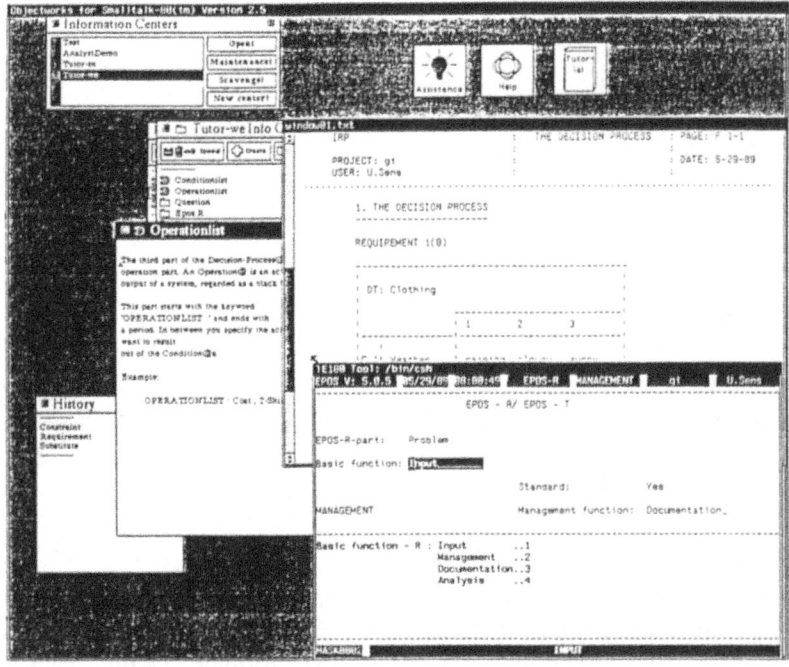

Bild 1: Benutzungsoberfläche des TUTOR (Hardcopy)

Ein anderer pädagogischer Grundgedanke, das "Lernen im Kontext (learning by doing)" wird durch eine Integration der Lernumgebung mit der Arbeitsumgebung (CASE-Tool) auf der fenster-orientierten Benutzungsoberfläche des Gesamtsystems ermöglicht (Bild 1). Der Lernende kann somit Anregungen und Aufgaben des Tutorials direkt im Werkzeug erproben bzw. lösen. Weitere Informationen, die er dabei benötigt, kann er entweder durch Blättern in der Wissensbank des Systems beschaffen, durch Zugriff nach Stichworten erhalten oder er kann um eine umfassende Unterstützung durch das System bitten.

Systemstruktur

Das Hypertext-System als Basis wird durch weitere Komponenten ergänzt, die die oben genannten Eigenschaften realisieren. Das als Datenbank für das zu erlernende Wissen eingesetzte Hypertextsystem wird durch mehrere Zugriffskomponenten ergänzt (Bild 2), die die oben genannten Eigenschaften zur Vermeidung der Schwächen des reinen Hypertextsystems realisieren.

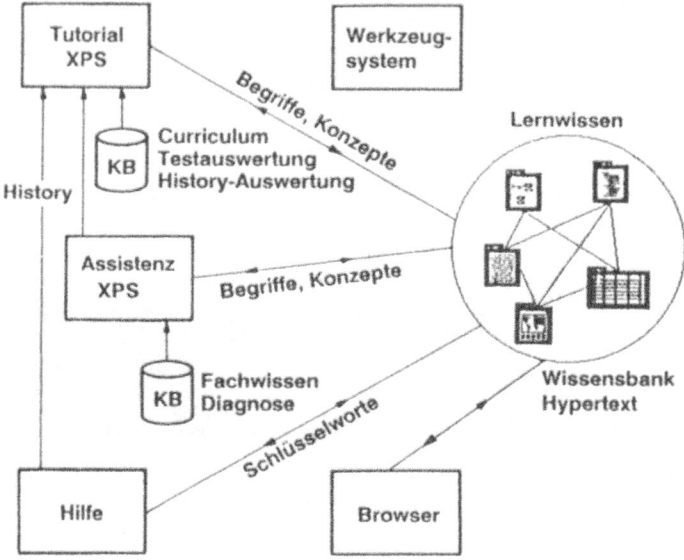

Bild 2: Systemstruktur TUTOR

Wissensbasiertes Blättern

Das wissensbasierte Blättern wurde in die Systemstruktur eingeführt, um die oben genannten Eigenschaften zur Erweiterung des Hypertext-Systems zu realisieren. Es ist in den beiden Komponenten Tutorial und Assistance zu finden.

Tutorial-Komponente

Die Tutorialkomponente bietet mit einem Lehrplan dem Lernenden Vorschläge für Pfade durch das Lernmaterial. Diese können in Abhängigkeit des Niveaus des Lernenden oder seiner bevorzugten Arbeitsweise (Lernen mit Beispielen, formale Definitionen, ...) unterschiedlich sein. Übungsaufgaben sollen den Lernenden anregen, selbständig mit dem Werkzeug zu arbeiten, das erlernte Wissen zu erproben und die neuen Informationen in sein vorhandenes Wissen zu integrieren.

Eine Evaluierung des Lernfortschrittes wird durchgeführt, um ein einfaches Schülermodell [Reis 87] zu führen, das eine grobe Klassifizierung des Niveaus des Lernenden in drei Stufen vorsieht (Anfänger - Fortgeschrittener - Experte) sowie einige Informationen über Benutzerpreferenzen (Beispiele vs. formale Definitionen, Erklärungen vs. Übungen). [BHSc 90]

Diese Evaluierung erfolgt auf der Basis zweier Informationen:
- Testfragen im Anschluß an Übungen
- History-Aufzeichnung

Hierbei handelt es sich um eine einfache Aufzeichnung der Namen der nacheinander konsultierten Hypertext-Dokumente. Diese Aufzeichnung und eine für den Benutzer transparente Auflistung mit Aufrufmöglichkeit dient außerdem dazu, ihn über seinen Pfad durch das Lernmaterial zu informieren und ihm die Chance zu geben, erneut auf ein früher konsultiertes Dokument zuzugreifen.

Assistance-Komponente

Die Aufgabe der Assistance-Komponente ist die Diagnose von Lernproblemen, die der Lernende aufgrund seines mangelnden Kenntnisstandes nicht mehr selbst definieren kann. Solche Probleme treten vorallem dann auf, wenn der Lernende eine gestellte Aufgabe mit Hilfe des Werkzeugsystems lösen möchte. Diese Aufgabe wird in erster Linie von der Tutorial-Komponente gestellt werden, kann aber auch später beim selbständigen Arbeiten durch externe Vorgaben bestimmt sein. Ist es eine von der Tutorial-Komponente gestellte Aufgabe, so ist der Kontext für die Assistance-Komponente verfügbar und kann in die Diagnose miteinbezogen werden.

Das Resultat einer solchen Diagnose ist eine Liste von Hypertext-Dokumenten, die Informationen zur Lösung des Problems des Lernenden enthalten. Ihre Ausgabe wird von der Assistance-Komponente angestoßen. Wie schon bei der Tutorial-Komponete erwähnt, erfolgt auch hier eine Erstellung einer History-Liste, in der alle Dokumentennamen in der zeitlicher Reihenfolge ihrer Konsultation abgelegt werden.

Help-Komponente

Die dritte Zugriffsart auf das Lernwissen ist als Hilfe-System realisiert, in dem nach Begriffen und Konzepten (Vorgehensweisen) gesucht werden kann. Dazu stehen Stichwortverzeichnisse, die nach verschiedenen Kriterien geordnet sind zum wahlfreien Zugriff auf die Dokumente zur Verfügung. Auch hier erfolgt eine Aufzeichnung der Dokumentenauswahl in der History-Liste.

Das Beispiel Entscheidungstabelle

Für eine prototypische Implementierung wurde das CASE-Werkzeug EPOS [Laub 89] als Gegenstand der Lerninhalte gewählt. Um die oben geschilderten Konzepte zu verdeutlichen, soll das Beispiel Entscheidungstabelle aus dem Teilsystem EPOS-R für das Requirements-Engineering erläutert werden.

In dem Hypertext-System sind die im Zusammenhang mit der Spezifikation einer Entscheidungstabelle wichtigen Begriffe (z.B. Decision Process, Operationlist, ...) in Dokumenten beschrieben, es sind formale Beschreibungen der Syntax vorhanden, es gibt ein Beispiel. Die einzelen Dokumente sind mit Links (z.B. Operationlist is-component-of Decision-Process) untereinander verbunden. Außerdem werden Konzepte oder Vorgehensweisen (z.B.

Specifying a DP) beschrieben. Diese Konzepte sind mit Links mit den dazugehörigen Begriffen verbunden (z.B. Spec-DP refers-to Decision Process).

Die Tutorial-Komponente enthält eine Lektion "Entscheidungstabelle", die in die Beschreibungsmethode einführt, die Handhabung von EPOS zur Eingabe, Analyse und Dokumentation erläutert und dabei die Dokumente im Hypertextsystem verwendet.

Die Assistance-Komponente enthält Diagnoseregeln zur Behandlung von Problemen, die durch Fehlermeldungen von EPOS bei der Eingabe, bei der Analyse und der Dokumentation gemeldet werden. Außerdem gibt es Regeln, die Bedienprobleme diagnostizieren. Als Resultat der Diagnose wird direkt ein oder mehrere Dokumente des Hypertextsystems ausgegeben.

Ausblick

Das vorgestellte Konzept wird derzeit in SMALLALK auf dem Hypertextsystem ANLAYST und der Expertensystem-Shell HUMBLE basierend als Prototyp implementiert. Ziel dieser Implementierung ist es, an einem Teilbereich die Konzepte mit Benutzern zu erproben und Erfahrungen zur Verbesserung der Lerner-Unterstützung zu sammeln. Im weiteren wird über eine Unterstützung der Autorentätigkeit nachgedacht, da bei einem solchen System die Anforderungen an die Autoren noch höher sind als bei traditionellen Lernsystemen.

Literatur

[BHSc 90] Böcker, H.-D., Hohl, H., Schwab, Th. (1990). Hypadapter - Ein adaptives Hypertextsystem zur Präsentation von Lerninhalten. In: P. Gloor, N. Streitz (Hrsg.), Hypertext und Hypermedia, Springer Heidelberg

[CoSü 89] Cordes, R., Süllow, K. (1989). Ein Hypertextsystem zur Unterstützung von Konstruktionsingenieuren und Arbeitswissenschaftlern. In Proceedings GI- 19. Jahrestagung 1989.

[Gunz 87] Gunzenhäuser, R. (1987). Intelligente Lernsysteme aus der Sicht der Informatik, Workshop "Intelligente Lernsysteme", Deutsches Institut für Fernstudien, Tübingen.

[LaSe 89] Lauber R., Sens U. (1989). Tutor - Ein wissensbasiertes System für die Ausbildung von Automatisierungsingenieuren. In Proceedings INTERKAMA 89.

[Laub 89] Lauber, R (1989). EPOS Kurzbeschreibung, GPP Gesellschaft für Prozeßrechnerprogrammierung mbH, Oberhaching bei München

[Lelo 87] Lelouche, R. (1987). Apports de l'EIAO à l'EAO. Actes du Congrès Francophone sur l'EAO. Cap d'Adge, 23-25 mars 1987, pp. 173-181.

[Lesg 88] Lesgold A. (1988). Toward a Theory of Curriculum for Use on Designing Intelligent Instructional Systems. H. Mandl, A. Lesgold (Eds.). Learning Issues for Intelligent Tutoring Systems. Springer-Verlag, Berlin. pp. 114-137.

[Reis 87] Reiser, B. J., et.al.(1987). Dynamic Student Modelling in an Intelligent Tutor for Lisp Programming. In Proceedings of the 9th International Joint Conference on Artifical Intelligence, Los Angeles. pp. 8-14.

[Schu 89] Schulmeister, R. (1989). Autorensysteme und Alternativen Teil III. CAK 8/89, pp. 35-43.

[Weng 87] Wenger E. (1987). Knowledge Communication Systems: An Artificiel Intelligence Approach to Computer-Aided Instruction. Kaufman, Los Altos.-

Wissensmodellierung als Grundlage eines Intelligenten Tutors in der Elektromyographie

Hauke Kindler

Universität Ulm, Institut für Arbeits- und Sozialmedizin,
am FAW, Postfach 2060, D-7900 Ulm, email: Kindler@DULFAW1A.bitnet

Kurzfassung
Elektromyographie dient zur Diagnose von Läsionen des peripheren Nervensystems. Das diagnostische Wissen in der Elektromyographie wurde so modelliert, daß es für einen Intelligenten Tutor geeignet ist. Besondere Anforderungen ergeben sich, weil ein Intelligenter Tutor dem Lernenden folgen, mit ihm diskutieren und ihm erklären können muß.
Um das Diagnosemanagement auf höherem Niveau abstrakt durchführen, dem Lernenden leichter folgen und um die Strategie erklären zu können, wurde ein kognitives Problemlösungsmodell benutzt.
Ein funktionales Modell des peripheren Nervensystems und seiner Umgebung wurde gewählt, sodaß Schlußfolgern mit tiefem Wissen möglich ist, was für gute Erklärungen und zur Verbesserung der diagnostischen Qualität nötig ist.
Die ablauffähige Implementierung der beiden Modelle als Expertensystemdemonstrator mit Erklärungskomponente erlaubte den in der Lehre tätigen Experten eine Beurteilung der Qualität des Wissens zum Problemlösen und der Erklärungen, die mit diesem Wissen gegeben werden können.

1 Einleitung

Die Aufgabe eines Elektromyographen ist die Lokalisierung von Schädigungen des peripheren Nervensystemes aufgrund von klinischen Symptomen und elektrischen Messungen an den Nerven. Ausgehend von klinischen Primärsymptomen und nach systematischer Erfassung der klinischen Symptomatik werden Hypothesen generiert, die mit elektrischen Messungen am Nerven geprüft werden, bis die geschädigten Nervensegmente lokalisiert sind. Für eine kleine Zahl von Läsionen, die einen großen Teil der in der Praxis auftretenden Fälle ausmachen, existieren Standardvorgehensweisen. Aber auch die Diagnostik der selteneren Läsionen muß abgedeckt sein. Für deren Diagnostik sind flexible Problemlösestrategien und tiefere Kenntnisse der Struktur und der Funktionalität des peripheren Nervensystems nötig. Ein Intelligenter Tutor soll in der Lage sein, diese Problemlösestrategien und Kenntnisse zu vermitteln und dem Lernenden die Möglichkeit bieten, diese an ausgewählten Fällen ausprobieren zu können. Dazu muß das Wissen über Problemlösestrategien und die Zusammenhänge im peripheren Nervensystem so modelliert werden, daß es explizit repräsentiert ist und einem medizinisch Vorgebildeten vernünftig erklärt werden kann. Die Abbildung menschlicher Problemlösestrategien auf ein wissensbasiertes System wie einen Intelligenten Tutor erleichtert durch Angleichung der Vorgehensweise beider die Mensch-Maschine-Kommunikation.

2 Ein kognitives Problemlösemodell für einen Intelligenten Tutor

Lernen mit Hypertextsystemen oder Büchern führt zu passivem Wissen, weil es noch nicht zu aktivem Problemlösen in komplizierten Sachverhalten befähigt. Zum Aneignen guten Problemlöseverhaltens ist "learning by doing" sehr geeignet. Dabei muß zuerst Fachgebietswissen und dann dessen richtige Anwendung beim Problemlösen vermittelt werden. Beim Einsetzen dieses Wissens zum Problemlösen muß durch Rückkopplung festgestellt werden, ob das richtige Wissen verwandt und ob es richtig eingesetzt wird. Dies soll ein Intelligenter Tutor können, der darum Erklären, Diskutieren und das Problemlösen des Lernenden beurteilen können muß. Ein Intelligenter Tutor soll einen Lehrenden nachahmen, der ein Spezialist seines Fachgebietes ist, sein Wissen vermittelt und den Lernenden bei seinen ersten praktischen Erfahrungen im Fachgebiet anleiten kann. Dazu muß auf Seiten des Intelligenten Tutors die entsprechende Problemlösekapazität vorhanden sein. Wissensbasierte Systeme können solche Leistungen erbringen. Für einen Intelligenten Tutor genügt es aber nicht, daß die Analogie des Problemlöseprozesses auf das Übereinstimmen der Lösung mit der eines menschlichen Problemlösers beschränkt ist. Für den Lernenden ist es unbefriedigend, nur die richtige Lösung, aber keine Erklärung zu bekommen, warum er zur falschen Lösung gekommen ist. Bei Intelligenten Tutoren, aber auch bei anderen kooperativen Problemlösern, wie zum Beispiel Kritikersystemen, muß der maschinelle Problemlöseprozeß, stärker als bisher bei wissensbasierten Systemen üblich, an den menschlichen Problemlöseprozeß angepaßt werden. Schon auf dem Weg zum Ziel muß in kürzeren Abständen ein Abgleichen und Korrigieren der Problemlösezustände erfolgen können. Der Intelligente Tutor muß seinen eigenen Stand des Problemlösens kennen und über den Lösungsfortschritt des Lernenden informiert sein. Möglich ist dies, wenn das Problemlösen auf einem höherem abstrakten Niveau mit wirklich aussagekräftigen kurzen Beschreibungen des Problemlösezustandes verglichen wird.

Dazu ist eine feinere Modellierung des menschlichen Problemlösens und seine ablauffähige Implementierung nötig. Dies kann mit einem kognitiven Problemlösemodell geschehen, das auf der hierarchischen Dekomposition von Aufgaben in Unteraufgaben besteht [2]. Unteraufgaben sind entweder Kontrollaufgaben, die noch weiter zerlegt werden müssen, oder terminale Aufgaben, die mit vorhandenem Wissen gelöst werden [5]. Nach jedem Lösen einer terminalen Aufgabe kann geprüft werden, ob diese richtig bearbeitet wurde. Das strategische Wissen zur Zerlegung von Aufgaben in Unteraufgaben und zum Einsatz der richtigen Mittel zum Lösen von terminalen Aufgaben ist strategisches Wissen [10]. Gerade zum selbstständigen Problemlösen ist dieses Wissen besonders wichtig und deshalb explizit zu vermitteln.

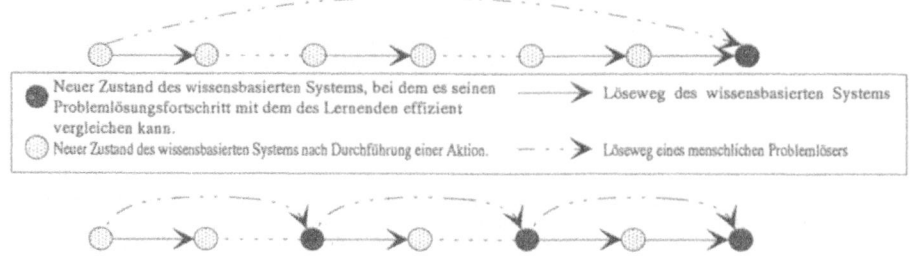

Oben die Kette der Inferenzen, die ein wissensbasiertes System durchführt, um zur Problemlösung zu kommen. Diese Schlußfolgerungskette kann vom menschlichen Problemlösen erheblich abweichen.
Bei der Benutzung eines kognitiven Problemlösemodells, das einem menschlichen Problemlöser abgeschaut wurde, in einem wissensbasierten System, ist die Abfolge der bearbeiteten terminalen Aufgaben synchronisiert. Nach Bearbeitung jeder terminalen Aufgabe muß der Problemlösezustand beider gleich sein, so daß nach jeder Beendigung einer terminalen Aufgabe ein Vergleich möglich ist. In der Medizin geben die Hypothesen einen Grobüberblick [10]. Die Änderung des Problemlösezustandes in einer terminalen Aufgabe ist begrenzt, so daß ein Abgleich der Änderungen effizient möglich ist.

Ein Intelligenter Tutor mit einem kognitiven Problemlösemodell kann drei Arbeitsmodi [13] unterstützen:
1. Im geführten Modus löst er Probleme und transferiert wichtiges Wissen zum Problemlösen an den Lernenden. Dabei muß dem Lernenden die Möglichkeit gegeben werden, sich weitere Erklärungen geben zu lassen.
2. Im dirigierten Modus werden Unterprobleme beim Lösen von Aufgaben an den Lernenden vergeben.
3. Im freien Modus löst der Lernende ein Problem selbstständig, der Intelligente Tutor muß aber durch Kontrollfragen feststellen können, ob der Lernende noch auf dem rechten Weg der Aufgabenlösung ist.
Bei einem Übergang von 1. nach 3. erfolgt ein Wechsel vom passiven Lernen zum "Learning by doing". Durch Wahl guter Beispielprobleme erfolgt ein Wechsel von leicht nach schwer.
Als Expertensystemarchitektur zur Realisierung kognitiver Problemlösungsmodelle mit expliziter Repräsentation strategischen Wissens, der Möglichkeit zur expliziten Darstellung der Zerlegung von Aufgaben und des Lösungszustandes mit Plan des weiteren Vorgehens eignet sich eine Black-Board-Architektur [9]. Zu jedem terminalen Aufgabentyp gibt es ein Wissenspaket als Mittel zur Lösung, das je nach Bedarf aktiviert wird.

3 Erklärungen eines Intelligenten Tutors
Das Ziel eines Intelligenten Tutors ist es, richtiges Wissen zu vermitteln, es zu erkären, Fehler des Lernenden herauszufinden und zu erklären, warum diese Fehler gemacht wurden und wie sie zu vermeiden sind. Erklärungen müssen verständlich sein. Erklärungen werden dadurch verständlich, daß sie *einfach*, *systematisch*, *kurz* und *anschaulich* sind. Diese vier Aspekte lassen sich nur durch eine entsprechende Modellierung des Wissens erreichen.

3.1 Arten von Erklärungen eines wissensbasierten Systems
Für Wissen in wissensbasierten Systemen gibt es drei Arten von Erklärungen [4]. Diese gelten für Wissen, das als Mittel zur Lösung von Unteraufgaben eingesetzt wird, und für strategisches Wissen, wenn es explizit repäsentiert wird, in gleicher Weise:
Typ-1: die Erklärung der Bedeutung von verwendeten Entitäten (z. B.: was bedeutet die Aufgabenklasse "Generieren einer Hypothese", was ist und wie mache ich einen "elektromyographischen Test"; bei Verwendung des kognitiven Problemlösemodells und eines funktionalen Modells sind alle Entitäten, die für das Problemlösen eines Anwendungsgebietes von Interesse sind, explizit deklariert und ihre Bedeutung ist bekannt),
Typ.2: die Erklärung des aktuellen Zustandes der Wissensbasis (z. B.: warum wird gerade die Aufgabe "Synthese der elektromyographischen Messungen" durchgeführt, warum ist das "Segment des Medianus im Carpal-Tunnel" sicher pathologisch),
Typ-3: die Erklärung des deduktiven Wissens (die Erklärung und Rechtfertigung des Sinns einer Regel oder eines Dämons).

Der erste und dritte Typ von Erklärung wird durch Anhängen zusätzlicher Information an die Objekte und deduktiven Wissenseinheiten verwirklicht. Der zweite Typ der Erklärung wird durch eine Protokollierung des Schlußfolgerns erreicht, wie es mit einem "truth maintenance system" [8] möglich ist.

3.1.1 Gute strategische Erklärungen mit dem kognitiven Problemlösemodell:

Durch die Benutzung des kognitiven Problemlösemodelles lassen sich die vier Bedingungen für gute Erklärungen des strategischen Wissens einhalten. Sie sind einfach und kurz, weil für jede Unteraufgabe gesagt werden kann, warum sie auszuführen ist und warum sie beendet ist. Die hierarchische Zerlegung ist sehr systematisch. Der Problemlösezustand und die weitere Planung läßt sich graphisch anschaulich als Baum darstellen. Durch die Modellierung werden die nichtphysischen Entitäten wie Aufgaben und Hypothesen, die zum Ordnen des Schlußfolgerns dienen, definiert und ihre Bedeutung kann jederzeit als zusätzliche Information erfragt werden.

Ein Beispiel zur Erklärung strategischen Wissen bei folgendem Problemlösezustand:

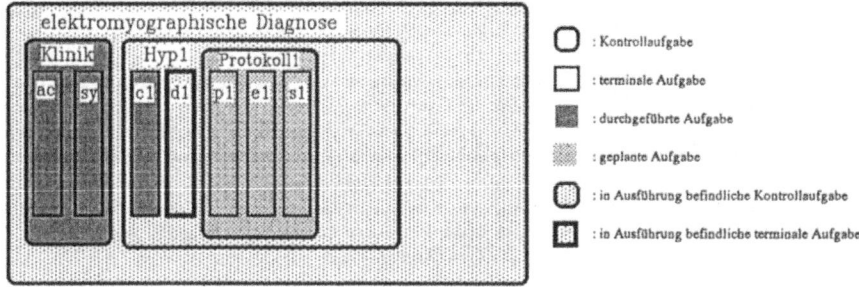

Folgender Problemlösezustand wird dargestellt: Die elektromyographische Diagnose wird gerade durchgeführt, die Erfassung (ac) und Auswertung (sy) der klinischen Symptome ist bereits erfolgt. Die Bearbeitung der ersten Hypothese wird gerade durchgeführt (Hyp1). Auf der Grundlage der klinischen Symptome wurde die erste Hypothese bereits generiert (c1). Zur Absicherung wird gerade entschieden, was an Differential- und Erweiterungsdiagnostik zur Verifizierung der ersten Hypothese durchgeführt werden muß (d1). Es ist bereits geplant, ein Meßprotokoll (Protokoll1) durchzuführen, das darin besteht, eine Menge elektrischer Messungen zu planen (p1), auszuführen (e1) und auszuwerten (s1), sodaß damit entschieden werden kann, ob die erste Hypothese entweder akzeptiert, verworfen oder verfeinert werden muß.

Bei der Frage nach dem Sinn des terminalen Aufgabentyps "Differential- und Erweiterungsdiagnose generieren" gibt der Intelligente Tutor folgende Erklärung (Typ-1):

In der Elektromyographie genügt es nicht, nur nachzuweisen, daß ein vorhandener Symptomsatz durch eine Menge lädierter Nervensegmente erklärt werden kann. Es könnte auch andere Kombinationen lädierter Nervensegmentee geben, die einen ähnlichen Symptomsatz erzeugen können. Es ist aber nicht sinnvoll, weil zu aufwendig und für den Patienten sehr schmerzhaft, alle möglichen Nervensegmente auszumessen. Darum wird das in der Medizin weit verbreitete Prinzip Differentialdiagnostik angewandt, das darin besteht, die aktuelle Hypothese zu bestätigen und nur die Hypothesen mit ähnlicher Symptomatik auszuschließen.
Die Erweiterungsdiagnose dient zur Messung von zusätzlichen Segmenten, um neben den aus der Literatur bekannten Normalwerten noch Vergleichswerte von gesunden Nervensegmenten des Patienten zu messen.

Folgende Regel wurde angewandt, um nach Beendigung der terminalen Aufgabe "Generierung der Hypothese" (hier c1) die terminale Aufgabe "Differential- und Erweiterungsdiagnose generieren" (hier d1) zu aktivieren. Das erfolgt im Rahmen der sich in Bearbeitung befindlichen "Hypothese" (hier hyp1):

```
{Strategieregel : Bedingung_zur_Bearbeitung_des_Aufgabentyps_Differentialdiagnose
    If
        *Hypothese^Bearbeitungszustand = in_Ausfuehrung
        *Hypothese^Generierung_der_Hypothese^Bearbeitungszustand = abgeschlossen
        *Hypothese^Differential-_und_Erweiterungsdiagnose_Generierung^Bearbeitungszustand = geplant
    Then
        *Hypothese^Differential-_und_Erweiterungsdiagnose_Generierung^Bearbeitungszustand = in_Ausfuehrung
}
```

Bei der Frage warum das Merkmal "Bearbeitungszustand" der Teilaufgabe "Generierung der Differential- und Erweiterungsdiagnose" der Hypothese "hyp1" die Merkmalsausprägung "in Ausführung" hat, kommt folgende Erklärung (Typ-2) mit Bezugnahme auf obige Regel und ihre instanzierenden Objekte:

Wenn
    die Teilaufgabe "Generierung der Hypothese" (hier c1) der aktuellen Hypothese (hier hyp1) abgeschlossen ist

und die Teilaufgabe "Generierung der Differential- und Erweiterungsdiagnose" (hier c1) der aktuellen Hypothese (hier hyp1) geplant ist,
dann
    beginnt die Ausführung der Teilaufgabe "Generierung der Differential- und Erweiterungsdiagnose" (hier d1) der aktuellen Hypothese (hier hyp1).

Die Rechtfertigung des verwandten deduktiven Wissens (Typ-3) lautet:

Die Generierung der Differential- und Erweiterungsdiagnose erfolgt nach der Generierung der aktuellen Hypothese, weil sie von ihr abhängt.

3.1.2 Gute Erklärungen mit einem funktionalen abstrakten Modell des peripheren Nervensystems und tiefem Wissen

Bei der assoziativen Darstellung des Wissens in der Elektromyographie als bloßer Zusammenhang zwischen Symptomen und den sie verursachenden lädierten Nervensegmenten wird die auftretende Menge an Wissenseinheiten immens groß werden. Das Auswendiglernen wäre für einen Lernenden stupide. Außerdem müßte beim Schluß von vielen elektromyographischen Meßwerten und klinischen Symptomen auf eine Menge verletzter Nervensegmente, der als eine Regel repräsentiert ist, ein Aufsatz zur Erklärung geschrieben werden. Elektromyographen benutzen zur Diagnostik Wissen über die Struktur und Funktionalität des peripheren Nervensystems, von dem der Intelligente Tutor ein Modell haben muß. Das Modell beschreibt das periphere Nervensystem als technischen Apparat [7]. Die "confluences" sind anatomische Punkte, an denen auf den Nerv zugegriffen werden kann und die deshalb zweckmäßig für die Unterteilung des Nerven in Segmente sind. Sie verändern Signale auf dem Nerv nicht. Die "components" sind die Nervensegmente zwischen den anatomischen Punkten. Signale werden beim Durchlaufen der Nervensegmente modifiziert. Die Verwendung des Modelles und weniger Wissenseinheiten mit weiter Gültigkeit (Ausdruck in Logik erster Stufe) ermöglicht einfache, systematische, kurze und anschauliche Erklärungen. Alle physischen Entitäten, die für die Elektromyographie von Interesse sind, sind deklariert und ihre Bedeutung kann erklärt werden.
Ein Beispiel für Erklärungen deduktiven Wissens am funktionalen Modell

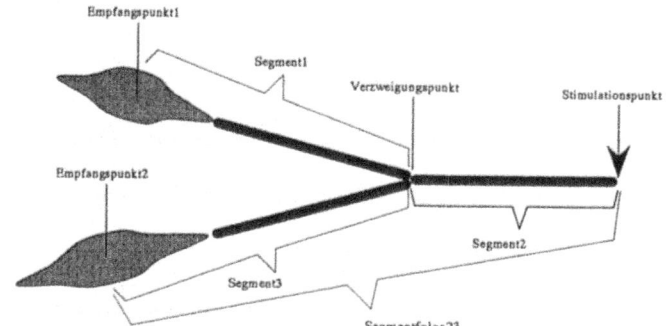

Angewandtes Wissen würde aus dem Wissenspaket "Synthese der elektrischen Messungen (dort s1)" stammen. Die Segmentfolge23 vom Stimulationpunkt zum Empfangspunkt2 wurde elektrisch gemessen. Diese Messung ergab einen normalen Wert. Unter Berücksichtigung weiterer Umstände wird entschieden, daß Segment3 normal ist.

Eine Erklärung des Typ-1 könnte sich auf den Empfangspunkt1 beziehen, der ein Muskel ist. Dabei wird beschrieben, über welchen Nerv und welche Nervenwurzel er innerviert wird, welche Bewegung zur Aktivierung zum Finden des Muskels nötig ist usw..

Die angewandte Regel , um zu schließen, daß Segment3 normal ist, in kryptischer Form (die Variable *Messstrecke ist mit Segmentfolge23, und die Variable *Segment ist mit Segment3 instanziert worden):

```
{Regel_zur_Synthese_der_elektromyographischen_Messungen : Schliessen_bei_normaler_Segmentfolge
    If      *Messstrecke^Zustand = normal
            allgemeine_Reizleitung diff erhoeht
            *Messstrecke:Untersegment = *Segment
            *Segment^Laenge gte *Messstrecke^Drittel_der_Laenge
    Then
            *Segment^Zustand = normal
}
```

Die Erklärung (Typ-2), daß der Zustand von Segment3 normal ist, lautet:

Wenn

    eine Meßstrecke (hier segmentfolge23) den Reiz normal weiterleitet,

    die allgemeine Reizleitung nicht erhöht ist,

    ein Nervensegment (hier segment3) existiert, das Teil dieser Meßstrecke (hier segmentfolge23) ist,

    und dessen Länge größer oder gleich einem Drittel der Meßstrecke (hier segmentfolge23) ist,

dann

    ist der Zustand des Nervensegmentes (hier segment3) normal.

Ihre Rechtfertigung (Typ-3) ist:

Der Patient hat keine allgemein erhöhte Reizleitung, eine Nervkomponente kann darum den Reiz nur normal oder schlecht fortleiten (durch Lesionen wird die Reizleitung nur verzögert, aber nicht beschleunigt).

Wenn eine Meßstrecke, die sich über mehrere Nervensegmente erstreckt, den Reiz normal fortgeleitet hat, kann keines der Nervensegmente den Reiz verlangsamt fortgeleitet haben (die Verzögerung kann ja nicht durch Beschleunigung in anderen Nervensegmenten ausgeglichen werden).

Dies gilt sicher aber nur für Nervensegmente, deren Länge wenigstens ein Drittel der Meßstrecke ausmacht, weil die Verzögerung bei kürzeren Nervensegmenten im Verhältnis zur Gesamtmeßstrecke zu klein und nicht signifikant genug sein kann.

4 verwendete Software/Hardware, Evaluierung:

Die Realisierung erfolgte auf der Expertensystementwicklungsumgebung KOOL von BULL, die auf Le_Lisp von INRIA läuft. KOOL ist objektorientiert und bietet einen Inferenzmotor mit Klassenlogik erster Ordnung an. Von den vier Komponenten eines Intelligenten Tutors [12] wurde nur die Expertenkomponente verwirklicht. Die Aufbereitung des Wissens dieser Komponente unter der Zielsetzung einfacher, systematischer, kurzer und anschaulicher Erklärungen strategischen und normalen Wissens ist eine notwendige Bedingung eines Intelligenten Tutors in der Elektromyographie. Die Evaluierung durch die Experten ergab, daß die Qualität des Problemlösens und die strategischen und die normalen Erklärungen akzeptabel sind. Kognitive Problemlösemodelle wären in anderen Anwendungsgebieten, in denen ähnlich komplexe Probleme gelöst werden müssen, zum Beipiel andere Facharzttätigkeiten, sinnvoll. Die sinnvolle Strategie zu modellieren ist ein Problem der Wissensakquisition. Erste Ansätze zur Formalisierung gibt es bereits [16]. Die Anwendung ähnlicher Modelle, wie eines bei der Darstellung des peripheren Nervensystems verwandt wurde, wird selten möglich sein. Die Elekroymographie ist in der Medizin eine Ausnahme.

5 Literaturangaben:

[1] Andersen S. K., Andreassen S., Woldbye M.: "Knowledge Representations for the Diagnosis and Test Planning in the Domain of Electromyography", ECAI 86, 1986

[2] Anderson J. R.: "Cognitive Psychology and its Implications", W. H. Freeman and Company, New York and Oxford, 1985

[3] Bublin S. C., Kashyap R. L.: "CONSOLIDATE: Merging Heuristic Classification with Causal Reasoning in Machine Fault Diagnosis", The Fourth Conference on Artifical Intelligence Applications, IEEE, 1988

[4] Chandrasekaran B., Tanner M. C., Josephson F. R.: "Explaining Control Strategies in Problem Solving", IEEE-Expert, Vol. 4, Nr. 1, IEEE Computer Society Press, 1989

[5] Clancey W. J., Letsinger R.: "NEOMYCIN, Reconfiguring a Rule-Based Expert System for Application to Teaching", IJCAI 81, 1981

[6] Clancey W. J., Soloway E.: "Special Issue on Artifical Intelligence and Learning Environments", Artifical Intelligence Journal 42, Nr. 1, North Holland, 1990

[7] De Kleer J., Brown F. S.: "A Qualitative Physics based on Confluences", Artificial Intelligence Journal 24, North Holland, 1984

[8] Doyle D.: "A Truth Maintenance System", Artifical Intelligence Journal 12, North Holland, 1979

[9] Engelmore R. S., Morgan A. J.: "Blackboard Systems", Addison Wesley, 1988

[10] Kernavou E. T., Washbrook J. S.: "Deep and Shallow Models in Medical Expert Systems", Artificial Intelligence in Medicine, Vol. 1, Nr. 1, Burgverlag, Tecklenburg, 1989

[11] Laurent J. P.: "La Structure de Contrôle dans le Systèmes Experts", Technique et Science Informatiques, Vol. 3, Nr. 3. Afcet-Bordas, 1984

[12] Mandl H.: "Knowledge Psychology as a Basis of Intelligent Tutoring Systems", in Brauer W., Wahlster W.: "Informatik Fachberichte 155", Springer, 1987

[13] Nicaud J. F., Vivet M.: "Les Tuteurs Intelligents: Réalisations et tendances de recherches", Techniques et Science Inormatiques, Vol. 7, No. 1, Afcet-Bordas, 1988

[14] Sleeman D., Brown J. S.: "Intelligent Tutoring Systems", Academic Press, London, 1983

[15] White B. Y., Frederiksen J. R.: "Causal Models as Intelligent Learning Environments for Science and Engineering Education", Applied Artifical Intelligence 3, Hemisphere Publishing Corporation, 1989

[16] Wielinga B. J., Bredeweg B., Breucker J. A.: "Knowledge Acquisition for Expert Systems", in Nossum R. T.: "Advanced Topics in Artificial Intelligence", Springer, 1987

[17] Ziébelin D., Vila A., Reymond F.: "Prototype de Système Expert dAide au Diagnostic en Électromyographie", Congrès EMG 86, Nantes, 1986

Das beschriebene Projekt wurde am Labor für Künstliche Intelligenz der Universität von Chambéry und am Labor für Elektromyographie in Grenoble durchgeführt.

Software–Projekt–Management

Alle Aspekte des Software–Entwicklungsprozesses und der Software–Wartung spiegeln sich in Maßnahmen des Managements wider, seien sie planerischer, überwachender oder steuernder Natur. Ziel
dieser Maßnahmen ist die Erreichung der vordefinierten Projekt–Ziele, wobei oft zwischen gegenläufi-
gen Anordnungen abzuwägen ist.

Voraussetzung für diese Maßnahmen ist die Gewinnung von genügend Information zum Stand des
Projekts. Mit ihr und den entsprechenden Management–Maßnahmen können dann die Projektrisiken
reduziert und die Aussagegenauigkeit bezüglich Kosten, Termin und Produktqualität erhöht werden.

Mit diesem Fachgespräch wird ein Überblick über Methoden, Verfahren und Werkzeuge gegeben, wie
sie heute in der industriellen Praxis bereits im dauerhaften Einsatz sind oder sich in der Erprobung
befinden.

Ein Schwerpunkt der Veranstaltung ist die Vermittlung von Erfahrungen, die in mehreren Großpro-
jekten unter unterschiedlichen Randbedingungen und Zielsetzungen gewonnen wurden. Der gesamte
Lebenszyklus von Software wird dabei sowohl organisatorisch, methodisch als auch bezüglich seiner
Werkzeugunterstützung abgedeckt.

Ein zweiter Themenbereich befaßt sich mit der Gewinnung von Daten zur Schätzung von Aufwänden.
Einer der Vorträge geht dabei besonders auf die Situation beim Einsatz von 4GL–Sprachen bzw.
CASE–Werkzeugen ein.

Ein weiterer, forschungsorientierter Vortrag befaßt sich mit neuen Vorschlägen zur Projektentwick-
lung. Der objektorientierten Systementwicklung wird eine subjektorientierte Projektorganisation
gegenübergestellt.

Programmkomitee

H. Biller (Siemens AG, München),
P. Elzer (ABB, Heidelberg),
M. Feldmann (SEL, Stuttgart),
H. Geist (Nixdorf, Paderborn),
R. T. Kölsch (Kölsch & Altmann, München),
G. Menacher (Telefunken Systemtechnik, Ulm)

Projektmanagement-Erfahrungen aus einem Großprojekt

Norman Heydenreich

ADAC e.V.

Am Westpark 8, 8000 München 70

Nach einer Entwicklungszeit von über vier Jahren ging im März 1988 ein neues Informationssystem für die Mitgliederbestandsführung des ADAC (ADAM) in Produktion. Neben der notwendigen technischen Modernisierung wurden durch neue Funktionen der Adreß-, Vertrags- und Inkassoverarbeitung die Voraussetzungen für eine verstärkt mitgliederorientierte und rationelle Bestandsführung geschaffen. Das neue System unterstützt alternative Mitgliedschaftsmodelle sowie die Dezentralisierung von Aufgaben in die Geschäftsstellen und stellt Managementinformationen für Planung und Disposition bereit.

Über 200 Mitarbeiter der zentralen Mitgliederabteilung und ca. 600 Mitarbeiter in 90 Geschäftsstellen arbeiten bereits heute mit dem ADAM-System. Aus dem Mengengerüst von fast 10 Millionen Mitgliedern und 6 Millionen Dialogvorgängen pro Jahr resultierten hohe Anforderungen an den Automatisierungsgrad der Anwendung sowie an den technischen Entwurf der Datenbank und des Softwaresystems. Die Auswirkungen von Störungen des Mitgliedersystems sind gravierend. Das abzulösende, 16 Jahre alte Mitgliedersystem war auf maximal 10 Millionen Mitgliedsnummern ausgelegt und über historisch gewachsene Schnittstellen mit zahlreichen anderen Informationssystemen verbunden. Der Austausch glich somit einer Herzoperation. Bei dem abzusehenden Mitgliederwachstum war der Einführungstermin - vor Beginn der Saison 88 - fest vorgegeben. Eine Terminüberschreitung hätte hohe zusätzliche Investitionen in das alte System erforderlich gemacht. Mit 110 Mannjahren Entwicklungsaufwand war das ADAM-Projekt das bisher größte Entwicklungsvorhaben des ADAC. Der Autor übernahm die Leitung des Projektes während der Konzeptionsphase. Vorgehensweisen, angewandte Methoden und Werkzeuge werden dargestellt und den Projektergebnissen gegenübergestellt.

1. Vorgehensweisen

Das Projekt begann 1983 mit einer Vorstudie und folgte zunächst dem eingeführten Phasenkonzept: Anforderungsanalyse, Groborganisation, Detailorganisation, Realisierung, Einführung. Die Aufwandsschätzung nach Abschluß der Konzeptionsphase machte deutlich, daß die bisher der Planung zugrunde gelegten Werte mindestens zu verdoppeln waren. Hier stellte sich nicht nur die Frage der Kosten, sondern auch die der Machbarkeit und des Projektrisikos. Unter dem vorgegebenen Zeitrahmen von zwei Jahren war das Projekt nur mit einem großen Team zu realisieren. Vorgehensweise und Planung für das Projekt hatten vor allem Beherrschbarkeit sicherzustellen:

Für die Einführungsphase wurden vier Monate geplant, die verbleibenden 20 Monate in 3 Entwicklungssockel (Vorabversionen) unterteilt. Der ersten Sockel stellte die Entwicklungsumgebung bereit und lieferte die technische Basis sowie ein 'Durchstichsystem' mit eingeschränktem Funktionsumfang. Dieses Kernsystem sollte als ein fachlicher und technischer Prototyp vom Anwender getestet werden und den Nachweis für die Realisierbarkeit der technischen Konzepte erbringen. Die für den weiteren Projektverlauf grundlegenden Verfahrensweisen - insbesondere die Test-Abwicklung - konnten hier entwickelt, eingeübt und in der Praxis überprüft werden. Im zweiten Sockel wurde der vorhandene Prototyp überarbeitet, in seiner Funktionalität ausgeweitet und erneut vom Anwender getestet. Mit dem dritten Sockel war die Softwareentwicklung abgeschlossen. Das System wurde umfangreichen Abnahmetests unterzogen, und die Einführungsvorbereitungen wurden zum Abschluß gebracht.

Die Vorgehensweise der "inkrementalen Entwicklung" /Boehm 81/ eines großen Softwaresystems hat sich im ADAM-Projekt grundsätzlich bewährt. Sie machte das große Projekt beherrschbar, ermöglichte eine intensive Mitarbeit der Anwender, förderte die notwendigen Lernprozesse bei Entwicklern und Anwendern im Verlauf des Projektes und sicherte dadurch die Benutzerakzeptanz der realisierten Lösung. Gegenüber der produktorientierten Sicht klassischer Phasenkonzepte wurde der prozeßorientierte Ansatz einer evolutionären und partizipativen Systementwicklung /Floyd 81/ verfolgt: Die Kommunikation erfolgte nicht nur über Spezifikationen, sondern auch über eine Folge von Vorabversionen. Revisionen waren eingeplant, eine enge Zusammenarbeit von Entwicklern und Benutzern wurde bewußt gestaltet. Der Motivationsschub für alle Mitarbeiter, der aus frühzeitigen, vorzeigbaren Ergebnissen kommt, war unverkennbar. Fachliche und technische Probleme wurden rechtzeitig deutlich und konnten in einer verbesserten Version im Rahmen der geplanten Entwicklungszeit ausgeräumt werden. Die frühzeitig vorliegenden Testergebnisse erlaubten eine weitgehende Objektivierung des Projektfortschritts. Das Projektmanagement hatte Klarheit über den Projektstand und konnte beizeiten Maßnahmen ergreifen. Dadurch konnte ein sehr ehrgeiziges Terminziel fast erreicht werden: Der geplante Einführungstermin wurde nur um einen Monat verfehlt.

Diese Vorgehensweise hat allerdings auch Nachteile: Die frühen Fachbereichstests stellen eine hohe zusätzliche Belastung für das Entwicklungsteam dar, das zusätzlich zu den technischen Problemen der Realisierung ständig mit Fehlerreports und Spezifikationslücken konfrontiert wird.

2. Aufwandsschätzung und Nachkalkulation

Die Aufwandsschätzung auf der Basis des vorliegenden Entwurfs wurde nach einem Ähnlichkeits- und Differenzen-Verfahren durchgeführt. Dazu dienten ein detaillierter, aus der Modularisierung des Systems abgeleiteter Produktplan sowie ein Aufgabenplan, der auch alle organisatorischen und Querschnittsaufgaben umfaßte. Diese Schätzung wurde durch das COCOMO-Verfahren /Boehm 81/ überprüft und durch Anwendung der darin enthaltenen Aufwandsfaktoren für projektspezifische Randbedingungen modifiziert. Das Ergebnis: 40 Mannjahre Rest-Aufwand des Entwicklungsteams ohne Umstellungsprojekte und Fachbereichsaufwand. Für die Konzeption waren bereits 17 MJ aufgewandt worden.

Der geschätzte Gesamtaufwand wurde auf die einzelnen Entwicklungsabschnitte (Sockel) aufgeteilt und nach jedem Entwicklungsabschnitt nachkalkuliert. Dadurch konnte rechtzeitig auf Kapazitätsengpässe reagiert werden. Die Nachkalkulation nach Abschluß des Projekts ergab schließlich: einen Gesamtaufwand von insgesamt 110 Mannjahren. Davon entfielen 63 MJ auf das ADAM-Entwicklungsteam, 38 MJ auf die Anwenderabteilung und 9 MJ auf Umstellungsprojekte. Der Aufwand des Entwicklungsteams für Realisierung und Einführung (46 MJ) lag um 15 % über der Schätzung nach der Konzeptionsphase. Nur etwa die Hälfte davon (22 MJ) wurde für die Produktentwicklung aufgewandt. Die restlichen fast 24 MJ verteilten sich auf folgende Aufgaben:

- Datenübernahme, Schnittstellen, Einführung   1,8 MJ
- Entwicklungsumgebung, QS, techn. Support   5,1 MJ
- Anwendertest-Unterstützung   1,5 MJ
- Projektleitung   3,7 MJ
- Sonstiges   4,6 MJ
- Parallellauf/Produktionstests   7,2 MJ.

Bezogen auf den Gesamtaufwand des Entwicklungsteams (63 MJ) und die Sourcecodemenge von 262.000 Lines of Code (LOC) errechnet sich eine Produktivität von 4160 LOC/MJ.

3. Projektorganisation

Im Rahmen des "Lenkungsausschusses" waren die Hauptverantwortlichen aller tangierten Bereiche und die Geschäftsleitung in das Projekt eingebunden. Zielkonflikte und grundlegende Fragen, wie die der Übergangs- und Rückzugsstrategie, wurden hier diskutiert und entschieden. Dem Projektausschuß gehörten der ORG/DV-Chef und der Leiter der Anwenderabteilung an. Dem Projektleiter wurden weitgehende Kompetenzen eingeräumt. Ein Team von 25 Entwicklern und einigen Spezialisten wurde aufgebaut und - entsprechend der Aufgabenstruktur des Gesamtprojekts - in überschaubare Teilprojekt-Teams gegliedert (Bild 1).

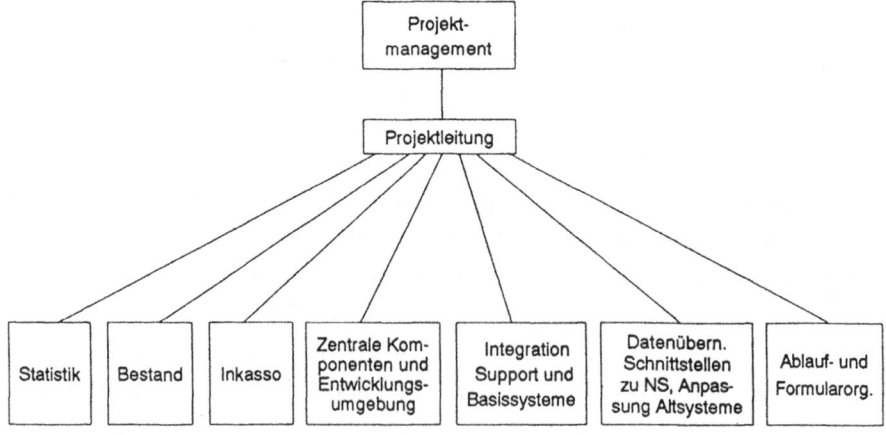

Bild 1: ADAM-Projektorganisation

Die Teamleiter waren für die Erreichung der mit ihnen vereinbarten Meilensteine verantwortlich. In wöchentlichen Teamleiter-Meetings stimmten sie alle übergreifenden Pläne mit dem Projektleiter ab und legten Lösungswege für Probleme fest. Die Behandlung fachlicher und technischer Probleme, die nicht im Rahmen einzelner Teilteams zu lösen waren, wurde an einen geeigneten Expertenkreis (Design-Meeting) delegiert. Ein Chef-Designer stellte die Konsistenz des Anwendungsentwurfs über die verschiedenen Teams hinweg sicher. Review-Teams prüften alle Entwurfs-Dokumente. So gelang es trotz der Teamgröße, die Qualität des Entwurfs zu sichern und eine gemeinsame Sicht zu erhalten.

Die bis zu 20 Mitarbeiter des Fachbereichs bildeten ein eigenes Organisations-Teilprojekt. Sie detaillierten die fachlichen Anforderungen, arbeiteten die Ablauforganisation aus, führten den Integrationstest durch und verfaßten die Benutzerdokumentation. Die Verantwortlichen für die umzustellenden Nachbarsysteme wurden in einer Schnittstellen-Konferenz zusammengefaßt, in der Vorgehensweisen, Schnittstellen und Planungen abgestimmt wurden.

4. Fachliches und technisches Konzept

Bei der Erarbeitung des fachlichen Modells wurden erstmalig die Methoden der Funktions- und der Informationsanalyse eingesetzt. Es fehlte die Erfahrung in der Konzeption und Planung großer Informationssysteme. Die isolierte Anwendung der neuen Methoden führte zu Akzeptanzproblemen zwischen dem jungen Projektteam und den 'Praktikern'. Das Wissen über die bestehenden Verfahren ging zu wenig in die Neukonzeption ein. Statt rechtzeitiger Konzentration auf das Machbare und Wirtschaftliche, flossen alle fachlichen Wünsche in das Modell ein. Die angewandte Methode unterstützte eher die Detaillierung als die Modellierung der Zusammenhänge. Die Umsetzung der Ergebnisse der fachlichen Analyse in einen Systementwurf mißlang. Ein Wechsel in der Projektleitung unterstützte die notwendige Neuorientierung der Vorgehensweise.

Nun wurde auf in Projekten bereits bewährte Methoden zurückgegriffen. Die Geschäftsvorfälle aus Benutzersicht dienten als roter Faden. Die aus fachlicher Sicht relevanten Daten wurden nach dem Entity-Relationship-Modell /Chen 76/, der Dialogablauf mit Hilfe von Interaktionsdiagrammen /Denert 77/ modelliert, die Batchorganisation mit konventionellen Darstellungstechniken (EVA, Datenflußdiagramme). Alle Funktionen und Daten wurden einer kritischen Nutzenbewertung unterzogen. Der parallel erarbeitete technische Grobentwurf sicherte die Machbarkeit.

Die vom Fachbereich abgenommene Systemspezifikation erlaubte eine realistische Schätzung des Projektaufwandes. Im Verlauf des Projektes zeigte sich jedoch, daß gerade die fachlichen Zusammenhänge mit der größten Komplexität durch diese Spezifikation ungenügend dargestellt wurden.

Basis für die Konstruktion des ADAM-Systems war ein Schichtenmodell. Der Modularisierung lag das Prinzip der Datenabstraktion /Parnas 72/ zugrunde. Ausgangspunkt für die Modularisierung der Anwendungsschicht war das logische Datenmodell. Um maximale Redundanzfreiheit der zu wartenden Codemenge zu erreichen, wurde angestrebt, alle Module der Anwendungsschicht für den Dialog- wie für den Batchbetrieb aus einer gemeinsamen Quelle zu generieren. Dies wurde durch den Einsatz eines Macroprozessors und das Verfahren der bedingten Generierung erreicht. Auf der Basis der aus den Interaktionsdiagrammen abgeleiteten Dialogtypen wurde eine Standarddialogsteuerung implementiert.

Aufgrund des hohen Datenvolumens standen bereits beim ersten Datenbankentwurf Perfomanceüberlegungen im Vordergrund. Ausgangspunkt war das logische Datenmodell, doch erst Aussagen über die Zugriffshäufigkeiten, die z.T. mit wahrscheinlichkeitstheoretischen Methoden ermittelt wurden, führten zu einem, auf der Basis des eingesetzten DB-Systems ADABAS, tragfähigen Datenbankentwurf. Durch Einsatz einer Schatten-Datenbank war es möglich, den Verfügbarkeitsanforderungen Rechnung zu tragen /Heydenreich 88/. Die konsequente Modularisierung nach Schichten erlaubte die Umsetzung der Erkenntnisse aus den Lastmessungen in wirksame DB-Tuningmaßnahmen ohne erheblichen Zusatzaufwand.

5. Werkzeugeinsatz

Für Spezifikation, Realisierung und Test wurden Standards festgelegt und so weit wie möglich durch Werkzeuge unterstützt. Ein auf der Basis eines Code-Generators entwickelter Programmrahmen enthielt standardisierbare Programmfunktionen wie Steuerungsfunktionen und Fehlerbehand-

lung. Generierung der Modul-Schnittstellen und Datensichten direkt aus
dem Data-Dictionary sicherte deren Konsistenz. Mechanismen zur automatischen Dokumentation von Verwendungsnachweisen im Dictionary und ein
Verfahren zur werkzeuggestützten Rechenzentrums-Übergabe und Job-Con-
trol-Generierung aus dem Dictionary wurden entwickelt.

Die Weiterentwicklung und der konsequente Einsatz von Methoden und
Werkzeugen - mit Augenmaß für das Machbare und Wirksame - haben sich
in diesem Projekt bezahlt gemacht: Junge Mitarbeiter konnten rasch in
die Aufgabe hineinwachsen, durch Standardisierung und automatische Dokumentation wurden Qualität, durch Vermeidung von Integrationsproble-
men Terminsicherheit gewonnen. Die Generierungsverfahren trugen erheblich zur Wahrung der Produktintegrität und zur Verbesserung der Wartbarkeit und Produktivität bei. Bei aller Vorsicht gegenüber Produkti-
vitätsmaßen auf der Basis von Lines of Code kann der Expansionsfaktor
von 1,9 für die Codegenerierung als Hinweis gelten.

6. Systemtest

Bereits der auf den Modul- und Komponententest des Entwicklers folgende Funktionsgruppentest wurde vom Fachbereich in eigener Regie durchgeführt. Diese Tests wurden durch umfangreiche Testdrehbücher vorbereitet, die parallel zur Ausarbeitung der Feinspezifikation der entsprechenden Funktionen erarbeitet wurden. Bereits bei der Erstellung
der Testdrehbücher wurden Mißverständnisse und Spezifikationslücken
aufgedeckt. Die Funktionsgruppentests wurden entwicklungsbegleitend,
zum Teil in mehreren Iterationen, durchgeführt.

Nach Abschluß der Softwareentwicklung ging ein Team aus Entwicklern
und Fachbereichsmitarbeitern an den Integrationstest. Der Testplan
hatte die Schwerpunkte integrative Beziehungen und produktionsnahe Abläufe: von der Datenübernahme über Dialogeingeben und Tagesbatch bis
zu den periodischen Verarbeitungen einschließlich aller Folgeverarbei-
tungen in den nachgelagerten Systemen.

Eine vollständige parallele Verarbeitung des alten und des neuen Verfahrens über mehrere Tage hinweg war wegen des Umfangs der damit verbundenen Dialogeingaben nicht machbar. Deshalb wurden in einem 14-tä-
gigen Parallellauf nur die Dialogänderungen der Berliner Mitglieder im

ADAM-System zusätzlich erfaßt. Ausgangspunkt war eine Übernahme aller Mitgliederdaten. Die Jobnetze liefen zum ersten Mal unter Produktionsbedingungen. Fehlerkonstellationen traten auf, die keinem Tester eingefallen wären, vor allem jedoch wurde Klarheit über das Systemverhalten unter Produktionsbedingungen gewonnen.

Um die Bereinigung aller Fehler aus den Integrationstests und Parallelläufen nachzuweisen, wurde der Integrationstest nach dem gleichen Testplan als Abnahmetest wiederholt. In zahlreichen Übernahmetests wurde der Übergang vom alten zum neuen Verfahren einschließlich der Umstellung aller betroffenen Nachbarsysteme geprobt. In mehreren Dialog-Lasttests erzeugten ca. 200 Mitarbeiter der Anwenderabteilung über mehrere Stunden Hochsaisonlast. Durch Restart/Recovery-Tests wurden Schnelligkeit und Korrektheit des Wiederanlaufs nach Betriebsunterbrechungen überprüft.

In den abschließenden Tests, welche die Produktionsreife des ADAMs nachweisen sollten, wurde das konsequente Problem- und Change-Management immer wichtiger: Alle Fehler wurden in Fehlerreports dokumentiert, zentral erfaßt, vom Fachbereich mit Prioritäten versehen, ihre Behebung und der Nachtest tagesgenau geplant und durch das Projektmanagement verfolgt. Alle Änderungen der abgenommenen Software mußten durch eine Freigabe-Konferenz genehmigt werden. Erhebliche Probleme traten beim Konfigurationsmanagement auf. Hier fehlten ausgearbeitete organisatorische Verfahren und eine Werkzeugunterstützung.

Der hohe Testaufwand auf Seiten der Anwender war unverzichtbar, um die notwendige Sicherheit zu gewinnen. Ein weiterer positiver Effekt: Zahlreiche Fachbereichsmitarbeiter lernten das System vor der Einführungsphase gründlich kennen und standen dann als Multiplikatoren zur Verfügung.

7. Einführung

Die fachlich notwendige Neukonzeption der logischen Datenbasis machte die Transformation der alten Daten in die neue Datenbasis zu einem anspruchsvollen Teilprojekt. Hinzu kam die Komplexität des Übergangs auf funktionaler Seite: Alle neu konzipierten Fachfunktionen mußten am Tag

des Überganges fachlich richtig auf dem vom alten System hinterlasse-
nen Zustand aufsetzen.

Störungen des Mitgliedersystems hätten schwerwiegende Auswirkungen:
Allein eine nicht termingerechte Erstellung der Versandunterlagen für
die "MOTORWELT" würde Millionen kosten, und ohne eine funktionsfähige
Mitglieder-Datenbank sind auch andere wichtige Informationssysteme
nicht arbeitsfähig. Die Prüfung der Machbarkeit eines Verfahrens, das
es ermöglicht, nach der Einführung im Notfall auf das alte System zu-
rückzugehen, zeigte gravierende Probleme auf. Deshalb wurde gegen seine Realisierung entschieden und eine umfassende Notorganisation ausge-
arbeitet. Ein Rückzug auf das alte Mitgliedersystem nach dem Einfüh-
rungszeitpunkt war nur innerhalb von wenigen Tagen unter aufholbarem
Datenverlust möglich. Deshalb war die Projektstrategie vorrangig auf
die Minimierung des Übergangsrisikos ausgerichtet. Die Umstellung der
Datenbestände und Programme (bis auf ein Schnittstellen-Modul) der mit
dem ADAM-System verbundenen Nachbarsysteme erfolgte bereits Monate vor
der ADAM-Einführung. Einzelne ADAM-Komponenten wurden im Rahmen des
alten Verfahrens vorab implementiert. Es wurde so früh wie möglich und
mit hohem Aufwand getestet.

Aus fachlichen Gründen konnte die Einführung jeweils nur am Monatsan-
fang stattfinden. Nur an einem Wochenende war genug Zeit für die umfangreichen Abschluß-, Übernahme- und Testläufe. Auf zwei Rechnern
liefen insgesamt 50 Datenübernahme-Jobs. Nach 24 Stunden war die Datenbank aufgebaut und ADAM wurde zusammen mit den umgestellten Nach-
barsystemen von allen betroffenen Fachabteilungen zum letzten Mal getestet. Hier ging es vor allem um technische Probleme beim Umschalten.

8. Systemnutzung und Wartung

Das ADAM-System hat seine Funktion ohne Anlaufschwierigkeiten aufgenommen. Antwortzeiten und Verfügbarkeit waren bereits im ersten Monat
zufriedenstellend. Die Benutzerakzeptanz nach ca. zweijähriger Einsat-
zerfahrung ist unverändert gut.

Das Team für die Wartung und Weiterentwicklung des ADAM-Systems wurde
aus dem Entwicklungsteam heraus gebildet. In zahlreichen Folgeprojekten wurden umfangreiche funktionale Erweiterungen realisiert. Dabei

erwies sich die Flexibilität des Systementwurfs. Kleinere Änderungsan-
forderungen werden zu einem Release gebündelt und projektmäßig abgearbeitet. Alle 3 bis 6 Monate wird ein neues Release nach einem umfassenden Anwendertest ausgeliefert. Ein neues Verfahren für das Konfigurationsmanagement unterstützt die Versionsverwaltung und -überstel-
lung.

Literatur:

/Boehm 81/   Boehm, B.W.: Software Engineering Economics.
              Englewood Cliffs, N.J: Prentice-Hall, 1981

/Chen 76/   Chen, P.P.S.: The entity-relationship-model -
              toward a unified view of data. ACM Trans. on Database
              Systems 1.1, S. 9-36 (1976)

/Denert 77/   Denert, E.: Specification and Design of Dialogue
              Systems with State Diagrams. Proc. Int. Computing
              Symp. 1977, Liege, North Holland, 1977, S. 417-424

/Floyd 81/   Floyd, C.: A Process-oriented Approach to Software-
              Developement, in: Systems Architecture, Proc. of
              the 6th European ACM Regional Conference,
              Westbury House 1981, pp 285-294

/Heydenreich 88/ Heydenreich, N., Siedersleben, J.: ADAM - Die
              ADAC-Mitgliederverwaltung. Entwurf und Organisation
              einer großen Datenbank. Proceedings of the 19th
              International Software AG User's Conference, Wien 88

/Parnas 72/   Parnas, D.L.: On the criteria to be used in decomposing
              systems into modules. CACM 15.12, S. 1053-1058 (1972)

Projektmodell für die Abwicklung von Großprojekten auf der Basis eines evolutionären Phasenmodells

M. Hoffmann, G. Schwarz, P. M. Weber

Sietec GmbH & Co OHG
Nonnendammalle 101, 1000 Berlin 13

Inhaltsverzeichnis

Abstract

Es wird ein evolutionäres Projektmodell beschrieben, das auf einem erweiterten Multiprojekt-Ansatz sowie dem Prozeßmodell "PO/PT" von Siemens basiert. Wesentliche Elemente sind nicht-disjunkte Teilprojekte, evolutionäre Subzielfindung, neue Anforderungen an das Know-how-Profil der Projektbeteiligten und kurze Reaktionszeiten auf die projektbezogene Umweltdynamik, d.h. den Umstand instabiler Baselines berücksichtigt.

1. Einleitung

Der Anstoß für die Entwicklung dieses neuen Projektmodells ergab sich aus der Abwicklung eines Migrationsprojektes im Bankenbereich.

1.1 Kurzbeschreibung der Situation

Ziel des Projektes ist die Migration (Ablösung) eines Teils der gewachsenen Bank–DV–Verfahrenslandschaft durch das in der Entwicklung befindliche Siemens–Standardprodukt KORDOBA V3.

1.2 Ausgangslage im Projekt

Das Projekt wurde mit einer Laufzeit von ca. 5 Jahren und einer durchschnittlichen Anzahl von ca. 35 MA geplant.

Für die Abwicklung des Projektes schien der Multi–Projekt–Ansatz auf der Basis der Prozeßorganisation/Prozeßtechnologie (PO/PT) angemessen.

Das Globalziel "Einführung von Standardsoftware unter Ablösung relevanter Alt-Verfahren" wurde in Teilziele untergliedert, die von definierten Teilprojekten zu erfüllen waren. Als Teilziele wurden die schrittweise Migration einzelner Sparten i.S. bankbetriebswirtschaftlicher Funktionsblöcke bei laufendem Bankbetrieb definiert.

Für die Projektsteuerung wurde eine "Gesamtprojektleitung" und ein Change Control Board (CCB) mit festgelegtem Change-Request-Verfahren installiert, um auftretende Änderungen gezielt umsetzen zu können.

2. Frühe Erkenntnisse im Projektverlauf

Im Verlauf der Abwicklung traten folgende Probleme auf:

– es konnte keine verbindliche Baseline bez. der bestehenden Verfahrenslandschaft über einen längeren Zeitraum definiert werden, da die stufenweise Migration während des laufenden Bankbetriebes in einer sich ständig verändernden Verfahrenslandschaft vollzogen werden mußte – dies betraf sowohl den migrationsbezogenen Verfahrensanteil an sich als auch die betroffenen Verfahrensschnittstellen zu den nicht migrationsrelevanten "sonstigen" DV-Verfahren;

- die Teilziele mußten sich den Kundenwünschen aufgrund der Anforderungen aus dem Tagesgeschäft anpassen;

- damit verbunden war eine Korrektur der Inhalte und der Prioritäten der Teilprojekte;

- die Baseline des einzusetzenden Produktes stand noch nicht fest bzw. war in der Folgezeit gewissen Änderungen unterworfen;

- aufgrund der starken Dynamik der beiden Baselines war eine Abwicklung über das CR-Verfahren (das die Ausnahme sein sollte !) nicht sinnvoll möglich;

- darüberhinaus konnte für die Teilprojekte kein verbindliches Mengengerüst definiert werden, so daß auch die Anzahl und die Inhalte der Teilprojekte einem ständigen Wandel unterworfen waren.

3.   Reaktionen auf die ersten Projekterfahrungen

Die in Kap. 2. aufgezählten Probleme zwangen zur Korrektur des Projektabwicklungsmodells.

Zwei Wege standen zur Diskussion:

a) strengere Verfolgung und Beachtung des angedachten Projektabwicklungsmodells im Sinne der Multiprojektabwicklung;

b) Entwurf eines adäquaten Projektabwicklungsmodells, das den Gegebenheiten besser Rechnung tragen könnte;

Nach intensivem Gespräch mit dem Kunden wurde die Variante b) gewählt, da die Sachzwänge beim Kunden auch durch eine konsequentere Verfolgung der Projektrichtlinien nicht hätten aufgehoben werden können.

4.   Erarbeitung des adäquaten Projektabwicklungsmodells

4.1   Zielsetzung

Unter Einbeziehung bereits bekannter Erfahrungen bez. der Abwicklung von komplexen Projekten (z.B. /4/) wurden Mechanismen gesucht, um folgende Problemstellungen abfangen zu können:

a) Handhabung der Auswirkungen der instabilen Baselines (betroffene DV–Verfahrenslandschaft und Produktstruktur KORDOBA V3)

b) Abschätzung und Stabilisierung unklarer Mengengerüste sowie die Umsetzung in Planungsstrukturen (bez. Teil- und Gesamtprojekt)

c) Reaktions- und Abwicklungsmechanismen für die Umsetzung der Sachzwänge des Kunden (rasante Veränderung des Dienstleistungsspektrums, z.B. Kontoauszugsdrucker usw.)

4.2 Lösungsansatz

Die geschilderten Zielsetzungen wurden in folgende Randbedingungen gefaßt, die es zu berücksichtigen galt:

- die beschlossenen Subziele können korrigiert werden;

- Umfang der Aktivitäten und Subziele der Teilprojekte sind dynamisch;

- die Teilprojekte dürfen - nach Maßgabe - den Weg zur Erreichung der für sie geltenden Subziele selbst bestimmen;

- die Struktur ist in zweierlei Hinsicht (mit gewissen Einschränkungen) offen:

  1) die Software (KORDOBA V3) kann in folgender Hinsicht institutsspezifisch angepaßt werden:

     - es gibt durch den Anwender definierbare Parameter und Schnittstellen (User Exits),

     - die betriebswirtschaftlichen Funktionen sind in einem modularen Konzept (Sparten) realisiert,

     - die relevanten Daten sind ebenfalls in (Daten–)Gruppen strukturiert.

  2) das bisher verwendete Prozeßmodell, die "Prozeßorganisation/ Prozeßtechnologie" (PO/PT) von Siemens DI AP, kann als Leitfaden für die jeweiligen Teilprojekte genutzt werden für:

     - ein vergleichbares meilensteinorientiertes Vorgehenskonzept für alle Teilprojekte der Migration und der KORDOBA V3–Entwicklung,

– eine vergleichbare Ergebnisstruktur (z.B. Leistungsbeschreibung, Design usw.) in den Teilprojekten der Migration und der KORDOBA V3–Entwicklung.

4.3 Das "evolutionäre" Projektmodell

Unsere Überlegungen führten uns zu dem "evolutionären" Projektabwicklungsmodell:

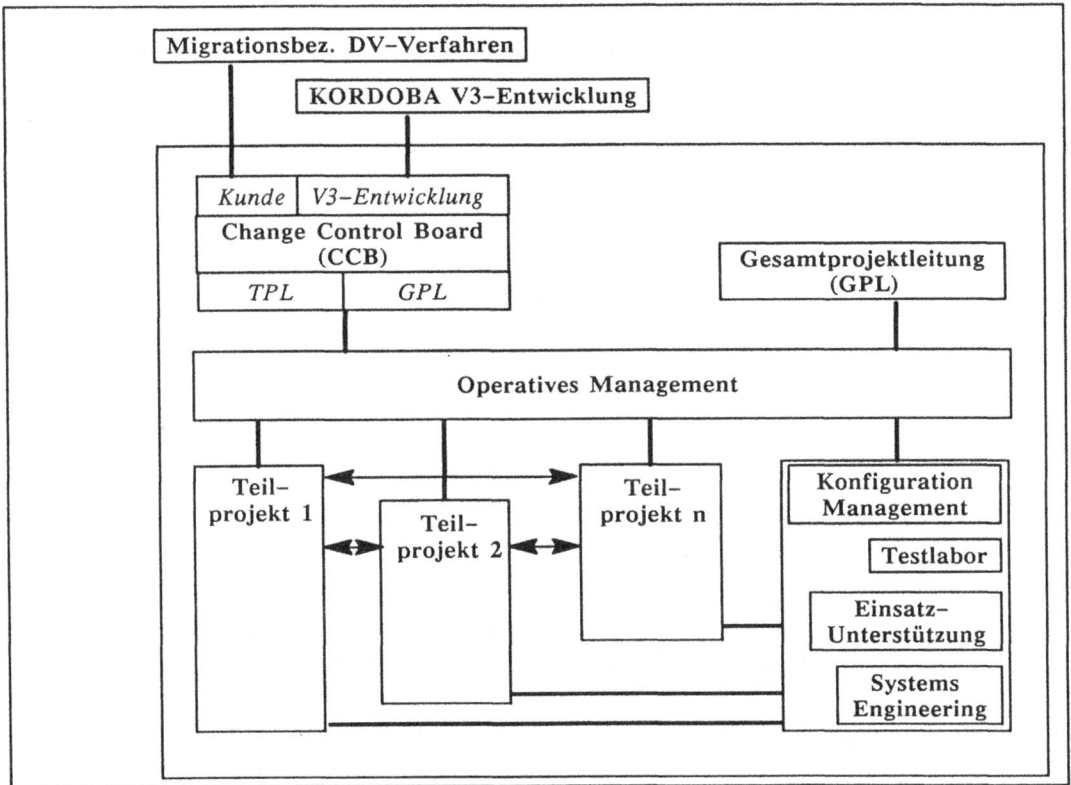

Abb. 1: Projektmodell (statisch)

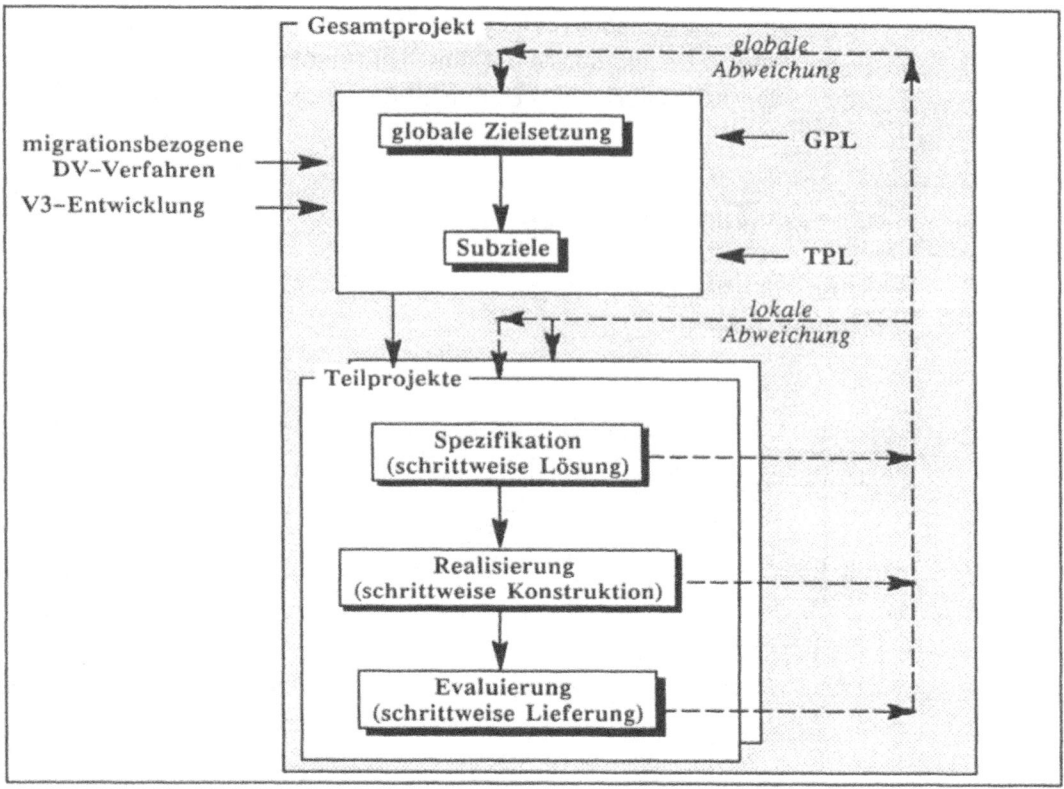

Abb. 2: Projektmodell (dynamisch)

4.4   Unterschiede zum herkömmlichen Projektmodell

Um die Unterschiede zwischen den beiden betrachteten Projektmodellen zu verdeutlichen, werden die wesentlichen Begriffe (Grundgedanken des jeweiligen Projektmodells) kurz skizziert.

1) Herkömmliches Projektmodell (Multiprojektansatz / PO/PT)

Multiprojekt / PO/PT:

* die Ziele sind sowohl auf globaler als auch auf Teilzielebene festgeschrieben;

* es werden disjunkte Teilprojekte mit fest definierten Zielen – bedingt durch die komplexe Aufgabenstellung bei kurzer Abwicklungszeit – gebildet;

und bedient sich des CCB im klassischen Sinne, indem:

- es als Institution zur Steuerung von Zielkorrekturen gilt;

- es nur in Ausnahmefällen aktiviert wird;

- es jede Rückmeldung folgenden 3 Klassen zuordnet:

zur Zielerreichung:
- Fehlerbehebungsauftrag (Fehlermeldung / FM);

zur Zielkorrektur:
- Änderungsauftrag (Change Request / CR);
- Entwicklungsauftrag (Development Request / DR);

und daraufhin entsprechende Maßnahmen veranlaßt.

2) Evolutionäres Projektmodell (erweiterter Multiprojektansatz)

Evolutionäres Multiprojekt / PO/PT:

- die Ziele sind nur auf einem globalen Niveau festgeschrieben (z.B.: "Sparte Kundendaten bis zum Zeitpunkt x einsetzen");

- das Gesamtprojekt wird in nicht–disjunkte Teilprojekte gegliedert, da zwischen diesen i.d.R. Abhängigkeiten bestehen, die einerseits durch die existierende komplexe Verfahrensland- schaft, andererseits durch das komplexe neue Software–Produkt bedingt sind;

es bedient sich der Teilprojektleiter für:

- die Festlegung, Veränderung und Verfolgung der Subziele. Sie erfolgt schrittweise in den jeweiligen Teilprojekten (z.B. "Teilprojekt Kundendaten lagert die Thematik 'Instal- lationsparameter' in ein von dem Operativen Management neu zu definierendes Teilprojekt aus");

und bedient sich des CCB in einem erweiterten Sinne, da:

- die definierten Subziele darüber hinaus einer starken Dynamik (Veränderung der Baselines) unterliegen hinsichtlich
  - abzulösender Verfahren;
  - des neuen SW-Produktes;
  die fachliche Verantwortung liegt deshalb stärker in den Teilpro- jekten.

5.   **Erste Erfahrungen mit dem evolutionären Projektabwicklungsmodell**

Das neue Projektabwicklungsmodell wurde nach dem Erkennen der Probleme, schon kurz nach dem Projektbeginn, eingeführt und wird seit ca. 2 Jahren mit Erfolg angewendet.

Die ersten Erfahrungen lassen sich wie folgt zusammenfassen:

- die geschilderten Probleme sind "besser im Griff";

- eine erfolgreiche Abwicklung nach dem evolutionären Modellansatz erfordert jedoch einen hohen Kommunikations- und Abstimmungsaufwand sowohl im Projekt selbst als auch zum Auftraggeber bzw. Kunden;

- eine erfolgreiche Proejktabwicklung kann nur durch eine flache Hierarchie mit direkter Entscheidungsfindung (kurze Entscheidungswege) und Entscheidungsbeteiligung aller Betroffenen durchgefährt werden;

- Mitarbeiter mit einem interdisziplinär ausgerichteten und eigenverantwortlich handelnden Profil sind verstärkt erforderlich;

- die Arbeitspakete sind schwieriger in Elementareinheiten zu strukturieren als ursprünglich - beim herkömmlichen Modell - angenommen wurde;

- die häufigen Änderungen der Baselines erzwingen ein Nacharbeiten der bereits migrierten Verfahrensteile (Sparten usw.), das bedeutet, daß mit dem evolutionären Projektmodell die Notwendigkeit zur revolvierenden Migration ("Migration der Migration") abgedeckt werden kann.

6.   **Ausblick**

Für die situationsabhängige Anwendung des evolutionären Projektabwicklungsmodells (z.B. bei komplexen Migrationen mit dynamischem Umfeld) sind folgende Gesichtspunkte zu berücksichtigen:

- es bestehen hohe Risiken bez.
  - Aufwand und
  - Terminen;

– die Beanspruchung und Belastung ("Umdenken", "Mitdenken", "Entscheidungen treffen") aller Projektbeteiligten auf allen Ebenen (Management / MA) sind höher als bei üblichen Projekten;

– weitere Erfahrungen in der Anwendung dieses Projektabwicklungsmodells sind noch notwendig.

7.   Literaturverzeichnis

/1/   Balzert, H.: "Die Entwicklung von Software–Systemen"; unveränderter Nachdruck, Mannheim/Wien/Zürich 1988

/2/   Boehm, B.: "Software Engineering Economics"; Englewood Cliffs, New Jersey 1981

/3/   DOMINO–Einführung; Siemens 1988

/4/   Gilb, T.: "Principles of Software Engineering Management"; Großbritannien 1988

/5/   Handbuch für SW–Techniken; Siemens Stand 1.90

/6/   Yeh, R.T.: "Modern SW–Engineering: foundations and current perspectives"; New York 1990

Subjektorientierte Arbeitsformen

Objektorientierte Softwareentwicklung

Guido Gryczan, Daniela Wegge

Technische Universität Berlin
Fachbereich Informatik, Fachgebiet Softwaretechnik
Franklinstr. 28/29, D-1000 Berlin 10

Zusammenfassung

Die Entwicklung von Softwaresystemen findet in einem zyklischen, kooperativen Designprozeß statt. Eine Orientierung auf die während eines Projektes stattfindenden Lernprozesse im Zusammenhang mit einer objektorientierten Modellierung des Anwendungsbereiches trägt dazu bei, adäquatere Softwaresysteme zu konstruieren. Die Anwendung objektorientierter Techniken bei der Analyse von Arbeitsgebieten und bei der Konstruktion von Softwarewerkzeugen kann die Wiederverwendbarkeit von Softwarekomponenten steigern.

1 Einleitung

Die Anzahl und Vielfalt von Methoden, Strategien und Werkzeugen zur Durchführung von Softwareentwicklungsprojekten hat ein Ausmaß erreicht, bei dem es schwer fällt, den Überblick zu behalten. Aktuelle Schlagworte wie CASE-Tools, Softwarefabrik, Reverse Engineering – um nur einige zu nennen – beherrschen die Diskussion über Wege aus der noch immer andauernden Softwarekrise.

In diesem Beitrag werden zwei Konzepte vorgestellt, die einen Weg zur Lösung des Problems der Wiederverwendbarkeit von Softwarekomponenten darstellen können. Das erste Konzept wird mit dem Bild der subjektorientierten Arbeitsformen eingeführt. Diese Form der Projektdurchführung scheint auch bei der objektorientierten Softwareentwicklung vielversprechend zu sein. Das zweite Konzept ist der objektorientierte Ansatz, der im Hinblick auf die Wiederverwendbarkeitsproblematik untersucht wird. Die Domänenanalyse ist dabei wichtige Voraussetzung für die objektorientierten Vorgehensweise, bei der die Wiederverwendung von Software im Vordergrund steht. Darauf aufbauend wird das Cluster-Modell der Softwareentwicklung präsentiert, das auf die objektorientierte Vorgehensweise abgestimmt ist.

Es stellt sich auch die Frage, welche Werkzeuge und methodischen Unterstützungen bei der objektorientierten Softwareentwicklung angemessen sind. Auf eine mögliche Werkzeugunterstützung wird deshalb im letzten Abschnitt eingegangen.

2 Subjektorientierte Arbeitsformen

Die Umsetzung von Methoden und die Anwendbarkeit von Werkzeugen ist davon abhängig, wie gut sie auf die Projektorganisation abgestimmt sind. Die Projektorganisation setzt den Rahmen, in dem die in einem Projekt Beteiligten ihre Fähigkeiten entfalten können. Die Umsetzung von Methoden und die Anwendbarkeit von Werkzeugen ist deshalb davon abhängig, wie transparent das Gesamtkonzept den Beteiligten ist und wie gut die Werkzeuge und Methoden auf das Gesamtkonzept der Softwareentwicklung abgestimmt sind.

In [1] zeigt Pasch, daß eine starre hierarchische Projektorganisation nicht adäquat ist, um die von ihrer Natur her kooperativen Prozesse bei der Softwareentwicklung zu unterstützen. Die Projektorganisation muß vielmehr sicherstellen, daß jeder Projektteilnehmer seine Perspektive in das Projekt einbringen kann.

Wir fassen unter dem Begriff "subjektorientierte Arbeitsformen" eine Sichtweise auf die unterschiedlichen Prozesse eines Projektes zusammen, bei der im Mittelpunkt jedes Bearbeitungsschrittes die beteiligten Personen und deren Perspektiven stehen sollen.

Zur Erreichung einer *gemeinsamen* Perspektive in einem Projekt muß die Kooperation und Kommunikation der am Projekt Beteiligten unterstützt werden. Dieser Ansatz soll auch für die objektorientierte Softwareentwicklung beibehalten werden, da die Modellbildung unter Verwendung von Objekten immer von der Perspektive der Modellbildenden abhängt.

Es hat sich bei Anforderungsermittlung und der Systemgestaltung, also den Prozessen, in denen der Anwendungsbereich eines computergestützten Systems begrenzt und modelliert wird, eine enge Kooperation mit den Benutzern bewährt (vgl. [2]). In diesem Kontext bietet sich z.B. Prototyping als Vorgehensweise an, die Kommunikations- und Lernprozesse unterstützt. Für Entwickler und Benutzer können durch die Evaluierung von Prototypen die Grenzen des Anwendungsbereiches klarer werden. Vor allem Benutzer haben dadurch die Möglichkeit, bei der Formulierung der Anforderungen und der Systemgestaltung entscheidend mitzuwirken.

In den Prozessen, bei denen hauptsächlich die Entwickler beteiligt sind, bedeutet die Subjektorientierung, daß auch hier Kooperationsformen gesucht sind, die einen möglichst hohen Freiraum und eine möglichst große Eigenständigkeit der einzelnen Entwickler vorsehen.

Für die in diesem Beitrag behandelte Problematik der Wiederverwendbarkeit spielt die Einbeziehung von Subjektivität eine bedeutende Rolle, wie wir in den folgenden Abschnitten zeigen werden.

3 Wiederverwendbarkeit von Softwarekomponenten

Einer der wichtigsten Gründe, Softwareentwicklung objektorientiert durchführen zu wollen, ist die Hoffnung, den Entwicklungsaufwand zu verringern, indem in größerem Umfang als bisher bestehende Programmteile wiederverwendet werden. In den letzten Jahren hat sich ein eigener Forschungszweig herausgebildet, der verschiedene Ansätze für neue Methoden und Werkzeuge entwickelt hat, um bei Softwareentwicklungen einfacher auf bestehende Softwareteile zurückzugreifen (vgl. [3] oder [4]).

Wiederverwendbarkeit von Software ist aber keine neue Idee. Seit den Anfängen der Informatik wird sie in verschiedenen Formen praktiziert. Die wichtigste Grundlage ist die Entwicklung von neuen Programmiersprachen gewesen. Sie erlaubten es, Abstraktionsstufen über die zugrundeliegende Hardware einzuführen, so daß Software anwendungsbezogener entwickelt werden kann. Bibliotheken von bewährten Routinen und Module in modularen Sprachen erweitern die Abstraktionsmöglichkeit, indem für bestimmte Probleme fertige Lösungen angeboten und wiederverwendet werden. Darüberhinaus gibt es auch die Wiederverwendung von kompletten Softwarepaketen, die jeweils an eine neue Umgebung angepaßt werden.

Die verbreitetsten Softwarekomponenten, die wiederverwendet werden, sind Bibliotheken mit bewährten Routinen und einzelne Module in modularen Sprachen. Diese Softwarekomponten erleichtern die Programmierung, doch gehört es zur Praxis, daß immer wieder Lösungen zu ähnlichen Problemen von grund auf neu implementiert werden, ohne bestehende ähnliche Programmteile ausnutzen zu können. Dafür lassen sich verschiedene Gründe finden: Solche, die beim Programmierer zu suchen sind, und solche, die von den organisatorischen und technischen Rahmenbedingungen abhängen.

Tracz und Woodfield beschreiben Gründe für die geringe Wiederverwendung von Software, die beim einzelnen Programmierer zu suchen sind [5], [6]. Es ist für einen Programmierer schwer, ohne Werkzeuge festzustellen, welche Komponenten bereits existieren, wie man sie verwendet, was sie bewirken, wie man sie kombiniert und an konkrete Problemstellungen anpaßt. Es ist eine systematische Unterstützung von Seiten der Entwicklungsmethode und Umgebung notwendig, wenn die Programmierer nicht überfordert werden sollen (vgl. [7]). Es gibt darüber hinaus noch andere Gründe, Programmteile nicht wiederzuverwenden. Die Ausbildung fördert i.d.R. nicht diese Fähigkeit, und ein Programmierer kann es u.U. als erstrebenswert betrachten zu beweisen, daß er ein Problem selbständig ohne Rückgriff auf bereits entwickelte Programme lösen kann (vgl. [6]).

Die wichtigste organisatorische Voraussetzung für die Wiederverwendung von Software ist eine gut geführte Bibliothek von Softwarekomponenten. Zusätzlich sind Standards wichtig, die die Dokumentation der Softwarekomponeten und die Softwarequalität betreffen. Beim Aufbau einer solchen Bibliothek sind Arbeitsgebiete (Domänen) daraufhin zu analysieren, welche Strukturen und Funktionen typisch sind. Der Schlüssel für den Aufbau solcher Bibliotheken ist die Domänenanalyse (vgl. [8]). Erst wenn für ganze Arbeitsgebiete gut dokumentierte, wiederverwendbare Sofwarekomponenten vorliegen, reduziert sich der Entwicklungsaufwand einzelner Anwendungsprogramme innerhalb dieses Arbeitsgebietes erheblich.

Zu den technischen Gründen gehört die Ausdrucksfähigkeit der verwendeten Programmiersprache. Von ihr hängt es ab, wie groß die Granularität der einzelen Softwarekomponenten ist und wie allgemein eine Lösung für ein Problem, das in verschiedenen ähnlichen Formen auftritt, formuliert werden kann (vgl. [9]).

Standardbibliotheken, die eine Vielzahl allgemein verwendbarer Routinen enthalten, bewähren sich in Bereichen, in denen Probleme mit nur wenigen Parametern beschrieben und mit Hilfe von einfachen Datenstrukturen implementiert werden können. Eine gemeinsame Nutzung von komplexen Datenstrukturen unter mehreren Routinen ist nicht möglich. Die Granularität ist gering. Jede Routine löst je ein (kleines) Problem. Selbst wenn große Ähnlichkeiten unter ihnen vorliegen, lassen sie sich nicht ausnutzen.

In modularen Sprachen gibt es weitergehende Möglichkeiten, um in Modulen Programmteile zusammenzufassen. Ein Modul enthält nicht nur Routinen, sondern auch die Deklaration von Konstanten, Typen und Variablen. Ein Modul kann deshalb auch als vollständige Datenstruktur mit den dazugehörigen Operationen aufgefaßt werden (Datenkapsel).

Ergibt sich aber ein neues Problem, das geänderte Datenstrukturen oder leicht abgewandelte Operationen auf den Datenstrukturen verlangt, so muß ein neues Modul geschrieben werden, auch wenn sich große Teile der Implementierung gleichen. Der Softwareumfang kann deshalb kaum reduziert werden.

Die Wiederverwendbarkeit von Softwarekomponenten hängt erheblich davon ab, wie unabhängig die Implementierung von speziellen Realisierungsdetails ist und wie leicht sie angepaßt werden können an veränderte Anforderungen. Objektorientierte Programmiertechniken (Vererbungsbeziehungen unter Klassen, Ausnutzung der Polymorphie und auch die Verwendung von generischen Klassen) erlauben es, Softwarekomponenten zu entwickeln, die weniger auf ein spezifisches Problem zugeschnitten und besser anpaßbar sind als dies bei der konventionellen modularen Programmierung der Fall ist. Auch unter objektorientierten Programmiersprachen gibt es allerdings erhebliche Unterschiede, inwieweit mit Hilfe der Vererbungsbeziehung Ähnlichkeiten und Unterschiede zwischen Klassen ausdrückbar sind und wie weit das Geheimnisprinzip eingehalten wird (vgl. die Studie [10]).

Über die Programmiertechniken hinaus, die vor allem beim objektorientierten Entwurf zu berücksichtigen sind, hat die Idee der Wiederverwendbarkeit auch Auswirkungen auf die gesamte Projektdurchführung bei einer objektorientierten Vorgehensweise.

4   Objektorientierte Softwareentwicklung

Für die Anforderungsermittlung, die Systemgestaltung, den Softwareentwurf und die Implementierung haben sich verschiedene Methoden und Werkzeuge bewährt. Unsicherheit besteht aber bei der objektorientierten Softwareentwicklung, wie die verschiedenen Prozesse eines Projektes mit den bekannten Methoden und Werkzeugen unterstützt werden können, so daß die Besonderheiten der objektorientierten Modellierung durchgehend zum Tragen kommen. Es zeichnet sich aber ab, daß einige bewährte Techniken, wie Datenflußdiagramme oder Methoden zur Datenmodellierung, etwa Entity-Relationship Diagramme, zumindest abgeändert werden sollten. Überlegungen zu solchen Anpaßungen finden sich u.a. in ([11], [12], [13], [14]).

Das Ziel der konventionellen Analysetechniken ist es, funktionale Anforderungen zu definieren, d.h. es wird festgelegt, auf welche Eingabe ein System mit welchen Ausgaben reagieren soll. Prozesse werden funktional zerlegt; auf jeder Zerlegungsstufe stellen Unterprozesse einen Prozeß einer höheren Stufe dar. Bei der objektorientierten Modellierung sind aber Funktionen fest an die Datenabstraktionen gebunden, auf denen sie operieren sollen. Wenn bei der Zerlegung von Prozessen zusammengehörige Funktionen entstehen, die auf verschiedenen Daten operieren, so würde eine objektorientierte Modellierung die Funktionen verschiedenen Objekten zuordnen. Bailin nimmt aus diesem Grund Erweiterungen an den Modellierungstechniken der strukturierten Analyse vor, so daß Funktionen prinzipiell nur innerhalb von Klassen modelliert werden (vgl. [15]).

Auf der Suche nach einem methodischen Rahmen für die objektorientierte Softwareentwicklung ist es sinnvoll, mit einer Inventur der bislang verwendeten Methoden, Werkzeuge und grundsätzlichen Vorgehensweisen zu beginnen. Es ist zu prüfen, welche besonderen Anforderungen ein objektorientierter Ansatz mit sich bringt, und, wie bekannte Vorgehensweisen damit in Einklang zu bringen sind. Danach kann man entscheiden, was verworfen oder nach evtl. Anpassungen übernommen werden soll. Die Bemühungen, die bereits in diese Richtung unternommen worden sind, zeigen aber auch, daß es kein einheitliches Verständnis darüber gibt, welche Konsequenzen eine "wirklich" objektorientierte Modellbildung im Rahmen einer Softwareentwicklung für die frühen Phasen eines Projektes hat oder haben sollte (vgl. die Auseinandersetzung in [16]).

Auf diesem noch weitem Feld für methodische und technische Unterstützung objektorientierter Ansätze möchten wir uns hier jedoch auf die Fragen beschränken, die eine größere Wiederverwendbarkeit von Softwarekomponenten als vorrangiges Ziel verfolgen.

Die Lebensdauer eines objektorientierten Anwendungsprogrammes soll länger werden als es bisher der Fall war. Ein neues Anwendungsprogramm benutzt Klassen der zu Verfügung stehenden Klassenbibliothek, in der idealerweise eine zusammengehörige Menge von Klassen den Arbeitsbereich, bzw. die Domäne, modellieren, in dem das Programm zum Einsatz kommen soll. Da die strukturellen Eigenschaften einer Domäne stabiler sind und i.d.R geringeren Veränderungen unterworfen sind als die erwünschte Funktionalität der Programme, kann eine gute Modellierung in Form von Klassen eine längere Lebensdauer der darauf aufbauenden Anwendungsprogramme gewährleisten. Die Identifizierung der Klassen und der Beziehungen der Klassen untereinander ist allerdings ein nicht triviales Problem.

Überlegungen zu einer objektorientierten Domänenanalyse

Ein großer Teil der Bemühungen um größere Wiederverwendbarkeit findet außerhalb von spezifischen Projekten für ein Anwendungsprogramm statt. Die Voraussetzungen, um in einem Projekt für ein bestimmtes Anwendungssystem Software wiederzuverwenden, können in einer vorher durchgeführten Domänenanalyse geschaffen worden sein. Die objektorientierte Domänenanalyse verfolgt das Ziel, wiederverwendbare Klassen für einen bestimmten Arbeitsbereich zu identifizieren, zu implementieren und zu dokumentieren. Damit liefert sie die Voraussetzung für Projekte, die eine objektorientierte Vorgehensweise zugrunde legen.

Die Domänenanalyse ist eine Aktivität, die vor der Anforderungsermittlung stattfindet oder aber unabhängig von einem spezifischen Projekt. Während bei der Anforderungsermittlung ein Modell für ein bestimmtes Anwendungsprogramm ermittelt wird, geht es bei der Domänenanalyse darum, ein Arbeitsgebiet im ganzen zu erschließen.

Es ist schwierig, innerhalb eines Projektes von den spezifischen Anforderungen der vorliegenden Problemstellung zu abstrahieren, um wirklich flexible Komponenten zu entwickeln. Darüberhinaus ist es verhältnismäßig aufwendig, ein wiederverwendbares Element zu entwickeln, so daß schnell ein Konflikt mit dem Projektplan auftreten kann. Die während der Domänenanalyse modellierten Objekte orientieren sich an Klassen von Tätigkeiten von Personen; die während der Anforderungsermittlung zu einem Projekt modellierten Objekte orientieren sich i.d.R. nur an den für dieses Projekt relevanten Tätigkeiten.

Das Vorgehen bei der Domänenanalyse beginnt mit der Suche nach den wesentlichen Objekten und Klassen in einem definierten Arbeitsgebiet (vgl. [8]). Die Abgrenzung des zu analysierenden Arbeitsgebiets ist wichtig, damit sich möglichst schnell die nicht domänenspezifischen Objekte von den spezifischen unterscheiden lassen. Nur so wird die Analyse möglichst aussagekräftig.

Eine Sprache, mit der sich die Aktionen und Objekte in einem Arbeitsbereich beschreiben lassen, ist die Grundlage für die Modellierung von Klassen. Im Zuge der inkrementellen Fortschreibung der modellierten Objekte entwickelt sich eine gemeinsame Projektsprache auf der Grundlage der vorhandenen Domänensprache. Mit Hilfe einer spezifischen Projektsprache können Anwendungsprogramme für diese Domäne spezifiziert und modelliert werden. Vor allem aber können sich die am Projekt Beteiligten über modellierte Objekte unterhalten und die Modelle im Gespräch weiterentwickeln.

Für die gefundenen Objekte müssen dann die charakteristischen Merkmale beschrieben werden. Dazu gehört zuerst ein angemessener Objektname. Objekte werden klassifiziert nach ihren gemeinsamen strukturellen und funktionalen Merkmalen, d.h. Ähnlichkeiten werden genutzt, um Klassen von Objekten zu bilden. Die Klassifikation ist der Schritt, in dem die erste Abstraktion mit Hilfe des domänenspezifischen Wissens gewonnen wird. Bei der Beschreibung der Beziehungen der Objekte untereinander lassen sich z.B. Abstraktionshierachien oder Mengen bilden. Die Beziehungen der verschiedenen Klassen zueinander können Spezialisierungen, Aggregationen, Teiltypbeziehungen oder Benutzt-Beziehungen sein.

Wenn eine repräsentative Anzahl von Objekten aus dem Arbeitsgebiet analysiert, zerlegt und auf die charakteristischen Merkmale hin beschrieben worden sind, können diese also zu Klassen zusammengefaßt, Abstraktionen gesucht und modelliert werden.

Neben der Bildung ganz neuer Klassen ist es auch sinnvoll, bestehende Programme, die innerhalb des Arbeitsgebiets eingesetzt werden, im Hinblick auf wiederholende Elemente zu untersuchen. Wenn Kanditaten für eine mögliche Wiederverwendung zusammengetragen und auftretende Variationen gesammelt sind, kann man beginnen, aus ihnen typische Objekte und Klassen zu bilden und die Klassen in Beziehung zueinander zu setzen.

Wichtig für die Wiederverwendbarkeit der so gefundenen Klassen ist aber, daß diese Softwarekomponenten gründlich ausgetestet und auf die Einhaltung von Qualitätsrichtlinien untersucht worden sind. Die Dokumentation sollte unbedingt eine genaue Beschreibung enthalten, wie ein späterer Programmierer die Klassen benutzen kann und welche Protokolle in seinen eigenen Klassen eingehalten werden müssen.

5   Das Cluster-Modell der Softwareentwicklung

Im vorherigen Abschnitt wurde die Wiederverwendbarkeit von Softwarekomponenten als eines der wesentlichen Argumente für eine objektorientierte Vorgehensweise aufgeführt. Daraus resultiert die Frage, in welcher Weise generell bei der Entwicklung von Applikationen vorgegangen werden soll, wenn die Entwicklung wiederverwendbarer Komponenten im Vordergrund steht.

Wiederverwendbare Komponenten können sowohl einzelne Klassen sein als auch Gruppen von Klassen, die Cluster genannt werden. Ein Cluster ist eine Gruppe von Klassen, die zur Erreichung eines Zieles zusammengefaßt werden, z.B. Klassen zur Abstraktion vom verwendeten Dateiverwaltungssystem.

Das von Meyer in [17] vorgeschlagene Cluster-Modell der Softwareentwicklung sieht folgende Entwicklungsschritte vor:

- Entwickle zunächst Basiscluster, die Dienstleistungen für spezifischere Cluster zur Verfügung stellen.

- Entwickle darauf aufbauend applikationsspezifische Cluster, in denen die Funktionalität des Systems implementiert wird.

Für die Entwicklung eines einzelnen Clusters schlägt Meyer eine der objektorientierten Vorgehensweise angepasste Form des Wasserfallmodells vor. Dabei folgt der Spezifikation eines Clusters eine Phase, in der Design und Implementation vorgenommen werden. Abschließend soll ein Cluster validiert und generalisiert werden. Die Bedeutung der Generalisierung liegt im Hinzufügen von Zusicherungen zu Klassen, sowie der Abstraktionsbildung durch Vererbung und der Extraktion von Gemeinsamkeiten in Klassen.

In der Phase Validierung und Generalisierung sind damit Rückkopplungszyklen vorgesehen. Wichtig bleibt, zu beachten, daß die Anwendung des Wasserfallmodells sich nicht auf die Entwicklung eines Anwendungssystems bezieht, sondern auf Cluster, aus denen ein Anwendungssystem zusammengesetzt wird. Begründet wird die Unterscheidung zwischen Clustern und Anwendungssystemen mit dem umfassenderen Ziel der objektorientierten Vorgehensweise: Der Herstellung von wiederverwendbaren Produkten. Anders als bei traditionellen Vorgehensmodellen, deren Gegenstand ein *Softwareprojekt* ist, zielt das Cluster-Modell auf Produkte ab, die in verschiedenen Projekten wiederverwendet werden können.

Aus dem Cluster-Modell folgt, daß die Entwicklung von Anwendungssystemen inkrementell erfolgt und zwar von allgemeineren zu applikationsspezifischeren Clustern. Dabei findet soweit wie möglich eine Abstützung auf bereits vorhandene Softwarekomponenten statt.

Zur effektiven Ausnutzung einer objektorientierten Vorgehensweise bedarf es umfassender Werkzeugunterstützung. Im folgenden Abschnitt stellen wir das Konzept einer Werkzeugumgebung vor, die

die Entwicklung von Anwendungssystemen nach objektorientierten Techniken unterstützt und eine zyklische Vorgehensweise vorsieht.

6   Werkzeugunterstützung

An eine Werkzeugumgebung, die ein objektorientiertes und zyklisches Vorgehen unterstützt, können folgende Anforderungen gestellt werden. Die Werkzeugumgebung muß

- an den Objekten orientiert sein, mit denen Softwareentwickler umgehen,

- den kooperativen Charakter der Softwareentwicklung unterstützen und

- die zyklische Entwicklung in Systemversionen unterstützen.

In den folgenden Abschnitten werden die zugrunde liegenden Konzepte unserer Werkzeugumgebung erläutert.

6.1   Die Programmierwerkstatt als Leitmetapher

Die Verwendung von Leitmetaphern zur Charakterisierung der Werkzeugunterstützung, bzw. zur Charakterisierung einer Sichtweise auf die Softwareproduktion ist heute weit verbreitet. Bekannte Metaphern sind etwa die Softwarefabrik oder der Werkzeugkasten. Wir werden im folgenden die von uns verwendete Metapher der Programmierwerkstatt erläutern, die unserer Forderung nach einer Subjektorientierung nachkommt.

Die von uns entwickelte Umgebung orientiert sich an der in [18] definierten Leitmetapher der *Programmierwerkstatt*. Diese Sichtweise betrachtet den Benutzer von Werkzeugen als einen geschulten Fachmann, der Werkzeuge, Materialien und sein Erfahrungswissen benutzt, um Produkte nach den Regeln der Kunst herzustellen. Alle Werkzeuge in der Programmierwerkstatt sind nach einem einheitlichen Schema konstruiert. Jedes Werkzeug ist über einen Namen oder ein Symbol aufrufbar. Der Benutzer eines Werkzeuges der Programmierwerkstatt kann erwarten, daß das Werkzeug die Bearbeitung des Materials transparent macht, d.h. daß eine ständige visuelle Rückkopplung erfolgt. Der Gebrauch eines Werkzeuges läßt sich über Optionen durch den Benutzer einstellen. Die aktuelle Einstellung des Werkzeuges ist sichtbar.

Die Verfolgung dieser Metapher scheint uns besonders geeignet zur Unterstützung wenig formalisierter, anspruchsvoller Aufgaben, wie dem Design von Software.

Im Gegensatz zur *Softwarefabrik*, die eine Formalisierung des Entwicklungsprozesses auf der zeitlichen Ebene fordert, zielt die Programmierwerkstatt darauf ab, aus dem Erfahrungswissen von Entwicklern Rückschlüsse auf dekontexualisierbare Arbeitsschritte zu ziehen.

Dekontextualisierte Arbeitsschritte können in verschiedenen Arbeitszusammenhängen wiederverwendet werden. Gängige Beispiele für Werkzeuge, die diese Art von Arbeitsschritten übernommen haben, sind etwa Compiler.

In der Programmierwerkstatt stehen die Entwickler bzw. das Projektteam als handelnde Subjekte im Mittelpunkt. Annahmen zur Reihenfolge, in der Arbeitsschritte im Entwicklungsprozeß zur Erreichung eines Ziels zu erfolgen haben, werden so wenig wie möglich durch die in der Programmierwerkstatt enthaltenen Werkzeuge vorgegeben. Die Vorgehensweise wird durch die in der Werkstatt enthaltenen Werkzeuge nicht vorbestimmt, sondern bleibt in der Hand der Entwickler.

6.2 Objektorientierte Konstruktion von Werkzeugen

Zentraler Gegenstand der *objektorientierten* Programmierwerkstatt ist die enge Verknüpfung von Werkzeugen und dem von diesen Werkzeugen bearbeitbarem Material. Die Verbindung von Werkzeug und Material kann nach [19] durch die folgenen Kategorien von Klassen ausgedrückt werden.

Werkzeugklassen stellen standardisierte Leistungen zur Verfügung. Die Art der Leistung eines Werkzeuges wird in *Aspektklassen* spezifiziert. Aspektklassen lassen sich als Protokolle verstehen, denen *Materialklassen* genügen müssen, wenn sie von einem Werkzeug benutzbar sein wollen.

Abbildung I zeigt einen Ausschnitt aus der objektorientierten Modellierung des Arbeitsgebietes Softwareentwicklung. Übersetzer, Drucker, Formatierer und Editoren sind Werkzeugklassen des Systems. Die von diesen Werkzeugen erbrachten Leistungen werden in den korrespondierenden Aspektklassen spezifiziert. Materialklassen wie z.B. *nicht ausführbares Dokument* implementieren die Spezifikationen aus den Aspektklassen.

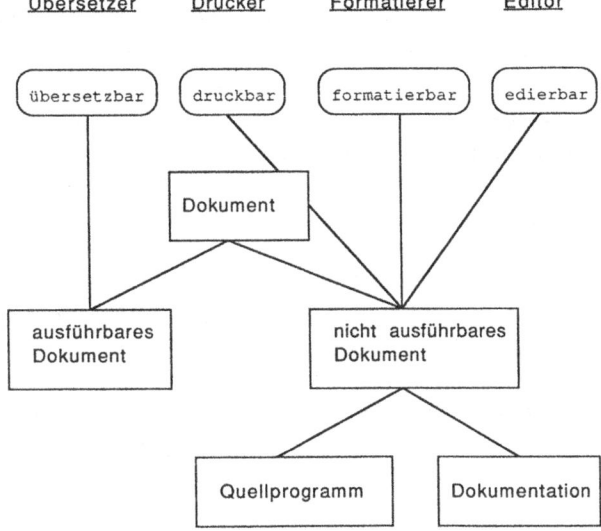

Das in der Aspektklasse `druckbar` spezifizierte Protokoll eines Schnelldruckers verlangt z.B., daß eine Materialklasse folgende Operationen implementiert:

```
function gib_erste_druckzeile : STRING;
function gib_naechste_druckzeile : STRING;
function druck_ende : BOOLEAN;
```

In der Klasse `Drucker` ist das Wissen über den tatsächlichen Druckvorgang für eine Druckzeile verborgen. In allen Materialklassen, die ausdruckbar sein sollen, ist das Wissen über ihre interne Struktur verborgen. Die Verbindung zwischen den Werkzeugklassen und den Materialklassen wird lediglich durch die Aspektklassen hergestellt, die die Werkzeugprotokolle spezifizieren, die Implementierung jedoch den jeweiligen Materialklassen überlassen.

Aus der Art der Vererbungsbeziehung zwischen Material- und Aspektklassen ist damit direkt ableitbar, welche Werkzeuge zur Bearbeitung von Materialklassen zur Verfügung stehen.

Die Unterscheidung von Werkzeug- und Materialklassen findet sich auch in dem im vorigen Abschnitt beschriebenen Cluster-Modell der Softwareentwicklung wieder. Werkzeugcluster sind charakteristische Basiscluster, deren Leistungen von applikationsspezifischen Clustern in Anspruch genommen werden. Damit bilden Werkzeugcluster den Rahmen, in den Applikationssysteme eingebunden werden können.

Applikationssysteme selbst setzen sich aus Clustern von Materialklassen zusammen, die das typische Ergebnis einer objektorientierten Domänenanalyse sind.

6.3   Wiederverwendbarkeit von Klassen

Um die Wiederverwendbarkeit von Klassen zu erreichen, ist es notwendig, die Entwurfsentscheidungen festzuhalten, die zur Bildung von Klassen bzw. von Klassenhierarchien getroffen wurden.

Aus der bloßen Vererbungs- und Benutztbeziehung zwischen Klassen eines Systems ist i.d.R. nicht zu erkennen, welche Entscheidungen gerade zu diesem Entwurf geführt haben. Dies ist insbesondere dann der Fall, wenn in Generalisierungsschritten die Gemeinsamkeiten aus Materialklassen extrahiert und zur Konstruktion von abstrakteren Oberklassen verwendet wurden. Ergebnis eines solchen Generalisierungsprozesses sind Klassen, die nicht mehr direkt in Bezug zu Objekten der Domäne stehen.

Die Dokumentation der Verwendungszusammenhänge von Klassen und Clustern hat deshalb eine entscheidende Bedeutung. Für die Verwendbarkeit der Dokumentation wiederum ist es wichtig, den sprachbildenden Charakter der Projektarbeit in Betracht zu ziehen.

In der Programmierwerkstatt sind aus diesem Grund Werkzeuge enthalten, die es erlauben, die Verwendung von Begriffen in Dokumenten transparent zu machen. In einem Glossar werden die Begriffe eines Arbeitsgebietes und deren Verwendungszusammenhänge verwaltet und fortgeschrieben.

Für die am Projekt beteiligten Personen wird die Transparenz des Entwicklungsprozesses durch produktbegleitende Dokumente erhöht. Zu dieser Kategorie von Dokumenten gehören Tagebücher, wie sie von [20] eingeführt wurden. Die wesentliche Funktion eines werkzeuggestützten Tagebuches in einem objektorientierten Entwicklungsprojekt besteht darin, parallel zur Entwicklung von Produkten Entwurfsentscheidungen und Abwägungen festhalten zu können.

7   Ausblick

Die volle Tragweite einer objektorientierten Sichtweise für die Softwareentwicklung kann noch nicht wirklich übersehen werden, da noch zuwenige Erfahrungen mit der Durchführung großer Projekte vorliegen.

Die bisherigen Ergebnisse geben Anlaß zu der Hoffnung, daß die Lücke zwischen zu modellierenden Anwendungsbereichen und zur Verfügung stehenden rechnergestützten Hilfsmitteln mit der Verwendung objektorientierter Techniken kleiner wird. Damit besteht die Chance, daß Softwareentwicklung sich eher auf die im Anwendungsbereich vorhandenen Problemstellungen konzentrieren kann als auf die Probleme, die bei der Umsetzung von Anforderungen auftreten. Die Einbeziehung von Perspektivität sowohl bei der Modellierung von Arbeitsgebieten als auch bei der Konzeption von Werkzeugen spielt eine wichtige Rolle für die Qualität des Entwicklungsprozesses.

Literatur

[1] J. Pasch: Dialogischer Entwurf, Dissertationsvorhaben, TU Berlin, 1990.

[2] C.Floyd, M. Mehl, F. M. Reisin, G. Wolf: Partizipative Entwicklung transparenzschaffender Systeme für DV-gestützte Arbeitsplätze, (PEtS) Reihe: Sozialverträgliche Technikgestaltung, Der Minister für Arbeit, Gesundheit und Soziales des Landes Nordrhein-Westfalen, Westdeutscher Verlag (Hrg.) , 1990.

[3] Special Issue on Reusability, IEEE Transaction on Software Engineering, Band SE-10, Nr. 5, Sept. 1984.

[4] W. Tracz (Hrg.): IEEE Tutorial: Software Reuse – Emerging Technology, IEEE CS Press, 1988.

[5] S. N. Woodfield, D.W. Embley, D.T. Scott: Can Programmers reuse Software?, IEEE Software, Juli 1987.

[6] Will Tracz: Software Reuse: Motivators and Inhibitors. Proceedings of COMCON 87, auch veröffentlicht in [4].

[7] G. Fischer: Cognitive View of Reuse and Redesign. IEEE Software, Juli 1987.

[8] R. Prieto-Diaz: Domain Analysis for Reusability, Proceedings of COMPSAC 1987, auch veröffentlicht in [4].

[9] B. Meyer: Reusability the Case for Object-Oriented Design. IEEE Software, März 1987.

[10] J. Micallef: Encapsulation, Reusability, and Extensibility in Object-Oriented Programming Languages, JOOP, April/Mai 1988.

[11] P. Coad, E. Yourdon: Object-Oriented Analysis. Yourdon Press, Englewood Cliffs, 1990.

[12] S. Shlaer, S.J. Mellor: Object-Oriented System Analysis – Modelling the World in Data, Yourdon Press, Englewood Cliffs, 1990.

[13] P.T. Ward: The Transformation Schema: An Extension of the Data Flow Diagram to represent Control and Timing, IEEE Transactions on Software Engineering, SE-12, Nr. 2, Febr. 1986.

[14] P.T. Ward: How to integrate Object Orientation with structured Analyssis and Design, IEEE Software, März 1989.

[15] S.C. Bailin: An Object-Oriented Requirements Specification Method, Comm. of the ACM, Band 32, Nr. 5, Mai 1989.

[16] P. H. Loy: A Comparison of Object-Oriented and structured development Methods, ACM Sigsoft, Software Engineering Notes, Band 15, Nr. 1, Jan. 1990.

[17] B. Meyer: The new Culture of Software Development: Reflections on the Practice of Object-Oriented Design, Proceedings of TOOLS '89, 1989.

[18] R. Budde, H. Züllighoven: Software-Werkzeuge in einer Programmierwerkstatt, GMD-Bericht Nr. 182, Oldenbourg Verlag, 1990.

[19] H. Züllighoven, G. Gryczan: Restoring instead of Demolishing, voraussichtlich in Preeedings of the 13th IRIS Conference, Turkku, Finnland, Aug. 1990.

[20] P. Naur : Program Development Studies based on Diaries, Psychology of Computer Use, Academic Press London, 1983.

Management von Software-Projekten

Dieter Steinbauer
DATEV eG
Paumgartnerstr. 6-14
8500 Nürnberg

0. Einleitung

Projektmanagement in der Softwareentwicklung wird in der Literatur (z.B. <4>, <7>, <8>) häufig auf die organisatorischen oder administrativen Aspekte reduziert. Es wird versucht, die Verwaltung der Ressourcen (Zeit, Hilfsmittel, Personal) durch Methoden und Hilfsmittel hinsichtlich Planung und Steuerung effizienter zu gestalten. Meine Erfahrung aus der Praxis zeigt, daß die Überbetonung dieser Art des Projektmanagements in der Softwareentwicklung eher hinderlich denn effizienzsteigernd ist.

Eine Reduktion des Projektmanagements auf das Ressourcenmanagement vermittelt eine Pseudo-Sicherheit, alles im Griff zu haben (Termine, Kosten, Aufwand), in Wirklichkeit scheitert das Projekt trotzdem. Erfolgreiches Projektmanagement ist zielgerichtet. Es stellt die Ergebnisse und die Mitarbeiter in den Vordergrund.

1. Erfolgsfaktoren für das Projektmanagement

Der Erfolg eines Projekts in der Softwareentwicklung und damit des Projektleiters ist an folgenden Faktoren festzumachen:

- Qualität und Funktionalität der Ergebnisse (Software/Produkt)
- Wirtschaftlichkeit und Termintreue im Ressourceneinsatz
- Konsens und Transparenz in den Projektzielen/-strukturen
- Qualifikation und Motivation des Projektteams
- Innovation und Stabilität der verwendeten Technologie.

Die Erfolgsfaktoren spannen fünf Aufgabengebiete auf, in denen der Projektleiter seine Leistungen zu erbringen hat (Abb. 1).

Abb.1: Facetten des Projektmanagement

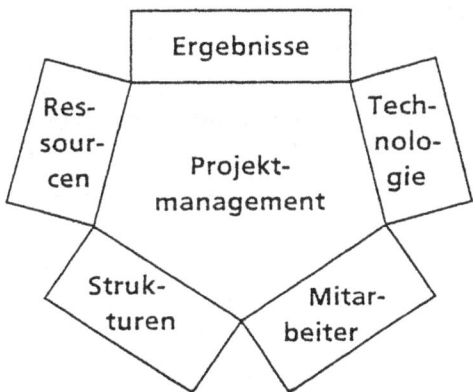

Alle Teilgebiete, Ergebnisse, Mitarbeiter, Ressourcen, Strukturen und Technologie wirken zusammen. Ihre Bewältigung durch den Projektleiter sichert
letztlich den Projekterfolg. Die empirischen Untersuchungen von Abdel-Hamid
bestätigen das Beziehungsnetz zwischen den Aspekten, Ressourcen, Mitarbeitern und Ergebnissen <1>.

2. Managen der Ergebnisse - Die primäre Aufgabe des Projektleiters

Spricht man über ein erfolgreiches Projekt, so wird fast stillschweigend vorausgesetzt, daß das Projekt sein Ziel erreicht hat. Das Projektziel wird nur
dann erreicht, wenn die Ergebnisse (sprich Software) in qualitativer und
funktionell zufriedenstellender Form erbracht wurden. Das primäre Ziel des
Projektleiters ist diese Ergebniserbringung. Ergebnisse in der Softwareentwicklung sind im klassischen Sinne des Software-Engineering Vorstudie, Fach-
entwurf, Systementwurf (Programm-)Module, System und Anwendung (mit allen
Begleitmaterialien). Die Ergebnisse unterliegen der Beurteilung des
Anwenders insbesondere hinsichtlich Qualität und Funktionalität.

Abb.2: Software-Entwicklungsmodell

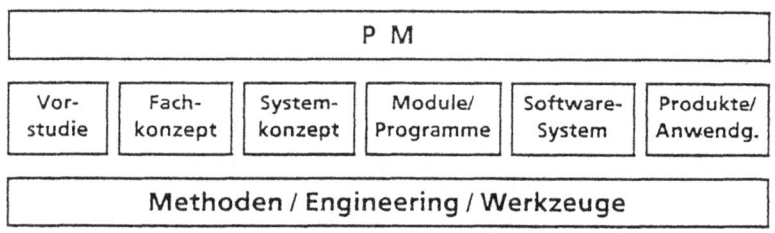

Der Projektverantwortliche wird deshalb bezüglich der Ergebnisse vier Aktivitäten durchführen:

- Erkunden von Lösungswegen für die zu bewältigenden Aufgaben bzw. Problem-
  stellungen
- Beurteilung der gefunden Lösungsalternativen auf ihre Tauglichkeit und
  Zielerreichbarkeit und Auswahl des günstigsten Wegs
- Umsetzen der gefundenen Lösung in ein qualitatives (Sofware-)System
- Sichern der Ergebnisse im Hinblick auf die Wartbarkeit und den Betrieb.

Ein Projektmanagement-Konzept für Softwareprojekte stellt für diese Arbeit
Methoden und Arbeitstechniken bereit. Ein ergebnisorientiertes Software-Ent-
wicklungsmodell (Abb. 2) ist hierfür Voraussetzung, das die Ergebnisstruktur
und die Qualitätsmerkmale näher spezifiziert. Die Lösungsfindung basiert auf
den Einbeziehungen verschiedener Informationskanäle (Abb. 3), wie Marktbe-
obachtung, alternative Konkurrenzprodukte, ähnliche Lösungen, Fachliteratur
etc. neben den primären Anforderungen des Kunden/Anwender des zukünftigen
Systems.

Die Beurteilung von Anwenderwünschen darf nicht beim 'Ist' stehenbleiben.
Kritisch abzuschätzen sind potentielle Wünsche des Anwenders, die sich durch
den Umgang mit dem System ergeben könnten. Technologische Veränderungen, die
der Anwender noch nicht kennt, oder Verbesserungen des organisatorischen Ablaufs beim Anwender und damit verbundene Rückwirkungen sollten bereits in
die Lösungsfindung mit einfließen.

Abb.3: Erkunden von Lösungen

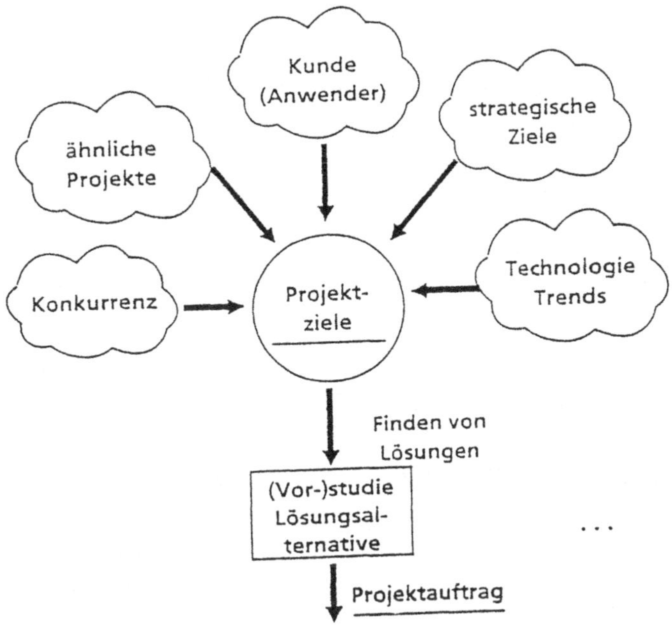

Es bedarf keiner Erläuterung, daß die Umsetzung des ausgewählten Lösungswegs
in ein Softwaresystem natürlich entsprechend den Methoden des Software-
Engineering erfolgen sollte. Die Sicherung der Entwicklungsergebnisse, besonders hinsichtlich der Wartung, wird in Zukunft durch den Einsatz von entwick-
lungsbegleitenden Dokumentationswerkzeugen wie dem 'Repository' hilfreich
unterstützt werden. Für den laufenden Betrieb ist in der Regel jedoch
zusätzlich ein permanenter Service (Hilfestellung für den Anwender und
kleine Verbesserungen) vorzuhalten. Ein erfolgreicher Projektleiter sorgt
für die Einrichtung dieses Service, bevor er sich zurückzieht.

3. Managen der Ressourcen (administratives Projektmanagement)

Im Rahmen des Projektmanagements übernimmt der Projektleiter die Ressourcenverantwortung. Der Projektleiter hat den Einsatz der ihm übertragenen Ressourcen zu

- planen
- steuern
- kontrollieren.

Hierfür gibt es hinreichend Methoden und Verfahren. Aus praktischer Sicht ist auch das

- Beenden

von Projekten von Bedeutung. Beim Beenden sind die zugeteilten Ressourcen freizugeben.

In der Praxis haben sich einfache Planungsmethoden, die der Unsicherheit - insbesondere der frühen Phasen - Rechnung tragen, bewährt. Zum Beispiel lassen sich mit Hilfe von Metaplantafeln die groben Funktionsblöcke eines Systems aufzeigen und über Mitarbeiter verteilen, und eine grobe Zeitschätzung kann vorgenommen werden (Abb. 4). Die so gewonnene Ressourcenverteilung kann dann präzisiert und z.B. über PC-Werkzeuge weiterverarbeitet werden. Die Steuerung der Aktivitäten (Aufgabenzuordnung zum Mitarbeiter) kann auf dieser Basis weiter verfeinert werden. Zur Kontrolle hat sich ein 'Aktivitätenbuch' - abgeleitet aus den Planungen - bewährt. Im Aktivitätenbuch werden alle Aktivitäten pro Mitarbeiter vermerkt. In ihm ist jederzeit ersichtlich, welche Aktivität noch offen ist und wer sie zu bearbeiten hat. Jeder Mitarbeiter kennt dieses Aktivitätenbuch und die ihm zugeteilten Aufgaben. Prioritätsverschiebungen schlagen sich unmittelbar in diesem Buch nieder.

Ohne explites Beenden eines Projekts fehlt auch die klare Projektabgrenzung. Neue Releases einer Anwendung sind neue Projekte. Gleitende Übergänge gilt es durch klare Entscheidungen zu verhindern und über eine neue Zuordnung oder Verteilung der Ressourcen im Gesamtunternehmen zu entscheiden. 'Never-Ending-Projects', bei denen aus Projekten Daueraufgaben werden, sprechen nicht für die Qualität der Projektleitung. Der Erfolgsfaktor für das Ressourcenmanagement ist Wirtschaftlichkeit und Termintreue.

Abb.4: Aufgabenplan

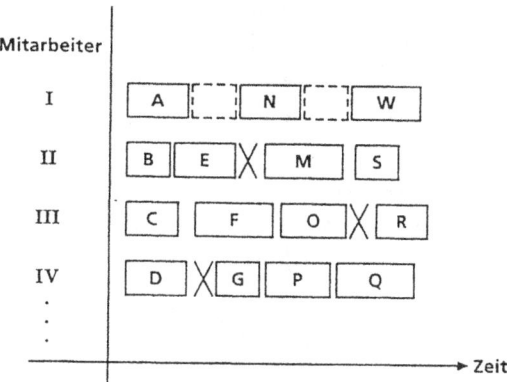

4. Managen der Strukturen (organisatorisches Umfeld)

Jedes Projekt befindet sich in einem organisatorischen Umfeld. Die gängigen
Modelle zur Projektaufbauorganisation regeln, wie ein Projekt in einer Organisation verankert werden kann. Diese Modelle sind hilfreich, aber nicht hinreichend. Der Projektleiter wird die Struktur, die er benötigt, in der Regel
wesentlich mitgestalten. D.h., er wird sie seinen Projektzielen gegebenenfalls anpassen. Erfolgreiche Projektleiter schaffen sich notfalls ihre eigene organisatorische Infrastruktur. Konsens und Transparenz über die Projekt-
ziele im Management und bei den Mitarbeitern sind dabei die wesentlichen Erfolgsfaktoren, auf deren Basis Organisationsstrukturen festgezurrt werden
können. Um diese zu erreichen, wird der Projektleiter

- der 'Hierarchie' (Control Board) den Projektverlauf berichten und diese
  in die Entscheidungen mit einbeziehen.
- die vom Projekt betroffenen (Review Board) in die Koordination des Projekts mit einbeziehen, damit die Auswirkungen und die Anforderungen frühzeitig erkannt und von diesen mitgetragen werden.
- die ihm zugehenden Informationen strukturieren, bewerten und diese entsprechend mit Prioritäten versehen, soweit sie das Projekt betreffen.
- die Mitglieder seines Projekts über alle wesentlichen Entscheidungen,
  die das Projekt mittelbar oder unmittelbar tangieren, informieren.

Projektorganisation /-information

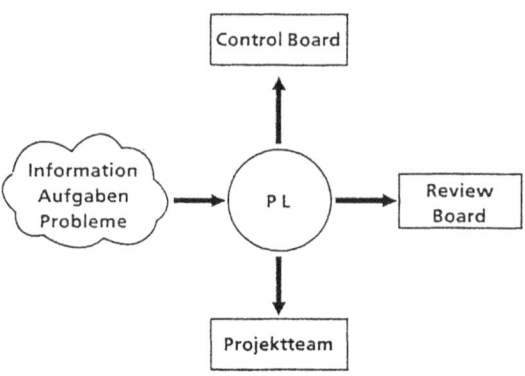

Das Informationsverhalten im und über das Projekt ist entscheidend für den Erfolg und die emotionale Absicherung des Projektziels. Ein Projektergebnis, das zwar qualitativ und funktional korrekt ist, kann aufgrund fehlender Information oder widerstrebender Interessen abgelehnt werden. Diese Ablehnung basiert unter anderem auf einer unzureichenden Informationspolitik des Projektleiters. Projekte können scheitern, wenn sie nur halbherzig vom Projektmanagement, von den Kollegen oder vom Team getragen werden. Das 'Management der Strukturen' muß dem entgegenwirken.

5. Managen der Mitarbeiter

Wesentlicher Bestandteil des Projektmanagements ist die Mitarbeiterführung <6>. Dieser Aufgabe ist mehr als nur unter dem Aspekt 'Teamgeist' Aufmerksamkeit zu schenken. Der Erfolg des Projekts hängt wesentlich von der Qualifikation und Motivation der Mitarbeiter im Projektteam ab. Beides, Qualifikation und Motivation des Teams, kann durch entsprechende Führung erreicht werden. Wichtig ist dabei situatives Führen <2>. Abhängig von der vorliegenden Aufgabenstellung, dem Wissensstand und dem Engagement der Mitarbeiter muß der Projektleiter entscheiden, welchen Führungsstil er wählt.

Er kann

- lenken
  (d.h., dem Mitarbeiter präzise Anweisungen im Detail geben und die Durchführung beaufsichtigen)
- anleiten/trainieren
  (d.h., den Mitarbeiter um Vorschläge bitten, seine Entscheidungen vermitteln und die Durchführung überwachen.)
- unterstützen
  (d.h., dem Mitarbeiter die Verantwortung für die Durchführung übertragen, die Entscheidungen gemeinsam bilden und sich auf die Ergebnisprü-
  fung beschränken)
- delegieren
  (d.h., die Durchführung und Lösungsfindung werden weitgehend dem Mitarbeiter übertragen, lediglich die Ergebnisse werden geprüft).

Ziel des Projektleiters muß es sein, die Qualifikation der Mitarbeiter anzu-
heben. Die Weiterbildung sollte durch 'Training on the Job' erfolgen, Fort-
bildungsmaßnahmen im Sinne von Kursen sind auf den Transfererfolg und die
erfolgreiche Anwendung des erworbenen Wissens hin zu beurteilen.

Das situative Führen erzeugt Zufriedenheit bei den Mitarbeiter, da sie sich
adäquat zu ihrem Kenntnisstand behandelt fühlen und die Perspektive der
persönlichen Weiterentwicklung aufgezeigt wird.
Meine Erfahrung ist: Mitarbeiter, die fachlich gefordert, aber nicht überfordert werden, sind motiviert und engagiert.

6. Managen der Technologie

Foster <5> zeigt auf, daß Technologie sich in sogenannten 'Technologie-Sprün-
gen' entwickelt. Technologische Veränderungen in der Softwareentwicklung treten in sehr kurzen Zeitintervallen auf. Vom Projektleiter wird aufgrund der
vorliegenden Rahmenbedingungen entschieden, auf welcher technologischen
Basis er das Projekt aufsetzt. Die Adäquatheit der eingesetzten Technologie
(z.B. zentrales Informationssystem unter DB/2 oder individuelle Datenverarbeitung mit EXCEL) sind Entscheidungen, die der Projektleiter wesentlich mit-
gestaltet. Damit wird relevant, welchen technologischen Hintergrund der Projektleiter hat.

Er muß die in Frage kommenden Technologien für sein Projekt

- kennen
- auswählen
- (sachgerecht) einsetzen
- und in ein bestehendes System gegebenenfalls integrieren.

Erfolgreiches Technologie-Management des Projektleiters beachtet damit Technologie-Trends und orientiert sich an den technologischen Möglichkeiten. Innovation und Stabilität sind hier die sich widersprechenden Ziele. Der Konflikt ist letztlich vom Projektleiter auszutragen. Das Setzen auf Altbewährtes kann das Projekt ins technologische Abseits bringen und Fehlinvestitionen schaffen, die in Folgeprojekten mühsam zu korrigieren sind. Die überzogene Innovationsbereitschaft birgt das Risiko, daß die neue Technik noch nicht für 'kommerzielle' Projekte reif ist. Neues bietet die Chance der qualitativen und funktionalen Verbesserung der Ergebnisse, aber auch ein erhöhtes Risiko des Scheiterns.

Abb.6: Technologisches Umfeld

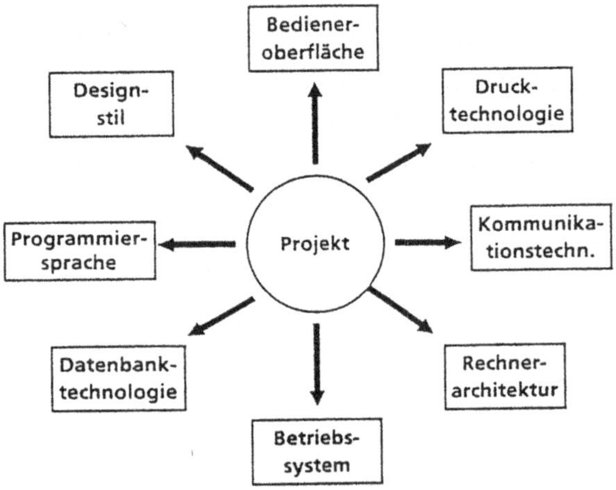

Das Technologie-Management des Projektleiters sollte deshalb eingebettet sein in ein strategisches Technologie-Management, in dem die technologischen Rahmenbedingungen für die Software-Projekte eines Unternehmens festgelegt werden. Fehlen solche Rahmenbedingungen, kann es leicht zu Stagnation oder Verunsicherung der Projekte bezüglich des technologischen Trends kommen.

7. Störereignisse

Projekte laufen nicht ohne Störereignisse ab. Störereignisse lassen sich nicht planen oder ins Kalkül ziehen. Es ist jedoch eine Strategie zu entwickeln, wie auf Störereignisse im Projekt zu reagieren ist. Aus allen fünf aufgezählten Aspekten des Projektmanagements können Störereignisse auftreten. Die fünf Facetten des Projektmanagements erfordern eine Analyse und Klassifikation der Störereignisse, die dann im Rahmen einer ABC-Analyse zu bewerten sind. Es ist festzulegen, auf welche Ereignisklasse sofort zu reagieren ist, ob es genügt, in einem Folgeprojekt darauf einzugehen oder ob das Ereignis ignoriert werden kann. Die sofortige Reaktion hat direkt Auswirkungen auf den Projektverlauf. Beispiel für ein solches Störereignis sind gesetzliche Änderungen in entsprechenden Projekten (z.B. Steuerprogrammen, Lohnabrechnung).

Abb.7: Störereignisse - Beispiele

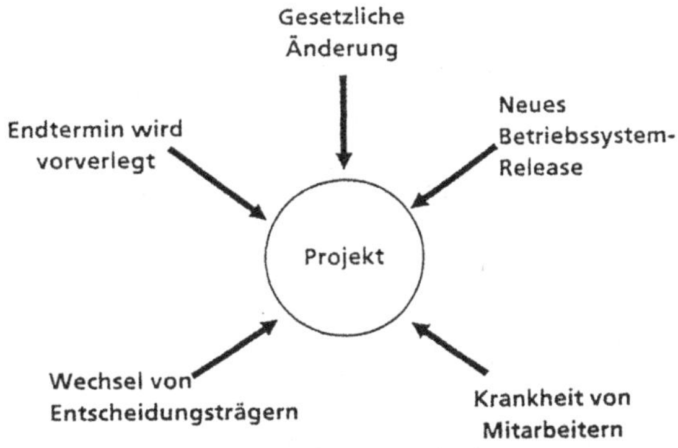

Ein erfahrener und geschickter Projektleiter zeichnet sich aus, mit Störereignissen umgehen zu können. Flexibilität und Sturheit sind Eigenschaften, die miteinander zu verbinden sind.

8. Schlußbemerkung

Effizientes Projektmanagement in der Software-Entwicklung berücksichtigt alle fünf skizzierten Bereiche und die Behandlung von Störereignissen in diesen. Der Erfolg eines Projekts ist abhängig, wie die Erfolgsfaktoren erfüllt wurden, aber insbesondere, inwieweit der Projektleiter sich an diesen messen lassen muß. Projekte können scheitern, wenn bereits einer der Faktoren nicht hinreichend berücksichtigt wurde und dieser zur alleinigen Meßlatte erhoben wurde.

9. Literatur

<1> Abdel-Hamid, T.K.; Madwick, S.E.:
Lessons Learned from Modeling the Dynamics of Software Development, Communications of the ACM, 1989 Vol. 32, Nr. 12, 1426-1438.

<2> Blanchard, K.; Zigarmi, P.; Zigarmi, D.:
Der Minuten Manager: Führungsstile; Rowolt-Verlag, Rheinbeck, 1986.

<3> DATEV eG:
DATEV Modell zur Software-Entwicklung, Handbuch 4 - Projektmanagement, 1988.

<4> Elzer, P.F.:
Management von Software-Projekten, Informatik-Spektrum (1989), Band 12, 181-197, Springer-Verlag, Heidelberg.

<5> Foster, R.N.:
Innovation - die technologische Offensive, Gabler-Verlag, Wiesbaden, 1986.

<6> Hansel, J.; Lommitz, G.:
Projektleiter-Praxis, Springer Compass, Springer-Verlag, Berlin, Heidelberg, 1987.

<7> Kupper, H.:
Zur Kunst der Projektsteuerung, Oldenbourg-Verlag, München, 1988

<8> Metzger, P.W.:
Softwareprojekte - Planung, Durchführung, Kontrolle, Computer-Monographien, Karl-Hanser-Verlag, München, Wien, 1977.

Computer Assisted Project Management - Integrated Software Development Environment Delivers Project Estimation Data

Ralph Maderholz

R&D Department Manager, HEWLETT-PACKARD GmbH

BÖBLINGEN, West Germany

Abstract

The key to doing better estimations of a software project is metrics. The metrics discussed are measures to estimate the duration of periods within the development phases of a software system.

HEWLETT-PACKARD practices metrics on a worldwide basis by definition of global, measurable goals which can be reduced into detailed actions. Goals are set by top management and directly impact every single project development.

The metrics discussed in this paper are calculations by using collected project data and models. Continuously increasing the productivity in HP's software development process is the main objective. This leads to more efficient development and high quality software systems.

1. Introduction

1.1 The Issue of Control

Controlling software projects means assuring that software product development will proceed according to the defined plans and goals. The state of current readiness of the product must be compared with the plans. Without monitoring the activities, you can't assure the completion of a software system within time and cost schedules. The degree of control is indicated by how correctly and accurately one can estimate the percentage of readiness.

Tom DeMarco said in his early days that you can't control what you can't measure. He is undoubtedly still right. This theme indicates

that you have to measure before you do an estimation. The question
is WHAT to measure and HOW.

1.2 A Discipline of Quantitative Analysis

We estimate badly because we have neither enough data, nor enough
practice, nor a good understanding of the nature of estimates. We
also do not keep long-term records of previous projects, although
even failed projects deliver good data.

We are using two basic metric systems per project:

- History Metrics
  long term history data base keeping project characteristics,
  complexity, planned and achieved schedules, planned and
  achieved quality data.

- Direct Control Metrics
  monitoring the development process to improve progress based
  on the incoming, planned and unplanned events.

Prerequisites are that management is comitted to the measures and
that all estimations are based on real and honest project data.

2. The HEWLETT-PACKARD Software Lifecycle

A phased approach along the existing software project development
lifecycle allows collection of data during each period. Based on the
state of the project, the kind of data which is collected differs.
Resource and time estimation of the next phase relies on the
different measures of previous phase.

The software development process at HP is split into phases:

■ Corporate Objectives   - 10 year goals

  ■ Business Planning Process   - 5 year goals

    ■ Phase Review Process

```
0   Product Planning        - INITIATION
1   Study/Define            - INVESTIGATION/ANALYSIS
2   Specify/Design          - SPECIFICATIONS/DESIGN
3   Development/Test        - CONSTRUCTION
4   User Test/Ramp Up       - RELEASE
5   Enhance/Support         - MAINTENANCE
6   Maturity                - FUNCTIONAL STABILITY
7   Obsolescence            - LONG TERM SUPPORT
```

- TABLE 1: HP SOFTWARE DEVELOPMENT PHASES -

The Business Planning Process ensures that products are part of a family of systems built on long term corporate goals.

Software product development itself uses the Phase Review Process. At the beginning the project, objectives, e.g. quality goals, performance goals, etc. are defined by the project team and agreed in the INVESTIGATION TO LAB checkpoint by all affected people.

During the development phase HP uses the Structured Analysis/Structured Design methodology, supported by several tools embedded in HP's Programmer's Workbench (CASE).

Obviously HP uses formal inspection sessions to review specifications, documentation, data- and design models and, also the final code as part of the overall integrated testing process.

Checkpoints are used to visualize the data and track the progress made.

3. The HEWLETT-PACKARD Metrics System

3.1 The Metrics and Estimation Process

The overall process to achieve good estimations could be summarized in:

    COLLECT - ANALYZE - PRESENT

useful data. Collect model, quality and complexity data, analyze, compare and present at project checkpoint meetings to monitor the status of actual effort. All the data is useful for making major decisions, e.g. deciding that the project should be released or that certain parts should be inspected, etc.. The revised data after presentation and discussion build the fundamentals of next phases' duration calculation.

3.1.1 Definitions

■ PROJECT - sum total of all actions, interactions and results aimed at reaching a particular objective with limited resources and within a limited time.

■ SOFTWARE PRODUCT - programs, procedures, rules and all associated documentation pertaining to the operation of a computer based system.

■ ESTIMATE - prediction that is equally likely to be above or below the actual result.

■ METRICS - reasonable indication of some quantitative aspects of a system. It is not merely an observation expressed in numeric terms.

3.2 Metrics Data collected

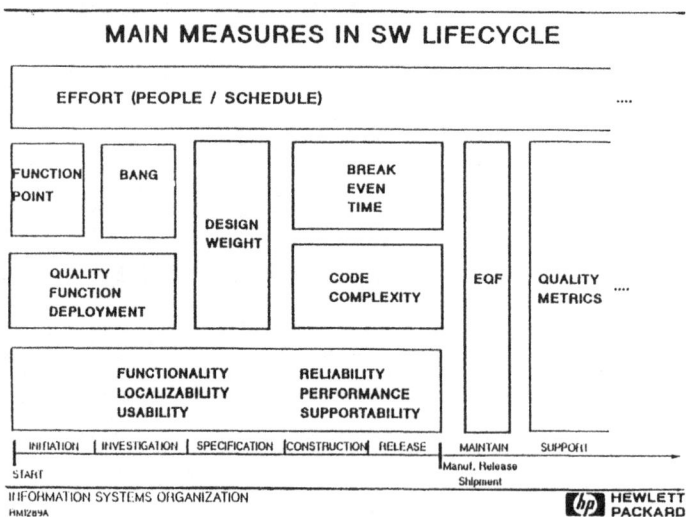

3.2.1 Effort Per Project Phase

■ GOAL: Check and revise schedules after major checkpoints. Monitor all revisions of schedules/costs and therefore helps to complete the monitored phase with planned time and cost.

■ PROCESS: Track the actual engineering months between project milestones.

■ MEASURE: Engineering months per year.

■ RESULT: Chart showing the gap between planned and actual engineering effort.

■ TOOLS: VIEWPOINT (Product of Computer Associates, Ltd.), PROJECT COST REPORTING SYSTEM (HP internal)

3.2.2 Tom DeMarco's Estimation Quality Factor (EQF)

■ GOAL: Increase the quality of ESTIMATIONS.

■ PROCESS EQF is the relation of actual to planned time a product development needs. Calculate after product is released.

■ MEASURE: Dimensionless factor (0 < EQF FACTOR < infinite). It is the reciprocal of the average discrepancy between estimations and elapsed time.

■ RESULT: Project history factor which should increase.

■ TOOLS: VIEWPOINT (Product of Computer Associates, Ltd.), simple hand calculations.

3.2.3 Quality Metrics along the Lifecycle

The process of software development can achieve continuous improvement when undertaken with the Total Quality Control (TQC) philosophy. Quality is not a thing one can create at the end of development. It has to start at the very beginning of product development.

Therefore, the concept of software quality is based on six key attributes defined by the "FLUPRS" model shown below. These quality goals are broken down into multiple characteristics for each attribute, and are associated with the development, delivery and support of software products. The list of attributes and characteristics is not meant to be exhaustive. Depending on customer requirements, appropriate additions to this list are encouraged, for example correctness, reusability and price, to name a few.

ATTRIBUTES	DESCRIPTION	SOFTWARE CHARACTERISTICS
(F)unctionality	WHAT the product does	Features, Capabilities, Compatibility, Security
(L)ocalizability	Country dependent customization	Ease of translation, localization kit
(U)sability	HOW the product functions	Human Factors, Aestetics, Ease of Use, Documentation
(R)eliability *)	How long the product functions	Frequency/Severity of Failures Recoverability, Predictability, Mean Time To Failure
(P)erformance	How fast the product functions	Speed, Resource Consumption, Throughput, Response Time
(S)upportability	How easily problems can be solved	Testability, Maintainability, Installability

- TABLE 2: HP'S FLURPS MODEL -

*) Reliability measures are set by corporate and visible to higher management. This are company-wide measures done during the first year after product introduction.

3.2.4 Method Based Metrics
  ■ GOAL: Use data created by tools embedded in the development environment to calculate the complexity of a model. Estimate how long it will take to complete the next phase entered.

  ■ PROCESS: Structured Analysis/Structured Design (Software Engineering Methodology supporting the top down development approach)

  ■ MEASURE:

No	Phase	Activity	Measures
0	Product Planning	INITIATION	Function Point
1	Study/Define	INVESTIGATION/ANALYSIS	BANG (DeMarco)
2	Specify/Design	SPECIFICATIONS/DESIGN	Design Weight
3	Development/Test	CONSTRUCTION	Code Complexity
4	User Test/Ramp Up	RELEASE	Test Coverage/Complexi

5	Enhance/Support	MAINTENANCE	Complexity
6	Maturity	FUNCTIONAL STABILITY	Corp. Quality Metrics
7	Obsolescence	LONG TERM SUPPORT	Corp. Quality Metrics

- TABLE 3: MEASURES IN PHASE REVIEW PROCESS -

■ RESULT: Measured data per phase, new estimation for following period(s).

■ TOOLS: HP SoftBench (X11 based Programmer's workbench on HP-UX 9000 computers), HP TEAMWORK (Structured Analysis/Structured Design tool) VIEWPOINT (Product of Computer Associates, Ltd.)

4. Examples of Estimations

4.1 Length of a project calculated through the Function Point Method

The Function Point method was originally developed by IBM. Instead of "LINES OF CODE" this metric deals with external features and features which are important to the user. It could be used in the Initiation and Investigation phases.

As an example project, let's look at a plotter spooling system under HP-UX in a Local Area Network.

We counted all parameters of the specified features. This resulted in 1.076 unadjusted total function points. Existing logical complexity, expected code and data complexity lead into complexity adjustment factor of 7.

Adjusted Function Point Total:

```
FP  =   ((Complexity Adjustment * 0,01) + 0,7) * Unadjusted Total
FP  =   ((7 * 0,01) + 0,7) * 1.076
FP  =   828,52
```

To implement 900 function points you need 65 Engineering Months on average.

Later, after implementation was completed, this number increased only about 5% which is a very high Estimation Quality Factor of 16 (!). To compare: average EQF is between 5 and 8.

4.2 Length of Coding Time based on DESIGN P-Specs

Another important question in the same project was the duration of coding. This could be calculated through "Design Weight", which measures the complexity of a software design model.

Design Weight is an implementation-dependent predictor of remaining implementation effort; chiefly used to estimate effort for coding and testing.

This method is based on Structured Analysis and Structured Design and needs among others the following prerequisites:

■ Data Flow Model: a partitioning of system and component parts. It shows data flow between system's activities (processes).

■ Module Hierarchy: calling structure of software modules and the relationships among them (connections, coupling).

■ Minispecifications of Module (P-Specs): a statement of the policy governing transformation of input data flow(s) into output data flow(s) at a given functional primitive.

The data collection was supported by computer aided software engineering tools. We estimated for the plotter project

20.5 Engineering Months to complete coding

Result: 23 Engineering Months needed for coding which is a 12% increase because two code relevant functions had not been specified before. The Estimation Quality Factor is equal to 9.5.

5. Obstacles to Achieve Productivity Increase

We found that metrics/estimation process doesn't work if

■ Models are incomplete (often the case)

■ Resource and funding problems

■ Management commitment is missing

■ you are not aware of the fact that introducing new technologies in software development needs about 3 to 4 years.

Today within HP about 50% of all software projects use methodologies
and 70% use the Phase Review Process.

6. Conclusions

We increased the quality of our estimations by using a step-by-step
incremental approach for complexity calculations throughout the
software development lifecycle. Software Engineering Methodologies
and tools deliver the complexity data for the models.

Quality measures are incorporated in the development process, and
are further used to show post-release quality data. A worldwide
database (which can never be complete) makes the measures visible
and therefore also usable in all projects.

6.1 Some Symptoms of GOOD Software Quality

Why must software projects always be late and over budget? In the
past I've looked at several projects within our company and produced
a list of some positive aspects of successful projects. It is
definitely not complete but shows the direction to go.

SUCCESSFUL SOFTWARE PROJECTS

- use a software development lifecycle

- requirement specification exists, agreed by all
  partners, departments, customers, etc. involved

- collect history data

- estimations based on DATA (phased approach)

- specification and analysis period longer than 1/3
  of total project development time

- testing as an integrated, continuous process
  (TESTING IS NOT A PHASE AFTER CODING)

- clear software design and architecture

- need less time for implementation/coding

- meet the quality assurance (QA) goals set at the beginning

- motivated and trained people

7. Acknowledgements

This paper was reviewed by David Holinstat and Clive Jones. Many thanks to them for their good inputs. The paper is dedicated to my family.

8. Literature

DeMarco, Tom, Structured Analysis and System Specification, Yourdon Press 1978

DeMarco, Tom, Controlling Software Projects, Yourdon Press, 1982

European Software Engineering Productivity Conference, Conference Proceedings, HEWLETT-PACKARD internal documents

Fairly, Richard E., Software Engineering Concepts, McGraw-Hill, 1985

Grady, Robert; Caswell, Deborah, Software Metrics: Establishing a Company-Wide Program, Prentice-Hall, Inc. 1987

Hetzel, William, The Complete Guide of Software Testing, QED Information Series 1984

Myers, Glenford, Composite/Structed Design, Van Nostrand, 1978

Page-Jones, Meilir, The Practical Guide to Structured Systems Design, Yourdon Press, 1980, 1988

Pressman, Roger S., Making Software Engineering Happen, A Guide for Instituting the Technology, Prentice Hall, 1988

Software Quality and Productivity Guide, HEWLETT-PACKARD internal document, 5959-1606

Weinberg, Gerald M., The Psychology of Computer Programming, Van Nostrand Reinhold Company, 1971

Schätzverfahren in 4GL- und CASE-Umgebungen

Marita Oriolo
Software AG Anwendungen & Co.
Neue Bergstr. 9 - 13
6146 Alsbach

Inhalt

1. Stellenwert der Schätzung im Rahmen des Projektmanagements

Das Schätzen von Software-Projekten soll eine realistische Aussage von
Entwicklungszeit und Entwicklungskosten liefern. Beide Faktoren stehen
in einer direkten Abhängigkeit voneinander.

Im Verlauf eines Software-Entwicklungsprojektes sind zwei unterschiedliche Schätztiefen von Bedeutung: das Schätzen der
Gesamtprojektdauer zur Kostenermittlung und zur Angebotserstellung und
das Schätzen von Einzelaktivitäten eines Projektes für die
Projektdetailplanung.

Die vorliegende Abhandlung befaßt sich mit der Problematik der
Schätzung der Gesamtprojektdauer.

Unabhängig von der Art des Unternehmens, das Softwaresysteme
entwickelt, ist die Forderung aus den Managementbereichen: Abgabe einer
Schätzung, präzise und früh! Insbesondere Software-Häuser sind vor das
Problem gestellt, eine Prognose abgeben zu müssen zu einem Zeitpunkt,
zu dem die Basis der Informationen oftmals nicht mit den Anforderungen
eines vorhandenen Schätzverfahren übereinstimmt. Zusätzlich müssen alle

Konsequenzen einer eventuelle Fehlschätzung übernommen werden: bei zu hoher Schätzung eventuell nicht den Zuschlag zu erhalten, bei zu niedriger Schätzung finanzielle Verluste und Verschleiß der Mitarbeiter durch Überstunden in Kauf nehmen zu müssen.

2. Bestehende Schätzverfahren und ihre Problematik für moderne Entwicklungsumgebungen

Während vorhandene Schätzverfahren für 3GL-Umgebungen noch zufriedenstellende Ergebnisse liefern, sind sie für moderne Entwicklungsumgebungen, die auf 4GL- und CASE-Technologie basieren, häufig wenig geeignet.

Dies ist darauf zurückzuführen, daß fast alle Verfahren für Entwicklungstechniken der 60er und 70er Jahre entwickelt wurden. 4GL-Umgebungen der 80er und CASE-Technologien der 90er Jahre weisen nicht nur eine erhebliche Produktivitätssteigerung besonders in den einzelnen Realisierungsphasen auf, sondern lassen die reine Programmierung zum sehr kleinen Teil des Gesamtprojektaufwandes werden.

Herkömmliche Verfahren legen ihr Schwergewicht auf Projektgrößen, die in modernen Entwicklungsumgebungen keine wichtige Rolle mehr spielen, wie z.B. LoC(Lines of Code)- Zählung bzw. Unterscheidung von Batch- und Dialoganwendungen.

Zusätzlich beeinflussen neue Größen wie Vorgehensmodelle mit ihren einzelnen Phasen, Entwurfsmethodik und die eingesetzten Entwicklungstools den Entwicklungsaufwand in erheblichem Maße. Unter Vorgehensmodell sollen alle Komponenten bei der Projektdurchführung verstanden werden, wie Prinzipien und Methoden der Durchführung, die einzelnen Projektphasen und die Tools. Diese Größen lassen sich durch vorhandene Schätzverfahren nicht abdecken.

Es wird davon ausgegangen, die vom Verfahren geforderte Schätzbasis zu einem frühen Zeitpunkt im Projekt vorliegen zu haben, z.B. bei der Function-Point-Methode Eingabe- und Ausgabedaten bzw. Masken- und Listendefinitionen als Basis zu kennen.

2.1 Vorgehens- und Phasenmodelle für unterschiedliche Entwicklungsumgebungen

Die in Folge beschriebenen Erfahrungen mit Schätzung von 4GL- und CASE-Projekten wurden bei der Software AG gesammelt, die Anwendungsentwicklung auf Basis der Produkte ADABAS, NATURAL und PREDICT CASE durchführt.

Abb. 1 stellt die unterschiedlichen Vorgehens- und Phasenmodelle in den Umgebungen dar, für die die später vorgestellte Methode einsetzbar sein soll (3GL, 4GL und CASE), wobei für 4GL- und CASE-Entwicklungsumgebungen die Phasenmodelle der Software AG gewählt wurden.

3GL	4GL	CASE
Projektvorgeschichte		
Fachkonzeption	Anforderungsanalyse	Anforderungsanalyse
	Spezifikation	Entwurf
Systemkonzeption	DV-Konzept	
Realisierung		
Integration		
Anwendung		

Abb. 1: Phasenmodelle

Phasen auf gleicher Höhe im Schaubild sollen Phasen mit ungefähr gleichen Inhalten veranschaulichen. Sie bedeuten nicht zeitliche Parallelität.

Die Phasenmodelle zeigen den gesamten Lebenszyklus einer DV-Anwendung, wobei die DV-Abteilung frühestens nach der Projektvorgeschichte aktiv wird. Die Projektdauer, die die DV-Abteilung schätzen muß, bezieht sich in der Regel auf die Phasen, in denen die DV-Abteilung aktiv ist.

Abbildung 2 im Anhang stellt die zeitliche Verteilung der einzelnen Phasen unterschiedlicher Vorgehensmodelle und unterschiedlicher Entwicklungsumgebungen dar. Der Grund für Aktivitätenverschiebungen zwischen den Entwicklungsumgebungen liegt in der erheblich früheren Einbeziehung der DV-Abteilung in das Entwicklungsvorhaben. Langwierige Phasen der Vorarbeit in der Fachabteilung entfallen, die fachliche Analyse erfolgt in Zusammenarbeit und unter Verantwortung der DV.

Dies hat nicht nur eine Verlagerung der bisher nicht durchgeführten Aufgaben zur Folge, sondern verlangt eine Schätzung zu einem ungewohnt frühen Zeitpunkt innerhalb des des Gesamtprojektes (beginnend mit t0) und dadurch bedingt auch auf einer neuen Schätzbasis.

Die Software AG geht davon aus, daß in 4GL-Umgebung als frühest möglicher Zeitpunkt am Ende der Phase Spezifikation und in CASE-Umgebung am Ende der Phase Anforderungsanalyse eine Schätzung sinnvoll ist, um dem Auftraggeber so früh wie möglich eine realistische Aussage über den Projektaufwand machen zu können.

2.2 Die Function-Point-Methode: Restriktionen in 4GL- und CASE-Umgebung

Die Wandlung der Schätzens durch die neuen Entwicklungsgegebenheiten soll anhand der Erfahrungen mit der Function-Point-Methode veranschaulicht werden.

Ein wesentlicher Kernpunkt der Function-Point-Methode (1) ist es, eine benutzerorientierte Schätzung durchzuführen, d.h. vom Denken in Programmgrößen, Plausibilitätsprüfungen u.ä. wegzukommen.

Die Projektanforderungen werden in Eingabedaten, Ausgabedaten, Referenzdaten, Abfragen und Datenbestände unterteilt und mit einem der möglichen Werte 'einfach', 'mittel', 'komplex' bewertet. Einflußfaktoren wie Benutzerbedienung, Wiederverwendung in anderen Verfahren und Transaktionsraten sollen je nach Grad des Einflusses auf die Anwendungsentwicklung die vorher errechneten Function Points um max. 30 % vermehren oder vermindern.

Für Projekte in Entwicklungsumgebungen der 4. Generation und Datenbanktechnologie hat die Software AG die Function-Point-Methode genutzt. Dazu war die Anpassung der Projektanforderungen erforderlich, wie z.B.:

Online-Einzelausgabe	Liste	Buchungsfunktion
Online-Übersicht	Formular	Datei
Online-Eingabe		externe Schnittstelle

Durch die Vielzahl unterschiedlicher Schätzer trat wiederholt das Problem auf, die Methode einheitlich und objektiv anzuwenden. Eine genaue Abgrenzung einzelner Schätzobjekte (ist eine Änderungsmaske nur Online-Eingabe oder auch Online-Ausgabe ?), eine objektive Bewertung (ist das Schätzobjekt mittel oder komplex ?) und vor allem die Klassifizierung der Einflußfaktoren zwischen 0 und 5, die eine nicht unerhebliche Verschiebung des Gesamtaufwandes ausmachen, fiel nicht immer leicht. Besonders fehlendes Detailwissen über einzelne Schätzobjekte und das damit verbundene Einstufungs-Muß 'irgendwo' zwischen 'einfach' und 'komplex' führte zu Unsicherheit. H. Sneed führt in seinem Bericht (2) empirische Untersuchungen an, in denen festgestellt wurde, daß die Schätzung nach der Function-Point-Methode in der Regel überhöhte Zahlen liefert. Die genannten Unsicherheiten beim Schätzen scheinen auch nach den Erfahrungen in der Software AG tendenziell zu einem Überschätzen des Aufwandes zu führen. Hingegen werden häufig Bereiche, die sich nicht durch die Schätzobjekttypen kategorisieren lassen, vergessen und somit nicht mitgeschätzt.

Dennoch hat die Function-Point-Methode ihren Wert darin, daß der Schätzer sich intensiv mit dem Umfang des Gesamtprojektes auseinandersetzen sowie eine detaillierte Unterteilung und eine genaue Untersuchung bzgl. des Schwierigkeitsgrades durchführen muß.

Mit Einsatz von PREDICT CASE und dem damit verbunden Vorgehensmodell trat das Problem auf, mit der angepaßten Function-Point-Methode nicht oder erst sehr spät schätzen zu können. Zum gewünschten Schätzzeitpunkt (Ende Phase Anforderungsanalyse) liegen die benutzerorientierten Informationen über Masken und Listen nicht vor, eine Schätzung zum Ende der Phase Entwurf - der Zeitpunkt, zu dem ein Prototyp mit seinen Masken- und Listdefinitionen vorliegt - ist zu spät.

Der dargestellte gewünschte Schätzzeitpunkt in CASE-Umgebung kollidiert mit der Möglichkeit, benutzerorientiert mit der Function-Point-Methode zu schätzen. Die benötigte Schätzbasis würde erst nach 50 - 60 % der gesamten Projektdauer vorliegen.

Die veränderten Bedingungen bei der Software-Entwicklung stellt H.
Sneed in seinem Artikel (2) dar. Er geht davon aus, daß in heutiger
Zeit die Daten- und Funktionsmodellierung gleichberechtigte Aktivitäten
darstellen, jedoch setzt er die Datenmodellierung zeitlich eindeutig
vor die Funktionsmodellierung. Aus dieser Reihenfolge leitet er seine
Data-Point-Methode aus der Function-Point-Methode ab.

Für die Software AG war auch dieses Schätzverfahren unbefriedigend, da
die PREDICT CASE-Vorgehensweise eine Parallelbearbeitung von Daten- und
Funktionsseite vorsieht, hingegen die Definition von Masken und Listen
zu einem späteren Zeitpunkt in der Phase Entwurf stattfindet. Um die
von der Methode benötigte Schätzbasis zu erhalten, müßte entweder der
Schätzzeitpunkt sehr spät gesetzt werden, oder es müßten Aktivitäten
von einer Phase in eine andere verlagert werden. Letzteres würde
heißen: ein in einem Unternehmen bewährtes Vorgehen gezwungenermaßen
einer Schätzmethode anzupassen.

3. Anforderungen an ein umfassendes Schätzverfahren

Eine Änderung des Vorgehens bei der Projektdurchführung ist nicht
gewünscht, existierende Schätzverfahren können aber nicht verwendet
werden. Daher sind die Forderungen an ein neues Verfahren:

* Das Schätzverfahren soll für alle Entwicklungsumgebungen und den
  zugehörigen Vorgehensmodellen einsetzbar sein.

* Der Schätzzeitpunkt muß sinnvoll zum Vorgehensmodell definierbar
  sein und darf nicht von der Methode erzwungen werden.

* Die sich dadurch ergebenden Schätzobjekttypen werden geschätzt, die
  Methode darf nicht eine Typisierung vorgeben.

* Schätzobjekte müssen genau bewertet werden können (Informations-
  objekt hat 20 Datenelemente). Die Methode darf den Schätzer nicht
  zu subjektiven Mutmaßungen veranlassen (was ist Komplex: 20 oder
  30 Datenelemente ?)

* Einflußfaktoren, die das Gesamtprojekt beeinflussen, müssen
  nach unterschiedlicher Gewichtung bewertbar sein, da nicht jeder
  Einfluß die Projektdauer gleich stark verändert.

* Projekte, die sich eindeutig einer Kategorie zuordnen lassen,
  werden mit bereits beendeten Projekten derselben Kategorie
  verglichen, d.h. 4GL-Projekte mit Vorgehensmodell A werden nicht
  mit CASE-Projekten des Vorgehensmodells B verglichen.

* Das Vorgehen zur Ermittlung der Schätzergebnisse muß bei allen Pro-
  jektkategorien einheitlich sein. Was sich ändert, sind die zu schät-
  zendem Objekttypen, die Anforderungen und Projekteinflußfaktoren mit
  ihrem zugehörigen Regelwerk und die Vergleichsbasis (= Projektkurve).

4. Die Object Point-Methode

Der Ansatz, das Schätzobjekt in den Vordergrund zu stellen, das sich je nach Vorgehen und Schätzzeitpunkt von selbst ergibt, war ausschlaggebend bei der Namensvergabe. Die neue Methode heißt:

Object Point-Methode

Sämtliche Schätzverfahren lassen sich in der zugrundeliegenden Methodik auf verschiedene Grundtypen zurückführen (3). In Anlehnung an die Function-Point-Methode wurden ebenfalls bei der Object Point-Methode die Analogiemethode und die Gewichtungsmethode als Grundlage gewählt.

4.1 Regeln und Verfahren zur Durchführung

Der Ansatz der allgemeingültigen Einsetzbarkeit basiert auf den Grundregeln des Verfahrens, die sich teilweise aus den ersten Schritten bei der Software-Entwicklung ergeben:

o Entwicklungsumgebung wählen
o Vorgehensmodell wählen
o Schätzzeitpunkt bestimmen
o Schätzobjekttypen bestimmen auf Basis der zum Schätzzeitpunkt existierenden Teilergebnisse

Ein Beispiel dieser Regeln für die verschiedenen Entwicklungsumgebungen 3GL, 4GL und CASE zeigt Abb. 3.

Entwicklungsum-gebung wählen:	3GL	4GL	CASE
Vorgehensmodell wählen:	Fachkonzept Systemkonzept Realisierung	Spezifikation DV-Konzept Realisierung	Anforderungsanalyse Entwurf Realisierung
Schätzzeitpunkt bestimmen:	Ende Fachkonzept	Ende Spezifikation	Ende Anforderungsanalyse
Als Schätzbasis ergibt sich:	Listen-, Masken-, Daten-definitionen	Prototyp, Datenmodell	Informationsstruktur Funktionsstruktur Kommunikationsstruktur Systemfunktionsstruktur
Schätzobjekt-typen bestimmen:	evtl. wie bei Function-Point-Methode	Maske Druckausgabe Informations-objekt	Elementarfunktion Informationsobjekt Datengruppe-K Systemfunktion

Abb. 3: Vorgehensweise bei Schätzung

Die Spalten 4GL und CASE sind in dieser Form bei der Software AG definiert.

Die nächsten Schritte bei der Schätzung mit der Object Point-Methode sollen beispielhaft für die Schätzobjekttypen in CASE-Umgebung dargestellt werden.

* objektives Bewerten und Gewichten der Schätzobjekte nach einem aussagefähigen Anforderungskatalog

Schätzobjekttyp	Anforderung	Aussage Schätzer	Bewertung
Informationsobjekt	Komplexität	Anzahl Datenelemente	Anzahl * 0,5
	Integrität	Anzahl Beziehungen	Anzahl * 2
	Datenvolumen	Intervall- angabe	- 100 = 1 - 10.000 = 2 - 100.000 = 3 > 100.000 = 4
Elementarfunktion	Lesezugriffe	Anz. Infor- mationsobj.	Anzahl * 1
	Schreib- zugriffe	Anz. Infor- mationsobj.	Anzahl * 2
	Verarbeitung von Kommuni- kationsdaten	Anzahl Datengruppen	Anzahl * 3
. . .	. . .	. . .	. . .

Abb. 4: Schätzobjekttypen und ihre Bewertung für CASE-Umgebung

Die so ermittelten Objektpunkte je Schätzobjekt werden summiert.

* **Bewerten und gewichten der Gesamtanwendung durch einen Einfluß-
  faktorenkatalog**

Die Object Point-Methode geht davon aus, daß der Aufwand, der den bisher ermittelten Objektpunkten gegenübersteht, dem 'Normalprojektaufwand' im Sinne der Produktivität eines Unternehmens darstellt. Sollte dieser Aufwand wie bei der Function-Point-Methode reduzierbar sein, so würde das heißen: die mögliche Produktivität umzudefinieren.

Eine DV-Abteilung hat für ihre Anwendungsentwicklungsprojekte einen Standard definiert, wie: Umfang und Grad der Funktionstests, bevor eine Funktion freigegeben wird, Art und Umfang der zu erstellenden Dokumentaion, Nutzung von Standards usw. Daher kann eine Bewertung der Einflußfaktoren bei der Object Point-Methode den Aufwand nur erhöhen, wenn mögliche Einflüsse die definierte Produktvität übersteigen würden.

Auch hier ist eine direkte Aussage des Schätzers wichtig, um die Objektivität zu gewährleisten.

möglicher Einflußfaktorenkatalog:	Systemumgebung
	Ausnahmeverarbeitung
	spezielle Zugriffsmechanismen
	Datenkonvertierung
	RZ-Hilfen
	Endbenutzer-Hilfen
	o passives Help
	o Handbücher
	o Schulung
	Mehrfachinstallationen
	Reisezeiten
	Betreten von fachlichem Neuland
	Betreten von technischem Neuland
	Mehrsprachigkeit
	Test
	Mitwirkung mehrerer Fachbereiche

Die Bewertung der Einflußfaktoren wird nach folgendem Grundsatz durchgeführt: z.B. der Einflußfaktor Mehrsprachigkeit sagt aus, daß die Benutzeroberfläche in n viele Sprachen übersetzt werden soll und / oder das die Dokumentation in mehreren Sprachen vorliegen muß. Die Übersetzung der Benutzeroberfläche, der Fehlermeldungen und Hilfeinformationen bedeutet, daß der Gesamtprojektaufwand je zusätzlicher Sprache um ca. 5 % steigt. Bei mehrsprachiger Dokumentation bezieht sich der Mehraufwand in erheblichem Maße auf Arbeiten in allen Phasen, d.h. je zusätzlicher Sprache ca. 30 % Mehraufwand.

* Objektpunkte anhand einer Erfahrungskurve in Aufwand umrechnen

Es ist wichtig, den Projektaufwand an einer unternehmensspezifischen Kurve abzulesen. Daher rät die Software AG, lieber wenige abgeschlossene Projekte nachzuschätzen und die Erfahrungskurve nach und nach zu vervollständigen als eine Erfahrungs- und somit Produktivitätskurve eines anderen Unternehmen als Basis zu nehmen.

4.3 Toolunterstützung

Soll diese Methode manuell angewendet werden, birgt sie - aufgrund umfangreicher Gewichtungsfaktoren - die Gefahr, Fehler zu machen. Außerdem ist der Schätzer oftmals versucht, wie bei anderen Schätzmethoden durch das 'Drehen an Parameterschrauben' das

Projektergebnis zu beeinflussen.

Deshalb ist es sinnvoll, die Methode toolunterstützt einzusetzen.
Darüberhinaus werden folgende Vorteile gewonnen:

* **Objektivität bei Schätzobjekten und Einflußfaktoren**

   Der Benutzer weiß nicht, welche Gewichtung sich hinter einzelnen
   Punkten verbirgt. Er beantwortet nur die Fragen, die das System
   ihm stellt, wie z.B.: 'Wieviele Datenelemente sind zum Informations-
   objekt x definiert ?'

* **Prüfung der Relevanz von Anforderungen an ein Schätzobjekt**

   Es besteht die Möglichkeit, statistische Verfahren in das System
   einzubauen, die die Relevanz von zu bewertenden Anforderungen
   überprüft, um somit im Laufe der Zeit die Anforderungen an eventuell
   vorherrschende Neuerungen anpassen zu können.

* **Nur Eingabe von vorhandenem Wissen, keine Annahmen treffen**

   Der Benutzer beantwortet nur Fragen, zu denen Wissen vorhanden ist
   Oftmals ist bei anderen Schätzverfahren empfohlen, eine Annahme
   von 'mittelkomplex' zu treffen, wenn keine Informationen vorliegen.

* **Lieferung mehr als einer Zahl**

   Anderen Verfahren und Systeme, die diese Verfahren unterstützen,
   liefern als Ergebnis eine Zahl, die Anzahl der Mann-Tage.
   Der Schätzer verläßt sich oftmals genau auf diese Zahl und wundert
   sich, wenn sie nicht eintrifft.
   Vor allem der Aspekt, daß Schätzobjekte bewertet werden, obwohl
   die Informationen zu einer Schätzung noch gar nicht vorliegen,
   wird dabei völlig außer acht gelassen.
   Das Ergebnis aus dem System, das die Object Point-Methode
   unterstützt könnte heißen:
   Das Projekt X wird aufgrund des vorhandenen Wissens 1500 - 1600
   Tage Aufwand benötigen mit einer Wahrscheinlichkeit von 85 %.
   Die Wahrscheinlichkeitsangabe ergibt sich aufgrund der nicht
   bewerteten oder nur schwer schätzbaren Anforderungen und
   Einflußfaktoren.

* **Zusätzliche Projektinformationen**

   Durch Eingabe von Zusatzinformationen zu einem abgeschlossenen
   Projekt bzw. einer Schnittstelle zu einem Projektmanagement-
   Tool ist es möglich, zusätzliche Anhaltspunkte über ähnlich
   geartete Projekte für die Projektdurchführung zu erhalten.

Derzeit werden Projekte manuell nach der neuen Object Point-Methode nachgeschätzt, sowohl Projekte in 4GL-Entwicklungsumgebung ohne CASE-Tool als auch in CASE-Entwicklungsumgebung. Darüberhinaus wird in den nächsten Wochen mit der Entwicklung des Schätz-Tools begonnen. Das System wird in einer CASE-Entwicklungsumgebung realisiert.

Bis zum Herbst werde Erfahrungen vorliegen.

Quellennachweis:

(1)   Information Systems Management
        Die Function-Point-Methode
        IBM 1983

(2)   Die Data-Point-Methode
        Harry Sneed
        Online 5/90

(3)   Aufwandschätzung von DV-Projekten
        Noth/Kretzschmar
        Springer Verlag 1984

ANHANG

Projektverläufe für unterschiedliche Entwicklungsumgebungen

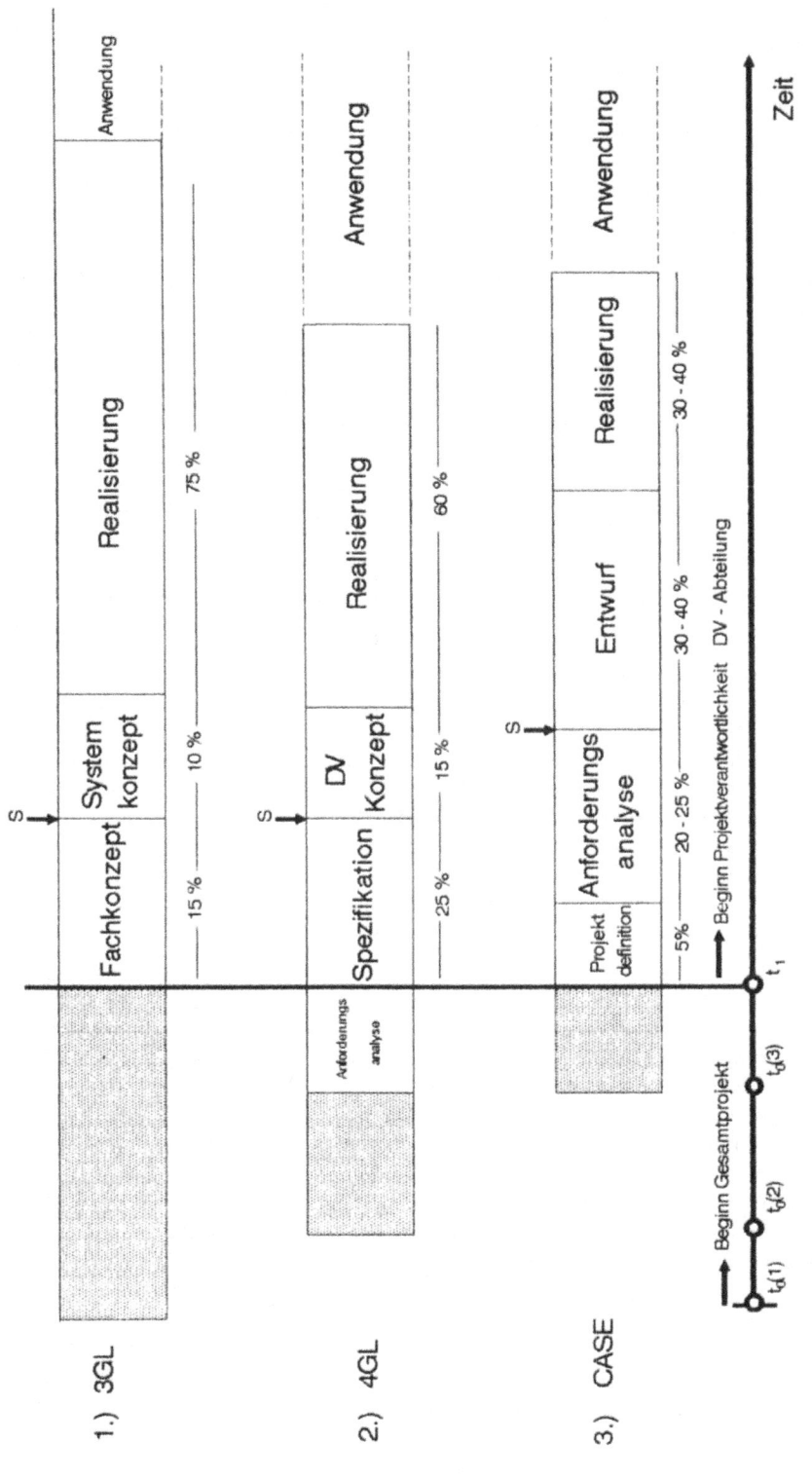

Abb. 2 : Zeitliche Phasenverteilung

Ohne Theorie keine Anwendungen

In diesem Fachgespräch soll die Bedeutung theoretischer Grundlagen für Anwendungen der Informatik beispielhaft aufgezeigt werden.

Über die praktische Möglichkeit, algorithmische Probleme rechnergestützt zu lösen, entscheidet oftmals die Effizienz von Algorithmen. Theoretische Überlegungen können helfen, zu einem für eine Anwendung spezifischen Datenverwaltungsproblem eine Datenstruktur zu entwerfen, mit der die wichtigen Operationen gut unterstützt werden. Dies wird am Beispiel der maßstabsunabhängigen Verwaltung von Landschaftsdaten gezeigt, wo räumlich orientierte Anfragen mit frei wählbarer Detailgenauigkeit zu beantworten sind. Am Beispiel des hierarchischen Floorplanning mit integrierter globaler Verdrahtung wird erläutert, wie ein robuster algorithmischer Rahmen so angelegt werden kann, daß Lösungsalgorithmen für Teilprobleme leicht erweiterbar sind, ohne daß die allgemeine Lösungsstrategie geändert werden muß. Durch Einsatz mächtiger Optimierungsmethoden lassen sich verschiedene Kostenkriterien im Verlauf der Berechnung genau berücksichtigen. Die Effizienz solcher Optimierungsmethoden hat, gerade für die häufig auftretenden klassischen Probleme der kombinatorischen Optimierung, oft einen durchschlagenden Effekt auf die Praktikabilität des Rechnereinsatzes. Laufend werden neue Anwendungen solcher Probleme gefunden; neue praktische Fragestellungen, wie die kostengünstige Auslegung von Glasfasernetzen oder die Bestimmung der Produktionsreihenfolge von Gütern bei flexibler Fertigung, führen zur Untersuchung neuer Problemkreise. Für das klassische Problem des maximalen Flusses in einem Netzwerk wird gezeigt, wie sich mit Hilfe neuer Algorithmen eine Effizienzverbesserung erzielen läßt. Beim Finden optimaler oder jedenfalls garantiert nahezu optimaler Lösungen haben sich in den letzten Jahren Methoden als besonders erfolgreich erwiesen, die kombinatorische Optimierungsprobleme in polyedertheoretische Fragen verwandeln, lineare Programme generieren und diese mit trickreichen Schnittebenenverfahren lösen. Es wird über den theoretischen Hintergrund dieser Verfahren und die erzielten praktischen Erfolge berichtet.

Der fachgerechte Entwurf von Software und Hardware ist ohne theoretische Grundlagen nicht durchführbar. Nur angemessene Spezifikationstechniken erlauben einen beherrschbaren Rechnerentwurf. Gerade auch in der Programmierung zeigt sich die Bedeutung theoretischer Grundlagen für praktische Aufgabenstellungen. Die Produktion zuverlässiger, nachgewiesen korrekter Software stellt eines der zentralen Probleme der Programmierung dar. Für kritische, fehleranfällige Programmierkonzepte, wie Zeigerimplementierungen für rekursive Datenstrukturen, oder in der Entwicklung paralleler Programmversionen (beispielsweise durch Systolisierung) aus sequentiellen Programmen kann nur eine solide, adäquate theoretische Grundlage zu nachgewiesen korrekten Programmen führen. Dies wird an einer Reihe von Beispielen demonstriert. Die Unterstützung der vorgeführten Methoden durch Werkzeuge ist ein weiterer Schritt der Umsetzung in die Praxis.

Programmkomitee

Th. Lengauer (Universität–GH–Paderborn),
P. Widmayer (Universität Freiburg)

Maßstabsunabhängige Verwaltung von Landschaftsdaten

Bruno Becker[1]   Hans-Werner Six[2]   Peter Widmayer[1]

1 Einleitung

Landschaftsdaten werden in vielen Bereichen der Vermessung, der Raum- und Versorgungsplanung und des Umweltschutzes benötigt. Auf Rechnern betriebene Geo-Informations-Systeme (GIS) sollen die Erfassung, Verwaltung, Aufbereitung und Verarbeitung von Landschaftsdaten in diesen Anwendungsbereichen unterstützen. Allzu oft werden Rechner aber lediglich zur Datenspeicherung und zum Zeichnen eingesetzt; von den Anwendern dringend gewünschte, mächtige Operationen werden von GIS oft noch nicht angeboten. So werden beispielsweise Landschaftsdaten meist durch manuelle Digitalisierung gezeichneter (also analoger) Landkarten mittels Digitalisiertablett erfaßt. Die Datenverwaltung erfolgt entweder über GIS-eigene Dateistrukturen oder über kommerziell erhältliche Datenbanksysteme. Damit verfügen GIS in der Regel entweder nicht über Datenbankmechanismen im vollen Umfang, wie etwa Recovery oder Synchronisation von Transaktionen, oder der räumlich orientierte Zugriff auf die Daten wird nicht genügend effizient unterstützt.

Durch die gestiegenen Mengen zu verarbeitender Daten aus verschiedenen Quellen und die steigenden Bedürfnisse der Anwender ergeben sich drei wesentliche Arten von Operationen, die künftige GIS anbieten sollten: automatisierte Erfassung von Landschaftsdaten, logische Verknüpfungen von Landschaftsdaten und flexibler Zugriff auf Landschaftsdaten, unabhängig von Maßstab, Thematik oder anderen Kategorien. Betrachten wir diese drei Arten von Operationen genauer.

Weil die manuelle Erfassung von Landschaftsdaten langsam, teuer und fehlerbehaftet ist, werden Daten immer häufiger automatisch erfaßt, typischerweise durch Abtasten (scanning) gezeichneter Karten oder durch Satellitenfotos. In beiden Fällen werden Rasterdaten geliefert, die meist in Vektordaten transferiert werden, um in GIS logisch weiterverarbeitet zu werden. Die Konversion von Rasterdaten in Vektordaten ist ein lange bekanntes Problem, das für Landschaftsdaten noch immer nicht befriedigend gelöst worden ist. Im Einzelnen untersucht man derzeit Skelettierungsverfahren, die mit topologischen Zusammenhangseigenschaften arbeiten [18], Linienverfolgungsverfahren mit anschließender Vektorisierung durch approximierende Splines [8] und Zeichenerkennung für Texte und Symbole [18].

Logische Verknüpfungen thematisch unterschiedlicher Karten desselben Gebiets im gleichen Maßstab erlauben die Beantwortung komplexer Fragen, indem räumliche Zusammenhänge über Kartenthemen hinweg aufgedeckt werden. Beispielsweise kann durch Überlagerung einer Straßenkarte mit einer Biotopkarte festgestellt werden, welche Biotope dicht an Straßen liegen. Die logische Verknüpfung von Vektorkarten kann — wenn auch so langsam, daß an interaktiven Betrieb nicht zu denken ist — automatisch durchgeführt werden; die hierbei auftretenden Probleme des Aufdeckens von Inkonsistenzen und numerischen Ungenauigkeiten sowie der verschiedenen Entstehungsgeschichten der beteiligten Karten sind allenfalls in Ansätzen gelöst (vgl. z.B. [2]). Verfahren zur logischen Verknüpfung von Vektordaten mit Rasterdaten in hybriden Systemen befinden sich noch im Experimentierstadium; sie werden jedoch dringend benötigt, da sie durch Einbeziehen von Satellitenbildern

---

[1]Institut für Informatik, Universität Freiburg, Rheinstr. 10-12, 7800 Freiburg
[2]Praktische Informatik III, Fernuniversität Hagen, Postfach 940, 5800 Hagen

eine wesentliche Erweiterung des Anwendungsspektrums (Waldschadenskarten, Wärmekarten) mit sich bringen [8].

Bereits die vergleichsweise einfach scheinende Operation des flexiblen Zugriffs auf die Daten, unabhängig von der gewünschten Thematik, dem gewählten Gebiet und dem Maßstab wird von heutigen GIS nicht effizient angeboten. Insbesondere der Wechsel von einem Maßstab in einen anderen verursacht wegen des damit verbundenen Wechsels der Detailgenauigkeit (logical zooming) Effizienzprobleme. Wir werden diesen Problemkreis im folgenden genauer betrachten. Dazu werden wir zunächst die Wahl der zu einem Maßstab passenden Detailgenauigkeit — die Generalisierung im Sprachgebrauch der Kartographen — erläutern und dann einige Verfahren zur Generalisierung von Linien, dem häufigsten geometrischen Objekt auf einer Karte, skizzieren. Schließlich werden wir eine Datenstruktur zur redundanzfreien Verwaltung von Linien und ein passendes Verfahren zur effizienten Beantwortung von Anfragen mit frei wählbarem Maßstab vorstellen.

2 Generalisierung in der Kartographie

Als Generalisierung bezeichnet man in der Kartographie die Gesamtheit aller Vorgänge, mit denen — maßstabs- oder themenbedingt — unwesentliche Einzelheiten vernachlässigt werden und Wesentliches erhalten bleibt oder in Übergeordnetes überführt wird [13]. Generalisierung wird manchmal als etwas Künstlerisches und damit einer Automatisierung Unzugängliches angesehen; manche der Kriterien für die Generalisierung sind nicht leicht formalisierbar oder jedenfalls von einer Formalisierung noch weit entfernt. Dennoch spielen automatische Generalisierungsverfahren inzwischen eine Schlüsselrolle in der rechnergestützten Kartographie [11, 22, 17, 28, 21, 20]. Ohne sie ist eine Angleichung von Karten verschiedener Maßstäbe aneinander praktisch undenkbar.

Innerhalb gewisser konstruktiver Rahmenbedingungen (Zeichenvorrat, graphische Mindestgröße von Zeichen, Mindestbreite von Linien, Mindestgröße von Flächen) hat ein Kartograph einen breiten Gestaltungsspielraum für die graphisch-geometrische Darstellung (Vereinfachen, Vergröbern) und die Kategorisierung (Zusammenfassen, Auswählen, Klassifizieren) der Kartenobjekte. Mit Intuition und Erfahrung versucht er, Wichtiges zu erhalten, Charakteristisches zu betonen und Unwichtiges wegzulassen, um eine für den Verwendungszweck angemessene Karte zu erstellen. Bei der automatischen Generalisierung wird einerseits versucht, das bei Kartographen beobachtete Vorgehen (beispielsweise die Reihenfolge der Generalisierung der Objekte verschiedener Klassen [13]) und die durch die Arbeit von Kartographen erzielten Ergebnisse (beispielsweise formuliert im Wurzelgesetz [33]) zu beachten. Andererseits wird versucht, Bedingungen für eine Generalisierung und Schritte der Generalisierung genau festzulegen [20, 28].

So wird sicher wenigstens dann eine Generalisierung erfolgen müssen, wenn durch die Wahl eines kleinen Maßstabs Objekte zu dicht auf einem Kartenstück liegen, wenn verschiedene Objekte zu einem einzigen verschmelzen oder wenn in den Darstellungen der Objekte ein Konflikt (z.B. ein Schnittpunkt zweier sich nicht schneidender Objekte) auftritt. Hierbei müssen Maße und Grenzwerte angegeben werden; beispielsweise kann man zur Verhinderung des Verschmelzens von Objekten ein Entfernungsmaß für den Abstand von Objekten mit einem Grenzwert verwenden, der von der Auflösung des Ausgabegeräts abhängt.

Als Schritt zur Generalisierung kann man beispielsweise zum Erreichen eines geforderten Mindestabstands zwischen zwei Objekten eines davon verschieben, geometrisch vereinfachen oder ganz weglassen. Dies gilt beispielsweise, wenn in einer generalisierten Karte eine Straße irrtümlicherweise durch einen Park verläuft. Hier sollte man aber die Bedeutung der Objekte bedenken und bei einer

Straßenkarte den Park, bei einer Karte der Grünanlagen dagegen die Straße verlegen oder weglassen. Beim Zeichnen einer Linie kann man die Anzahl der Stützpunkte, die eine Linie repräsentieren, abhängig von der Auflösung des Ausgabegeräts wählen. Dies sollte natürlich so geschehen, daß der Verlauf der Linie charakteristisch bleibt. Auch hier spielt die Bedeutung der Objekte eine Rolle: So sollen beispielsweise auch in generalisierter Darstellung Linien für Flüsse senkrecht zu Höhenlinien verlaufen, und Küstenlinien sollen vergleichsweise detailliert dargestellt werden [19].

Präzise Generalisierungsvorschriften, die auch die Bedeutung von Objekten berücksichtigen, gibt es bisher nur in sehr beschränktem Umfang [19]. Hauptsächlich der Bereich der geometrisch-graphischen Liniengeneralisierung (vgl. Übersichtsarbeiten [20, 21, 30]) ist so weit entwickelt, daß Algorithmen vorgestellt worden sind; dieser Bereich ist besonders bedeutsam, weil Karten erfahrungsgemäß zu wenigstens 80 % aus Linien bestehen [30].

3 Liniengeneralisierungsverfahren

Sieht man bei der Liniengeneralisierung von Bedeutungsunterschieden von Linien einmal ab, so geht es darum, aus der geometrischen Gestalt einer Linie diejenigen Punkte herauszufinden, die den charakteristischen Verlauf der Linie möglichst gut wiederspiegeln. Wir beschränken uns auf polygonale Linien, also Folgen von Geradenstücken. Der relative Anteil der Punkte, die zur Darstellung eines gegebenen Polygonzugs verwendet werden dürfen, ergibt sich aus der Maßstabsreduktion, für die eine Generalisierung durchgeführt wird, zusammen mit dem Wurzelgesetz [33]. Das Problem der Vergröberung eines Polygonzugs durch Weglassen von Punkten ist auch in der Bildverarbeitung und Mustererkennung und in der Computergraphik von Interesse [30]. Als erhaltenswerte Punkte haben sich hier in vielen Fällen die Punkte herausgestellt, an denen die Richtungsänderung des Polygonzugs lokal maximal ist. Abbildung 1 illustriert die Liniengeneralisierung am Beispiel eines Stadtplans von Berlin im Maßstab 1:10000 (a) und im Maßstab 1:25000 (c); Abbildung 1 (b) zeigt die Geradenstücke der Abbildung 1 (c) im Maßstab der Abbildung 1 (a).

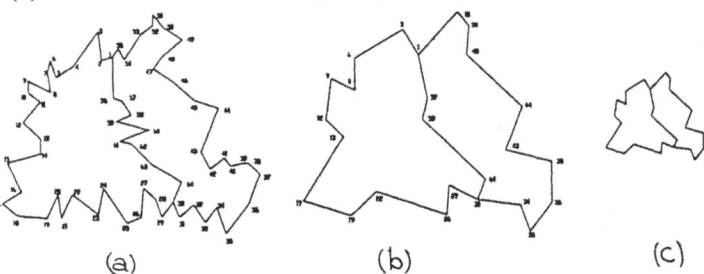

Abbildung 1

In den vergangenen Jahren sind Verfahren entwickelt worden, die auf mehr [32] oder weniger einfache Art charakteristische Punkte eines Polygonzugs identifizieren. Das bekannteste und in der Praxis am besten bewährte Verfahren [4, 5] behandelt einen Polygonzug von einem Punkt A zu einem Punkt B nach einem divide-and-conquer-Verfahren wie folgt: Suche zunächst den vom Geradenstück AB am weitesten entfernten Punkt C des Polygonzugs. Ist der Abstand von C zu AB größer als ein fester, vorgegebener Grenzwert, so setze das Verfahren mit den Teilen des Polygonzugs von A bis C und von C bis B fort und markiere C als charakteristischen Punkt; sonst ist das Verfahren beendet. Alle als charakteristisch markierten Punkte sowie der Anfangs- und der Endpunkt des Polygonzugs bilden den generalisierten (vergröberten) Polygonzug. Abbildung 2(a) zeigt ein Beispiel für diese Liniengeneralisierung. Dabei ist unterstellt, daß der Abstand zwischen Punkt C und Geradenstück AB

größer als der Grenzwert, der Abstand von Punkt D zum Geradenstück AC kleiner ist.

Dieser Algorithmus ist nicht ganz stabil gegenüber leichten Änderungen des gegebenen Polygonzugs: eine kleine Punktverschiebung an einer Stelle kann einen globalen Effekt auf den generalisierten Polygonzug haben. Dies erkennt man am Beispiel der Abbildung 2 (b), in der gegenüber Abbildung 2 (a) die Lage des Punktes C bzw. C' leicht verschoben ist.

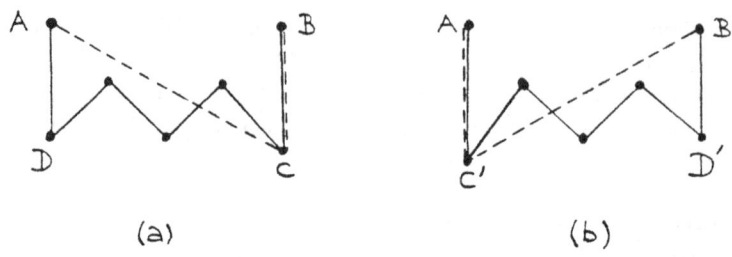

(a)   (b)

Abbildung 2

Ein später entwickeltes Verfahren vermeidet diesen Effekt, indem ein Streifen fester Breite am Polygonzug angelegt wird, beginnend an einem Endpunkt des Polygonzugs in Richtung des ersten Geradenstücks [23]. Die Geradenstücke des Polygonzugs werden der Reihe nach betrachtet. Am ersten Geradenstück, das den Streifen verläßt, wird der Streifen neu angelegt; der Anfangspunkt dieses Geradenstücks ist ein charakteristischer Punkt. Das Verfahren wird bis zum Endpunkt des Polygonzugs fortgesetzt. Abbildung 3 (a) illustriert dieses Verfahren, beginnend bei Punkt A. Weil D der erste Punkt außerhalb des Streifens ist, wird C als nächster charakteristischer Punkt nach A gewählt.

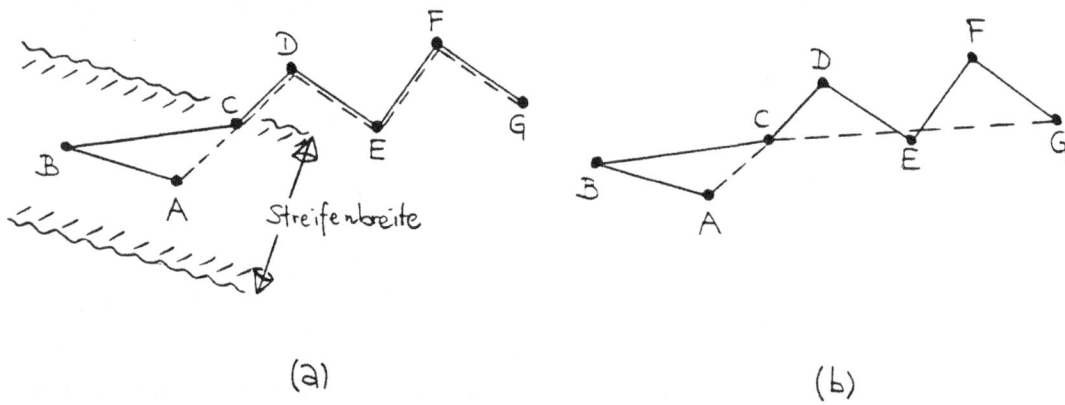

(a)   (b)

Abbildung 3

Dieses Streifenverfahren schneidet nicht nur extrem dünne Landzungen einfach ab, sondern ist auch allzu starr an der Richtung des nächsten Geradenstücks orientiert, die selbst wenn dieses sehr kurz ist. Es ist daher nicht besonders gut dafür geeignet, eine (etwa durch beschränkte Auflösung des Digitalisiertabletts) durch kurze Geradenstücke dargestellte längere Strecke bei der Generalisierung zu erkennen. Eine gewisse Verbesserung stellt hier ein Verfahren dar, bei dem die Richtung des angelegten Streifens gemäß dem nächsten Punkt gewählt wird, der vom Anfangspunkt einen vorgegebenen Mindestabstand hat [24]. Dies zeigt Abbildung 3 (b): Nach Punkt C wird nicht D zur

Wahl der Richtung des Streifens herangezogen, sondern E. Im gezeigten Beispiel wird so eine bessere Generalisierung erreicht als mit dem einfachen Streifenverfahren (vgl. Abb. 3 (a)).

Der am stärksten mathematisch fundierte Ansatz sieht die n den Polygonzug repräsentierenden Punkte als n-fache unabhängige und identisch verteilte Stichprobe einer zweidimensionalen Verteilung an [31]. Abhängigkeiten zwischen den Stichprobenwerten beschreiben die Gestalt der Punktemenge; sie werden über die Eigenwerte der Kovarianzmatrix ausgedrückt. Im Effekt startet das Verfahren am Anfangspunkt des Polygonzugs und fügt solange Punkte zur Punktmenge hinzu, bis eine die Punktmenge umschließende Ellipse zu breit wird. Der letzte in die Punktmenge aufgenommene Punkt wird als charakteristischer Punkt angesehen; eine neue Ellipse beginnt zu wachsen. Ein experimenteller Vergleich dieses Verfahrens mit der Vorgehensweise von Geographiestudenten bei der Generalisierung hat nach Aussagen des Erfinders des Verfahrens ergeben, daß dieses das Generalisierungsverhalten von Kartographen nachbildet.

Wegen der verschiedenen Kriterien, nach denen Linien unterschiedlichen Typs generalisiert werden, liegt noch nicht einmal für das Teilproblem der Liniengeneralisierung eine formale Problemformulierung vor. Die bekannten Liniengeneralisierungsalgorithmen, vom einfachsten bis zum bestfundierten, erlauben kaum eine allgemeingültige Aussage über das Resultat der Generalisierung. Schon vergleichsweise einfache, wichtige und plausible Eigenschaften werden von generalisierten Linien nicht erfüllt: beispielsweise kann es bei allen Algorithmen vorkommen, daß sich zwei generalisierte Linien schneiden, obwohl sich die beiden Originale nicht schneiden. Vor diesem Hintergrund ist zu erwarten, daß Generalisierungen mit verschiedenen Verfahren für die verschiedenen Zwecke koexistieren werden.

4 Redundanzfreie Datenhaltung

Betrachten wir nun das Problem, eine Menge von Polygonzügen so zu verwalten, daß für einen frei wählbaren Maßstab räumliche Anfragen effizient beantwortet werden können. Wir wollen annehmen, daß mit Hilfe eines geeigneten Liniengeneralisierungsverfahrens bereits jedem Punkt eines jeden Polygonzugs eine Generalisierungskennung zugeordnet worden ist. Die Kennung ist eine positive ganze Zahl und beschreibt die Wichtigkeit des Punktes. Punkte mit Kennung 1 sind die wichtigsten: sie treten in jedem Maßstab auf. Jedem Maßstab kann ein Grenzwert i der Generalisierungskennung zugeordnet werden; alle Punkte mit Kennung kleiner oder gleich i sind für diesen Maßstab von Bedeutung. Ein Polygonzug besteht aus den Geradenstücken, die diese Punkte in der richtigen Reihenfolge verbinden.

Typischerweise werden in GIS Karten in einigen verschiedenen, festen Maßstäben verwaltet. Punkte von Polygonzügen werden hierbei mehrmals, also redundant, abgespeichert. Dies bringt sowohl Konsistenzprobleme als auch Effizienznachteile im Hinblick auf Speicherplatz und auf die Laufzeit von Operationen mit sich, die die Datenmenge ändern.

Speichert man dagegen Landschaftsdaten nur in der feinsten verfügbaren Detailgenauigkeit, so kann man eine Karte beliebiger Genauigkeit durch Herausfiltern der relevanten Punkte ableiten. Man wird hier in der Regel mit jedem Punkt seine Generalisierungskennung abspeichern, um diese nicht bei jeder Anfrage erneut berechnen zu müssen. Da Anfragen häufig nicht auf die größtmögliche Detailgenauigkeit Bezug nehmen, werden oft Punkte gemäß ihrer Kennung herausgefiltert werden müssen. In der Kombination mit raumbezogenen Anfragen wird dies zum Problem, weil hier außerdem eine Selektion nach räumlichen Kriterien erfolgen muß. Eine Datenstruktur, die nur das eine oder nur das andere Kriterium berücksichtigt, ist daher nicht besonders gut geeignet zur Organisation dieser

Landschaftsdaten.

Für einzelne geometrische Objekte, bei denen es nicht so sehr um räumliche Suche geht, sind Detailhierarchien vorgeschlagen worden, die größere Antwortgenauigkeit mit höheren Anfragekosten verbinden. So modellieren strip trees [1] die divide-and-conquer-Generalisierung [4, 5]; arc trees [10] erlauben die immer genauere Abschätzung der Länge einer gespeicherten Kurve. Wir wollen alle Punkte einer Karte hierarchisch gemäß ihrer Generalisierungskennung, also höchstrangig alle Punkte mit Kennung 1, danach alle Punkte mit Kennung 2, usw., organisieren. Innerhalb jeder Kennung soll die Karte nach räumlichen Kriterien gespeichert werden, mit Hilfe einer geeigneten Raumzugriffsstruktur. Überdies sollen alle Raumzugriffsstrukturen gemeinsam, adaptiv über alle Kennungen hinweg, verwaltet werden. Die Laufzeit einer Anfrage, bei der sowohl ein Grenzwert für die Generalisierungskennung als auch ein räumlicher Ausschnitt spezifiziert sind, soll dabei im wesentlichen proportional zur Anzahl der gefundenen Antwortobjekte sein. Mit anderen Worten: Objekte außerhalb des räumlichen Anfragebereichs sollen ebensowenig betrachtet (und dann verworfen) werden müssen wie Objekte mit zu großer Genauigkeit.

Um keinen Punkt mehrfach speichern zu müssen und dennoch Linien gegebener Genauigkeit rekonstruieren zu können, speichern wir bei jedem Punkt seine Position (relative Nummer) in der Folge aller Punkte des betreffenden Polygonzugs (vgl. dazu auch Abb. 1). Dann können wir einen Polygonzug der Genauigkeit $i+1$ aus einem Polygonzug der Genauigkeit i herstellen, indem wir die Punkte der Kennung $i+1$ an den durch die Positionen angegebenen Stellen einschieben.

Als Stellvertreter für raumbezogene Anfragen betrachten wir Bereichsanfragen: das sind Anfragen, die alle Objekte selektieren, die einen gegebenen, meist rechteckigen Anfragebereich schneiden. Es genügt hierbei nicht, nur die Punkte der Polygonzüge zu speichern, weil ein Schnitt eines Rechtecks mit einem Geradenstück nicht unbedingt einen Endpunkt des Geradenstücks enthalten muß. In vielen Anwendungen ist es sinnvoll, räumlich ausgedehnte Objekte stattdessen gemäß ihrer kleinsten umschließenden, achsenparallelen Rechtecke (bounding box, Bbox) zu organisieren. Die Bbox dient bei Anfragen zu einer ersten Approximation. Die meisten Zugriffsstrukturen für räumlich ausgedehnte Objekte [6, 7, 9, 12, 14, 15, 27, 29] verwalten in der Tat die Bbox eines jeden Objekts; es sind aber auch andere vorgeschlagen worden (vgl. [10, 16]).

Damit sich das Speichern der Koordinaten einer Bbox auch auszahlt, wollen wir für jede Kennung i eine feste Anzahl von Punkten dieser Kennung, die im Polygonzug aufeinanderfolgen, in einer gemeinsamen Bbox verwalten. Hier genügt es natürlich nicht, als Bbox das kleinste diese Punkte umschließende achsenparallele Rechteck zu wählen, weil Punkte mit Kennung i alleine keinen Polygonzug darstellen, sondern nur in Verbindung mit Punkten kleinerer Kennung. Aber es genügt noch nicht einmal, die Punkte der Kennung i mit einem Rechteck um die Punkte aller kleineren Kennungen an den Zwischenpositionen zu umschließen, weil zur korrekten Beantwortung von Bereichsanfragen auch die Verbindung zu Punkten größerer Kennung hergestellt werden muß. Abbildung 4 zeigt ein Beispiel; x_j bezeichnet einen Punkt mit Kennung j. Eine Bereichsanfrage mit Anfragebereich r und Detailgenauigkeit gemäß Generalisierungskennung 2 muß Teile der Strecken b_2c_1 und a_1b_2 als Antwort liefern. Punkte c_1 und a_1 werden aber nur wiedergefunden, wenn der Anfragebereich r die zugeordnete Bbox überlappt. In Abbildung 4 (b) ist dies der Fall, in Abbildung 4 (a) aber nicht. Ist also A der erste und B der letzte Punkt der Kennung i in der Teilfolge der gemeinsam zu verwaltenden Punkte eines Polygonzugs, so ist die Bbox für diese Teilfolge das kleinste achsenparallele Rechteck, das alle Punkte des Polygonzugs vom Vorgänger von A bis zum Nachfolger von B umschließt. Hat A keinen Vorgänger oder B keinen Nachfolger, so endet der relevante Teil des Polygonzugs natürlich bei A oder B.

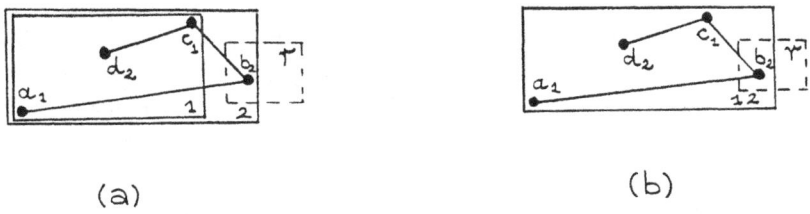

(a)   (b)

Abbildung 4

5 Raumbezogene Prioritätssuche

Bei der Verwaltung der geometrischen Objekte, wie sie im vorangehenden Abschnitt definiert wurden, spielt die mit einer Bbox gespeicherte Menge von Punkten keine Rolle mehr. Ein geometrisches Objekt ist jetzt vollständig beschrieben durch eine Bbox, eine Kennung und eine Menge weiterer, für den Zugriff nicht wichtiger Attribute. Wir beschreiben die vorgeschlagene Datenstruktur, die Prioritäts-Rechteck-Datei (PR-Datei), und die dazugehörigen Operationen hier nur informell; eine genaue Beschreibung findet man in [3]. Die PR-Datei unterstützt die folgenden Operationen für eine Menge G geometrischer Objekte:

- *Prioritäts-Bereichsanfrage PB(r, k, G):*
  liefere jedes Objekt mit Kennung höchstens k in G, dessen Bbox das Rechteck r schneidet;
- *Suche S(r, k, G):*
  liefere das (einzige) Objekt mit Bbox r und Kennung k in G;
- *Einfüge E(g, r, k, G):*
  füge das Objekt g mit Bbox r und Kennung k in G ein;
- *Lösche L(r, k, G):*
  lösche das Objekt mit Bbox r und Kennung k aus G.

Die PR-Datei basiert auf dem R-file [15], einer Datenstruktur für raumbezogenen Zugriff auf ausgedehnte Objekte. Wir nehmen an, daß alle Objektbeschreibungen und Daten- sowie Directory-Blöcke jeweils eine feste Größe haben, und daß mehrere Objekte in einen Datenblock passen. Jedem Block B ist eine rechteckige Zelle $B.Z$ zugeordnet. Der gesamte Datenraum wird stets durch Zellen überdeckt. Damit Objekte mit hoher Kennung das Wiederfinden von Objekten mit kleinerer Kennung möglichst wenig verzögern, werden in einem Block nur Objekte einer einzigen Kennung gespeichert; wir bezeichnen diese auch als Kennung des Blocks. Ein Objekt mit Kennung k wird in demjenigen Datenblock mit Kennung k gespeichert, der die kleinste das Objekt umschließende Zelle besitzt.

Für die Entscheidung, ob ein Block für eine Operation von Bedeutung sein kann, genügt dann die Kenntnis der Zelle des Blocks und der Kennung; ein Blockzugriff ist nicht erforderlich. Damit kann die Verwaltung von Zellen ähnlich realisiert werden wie die Verwaltung geometrischer Objekte. Wir verzahnen hier eine der R-file-Struktur folgende räumliche Einteilung so mit einer Hierarchiebildung von Blöcken gemäß deren Kennung, daß für jede Kennung die entsprechenden Zellen den Datenraum überdecken, und daß Blöcke kleinerer Kennung in der Hierarchie weiter oben angesiedelt sind. Um diese Struktur dynamisch an sich verändernde Datenmengen anzupassen, werden in Directory-Blöcken Verweise auf Blöcke verwaltet, die sowohl in der Kennungshierarchie tiefer liegen als auch die Zelle des Blocks geometrisch feiner aufteilen. Ein Eintrag in einem Directory-Block besteht aus einem Verweis auf einen (Daten- oder Directory-) Block, einer Beschreibung der Zelle des referenzierten Blocks (als kurze Bitfolge, wie beim R-file [15]), der Kennung des referenzierten Blocks und einem kleinsten umschließenden Intervall (in einer der beiden Dimensionen, wie beim R-file) aller über den Verweis erreichbaren Objekte. Die Kennung eines Directory-Blocks ist die kleinste Kennung aller von diesem Block aus erreichbaren Objekte; dies ist nach Definition auch das Minimum der Kennungen aller referenzierten Blöcke. Die räumliche Einteilung wird mit der Kennungshierarchie verwoben, indem in einem Directory-Block mit Kennung k entweder

- nur Verweise auf Directory-Blöcke mit Kennung k, oder
- nur Verweise auf Datenblöcke mit Kennung k oder höher, oder
- Verweise auf Directory-Blöcke einer Kennung $k' > k$ und Verweise auf Datenblöcke mit Kennung k oder höher, aber niedriger als k'

gespeichert sind. Abbildung 5 zeigt ein Beispiel; Directory-Blöcke haben den Index 0, Datenblöcke haben als Index ihre Kennung. Im Beispiel werden zehn Rechtecke verwaltet, gekennzeichnet mit Nummern 1 bis 10.

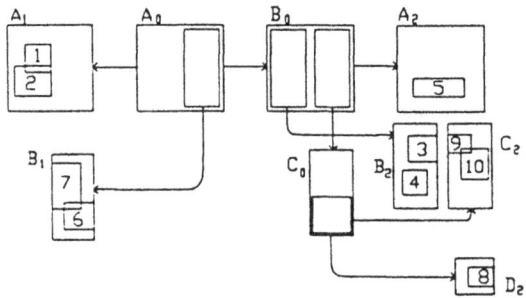

Abbildung 5

Auf diese Weise wird in erster Linie der Zugriff gemäß Kennungshierarchie und in zweiter Linie der raumorientierte Zugriff unterstützt; Varianten hiervon, die insbesondere die Präferenzen verschiedener Benutzer berücksichtigen, sind denkbar. Bei der vorgeschlagenen Organisation trifft man auf jedem Pfad von der Wurzel der Directory-Hierarchie zu einem Datenblock Blöcke in der Reihenfolge zunehmender Kennung. Die Suche $S(r, k, G)$ nach einem Objekt beginnt bei der Wurzel und folgt in jedem Block unter allen Verweisen auf kleinste, r umschließende Zellen demjenigen mit höchster Kennung kleiner als k; Verweise auf *Daten*blöcke mit kleinerer Kennung als k werden natürlich ignoriert. Auf ähnliche Weise wird die Prioritäts-Bereichsanfrage durchgeführt. Unterstützt durch die Kennungs-Hierarchie einerseits und die Raumorientierung andererseits müssen nur vergleichsweise wenige Blockzugriffe ausgeführt werden, die keine Antwortobjekte liefern. Eine Überschlagsrechnung läßt erwarten, daß unter realistischen Voraussetzungen nur bei sehr detailgenauen Anfragen eine gewisse Effizienzeinbuße gegenüber Raumzugriffsstrukturen ohne Kennung in Kauf genommen werden muß; in allen anderen Fällen wird dagegen nur ein Bruchteil der Speicherzugriffe benötigt.

Die Beschreibung der Dynamik der Einfüge- und Lösche-Operation würde hier zu weit führen. Wir wollen lediglich festhalten, daß die oben angegebene Strukturinvariante durch zweierlei Split- und Merge-Operationen für Blöcke, nämlich einerseits nach der Kennung und andererseits nach der Geometrie, aufrechterhalten wird. Einzelheiten dazu findet man in [3].

6 Zusammenfassung und Ausblick

Wir haben eine Zugriffsstruktur, die PR-Datei, vorgestellt, die eine maßstabsunabhängige Verwaltung von Landschaftsdaten effizient unterstützt. Dabei werden Polygonzüge, deren Punkte mit Hilfe üblicher Liniengeneralisierungsverfahren gekennzeichnet worden sind, redundanzfrei so verwaltet, daß ein schneller Raumzugriff für einen beliebigen Maßstab möglich wird.

Polygonzüge werden in erster Linie gemäß der Generalisierung und erst in zweiter Linie gemäß der räumlichen Anordnung gespeichert; hier kann man sich aber auch eine dynamisch veränderliche, sich an das Benutzerverhalten anpassende Rangfolge beider Kriterien vorstellen. Weil die üblichen Liniengeneralisierungsverfahren charakteristische Punkte unter den gegebenen Punkten herausfinden, ist die PR-Datei auf die entsprechende Zerlegung der Punktmenge ausgerichtet; grundsätzlich können auch zusätzliche, durch Generalisierung definierte Punkte entsprechend verwaltet werden. Sobald wenigstens in Ansätzen Flächengeneralisierungsverfahren mit Vereinfachung, Aggregation und Verschmelzung von Flächenobjekten bekannt sind, kann man versuchen, Zugriffsstrukturen für die maßstabsunabhängige Datenverwaltung zu entwickeln. Die PR-Datei scheint hierfür ein aussichtsreicher Kandidat zu sein, weil bereits für Polygonzüge räumlich ausgedehnte Gebiete verwaltet werden müssen.

Danksagung

Wir bedanken uns bei Oliver Günther für hilfreiche Anregungen und Hinweise und bei der DFG für die Förderung dieser Arbeit (Si 374/1 und Wi 810/2).

Literatur

[1] D.H. Ballard, Strip trees: A hierarchical representation for curves, Comm. ACM, Vol. 24, 1981, 310 – 321.

[2] B. Becker, Th. Ottmann, Identitätsprüfung von Polygonzügen aus kartographischen Datenbasen, Austrographics 88, Informatik-Fachberichte 183, Springer-Verlag, 1988, 105 – 119.

[3] B. Becker, P. Widmayer, Spatial priority search: an access technique forscaleless maps, Forschungsbericht, Institut für Informatik, Universität Freiburg, 1990.

[4] D.H. Douglas, T.K. Peucker, Algorithms for the reduction of the number of points required to represent a digitized line or its caricature, The Canadian Cartographer, Vol. 10, 1973, 112 – 122.

[5] R.O. Duda, P.E. Hart, Pattern classification and scene analysis, Wiley Interscience, 1973.

[6] M. Freeston, The BANG file: a new kind of grid file, Proc. ACM SIGMOD International Conference on the Management of Data, 1987, 260 – 269.

[7] M. Freeston, Advances in the design of the BANG file, manuscript, ECRC München, 1989.

[8] D. Fritsch, Zur Raster- und Vektorüberlagerung in Hybriden Graphischen Systemen, in: Geo-Informationssysteme, M. Schilcher, D. Fritsch (Hrsg.), Wichmann, Karlsruhe, 1989, 261 – 269.

[9] D. Greene, An implementation and performance analysis of spatial access methods, Proc. IEEE 5th International Conference on Data Engineering, 1989, 606 – 615.

[10] O. Günther, Efficient structures for geometric data management, Lecture Notes in Computer Science 337, Springer-Verlag, Berlin, Heidelberg, New York, 1988.

[11] S. Guptill, Speculations on seamless, scaleless cartographic data bases, Autocarto 9, 1989, 436 – 443.

[12] A. Guttman, R-trees: A dynamic index structure for spatial searching, Proc. ACM SIGMOD International Conference on the Management of Data, 1984, 47 – 57.

[13] G. Hake, Kartographie I, Walter de Gruyter, Berlin, New York, 1982.

[14] A. Henrich, H.-W. Six, P. Widmayer, The LSD tree: Spatial access to multidimensional point- and non-point-objects, Proc. 15th International Conference on Very Large Data Bases, 1989, 45 – 53.

[15] A. Hutflesz, H.-W. Six, P. Widmayer, The R-file: An efficient access structure for proximity queries, Proc. IEEE 6th International Conference on Data Engineering, 1990, 372 – 379.

[16] H.V. Jagadish, Spatial search with polyhedra, Proc. IEEE 6th International Conference on Data Engineering, 1990, 311 – 319.

[17] C.B. Jones, I.M. Abraham, Design considerations for a scale-independent cartographic database, Proc. Second International Symposium on Spatial Data Handling, 1986, 384 – 398.

[18] W. Lichtner, A. Illert, Entwicklungen zur kartographischen Mustererkennung, in: Geo-Informationssysteme, M. Schilcher, D. Fritsch (Hrsg.), Wichmann, Karlsruhe, 1989, 283 – 291.

[19] D.M. Mark, Conceptual basis for geographic line generalization, Autocarto 9, 1989, 68 – 77.

[20] R.B. McMaster, The integration of simplification and smoothing algorithms in line generalization, Cartographica, Vol. 26, 1989, 101 – 121.

[21] R.B. McMaster, K.S. Shea, Cartographic generalization in a digital environment: a framework for implementation in a geographic information system, GIS/LIS 88 Conference, 1988, 240 – 249.

[22] J.-C. Muller, Theoretical considerations for automated map generalization, International Institute for Aerospace Survey and Earth Sciences, Enschede, The Netherlands.

[23] K. Reumann, A. Witkam, Optimizing curve segmentation in computer graphics, International Computing Symposium, 1974, 467 – 472.

[24] J. Robergé, A data reduction algorithm for planar curves, Computer Vision, Graphics and Image Processing, Vol. 29, 1985, 168 – 195.

[25] H.-J. Schek, Datenbanksysteme für die Verwaltung geometrischer Objekte, 16. Jahrestagung der Gesellschaft für Informatik, G. Hommel, S. Schindler (Hrsg.), Informatik-Fachberichte 126, 1986, 483 – 497.

[26] H.-J. Schek, W. Waterfeld, A database kernel system for geoscientific applications, Proc. Second International Symposium on Spatial Data Handling, 1986, 273 – 288.

[27] B. Seeger, H.-P. Kriegel, Techniques for design and implementation of efficient spatial access methods, Proc. 14th International Conference on Very Large Data Bases, 1988, 360 – 371.

[28] K.S. Shea, R.B. McMaster, Cartographic generalization in a digital environment: when and how to generalize, Autocarto 9, 1989, 56 – 67.

[29] H.-W. Six, P. Widmayer, Spatial searching in geometric databases, Proc. IEEE 4th International Conference on Data Engineering, 1988, 496 – 503.

[30] K. Thapa, A review of critical points detection and line generalization algorithms, Surveying and Mapping, Vol. 48, 1988, 185 – 205.

[31] K. Thapa, Data compression and critical points detection using normalized symmetric scattered matrix, Autocarto 9, 1989, 78 – 89.

[32] W. Tobler, Automation in the preparation of thematic maps, The Cartographic Journal, Vol. 2, 32 – 38.

[33] F. Töpfer, W. Pillewizer, The principles of selection, a means of cartographic generalisation, Cartographic Journal, Vol. 3, 1966, 10 – 16.

Ein robuster Rahmen für hierarchisches Floorplanning mit integrierter globaler Verdrahtung

Rolf Müller
Universität-GH-Paderborn

Zusammenfassung

Wir präsentieren einen algorithmischen Rahmen für hierarchisches Floorplanning mit integrierter globaler Verdrahtung. Hierbei erweitern wir bewährte hierarchische Lösungsstrategien und stimmen sie in einem homogenen Rahmen aufeinander ab. Die Basis des Verfahrens bildet der *Cut-tree*, der eine rekursive Zerteilungsstruktur des auszulegenden Schaltkreises beschreibt. Sowohl der Floorplan als auch die globale Verdrahtung werden mittels effizienter Baumdurchläufe durch den Cut-tree konstruiert. Zur Lösung von Teilproblemen verwenden wir mächtige Optimierungsmethoden wie Matching, ganzzahlige Programmierung und Netzwerkfluß. Mithilfe der Integration der globalen Verdrahtung in das Floorplanning basieren die Optimierungen nicht mehr auf ungenauen Netzlängenabschätzungen, sondern auf dem genauen Verlauf der Netze. Auf diese Weise lassen sich neben der Fläche auch andere Kostenkriterien, z.B. Timing-Aspekte, während des Floorplannings genau berücksichtigen. Der Rahmen erweist sich in dem Sinne als besonders robust, als Lösungsalgorithmen für die Teilprobleme leicht erweiterbar oder austauschbar sind, ohne daß die allgemeine Lösungsstrategie verändert werden muß.

1 Einleitung

Je mehr die Komplexität integrierter Schaltkreise steigt, desto wichtiger werden hierarchische Methoden zum physikalischen Entwurf solcher Schaltkreise. Hierarchische Methoden zerteilen zunächst den Schaltkreis rekursiv in kleinere Teilschaltkreise. Das Resultat ist ein sogenannter *Cut-tree*. Der Designprozeß besteht dann aus mehreren Durchläufen durch diesen Cut-tree. Grundsätzlich gibt es zwei Methoden, einen Cut-tree zu durchlaufen: top-down oder bottom-up. Beide Methoden weisen Vor- und Nachteile auf. Der Vorteil der Bottom-up-Methode besteht darin, daß wir auf der untersten Cut-tree-Ebene *exakte Layoutdaten* zur Verfügung haben. Mithilfe dieser Daten sind wir in der Lage, auch exakte Daten für die höheren Cut-tree-Ebenen zu berechnen. Diese Berechnungen erfordern jedoch *Layoutentscheidungen*, die ohne die globale Kenntnis der Schaltkreisstruktur und der Umgebung getroffen werden müssen. Diese Entscheidungen erweisen sich auf höheren Cut-tree-Ebenen dann oft als falsch. Bei der Top-down-Methode ist es gerade andersherum. Hier haben wir eine globale Sicht auf den Schaltkreis, besitzen aber keine Informationen über die exakte Struktur der Teilschaltkreise und müssen uns mit Abschätzungen zufrieden geben.

Durch die Kombinierung beider Methoden versucht man, ihre Vorteile zu verstärken und ihre Nachteile abzuschwächen. Im ersten Schritt wird top-down eine *Planungs-phase* durchgeführt. Während dieser Phase werden geeignete Formen und Pin-Positionen für die Blöcke des Schaltkreises berechnet und eine grobe Plazierung konstruiert. Das Ergebnis ist ein *Floorplan*. Nach der Planungsphase — auch *Floorplanning* genannt — folgt die *Assembly-Phase*, in der das detaillierte Layout bottom-up erzeugt wird. Die Assembly-Phase wird dabei durch die Ergebnisse des Floorplannings gesteuert.

Nach dem heutigen Stand der Forschung existieren auf dem Gebiet des Floorplannings zwei Hauptprobleme:

1. Während des Floorplannings werden explizit nur wenige Performanzkriterien betrachtet. In der Hauptsache wird versucht, eine Abschätzung der Layoutfläche zu optimieren.

2. Selbst für diese eingeschränkte Menge von Kriterien sind die Abschätzungen äußerst ungenau.

Zur Bewältigung des ersten Problems benötigen wir einen robusten Rahmen, der es erlaubt, eine Vielzahl verschiedener Performanzkriterien während des Floorplannings zu betrachten. Robustheit bedeutet hier, daß der Rahmen auf veränderte Prioritäten bzw. zusätzliche Performanzkriterien angepaßt werden kann, ohne daß die grundsätzliche Lösungsstrategie verlassen wird.

Der Grund für das zweite Problem liegt in der üblichen Zerteilung des Layoutprozesses in mehrere Teilaufgaben: Plazierung/Floorplanning, globale Verdrahtung und detaillierte Verdrahtung. Diese Trennung wird wegen der großen Komplexität des Layoutproblems durchgeführt. Die Lösungen der Teilaufgaben sind jedoch voneinander abhängig. Dadurch müssen wir beispielsweise während des Floorplannings die Gesamtverdrahtungslänge abschätzen, obwohl wir noch keine geeigneten Layoutdaten berechnet haben. Um das zweite Problem zu bewältigen, muß der Rahmen die Integration mehrerer Phasen des Layoutprozesses ermöglichen, so daß eine Abschätzung von Performanzdaten nicht mehr notwendig ist. Da die Qualität eines Layouts sehr stark von der Verdrahtung abhängt, besteht unser erstes Ziel in der Integration von Floorplanning und globaler Verdrahtung. Dies wird uns in die Lage versetzen, auch komplexere Performanzkriterien wie die Verzögerung oder Timing-Bedingungen während des Floorplannings zu berücksichtigen.

Floorplanning wurde in den letzten zehn Jahren intensiv studiert. Eine der bekanntesten Methoden basiert auf Schaltkreispartitionen [Ott82, LD86, DK87, DEKP89, KSJ88, Zim86, Zim88]. Bei dieser Methode wird im ersten Schritt ein k-ärer Cut-tree aufgebaut, wobei $k \in \{2,\ldots,5\}$. In den nachfolgenden Phasen wird ein Floorplan durch Markierung des Cut-trees mit topologischen und geometrischen Informationen konstruiert. Dieser Markierungsprozeß beinhaltet mehrere effiziente Durchläufe durch den Cut-tree. In manchen Fällen wird gleichzeitig eine globale Verdrahtung berechnet [DK87, DEKP89].

Wir haben bewährte und zuverlässige hierarchische Methoden für Floorplanning und globale Verdrahtung so erweitert, daß auch komplexe Performanzparameter berücksichtigt werden können. Die verfeinerten Konzepte sind in einem algorithmischen Rahmen für Floorplanning mit integrierter globaler Verdrahtung zusammengefaßt worden.

2 Definitionen

Die Eingabe des Floorplanning-Problems ist ein Schaltkreis bestehend aus einer Menge B von Blöcken und einer Menge N von Netzen. Jeder Block besitzt eine *Shape-Funktion*, die die möglichen Layoutalternativen des Blockes beschreibt. Die Aufgabe des Floorplannings besteht darin, für die Blöcke des Schaltkreises geeignete Layoutalternativen auszuwählen und diese optimal bzgl. einer komplexen Kostenfunktion zu plazieren. Neben der Layoutfläche kann diese Kostenfunktion elektrische Leistungsdaten berücksichtigen, etwa die Verzögerung oder den Stromverbrauch.

Formal ist die Ausgabe ein *Floorplan* (siehe Abbildung 1). Ein Floorplan ist die rektanguläre Aufteilung eines Rechteckes. Die Basisrechtecke des Floorplans heißen *Räume* und korrespondieren zu den Blöcken. Für jeden Block existiert eine Layoutalternative, die in den Raum des Blockes paßt. Die gemeinsame Grenze zwischen zwei Räumen wird *Wand* genannt. Nach Plazierung der Layoutalternativen in den Räumen muß noch genügend Platz bleiben, um den Schaltkreis geeignet zu verdrahten.

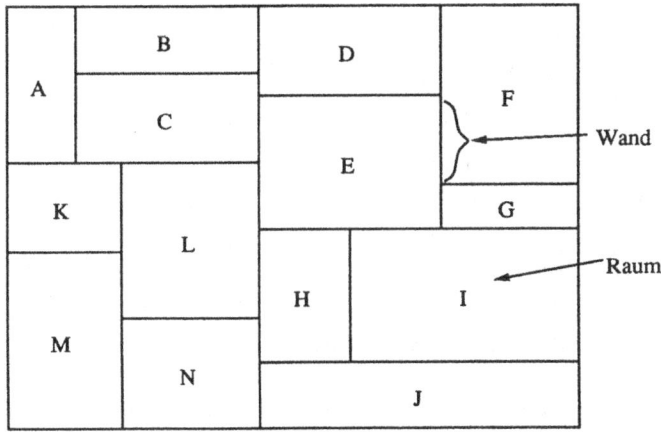

Abbildung 1: Ein Floorplan

Das *globale Verdrahtungsproblem* ist eine Menge voneinander abhängiger Steinerbaumprobleme auf einem planaren Verdrahtungsgraphen. Ein solcher Verdrahtungsgraph entsteht aus dem Floorplan und hängt vom verwendeten Verdrahtungsmodell ab (siehe Abbildung 2). Jeder Steinerbaum repräsentiert die Verdrahtung eines Netzes. Die notwendigen Knoten des Steinerbaumes stellen dabei die groben Positionen der Terminals der Netze dar. Die Anzahl der Netze, die eine Kante des Verdrahtungsgraphen benutzen können, ist durch die *Kapazität* der Kante begrenzt. Das Ziel besteht in der Verdrahtung möglichst vieler Netze, ohne die Kapazität einer Verdrahtungskante zu überschreiten. Mit zweiter Priorität werden zusätzliche Performanzkriterien, etwa die Gesamtverdrahtungslänge oder die Verzögerung, optimiert.

Ein *Cut-tree* ist ein k-ärer Wurzelbaum, dessen Blätter die Blöcke des Schaltkreises repräsentieren (siehe Abbildung 3). Ein innerer Knoten v des Cut-trees korrespondiert zu einem Teilschaltkreis C_v. C_v besteht aus allen Blöcken, die durch v nachfolgende Blätter repräsentiert werden. Jeder innere Knoten v mit $\tilde{k}$ Kindern $c_{s_1}, \ldots, c_{s_{\tilde{k}}}$, $2 \leq \tilde{k} \leq k$, induziert eine $\tilde{k}$-fache Partition von C_v in die Teilschaltkreise $C_{c_{s_1}}, \ldots, C_{c_{s_{\tilde{k}}}}$ seiner Kinder. Wir sagen, ein Netz *schneidet* den Knoten v, wenn es in mindestens zwei der Teilschaltkreise der Kinder von v Terminals besitzt. Die Anzahl $cut(v)$ der Netze, die v schneiden, bezeichnet man als die *Schnittgröße* von v.

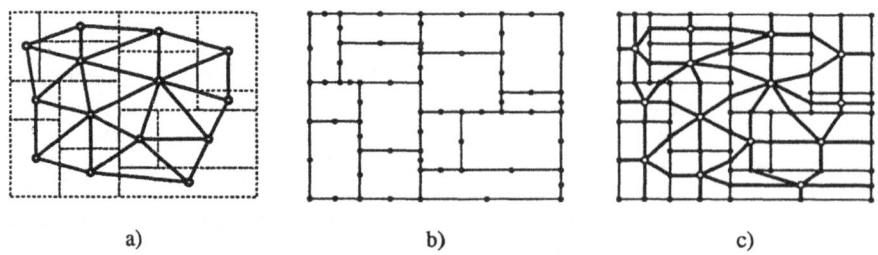

a)   b)   c)

Abbildung 2: Globale Verdrahtungsgraphen für den Floorplan aus Abbildung 1.

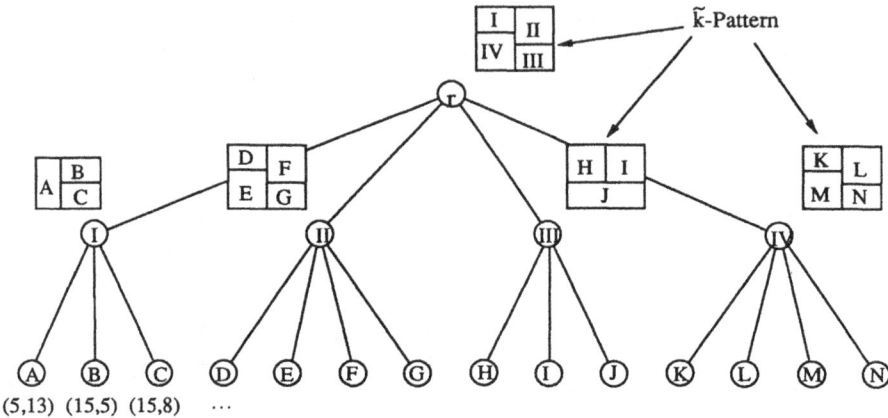

(5,13) (15,5) (15,8) ...

Abbildung 3: Ein markierter Cut-tree, der den Floorplan aus Abbildung 1 beschreibt.

Wir können einen Floorplan F durch eine Markierung eines Cut-trees beschreiben (siehe Abbildung 3). Jeder Knoten v repräsentiert einen Floorplan F_v für C_v. Die Floorplans der Blätter bestehen aus einem einzigen Raum. Jedes Blatt wird mit den Dimensionen seines Raumes markiert. Der Floorplan eines inneren Knotens setzt sich aus den Floorplans seiner Kinder zusammen. Der innere Knoten wird mit einem $\tilde{k}$-*Pattern* markiert, der die Topologie beschreibt, in der die Floorplans der Kinder angeordnet werden. Eine globale Verdrahtung für F kann ebenfalls durch eine Markierung des Cut-trees in hierarchischer Manier beschrieben werden. Hierzu markieren wir jeden Knoten v mit den Netzen, die die *Wände* von F_v überschreiten.

Floorplans, die durch Markierung eines k-ären Cut-trees beschrieben werden können, heißen k-*Pattern Floorplans*. 2-Pattern-Floorplans sind aus der Literatur auch als *Slicing-Floorplans* bekannt.

3   Der robuste Floorplanning-Rahmen

In dieser Sektion präsentieren wir einen algorithmischen Rahmen zum Aufbau eines Cut-trees mit einer geeigneten Markierung. Der Rahmen besteht aus drei Phasen. In der ersten Phase wird ein unmarkierter Cut-tree aufgebaut. Die zweite Phase berechnet bottom-up Shape-Funktionen für alle Knoten des Cut-trees. Eine komplette Markierung des Cut-trees wird dann in Phase drei generiert.

3.1 Cut-tree-Generierung

In dieser Phase beschäftigen wir uns hauptsächlich mit der Optimierung von zwei Kosten: *Packungs-* sowie *Verbindungskosten*. Erstgenannte entstehen durch die überlappungsfreie Plazierung von Blöcken unterschiedlicher Form in einem Rechteck. Die Fläche dieses Rechteckes bestimmt im wesentlichen die Packungskosten. Die Verbindungskosten sind eine Abschätzung des Verdrahtungsplatzes, der notwendig ist, um die Blöcke geeignet miteinander zu verbinden. Da zum Zeitpunkt der Cut-tree-Generierung noch sehr wenig Layoutdaten zur Verfügung stehen, können die Packungs- und Verbindungskosten nur sehr grob abgeschätzt werden. Zur Minimierung der Verbindungskosten wird die gewichtete Summe der Schnittgrößen

$$\sum_{v \in In} size(v) \cdot cut(v)$$

minimiert. Hierbei ist *In* die Menge der inneren Knoten des Cut-trees und $size(v)$ eine Abschätzung der Fläche des Teilschaltkreises C_v. Hinter der Minimierung dieser gewichteten Summe steht die Annahme, daß Netze, die auf tieferen Cut-tree-Ebenen innere Knoten schneiden, im allgemeinen eine kürzere Verdrahtung besitzen als Netze, die innere Knoten auf höheren Cut-tree-Ebenen schneiden. Zur Optimierung der Packungskosten werden, wie sich im folgenden zeigt, unterschiedliche Ansätze benutzt.

Grundsätzlich gibt es wiederum zwei Methoden einen Cut-tree aufzubauen: *Top-down-mincut* und *Bottom-up-clustering*.

Bei der Top-down-mincut-Methode beginnen wir mit dem kompletten Schaltkreis und zerteilen diesen rekursiv in immer kleiner werdende Teilschaltkreise. Da wir innere Knoten mit hohem *size*-Wert vor den Knoten mit niedrigem *size*-Wert betrachten, versuchen wir bei jeder Partition, die Schnittgröße zu minimieren. Zur Berücksichtigung des Packungsaspektes wird gefordert, daß die Partitionen *flächenbalanciert* sind, d.h. die Kinder eines inneren Knotens müßen ungefähr den gleichen *size*-Wert besitzen. Hinter dieser Vorgehensweise steht die Annahme, daß gleichgroße Teilschaltkreise im allgemeinen "gut zusammenpassen". Das Finden einer flächenbalancierten Partition mit minimaler Schnittgröße ist bereits NP-hart, jedoch gibt es Heuristiken, die sich in der Praxis bewährt haben [FM82].

Den Ausgangspunkt für die Bottom-up-clustering-Methode bilden $|B|$ Teilschaltkreise bestehend aus einem einzigen Block. Diese werden rekursiv zu immer größer werdenden Teilschaltkreisen zusammengezogen. In einem *Clustering-Schritt* werden jeweils aus den aktuellen Teilschaltkreisen mehrere größere Teilschaltkreise gebildet. Da durch die Bottom-up-Vorgehensweise die *size*-Werte der inneren Knoten stetig zunehmen, wird in jedem Clustering-Schritt die Summe der Schnittgrößen maximiert. Der große Vorteil der Bottom-up-clustering-Methode ist, daß der Packungsaspekt sehr gut beurteilt werden kann. Wie wir noch sehen werden, lassen sich Shape-Funktionen für die inneren Knoten des Cut-trees ebenfalls bottom-up berechnen. Diese Shape-Funktionen beschreiben die Layoutalternativen für die Teilschaltkreise C_v und bilden die Basis für ein sehr genaues Packungsmaß. Wir haben die Bottom-up-clustering-Methode mit der Berechnung von Shape-Funktionen in hierarchischer Manier so kombiniert, daß vor jedem Clustering-Schritt Shape-Funktionen für die aktuellen Teilschaltkreise zur Verfügung stehen. Für binäre Cut-trees ist das in einem Clustering-Schritt zu lösende Problem ein gewichtetes Matching-Problem, das in kubischer Zeit optimal gelöst werden kann [PS82]. Dies ändert jedoch nichts am heuristischen Charakter der Bottom-up-clustering-Methode.

Keine der beiden vorgestellten Methoden besitzt eindeutige Vorteile gegenüber der anderen. Aufgrund ihrer globalen Sicht ist die Top-down-mincut-Methode für die Optimierung der Verbindungskosten und die Berücksichtigung von Vorplazierungs-

und Timing-Aspekten geeigneter, während die Bottom-up-clustering-Methode den Packungsaspekt besser behandelt. Wir sind der Meinung, daß eine Kombinierung beider Methoden am vielversprechendsten ist. Wir generieren die oberen Cut-tree-Ebenen durch die Top-down-mincut-Methode solange, bis die Anzahl der Blöcke in den Teilschaltkreisen unter einen vorgegebenen Schwellenwert fällt. Die unteren Cut-tree-Ebenen werden dann durch Anwendung der Bottom-up-clustering-Methode auf die verbleibenden Teilschaltkreise aufgebaut.

3.2 Berechnung von Shape-Funktionen

Aufgrund der Vor- und Nachteile der Top-down- und Bottom-up-Vorgehensweise erscheint folgender Weg zur Konstruktion eines k-Pattern-Floorplans ideal. In einem Bottom-up-Pass werden zunächst *alle* Layoutalternativen der durch den Cut-tree implizierten Teilschaltkreise konstruiert. Die Layoutalternativen eines Teilschaltkreises werden in einer Shape-Funktion am entsprechenden inneren Knoten gespeichert. Ein anschließender Top-down-Pass kann dann mit seiner globalen Sicht für jeden Teilschaltkreis die beste Layoutalternative aus der entsprechenden Shape-Funktion wählen.

Dieser Weg ist allerdings nicht praktikabel, da allein die Darstellung der Shape-Funktionen unlösbare Speicherplatzprobleme mit sich bringt. Wenn wir uns jedoch mit Abschätzungen einiger Performanzparameter für die Layoutalternativen zufrieden geben, erhalten wir einen praktikablen Lösungsansatz.

Auf dieser Idee basiert eine allgemeine Methode zur Konstruktion von 2-Pattern-Floorplans [Ott83, Zim86]. Zunächst wird bottom-up für jeden inneren Knoten eine Shape-Funktion berechnet. Die Layoutalternativen werden nur durch ihre Höhe und Breite beschrieben. Jede Layoutalternative eines inneren Knotens v korrespondiert mit der Richtung einer Schnittlinie (vertikal, horizontal), durch die der entsprechende Floorplan F_v geteilt wird. Zusätzlich besitzt jede Layoutalternative noch zwei Zeiger auf Layoutalternativen der beiden Kinder von v. Da wir nur die Dimensionen der Layoutalternativen betrachten und nicht die globale Umgebung des Teilschaltkreises kennen, können wir zu diesem Zeitpunkt noch nicht entscheiden, welches Kind auf welche Seite der Schnittlinie plaziert wird. Dadurch erhält jede Layoutalternative zwei *Konstruktionsalternativen*. Nach der Berechnung der Shape-Funktionen wird der Floorplan top-down konstruiert. Zu Beginn des Top-down-Passes wird eine Layoutalternative l_r aus der Shape-Funktion der Wurzel r gewählt, etwa die Layoutalternative mit minimaler Fläche und einem vorgegebenen Höhen-Breiten-Verhältnis. Danach wird eine komplette Markierung generiert, indem wir rekursiv den beiden Zeigern von l_r folgen. An jedem inneren Knoten v entscheiden wir dabei mit der nun vorhandenen globalen Sicht, welche die bessere der beiden Konstruktionsalternativen der für v gewählten Layoutalternative ist. Während dieses Top-down-Passes werden Verdrahtungskosten optimiert.

Wir haben diese Methode konzeptionell auf k-äre Cut-trees und für die Betrachtung mehrerer Performanzparameter erweitert. Im Rest dieser Sektion diskutieren wir die Berechnung von Shape-Funktionen, während in der folgenden Sektion die Generierung der Cut-tree-Markierung behandelt wird.

Zur effizienten Berechnung von Shape-Funktionen müssen wir die folgenden Prinzipien beachten:

- Layoutalternativen sollten durch eine kleine Menge ausgewählter Performanzparameter beschrieben werden. Zumindest die Dimensionen der Layoutalternative sollten in dieser Beschreibung enthalten sein.

- Wir benötigen eine *Kompositionsprozedur*, mit der wir in der Lage sind, aus einer Menge von Layoutalternativen eine größere Layoutalternative zu bilden. Bei Eingabe von $\tilde{k}$ Layoutalternativen und eines $\tilde{k}$-Patterns sollte die Kompositionsprozedur effizient alle relevanten Performanzparameter der resultierenden Layoutalternative berechnen können. Im allgemeinen beschreibt der $\tilde{k}$-Pattern dabei mehr als nur die Topologie, in der die $\tilde{k}$ Layoutalternativen angeordnet werden. Er ist vielmehr eine allgemeine *Konstruktionsbeschreibung*. Beispielsweise kann der $\tilde{k}$-Pattern die Information enthalten, daß einige Layoutalternativen durch *Abutment* aneinandergefügt werden.

  Ein wichtiger Teil der Kompositionsprozedur ist die *Berücksichtigung von Verdrahtungsplatz*. Hier müssen wir den Verdrahtungsplatz abschätzen, der zur Verbindung der $\tilde{k}$ Layoutalternativen notwendig ist. Wir haben eine Methode entwickelt, bei der der benötigte Verdrahtungsplatz durch die Lösung eines globalen Verdrahtungsproblems zwischen den $\tilde{k}$ Layoutalternativen berechnet wird. Da $\tilde{k}$ nur sehr klein ist, läßt sich das Verdrahtungsproblem effizient mit ganzzahligen Programmierungstechniken lösen.

- Aufgrund der eingeschränkten Beschreibung der Layoutalternativen während der Shape-Funktionsberechnungen werden im allgemeinen mehrere Kombinationen von $\tilde{k}$-Pattern und $\tilde{k}$ Layoutalternativen zur selben Layoutalternative führen. Diese Kombinationen sind die *Konstruktionsalternativen* der Layoutalternative. Eine Konstruktionsalternative besteht aus einem $\tilde{k}$-Pattern und $\tilde{k}$ Zeigern, die auf Layoutalternativen zeigen. Die Qualität der Konstruktionsalternativen einer Layoutalternative kann nur mit Kenntnis der globalen Umgebung des entsprechenden Teilschaltkreises beurteilt werden. Diese Kenntnis ist jedoch während der Bottom-up-Berechnung der Shape-Funktionen nicht vorhanden. Aus diesem Grund verschieben wir die Entscheidung, welche der Konstruktionsalternativen die beste ist, auf den abschließenden Top-down-Pass und markieren jede Layoutalternative mit ihren Konstruktionsalternativen.

- Um die Anzahl der Layoutalternativen in einer Shape-Funktion zu reduzieren, streichen wir Layoutalternativen anhand eines *Optimalitätskriteriums*. Ein natürliches Optimalitätskriterium besteht darin, eine Layoutalternative dann zu streichen, wenn andere Layoutalternativen existieren, die in allen betrachteten Performanzparametern bessere Werte besitzen als diese Layoutalternative. Das natürliche Optimalitätskriterium kann durch heuristische Regeln verschärft werden.

- Wir müssen einen Algorithmus für das folgende Optimierungsproblem entwickeln: Gegeben sind $\tilde{k}$ Shape-Funktionen $s_1, \ldots, s_{\tilde{k}}$, eine Kompositionsprozedur und ein Optimititätskriterium. Gesucht ist eine Shape-Funktion, die alle Layoutalternativen enthält, die aus einer Kombination eines $\tilde{k}$-Patterns und $\tilde{k}$ Layoutalternativen der s_i's entstehen und das Optimalitätskriterium erfüllen.

3.3 Floorplan- und globale Verdrahtungskonstruktion

In der abschließenden Top-down-Phase konstruieren wir simultan einen Floorplan und eine globale Verdrahtung. Den Floorplan bauen wir dadurch auf, daß wir abwechselnd zunächst die besten Konstruktionsalternativen für die gewählten Layoutalternativen bestimmen und dann den Zeigern dieser Konstruktionsalternativen zu neuen Layoutalternativen folgen. Zum Aufbau einer globalen Verdrahtung benutzen wir hierarchische Methoden [BP83, LST+87, Lau87, MS86]. Die Auswahl der Konstruktionsalternativen und die Konstruktion der globalen Verdrahtung werden dabei in hierarchischer Manier gemischt. Auf jeder Cut-tree-Ebene werden zunächst die Konstruktionsalternativen ausgewählt und danach wird die globale Verdrahtung konstruiert. Somit können sich beide Prozeduren wechselseitig beeinflussen, obwohl sie nicht simultan gelöst werden.

Bei der Auswahl der Konstruktionsalternativen auf Cut-tree-Ebene $i + 1$ wird die globale Verdrahtung auf der vorherigen Cut-tree-Ebene i berücksichtigt. Jede mögliche Konstruktionsalternative wird in die globale Verdrahtungsumgebung des entsprechenden Teilschaltkreises auf Ebene i eingesetzt und bewertet. Hierbei werden in erster Linie die Verdrahtungskosten ermittelt, die entstehen, um den Teilschaltkreis mit seiner Umgebung zu verbinden. Bei der Bewertung können aber auch komplexere Nebenbedingungen wie beispielsweise Timing-Aspekte betrachtet werden. Tatsächlich läßt sich der Top-down-Pass mit hierarchischen Timing-gesteuerten Plazierungstechniken kombinieren [MSL89, JK89]. Der große Vorteil einer solchen Vorgehensweise ist, daß aufgrund der simultan durchgeführten globalen Verdrahtung die Netzlängenabschätzungen nicht mehr auf dem Bounding-Box-Maß, sondern auf der tatsächlichen Verdrahtung basieren.

Zur Konstruktion der globalen Verdrahtung haben wir zwei populäre hierarchische Methoden von Luk et.al. [LST+87] und Lauther [Lau87] bzw. Marek-Sadowska [MS86] kombiniert. Wir benutzen dazu das kanalfreie Verdrahtungsmodell (siehe Abbildung 2a). Die globale Verdrahtung wird top-down auf den einzelnen Ebenen des

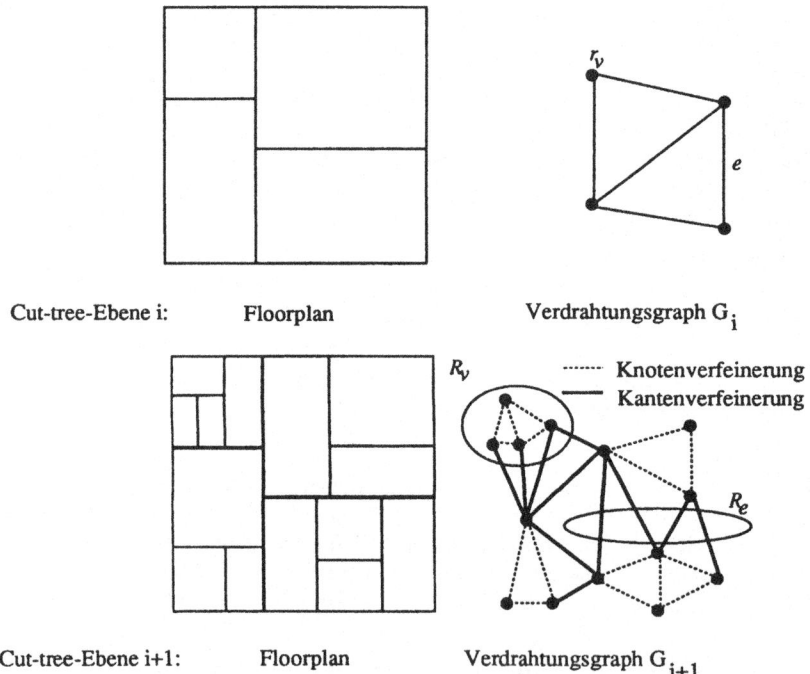

Abbildung 4: Hierarchische Konstruktion des Verdrahtungsgraphen

Cut-trees konstruiert. Der Übergang von einer Cut-tree-Ebene i zur nächsten Ebene $i + 1$ geschieht wie folgt (siehe Abbildung 4): Der Verdrahtungsgraph G_{i+1} auf Ebene $i + 1$ entsteht aus dem Verdrahtungsgraphen G_i auf Ebene i durch lokale Ersetzungen. Jeder Knoten r_v aus G_i wird durch einen kleinen Graphen R_v in G_{i+1} ersetzt (*Knoten-*

verfeinerung). R_v wird durch den $\tilde{k}$-Pattern der Konstruktionsalternative induziert, die für den entsprechenden inneren Knoten v des Cut-trees gewählt wurde. Ähnlich dazu wird jede Kante e von G_i durch einen Teilgraphen R_e in G_{i+1} ersetzt (*Kantenverfeine-rung*). Entsprechend dieser lokalen Ersetzungsstruktur teilt sich die Konstruktion der globalen Verdrahtung auf Ebene $i + 1$ in zwei Teilschritte auf: 1. Kantenverfeinerung und 2. Knotenverfeinerung. In beiden Teilschritten benutzen wir mächtige Optimierungstechniken.

In der Kantenverfeinerung werden jedem Netz, das eine Kante e auf Ebene i benutzt, eine oder mehrere Kanten des Graphen R_e auf Ebene $i + 1$ zugewiesen. Diese Zuweisung geschieht durch Lösung eines Mincost-flow-Problems ($\cong$ Netzwerkfluß mit Kantenkosten). Dabei lassen sich die Netze so in Netztypen klassifizieren, daß die Größe des Mincost-flow-Graphen konstant ist und das Problem in linearer Zeit gelöst werden kann. In der Knotenverfeinerung werden die globalen Verdrahtungsprobleme gelöst, die auf den Graphen R_v entstehen. Hier benutzen wir zur Lösung ganzzahlige Programme, deren Größe durch Netzklassifizierung wiederum konstant ist. Diese ganzzahligen Programme lassen sich effizient in konstanter Zeit lösen [HL88].

Die Konstruktion der globalen Verdrahtung kann ebenfalls durch Timing-Aspekte beeinflußt werden. Dies geschieht beispielsweise durch eine dynamische Gewichtung zeitkritischer Netze, die während der Verdrahtung bevorzugt behandelt werden. Dynamisch bedeutet hier, daß die Netzgewichte auf jeder Cut-tree-Ebene neu angepaßt werden.

4   Schlußbemerkungen

In dieser Arbeit wurde ein algorithmischer Rahmen für hierarchisches Floorplanning mit integrierter globaler Verdrahtung vorgestellt, eine ausführliche Beschreibung findet man in [ML90]. Auf Basis dieses Rahmens ist die Berücksichtigung einer Vielzahl von Performanzkriterien möglich. Ein Prototyp — das Floorplanning System **FRODO** — wurde implementiert. Abschließend ist anzumerken, daß die experimentellen Resultate mit dem System sehr vielversprechend sind.

Literatur

[BP83]   Michael Burstein and Richard Pelavin. Hierarchical wire routing. *IEEE Transactions on Computer-Aided Design of Integrated Circuits and Systems*, CAD-2(4):223–234, 1983.

[DEKP89]   Wayne Wei-Ming Dai, Bernhard Eschermann, Ernest S. Kuh, and Massoud Pedram. Hierarchical placement and floorplanning in BEAR. *IEEE Transactions on Computer-Aided Design of Integrated Circuits and Systems*, CAD-8(12):1335–1349, 1989.

[DK87]   Wayne Wei-Ming Dai and Ernest S. Kuh. Simultaneous floorplanning and global routing for hierarchical building block layout. *IEEE Transactions on Computer-Aided Design of Integrated Circuits and Systems*, CAD-6(5):828–837, 1987.

[FM82]   C. M. Fiduccia and R. M. Mattheyses. A linear time heuristic for improving network partitions. In *Proceedings of the 19th Design Automation Conference*, pages 175–181. ACM/IEEE, 1982.

[HL88]   Jörg Heistermann and Thomas Lengauer. The efficient solution of integer programs for hierarchical global routing. Technical report, Department of Mathematics and Computer Science, University of Paderborn, Paderborn, West Germany, 1988.

[JK89]   Michael A. B. Jackson and Ernest S. Kuh. Performance-driven placement of cell based ic's. In *Proceedings of the 26th Design Automation Conference*, pages 370–375. ACM/IEEE, 1989.

[KSJ88]   Jürgen M. Kleinhans, Georg Sigl, and Frank M. Johannes. GORDIAN: A new global optimization/rectangle dissection method for cell placement. In *Proceedings of the International Conference on Computer-Aided Design*, pages 506–509. IEEE, 1988.

[Lau87]   Ulrich Lauther. Top down hierarchical global routing for channelless gate arrays based on linear assignment. In Carlo H. Sequin, editor, *Proceedings of VLSI'87*, pages 141–151. Elsevier Science Publishers B.V., Amsterdam, The Netherlands, 1987.

[LD86]   David P. La Potin and Stephen W. Director. Mason: A global floorplanning approach for VLSI design. *IEEE Transactions on CAD of Integrated Circuits and Systems*, CAD-5(4):477–489, 1986.

[LST+87]   W. K. Luk, Paolo Sipila, Markku Tamminen, Donald Tang, Lin S. Woo, and C. K. Wong. A hierarchical global wiring algorithm for custom chip design. *IEEE Transactions on Computer-Aided Design of Integrated Circuits and Systems*, CAD-6(4):518–533, 1987.

[ML90]   Rolf Müller and Thomas Lengauer. A robust framework for hierarchical floorplanning with integrated global wiring. Technical Report 70, Department of Mathematics and Computer Science, University of Paderborn, Paderborn, West Germany, 1990.

[MS86]   Malgorzata Marek-Sadowska. Route planner for custom chip design. In *Proceedings of the International Conference on Computer-Aided Design*, pages 246–249. IEEE, 1986.

[MSL89]   Malgorzata Marek-Sadowska and P. Shen Lin. Timing driven placement. In *Proceedings of the International Conference on Computer-Aided Design*, pages 94–97. IEEE, 1989.

[Ott82]   Ralph H. J. M. Otten. Automatic floorplan design. In *Proceedings of the 19th Design Automation Conference*, pages 261–267. ACM/IEEE, 1982.

[Ott83]   Ralph. H. J. M. Otten. Efficient floorplan optimization. In *Proceedings of the International Conference on Computer Design: VLSI in Computers*, pages 499–502. IEEE, 1983.

[PS82]   Christos H. Papadimitriou and Kenneth Steiglitz. *Combinatorial Optimization: Algorithms and Complexity*. Prentice Hall, Inc., Englewood Cliffs, NJ, 1982.

[Zim86]   Gerhard Zimmermann. Top-down design of digital systems. In E. Hörbst, editor, *Advances in CAD for VLSI, Volume 2: Logic Design and Simulation*, chapter ?, pages 185–206. North-Holland, New York, 1986.

[Zim88]   Gerhard Zimmermann. A new area and shape function estimation technique for VLSI layouts. In *Proceedings of the 25th Design Automation Conference*, pages 60–65. ACM/IEEE, 1988.

Neue Algorithmen für das Maximum-Flow-Problem

Torben Hagerup[*]

Fachbereich Informatik
Universität des Saarlandes
D–6600 Saarbrücken

Wir betrachten das folgende Problem: Gegeben ist ein *Netzwerk*, d.h. ein gerichteter Graph G, eine positive ganzzahlige *Kapazität* für jede Kante in G und zwei ausgezeichnete Knoten in G, die *Quelle* s und die *Senke* t. Das Ziel ist, möglichst viel Fluß durch das Netzwerk von s nach t zu transportieren, wobei der Fluß über eine Kante die Kapazität der Kante nicht überschreiten kann und an jedem Knoten außer s und t *Flußerhaltung* herrschen muß ("Fluß hinein = Fluß heraus"). Konkret stelle man sich s als ein Ölfeld, t als eine Großstadt und das Netzwerk als ein System von Rohrleitungen vor, das die Stadt mit Öl versorgen soll. Wir müssen den Ölfluß über jede Rohrleitung so regulieren, daß die Ölmenge, die die Stadt insgesamt erreicht, maximiert wird.

Das Maximum-Flow-Problem hat eine lange Geschichte und erhebliche praktische Bedeutung. Die Vorgehensweise der meisten Algorithmen für das Problem besteht darin, "Flußeinheiten" durch das Netz hin und her zu schieben, bis ein maximaler Fluß erreicht ist. Sei n die Knotenanzahl, m die Kantenanzahl und U die größte Kapazität einer Kante. Ahuja und Orlin haben einen einfachen Algorithmus angegeben, der einen maximalen Fluß unter Ausführung von $O(nm + n^2 \log U)$ elementaren Flußoperationen berechnet. Wir beschreiben diesen Algorithmus und skizzieren Verbesserungen, die es erlauben, die Anzahl der Flußoperationen auf $O(n^{3/2} m^{1/2} + n^2 \log U)$ zu reduzieren (gemeinsame Arbeit mit Joseph Cheriyan und Kurt Mehlhorn). Für $m = \Theta(n^2)$ und U nicht außerordentlich groß ist die bewiesene obere Schranke für die Anzahl der Flußoperationen $O(n^{2.5})$, gegenüber $O(n^3)$ für den besten bisher bekannten Algorithmus.

1. Netzwerke und ihre Anwendungen

Ein (gerichteter) Graph ist mathematisch gesehen ein Paar (V, E), wobei V eine endliche Menge und E eine Teilmenge von $V \times V$ ist ($V \times V$ ist die Menge aller geordneter Paare der Form (v, w), wobei $v, w \in V$). Die Elemente aus V sind die *Knoten*, die Elemente aus E die *Kanten* des Graphen. Graphen werden üblicherweise so dargestellt, daß ein Knoten als ein Punkt oder ein Kreis in der Ebene und eine Kante (v, w) als ein Pfeil von der Repräsentation von v zur Repräsentation von w gezeichnet wird. Ein Beispiel ist in Abb. 1 zu sehen.

---

[*] Partially supported by the ESPRIT II Basic Research Actions Program of the EC under contract No. 3075 (project ALCOM).

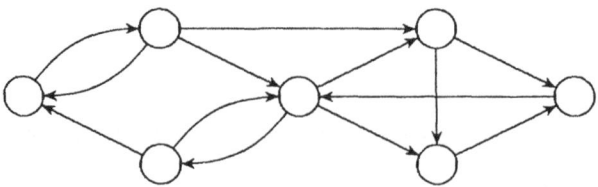

Abb. 1. Ein gerichteter Graph.

Graphen haben sehr viele Interpretationen und Anwendungen. Eine Kante (v, w) könnte z.B. bedeuten, daß Firma v Kunde der Firma w ist, daß Spieler v den Spieler w besiegt hat, oder daß Arbeitsgang v (z.B. Fundament gießen) ausgeführt sein muß, bevor Arbeitsgang w (z.B. Fenster einsetzen) anfangen kann. Wir gehen darauf nicht näher ein. Wird jeder Kante eines Graphen ein *Wert* aus $\mathbb{N} = \{0, 1, 2, \ldots\}$ zugeordnet, spricht man von einem *Netzwerk* (normalerweise werden beliebige reelle Kantenwerte zugelassen, aber wir beschränken uns hier auf nicht-negative ganze Kantenwerte). Abb. 2 zeigt ein Beispielnetzwerk. Formal definieren wir ein Netzwerk als ein Tripel (V, E, g), wobei (V, E) ein gerichteter Graph und $g : E \to \mathbb{N}$ eine Funktion ist.

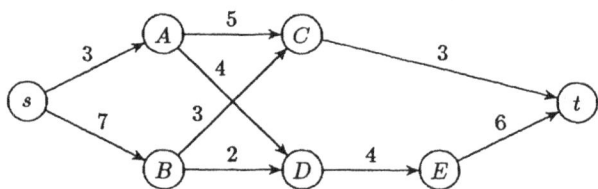

Abb. 2. Ein Netzwerk. Jede Kante ist mit ihrem Wert beschriftet.

Die vielleicht bekanntesten Beispiele für Netzwerke sind Verkehrsnetze aller Art. Die Knoten sind dabei die Punkte, zwischen denen der Verkehr verläuft (Städte, Straßenkreuzungen, Häfen, Bahnhöfe, Flughäfen), und eine Kante (v, w) stellt den (direkten) Weg von v nach w dar. Der Wert einer Kante repräsentiert dabei, je nach Bedarf, die *Länge* des entsprechenden Weges, die *Kosten* oder die *Verzögerung* (Reisezeit), die mit seiner Benutzung verbunden sind, oder wiederum ganz andere Parameter. Weitere Beispiele für Netzwerke sind elektrische Schaltkreise, wo Kantenwerte z.B. Widerstände repräsentieren können. Dient ein Netzwerk zur Beförderung von irgendeiner "Ware", wie in dem eingangs erwähnten Ölbeispiel oder im Falle von Telefonleitungen, ist es oft sinnvoll, durch einen Kantenwert eine *Kapazität*, d.h. ein maximales Beförderungsvermögen, auszudrücken. Diese Betrachtungsweise kann auch bei Verkehrsnetzen angelegt werden, wobei eine globalere Sicht zum Ausdruck gebracht wird. Während ein individueller Autofahrer meist bemüht ist, seine Reisezeit zu minimieren, interessiert sich ein Verkehrsplaner eher für die Kapazität einer existierenden oder geplanten Straße, oder vielleicht eher noch für den genauen Zusammenhang zwischen Verkehrsaufkommen und Reisezeit. Kapazitäten werden in Mengeneinheiten pro Zeiteinheit gemessen, also z.B. in hl/Sek. oder in Autos/Min.

Es gibt weitere Anwendungen von Netzwerken, wo das Netzwerk nicht physikalisch vorhanden ist, sondern nur bestimmte Relationen zwischen Objekten ausdrückt. Eine Zentralstelle für die Vergabe von Studienplätzen könnte z.B. zu Entscheidungszwecken ein Netzwerk aufbauen, dessen Knoten teils Studenten, teils Studienplätze repräsentieren. Eine Kante zwischen einem Studenten und einem Studienplatz gibt an, daß der Studienplatz überhaupt für den betreffenden Studenten in Frage kommt, und ihr Wert ist ein Maß dafür, wie "wünschenswert" die entsprechende Vergabe ist. Das Auffinden einer optimalen Gesamtvergabe, wie auch immer definiert, kann jetzt als

Netzwerkproblem studiert und gelöst werden. Zusammenfassend läßt sich sagen, daß Netzwerke eine bedeutende Rolle in Produktionsplanung, VLSI-Entwurf, Verkehrsplanung und Telekommunikation sowie auf vielen anderen Gebieten spielen.

Eine fundamentale Frage, die man bei einem vorliegenden Netzwerk mit zwei Knoten s und t stellen kann, lautet: Wenn Kantenwerte als Weglängen (oder Kosten, oder Verzögerungen) interpretiert werden, welches ist dann der kürzeste (billigste, schnellste) Weg von s nach t? Dies ist das intensiv untersuchte Problem der kürzesten Wege (s. z.B. Tarjan, 1983, Kap. 7). Eine fast ebenso fundamentale Frage ist die folgende: Wenn Kantenwerte als Kapazitäten interpretiert werden, wie kann man die größtmögliche Flußmenge ("Warenmenge") von s nach t schicken? Dies ist das Maximum-Flow-Problem, mit dem wir uns hier befassen werden. Abb. 3 zeigt als Beispiel einen maximalen Fluß in dem Netzwerk aus Abb. 2.

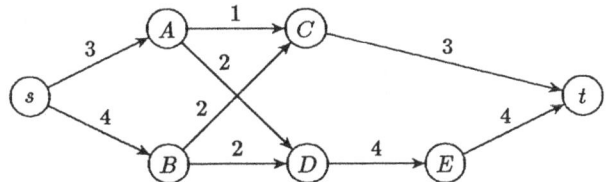

Abb. 3. Ein maximaler Fluß in dem Netzwerk aus Abb. 2. Jede Kante ist mit der über sie verlaufenden Flußmenge beschriftet.

Ein *Weg* der *Länge* k von v nach w in einem Graphen (V, E) oder in einem Netzwerk (V, E, g) ist eine Knotenfolge $v_0, v_1, \ldots, v_k$, wobei $v_0 = v$, $v_k = w$ und $(v_{i-1}, v_i) \in E$, für $i = 1, \ldots, k$. Wir benutzen im folgenden den Begriff "Länge eines Weges" immer in dieser Bedeutung, nicht in der Bedeutung einer konkreten Interpretation (wie z.B. Summe der Kantenwerte auf dem Weg).

2. Das Maximum-Flow-Problem

Gegeben sei ein Netzwerk $G = (V, E, cap)$ und zwei Knoten $s, t \in V$. $cap(v, w)$ wird als die *Kapazität* der Kante (v, w) bezeichnet, s ist die *Quelle* und t ist die *Senke*. Wir nehmen an, daß G *symmetrisch* ist, d.h., daß $(v, w) \in E \Rightarrow (w, v) \in E$, für alle $v, w \in V$, was durch Einführung von zusätzlichen Kanten mit Kapazität 0 leicht erreicht werden kann. Formal definieren wir einen *Fluß* in G als eine Funktion $f : E \to \mathbf{Z} = \{\ldots, -2, -1, 0, 1, 2, \ldots\}$. $f(v, w)$ ist dabei der Nettofluß von v nach w über die Kanten (v, w) und (w, v). Trägt z.B. die Kante (v, w) den Fluß 5 und (w, v) den Fluß 2, setzen wir $f(v, w) = 3$ und $f(w, v) = -3$. Ein Fluß f muß folgende Bedingungen erfüllen:

(1) $f(v, w) = -f(w, v)$, für alle $(v, w) \in E$ (Antisymmetrie);

(2) $f(v, w) \leq cap(v, w)$, für alle $(v, w) \in E$ (Kapazitätsbeschränkung);

(3) $\sum_{u:(u,v) \in E} f(u, v) = 0$, für alle $v \in V \setminus \{s, t\}$ (Flußerhaltung).

Bedingung (1) ist, wie oben gesehen, eine reine Konvention ohne physikalischen Inhalt. Bedingung (2) besagt, daß der Fluß über eine Kante deren Kapazität nicht überschreiten kann. Bedingung (3), schließlich, summiert für jeden Knoten $v \in V \setminus \{s, t\}$ die Nettoflüsse über Kanten, die in v münden, und fordert, daß diese Summe Null ist. Anders gesagt, der gesamte Fluß, der v verläßt, muß genau so groß sein wie der gesamte Fluß, der in v hineintritt. Das entspricht unserer Annahme, daß Fluß von s nach t geschickt wird, daß Fluß also nur an s "produziert" und nur an t "verbraucht" wird.

Der *Wert* von f ist $\sum_{v:(v,t)\in E} f(v,t)$, der Nettofluß, der t erreicht. Wegen der Flußerhaltung an allen Knoten außer s und t ist das das gleiche wie $\sum_{v:(s,v)\in E} f(s,v)$, der Nettofluß, der s verläßt. Ein *maximaler Fluß* ist ein Fluß, der unter allen Flüssen den größtmöglichen Wert hat. Wir suchen einen effizienten Algorithmus, der einen maximalen Fluß berechnet.

Die *Restkapazität* einer Kante (v,w) wird als $rescap(v,w) = cap(v,w) - f(v,w)$ definiert. Die Kante heißt *saturiert*, falls $rescap(v,w) = 0$; sonst ist sie eine *Restkante*. E_{res} bezeichnet die Menge aller (augenblicklichen) Restkanten, und G_{res} bezeichnet den *Restgraphen* (V, E_{res}). Sei im folgenden $n = |V|$, $m = |E|$ und $U = \max(\{1\} \cup \{cap(v,w) : (v,w) \in E\})$.

3. Der generische Algorithmus

Dieser Abschnitt beschreibt den sogenannten generischen Maximum-Flow-Algorithmus, der in (Goldberg and Tarjan, 1988) angegeben wurde.

Betrachten wir das Netzwerk aus Abb. 2. Versucht man, "von Hand" einen maximalen Fluß in einem so kleinen Netzwerk zu bestimmen, scheint es natürlich, zunächst so viele "Flußeinheiten" von s über die Kanten der Form (s,v) zu schicken, wie diese zulassen, um danach zu versuchen, diese Flußeinheiten zu t weiterzuleiten. Wendet man dieses Verfahren auf das Netzwerk aus Abb. 2 an, sieht man leicht, daß die 3 Flußeinheiten, die von s zu A geschickt werden, ohne weiteres über den Weg A, C, t die Senke erreichen können. Von den 7 Einheiten, die zu B geschickt werden, können 2 den Weg B, D, E, t nehmen, weitere 2 können über den Weg B, C, A, D, E, t zu t gelangen (Fluß über die Kante (C, A) schicken heißt in Wirklichkeit, den Fluß über (A, C) verringern), und die restlichen 3 Einheiten müssen zu s zurückgeschickt werden, wodurch man den maximalen Fluß in Abb. 3 erhält.

Der Algorithmus geht tatsächlich ähnlich vor. Zunächst brauchen wir Bezeichnungen für die auftretenden Konzepte.

Für jeden Knoten $v \in V$ sei $e(v) = \sum_{u:(u,v)\in E} f(u,v)$. Aus naheliegenden Gründen nennen wir $e(v)$ den *Überschuß* an v. Falls f ein Fluß ist, dann ist $e(v) = 0$ für alle $v \in V\setminus\{s,t\}$ (Bedingung (3)). Im obigen Beispiel gab es aber an manchen Knoten positiven Überschuß. Um diese Situation zu beschreiben führen wir den Begriff des *Präflusses* ein. Ein Präfluß ist eine Funktion $f : E \to \mathbb{Z}$, die Bedingungen (1) und (2) oben sowie folgende abgeschwächte Form der Bedingung (3) erfüllt: (3') $e(v) \geq 0$, für alle $v \in V\setminus\{s,t\}$.

Die Grundoperation, mit der wir im Beispiel den aktuellen Präfluß verändert haben, läßt sich ohne Schwierigkeiten als die Bewegung von c Flußeinheiten über eine Kante (v,w) von v nach w identifizieren, wobei c eine positive ganze Zahl ist. Formal erhöhen wir einfach $f(v,w)$ um den Wert c (und verringern $f(w,v)$ um c). Wir nennen diese Operation einen *Push* der Größe c über die Kante (v,w). Da wir es weiterhin mit einem Präfluß zu tun haben wollen, fordern wir einerseits, daß $c \leq rescap(v,w)$, so daß die Kapazitätsbedingung für die Kante (v,w) nicht verletzt wird, und andererseits, daß $c \leq e(v)$, so daß der Überschuß an v nicht-negativ bleibt. Der Push heißt *saturierend*, wenn $c = rescap(v,w)$.

Es reicht natürlich nicht, Fluß mit Hilfe von Pushes planlos durch das Netzwerk hin und her zu schicken; der Fluß sollte sich im großen und ganzen in Richtung von s nach t bewegen. Dies zu erreichen ist ein weitaus schwierigeres Problem, als es auf den ersten Blick erscheinen mag, und es ist bis heute kein Algorithmus bekannt, der es vermeidet, über die meisten Kanten Fluß wiederholt hin und her zu schicken. Am Anfang scheint es zwar sinnvoll, Fluß entlang kürzester

Wege nach t zu schicken, aber sobald die kürzesten Wege alle saturiert sind, muß man anders vorgehen (s. Abb. 3 als Beispiel dafür, daß maximale Flüsse im allgemeinen auch nicht-kürzeste Wege benutzen müssen). Es scheint angebracht, die kürzesten Wege nicht in dem ursprünglichen Netzwerk, sondern im (aktuellen) Restgraphen zu suchen, indem man also nur die Kanten in Betracht zieht, die noch zusätzlichen Fluß aufnehmen können. Anders formuliert: Für alle $v \in V$, sei $\delta(v)$ die Länge eines kürzesten Weges in G_{res} von v nach t ($\delta(v) = \infty$ falls kein solcher Weg existiert). Wollen wir überschüssigen Fluß an einem Knoten v loswerden, schicken wir ihn über eine Kante (v, w), für die $\delta(w) = \delta(v) - 1$ (eine solche Kante existiert zwangsläufig, sofern $v \neq t$ und $\delta(v) \neq \infty$). Intuitiv ist der Fluß damit näher zu t gekommen, und wir haben Fortschritt erzielt.

Der Algorithmus berechnet nicht wirklich die Funktion δ, sondern verwaltet auf ausgeklügelte Weise eine (grobe) Annäherung d zu δ, die ebenso gute Dienste leistet. Wir definieren eine *Beschriftung* als eine Funktion $d : V \to \mathbb{N}$. Die Beschriftung heißt *legal*, falls

$$d(w) \geq d(v) - 1, \qquad \text{für alle } (v, w) \in E_{res}.$$

Wir benutzen jetzt an Stelle von δ eine beliebige legale Beschriftung d. Es ist sehr nützlich, sich $d(v)$ als die "Höhe" von v über einer Normalebene vorzustellen. Die Bedingung der Legalität sagt dann gerade, daß Restkanten zwar "abfallen", aber nicht "steil abfallen" dürfen (der Endknoten einer Restkante darf nur um eine Einheit tiefer liegen als der Startknoten). Außerdem wollen wir, wie schon oben angedeutet, Fluß nur über Restkanten schicken, die abfallen. Solche Kanten nennen wir *wählbar*.

Die Grundidee ist jetzt, s auf einen hohen Gipfel zu setzen, t in der tiefsten Ebene festzuhalten und darauf zu warten, daß der gesamte Fluß in Folge von Pushes von s nach t "hinunterströmt". Ganz so einfach geht es allerdings nicht, denn wir brauchen zusätzlich zu Pushes eine zweite Operation, *relabel*, die uns erlaubt, unsere "Landschaft" zu verändern: Kann der Überschuß einen Knoten v nicht verlassen, weil alle Restkanten der Form (v, w) geradeaus führen oder ansteigen, heben wir v an, indem wir $d(v)$ um 1 erhöhen (vgl. die übliche Methode, Zeltdecken von Wasser zu befreien). Dadurch entstehen hoffentlich Restkanten der Form (v, w), die abfallen, aber natürlich keine solchen, die steil abfallen. Die neue Beschriftung ist somit weiterhin legal.

Wir können unsere zwei Grundoperationen jetzt formal definieren. Wir nennen einen Knoten v *aktiv*, falls $v \in V \setminus \{s, t\}$ und $e(v) > 0$ (ein aktiver Knoten ist ein Knoten, an dem "noch etwas zu tun ist").

$push(v, w, c)$.
 Vorbedingung: v ist aktiv, (v, w) ist wählbar, $c \in \mathbb{N}$ und $1 \leq c \leq \min\{rescap(v, w), e(v)\}$.
 Setzt $f(v, w) := f(v, w) + c$ und $f(w, v) := f(w, v) - c$.
$relabel(v)$.
 Vorbedingung: v ist aktiv, und es gibt keine wählbare Kante der Form (v, w).
 Setzt $d(v) := d(v) + 1$.

Eine Push- oder Relabel-Operation mit erfüllter Vorbedingung nennen wir *erlaubt*. Der gesamte generische Algorithmus, der unten wiedergegeben ist, besteht aus einem Initialisierungsteil, in dem s auf einen Gipfel gesetzt wird, die anderen Knoten vorerst in der tiefsten Ebene gelassen werden, und die Kanten der Form (s, v) saturiert werden (das ist notwendig, um die Legalität der anfänglichen Beschriftung zu gewährleisten), gefolgt von einer Schleife, in der solange erlaubte Push- oder Relabel-Operationen ausgeführt werden, bis keine Operation mehr erlaubt ist.

procedure *Initialisiere*;
    $d(s) := n;$ **for all** $v \in V \setminus \{s\}$ **do** $d(v) := 0;$
    for all $(v, w) \in E$ **do** $f(v, w) := 0;$
    for all $(s, v) \in E$ **do** $push(s, v, cap(s, v));$
Generischer Maximum-Flow-Algorithmus:
    Initialisiere;
    while mindestens ein Knoten ist aktiv
    do begin
        Sei v ein aktiver Knoten;
        if mindestens eine Kante der Form (v, w) ist wählbar
        then führe eine erlaubte Push-Operation der Form $push(v, w, c)$ aus
        else *relabel*$(v);$
    end.

Es ist nicht offensichtlich, daß der Algorithmus terminiert, daß es also irgendwann keine aktiven Knoten mehr gibt. Unter der Annahme, daß der Algorithmus terminiert, können wir aber leicht seine Korrektheit nachweisen (partielle Korrektheit). Zuerst zeigen wir, daß d stets legal und f stets ein Präfluß ist.

Lemma 1: Nach der Initialisierung sowie nach jeder Ausführung von einer Push- oder Relabel-Operation im Algorithmus ist d eine legale Beschriftung und f ein Präfluß.

Beweis: Man sieht leicht, daß die Bedingung nach der Initialisierung erfüllt ist. Wir haben uns auch schon davon überzeugt, daß die Ausführung einer erlaubten Relabel-Operation die Legalität der Beschriftung nicht zerstört, und daß ein erlaubter Push einen Präfluß wieder in einen Präfluß überführt. Es bleibt nur zu zeigen, daß ein erlaubter Push über eine Kante (v, w) auch die Legalität der Beschriftung erhält. Dazu müssen wir die Änderungen in G_{res} betrachten, die von dem Push hervorgerufen werden. Zwei solche Änderungen sind möglich:

(1) Die Kante (v, w) kann aus G_{res} verschwinden (wenn der Push über (v, w) saturierend ist).

(2) Die Kante (w, v) kann in G_{res} hinzukommen (wenn sie vor dem Push über (v, w) saturiert war).

Fall (1) verursacht keine Probleme: Verschwindet eine Kante aus G_{res}, gibt es entsprechend eine Bedingung weniger, die die Beschriftung erfüllen muß. In Fall (2) müssen wir zeigen, daß die Kante (w, v) nicht steil abfällt. Aber sie steigt sogar an, denn über die umgekehrte Kante (v, w) erfolgt ja ein Push. ∎

Lemma 2: Falls der Algorithmus terminiert, ist f am Ende der Berechnung ein maximaler Fluß in G.

Beweis: Betrachten wir die Situation am Ende der Berechnung. Da es keine aktiven Knoten gibt, ist f nach Definition nicht nur ein Präfluß, sondern ein Fluß. Wir weisen jetzt die Maximalität von f nach. Sei dazu S die Menge der Knoten $v \in V$, für die es einen Weg von s nach v in G_{res} gibt (am Ende der Berechnung). Für jedes $v \in S$ gibt es sogar einen solchen Weg der Länge $\leq n - 1$, denn auf einem kürzesten Weg wiederholt sich kein Knoten. Da aber $d(s) = n$ und es keine starken Gefälle in G_{res} gibt, können wir daraus schließen, daß $d(v) \geq 1$ für alle $v \in S$. Insbesondere ist $t \notin S$, denn $d(t) = 0$. Wir haben also eine (nur) produzierende "Region" S und eine (nur) verbrauchende "Region" $V \setminus S$ (s. Abb. 4), und jede Kante (v, w), die von S nach $V \setminus S$ führt, also mit $v \in S$ und $w \notin S$, ist saturiert, denn sonst wäre sie ja in G_{res}, und $v \in S$ würde $w \in S$ implizieren. Die Flußmenge, die insgesamt die "Grenze" von S nach $V \setminus S$ überschreitet, kann also unmöglich vergrößert werden. Da f ein Fluß ist, erreicht diese ganze Flußmenge auch tatsächlich die Senke, und man sieht leicht, daß f maximal ist. ∎

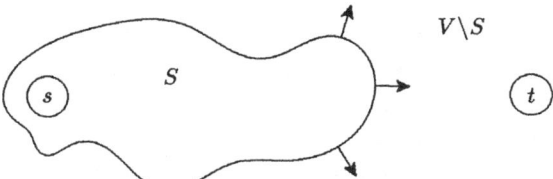

Abb. 4. Die Situation aus dem Beweis von Lemma 2. Jede Kante, die S verläßt, ist saturiert.

Nachdem die partielle Korrektheit des generischen Algorithmus feststeht, möchten wir Aussagen über seine (Terminierung und) Laufzeit machen. Dazu wollen wir die Anzahl der ausgeführten Push- und Relabel-Operationen abschätzen. Zunächst brauchen wir eine obere Schranke für die "Höhe der höchsten Gipfel".

Lemma 3: Für jeden Knoten $v \in V$ ist stets $d(v) \leq 2n - 1$.

Beweis (Skizze): Mit einem Argument wie im vorigen Beweis kann man zeigen, daß es von jedem aktiven Knoten v einen Weg zu s in G_{res} gibt (intuitiv: der Überschuß an v kann den Weg zurückverfolgen, auf dem er gekommen ist). Da ein kürzester solcher Weg Länge $\leq n - 1$ hat, $d(s) = n$ und G_{res} keine starken Gefälle hat, können wir schließen, daß $d(v) \leq 2n - 1$ für jeden aktiven Knoten v. Daraus folgt das Lemma, denn $d(v)$ wird nur dann verändert, wenn v aktiv ist. ∎

Lemma 4: Für jeden Knoten $v \in V$ wird *relabel*(v) höchstens $2n - 1$ mal ausgeführt. Die Gesamtzahl der Relabel-Operationen ist also durch $2n^2$ beschränkt.

Beweis: Folgt unmittelbar aus Lemma 3. ∎

Damit haben wir schon eine gute obere Schranke für die Anzahl der Relabel-Operationen. Wir zählen jetzt getrennt saturierende Pushes und nicht-saturierende Pushes.

Lemma 5: Es gibt höchstens n saturierende Pushes über eine feste Kante $(v, w) \in E$. Die Gesamtzahl der saturierenden Pushes is also höchstens nm.

Beweis: Sei $(v, w) \in E$. Zwischen zwei saturierenden Pushes über (v, w) muß offensichtlich ein Push über (w, v) erfolgen. Aber unmittelbar nach jedem Push über (v, w) steigt (w, v) an, während ein Push über (w, v) voraussetzt, daß (w, v) abfällt. Zwischen zwei saturierenden Pushes über (v, w) wird also $d(w)$ um mindestens 2 erhöht. Nach Lemma 4 passiert das aber höchstens $n - 1$ mal, woraus folgt, daß es höchstens n saturierende Pushes über (v, w) gibt. ∎

Die Anzahl der nicht-saturierenden Pushes ist wesentlich schwieriger in den Griff zu bekommen. Wir benutzen hierzu ein *Potentialargument*. Dabei werden Flußeinheiten mit gedachter Masse ausgestattet, so daß eine Flußeinheit am Knoten v eine potentielle Energie proportional zu $d(v)$ besitzt. Da Push-Operationen immer Flußeinheiten bergab bewegen, also mit einem Verlust an potentieller Energie verbunden sind, während die insgesamt vorhandene potentielle Energie endlich ist, können wir auf diese Weise hoffen, obere Schranken für die Anzahl der Pushes zu beweisen.

Genauer definieren wir die Potentialfunktion $\Phi = \sum_{v \in V \setminus \{s\}} e(v) \cdot d(v)$. Jeder Push bewegt mindestens eine Flußeinheit um eine Höheneinheit nach unten, verringert also Φ um mindestens 1.

Die Anzahl der Flußeinheiten, die insgesamt vorhanden sind, ist durch nU beschränkt (genauer: durch die Summe der Kapazitäten der Kanten der Form (s,v)), und diese Flußeinheiten können nach Lemma 3 höchstens die potentielle Energie $2n^2U$ haben. Würden wir nach der Initialisierung nur Push-Operationen ausführen, hätten wir damit ihre Anzahl durch $2n^2U$ beschränkt. Es gibt aber auch Relabel-Operationen, die Φ erhöhen, indem sie sozusagen "Arbeit von außen leisten". Schlimmstenfalls befinden sich alle nU Flußeinheiten immer an dem Knoten, dessen d-Wert gerade erhöht wird. Die nach Lemma 4 höchstens $2n^2$ Relabel-Operationen können Φ also höchstens um $2n^3U$ erhöhen. Damit haben wir gezeigt, daß der generische Algorithmus höchstens $2n^3 + 2n^2U$ Push-Operationen ausführt (da $\Phi = 0$ nach der Initialisierung, ist der zweite Term in Wirklichkeit überflüssig). Obwohl diese Schranke die Terminierung des Algorithmus impliziert, ist sie sehr schlecht. Im folgenden Abschnitt zeigen wir eine viel bessere Schranke für einen Spezialfall des generischen Algorithmus, bei dem die auszuführenden Operationen sorgfältiger ausgewählt werden.

4. Der skalierende Algorithmus

Die schlechte Laufzeit des generischen Algorithmus ist im wesentlichen auf zwei Faktoren zurückzuführen: (1) Wir erlauben fast wirkungslose Pushes der Größe 1, obwohl viel größere Überschüsse zur Verfügung stehen könnten; (2) Es kann sich sehr viel Fluß an einem Knoten ansammeln, so daß Relabel-Operationen beträchtliche äußere Arbeit leisten können. Wir beschreiben jetzt den in (Ahuja and Orlin, 1987) vorgestellten *skalierenden Algorithmus*, der diese Schwierigkeiten vermeidet.

Wir führen eine ganzzahlige Variable Δ ein und interessieren uns von jetzt ab nur für Überschüsse der Größe mindestens Δ. Δ ist am Anfang ungefähr U und wird allmählich kleiner. Intuitiv leisten wir zuerst die Grobarbeit und machen uns erst danach an die Feinheiten. Um die Ansammlung von großen Flußmengen an einem Knoten zu vermeiden schicken wir erstens höchstens Δ Flußeinheiten auf einmal, zweitens schicken wir diese von einem Knoten, der unter den Knoten mit Überschuß $\geq \Delta$ minimale Höhe hat. Da der Fluß abwärts fließt, kann er damit auf keinen Knoten mit Überschuß $\geq \Delta$ treffen, so daß nach dem Push kein Knoten Überschuß $\geq 2\Delta$ hat, wenn das nicht schon vor dem Push der Fall war. Es folgt der vollständige Algorithmus.

Der skalierende Algorithmus:

Initialisiere;
$\Delta := 2^{\lfloor \log_2 U \rfloor}$;
while mindestens ein Knoten ist aktiv
do begin
    while $\max\{e(v) : v \text{ ist aktiv}\} < \Delta$
    do $\Delta := \Delta/2$;
    Sei v ein aktiver Knoten mit $e(v) \geq \Delta$ und minimalem d-Wert
      unter allen aktiven Knoten mit Überschuß $\geq \Delta$;
    if mindestens eine Kante der Form (v,w) ist wählbar
    then führe eine erlaubte Push-Operation der Form $push(v,w,\min\{\Delta, rescap(v,w)\})$ aus
    else *relabel*(v);
end.

Eine Zeitspanne zwischen zwei aufeinanderfolgenden Änderungen von Δ nennen wir eine *Phase*.

Lemma 6: Nach der Initialisierung und nach jedem Push im skalierenden Algorithmus ist $e(v) < 2\Delta$ für jeden Knoten $v \in V \setminus \{s, t\}$.

Beweis: Vor der ersten Phase ist $e(v) \leq U < 2 \cdot 2^{\lfloor \log_2 U \rfloor}$. Am Anfang von jeder folgenden Phase ist $e(v) < 2\Delta$, denn am Ende der vorherigen Phase, also bevor Δ halbiert wurde, war $e(v) < \Delta$ (sonst wäre die Phase nicht zu Ende gegangen). Wir haben schon oben gesehen, daß die Bedingung während einer Phase nicht verletzt wird, womit das Lemma bewiesen ist. ■

Lemma 7: Die Anzahl der vom skalierenden Algorithmus ausgeführten nicht-saturierenden Pushes ist höchstens $8n^2(\log_2 U + 1)$.

Beweis: Da es höchstens $\lfloor \log_2 U \rfloor + 1$ Phasen gibt (Δ wird nie kleiner als 1), genügt es zu zeigen, daß innerhalb jeder Phase höchstens $8n^2$ nicht-saturierende Pushes stattfinden. Wir benutzen wieder die Potentialfunktion $\Phi = \sum_{v \in V \setminus \{s\}} e(v) \cdot d(v)$. Am Anfang von jeder Phase ist $\Phi \leq 4n^2\Delta$, nach den Lemmata 3 und 6. Eine Relabel-Operation erhöht Φ um höchstens 2Δ, wieder nach Lemma 6, so daß die höchstens $2n^2$ Relabel-Operationen innerhalb einer Phase Φ um höchstens $4n^2\Delta$ erhöhen. Jeder nicht-saturierende Push hat die Größe genau Δ und verringert also Φ um mindestens Δ. Daher gibt es innerhalb jeder Phase höchstens $(4n^2\Delta + 4n^2\Delta)/\Delta = 8n^2$ nicht-saturierende Pushes. ■

Lemmata 4, 5 und 7 ergeben zusammen

Satz 1: Der skalierende Algorithmus bestimmt einen maximalen Fluß in einem Netzwerk mit n Knoten, m Kanten und maximaler Kantenkapazität U unter Ausführung von höchstens $nm + 10n^2 + 8n^2 \log_2 U$ Push- und Relabel-Operationen.

Die genaue Implementierung des skalierenden Algorithmus soll hier nicht erörtert werden. Insbesondere wird nicht beschrieben, wie aktive Knoten und wählbare Kanten effizient gefunden werden können. Man kann aber diese Probleme recht einfach lösen und erhält dadurch ein Verfahren, dessen Laufzeit tatsächlich proportional zu der in Satz 1 angegebenen Operationszahl ist.

5. Der inkrementelle skalierende Algorithmus

Bis auf geringfügige Verbesserungen war Satz 1 bis 1989 das beste bekannte Ergebnis für das hier betrachtete Problem. Insbesondere hielten viele nm für eine "magische Grenze": Es wurde vermutet, daß kein Algorithmus mit weniger als nm Pushes auskommen kann. Daß diese Vermutung falsch ist, zumindest wenn m etwas größer als n und U nicht außerordentlich groß ist, wurde in den Arbeiten (Cheriyan and Hagerup, 1989) und (Cheriyan, Hagerup and Mehlhorn, 1990) gezeigt. Wir skizzieren hier eine der wesentlichen neuen Ideen in diesen Arbeiten.

Will man die Anzahl der Pushes unter nm drücken, muß man offensichtlich etwas gegen die saturierenden Pushes unternehmen. Dabei stören nur ganz kleine Pushes, denn größere Pushes verringern das Potential Φ wesentlich und können daher wie die nicht-saturierenden Pushes gezählt werden. Aber ganz kleine Pushes tragen nur unwesentlich zum Fortschritt des Algorithmus bei, so daß man versucht sein könnte, sie zu eliminieren.

Es reicht natürlich nicht, vor jedem Push einen Test auszuführen um festzustellen, ob der Push zu klein wäre, in welchem Fall er nicht ausgeführt wird, denn der Test wäre im wesentlichen so zeitaufwendig wie der Push selbst. Besser wäre es, wenn die Kante, die einen kleinen Push aufnehmen sollte, erst gar nicht vorhanden wäre. Kleine saturierende Pushes verlaufen im allgemeinen über Kanten mit geringer Kapazität. Der Algorithmus aus (Cheriyan, Hagerup and Mehlhorn, 1990) geht daher inkrementell vor: Gestartet wird der Algorithmus auf einem Teilnetzwerk, das nur die Kanten mit den größten Kapazitäten enthält. Die restlichen Kanten werden nach und nach in der Reihenfolge abnehmender Kapazität in das momentane Netz aufgenommen, wenn ihre Kapazitäten, gemessen an dem aktuellen Δ, gerade so groß geworden sind, daß die Kanten "Beachtung verdienen". Dabei ist Vorsicht geboten, denn neu einzufügende Kanten können durchaus steil abfallen, so daß die Legalität der aktuellen Beschriftung gefährdet ist. Solche Kanten müssen sofort saturiert werden. Der Algorithmus geht so vor, daß jeder Knoten eine "versteckte" Reserve an Überschuß aufbaut, mit der neu eingefügte Kanten saturiert werden können, die aber nicht für normale Push-Operationen zur Verfügung steht. Knoten, die noch nicht genügend Reserveüberschuß sammeln konnten, dürfen die tiefste Ebene nicht verlassen (ihr d-Wert muß 0 bleiben), so daß sie nie in die Verlegenheit kommen können, steil abfallende Kanten saturieren zu müssen.

Wir verzichten auf die recht komplizierte Analyse von diesem Algorithmus und begnügen uns damit, das Ergebnis zu zitieren.

Satz 2: Es gibt eine Konstante $C > 0$, so daß der inkrementelle skalierende Algorithmus einen maximalen Fluß in einem Netzwerk mit n Knoten, m Kanten und maximaler Kantenkapazität U unter Ausführung von höchstens $C(n^{3/2}m^{1/2} + n^2 \log_2 U)$ Push- und Relabel-Operationen berechnet.

Für $m \approx n$ liefern die Sätze 1 und 2 bis auf einen konstanten Faktor die gleiche Operationszahl. Für den rechenintensiveren anderen Extremfall $m \approx n^2$ liefert aber Satz 2 eine Schranke proportional zu $n^{2.5}$, wenn U nicht außerordentlich groß ist, während die entsprechende Zahl für Satz 1 proportional zu n^3 ist. Der Unterschied ist ein sehr ins Gewicht fallender Faktor von $\sqrt{n}$. Die eigentliche Laufzeit des inkrementellen skalierenden Algorithmus, obwohl besser als für den einfachen skalierenden Algorithmus, ist allerdings leider nicht proportional zur Anzahl der Push- und Relabel-Operationen: Diese Anzahl ist so stark verringert worden, daß jetzt das Auffinden von wählbaren Kanten der Flaschenhals ist.

Literatur

AHUJA, R. K. AND ORLIN, J. B. (1987), A Fast and Simple Algorithm for the Maximum Flow Problem, Sloan W.P. No. 1905-87 (revised), MIT, October 1988.

CHERIYAN, J. AND HAGERUP, T. (1989), A Randomized Maximum-Flow Algorithm, Proceedings, 30th Annual Symposium on Foundations of Computer Science, pp. 118-123.

CHERIYAN, J., HAGERUP, T. AND MEHLHORN, K. (1990), Can a Maximum Flow be Computed in $o(nm)$ Time?, Proceedings, 17th International Colloquium on Automata, Languages, and Programming.

GOLDBERG, A. V. AND TARJAN, R. E. (1988), A New Approach to the Maximum-Flow Problem, J. ACM **35**, pp. 921-940.

TARJAN, R. E. (1983), Data Structures and Network Algorithms, SIAM, Philadelphia, Penn.

Polyedrische Methoden zur Lösung großer kombinatorischer Optimierungsprobleme

Gerhard Reinelt
Institut für Mathematik
Universität Augsburg

Modellierungen zur Lösung anwendungsrelevanter Probleme in Informatik, Mathematik, Physik oder Operations Research führen häufig auf schwierige kombinatorische Optimierungsprobleme. Zwar ist nicht in allen Fällen die Berechnung von optimalen Lösungen erforderlich, fast immer ist man aber an guten unteren oder oberen Schranken für den Wert einer Optimallösung interessiert. Gesucht sind also Optimallösungen oder gute zulässige Lösungen versehen mit einer Gütegarantie. Ziel dieses Vortrags ist es, den gegenwärtig erfolgreichsten Ansatz sowohl zur exakten Lösung schwieriger kombinatorischer Optimierungsprobleme als auch zur Bestimmung unterer Schranken vorzustellen. (Ohne Beschränkung der Allgemeinheit betrachten wir kombinatorische Probleme als Minimierungsprobleme.) Es sei hier angemerkt, daß wir in der Darstellung bisweilen unpräzise sein müssen und nur die prinzipiellen Ideen diskutieren können. Eine exakte Darstellung würde über den Rahmen dieses Vortrags hinausgehen. Wir verweisen an geeigneten Stellen auf weiterführende Literatur.

1. Einige Anwendungsbeispiele

Wir skizzieren einige praktische Problemstellungen, zu deren Lösung erfolgreich polyedrische Methoden eingesetzt wurden, bzw. gegenwärtig entwickelt werden.

1.1 Bohren von Leiterplatten

In einem der abschließenden Fertigungsschritte bei der Produktion von Leiterplatten werden diese mit Bohrungen zur Aufnahme der verschiedenen Komponenten versehen. Je nach Art der Leiterplatte sind dies einige Hundert bis mehrere Tausend Bohrungen. Meist werden diese von einem mechanischen Bohrer ausgeführt, der durch gleichzeitige Bewegungen in horizontaler und vertikaler Richtung positioniert werden kann. Verkürzungen in der Produktionszeit lassen sich erzielen, wenn die Löcher in einer Reihenfolge gebohrt werden, die zu einer kurzen Gesamtpositionierungszeit führt. Die Bestimmung von guten oder optimalen Bohrreihenfolgen läßt sich als sogenanntes *Traveling Salesman Problem* modellieren: Ein Vertreter (Bohrer) muß auf einer Rundreise eine gewisse Menge von Städten (Bohrlöcher) besuchen und hierzu einen möglichst kurzen Weg zurücklegen. Dieses Problem ist im allgemeinen $\mathcal{NP}$-schwer.

1.2 Plotten von Masken für die IC/Leiterplatten-Produktion

In einigen Prozeßschritten bei der Herstellung integrierter Schaltungen oder Leiterplatten werden Strukturen durch den Einsatz fotografischer Techniken realisiert. Hierfür sind präzise Fotomasken zu fertigen. Eine Möglichkeit, solche Masken hochgenau herzustellen, besteht in der Belichtung fotosensitiv beschichteter Glasplatten mit Hilfe mechanischer Plotter. Hier wird ein Belichtungskopf über die Platte bewegt, und durch Auswahl geeigneter Blenden werden die gewünschten Strukturen belichtet. Bei der Modellierung des Problems der zeitminimalen Herstellung einer solchen Fotomaske als kombinatorisches Optimierungsproblem sind einige Aspekte (Belichtung von Punkt- und Linienstrukturen, Zeit für Blendenwechsel, erlaubte Anzahl von Blendenwechseln, u. a.) zu beachten, auf die hier nicht eingegangen werden kann. Es treten eine Reihe verschiedener Optimierungsprobleme (u. a. auch Traveling Salesman Probleme) bei dieser Modellierung auf. Eine genauere Diskussion findet sich in GRÖTSCHEL, JÜNGER & REINELT[1989A].

1.3 Via-Minimierung

Ebenfalls bei der IC-Produktion tritt das Problem der Via-Minimierung auf. Zur Realisierung der Verbindungen zwischen den einzelnen Komponenten einer integrierten Schaltung stehen typischerweise zwei oder mehr Lagen zur Verfügung. Die Verbindungen müssen nun so hergestellt werden, daß keine unerwünschten Kurzschlüsse entstehen und gewisse Design-Regeln eingehalten werden. Hierzu ist es sehr oft notwendig, daß eine Verbindung von einer Lage zur anderen wechseln muß. Lagenwechsel werden über Durchkontaktierungen (Vias) realisiert. Vias behindern durch ihren zusätzlichen Platz die Kompaktifizierung des Chips und können die Produktionsausbeute verringern. Für den Fall, daß die Verdrahtung auf zwei Lagen zu erfolgen hat, läßt sich das Problem, die Verdrahtung mit der minimalen Anzahl von Vias zu realisieren, als kombinatorisches Optimierungsproblem modellieren. Es tritt hier das *Max-Cut-Problem* auf, auf das wir im folgenden noch genauer eingehen werden (weitere Details siehe GRÖTSCHEL, JÜNGER & REINELT[1989B]).

1.4 Bestimmung der Grundzustände von Spingläsern

Ein wichtiges Problem der theoretischen Physik ist die Bestimmung energieminimaler Zustände (Grundzustände) von Ising-Spingläsern. Ein Spinglas besteht aus nichtmagnetischem Material, in das magnetische "Verunreinigungen" eingebracht sind. Man interessiert sich dafür, die Spinkonfiguration der Verunreinigungen zu bestimmen, die zu einem Zustand minimaler Energie führt. Im Ising-Modell dürfen die Spins nur die Werte $+1$ oder -1 annehmen. Diese Vereinfachung ist allgemein als zulässig akzeptiert. Die Bestimmung der Grundzustände von Spingläsern ist experimentell nicht durchführbar. Ihre theoretische Bestimmung läßt sich als Max-Cut-Problem modellieren. Eine ausführliche Diskussion dieses Spinglasproblems und seiner Relevanz erfolgt in GRÖTSCHEL, JÜNGER & REINELT[1987].

519

1.5 Auslegung von Glasfasernetzwerken

Hier handelt es sich um das Problem, eine vorgegebene Menge von Orten (Knoten) mit Glasfaserkabeln zu verbinden, so daß eine Kommunikation zwischen je zwei Knoten möglich ist und die Kosten für die Installation des Netzes minimal sind. Ohne weitere Zusatzanforderungen wäre hier eine Baumstruktur des Netzwerks optimal. In der Praxis verlangt man allerdings noch gewisse Ausfallsicherheiten für wichtige Verbindungen. So sollen etwa zwei Knoten auch dann noch kommunizieren können, wenn ein oder zwei Verbindungen ausfallen. Fragestellungen dieser Art lassen sich als kombinatorische Optimierungsprobleme modellieren und führen je nach Art der Zusatzbedingungen auf schwierige Optimierungsprobleme in Graphen. In GRÖTSCHEL, MONMA & STOER[1989B] werden diese Probleme detailliert diskutiert.

1.6 Werkzeugmaschinensteuerung

Zur Herstellung eines komplexen Werkstücks sind meist mehrere Arbeitsgänge erforderlich: Bohren, Fräsen, Entgraten, Polieren, etc. Es gibt mittlerweile Roboter, die alle diese Arbeitsgänge ausführen können. Ein Bearbeitungskopf wird mit entsprechenden Bearbeitungswerkzeugen bestückt und dann positioniert, um die erforderlichen Arbeiten auszuführen. Die Positionierungszeit setzt sich zusammen aus der Werkzeugwechselzeit und der reinen Bewegungszeit. Gewünscht wird die Ausführung der Arbeitsgänge in einer Reihenfolge, die zu minimaler Gesamtpositionierungszeit führt. Die Lösung dieses Problems wird nun dadurch erschwert, daß die Reihenfolge der Arbeitsgänge nicht beliebig ist, sondern daß gewisse Präzedenzbedingungen beachtet werden müssen (Bohren vor Entgraten, Fräsen vor Polieren, etc.). Die Modellierung dieser Fragestellung führt dann auf das Problem, kürzeste Hamiltonsche Wege (Wege über alle Knoten mit vorgegebenen Start- und Endknoten) in gerichteten Graphen zu bestimmen, die zusätzliche Präzedenzbedingungen erfüllen.

Dies ist nur ein kleiner Ausschnitt aus den vielfältigen Problemstellungen, deren Modellierung auf schwierige kombinatorische Optimierungsprobleme führt. Weitere Anwendungen finden sich in Scheduling, Input-Output-Analyse, Routenplanung, Clusteranalyse und Logik.

2. Der polyedertheoretische Ansatz

Zur exakten Lösung schwieriger kombinatorischer Optimierungsprobleme werden üblicherweise Branch & Bound-Verfahren eingesetzt. Ein Branch & Bound-Algorithmus besteht aus Heuristiken zur Bestimmung oberer Schranken (zulässigen Lösungen), Methoden zur Berechnung unterer Schranken und einem Enumerationsschema. Sukzessive wird hierbei das Ausgangsproblem in Teilprobleme partitioniert mit dem Ziel, durch Berechnung guter Schranken auf die Betrachtung vieler Teilprobleme verzichten zu können. Bei der Verwendung unterer Schranken, die auf einfachen kombinatorischen Relaxierungen des Problems basieren, versagen Branch & Bound-Verfahren schon bei relativ kleinen Problemgrößen.

Eine wesentliche Eigenschaft des polyedrischen Ansatzes ist die Möglichkeit, im Regelfall sehr viel bessere untere Schranken liefern zu können. Oft können Probleminstanzen sogar ohne Zerlegung in Teilprobleme optimal gelöst werden.

Wir skizzieren nun das prinzipielle Vorgehen beim Entwurf eines polyedrischen Verfahrens zur Lösung der kombinatorischen Optimierungsprobleme, wie sie bei den eingangs aufgeführten Anwendungen auftreten. Als Beispiel verwenden wir das Max-Cut-Problem.

Beim Max-Cut-Problem handelt es sich um die folgende Fragestellung. Gegeben ist ein ungerichteter Graph $G = (V, E)$ mit Knotenmenge V, $|V| = n$, Kantenmenge E, $|E| = m$, und Kantengewichten c_e für jede Kante e aus E. Gesucht ist eine Aufteilung der Knotenmenge in zwei nichtleere Teilmengen W und $V \setminus W$, so daß die Summe der Kantengewichte der Kanten, die diese beiden Mengen verbinden, maximal wird. Dieses Problem ist i. a. $\mathcal{NP}$-schwer und wird als Maximierungsproblem formuliert, um Verwechslungen mit dem polynomial lösbaren speziellen Min-Cut-Problem mit positiven Kantengewichten zu vermeiden. Das allgemeine Min-Cut-Problem ist äquivalent zum Max-Cut-Problem (Komplementierung der Kantengewichte). Wir werden daher auch das Max-Cut-Problem im Kontext der Minimierungsprobleme behandeln.

Im allgemeinen ist jedes kombinatorische Optimierungsproblem über einer endlichen Grundmenge $E = \{e_1, e_2, \ldots, e_m\}$ definiert. Die Menge $\mathcal{I}$ seiner zulässigen Lösungen ist eine Teilmenge der Potenzmenge von E. Zur Bewertung der Lösungen gibt es Kosten (Gewichte) c_e für jedes Element aus E. Die Kosten einer Lösung I sind gegeben durch $c(I) = \sum_{e \in I} c_e$. Das Optimierungsproblem besteht darin, eine zulässige Lösung zu finden, deren Kosten minimal sind.

Wir transformieren ein solches kombinatorisches Problem in einer Weise, die es uns erlauben wird, Methoden aus der Linearen Optimierung anzuwenden. Jeder zulässigen Lösung I wird ein Inzidenzvektor $\chi^I \in \{0,1\}^m$ zugeordnet über

$$\chi^I_{e_i} = \begin{cases} 0 & \text{falls } e_i \in I, \\ 1 & \text{falls } e_i \notin I. \end{cases}$$

Ein Inzidenzvektor hat also m Komponenten, die mit den Elementen aus E indiziert sind. Im nächsten Schritt bilden wir die konvexe Hülle $P_{\mathcal{I}}$ der Inzidenzvektoren der zulässigen Lösungen und können unser Problem als lineares Optimierungsproblem (LP)

$$\min\{c^T x \mid x \in P_{\mathcal{I}}\}$$

formulieren. Optimale Ecklösungen dieses LPs entsprechen optimalen Lösungen des Ausgangsproblems. Im Beispiel des Max-Cut-Problems ist E die Kantenmenge eines ungerichteten Graphen G, das System $\mathcal{I}$ besteht aus den Kantenmengen, die Schnitte in G repräsentieren, und $P_\mathcal{I} = P_{\text{CUT(G)}}$ ist die konvexe Hülle der Inzidenzvektoren aller Schnitte.

Bisher sind wir allerdings noch nicht über ein Definitionsstadium hinausgekommen. Die Definition von $P_\mathcal{I}$ als konvexe Hülle von Inzidenzvektoren ist algorithmisch unbrauchbar. Um Algorithmen der Linearen Optimierung anwenden zu können, benötigen wir eine Beschreibung von $P_\mathcal{I}$ mit linearen Gleichungen und Ungleichungen, d. h. eine Darstellung

$$P_\mathcal{I} = \{x \in \mathbf{R}^m \mid Bx = d, Ax \leq b\}.$$

Die auch algorithmisch beste Beschreibung enthält so wenige Gleichungen und Ungleichungen wie möglich. Man hat dann ein minimales Gleichungssystem $Bx = d$ und jede Ungleichung in $Ax \leq b$ entspricht genau einer maximalen Seitenfläche (Facette) von $P_\mathcal{I}$.

Um einen Einblick in hier erhältliche Resultate zu erhalten, geben wir einige Ergebnisse für das Max-Cut-Problem (Details siehe BARAHONA&MAHJOUB[1986]). Sei $G = (V, E)$ ein Graph und $P_{\text{CUT(G)}}$ das zugehörige Polytop definiert durch die Inzidenzvektoren der Schnitte in G. Wir bezeichnen die Variablen zur Formulierung der Ungleichungen mit x_e für jede Kante $e \in E$. Für $F \subseteq E$ wird mit $x(F)$ die Summe $\sum_{e \in F} x_e$ bezeichnet. Es gelten:

(2.1) Es gibt keine Gleichung, die von allen Punkten aus $P_{\text{CUT(G)}}$ erfüllt wird, d. h. das System $Bx = d$ ist leer.

(2.2) Die Ungleichungen $x_e \geq 0$ und $x_e \leq 1$ sind zulässig für $P_{\text{CUT(G)}}$ für alle $e \in E$. Sie liefern aber nur dann Facetten, wenn die Kante e in keinem Kreis der Länge 3 von G enthalten ist.

(2.3) Für jeden Kreis C von G und jede Teilmenge F von C mit ungerader Kardinalität ist $x(F) - x(C \setminus F) \leq |F| - 1$ eine zulässige Ungleichung für $P_{\text{CUT(G)}}$. Eine Facette wird nur dann geliefert, wenn C keine Diagonalkanten hat.

(2.4) Sei $E_p \subseteq E$ die Kantenmenge eines vollständigen Untergraphen von G mit p Knoten. Dann ist $x(E_p) \leq \lfloor \frac{p}{2} \rfloor \lceil \frac{p}{2} \rceil$ eine zulässige Ungleichung, die eine Facette definiert, falls p ungerade ist.

(2.5) Es gibt noch sehr viele weitere Klassen von facettendefinierenden Ungleichungen und auch Kompositionstheoreme zur Herleitung von neuen Ungleichungen aus bekannten.

(2.6) Die Menge der bekannten Ungleichungen liefert im allgemeinen nur einen sehr kleinen Teil der Facetten von $P_{\text{CUT(G)}}$.

Das theoretische Studium der Facettialstruktur eines dem Problem zugeordneten Polytopen ist der erste wichtige Schritt zur Entwicklung von polyedrischen Methoden. Dieses Studium ist für jedes Problem neu zu leisten. Oft kann man allerdings vorhandene Kenntnisse über verwandte Problemklassen ausnutzen. Einen guten Überblick über die Facettialstruktur von Traveling Salesman Polytopen gibt GRÖTSCHEL&PADBERG[1985].

3. Schnittebenenverfahren

Nach Herleitung der theoretischen Resultate ist man von der algorithmischen Umsetzung in der Regel aber noch weit entfernt. Der naheliegende Ansatz, alle bekannten Ungleichungen aufzulisten und dann ein Verfahren der Linearen Optimierung zur Lösung des Minimierungsproblems anzuwenden, ist undurchführbar. Obwohl nur ein Bruchteil aller Ungleichungen bekannt ist, wächst ihre Zahl typischerweise exponentiell mit der Problemgröße. Dies ist sogar für polynomial lösbare kombinatorische Optimierungsprobleme möglich.

Die zentrale Idee eines Schnittebenenverfahrens besteht darin, Ungleichungen nur bei Bedarf zu generieren. Anschaulich ist klar, daß nur Seitenflächen "in der Nähe" der Optimallösung relevant sind. Im Prinzip läuft ein solches Verfahren wie folgt ab.

(3.1)   Wähle aus allen bekannten Ungleichungen die Klassen aus, die im Verfahren berücksichtigt werden sollen.

(3.2)   Initialisiere ein Anfangs-Polytop, z. B. $\{x \mid 0 \leq x \leq 1\}$.

(3.3)   Minimiere die Zielfunktion $c^T x$ über dem aktuellen Polytop.

(3.4)   Entspricht die Optimallösung einer zulässigen Lösung des Ausgangsproblems, dann beende das Verfahren. Das Ausgangsproblem ist in diesem Fall gelöst.

(3.5)   Ist dies nicht der Fall, so suche verletzte Ungleichungen und füge diese zum LP hinzu. Gehe zu Schritt (3.3).

Da wir nicht alle Ungleichungen zur Beschreibung von $P_{\mathcal{I}}$ kennen, kann in (3.5) der Fall eintreten, daß wir zwar keine zulässige Lösung vorliegen haben, aber keine verletzte Ungleichung finden können. Wir gehen auf diese Situation später noch ein. Die Hoffnung ist allerdings, bereits in Schritt (3.4) eine optimale Lösung zu finden.

Im Laufe des Verfahrens geht man also zu immer besseren Relaxierungen des eigentlichen Problems über. In jedem Schritt (3.5) wird die Relaxierung durch Hinzunahme weiterer Ungleichungen verschärft. Diese Ungleichungen "schneiden" den Optimalpunkt des jeweils aktuellen Problems ab. Daher resultiert auch die Bezeichnung Schnittebenenverfahren für diese Klasse von Algorithmen.

Der wesentliche Punkt bei der Realisierung des Verfahrens ist die Erkennung von verletzten Ungleichungen in (3.5). Hierzu muß ein sogenanntes Separationsproblem gelöst werden.

Separationsproblem

Sei y die in Schritt (3.3) gefundene (für das Ausgangsproblem nicht zulässige) Lösung der aktuellen Relaxierung. Bestimme aus der Klasse der ausgewählten Ungleichungen eine, die von y nicht erfüllt wird, oder stelle fest, daß keine solche existiert. □

Die grundlegende Bedeutung dieses Problems ist auch theoretisch nachgewiesen. Ein wichtiges Resultat besagt (vereinfacht), daß das zu lösende Ausgangsproblem genau dann polynomial lösbar ist, wenn das Separationsproblem polynomial lösbar ist. Eine exakte Formulierung dieses Theorems sowie eine Diskussion seiner Konsequenzen ist in GRÖTSCHEL,LOVÁSZ&SCHRIJVER[1988] zu finden. Für den erfolgreichen Einsatz von Schnittebenenverfahren ist es also notwendig, das Separationsproblem für möglichst große Klassen von Ungleichungen effizient lösen zu können. Ist dies für eine Klasse nicht exakt möglich, sollte man wenigstens schnelle Heuristiken bereitstellen, die die Chance haben, verletzte Ungleichungen zu finden.

Wir skizzieren einen Algorithmus zur Lösung des Separationsproblems für die Kreisungleichungen (2.3) von BARAHONA&MAHJOUB[1986]. Der Algorithmus zeigt deutlich, wie aufwendig gute Separationsverfahren sein können.

Separation für Kreisungleichungen

Sei y die Lösung des aktuellen linearen Programms. Wir können annehmen, daß $0 \leq y \leq 1$ erfüllt ist. Wir konstruieren aus $G = (V, E)$ einen neuen Graphen $H = (V' \cup V'', E' \cup E'' \cup E''')$, der aus zwei Kopien G' und G'' von G und den folgenden zusätzlichen Kanten E''' besteht. Für jede Kante uv des Originalgraphen erzeugen wir zwei Kanten $u'v''$ und $u''v'$. Den Kanten $u'v'$ und $u''v''$ wird das Gewicht y_{uv} zugeordnet, die Kanten $u'v''$ und $u''v'$ erhalten das Gewicht $1 - y_{uv}$. Für jedes Knotenpaar u' und u'' wird der kürzeste verbindende Weg (bezüglich der neudefinierten Kantengewichte) in H berechnet. Ein solcher Weg enthält eine ungerade Anzahl von Kanten aus E''' und liefert zurückinterpretiert in G einen geschlossenen Kantenzug, der u enthält. Hat ein solcher (u',u'')-Weg eine Länge kleiner als 1, dann existiert ein Kreis $C \subseteq E$ und eine Kantenmenge $F \subseteq C$ ungerader Kardinalität, so daß y die zugehörige Kreisungleichung verletzt (C und F können leicht identifiziert werden). Ist keiner dieser Wege kürzer als 1, so werden alle Kreisungleichungen von der aktuellen LP-Lösung erfüllt. Das Separationsproblem kann somit in polynomialer Zeit $(O(n^3))$ gelöst werden. $\square$

Der Separationsalgorithmus für Kreisungleichungen hat zwar polynomiale Laufzeit, ist aber für große praktische Probleme unter Umständen nicht schnell genug, um häufig aufgerufen zu werden. Man wird daher immer versuchen, in den ersten Phasen des Schnittebenenverfahrens schnelle Heuristiken zum Auffinden verletzter Ungleichungen einzusetzen und erst als letztes Hilfsmittel auf langsamere exakte Verfahren zurückzugreifen.

Wie bereits erwähnt kann problemabhängig immer der Fall eintreten, daß das reine Schnittebenenverfahren nicht zum Ziel führt, da zu irgendeinem Zeitpunkt zum "Abschneiden" einer unzulässigen Lösung keine Ungleichung mehr gefunden wird. In einer solchen Situation muß man auf das Branch & Bound-Prinzip zurückgreifen und durch Setzen von Variablen die Menge der Lösungen in Teilmengen partitionieren und so eine Enumeration starten. Im Gegensatz zum üblichen Branch & Bound-Verfahren hat man aber mit Schnittebenen viel größere Chancen sehr gute untere Schranken zu finden und den Enumerationsaufwand in engen Grenzen zu halten. Schnittebenen lassen sich an jedem Knoten des Verzweigungsbaums weiterhin einsetzen. Man bezeichnet die hier beschriebene Verfahrensklasse allgemein als Branch & Cut-Verfahren, da sie eine Synthese aus Schnittebenenverfahren und Methoden der impliziten Enumeration darstellen.

Zur konkreten Implementierung sind nicht nur effiziente Separationsverfahren zu entwickeln, sondern es sind noch einige weitere Aspekte zu beachten. Wir führen einige dieser Fragen auf.

- Welches System soll in das Anfangs-LP eingehen?

- Soll das minimale Gleichungssystem explizit ins LP aufgenommen werden oder zur Elimination von Variablen verwendet werden?

- In welcher Reihenfolge sollen Separationsverfahren angewendet werden?

- Sollen alle gefundenen Schnittebenen zum LP hinzugefügt werden? Falls nicht, wie soll man auswählen?

- Sollen im Verlauf des Verfahrens Ungleichungen eliminiert werden, um das LP nicht zu groß werden zu lassen?

- Soll man anfangs nur eine Teilmenge der Variablen berücksichtigen?

- Welche Verzweigungsstrategie soll verwendet werden?

- Wie sollen zulässige Lösungen bestimmt werden?

- Welche Software soll zur Lösung der LPs benutzt werden?

Die Antworten auf diese Fragen können problemabhängig unterschiedlich ausfallen. Erfolgreiche Implementierungen basieren auf Erfahrung und problemspezifischen Maßnahmen.

4. Überblick über praktische Resultate

Schnittebenenverfahren sind mit sehr gutem Erfolg an vielen praktischen Anwendungen getestet worden. Die Vorstellung einzelner Resultate kann hier nicht erfolgen. Wir geben einen kurzen Überblick und Hinweise auf weiterführende Literatur. Besonders zu erwähnen sind die Arbeiten GRÖTSCHEL,JÜNGER&REINELT[1984] (hier wurde erstmals ein automatischer Branch & Cut-Algorithmus zur Triangulation von Input-Output-Matrizen verwendet, der in der Lage war, die Größenordnung lösbarer Probleme mehr als zu verdoppeln) und PADBERG&RINALDI[1988] (hier wird ein Branch & Cut-Verfahren für das Traveling Salesman Problem beschrieben, das gegenwärtig die größten Probleme lösen kann und eine beispielhafte Implementierung im Detail vorstellt). Es folgt eine (unvollständige) Liste wichtiger Anwendungen von Schnittebenenverfahren.

- Triangulationsproblem (GRÖTSCHEL,JÜNGER&REINELT[1984])
- Linear Ordering Problem (REINELT[1985])

- Spinglas Problem (GRÖTSCHEL,JÜNGER&REINELT[1987])
- Traveling Salesman Problem (PADBERG&RINALDI[1988])
- Windy Postman Problem (GRÖTSCHEL&ZAW WIN[1988])
- Via Minimierungsproblem (GRÖTSCHEL,JÜNGER&REINELT[1989B])
- Quadratische 0-1 Optimierung (BARAHONA,JÜNGER&REINELT[1989])
- Clustering Problem (GRÖTSCHEL&WAKABAYASHI[1989])
- Network Survivability Problem (GRÖTSCHEL,MONMA&STOER[1989A])

In allen Fällen wurden bessere Ergebnisse erzielt als mit den bisherigen Ansätzen. Das ist sehr überraschend, da alle Algorithmen ja nur auf der Kenntnis eines Bruchteils der Facetten der jeweiligen Polytope beruhen. Zum weiteren mußte nur selten eine Enumeration begonnen werden, und wenn doch, dann hatten die Verzweigungsbäume eine sehr geringe Tiefe.

Alle diese Beispiele weisen deutlich nach, daß theoretische Untersuchungen (hier Polyedertheorie) praxisrelevante Auswirkungen haben, bzw. wie in den meisten der obigen Fälle die Lösung von praktischen Problemen erst ermöglicht haben.

5. Abschließende Bemerkungen

Zum Einsatz von Schnittebenenverfahren bei realen Anwendungen seien noch zwei wichtige Punkte angemerkt.

(a) Ein Schnittebenenalgorithmus liefert jederzeit eine untere Schranke für den Wert einer Optimallösung. Im praktischen Einsatz kann daher eventuell bei einer guten Qualitätsgarantie für eine bekannte zulässige Lösung entschieden werden, die Berechnung abzubrechen. Im Einzelfall kann die erreichte (bewiesene) Qualität als ausreichend erachtet werden.

(b) Vor seiner Terminierung liefert das Schnittebenenverfahren selbst keine zulässigen Lösungen für das Ausgangsproblem. Man wird daher immer auch Heuristiken einsetzen, die zulässige Lösungen berechnen. Von besonderer Bedeutung sind hier Verfahren, die die aktuellen LP-Lösungen ausnutzen können. Diese geben normalerweise nützliche Hinweise über das Aussehen von optimalen Lösungen. In der Praxis wird man immer ein hybrides System bestehend aus Schnittebenen- und Heuristikteil einsetzen.

Zusammenfassend sollte betont werden, daß Realisierungen von Schnittebenenverfahren keineswegs einfach sind. Abgesehen von den umfangreichen theoretischen Vorarbeiten (Studium der Facettialstruktur von Polytopen und Entwurf von Separationsalgorithmen) sind gute Kenntnisse im Softwaredesign unbedingt erforderlich, um aus den verschiedenen Teilkomponenten ein funktionierendes Gesamtsystem zu implementieren. Allerdings zeigt eine Vielzahl von Beispielen, daß sich dieser Aufwand lohnt.

6. Literatur

F. Barahona, M. Jünger & G. Reinelt (1989), "Experiments in quadratic 0-1-programming", *Mathematical Programming* 44 (1989) 127–137.

F. Barahona & A. R. Mahjoub (1986), "On the cut polytope", *Mathematical Programming* 36 (1986) 157–173.

M. Grötschel, M. Jünger & G. Reinelt (1984), "A cutting plane algorithm for the linear ordering problem", *Operations Research* 32 (1984) 1195–1220.

M. Grötschel, M. Jünger & G. Reinelt (1987), "Calculating exact ground states of spin glasses: A polyhedral approach", in: J. L. van Hemmen & I. Morgenstern (eds.), *Proceedings of the Heidelberg Colloquium on Glassy Dynamics*, Lecture Notes in Physics 275, Springer, Heidelberg, 1987, 325–353.

M. Grötschel, M. Jünger & G. Reinelt (1989a), "Optimal control of plotting and drilling machines: A case study", Report No. 184 Schwerpunktprogramm der Deutschen Forschungsgemeinschaft, Universität Augsburg, Augsburg, 1989.

M. Grötschel, M. Jünger & G. Reinelt (1989b), "Via Minimization with Pin Preassignments and Layer Preference", *Zeitschrift für Angewandte Mathematik und Mechanik* 69 (1989), 393–399.

M. Grötschel, L. Lovász & A. Schrijver (1988), "Geometric Algorithms and Combinatorial Optimization", Springer-Verlag, 1988.

M. Grötschel & M. W. Padberg (1985), "Polyhedral theory", in: E. L. Lawler, J. K. Lenstra, A. H. G. Rinnooy Kan & D. Shmoys (eds.), *The Traveling Salesman Problem*, Wiley, Chichester, 1985, 251–305.

M. Grötschel, C. L. Monma & M. Stoer (1989a), "Computational results with a cutting plane algorithm for designing communication networks with low-connectivity constraints", Report No. 188, Schwerpunktprogramm der Deutschen Forschungsgemeinschaft, Universität Augsburg, Augsburg, 1989.

M. Grötschel, C. L. Monma & M. Stoer (1989b), "Polyhedral Approaches to Network Survivability", Report No. 189, Schwerpunktprogramm der Deutschen Forschungsgemeinschaft, Universität Augsburg, Augsburg, 1989.

M. Grötschel & Y. Wakabayashi (1989), "A Cutting Plane Algorithm for a Clustering Problem", *Mathematical Programming B* 45 (1989) 59–96.

M. Grötschel & Zaw Win (1988), "A Cutting Plane Algorithm for the Windy Postman Problem", Report No. 76, Schwerpunktprogramm der Deutschen Forschungsgemeinschaft, Universität Augsburg, Augsburg, 1988, erscheint in: *Mathematical Programming*.

M. W. Padberg & G. Rinaldi (1988), "A branch & cut algorithm for the resolution of large-scale symmetric traveling salesman problems", Research Report No. 247, IASI, Rome, 1988.

G. Reinelt (1985), "The Linear Ordering Problem: Algorithms and Applications", *research and exposition in mathematics 8*, Heldermann Verlag, Berlin 1985.

Wie kann man imperative Programme auf eine Systolisierung vorbereiten?

CHRISTIAN LENGAUER
DEPARTMENT OF COMPUTER SCIENCE
UNIVERSITY OF EDINBURGH

EDINBURGH, SCOTLAND

1 Einleitung

Ein *systolisches Netz* [14] ist ein besonders reguläres Prozessorennetzwerk, das große Datenmengen durch parallele Eingabe, Berechnung und Ausgabe bewältigen kann. Anwendungsbereiche sind Bild- und Signalverarbeitung, Textverarbeitung, Meteorologie, Medizin, Numerik und andere. Systolische Netze eignen sich besonders zur Realisierung in VLSI-Chips, die auf engstem Raum (z.B. in Satelliten) komplizierte und daten-intensive Funktionen übernehmen.

Die Regularität eines systolischen Netzes ermöglicht eine systematische Herleitung von einem Programm, das weder Kommunikation noch Parallelität spezifiziert. Mechanische Methoden zum Entwurf systolischer Felder sind soweit entwickelt, daß sie in praktischen Anwendungen eingesetzt werden können. Diese Methoden beruhen auf formalen Theorien, die für eine bestimmte Klasse von sequentiellen Programmen eine systolische Implementation mit optimaler, d.h. schnellstmöglicher Parallelität garantieren und diese vollautomatisch herleiten lassen [8, 12, 23].

Das bedeutet aber nicht, daß dem Anwender alle Arbeit erspart bleibt. Die syntaktische Form von Programmen, auf die sich Systolisierungsmethoden anwenden lassen, ist recht beschränkt. Die Aufgabe des Anwenders besteht darin, sein Quellenprogramm mit einer Folge von Transformationen so zu adaptieren, daß es den Anforderungen der Methode genügt. Diese Transformationen müssen das Ein/Ausgabeverhalten des Programms erhalten. Zwei Anforderungen sind zu erfüllen:

Syntaktische Adaption: Das Quellenprogramm muß in eine Form gebracht werden, von der aus eine systolische Lösung erstellbar ist.

Qualitative Adaption: Das Quellenprogramm muß weiter so modifiziert werden, daß die gewünschte systolische Lösung erstellt wird.

Hier werden eine Reihe solcher Transformationen vorgestellt. Man beachte, daß sie sich im Rahmen von sequentiellen Programmen bewegen. (Die Übereinstimmung von sequentiellen Programmen läßt sich relativ einfach und verläßlich mit vergleichenden Läufen testen. Natürlich kann man auch hier formale Beweise führen.)

Wenn die systolische Lösung nicht zu kompliziert ist, läßt sich von ihr sogar automatisch oder halbautomatisch ein verteiltes Programm erstellen, das auf einem programmierbaren Rechnernetz (z.B. Transputern) ausgeführt werden kann [6, 16, 17, 18]. Diese Techniken stecken jedoch zur Zeit noch in den Kinderschuhen und werden hier nicht näher erläutert.

2 Systolisierungsmethoden

Es gibt eine Reihe von Methoden zum Entwurf systolischer Netze [7]. Wir wollen hier zwei erwähnen. Die eine erwartet ein imperatives Programm [12] (d.h. ein Programm in dem auf dieselbe Variable mehrmals zugewiesen werden darf), die andere ein funktionales Programm [8, 23] (d.h. ein Programm in dem auf jede Variable nur einmal zugewiesen werden darf). Beide Methoden garantieren eine optimale, d.h. schnellstmögliche parallele Ausführung und sind vollständig automatisierbar. In dieser Sektion werden die Ein- und Ausgabesprache der beiden Methoden beschrieben.

Die in den nächsten Sektionen folgenden Beispiele sind zwei Anwendungen der imperativen Methode entnommen: Gauss-Jordan Elimination [13] und Bildsegmentierung [19, 21]. Entsprechende Transformationen können auch in funktionalen Quellenprogrammen vorgenommen werden (z.B. [5, 22]). Eine umfassende Klassifikation aller Programme, die sich auf das erforderliche Eingabeformat reduzieren lassen, gibt es zur Zeit weder für die imperative noch für die funktionale Methode.

2.1 Die Eingabe: Das Quellenprogramm

Das Quellenprogramm muß den folgenden syntaktischen Bedingungen genügen:

$$\textbf{for } x_0 \textbf{ from } lb_0 \textbf{ by } st_0 \textbf{ to } rb_0 \textbf{ do}$$
$$\textbf{for } x_1 \textbf{ from } lb_1 \textbf{ by } st_1 \textbf{ to } rb_1 \textbf{ do}$$
$$\vdots$$
$$\textbf{for } x_{r-1} \textbf{ from } lb_{r-1} \textbf{ by } st_{r-1} \textbf{ to } rb_{r-1} \textbf{ do}$$
$$x_0{:}x_1{:}\cdots{:}x_{r-1}$$

Hier ist die *Grundoperation* $x_0{:}x_1{:}\cdots{:}x_{r-1}$ von der folgenden Form:

$$x_0{:}x_1{:}\cdots{:}x_{r-1} :: \quad \textbf{if } B_0(x_0, x_1, \cdots, x_{r-1}) \rightarrow S_0$$
$$\text{❒ } B_1(x_0, x_1, \cdots, x_{r-1}) \rightarrow S_1$$
$$\vdots$$
$$\text{❒ } B_{t-1}(x_0, x_1, \cdots, x_{r-1}) \rightarrow S_{t-1}$$
$$\textbf{fi}$$

Die Schreibweise der Fallunterscheidung ist [4] entnommen. Die Schranken lb_i and rb_i sind Ausdrücke in den Schleifenindices x_0 to x_{i-1} ($0 \le i < r$). Die Schritte st_i sind Konstanten. Die Bedingungen B_j ($0 \le j < t$) sind Boolsche Ausdrücke. Die Berechnungen S_j ($0 \le j < t$) sind funktionale oder imperative Programme (das hängt von der Methode ab), die nur auf mit den x_i indizierte Variablen global zugreifen dürfen, aber lokal beliebig kompliziert sein können.

Zusätzliche Bedingungen an die Grundoperation sind methoden-spezifisch. Wir benutzen hier die imperative Methode. Sie verlangt, daß jede der Berechnungen auf höchstens ein Element per globaler Variable zugreift und daß die einzelnen Indices der globalen Variablen lineare Ausdrücke mit einer Koeffizientenmatrix vom Rang $r-1$ sind [11].

Derartige Bedingungen mögen kompliziert erscheinen. Sie werden mit einer zunehmenden Erweiterung der Methoden modifiziert und möglicherweise vereinfacht werden. Wichtig ist, daß sie syntaktischer Natur sind und von einem Kompiler überprüft werden können.

2.2 Die Ausgabe: Das systolische Netz

Sowohl die imperative als auch die funktionale Methode beschreiben ein systolisches Feld mit *Verteilungsfunktionen*. Nennen wir die Menge der ganzen Zahlen $\mathbf{Z}$ und die Menge der Grundoperationen des Quellenprogramms Op:

$step : Op \longrightarrow \mathbf{Z}$ beschreibt eine zeitliche Verteilung der Grundoperationen. Operationen, die im-selben Schritt angewandt werden, werden von $step$ auf dieselbe Schrittnummer abgebildet.

$place : Op \longrightarrow \mathbf{Z}^{r-1}$ beschreibt eine räumliche Verteilung der Grundoperationen. Die Dimension des Auslegeraumes ist um eins geringer als die Zahl der Schleifen im Quellenprogramm.

Die Hauptherausforderung besteht in der Festlegung von optimaler Parallelität, d.h. der Findung einer Schrittfunktion mit minimal vielen Schritten. Hier gehen die imperative und die funktionale Methode unterschiedlich vor. In der imperativen Methode wird Parallelität mit Hilfe von Trans-formationen in das Programm injiziert [12], die funktionale Methode bedient sich Techniken der linearen Programmierung [23]. Beide Methoden entwickeln Parallelität vollautomatisch. Nach $step$, der Zeitverteilung, wählt man eine kompatible Raumverteilung $place$ durch Suchen. Mit dieser Wahl kann man andere Eigenschaften des Netzes optimieren, z.B. die Anzahl der Prozessoren oder Verbindungen, usw.

Wenn die Schrittfunktion $step$ und die Platzfunktion $place$ linear sind, läßt sich eine Menge über das resultierende Netz sagen. (Die Methoden, die wir betrachten, setzen die Linearität von $step$ und $place$ voraus.) Zum Beispiel sind $step$ und $place$ kompatibel, wenn $step$ und jede Dimension von $place$ mit- und untereinander linear unabhängig sind [12]. In diesem Fall führt jeder Prozessor des systolischen Netzes höchstens eine Operation per Schritt aus. Diese Sequentialität der Prozessoren ist eine traditionelle (und möglicherweise überholte) Anforderung an systolische Netze.

Wir können von linearen $step$ und $place$ auch die Datenflüsse und -verteilungen im systolischen Netz berechnen. V sei die Menge der von den x_i indizierten Variablen:

$flow : V \longrightarrow \mathbf{Z}^{r-1}$ beschreibt die Richtung und Strecke, die eine Variable per Schritt zurücklegt. Sagen wir, s_0 und s_1 seien zwei verschiedene Grundoperationen, die auf Variable v zugreifen:

$$flow(v) = (place(s_1) - place(s_0))/(step(s_1) - step(s_0))$$

$Flow$ ist nur wohldefiniert, wenn sein Wert nicht von der Wahl des Paares $\langle s_0, s_1 \rangle$ abhängt. Wenn $flow$ nicht ganzzahlig ist, kann das mit einer Skalierung von $place$ behoben werden.

$pattern : V \longrightarrow \mathbf{Z}^{r-1}$ beschreibt die Position einer Variable im Auslegeraum vor der Ausführung des ersten Schrittes. Sagen wir, s sei eine Grundoperation, die auf Variable v zugreift und fs sei die Nummer des ersten Schrittes:

$$pattern(v) = place(s) - (step(s) - fs) \cdot flow(v)$$

Die Wohldefiniertheit von $flow$ garantiert die Wohldefiniertheit von $pattern$ [12].

3 Syntaktische Adaptionen

3.1 Elimination von Grundoperationen

Quellenprogramme können mehrere Grundoperationen enthalten. In unserem Bildsegmentierungs-beispiel tritt der folgende Fall auf, wobei $x_0{:}x_1$ und $x_0{:}x_1{:}x_2$ zwei verschiedene Grundoperationen darstellen:

```
for x_0 from lb_0 to rb_0 do
    for x_1 from lb_1 to rb_1 do
        for x_2 from lb_2 to rb_2 do
            x_0:x_1:x_2;
    x_0:x_1
```

Dieses Programm kann leicht in eines mit nur einer, neuen Grundoperation transformiert werden, indem man in der inneren Schleife einen Schritt hinzufügt:

$$\textbf{for } x_0 \textbf{ from } lb_0 \textbf{ to } rb_0 \textbf{ do}$$
$$\textbf{for } x_1 \textbf{ from } lb_1 \textbf{ to } rb_1 \textbf{ do}$$
$$\textbf{for } x_2 \textbf{ from } lb_2 \textbf{ to } rb_2{+}1 \textbf{ do}$$
$$new(x_0{:}x_1{:}x_2)$$

$$new(x_0{:}x_1{:}x_2) :: \quad \textbf{if } lb_2 \le x_2 \le rb_2 \rightarrow x_0{:}x_1{:}x_2$$
$$\text{▯} \qquad x_2 > rb_2 \rightarrow x_0{:}x_1$$
$$\textbf{fi}$$

Im Beispiel von Gauss-Jordan Elimination ist ein noch weniger reguläres Programm mit vier Grundoperationen der klassische Ausgangspunkt [24]:

$$\textbf{for } k \textbf{ from } 0 \textbf{ to } n{-}1 \textbf{ do}$$
$$\textbf{begin}$$
$$C(k);$$
$$\textbf{for } i \textbf{ from } 0 \textbf{ if } i \ne k \textbf{ to } n{-}1 \textbf{ do}$$
$$B0(i,k);$$
$$\textbf{for } j \textbf{ from } 0 \textbf{ if } j \ne k \textbf{ to } n{-}1 \textbf{ do}$$
$$\textbf{begin}$$
$$\textbf{for } i \textbf{ from } 0 \textbf{ if } i \ne k \textbf{ to } n{-}1 \textbf{ do}$$
$$A(i,j,k);$$
$$B1(k,j)$$
$$\textbf{end};$$
$$\textbf{end}.$$

Ihm entspricht das folgende Quellenprogramm [13] (die Dreiteilung wurde erstmals in [25] angeboten):

Phase 0 :
    for i **from** 0 **to** $n{-}1$ **do**
    for j **from** 0 **to** $n{-}1$ **do**
    for k **from** 0 **to** $\min(i,j)$ **do**
    $i{:}j{:}k{:}0$

$i{:}j{:}k{:}0 ::$ **if** $i \ne k \wedge j \ne k \rightarrow A(i,j,k)$
    ▯ $i > j \wedge j = k \rightarrow B0(i,j)$
    ▯ $i = j \wedge i = k \rightarrow C(i)$
    ▯ **else** $\rightarrow$ **skip**
    fi

Phase 1 :
    for i **from** 0 **to** $n{-}1$ **do**
    for j **from** 0 **to** $n{-}1$ **do**   wobei
    for k **from** $\min(i,j)$ **to** $\max(i,j)$ **do**
    $i{:}j{:}k{:}1$

$i{:}j{:}k{:}1 ::$ **if** $i \ne k \wedge j \ne k \rightarrow A(i,j,k)$
    ▯ $i < j \wedge j = k \rightarrow B0(i,j)$
    ▯ $i < j \wedge i = k \rightarrow B1(i,j)$
    ▯ **else** $\rightarrow$ **skip**
    fi

Phase 2 :
    for i **from** 0 **to** $n{-}1$ **do**
    for j **from** 0 **to** $n{-}1$ **do**
    for k **from** $\max(i,j)$ **to** $n{-}1$ **do**
    $i{:}j{:}k{:}2$

$i{:}j{:}k{:}2 ::$ **if** $i \ne k \wedge j \ne k \rightarrow A(i,j,k)$
    ▯ $i > j \wedge i = k \rightarrow B1(i,j)$
    ▯ **else** $\rightarrow$ **skip**
    fi

Die drei Phasen können mit der Methode nacheinander behandelt werden.

3.2 Umbenennung von Variablen

In Sektion 2.1 stellen wir unter anderem an ein imperatives Quellenprogramm die Bedingung, daß jede Berechnung nur auf maximal ein Element per globaler Variable zugreifen darf. Im Quellenprogramm für Gauss-Jordan Elimination, das wir gerade präsentiert haben, ist dies zum Beispiel nicht der Fall. Die einzelnen Berechnungen – in der nicht adaptierten Version sind es die Grundoperationen – setzen sich wie folgt zusammen [13, 25]:

$$
\begin{aligned}
A(i,j,k) &:: \quad c_{i,j} := c_{i,j} \oplus (c_{i,k} \otimes c_{k,j}) \\
B0(i,j) &:: \quad c_{i,j} := c_{i,j} \otimes c_{j,j} \\
B1(i,j) &:: \quad c_{i,j} := c_{i,i} \otimes c_{i,j} \\
C(i) &:: \quad c_{i,i} := c_{i,i}^{*}
\end{aligned}
$$

Wir brauchen uns mit ihren Einzelheiten nicht zu befassen. Wichtig ist hier nur, daß sie auf mehr als ein Element der Matrix c zugreifen. Dies kann behoben werden, indem man neue Variablennamen einführt – aber so, daß das Ein/Ausgabeverhalten des Programms erhalten bleibt. Dazu muß man sicherstellen, daß keine neuen Eingabedaten entstehen: Variablen müssen Werte, die nicht der Eingabematrix entnommen sind, durch Zuweisung erhalten. Im Fall von Gauss-Jordan Elimination braucht man zwei neue Namen, da die Berechnungen auf maximal drei Elemente von c zugreifen. Für jede der drei Variablen ist eine zusätzliche Zuweisungsoperation notwendig [13, 25]:

$$
\begin{aligned}
A(i,j,k) &:: \quad c_{i,j} := c_{i,j} \oplus (a_{i,k} \otimes b_{k,j}) \\
B0(i,j) &:: \quad a_{i,j} := c_{i,j} \otimes b_{j,j} \\
B1(i,j) &:: \quad c_{i,j} := a_{i,i} \otimes b_{i,j} \\
C(i) &:: \quad b_{i,i} := c_{i,i}^{*} \\
D0(i,j) &:: \quad b_{i,j} := c_{i,j} \\
D1(i,j) &:: \quad c_{i,j} := a_{i,j} \\
E(i) &:: \quad a_{i,i} := b_{i,i}
\end{aligned}
$$

Die neuen Zuweisungsoperationen $D0$, $D1$ and E sind in den Grundoperationen wie folgt angeordnet [13, 25]:

```
i:j:k:0 ::                              i:j:k:1 ::                              i:j:k:2 ::
  if i≠k ∧ j≠k → A(i,j,k)                 if i≠k ∧ j≠k → A(i,j,k)                 if i≠k ∧ j≠k → A(i,j,k)
  ▯ i>j ∧ j=k → B0(i,j)                   ▯ i<j ∧ j=k → B0(i,j)                   ▯ i>j ∧ i=k → B1(i,j)
  ▯ i=j ∧ i=k → C(i)                      ▯ i<j ∧ i=k → B1(i,j)                   ▯ i≤j ∧ j=k → D1(i,j)
  ▯ i<j ∧ i=k → D0(i,j)                   ▯ i>j ∧ i=k → D0(i,j)                   fi
  fi                                      ▯ i>j ∧ j=k → D1(i,j)
                                          ▯ i=j ∧ i=k → E(i)
                                          fi
```

Die Umbenennung in den Berechnungen kann automatisch erfolgen (ist aber in unserer derzeitigen Implementation der imperativen Methode nicht enthalten). Für die Generation der zusätzlichen Zuweisungsoperationen gibt es zur Zeit noch keinen Algorithmus.

Eine Umbenennung von Variablen drückt sich als Reflektion von Daten im systolischen Netz aus. Die Wohldefiniertheit von *flow* (Sektion 2.2) verlangt, daß jeder Variable nur eine Flußrichtung und -geschwindigkeit zugeordnet wird. Eine Änderung der Richtung oder Geschwindigkeit eines Datenstromes kann aber durch Kopieren in eine neue Variable ausgedrückt werden.

Ähnliche Transformationen treten in Bildsegmentierung auf [19, 21].

4 Qualitative Adaptionen

Qualitative Adaptionen zielen auf ein bestimmtes Maß an Parallelität oder auf bestimmte Netzstrukturen ab.

Die Parallelität eines systolischen Netzes ist von zwei Faktoren bestimmt:

1. der Reihenfolge, in welcher Grundoperationen im Quellenprogramm angeordnet sind,

2. dem inneren Aufbau der Grundoperationen.

Beide können modifiziert werden um mehr Parallelität zu erreichen. Wir geben je ein Beispiel.

Verschiedene strukturelle Forderungen können an ein systolisches Netz gestellt werden:

1. Die Prozessorenzahl darf eine bestimmte Grenze nicht überschreiten.

2. Nur bestimmte Kanalverbindungen sind erlaubt.

3. Der Auslegeraum darf eine bestimmte Dimensionszahl nicht überschreiten.

Wir befassen uns mit dem letzten Punkt.

4.1 Kommutation

So wie zwei Programme mit gleichem Ein/Ausgabeverhalten sich dadurch unterscheiden können, daß eines von der Systolisierungsmethode akzeptiert wird und das andere nicht, können sie sich auch dadurch unterscheiden, daß eines eine bessere systolische Lösung liefert als das andere. Die Qualität der systolischen Lösung hängt eng mit dem Quellenprogramm zusammen: die Schrittfunktion ist nur in Bezug auf dieses Programm optimal.

Das größte Problem besteht darin, daß das Quellenprogramm in den meisten Fällen unnötige Einschränkungen in der Abfolge der Grundoperationen vorschreibt. Nehmen wir als Beispiel das Matrixprodukt $c = a \times b$. Während die Spezifikation

$$(\forall\, i,j : 0 \leq i,j < n : \quad c_{i,j} = (\sum k : 0 \leq k < n : a_{i,k} \cdot b_{k,j}))$$

jegliche Abfolge von Grundoperationen zuläßt (da die Addition eine kommutative Operation ist), erzwingen die Datenabhängigkeiten im entsprechenden Quellenprogramm

$$\textbf{for } i \textbf{ from } 0 \textbf{ to } n{-}1 \textbf{ do}$$
$$\textbf{for } j \textbf{ from } 0 \textbf{ to } n{-}1 \textbf{ do}$$
$$\textbf{for } k \textbf{ from } 0 \textbf{ to } n{-}1 \textbf{ do}$$
$$i{:}j{:}k$$

sowohl im imperativen Stil, d.h. mit der Grundoperation [12]

$$i{:}j{:}k :: \quad c_{i,j} := c_{i,j} + a_{i,k} * b_{k,j}$$

(wobei die $c_{i,j}$ mit null und die $a_{i,k}$ und $b_{k,j}$ mit der Eingabe initialisiert sind) als auch im funktionalen Stil, d.h. mit der Grundoperation [8]

$$i{:}j{:}k :: \quad a_{i,j,k} = a_{i,j-1,k}$$
$$b_{i,j,k} = b_{i-1,j,k}$$
$$c_{i,j,k} = c_{i,j,k-1} + a_{i,j,k} * b_{i,j,k}$$

(wobei $c_{i,j,-1}$ null und die $a_{i,-1,k}$ und $b_{-1,j,k}$ die Eingabe enthalten) eine partielle Ordnung. Diese Ordnung bestimmt den Ausgang des Parallelisierungsprozesses in der Systolisierung. In [12] wird zum Beispiel demonstriert, daß das Quellenprogramm für die Multiplikation von Bandmatritzen den Index k am besten herunterzählt. Obwohl gezielte Kommutationen im Quellenprogramm die Qualität einer systolischen Lösung dramatisch verbessern können (siehe auch Bildsegmentierung [19, 21]), werden sie von derzeitigen automatischen Systolisierungsmethoden nicht vorgenommen.

Ein besserer Ausgangspunkt wären ungeordnete Quellenprogramme, wie sie zum Beispiel von Γ [2] im funktionalen und von Unity [3] im imperativen Stil angeboten werden. Wegen der Größe des Suchraumes stellt eine (qualitativ gute) automatische Parallelisierung derartiger Programme eine besondere Herausforderung dar.

4.2 Mit Modifikation der Grundoperation

Eine Transformation der folgenden Art tritt in unserem Bildsegmentierungsbeispiel auf [21]. Nehmen wir an, die Grundoperation im Quellenprogramm enthält eine Folge von Gleitkomma-Additionen, etwa:

$$\textbf{for } i \textbf{ from } lb_0 \textbf{ by 2 to } rb_0 \textbf{ do}$$
$$\textbf{for } j \textbf{ from } lb_1 \textbf{ by 2 to } rb_1 \textbf{ do}$$
$$i{:}j$$

$$i{:}j :: \quad z_{i,j} := x_{i,j} + x_{i,j+1} + x_{i+1,j} + x_{i+1,j+1}$$

Hier lassen sich alle Grundoperationen imselben Schritt parallel ausführen (da sie keine Variablen gemeinsam haben), d.h. die Länge der Ausführung beträgt drei Additionen.

Wenn man die Folge der drei Additionen in einen Baum umwandelt und die einzelnen Additionen über mehrere Grundoperationen verteilt, ergibt sich die Möglichkeit ungeordnete Additionen parallel auszuführen. In dem folgenden äquivalenten Programm werden die zwei Zwischenresultate im Baum in Elementen einer neuen Variablen y gespeichert:

$$\textbf{for } k \textbf{ from 0 to 1 do}$$
$$\textbf{for } i \textbf{ from } lb_0 \textbf{ to } rb_0 \textbf{ do}$$
$$\textbf{for } j \textbf{ from } lb_1 \textbf{ by 2 to } rb_1 \textbf{ do}$$
$$i{:}j{:}k$$

$$
i{:}j{:}k :: \quad
\begin{array}{ll}
\textbf{if } k=0 & \rightarrow y_{i,j} := x_{i,j} + x_{i,j+1} \\
\llbracket \; k=1 \wedge i \text{ even} & \rightarrow z_{i,j} := y_{i,j} + y_{i+1,j} \\
\llbracket \; \textbf{else} & \rightarrow \textbf{skip} \\
\textbf{fi}
\end{array}
$$

Die Grundoperationen mit gleichem k lassen sich parallel anwenden, d.h. die Länge der Ausführung ist auf zwei Additionen reduziert, wenn man von den Tests absieht. Inwieweit die Tests ins Gewicht fallen, hängt davon ab, wie das systolische Netz letztendlich realisiert wird (z.B. ob in Hardware oder Software). Die hinzugewonnene Parallelität erfordert zusätzlichen Raum. In diesem Fall hat sich der Auslegeraum um eine Dimension erweitert, da eine neue Schleife hinzugekommen ist. Bevor ein systolisches Netz entstehen kann, ist noch die Einführung zusätzlicher Variablen und Zuweisungsoperationen gemäß Sektion 3.2 notwendig.

4.3 Elimination von Schleifen

Wie in Sektion 2.2 erwähnt, ist die Dimensionszahl des Auslegeraumes eines systolischen Netzes durch die Zahl der Schleifen im Quellenprogramm festgelegt. Oft hat diese zeitoptimale Lösung jedoch eine unannehmbar ineffiziente Nutzung der Prozessoren im Netz zufolge. Prozessoren werden oft besser genutzt, wenn man die Dimensionszahl des Auslegeraumes reduziert, indem man gewisse Operationen nicht im Raum sondern in der Zeit auslegt. Das bedeutet natürlich eine entsprechend längere Ausführung.

Mit den hier besprochenen Methoden kann eine derartige *Projektion* des Auslegeraumes durch Reduktion der Schleifenzahl im Quellenprogramm vorgenommen werden. Wir besprechen zwei Fälle: die Elimination der äußeren Schleife und die Elimination der inneren Schleife. Über beide kann man in unserem Bildesegmentierungsbeispiel genauer nachlesen [19, 21]. Eine kompliziertere Möglichkeit ist zwei beliebige Schleifen des Quellenprogramms in eine Schleife zu verschmelzen.

4.3.1 Elimination der äußeren Schleife

Der einfachste Weg ist, die äußere Schleife des Quellenprogramms in der Systolisierung nicht in Betracht zu ziehen. Damit bekommt man automatisch ein Netz, dessen Auslegeraum um eine Dimension geringer ist, das aber auch nur einen Schritt der äußeren Schleife bearbeitet. Man muß die äußeren Schritte dann extern sequentiell kombinieren und sicherstellen, daß die Ausgabedaten eines Schrittes dem darauffolgenden Schritt als Eingabedaten zur Verfügung stehen – dies entzieht sich ja jetzt der Kontrolle der Methode. Dafür ist es am günstigsten, wenn eine Platzfunktion gewählt wird, die den Ein- und Ausgabedaten einen stationären Fluß (d.h. einen Null-Fluß in jeder Dimension) zuweist. Anderenfalls können komplizierte zusätzliche Kanalverbindungen notwendig werden.

4.3.2 Elimination der inneren Schleife

Ein komplizierterer Weg, der aber den Vorteil hat, daß weiterhin das gesamte Quellenprogramm der Kontrolle der Methode unterliegt, ist die innere Schleife in die Grundoperation zu absorbieren. Wieder eliminiert man damit eine Dimension des Auslegeraumes. In diesem Fall ist es die innere Schleife, deren Ausführung im systolischen Netz sequentiell bleibt (da vorausgesetzt wird, daß die Prozessoren des Netzes sequentiell operieren).

4.3.3 Anmerkung

Eine Projektion kann auch an einer späterer Stelle in der Systolisierung erfolgen [15, 20]. Dies ist sogar wünschenswert, wenn man dem Programmierungsprinzip folgt, sich an strukturelle Randbedingungen möglichst spät zu binden um die Lösung entsprechend flexibel zu halten. Beim gegenwärtigen Stand der Dinge ist eine Transformation der Eingabe jedoch die praktischste Projektionsmethode.

5 Abschliessende Bemerkungen

Formale Methoden können für die Entwicklung von komplizierten, praktischen Lösungen von Nutzen – ja, von Nöten sein. Hier ist das Beispiel systolischer Netze angerissen worden. Wir brauchen nur die Quelleninformation für die Systolisierungsmethode unserer Wahl – im wesentlichen ein sequentielles Programm – zu verstehen. (Zu seiner Erstellung kann man ebenfalls formale Methoden zu Hilfe nehmen [1, 9, 10].) Haben wir die Quelleninformation für korrekt befunden, so können wir die Korrektheit der systolischen Lösung voraussetzen. Die Definition der Grundoperation und die mit der Methode hergeleiteten Verteilungsfunktionen stellen eine vollständige, präzise Beschreibung des systolischen Netzes dar. Uns wird kein operationelles Verständnis seiner Parallelität oder Kommunikationen abverlangt. Eine graphische Simulation illustriert seine Funktion.

Unser Eingreifen in den automatischen Herleitungsprozeß ist notwendig, wenn das Quellenprogramm die Grenzen der gewählten Methode überschreitet – und das wird in den meisten Anwendungen der Fall sein. Zunächst werden von uns nur syntaktische Umformungen ohne Verständnis einer möglichen Lösung verlangt. Wenn ein erstes systolisches Netz erstellt ist, können weitere Umformungen folgen, die es verbessern sollen. In diesem Fall benötigen wir ein gewisses Verständnis des systolischen Lösungsraumes. Haben wir dieses Verständnis vonvornherein, dann können wir sofort auf ein bestimmtes Netz abzielen.

6 Literatur

[1] R. C. Backhouse, *Program Construction and Verification*, Series in Computer Science, Prentice-Hall Int., 1986.

[2] J.-P. Banatre, A. Coutant and D. Le Metayer, "A Parallel Machine for Multiset Transformation and Its Programming Style", *Future Generation Computer Systems 4*, 2 (Sept. 1988), 133–144.

[3] K. M. Chandy and J. Misra, *Parallel Program Design*, Addison-Wesley, 1988.

[4] E. W. Dijkstra, *A Discipline of Programming*, Series in Automatic Computation, Prentice-Hall, 1976.

[5] V. van Dongen and P. Quinton, "Uniformization of Linear Recurrence Equations: A Step Towards the Automatic Synthesis of Systolic Arrays", Proc. *Int. Conf. on Systolic Arrays*, K. Bromley, S.-Y. Kung and E. Swartzlander (eds.), IEEE Computer Society, 1988, 473–482.

[6] B. R. Engstrom and P. R. Cappello, "The SDEF Systolic Programming System", *J. Parallel and Distributed Computing 7*, 2 (Oct. 1989), 201–231.

[7] J. A. B. Fortes, K.-S. Fu and B. W. Wah, "Systematic Design Approaches for Algorithmically Specified Systolic Arrays", in *Computer Architecture – Concepts and Systems*, V. M. Milutinović (ed.), North-Holland, 1988, Chap. 11.

[8] P. Frison, P. Gachet and P. Quinton, "Designing Systolic Arrays with DIASTOL", in *VLSI Signal Processing II*, S.-Y. Kung, R. E. Owen and J. G. Nash (eds.), IEEE Press, 1986, 93–105.

[9] D. Gries, *The Science of Programming*, Texts and Monographs in Computer Science, Springer-Verlag, 1981.

[10] E. C. R. Hehner, *The Logic of Programming*, Series in Computer Science, Prentice-Hall Int., 1984.

[11] C.-H. Huang, "The Mechanically Certified Derivation of Concurrency and its Application to Systolic Design", Ph. D. Thesis, Department of Computer Sciences, The University of Texas at Austin, Aug. 1987.

[12] C.-H. Huang and C. Lengauer, "The Derivation of Systolic Implementations of Programs", *Acta Informatica 24*, 6 (Nov. 1987), 595–632.

[13] C.-H. Huang and C. Lengauer, "An Incremental Mechanical Development of Systolic Solutions to the Algebraic Path Problem", *Acta Informatica 27*, 2 (Nov. 1989), 97–124.

[14] H. T. Kung and C. E. Leiserson, "Algorithms for VLSI Processor Arrays", in *Introduction to VLSI Systems*, C. Mead and L. Conway (eds.), Addison-Wesley, 1980, Sect. 8.3.

[15] P. Lee, Z. Kedem, "Synthesizing Linear Array Algorithms from Nested for Loop Algorithms", *IEEE Trans. on Computers TC-37*, 12 (Dec. 1988), 1578–1598.

[16] C. Lengauer, "Towards Systolizing Compilation: An Overview", Proc. *Parallel Architectures and Languages Europe (PARLE '89)*, E. Odijk, M. Rem and J.-C. Syre (eds.), Vol. II: Parallel Languages, Lecture Notes in Computer Science 366, Springer-Verlag, 1989, 253–272.

[17] C. Lengauer, "Code Generation for a Systolic Computer", *Software—Practice & Experience 20*, 3 (Mar. 1990), 261–282.

[18] C. Lengauer and D. G. Hudson, "A Systolic Program for Gauss-Jordan Elimination", in *Beauty is our Business*, W. H. J. Feijen, A. J. M. van Gasteren, D. Gries and J. Misra (eds.), Texts and Monographs in Computer Science, Springer-Verlag, 1990, Chap. 6.

[19] C. Lengauer, B. Sabata and F. Arman, "A Mechanically Derived Systolic Implementation of Pyramid Initialization", Proc. *Workshop on Hardware Specification, Verification and Synthesis: Mathematical Aspects*, G. Brown and M. Leeser (eds.), Lecture Notes in Computer Science 406, Springer-Verlag, 1990, 90–105.

[20] C. Lengauer and J. W. Sanders, "The Projection of Systolic Programs", Proc. *Mathematics of Program Construction*, J. L. A. van de Snepscheut (ed.), Lecture Notes in Computer Science 375, Springer-Verlag, 1989, 307–324.

[21] C. Lengauer and J. Xue, "A Systolic Array for Pyramidal Algorithms", Tech. Report ECS-LFCS-90-114, Department of Computer Science, University of Edinburgh, May 1990.

[22] P. Quinton and V. van Dongen, "The Mapping of Linear Recurrence Equations on Regular Arrays", *J. VLSI Signal Processing 1*, 2 (Oct. 1989), 95–113.

[23] S. K. Rao, "Regular Iterative Algorithms and their Implementations on Processor Arrays", Ph. D. Thesis, Department of Electrical Engineering, Stanford University, Oct. 1985.

[24] Y. Robert and D. Trystram, "An Orthogonal Systolic Array for the Algebraic Path Problem", *Computing 39*, 3 (1987), 187–199.

[25] G. Rote, "A Systolic Array Algorithm for the Algebraic Path Problem (Shortest Paths; Matrix Inversion)", *J. Computing 34*, 3 (1985), 191–219.

SYSTEMATIC DERIVATION OF POINTER ALGORITHMS

Bernhard Möller

Institut für Informatik der Technischen Universität München
Arcisstr. 21, D-8000 München 2, Germany

Abstract We show that the well-known unfold/fold transformation strategy also is fruitful for the (formal) derivation of correct pointer algorithms. The key that allows this extension is the algebra of partial maps which allows convenient description and manipulation of pointer structures at the functional level.

1 Introduction

It is well-known that algorithms involving pointers are both difficult to write and to verify. The reason is that, due to the implicit connections through paths within a pointer structure, the side effects of a pointer assignment are usually much harder to survey than those of an ordinary assignment. With this paper we want to show that these difficulties can be greatly reduced by making the store, which is an implicit global parameter in procedural languages, into an explicit parameter and by passing to an applicative treatment using a suitable algebra of operations on the store.

The storage state of a von Neumann machine can be viewed as a total mapping from addresses to certain values. A part of such a state that forms a logical unit may then be represented by a partial submapping of that mapping. This gives the possibility of describing the state in a modularized way as the union of the submappings for its logical subunits. In the case of pointer structures this means that the usual "spaghetti" structure of the complete state can be (at least partly) disentangled. Therefore we use the algebra of partial maps as our tool for specifying and developing pointer algorithms in a formal and yet convenient way.

We restrict ourselves here to the case of singly linked lists. However, the approach is not limited to such simple structures: In [3] we have derived an efficient and intricate garbage collection algorithm for a storage structure that allows the representation of arbitrary graphs.

Notationally, we closely follow the (ALGOL variant of) the language CIP-L (cf. [1,2]). In particular, we denote semantic equivalence of expressions by $\equiv$: We have $E_1 \equiv E_2$ iff both E_1 and E_2 are undefined (non-termination or abortion) or both are defined and have the same value. Equivalences are also denoted in the form of transformation rules, viz. as

$$
\begin{array}{c}
E_1 \\
\rule{2cm}{0.4pt}\updownarrow\rule{1cm}{0.4pt}\!\{C \\
E_2
\end{array}
$$

where C is a (possibly empty) list of applicability conditions, i.e., of conditions sufficient for the validity of the equivalence.

As an important aid in specifying and developing recursive routines we use assertions or restrictions about their parameters, formulated as Boolean expressions of the language. Let R be a Boolean expression possibly involving the identifier x. Then the declaration

$$\mathsf{funct}\ f \equiv (\mathsf{m}\ x : R)\,\mathsf{n} : E$$

of function f with parameter x restricted by R and with body E is by definition equivalent to

$$\text{funct } f \equiv (\text{m } x)\,\text{n} : \text{if } R \text{ then } E \text{ else error fi .}$$

This means that f is undefined for all arguments x that violate the restriction R; i.e., R acts as a precondition for f. If f is recursive, R has to hold also for the parameters of the recursive calls to ensure definedness; hence in this case R corresponds to invariants as known from imperative programming. Analogous constructions apply to statements and procedures.

2   The Algebra of Partial Maps

The use of algebraic operations on maps for describing the effect of a program dates back at least to [12]. The most useful operation in our setting, viz. map union, however, seems to have been neglected until recently [3, 11].

A (**partial**) **map** m from a set M to a set N is a subset of $M \times N$ such that $(x,y) \in m \wedge (x,z) \in m \Rightarrow y \equiv z$. Some of our notation derives from this set view of maps. E.g., by $\emptyset$ we denote the empty partial map from M to N. For finite maps we assume a boolean-valued equality test $=$. This is to be distinguished from the semantic equivalence $\equiv$ of expressions: we have

$$m = n \equiv \textbf{true} \;\Leftrightarrow\; m \equiv n .$$

Let $m : P \longrightarrow Q$ be a partial map. We write $\downarrow m, \uparrow m$ for **domain** and **range** of m, resp. Moreover, we define

$$set(m) \overset{\text{def}}{\equiv} \downarrow m \,\cup\, \uparrow m .$$

For $s \subseteq P$, $[s \mapsto y]$ is the constant map $\{(x,y) \mid x \in s\}$. In using this notation we omit singleton set braces, i.e., we write $[x \mapsto y]$ instead of $[\{x\} \mapsto y]$. Note that $[x \mapsto y] \equiv \{(x,y)\}$. To cope with partialities in an algebraically convenient way, we define, for maps m, n and elements $x, y \in P$,

$$[m(x) \mapsto n(y)] \overset{\text{def}}{\equiv} \emptyset$$

if $x \notin \downarrow m$ or $y \notin \downarrow n$.

The **restriction** of a map $m : M \longrightarrow N$ to a set $s \subseteq M$ is

$$m|s \overset{\text{def}}{\equiv} m \cap (s \times N) .$$

Moreover,

$$m \ominus s \overset{\text{def}}{\equiv} m|\bar{s}.$$

Here again we omit singleton set braces, i.e., we write $m \ominus x$ instead of $m \ominus \{x\}$. Note that both $m|s \subseteq m$ and $m \ominus s \subseteq m$. The following decomposition property is the key to recursions over maps:

$$m \equiv m|s \cup m \ominus s .$$

Two maps $m, n : M \longrightarrow N$ are **compatible** if $m|(\downarrow m \cap \downarrow n) \equiv n|(\downarrow m \cap \downarrow n)$. This holds in particular if $\downarrow m \cap \downarrow n \equiv \emptyset$. For compatible m, n their union $m \cup n$ is again a map. This generalizes to families $(m_i)_{i \in I}$ of maps (I may even be infinite) if the maps m_i are pairwise compatible; we then write $\bigcup_{i \in I} m_i$ for the union map. If $I \equiv \emptyset$, we set $\bigcup_{i \in I} m_i \equiv \emptyset$ as well. It should be clear that $\emptyset$, $[. \mapsto .]$, and $\bigcup$ form a complete set of constructors for the set of partial maps, since we have

$$m \equiv \bigcup_{x \in \downarrow m} [x \mapsto m(x)] .$$

The operation of map union is the key tool in obtaining a modular description of pointer structures, since it allows viewing a (total) storage state as the union of those of its (partial) substates that form logical units. This aspect of modularization is reflected by a large number of distributive laws that allow propagation of operations to substates of a state. For the operations introduced so far we have:

$$\downarrow(m \cup n) \;\equiv\; \downarrow m \;\cup\; \downarrow n \qquad\qquad \uparrow(m \cup n) \;\equiv\; \uparrow m \;\cup\; \uparrow n$$
$$(m \cup n)|s \;\equiv\; m|s \cup n|s \qquad\qquad (m \cup n)\ominus s \;\equiv\; m\ominus s \cup m\ominus t \;.$$

Another important operation is **map overwriting** (see e.g. [6]): Given maps $m, n : M \longrightarrow N$ we define

$$m \overset{\text{def}}{=} (m \ominus \downarrow n) \;\cup\; n \;.$$

Hence,

$$(m \twoheadleftarrow n)(x) \equiv \text{if } x \in \downarrow n \text{ then } n(x) \text{ else } m(x) \text{ fi.}$$

In other words, $m \twoheadleftarrow n$ results from m by changing the values according to the prescription of n (if any). For example, $m \twoheadleftarrow [x \mapsto y]$ sets the value of x to y. This operation will be our main tool for describing selective updating. Its most important properties for our purposes are the following ones:

1. Monoid properties:
   $$\emptyset \twoheadleftarrow m \equiv m \twoheadleftarrow \emptyset \equiv m$$
   $$(l \twoheadleftarrow m) \twoheadleftarrow n \equiv l \twoheadleftarrow (m \twoheadleftarrow n)$$

2. Overwriting and union:
   $m \twoheadleftarrow n \equiv n \twoheadleftarrow m$ iff m and n are compatible.
   In this case, $m \twoheadleftarrow n \equiv m \cup n$.

3. Domain properties:
   $$\downarrow(m \twoheadleftarrow n) \equiv \downarrow m \;\cup\; \downarrow n$$
   $$m \twoheadleftarrow n \equiv n \Leftrightarrow \downarrow m \subseteq \downarrow n$$

4. Overwriting and submaps:
   $$m \twoheadleftarrow n \equiv m \Leftrightarrow n \subseteq m$$

5. Sequentialization:
   $$l \twoheadleftarrow (m \cup n) \equiv (l \twoheadleftarrow m) \twoheadleftarrow n$$
   provided m and n are compatible.

6. Annihilation:
   $$m \subseteq l \;\Rightarrow\; l \twoheadleftarrow (m \cup n) \equiv l \twoheadleftarrow n$$
   provided m and n are compatible. This is an immediate consequence of the sequentialization and submap properties.

7. Distributivity:
   $$(l \cup m) \twoheadleftarrow n \equiv (l \twoheadleftarrow n) \cup (m \twoheadleftarrow n)$$
   provided l and m are compatible.

8. Localization:
   $$\downarrow l \cap \downarrow n \equiv \emptyset \;\Rightarrow\; (l \cup m) \twoheadleftarrow n \equiv l \cup (m \twoheadleftarrow n)$$
   provided l and m are compatible. This property allows localizing side effects to that part of a store they really affect.

The map operations introduced enjoy a vast number of further useful algebraic laws. Some of them can be found in [3].

3 Chains

As an example of how to describe pointer structures within the algebra of maps we now study singly linked lists. We abstract from the concrete contents of the records in such a list and consider only their interrelationship through the pointers, since this is the only source of problems in pointer algorithms. Then a **state** simply is a finite partial map m : cell$\longrightarrow$cell where cell is the set of storage cells; the set of states is denoted by **state**. A single cell x together with its contents y is modeled by the map $[x \mapsto y]$.

By a **chain** we mean a (finite) cycle-free singly linked list. Such a chain contains a number of cells in a certain order prescribed by the links in the list. This induces a sequence structure on these cells: The first element in the sequence is the head cell, followed by the others in the order of traversal. Since there is no cycle, the sequence is repetition-free.

In chains one frequently uses a special chain terminator common to all chains considered (e.g., nil in Pascal). Let therefore $\square \in$ cell be a distinguished element, called the **anchor**. The elements of cell$\setminus\{\square\}$ are called **proper cells**. In the sequel we require $\square \notin {\downarrow}m$ for all states m considered. This means that $\square$ may never be assigned a "contents" and hence never be "dereferenced"; it will always be an "empty cell", whence our notation. Moereover, this implies that there can be no $\square$ cell properly within a chain; if present, $\square$ terminates the respective list. A chain is called **anchored** if it ends with $\square$, i.e., if its last proper cell contains $\square$.

By the above considerations, anchored chains are in exact correspondence with non-empty repetition-free sequences of proper cells. Given such a sequence, we can construct an anchored chain using

$$\textsf{funct } chain \equiv (\textsf{cellsequ } s : ischainable(s))\,\textsf{state} : \bigcup_{i=1}^{|s|} [s[i] \mapsto s[i+1]] \ .$$

By $|s|$ we denote the length of s and by $s[i]$ the i-th element of s; if $i > |s|$ or $i = 0$, we set $s[i] \overset{\text{def}}{\equiv} \square$. The predicate $ischainable$ is given by

$\textsf{funct } ischainable \equiv (\textsf{cellsequ } s)\,\textsf{bool} :$
$\quad \textsf{if } s = \diamondsuit \textsf{ then false}$
$\qquad\quad \textsf{else } first(s) \neq \square \wedge (rest(s) = \diamondsuit \textsf{ cor}$
$\qquad\qquad\quad (first(s) \notin rest(s) \wedge ischainable(rest(s)))) \textsf{ fi} \ ,$

where cor is the sequential or conditional disjunction evaluated from left to right. Conversely, given a cell x and a state m we can retrieve the sequence of cells in the sublist starting from x (if any) using

$\textsf{funct } sequ \equiv (\textsf{cell } x, \textsf{state } m)\,\textsf{cellsequ} :$
$\quad \textsf{if } x \notin {\downarrow}m \textsf{ then } \diamondsuit \textsf{ else } {<}x{>} + sequ(m(x), m) \textsf{ fi} \ .$

Here, $\diamondsuit$ denotes the empty sequence, ${<}x{>}$ is the singleton sequence consisting just of x, and $+$ denotes concatenation. Note that this function will not terminate if the sublist within m starting from x contains a cycle. In our applications this will not occur. For more general use, however, one should base this on a non-strict functional language in which the algorithm then would return a periodically infinite sequence of cells. Then a cell y can be reached from x following the links of m (zero or more times) iff $y \in sequ(x, m)$, where

$\textsf{funct } . \in . \equiv (\textsf{cell } y, \textsf{cellsequ } s)\,\textsf{bool} :$
$\quad \textsf{if } s = \diamondsuit \textsf{ then false else } y = first(s) \textsf{ cor } y \in rest(s) \textsf{ fi} \ .$

To characterize the case where the sublist starting from x in m is an anchored chain, we use

$\textsf{funct } isanchored \equiv (\textsf{cell } x, \textsf{state } m)\,\textsf{bool} :$
$\quad \textsf{if } x \notin {\downarrow}m \textsf{ then false else } m(x) = \square \textsf{ cor } isanchored(m(x), m) \textsf{ fi} \ .$

This function again doesn't terminate if there is a cycle, and it yields **false** if it runs into a "dangling reference", i.e., a cell different from □ not having any contents.

If $isanchored(x, s) \equiv$ **true**, the sublist starting from x actually is an anchored chain. Its last proper cell, i.e., the one containing the nil pointer, is obtained by

funct $lastcell \equiv ($**cell** $x,$ **state** $m : isanchored(x, m))$ **cell** $: last(sequ(x, m))$

We want to derive a direct recursion for this function:

$$lastcell(x, m)$$
$$\equiv \quad last(sequ(x, m))$$
$$\equiv \quad (\text{unfold } sequ)$$
$$last(\text{if } x \not\in\downarrow m \text{ then } <>$$
$$\qquad\qquad \text{else } <x> + sequ(m(x), m) \text{ fi})$$
$$\equiv \quad (\text{since } x \not\in\downarrow m \equiv \text{false by } isanchored(x, m))$$
$$last(<x> + sequ(m(x), m))$$
$$\equiv \quad (\text{case introduction})$$
$$\text{if } m(x) = \square \text{ then } last(<x> + sequ(m(x), m))$$
$$\qquad\qquad \text{else } last(<x> + sequ(m(x), m)) \text{ fi}$$
$$\equiv \quad (\text{evaluation of } sequ(m(x), m) \text{ in then-branch})$$
$$\text{if } m(x) = \square \text{ then } last(<x> + <>)$$
$$\qquad\qquad \text{else } last(<x> + sequ(m(x), m)) \text{ fi}$$
$$\equiv \quad (\text{simplification, using } sequ(m(x), m) \not\equiv <> \text{ in else-branch})$$
$$\text{if } m(x) = \square \text{ then } x$$
$$\qquad\qquad \text{else } last(sequ(m(x), m)) \text{ fi}$$
$$\equiv \quad (\text{fold } lastcell)$$
$$\text{if } m(x) = \square \text{ then } x$$
$$\qquad\qquad \text{else } lastcell(m(x), m) \text{ fi .}$$

A similar development shows that

Lemma 3.1

$sequ(x, m) \equiv$ **if** $m(x) = \square$ **then** $<x>$ **else** $<x> + sequ(m(x), m)$ **fi**
provided $isanchored(x, m) \equiv$ **true**.

Moreover, one easily proves by induction on the length of s that

Lemma 3.2

$sequ(s[1], chain(s)) \equiv s$ provided $ischainable(s) \equiv$ **true**.

Conversely, we have

Lemma 3.3

$chain(sequ(x, m)) \subseteq m$ provided $isanchored(x, m)$.

4 Concatenation of Chains "in Situ"

4.1 Specification and First Explicit Solution

We now want to specify and develop an algorithm for concatenating two non-overlapping anchored chains "in situ". (We do not consider the trivial case of empty chains which would only lead to tedious case distinctions.) First we give the precondition for our desired function:

funct $concpc \equiv$ (**cell** x, **cell** y, **state** m) **bool** :
$\quad (isanchored(x,m) \land isanchored(y,m))$ **cand** $set(sequ(x,m) \cap setsequ(y,m)) = \emptyset$,

where **cand** is the sequential or conditional conjunction evaluated from left to right.

So we consider a state m in which the sublists starting from x and y are anchored chains the sets of proper cells of which are disjoint. We want to form a new state in which the concatenation of these two sublists is overwritten onto *the same* set of proper cells; moreover, the order of traversal within the sublists should be preserved, and all cells from the sublist of x should precede all cells in the sublist of y. This can be specified by

funct $conc \equiv$ (**cell** x, **cell** y, **state** $m : concpc(x,y,m)$) **state** :
$\quad m \leftarrow chain(sequ(x,m) + sequ(y,m))$.

So the proper cells of the subchains are collected in the right order, the resulting sequence is chained and this chain is overwritten onto m *re-using the same cells*. Hence, no copying is involved and we really are specifying concatenation "in situ".

We now want to develop an algorithm from this specification. First, we concentrate on the subexpression $chain(sequ(x,m) + sequ(y,m))$. For abbreviation, we set $s \stackrel{\text{def}}{\equiv} sequ(x,m)$ and $t \stackrel{\text{def}}{\equiv} sequ(y,m)$. Now we calculate

$$
\begin{aligned}
& chain(s+t) \\
\equiv\ & \bigcup_{i=1}^{|s+t|} [(s+t)[i] \mapsto (s+t)[i+1]] \\
\equiv\ & \bigcup_{i=1}^{|s|-1} [s[i] \mapsto s[i+1]] \cup [s[|s|] \mapsto t[1]] \cup \bigcup_{i=|s|+1}^{|s|+|t|} [t[i-|s|] \mapsto t[i+1-|s|]] \\
\equiv\ & chain(s) \ominus s[|s|] \cup [s[|s|] \mapsto t[1]] \cup \bigcup_{j=1}^{|t|} [t[j] \mapsto t[j+1]] \\
\equiv\ & (chain(s) \leftarrow [last(s) \mapsto first(t)]) \cup chain(t)\ .
\end{aligned}
$$

From this we obtain

$$
\begin{aligned}
& m \leftarrow chain(sequ(x,m) + sequ(y,m)) \\
\equiv\ & m \leftarrow ((chain(s) \leftarrow [last(s) \mapsto first(t)]) \cup chain(t)) \\
\equiv\ & (\text{commutativity of } \cup) \\
& m \leftarrow (chain(t) \cup (chain(s) \leftarrow [last(s) \mapsto first(t)])) \\
\equiv\ & (\text{sequentialization, associativity of } \leftarrow) \\
& m \leftarrow (chain(t) \leftarrow chain(s) \leftarrow [last(s) \mapsto first(t)]) \\
\equiv\ & m \leftarrow (chain(sequ(y,m)) \leftarrow chain(sequ(x,m)) \leftarrow [last(s) \mapsto first(t)]) \\
\equiv\ & (\text{Lemma 3.3, annihilation}) \\
& m \leftarrow [last(s) \mapsto first(t)] \\
\equiv\ & m \leftarrow [lastcell(x,m) \mapsto y]\ .
\end{aligned}
$$

Now we introduce an auxiliary function for computing this expression:

$$
owlast(m,x,y) \stackrel{\text{def}}{\equiv} m \leftarrow [lastcell(x,m)) \mapsto y]\ .
$$

We have

$$
conc(x,y,m) \equiv owlast(m,x,y)\ .
$$

Now we derive a recursion for $owlast$.

$$
\begin{aligned}
& owlast(m,x,y) \\
\equiv\ & (\text{unfold } owlast)
\end{aligned}
$$

$$m \mathbin{\text{\small+}} [lastcell(x,m) \mapsto y]$$

$\equiv$ (by the recursion for *lastcell*)

if $m(x) = \square$ then $m \mathbin{\text{\small+}} [x \mapsto y]$ else $m \mathbin{\text{\small+}} [lastcell(m(x),m) \mapsto y]$ fi

$\equiv$ (fold *owlast*)

if $m(x) = \square$ then $m \mathbin{\text{\small+}} [x \mapsto y]$ else $owlast(m,m(x),y)$ fi .

Termination of this recursion follows from $isanchored(x,m)$. It is quite reassuring that the fundamental unfold/fold technique for deriving recursions also applies to pointer algorithms in this setting.

4.2 Introducing Selective Updating

Since we have even obtained a tail-recursive version, we are already very close to an imperative program. To get there, we introduce a procedure specified by

proc *powconc* $\equiv$ (var **state** m, **cell** $x,y : concpc(x,y,m)$)
    $m := owlast(m,x,y)$

Note that this clearly specifies m as a transient parameter, whereas x and y are passed by value. Therefore the imperative version of *powconc* needs local variables for x and y, whereas it may operate on m directly. This is described by the following schematic rule for passing from a procedure that calls a tail-recursive function to a procedure with a loop in its body:

proc $p \equiv$ (var **m** a, **n** $b : P(a,b)) : a := f(a,b)$
 where
funct $f \equiv$ (**m** a, **n** b) **m** :
    if $C(a,b)$ then $T(a,b)$ else $f(K(a,b), L(a,b))$ fi
———————————————↑———————————————{ NEW$\llbracket B \rrbracket$
proc $p \equiv$ (var **m** a, **n** $B : P(a,B)) :$
    $\lceil$ **var n** $b := B$;
    while $\neg\, C(a,b)$ **do** $(a,b) := (K(a,b), L(a,b))$ **od** ;
    $a := T(a,b)$ $\rfloor$.

Note that a, b, and B may stand for tuples of variables. The condition NEW$\llbracket B \rrbracket$ states that B has to be a (tuple of) fresh identifier(s). Applying this rule we obtain

proc *powconc* $\equiv$ (var **state** m, **cell** $X,Y : concpc(X,Y,m)) :$
    $\lceil$ (**var cell** $x,y) := (X,Y)$;
    while $m(x) \neq \square$ **do** $(m,x,y) := (m,m(x),y)$ **od** ;
    $m := m \mathbin{\text{\small+}} [x \mapsto y]$ $\rfloor$

Our final version results from eliminating useless assignments of the form $z := z$ as well as the variable y which never is changed:

proc *powconc* $\equiv$ (var **state** m, **cell** $X,Y : concpc(X,Y,m)) :$
    $\lceil$ **var cell** $x := X$;
    while $m(x) \neq \square$ **do** $x := m(x)$ **od** ;
    $m := m \mathbin{\text{\small+}} [x \mapsto Y]$ $\rfloor$.

If we write the assignment

$$m := m \mathbin{\text{\small+}} [x \mapsto Y]$$

in a Pascal-like way as

$$x \uparrow := Y ,$$

(where m now is an implicit parameter), we see that we actually have derived a version with selective updating.

In the derivation we have not made use of any assumptions about absence of sharing. Indeed, if in m there are pointers from other data structures to (parts of) the lists headed by x and y, there will be indirect side effects on these pointers. However, since by the specification we know the value of the complete store after execution of our procedure, we can *calculate* these effects using our algebraic laws. Also, one can easily write stronger preconditions that exclude sharing if this is desired.

5 Chain Reversal

5.1 Specification and First Explicit Solution

Next we want to derive a procedure for reversing a non-empty chain "in situ". Again we first specify a purely applicative version. The reverse of a chain should contain exactly the same proper cells as the original chain, however, in reverse order of traversal. We can express this as follows:

$$\textbf{funct } reverse \equiv (\textbf{cell } x, \textbf{state } m : isanchored(x, m)) \textbf{ state} :$$
$$m \leftarrow chain(rev(sequ(x, m)))$$

where rev is the reversal function on sequences.

Let us now derive an explicit form of $reverse(x, m)$. Again, we first concentrate on the subexpression $rev(sequ(x, m))$. Let $s \overset{\text{def}}{\equiv} sequ(x, m)$. We calculate:

$$chain(rev(s))$$
$$\equiv \bigcup_{i=1}^{|rev(s)|} [rev(s)[i] \mapsto rev(s)[i+1]]$$
$$\equiv \bigcup_{i=1}^{|s|} [s[|s|+1-i] \mapsto s[|s|+1-(i+1)]]$$
$$\equiv \text{(index transformation } j \equiv |s| - i)$$
$$\bigcup_{j=0}^{|s|-1} [s[j+1] \mapsto s[j]]$$
$$\equiv [s[1] \mapsto s[0]] \cup \bigcup_{j=1}^{|s|-1} [s[j+1] \mapsto s[j]]$$
$$\equiv [x \mapsto \square] \cup \bigcup_{j=1}^{|s|-1} [s[j] \mapsto s[j+1]]^{-1}$$
$$\equiv [x \mapsto \square] \cup (\bigcup_{j=1}^{|s|-1} [s[j] \mapsto s[j+1]])^{-1}$$
$$\equiv [x \mapsto \square] \cup (chain(s) \ominus s[|s|])^{-1}$$
$$\equiv [x \mapsto \square] \cup chain(s)^{-1} \ominus \square .$$

Here we temporarily make use of the map $chain(s)^{-1}$ which is not a state; however, $chain(s)^{-1} \ominus \square$ again is. Now we introduce an auxiliary function

$$owrev(m, x, y) \overset{\text{def}}{\equiv} m \leftarrow [x \mapsto y] \leftarrow chain(sequ(x, m))^{-1} \ominus \square$$

with the embedding

$$reverse(x, m) \equiv owrev(m, x, \square) .$$

For abbreviation we introduce $n \overset{\text{def}}{\equiv} m \leftarrow [x \mapsto y]$. Now we can develop a recursion equation:

$owrev(m, x, y)$

$\equiv$ (unfold $owrev$)

$m \leftarrow [x \mapsto y] \leftarrow chain(sequ(x, m))^{-1} \ominus \square$

$\equiv$ $n \leftarrow chain(sequ(x, m))^{-1} \ominus \square$

$\equiv$ (by Lemma 3.1 and definition of $chain$)

if $m(x) = \square$ then $n \leftarrow [x \mapsto \square]^{-1} \ominus \square$
    else $n \leftarrow ([x \mapsto m(x)] \cup chain(sequ(m(x), m)))^{-1} \ominus \square$ fi

$\equiv$ (distributivity, inverse)

if $m(x) = \square$ then $n \leftarrow [\square \mapsto x] \ominus \square$
    else $n \leftarrow ([m(x) \mapsto x] \ominus \square \cup chain(sequ(m(x), m))^{-1} \ominus \square)$ fi

$\equiv$ ($m(x) \neq \square$ in else-case)

if $m(x) = \square$ then $n \leftarrow \emptyset$
    else $n \leftarrow ([m(x) \mapsto x] \cup chain(sequ(m(x), m))^{-1} \ominus \square)$ fi

$\equiv$ (neutrality, sequentialization)

if $m(x) = \square$ then n
    else $n \leftarrow [m(x) \mapsto x] \leftarrow chain(sequ(m(x), m))^{-1} \ominus \square$ fi .

Now we are almost in the position to fold with the definition of $owrev$. However, this would need the expression $sequ(m(x), n)$ instead of $sequ(m(x), m)$ in the else-branch. Fortunately one can show

Lemma 5.1

(1) If $z \in {\downarrow} l \equiv$ true and $u \in sequ(z, l) \not\equiv$ true then $u \not\equiv z$ and $u \in sequ(l(z), l) \not\equiv$ true.

(2) $sequ(z, l) \equiv sequ(z, l \leftarrow [u \mapsto v])$ provided $u \in sequ(z, l) \not\equiv$ true.

Proof: (1) By assumption,

true $\not\equiv u \in sequ(z, l) \equiv u \in (\texttt{<}z\texttt{>} + sequ(l(z), z)) \equiv u \in \texttt{<}z\texttt{>}$ cor $u \in sequ(l(z), z)$.

By definition of cor we must have $u \in \texttt{<}z\texttt{>} \not\equiv$ true, i.e. $u \in \texttt{<}z\texttt{>} \equiv$ false. Now the claim is immediate.

(2) is proved by computational induction (see e.g. [9]) with the predicate

$$P[f] \overset{\text{def}}{\Leftrightarrow} \forall l : \forall z : \forall u : \forall v : \\ u \in sequ(z, l) \not\equiv \text{true} \Rightarrow f(z, l) \equiv f(z, l \leftarrow [u \mapsto v]) .$$

The induction base $P[\Omega]$ is trivial. For the induction step assume $P[f]$ and $u \in sequ(z, l) \not\equiv$ true. For the functional τ associated with the body of $sequ$ we get

$\tau[f](z, l)$

$\equiv$ if $z {\not\in} {\downarrow} l$ then $\texttt{<>}$ else $\texttt{<}z\texttt{>} + f(l(z), l)$ fi

$\equiv$ (by (1) and the induction hypothesis $P[f]$)

if $z {\not\in} {\downarrow} l$ then $\texttt{<>}$ else $\texttt{<}z\texttt{>} + f(l(z), l \leftarrow [u \mapsto v])$ fi

$\equiv$ (by (1))

if $z {\not\in} {\downarrow}(l \leftarrow [u \mapsto v])$ then $\texttt{<>}$
    else $\texttt{<}z\texttt{>} + f((l \leftarrow [u \mapsto v])(z), l \leftarrow [u \mapsto v])$ fi

$\equiv$ $\tau[f](z, l \leftarrow [u \mapsto v])$.

$\square$

This now allows folding with the definition of *owrev* in the above expression yielding the recursion

$$owrev(m, x, y) \equiv \text{if } m(x) = \square \text{ then } n \text{ else } owrev(n, m(x), x) \text{ fi} .$$

Again we have arrived at an (obviously terminating) tail recursion.

5.2 A Version With Selective Updating

Specifying a procedure

proc *powrev* ≡ (var state m, cell x : *isanchored*(x, m)) :
    $m := reverse(x, m)$)

we obtain, as in the previous section, the final version

proc *powrev* ≡ (var state m, cell X : *isanchored*(X, m)) :
⌈ (var cell x, y) := $(X, \square)$;
    while $m(x) \neq \square$
        do $(m, x, y) := (m \Leftarrow [x \mapsto y], m(x), x)$ od;
    $m := m \Leftarrow [x \mapsto y]$ ⌋

Note that sequentialization of the collective assignment would require an auxiliary variable.

This program describes a well-known algorithm for reversing a list "in situ". Whereas verification purely at the procedural level is by no means easy (see e.g. [5, 8]), in particular if all the details were to be filled in, we have derived and thereby verified the program by a fairly short and simple formal calculation using standard transformation techniques.

6 Conclusion

We have shown with two examples how to derive algorithms involving pointers and selective updating from formal specifications using standard transformation techniques. The key to the method consists in considering the store as an explicit parameter, since then one has complete information about sharing and therefore complete control about side effects. We deem this approach much clearer (and much more convenient) than the idea of hiding the store and coming up with special logics (see e.g. [10, 7, 5]) that capture the side-effects indirectly, as needs to be done in the field of verification of procedural programs.

Staying at the applicative level almost to the very end of the derivations has allowed us to take full advantage of the powerful algebra of partial maps. The operations of that algebra are even that expressive that we did not need to explain anything with the help of diagrams. This may seem due to the simplicity of the algorithms. However, also when developing the intricate garbage collection algorithm described in [3] we quite soon stopped drawing diagrams because the algebraic formulation was clearer and much more modular. Another advantage of the applicative treatment is that if additional predicates or operations on maps are needed, they are much more easily added at the applicative than at the procedural level. Finally, if pointer algorithms are developed in a systematic way at the applicative language level, there is no need for introducing additional imperative language concepts such as the highly imperspicuous pointer rotation [13].

We are convinced that our approach can be extended into a convenient method for constructing systems software with guaranteed correctness.

Acknowledgements
The idea of an algebraic treatment of pointers was stimulated by discussions within IFIP WG 2.1, notably by the algebraic way in which R. Bird and L. Meertens develop tree and list algorithms.

I gratefully acknowledge many helpful conversations with my present and former colleagues from the project CIP, notably with F.L. Bauer, U. Berger, H. Partsch, P. Pepper, W. Meixner, and, particularly, H. Ehler.

References

1. F.L. Bauer, R. Berghammer, M. Broy, W. Dosch, F. Geiselbrechtinger, R. Gnatz, E. Hangel, W. Hesse, B. Krieg-Brückner, A. Laut, T.A. Matzner, B. Möller, F. Nickl, H. Partsch, P. Pepper, K. Samelson, M. Wirsing, H. Wössner: The Munich project CIP. Volume I: The wide spectrum language CIP-L. Lecture Notes in Computer Science **183**. Berlin: Springer 1985

2. F.L. Bauer, B. Möller, H. Partsch, P. Pepper: Formal program construction by transformations — Computer-aided, Intuition-guided Programming. Institut für Informatik der TU München, TUM-I8807, Juni 1988. Also in IEEE Transactions on Software Engineering **15**, 165–180 (1989)

3. U. Berger, W. Meixner, B. Möller: Calculating a garbage collector. In: M. Broy M. Wirsing (ed.): Methodik des Programmierens. Fakultät für Mathematik und Informatik der Universität Passau, MIP-8915, 1989, 1–52. Also in: M. Broy, M. Wirsing (eds.): Programming methodology — The CIP approach. To appear in Lecture Notes in Computer Science . Berlin: Springer

4. A. Bijlsma: Calculating with pointers. Science of Computer Programming **12**, 191–205 (1988)

5. R. Burstall: Some techniques for proving correctness of programs which alter data structures. In: B. Meltzer, D. Mitchie (eds.): Machine Intelligence **7**. Edinburgh University Press 1972, 23–50

6. C.B. Jones: Software development: A rigorous approach. Eglewood Cliffs: Prentice-Hall 1980

7. A. Kausche: Modale Logiken von geflechtartigen Datenstrukturen und ihre Kombination mit temporaler Programmlogik. Fakultät für Mathematik und Informatik der TU München, Dissertation, 1989

8. M. Levy: Verification of programs with data referencing. Proc. 3me Colloque sur la Programmation 1978, 413–426

9. Z. Manna: Mathematical theory of computation. New York: McGraw-Hill 1974

10. I. Mason: Verification of programs that destructively manipulate data. Science of Computer Programming **10**, 177–210 (1988)

11. P. Pepper, B. Möller: Programming with (finite) mappings. In: M. Broy (ed.): Informatik im Kreuzungspunkt von Numerischer Mathematik, Rechnerentwurf, Programmierung, Algebra und Logik. Festkolloquium für F.L. Bauer, Juni 1989. To appear in Lecture Notes in Computer Science . Berlin: Springer

12. J. Reynolds: Reasoning about arrays. Commun. ACM **22**, 290–299 (1979)

13. N. Suzuki: Analysis of pointer rotation. Conf. Record 7th POPL, 1980, 1–11. Revised version: Commun. ACM **25**, 330–335 (1982)

Mensch/Maschine–Schnittstelle in der Computer Animation — deskriptive und generative Systeme

Im Bereich der Computer Animation stellen sich im wesentlichen drei Hauptaufgaben: Objekt-Beschreibung, Bewegungs–Festlegung und Bild-Erzeugung. Für die Objekt–Beschreibung und Bild-Erzeugung steht heute eine Vielzahl hervorragender, für die Bewegungs–Festlegung zumindest eine Anzahl adäquater Software–Werkzeuge zur Verfügung. Allen gemeinsam ist jedoch, daß jede Einzelheit der Animation explizit festgelegt, „beschrieben" werden muß.

Diese notwendige Vielzahl an Beschreibungen schränkt die theoretisch mögliche Komplexität von Animationen praktisch sehr ein. Um Animationen höherer Komplexität (z.B. "Synthetic Actor") mit vertretbarem Zeitaufwand zu realisieren, bieten sich zwei Strategien an:

1. Vereinfachung der Eingabe durch schneller reagierende, stärker interaktive Rechner und/oder neue Eingabewerkzeuge (z.B. Data Glove).
2. Reduzierung der notwendigen Festlegungen durch eine höhere Intelligenz des Animationssystems. Ein solches System könnte etwa Bewegungen — anstatt eine explizite Beschreibung zu benötigen — mit Methoden der künstlichen Intelligenz (objektorientiertem Programmieren, Expertensystemen) selbständig generieren. Alle in der Animation vorkommenden Objekte mit ihren physikalischen und verhaltensmäßigen Eigenschaften wären dem System „bewußt". Es könnte aus groben Vorgaben detaillierte Bewegungstrajektorien entwickeln.

Das geplante Fachgespräch soll die zweite Strategie näher beleuchten, soll Ansätze und Möglichkeiten generativer Animationssysteme beschreiben.

Koordination

Th. Haegele (POLYGON Creative Computer Animation, Ludwigsburg)

Integration von Animations- und Simulationswerkzeugen in den Design-Prozeß

Marianne Koch, Fritz Loseries, Thuy Tran

Fraunhofer Arbeitsgruppe Graphische Datenverarbeitung

Wilhelminenstr. 7

6100 Darmstadt

Zusammenfassung

In der heutigen technologisch innovativen Zeit werden die Produktentwicklungszyklen immer kürzer, um auf dem schnellebigen Markt standhalten zu können. Die Produktoptimierung und -individualisierung steht im Mittelpunkt dieses Ablaufs. Ein Schritt in diese Richtung ist die verstärkte Verknüpfung der einzelnen Unternehmensbereiche, die an der Produktentwicklung beteiligt sind, und die Intensivierung der interdisziplinären Arbeit. Insbesondere an den Nahtstellen kann die Animation und Simulation innovativ und kreativ eingreifen. In dem Diskussionsansatz werden Einsatzmöglichkeiten anhand einiger Beispiele aufgezeigt, sowie die technischen Aspekte besprochen, die bei einer sinnvollen Integration berücksichtigt werden sollten.

1. Einleitung

Die computergestützten Aktivitäten im Design-Prozeß sind im Moment noch schwerpunktmäßig in der geometrischen Konstruktion, der Wissensverarbeitung und der Informationsverarbeitung zu finden. Die Handhabung dieser Systeme ist zudem sehr stark mathematisch technisch orientiert, so daß sich der Designer in neue Denkweisen einarbeiten muß.

Der Aspekt der Einbeziehung der Denk- und Arbeitsweise des Designers wurde bislang vernachlässigt. Der Designer hat ein mentales, meist bildliches Modell von einem Produkt. Für die Anwendung des computerunterstützten Konstruierens muß er dieses Modell in ein abstraktes Datenmodell umwandeln und erhält erst am Ende des Prozesses z.B. in Form einer schattierten Darstellung die visuelle Realisierung seines mentalen Modells. Durch diese zwischenzeitige Abstraktion des Gestaltungsprozesses wird das kreative Potential des Designers bislang wesentlich eingeschränkt.

Zudem kann der Computer für den Designer im Moment lediglich ein Hilfsmittel zur Konstruktion sein. In den Stufen vor und nach der Konstruktion findet er so gut wie keine realisierte Anwendungen. Die Erarbeitung von Produktvorschlägen, die Umsetzung des Datenmodells in ein virtuelles Modell, die Beurteilung der Ästhetik, der Form, sowie die räumliche Wirkung im Zusammenhang mit anderen Gegenständen werden vom CAD-System nicht unterstützt.

Unter diesem Gesichtspunkt kann die Computeranimation -und simulation ihren Einsatz zur Entwurfsunterstützung im Entwicklungsprozeß eines Produktes finden.

2. Begriffserklärung

In dem Zusammenhang des Design Prozesses und der computererstellten Produktmodelle durch ein CAD-System, ist es wichtig die Begriffe der Visualisierung, der Computeranimation und -simulation in ihren Aufgaben und Bedeutungen zu verstehen.

2.1 Visualisierung

Die Umsetzung der symbolischen in die graphisch darstellbare Information nennt man Visualisierung. Der Begriff Visualisierung (ViSC, Visualization in Scientific Computing) wurde 1987 geprägt, als die NSF (National Science Foundation) der Vereinigten Staaten eine ViSC-Initiative mit Förderung durch die NSF vorgeschlagen hat. Zu dieser Initiative führte der zunehmende Einsatz von Rechnern in den Wissenschaften und die Erkenntnis, das Menschen Informationen am schnellsten visuell aufnehmen. Mit Hilfe der Visualisierung können Simulationsergebnisse leichter verstanden werden. Interpretationen, Kommunikation und die Steuerung von Simulationen sind Anwendungsgebiete der Visualisierung. Das Experimentieren mit einem Produktmodell ist eng verknüpft mit der Analyse, da die Erkenntnisse der Analyse in die Beurteilungen der Experimente mit dem Produktmodell eingehen. Je besser also die visuelle Darstellung, z.B. der Analyseergebnisse, desto leichter fällt der qualitative Vergleich mit verschiedenen Produktmodellen. Falls bereits das Modell mit Hilfe graphischer Methoden computergestützt entwickelt wurde, können diese bereits existierenden Daten über das Produktmodell Grundlage der Durchführung einer Simulationsstudie sein ([Cla89]).

2.2 Simulation

Die Simulation ist die Nachbildung eines dynamischen Prozesses in einem Modell, um zu Erkenntnissen zu gelangen, die auf die Wirklichkeit übertragbar sind.

Computersimulationen werden heute in den vielfältigsten Gebieten eingesetzt: In der Ökonomie ebenso wie im Verkehrswesen, in der Medizin, in der Pharmazie und zur Simulation ökologischer Systeme. Weitere Einsatzgebiete sind sämtliche Naturwissenschaften, z.B. die Molekülmodellierung in der Chemie, die Berechnung thermo-, strömungs-, und elektrodynamischer Systeme in der Physik, der Meteorologie und der Astrophysik ([Cla89]).

Simulationswerkzeuge werden eingesetzt, um beispielsweise physikalische Eigenschaften und Materialeigenschaften, wie Deformationen, Elastizität, Strömungseigenschaften und Materialermüdung, zu untersuchen. Eine Simulation ist immer parametrisiert, d.h. es können die unterschiedlichsten Bedingungen nachgebildet werden. Am Ende findet eine Bewertung der Ergebnisse statt, ohne daß Experimente an einem realen Modell durchgeführt werden mußten.

2.3. Computer-Animation

Der Begriff Animation kommt aus dem Griechischen und bedeutet soviel wie: "Belebung" toter Materie. Die Materialien sind u.a. Zeichnungen, Puppen, Roboter und neuerdings auch Computergraphiken. Die Animationstechnik existiert in verschiedenen Ausprägungen, die meistens als Endziel das Produkt Film oder Video haben. Computer-Animateure erzeugen Leben auf dem Bildschirm durch Bewegung von Bildern, oder genauer durch zeitliche und örtliche Änderungen synthetischer Gegenstände. Für die Realisierung der Animation werden Werkzeuge und Techniken verwendet, um die gewünschten Effekte für die Animation zu erhalten ([Lay79], [PDL89]).

Wir definieren Animationswerkzeuge als solche zum Erzeugen und Manipulieren der Geometrie von Objekten, sowie zum Manipulieren oder Feinkorrigieren der erstellten Bilder. Beispiele für Werkzeuge sind geometrische Modellierer, Bestimmen von Oberflächeneigenschaften und -beschaffenheit, Lichtquellenkontrolle, Kamerakontrolle, Zeit- und Bewegungskontrolle und Painting-Programme. In Figur 1 sind die wichtigsten Werkzeuge einer Animations-Pipeline aufgeführt.

Die Computer-Animation ist ein Teil der Graphischen Datenverarbeitung. Ihre vollständige Eingliederung in die Graphische Datenverarbeitung ist jedoch nicht möglich, da sie eigentlich ein interdisziplinäres Forschungs- und Anwendungsgebiet ist. Früher waren die Schwerpunkte der Animation auf die Gestaltung der Bildinhalte, der szenischen Handlung und der Filmkunst gelegt. Heute findet das modellgestützte Nachvollziehen physikalischer, chemischer und mathematischer Vorgänge zur Generierung realitätsnaher Bilder eine zunehmende Anwendung in der Animation ([HKK89]).

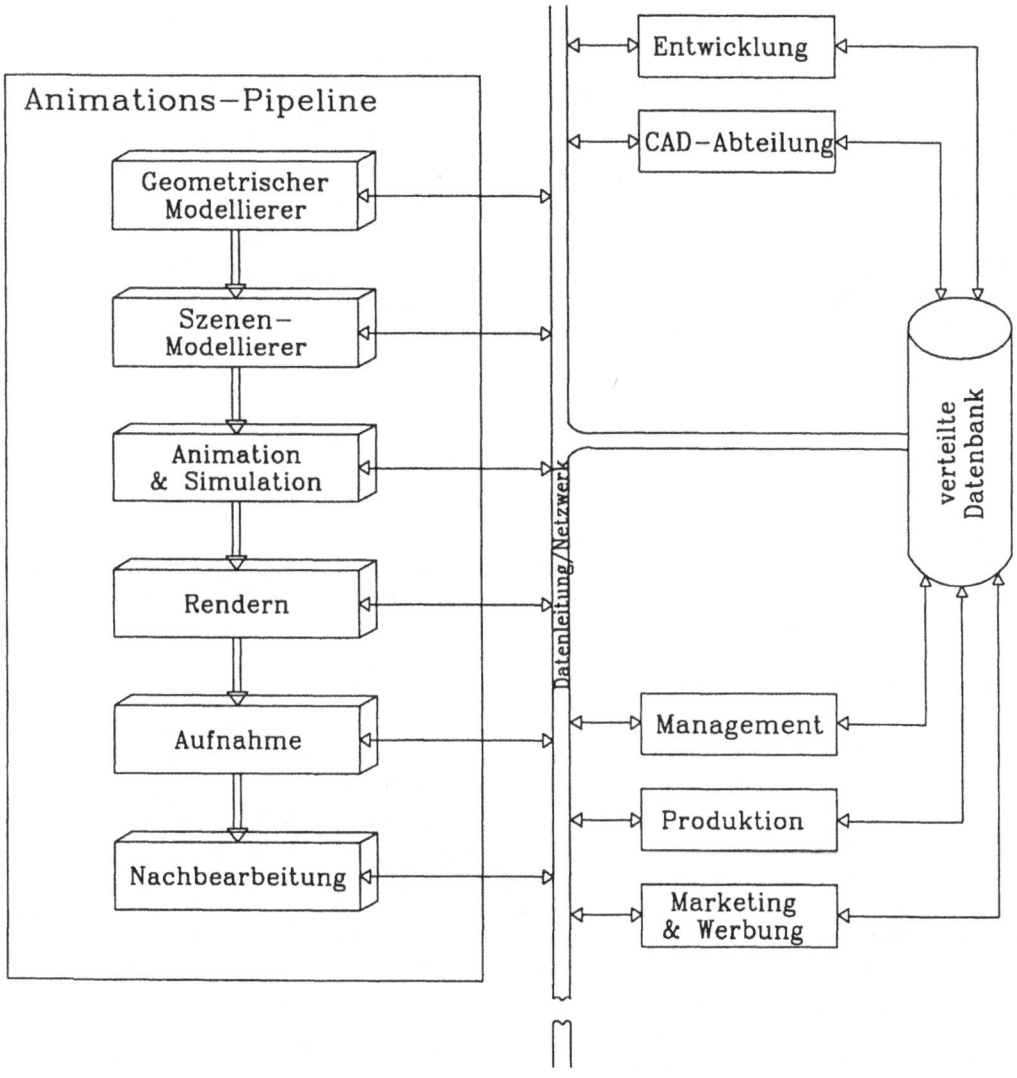

Fig. 1: Animations-Pipeline

3. Der Design-Prozeß

Der Design-Prozeß eines Produktes ist sehr komplex und nicht grundsätzlich einheitlich. Jeder Design-Prozeß muß im großen Rahmen der Produktentwicklung gesehen werden und hat dadurch einen interdisziplinären Charakter. Unterschiedliche Bereiche, wie Marketing, Werbung, Konstruktion, Fertigung u.a., arbeiten in einem Team gemeinsam an der Problemlösung.

An einem Ablaufplan kann dies verdeutlicht werden, wobei betont werden muß, daß es sich hier um ein schematisches Modell handelt (Fig. 2). Dabei liegt der Schwerpunkt auf der Darstellung der Bereiche, die zukünftig rechnergestützt sein können.

In der Praxis wird der Ablauf jeweils entsprechend der Aufgabenstellung modifiziert und die Schwerpunkte werden unterschiedlich gesetzt. Wichtig ist der Hinweis auf die Rückkopplungen. Immer wenn ein Weg nicht zielführend war, oder zu keiner optimalen Teillösung geführt hat, muß unbedingt rückgekoppelt werden. Dies wird auch notwendig, wenn sich während der Arbeit neue Erkenntnisse ergeben und sich dadurch die Sachlage völlig verändert. Wenn z.B. ein bestimmter Werkstoff nicht mehr erhältlich ist, welcher Ersatzwerkstoff kommt nun in Frage, welche Konsequenzen ergeben sich durch die Gestaltung?

Der Industrie-Designer hat andere Aufgaben in diesem Prozeß, als der Graphik-Designer. Trotzdem gibt es für beide Berührungspunkte. Eine genaue Strukturierung des Produkt-Design-Prozesses von der Analyse, über die Konzipierung, dem Entwurf bis hin zur endgültigen Ausarbeitung ist in [Heu87] beschrieben. Die Berührungspunkte mit dem Graphik-Designer in den Bereichen Marketing und Werbung werden in [Dem90] erläutert.

4. Wieso Integration ?

Im Kontext soll die Computeranimation als Instrument zur Produktvisualisierung und Produktpräsentation, sowie Marketing-Unterstützung beleuchtet werden. Durch die Integration von zusätzlichen Simulationswerkzeugen können die Entwicklungsstufen eines Produktes hinsichtlich der Konstruktionsoptimierung, Fehlentwicklungen und Prototypenbau qualitativ verbessert werden. Durch die Verknüpfung mit der bisher schon angewendeten CAD-Technik kann im Produktentwicklungsprozeß eine Kostensenkung, Produktoptimierung und eine bessere Ausnutzung der Computerressourcen erreicht werden.

5. Einsatzmöglichkeiten

Die Verknüpfung von 2D- und 3D-CAD-Techniken mit den schon erwähnten Möglichkeiten der Animation und Simulation kann dem Einsatz von Computertechnologie im Design- und Entwicklungsprozeß eines Produktes neue Aspekte und Inhalte geben.

Ein wichtiges Glied in dieser Kette stellt das bereits erzeugte Geometriedatenmodell des Produktes dar. Die zeitaufwendige Erzeugung der 3D-Geometrie eines komplexen Produktes stand bisher immer im Mittelpunkt der Diskussion um den Einsatz von CAD-Systemen im Design-Prozeß. Im folgenden wird die Weiterverarbeitung des 3D-Geometriemodells des Produktes mit anderen computerunterstützten Techniken erläutert, die dazu beitragen, daß CAD effizienter und wirtschaftlicher wird. CAD sollte mehr als nur reine Zeichnungserstellung sein.

Als erstes Beispiel in der Verbindung mit CAD sei die Visualisierung von NC-Steuerungen genannt. Ein NC-Programm enthält alle geometrischen und fertigungstechnologischen Anweisungen für die NC-Maschinensteuerung. Eine wesentliche Eigenschaft des NC-Programms besteht in der Übernahme von 3D-Daten aus CAD-Zeichnungen. Ein wichtiger Faktor bei der computergesteuerten Produktion von Werkstücken ist die Überwachung durch Prozeßsimulation ([SK85]). Durch die graphisch dynamische Simulation des Arbeitsablaufes kann man Programmierfehler und Kollisionen erkennen, bevor sie in der Maschine zu Schäden führen. Vom Rohteil bis zum fertigen Werkstück, einschließlich der programmierten Positionen jedes Werkzeugs, wird seine Entstehung am Bildschirm dargestellt. Alle Einzelschritte werden wie in einem Trickfilm in Echtzeit gezeigt ([EM85]).

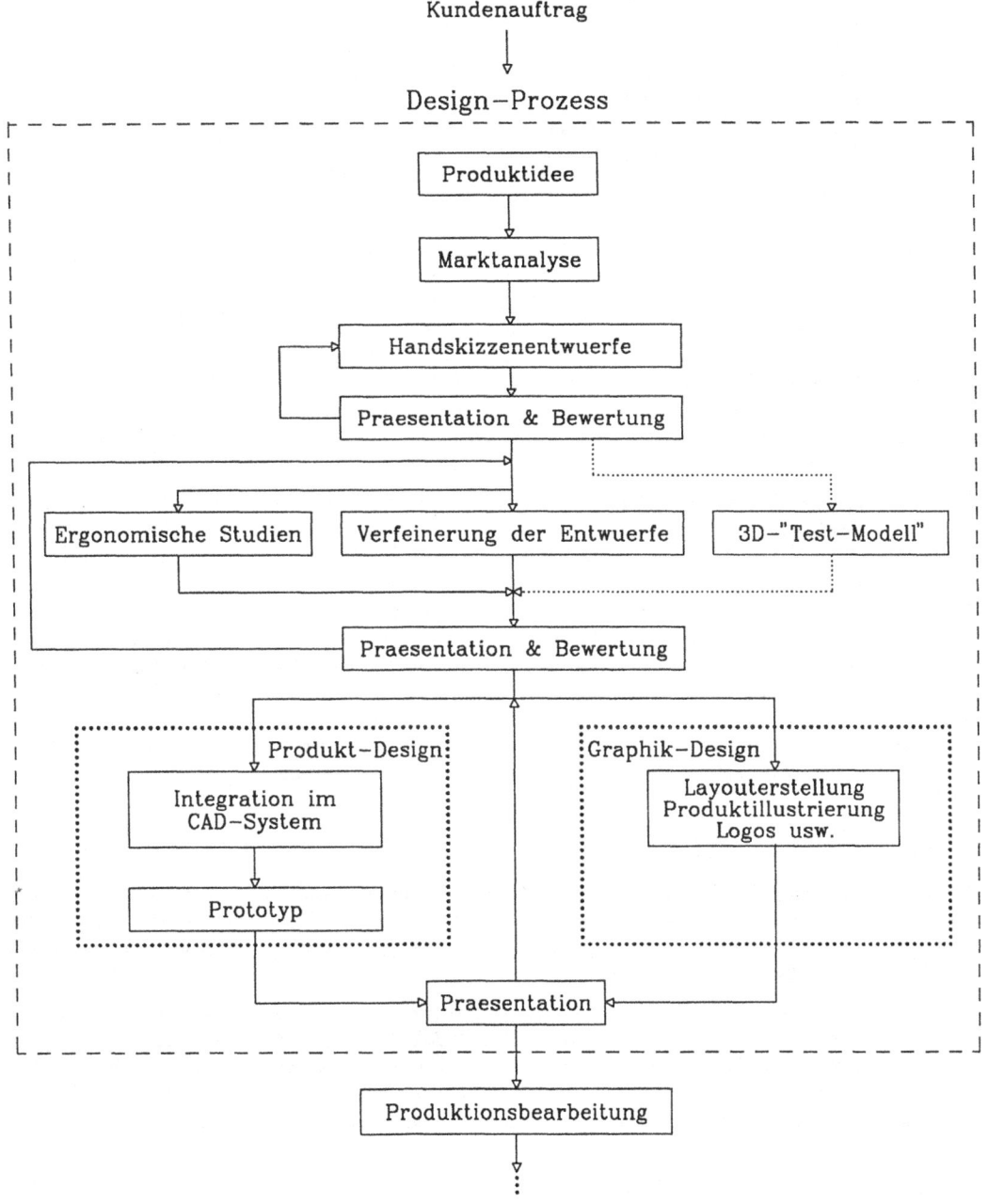

Fig. 2: Skizze des Design-Prozesses in der Produktentwicklung

Eine weitere Anwendung von Simulation/Animation in der Produktentwicklung ist das Überprüfen des Produktmodells durch die in manchen CAD-Systemen integrierte Komponente FEM. Die Finite Element Methode (FEM) ist eine Methode, bei der anhand eines Volumenmodells eines Produktes das Bauteilverhalten unter einer bestimmten Beanspruchung simuliert werden kann, ohne daß das Bauteil bereits real existiert. Sie ist ein universell einsetzbares Verfahren zur statischen und dynamischen Analyse und zur elastischen und plastischen Verformungsberechnung. Darüberhinaus bringt der CAD-Einsatz in Verbindung mit der Anwendung der Finite Element ·· Methode Kosteneinsparungen, weil weniger Prototypen für Testzwecke zu bauen sind und Materialeigenschaften besser ausgenutzt werden ([EM85]).

Weitere Untersuchungen am synthetischen Modell können durch Simulation und Animation ausgeführt werden, ohne daß ein Mehraufwand an Geometrieeingabe im CAD-System notwendig wäre. Mit dem Volumen-Modell aus dem CAD-System können Produktumgebungen und Szenarien geschaffen werden, die der Realität entsprechen. Untersuchungen über äußere Einflüsse wie mechanische Beanspruchung, Wettereinwirkungen wie UV-Strahlung, Wasser, Wind oder Bewegungssimulationen mit oder an dem Modell sind möglich. Diese Produktoptimierung ohne mehrmaligen Modellbau spart Material, Zeit und Kosten und kann durch die Belastungssimulation und Bewegungsanimation eine sinnvolle Ergänzung zum bisherigen Design-Prozeß leisten. Gute Animationssysteme sollten eine direkte CAD-Schnittstelle bieten mit deren Hilfe sich im Animationssystem erstellte Daten konvertieren und im CAD-System weiterverarbeiten lassen (siehe Fig. 1). Umgekehrt sollten sich eben auch die CAD-Daten in die Simulations- und Animationswerkzeuge integrieren lassen ([Kre89], [AHV89]).

Die Arbeit mit synthetischen Produkten erhält in der Werbung und im Marketing immer größere Bedeutung. Frühzeitig wird im Entwicklungszyklus eines Produktes damit begonnen das neue Produkt zu vermarkten, um somit den kürzer werdenden Produktentwicklungszeiten standzuhalten. Unter dieser Betrachtung ist der Wunsch immer größer geworden, realitätsnahe Bilder ohne das Existieren des Produktes zu erzeugen. Gerade hier findet die Computeranimation ein weites Spektrum der Anwendung. Grundlage für eine Animation können schon 2D-Geometrien von einem Objekt sein. Das Objekt kann mit Hilfe von Animationswerkzeugen, wie Texturauftrag, Oberflächenbeschaffenheit, optische Eigenschaften wie diffuse oder glänzende Reflexionen, Transparenz oder Schattenwurf in eine scheinbar reale Welt projiziert werden. Diese Darstellung und Präsentationsmöglichkeiten der computeranimierten Filme nutzen immer mehr Unternehmen auch wegen der Rationalisierung und Arbeitsersparnis im traditionellen graphischen Gewerbe ([HKK89]).

6. Technische Aspekte der Integration

Bislang wurde über die Einsatzmöglichkeiten von Animation und Simulation gesprochen. Der Aspekt der technischen Voraussetzungen für eine sinnvolle Durchführung einer solchen Integration, so daß nicht nur Insellösungen erzeugt werden, soll in diesem Kapitel diskutiert werden. Dabei wird die Frage der Hardware nicht mit einbezogen.

Die wichtigeren Fragen betreffen die Gestaltung der Benutzungsoberfläche, die Verwendung von Datenbanksystemen, insbesondere unter dem Aspekt der Animationsanwendung, die Interprozeßkommunikation und die Netzwerkfähigkeit des Gesamtsystems, sowie die Schnittstellen-Problematik. Die Animation in sich ist, wie die CAD-Anwendung und andere Bereiche im Design-Prozeß, sehr komplex. Eine Integration erfordert somit noch höhere Anforderungen an die erwähnten Punkte.

6.1. Benutzungsoberfläche

Die Gestaltung der Benutzungsoberfläche wird hier unter dem Kriterium der Integration analysiert. Es geht nicht um die Realisierung einer speziellen Anwendung.

- Akzeptanz:
Der vielleicht wichtigste Aspekt ist die Akzeptanz des Designers bezüglich eines computerunterstützten Systems. Solange die Systeme nicht auf die methodische Arbeitsweise des Designers eingehen, wird dies sehr schwer zu erreichen sein. Der Designer sollte den Computer als Hilfsmittel für seine Arbeit ansehen. Bislang wurden bei der Gestaltung der Benutzungsoberflächen aber mehr die technisch-mathematischen Aspekte berücksichtigt, mit denen der Designer auch in seiner Ausbildung nur selten konfrontiert wurde. Dahingegen wird der Aspekt der kreativen Gestaltungsmöglichkeit des Designers gänzlich in den Hintergrund geschoben. Ein Weg zur Auflösung dieses Widerspruchs, ist in [WRN89] beschrieben. Die Förderung und nicht die Einschränkung der Kreativität muß im Vordergrund stehen.

- Einheitlichkeit:
Die Handhabung der Systeme, die den Design-Prozeß unterstützen, muß einheitlich sein. Das Anstoßen ähnlicher Prozesse, das Auslösen ähnlicher Aktionen sollte in allen Programmen auf die gleiche Art und Weise erfolgen. Hier können Dialogsysteme hilfreich eingesetzt werden ([EK89]). In diesem Zusammenhang soll erwähnt werden, daß hierzu in der Entwicklung von CAD-Systemen noch keine annehmbare Lösung gefunden wurde.
Die Einarbeitungszeit für die einzelnen Module oder Programme würde sich hierdurch wesentlich reduzieren.

- Interaktivität:
Wie schon erwähnt, sollte das technisch-mathematische Wissen nur soweit unumgänglich notwendig an der Benutzungsoberfläche gefordert werden. Der Schwerpunkt sollte mehr auf der graphischen Interaktivität liegen, da hierdurch eine direkte Rückkopplung zwischen Aktion und Ergebnis möglich ist. Auch hier kann die Animation im Sinne von Präsentation angewendet werden, da die kontinuierliche Änderung eines Objektes einer Belebung des Objektes entspricht [EKL89].

- Mehr-Fenster-Technik:
Durch die sogenannte Fenstertechnik können mehrere Arbeitsprozesse gleichzeitig durchgeführt werden. Bei den konventionellen Systemen ist es notwendig einen Arbeitsvorgang abzuschließen, bevor der nächste begonnen werden kann. Eine Validierung des Produktes ist erst im nachhinein gegeben, so daß der komplette Arbeitszyklus nochmals durchlaufen werden muß. Mit Hilfe der Fenstertechnik ist es hingegen möglich eine direkte Online-Rückkopplung ohne Beenden eines Arbeitsvorganges durchzuführen.
Ein weiterer Vorteil ist die Unterstützung der Interdisziplinarität, die einen besonderen Status im Design-Prozeß einnimmt. Eine gleichzeitige Präsentation von unterschiedlichen Informationen für dasselbe Produkt ist durchführbar. Bereiche wie Design, Entwicklung, Konstruktion, Marketing, Produktion und Werbung können gleichzeitig miteinander kommunizieren.

- Baukastenprinzip:
Der Benutzer wird durch die Unzahl von Funktionalitäten eines Systems meist erschlagen. Schon bei den ersten Gehversuchen mit dem System wird er durch ein Angebot von Überinformationen ins kalte Wasser geworfen, so daß er das Gefühl erhält, nicht mit dem System umgehen zu können. Die Berührungsängste steigen. Eine gute Benutzungsoberfläche sollte so gestaltet sein, daß diese in ihrer Funktionalität dynamisch erweiterbar ist, abhängig vom Wissensstand des Benutzers bezüglich des Systems. Dies ist besonders wichtig in der Computer Animation, um die Vielfalt der Werkzeuge stufenweise dem Benutzer näherzubringen.

6.2. Interprozeßkommunikation und Netzwerke

Einfach beschrieben, versteht man unter Interprozeßkommunikation den Datenaustausch zwischen verschiedenen Prozessen, die gleichzeitig aktiv und von der Datenversorgung durch die anderen Prozesse abhängig sind. Die Verwendung von Netzwerken ermöglicht die Aufgabenverteilung zwischen verschiedenen Rechnersystemen. So kann z.B. die Steuerung der Benutzungsoberfläche mit den graphischen Interaktionen als direkte Mensch-Maschine-Schnittstelle an einer Arbeitsplatzrechner ablaufen, wohingegen die rechenzeitintensiven Prozesse, wie z.B. Simulations- oder Animationsberechnungen an anderen Rechnern durchgeführt werden. Die Ergebnisse der Berechnungen wiederum werden an der Arbeitsplatzrechner graphisch dargestellt.

Die Vorteile sind:
- ein wesentlich störungsfreieres Arbeiten,
- Optimierung der zeitaufwendigen Animations- und Simulationsberechnungen,
- Parallelisierung von Prozessen.

6.3. Datenbanken und Datenschnittstellen

CAD-Systeme und Animationssysteme sind ohne eine Datensicherung undenkbar, ebenso ist der Integrationsaspekt von Datenbanken in den CAD-Systemen schon recht weit fortgeschritten. Allerdings sind die Realisierungen meist auf eine spezielle CAD-Architektur abgestimmt. Die Aspekte der Netzwerkintegration und des Datenaustausches, welche zukunkftweisend sind, sind bislang nur unzureichend diskutiert. Für den Bereich des Datenaustausches liegt dies auch an den unterschiedlichen Interessen der Anwender und Systemanbieter, bzw. der fehlenden Kommunikation miteinander.

Verteilte Datenbanksysteme sind im Gegensatz zu herkömmlichen Datenbanksystemen netzwerkfähig und bieten folgende Vorteile:
- zentrale Datenhaltung für alle Anwendungen,
- gleichzeitiger Zugriff von mehreren Systemen und Benutzern,
- einheitliche Datensicherung,
- bessere Organisation des Speicherplatzes,
- interner Datenaustausch im Datenbanksystem, ohne Belastung anderer Systeme,
- die Datenübertragung wird vom Datenbanksystem übernommen und ist somit losgelöst von den einzelnen Prozessen.

Für die Integration der Animation ist die Verwendung von verteilten Datenbanksystemen aus Gründen einer optimalen Organisationsunterstützung unbedingt notwendig.

Der zweite Aspekt ist der des Datenaustausches. Dieser ist nicht nur für die hier besprochene Integration, sondern allgemein notwendig, damit eine Kommunikation zwischen sämtlichen Stadien, die ein Produkt durchläuft, computerunterstützt realisierbar ist. Eine Normung von Datenformaten ist anzustreben. Animationssysteme benötigen eine Datenschnittstelle zu CAD-Systemen, sowie zu geometrischen Modellierungssystemen. Der "Standard for the Exchange of Product Model Data" (STEP) ist ein Vorschlag für die Normung der Datenformate, die im gesamten Prozeß einer Produktentwicklung notwendig sind ([ISO88]). Ein Vorschlag für ein Datenaustauschformat von Rasterbildern, welche auch von Animationssystemen erzeugt werden, bildet "File Transfer for Colored Raster Pictures" (FTCRP). Die Idee von FTCRP ist die Weiterverwendung und -bearbeitung der Rasterbilder für verschiedene Präsentationsmedien, wie beispielsweise Graphikbildschirm, Video oder Druck ([Hof89]).

7. F&E Aktivitäten

Zur Zeit laufen mehrere Arbeiten bei der FhG AGD die eine Integration von Animation und Simulation in den Design Prozeß ermöglichen. So wird eine einheitliche Benutzungsoberfläche für die Werkzeuge einer Animationspipeline (Fig. 1) mit Hilfe des Dialogsystems PRODIA/11 auf dem

Windowsystem X erstellt. Hierdurch wird eine Online-Rückkopplung zwischen den verschiedenen Arbeitsschritten der Animation realisiert ([KSS89]). Letztendlich soll dabei auch eine Integration von Computer-Animations-Daten in ein 2D-Layout-System realisiert werden.

Die Anbindung an eine verteilte Datenbank ist bislang für ein Texturarchiv erfolgt ([KSS89], [KB90]). Eine zukünftige Zielsetzung ist die Datenverwaltung der Werkzeuge einer Animationspipeline mittels einer verteilten Datenbank. In zwei weiteren Projekten wurden Datenkonvertierungen von der "Verband der Automobilindustrie/Flächenschnittstelle" (VDAFS) und dem "Computer Graphics Metafile" (CGM) zu einem Animationssystem realisiert. Die Flächen- und Trimmkurven einer VDAFS-Datei werden geschnitten und anschließend in polygonale Daten umgewandelt. Aus den CGM-Daten wurden die polygonalen Informationen extrahiert, mittels welcher aus fünf Zuständen des Inneren einer Brennkammer, eine Simulation durchgeführt wurde ([Kle89]). Ähnliche Anwendungen sind hier für die Animation eines Produktes denkbar. Im Bereich der Datenaustauschformate sind Mitarbeiter in dem Normungsgremium für STEP tätig. Neben diesem sind in der Arbeitsgruppe "Imaging", ISO/IEC JTC1 SC24, die an der Erstellung eines zukünftigen Imaging Standards arbeitet, weitere Mitarbeiter aktiv. Ein Teil dieser Norm ist das "Image Interchange Format" (IIF), welches auf dem FTCRP basiert.

8. Fazit und Ausblick

Auch wenn oder gerade weil in diesem Artikel die Rechnerunterstützung immer als Mittel zum Zweck bezeichnet wird, ist die Komplexität dieser Integration sehr groß. Eine komplette Integration ist von heute auf morgen nicht realisierbar, sie kann nur stufenweise erfolgen.

Eine Integration im Graphik-Design-Prozeß des Druckmedienbereichs ist nur langfristig zu sehen, da der Prozeß der Produktwerbung noch separat von der Produktentwicklung abläuft. Eine Optimierung der Produktvermarktung kann durch eine bessere Online-Kommunikation zwischen Graphik- und Produkt-Design erwartet werden.

Im Bereich des Industrie-Designers ist die Nutzung von Animation und Simulation in jedem Fall sinnvoll, da hierdurch eine Kopplung von der CIM-Entwicklung zur Produktwerbung, sowie eine konsequentere computergestützte Produktentwicklung möglich ist, bevor das endgültige Produkt in der Werkstatt erstellt wird.

Um insbesondere den Aspekt der Akzeptanz zu untersuchen, sind eingehende Diskussionen und ein Informationsaustausch zwischen Designer, Computer Animateur und Entwickler notwendig. Die Mensch-Maschine-Schnittstelle spielt eine wichtige Rolle bei der Integration. Der zukünftige Einsatz von sensitiven Hilfswerkzeugen im Animations- und Simulationsprozeß, wie Animationsbrille (Magic Glasses), Datenhandschuh (Data Glove) und Datenanzug (Data Suit) sollte dabei nicht gänzlich unberücksichtigt bleiben ([EKL89]).

Referenzen
[AHV89]   V. Akman, P.J.W. ten Hagen, P.J. Veerkamp (Eds.): "Intelligent CAD Systems II", Springer, Berlin, 1989.

[Cla89]   U. Claussen: "Die Schnittstelle zwischen Simulation und Animation - ein Diskussionsbeitrag", in: M. Paul (Hrsg.): GI-19.Jahrestagung I, Springer, Berlin, 1989, S.474-485.

[Dem90]   C. Demmer: "Design-Management", ECON, Düsseldorf, 1990.

[EKL89]   J. L. Encarnação, D. Krömker, F. Loseries: "Animation as a Tool in Advanced Geometric Modeling", in: Proceedings of the International Symposium on Advanced Geometric Modeling for Engineering Applications, Berlin, 1989, S.281-290.

[EK89]   D. Ehmke, M. Kreiter: "PRODIA - Ein Dialogsystem zum Aufbau der Benutzungsoberfläche interaktiver Werkzeuge", in: S. Maaß, H. Oberquelle (Hrsg.): Berichte Software-Ergonomie '89, Teubner, Stuttgart, 1989.

[EM85]   M. Eigner, H. Maier: "Einstieg in CAD", Carl Hanser, München, 1985.

[Heu87]   G. Heufler: "Produkt-Design", VERITAS, Linz, 1987.

[HKK89]   R. Hofmann, E. Klement, D. Krömker: "Computeranimierte realitätsnahe Bilder", in: J. Encarnaçao, H. Kuhlmann: Graphik in Industrie und Technik, Springer, Berlin, 1989, S. 135-153.

[Hof89]   G. R. Hofmann (Ed.): "FTCRP - Implementation Manual and Report, Vol.1: Concepts and Syntax; User Options", Bericht-Nr.: FAGD-89s003, First Revision, Version 1.1, Darmstadt, 1989.

[ISO88]   International Organization for Standardization (ISO): Standard for the Exchange of Product Model Data (STEP); ISO TC184/SC4/WG1, DP 10303, 1988.

[KB90]   D. Köhler, P. Baumann: "Das Texturarchiv als Beispiel für den Einsatz von nichtkonventionellen Datenbanktechniken", wird präsentiert in: Integrierte intelligente Informationssysteme, Workshop, Tuczno, Polen, Sept. 1990.

[KSS89]   D. Krömker, H. Steussloff, H.-P. Subel (Hrsg.): "PRODIA und PRODIA. Dialog- und Datenbankschnittstellen für Systementwurfswerkzeuge", Springer, Berlin, 1989.

[Kle89]   E. Klement: "Von der Visualisierung zur Animation: Datenaustausch mittels CGM-Files", Computer Graphik topics 3/89, Darmstadt, 1989, S.10-11.

[Kre89]   U. Kretzschmar: "Computeranimation in der Produktgestaltung", CAD-CAM Report, Nr.4, 1989, S.28-31.

[Lay79]   K. Laybourne: "The Animation Book", Crown Publishers, New York, 1979.

[PDL89]   M. Palazzi, J. Donkin, R. Lucas, A. Seidman: "Artists'and Designers' Introduction to Computer Graphics", ACM SIGGRAPH '89, Course Notes, Vol. 2, Boston, 1989.

[SK85]   G. Spur, F.-L. Krause: "CAD-Technik", Carl Hanser, München, 1984.

[Sch89]   M. Schaub: "Kreative Entwurfsarbeit am Computer", DuMont, Köln, 1989.

[WRN89]   C. Woodward, P. Rekula, M. Nordgren: "An Implementation of a CAD/CAM System in Ceramic Industry", in: Computer Applications in Production and Engineering, F. Kimura and A. Rolstadås (Editors), Elseviers Science Publishers B.V., North-Holland, 1989, S.163-170.

Simulation dynamischer Massenpunktsysteme und ihre Anwendung in der Computeranimation

Alfred Schmitt   Wolfgang Leister

Institut für Betriebs- und Dialogsysteme
Universität Karlsruhe
Postfach 6980
D-7500 Karlsruhe 1

Zusammenfassung

Die physikalisch korrekte Simulation komplexer Bewegungsabläufe ist nicht nur für die Ingenieurwissenschaften, sondern auch für die Computer-Animation von bedeutendem Interesse. Der Animateur kann durch Simulationen viel Zeit für den Detail-Entwurf der Bewegungen einsparen. Außerdem können so sehr natürlich wirkende Animationen erzielt werden. In dieser Arbeit wird diskutiert, wie man vorgehen sollte, um einen Simulator für dynamische Massenpunktsysteme auch für die Computer-Animation nutzbar zu machen. Wichtig ist dabei, wie eine benutzerfreundliche Systemarchitektur erzielt werden und wie die Modellierung der zu simulierenden 3D-Welten erfolgen kann.

1 Einleitung

In der Computer-Animation (CA) sind von jeher Elemente der Simulation nachweisbar. Allerdings ist es bisher nur in Ansätzen und nur in einzelnen Projekten gelungen, komplexe Bewegungsabläufe durch physikalisch korrekte bzw. realistische Simulationen zu gewinnen. Die meisten der heute in Animationen gezeigten Bewegungen sind zwangsgesteuert, d.h. als Funktion über der Zeit definiert und insofern fest und unveränderlich vorgegeben. Mit den kommerziell verfügbaren CA-Software-Systemen kann man keine komplexeren physikalische Simulationen modellieren, man modelliert in der Regel direkt die Bewegung selbst.

In schwierigeren Fällen, z.B. bei der komplexen Bewegung des menschlichen Körpers, wird ein natürlich wirkender Bewegungsablauf durch detaillierte Auswertung von Bewegungs-Meßdaten gewonnen [Roh89]. Dieses Verfahren ist umständlich, es erfordert sowohl großen technischen Aufwand als auch viel Arbeitszeit. Außerdem versagt diese Methode, wenn meßtechnisch nicht erfaßte neue Bewegungsabläufe in die Animationen aufgenommen werden sollen.

Der manuelle Detail-Entwurf von physikalisch korrekt aussehenden komplizierten Bewegungen ist zwar nicht unmöglich, aber sehr zeitaufwendig, erfordert oftmalige Prüfbetrachtung in Realzeit und ist letztendlich teuer und damit unwirtschaftlich. Daher besteht schon seit einiger Zeit die Vorstellung, komplexe mechanische Welten mit einem geeigneten Verfahren zu simulieren und so dem Animateur die vielen lästigen Detail-Entscheidungen bei der Festlegung des Bewegungsablaufs abzunehmen. In vielen Forschungsgruppen in aller Welt ist man sich darin einig, daß dies die Zukunft der

CA wesentlich beeinflussen wird. Man verspricht sich davon einerseits wesentlich geringeren Entwurfsaufwand, insbesondere bei komplexeren Bewegungsabläufen. Andererseits erwartet der Betrachter einer CA oft auch physikalisch korrekte Bewegungen. Das Simulationsmodell kann aber auch sehr unnatürliche Effekte liefern, indem man die zugrundeliegenden physikalischen Parameter und Gesetzmäßigkeiten modifiziert, was mit geringem Aufwand möglich ist. Das für die CA sicher nicht unwichtige Beispiel der Zeichentrickfilme (z.B. *Tom u. Jerry*) zeigt eindrucksvoll, daß physikalisch korrekte Bewegungen aus künstlerischer Sicht gar nicht so wichtig sind, sondern das freie Spiel mit beliebig modifizierten physikalischen Gesetzmäßigkeiten.

In diesem Beitrag soll die mögliche Rolle der mechanischen Mehrkörper-Simulation in der CA beleuchtet werden. Zunächst wird auf den gegenwärtig erreichten Stand der mechanischen Simulation in den technischen Wissenschaften eingegangen. Sodann kommen die gegenwärtig festzustellenden Simulations-Anwendungen in der CA kurz zur Sprache. Die weiteren Ausführungen konzentrieren sich auf die geplante Entwicklung eines neuen Simulationssystems, speziell für Anwendungen in der CA. Es geht dabei physikalisch gesehen um die Simulation von dynamischen Massenpunktsystemen, welche durch diverse Kräfte miteinander in Beziehung stehen. Aus der Sicht der Informatik interessiert natürlich in erster Linie die Benutzerschnittstelle. Wie müssen die Schnittstellen eines solchen Systems gestaltet werden, damit ein zeitsparendes und bequemes Entwerfen von Animationen möglich wird?

2 Stand der mechanischen Simulation in den technischen Wissenschaften

Das Verhalten von Bauteilen und Systemen mit rein mechanischen Wechselwirkungen findet selbstverständlich in der Physik, im Maschinenbau, im Bauingenieurwesen und verwandten Gebieten seit langem großes Interesse. In den einschlägigen Lehrbüchern werden meist nur einfache Anordnungen durchgerechnet, z.B. das Doppelpendel, die Schwingende Saite, der Kreisel, usw. Mechanische Gebilde mit mehreren Achsen, Gliedern, Federn oder Dämpfern können nicht mehr analytisch, sondern nur durch die numerische Lösung komplexer Differentialgleichungssysteme bezüglich ihres Verhaltens untersucht werden. Heute existieren eine ganze Reihe komplexer Software-Systeme, mit deren Hilfe sogenannte Mehrkörper-Systeme simuliert werden können. Eine umfassende Übersicht über mehr als 20 Softwarepakete mit ihren wichtigsten Leistungsmerkmalen findet man in [Sch90].

Die Ingenieure wenden die mechanische Simulation aus unterschiedlichen Beweggründen an:

1. Die Simulation erspart einen kostspieligen und zeitaufwendigen Laborversuch.

2. Wenn die beste Konstruktion noch nicht bekannt ist, müssen viele Varianten einer Konstruktion durchgerechnet werden, um eine gute oder optimale Lösung zu ermitteln, bzw. um die gewünschte Zahl von „Meßergebnissen" bereitzustellen.

3. Es werden Verhältnisse oder Umgebungen benötigt, die im Testlabor nicht herstellbar sind, z.B. Schwerelosigkeit, große Unterwassertiefen, Hitze, gefährliche Strahlen im Atomreaktor, Erdbeben, usw. So werden z.B. die mechanisch komplizierten Entfaltungsvorgänge von Solarzellenfeldern für die Energieversorgung von Satelliten sorgfältig in der Schwerelosigkeit durchsimuliert, um Schwachpunkte der Konstruktion aufzudecken bzw. auszuschließen.

4. Es werden Vorgänge simuliert, die sich zwar leicht im Labor durchführen lassen, die aber meßtechnisch nicht mit der nötigen Genauigkeit erfaßbar sind. Als Beispiele seien schnellaufende Gliederketten-Antriebe und mechanische Details von Zahnradgetrieben genannt.

Genau wie derzeit noch in der CA sind für die Ingenieure die Benutzerschnittstellen von entscheidender Bedeutung. Auch der Ingenieur wünscht sich eine möglichst direkte und unkomplizierte Methode, um sein zu untersuchendes Mehrkörpersystem im graphisch-interaktiven Dialog zu spezifizieren. Auch für das sich daran anschließende Versuchs- und Testprogramm werden entsprechend gestaltete Bedienerschnittstellen gefordert. Schließlich sollten in kurzer Zeit diverse Simulationen angestoßen, beobachtet und dokumentiert werden. Es ist heute durchaus schon üblich, die simulierten Vorgänge als CA auch auf Film oder Videoband aufzeichnen.

So wird heute in der Automobilindustrie das Verhalten der Reifen und Fahrwerke bei den unterschiedlichsten Fahrzuständen und Manövern in umfangreichen Rechnungen durchsimuliert, um optimales Fahrverhalten zu erzielen. Auch die Bewegung der Insassen im Falle eines Fahrzeugaufpralls wird durch Simulation erforscht. Auf echte Crash-Tests kann man allerdings nicht verzichten, da man stets stets prüfen muß, wie gut die Simulation der Realität entspricht.

Das Thema „simulierter Crash-Test" signalisiert recht gut die unterschiedliche Betrachtungsweise der Simulation aus der Sicht der Ingenieure, bzw. aus der Sicht der CA. Der reibungsbehaftete reale Stoß mit Verformung, der Abriß von Material, Bruchvorgänge, Verformungen und Rutschvorgänge, das Zerspringen von Glas sind alles physikalische Vorgänge, für die es kaum realistische Simulationen gibt. Bezüglich der Stabilität und Verformung – allerdings ohne Bruch – wird in den Ingenieurwissenschaften seit langem die Finite-Elemente-Methode (FEM) eingesetzt. Während für den Ingenieur die Rechen- und Simulationsverfahren möglichst realistische, mit der Wirklichkeit in Übereinstimmung befindliche Ergebnisse liefern soll, genügt dem Animateur ein gefälliges oder spektakuläres Aussehen der Bewegungen und Vorgänge. Die Simulation in der CA konzentriert sich daher nicht auf Realismus, sondern eher auf Ersparnisse beim Entwurf, insbesondere bei der Spezifikation der Bewegungen, Verformungen, etc. Man ist daher in der CA nicht gezwungen, komplexe Systeme von Differentialgleichungen genau zu lösen, sondern kann die Simulationsmethode deutlich vereinfachen.

Die hier vorgeschlagene Methode der Simulation dynamischer Massenpunktsysteme liefert für die CA sicherlich ausreichend „realistische" Ergebnisse. Da sie daneben auch bezüglich mechanischer Effekte sehr flexibel, leicht verständlich und leicht zu implementieren ist, erscheint sie uns für Zwecke der CA derzeit als ein erfolgversprechender Ansatz.

3   Simulation in der Computer Animation

Die Erstellung einer Animation umfaßt mehrere Bereiche, nämlich die Definition der Geometrie, der Materialeigenschaften, der Kamera und der Lichtverhältnisse, sowie der Spezifikation der Bewegung. Daneben benötigt man die Algorithmen, die die Lichtverhältnisse und die Farbwerte in den einzelnen Bildern berechnen. Bei der Computeranimation spielt insbesondere die Definition von Bewegungen eine herausragende Rolle. Dabei können einzelne Objekte bewegt und verformt werden. Andere Möglichkeiten bestehen in Veränderungen der Lichtquellen, der Farben oder im Verändern der Kameraparameter. Alle Größen werden nun zeitveränderlich. Eine Einführung in die Modelliermethoden der CA wird in [MTT85] oder [LMS90] gegeben.

Es gibt Bereiche, die besondere Betrachtung verdienen. Die Modellierung der menschlichen Bewegung ist ein besonders faszinierender Bereich. Es beschäftigen sich viele Forschungsgruppen mit diesem Bereich [BC89, MTMdAT88, MTT87, PT88a, PT88b]. [Wat87] behandelt die Animation des menschlichen Gesichtes. Die Modellierung des Verhaltens von Schwärmen und Herden wird bei [Rey87] betrachtet, während sich [Bar89] mit kinematischen Ketten beschäftigt.

In einigen Computeranimationen wurde die Techniken der Simulation bereits eingesetzt. Die Visualisierung von Simulationsergebnissen aus der Mechanik wurde bisher vor allem mit Strichgraphik-Animationen durchgeführt, zuerst durch Abfilmen, seit dem Aufkommen der modernen Hochleistungsgraphikarbeitsplatzrechner in Echtzeit auf dem Bildschirm. Der Film *Mental Images* (1987) von der gleichnamigen Firma in Berlin enthält die Simulation von Wasserwellen. Ebenso sind im Film *Occursus cum Novo* (1987) einige Sequenzen durch Simulation entstanden. In Arbeiten der Ohio State University werden Simulationen durchgeführt, die unter anderem die Animation von Stoffgewebe, stoßenden Körpern und elastischen Objekten durch Simulation behandelt. Eine Simulation mit dem gegenseitigen Verhalten von Individuen in Schwärmen wurde in der Animation *Stella and Stanley* (1988) durchgeführt. In neueren Animationen wurde menschliche und tierische Bewegung mit Bewegungspfaden modelliert. (z.B. *Eurythmie* (1989)).

Zunächst unterscheidet man die Technik, in der der Animateur eine Szene entwirft. Die Szenen können interaktiv mit graphischer Oberfläche oder auch durch Programmierung eines Textes entworfen werden. Beide Methoden haben ihre Vor- und Nachteile; für einen Animateur, der Standardanwendungen im Sinne hat, ist sicherlich die Interaktion von Vorteil, obwohl in den meisten Fällen die Allgemeingültigkeit eingeschränkt wird.

Die Bewegungsbeschreibung in einer Animation kann in drei verschiedenen Grundtechniken spezifiziert werden:

deskriptiv: Die Bewegung wird durch Stützstellenbilder und anschließende Interpolation festgelegt. Diese Methode kann einfach in interaktive Programme gefaßt werden und ist daher am weitesten verbreitet. In diese Kategorie gehören auch die aufgezeichneten Animationen, die aus Daten der realen Welt gewonnen werden, wie beispielsweise in [Roh89].

algorithmisch: Die Bewegung wird auf Programmebene spezifiziert. Die Spannweite reicht von einfacher, sequentieller Beschreibung bis hin zu algorithmisch komplexer, strukturierter Programmierung. Es ergeben sich dieselben Techniken und Probleme wie beim Softwareentwurf.

zielorientiert: Eine Aufgabenbeschreibung wird gegeben, worauf ein Planungssystem die Aktionen programmiert. Dabei werden die einzelnen Schritte und deren Reihenfolge vom System festgelegt. Es werden Methoden der Simulation verwendet.

Benutzt man Modelle zur Simulation zur Bewegungsspezifikation, unterscheidet man zwischen *kinematischen* und *dynamischen* Modellen. Kinematische Modelle erzeugen die Bewegung ausgehend von Positionen, Geschwindigkeiten und Beschleunigungen, wogegen dynamische Modelle die Bewegung anhand der wirkenden Kräfte beschreiben. Damit man dynamische Modelle anwenden kann, müssen die zu animierenden Objekte in der Terminologie mechanischer Elemente definiert werden.

Eine komplexere Computeranimation besteht nicht nur aus der Bewegung weniger unabhängiger Objekte in einer sonst statischen Umwelt. Die Objekte beeinflussen sich gegenseitig. Als Beschreibungsmechanismen eignen sich wegen des Parallelismus insbesondere objektorientierte Techniken zur Synchronisation. Hewitt [HBS73] definiert einen *actor* als ein Objekt, das Nachrichten senden oder empfangen kann. Alle Elemente eines Systems sind *actors* und die einzige mögliche Aktivität im System ist das Übertragen von Nachrichten untereinander. Die Programmierung besteht darin, den verschiedenen Klassen von *actors* mitzuteilen, wie sie auf empfangene Nachrichten reagieren sollen.

4 Forderungen aus der Sicht der Informatik

Um die Realisierbarkeit eines Simulationssystems zu gewährleisten, kommen aus der Sicht der Informatik einige Anforderungen hinzu, die beim Systementwurf unbedingt beachtet werden müssen. Einige dieser Prinzipien betreffen auch den Animateur, der das System bedient. Dies betrifft sowohl die Fähigkeiten des Systems als auch die Dialogschnittstelle.

- Die Simulationssoftware sollte für möglichst viele mechanische Probleme einsetzbar sein. Dies bedeutet, daß ein hinreichend mächtiger Formalismus gefunden wird, der auf ein großes Feld solcher Probleme paßt.

- Mit der Simulationssoftware müssen sehr komplexe Modelle realisierbar sein. Dies betrifft sowohl die Datenmenge als auch die Komplexität bezüglich der verwendeten Mathematik.

- Es hat sich bewährt, nur wenige, mächtige Grundprinzipien zu verwenden, die in geeigneter Kombination ein vollständiges System ergeben. Daher ist es notwendig, Möglichkeiten zu schaffen, die ein komplexes Zusammenfügen von Grundoperatoren bieten.

- Man sollte computergerechte Methoden auswählen. Dies darf natürlich nicht auf Kosten des Bedieners des Systems gehen. So sind Berechnungen zu vermeiden, die eine hohe Komplexität haben oder große numerische Probleme schaffen. Diese Forderung betrifft eventuell sogar die Auswahl der verwendeten physikalischen Modelle und teilweise den erreichbaren Realitätsgrad.

- Die Benutzerschnittstelle muß sowohl einen interaktiven als auch einen Programmierteil besitzen. Der interaktive Teil deckt die Standardanwendungen und den Grobentwurf ab, während mit der Programmierschnittstelle Spezialaufgaben und die Datenübernahme aus anderen Systemen bewältigt werden. Letztendlich soll die Benutzerschnittstelle so gestaltet werden, daß der trainierte Anwender sehr schnell diverse Varianten einer komplexen Simulation spezifizieren, durchführen, beeinflussen und begutachten kann.

- Ein Offenlegen der Schnittstellen, sowie ein flexibler Datenaustausch zu anderen Systemen muß selbstverständlich gewährleistet sein. Dies betrifft Mathematikpakete und andere Simulatoren für die Eingabe, sowie Graphikpakete für die Ausgabe der Daten. Textuell definierte Schnittstellen haben sich hier aufgrund der Flexibilität bewährt, da zur Bearbeitung und Übertragung von Textdateien sehr viele Werkzeuge zur Verfügung stehen und nicht neu entworfen werden müssen. Eventuell können Teilschritte durch extern zugängliche Numerikpakete oder symbolischen Termauswerteprogramme vorgenommen werden.

5 Simulation mit dynamischen Massenpunktsystemen

Die Ziele des hier in groben Zügen vorgestellten Simulationsmodells sind folgende:

- Das Modell soll es gestatten, eine große Zahl von Mehrkörpersystemen dynamisch – nicht nur kinematisch – zu modellieren und dann auch sofort zu simulieren. (Das heißt insbesondere, daß alle Systeme, die modellierbar sind, auch dynamisch über der Zeitachse simuliert werden können.)

- Die Simulation soll nicht auf der Basis explizit entwickelter Differentialgleichungssysteme, sondern auf einer einfachen und durchsichtigen Δt-Iteration beruhen.

Als Ergebnis dieser Forderungen schälten sich sehr bald die dynamisch gekoppelten Massenpunktsysteme als recht brauchbar heraus. Die folgenden Definitionen präzisieren, was unter einem solchen System zu verstehen ist.

Ein *Massenpunktsystem* besteht aus n kraftgekoppelten *Punktmassen* und einer *2D-* bzw. *3D-Welt*.

Die *Punktmasse* mit Index $i \in 1..n$ ist definiert durch

- den Ort $P_i(t) = (x_i(t), y_i(t), z_i(t))$ zum Zeitpunkt t,

- die Masse m_i und

- eine endliche Zahl $j \in N_i$ von Kraftvektoren

$$K_j(t) = (k_{jx}(t), k_{jy}(t), k_{jz}(t)),$$

wobei zum Zeitpunkt t diese und genau nur diese Kräfte auf die Punktmasse einwirken.

Wie in der Physik üblich, bezeichnen wir mit

$$\begin{aligned}
P_i(t) &\qquad \text{den Ort, mit} \\
\dot{P}_i(t) &= \tfrac{d}{dt} P_i(t) \quad \text{die Geschwindigkeit und mit} \\
\ddot{P}_i(t) &= \tfrac{d}{dt} \dot{P}_i(t) \quad \text{die Beschleunigung}
\end{aligned}$$

der Punktmasse mit Index i zum Zeitpunkt t. Das Newtonsche Beschleunigungsgesetz $K = m \cdot b$ lautet in unserem Fall

$$K_i(t) = \sum_{j \in N_i} \vec{K}_j(t) = m_i \cdot \ddot{P}_i(t).$$

Die Bewegung des einzelnen Massenpunktes im Raum ist also vollständig von den Anfangsbedingungen, also dem Ort $P(t_0)$ und der Geschwindigkeit $\dot{P}(t_0)$ zum Zeitpunkt t_0 und der dann auf die Masse einwirkende Kraft $K_i(t), t \geq t_0$ abhängig.

Interessant für Zwecke der CA wird das Modell erst, wenn man sich überlegt, welche Kräfte auf Punktmassen wirken sollen.

(a) *Schwerkraft*
Die Schwerkraft ist üblicherweise konstant, proportional zur Masse und senkrecht nach unten gerichtet. (Wenn man Weltraummechanik betreibt, muß man die Gravitationskräfte im Sinne der physikalischen Gesetzmäßigkeiten modellieren.)

(b) *gedämpfte Federkraft*
Diese Kraft wirkt zwischen zwei Massenpunkten im Sinne einer gedämpften Feder. Benötigt werden drei Parameter: der Abstand der Massenpunkte, bei dem die Federkraft den Betrag 0 hat, die Federkonstante und die geschwindigkeitsabhängige Dämpfung.

(c) *Starrkraft*
Sie ist einer sehr starken gedämpften Federkraft äquivalent. Starrkräfte dienen in erster Linie dazu, Stabtragwerke und damit in erster Näherung starre Körper zu modellieren.

(d) *Muskelkraft*
Diese Kräfte sind über der Zeitachse z.B. von einem Regler-Algorithmus steuerbar. Sie wirken grundsätzlich zwischen zwei definierten Punktmassen, an denen gewissermaßen die Sehnen befestigt sind. Sowohl gesteuerte Zug- als auch Druckkräfte sind denkbar.

(e) *Drehmoment*
Steuerbare Drehkräfte analog zum üblichen Drehmoment. In einem Punktmassensystem muß dazu durch zwei Massenpunkte eine Achse definiert sein. Bezüglich dieser Achse werden auf einen Teil der außenliegenden Massenpunkte Links-Drehkräfte, auf einen anderen Teil äquivalente Rechts-Drehkräfte ausgeübt.

(f) *Reibungskraft*
Diese wirkt der gleitenden Bewegung eines Massenpunktes entlang einer Oberfläche, z.B. dem Boden, entgegen.

565

(g) *Starrkraft mit Verformung und Abriß-Grenzkräften*
Diese Kräfte sind besonders für die Simulation von Bruch- und Rißvorgängen vorgesehen. Das Verhalten ist ähnlich wie bei einer gedämpften Federkraft mit sehr starker Dämpfung und verschwindender Federkraft. Stauchung und Zugkräfte absorbieren Energie, was sich durch Verformungen manifestiert. Wenn bestimmte Grenzbelastungen überschritten werden, tritt der Bruch ein, d.h. die Starrkraft wird auf den Wert 0 gesetzt.

(h) *Wandkräfte, Stoßkräfte*
Diese Kräfte treten nur in Erscheinung, wenn ein Massenpunkt bei seiner Bewegung in der 3D- oder 2D-Welt eine Wand- oder Bodenfläche zu durchdringen versucht. Wandkräfte und Stoßkräfte stehen in enger Beziehung zu den Reibungskräften.

Ähnlich wie in den auf Ingenieur-Anwendungen zugeschnittenen Simulationssystemen muß man weitere, auch komplizierte, willkürlich definierte Kraftfunktionen zulassen, um die Flexibilität des Systems nicht einzuschränken.

Um die Simulation numerisch durchzuführen, ist zu beachten, daß die auf den einzelnen Massenpunkt einwirkende Kraft $K_i(t)$ in aller Regel von der Lage und Geschwindigkeit auch der anderen Massenpunkte des Systems abhängt, was durchaus Ähnlichkeit mit den klassischen Mehrkörperproblemen der Physik hat. Das bereits oben erwähnte Newtonsche Beschleunigungsgesetz führt also ebenfalls zu einem System von nichtlinearen Differentialgleichungen 2. Ordnung, welches wir aber ganz konsequent durch Δt-Iteration lösen wollen. Denn wir haben folgende Komplikationen zu berücksichtigen:

(1) *Stoßkräfte*
Stoßereignisse in der 3D-Welt müssen durch Kollisionsrechnung erkannt werden, zum Zeitpunkt des Stoßes ändern sich die Kraftverhältnisse unstetig.

(2) *Reibungskräfte*
Diese Kräfte wirken nur, solange Körperkontakt besteht. Näherungsweise realistische Simulation erfordert also ständige, sprunghafte Änderungen der Kraftfunktion.

(3) *Gesteuerte Kräfte (Muskelkräfte, Drehmomente)*
Im einfachsten Fall sind Antriebe und Reglerkräfte zu berücksichtigen. Für Zwecke der CA ist es aber auch sehr interessant, Gleichgewichtsregler und noch komplexere Steuerungen in die Simulation einzubeziehen[1].

Die Durchführung der Simulation ist also nur möglich, wenn zu jedem Zeitpunkt des Integrationsintervalls die tatsächlich wirkenden Kräfte neu erfaßt werden, insbesondere durch Regler-, Steuerungsrückkopplung und Kollisionsberechnung. Dies liefert also die vektorielle Kräftesumme $K_i(t)$, die auf den Massenpunkt mit Index i zum Zeitpunkt t einwirkt. Die Lösung der durch das Beschleunigungsgesetz $K_i(t) = m_i \cdot \ddot{P}_i(t)$ gegebenen Differentialgleichung wird durch näherungsweise Integration für kleine Zeitintervalle Δt angestrebt.

Was kann mit dem vorgestellten Simulationsmodell einigermaßen wirklichkeitsgetreu simuliert werden? Zunächst eine große Zahl physikalisch einfacher Anordnungen, wie das Pendel, ein Pendel mit verteilten Massen auf einem Faden, gekoppelte Pendel, schwingende Saiten (modelliert mit einer größeren Zahl von elastisch miteinander verketteten Massenpunkten), Kreisel der unterschiedlichsten Art. Selbstverständlich kann man physikalische Felder und Weltraumverhältnisse realisieren, sofern man die entsprechend wirkenden Kräfte in das Modell einbezieht. Einen zu den Massenpunktsystemen ziemlich ähnlichen Ansatz findet man z.B. in [BS75].

---

[1]Bei Fahrdynamik-Simulationen für Kraftfahrzeuge hat man neuerdings ebenfalls ein Fahrermodell integriert, das sich abhängig vom Verlauf des Fahrversuchs wie ein Testfahrer verhält. Siehe dazu z.B. [Rie90].

Neben den genannten einfachen Modellen lassen sich jedoch auch ganze Roboter, z.B. ein Bagger oder – wenn man 50 bis 100 Massenpunkte geeignet miteinander verbindet – ein Fußball modellieren, der sich beim Aufprall auf eine Wand physikalisch korrekt verformt. Nicht unmöglich erscheint auch die näherungsweise korrekte Modellierung der Gelenk- und Muskelphysik des menschlichen Körpers. Völlig offen ist dabei aber das Problem, wie bei einem so labilen Gebilde der aufrechte Gang gesteuert werden kann. Eventuell kann hier die Robotik-Forschung Lösungen anbieten.

6 Modellierungsprobleme

In der definierten Form liefert ein Massenpunktsystem noch keine ausreichenden Graphik-Daten für die bei der CA unerläßliche Bilderzeugung. Die Massenpunkte repräsentieren also nur Teile in sich starrer, aber beweglicher Körper. In der Regel sind zu Anfang aber nicht die Massenpunkte, sondern die Körper gegeben. Neben dem für CA typischen rein geometrischen Modellierproblem muß jetzt noch festgelegt werden, wie die Körper in der Simulation durch Massenpunkte vertreten werden.

Der Animateur legt zunächst die Geometrie der Objekte fest. Dies beinhaltet die Festlegung von Lage und Art der Bestandteile. Die Simulation verwendet Massenpunkte als Ersatzobjekte, die so verteilt sind, daß sie für die Belange der Simulation ausreichen. Diese müssen ebenfalls in einem Modellierprozeß definiert werden. Bei einem geeigneten Geometriemodell kann dieser Schritt teilweise automatisiert werden, beispielsweise wenn ein Volumenmodell als Geometriemodell vorliegt und die Eigenschaften der Materialien bekannt sind. Nach der Simulation müssen die Simulationsergebnisse wieder in das ursprüngliche Modell integriert werden, damit die Geometrieausprägung der Einzelbilder festgelegt wird.

In vielen Fällen kann man eine Oberfläche durch die Modellierungstechniken mit gekrümmten Flächen darstellen (z.B. Splines). Bewegungen werden durch geeignete Animation der Stützstellen definiert. In anderen Fällen wird die Skelett-Technik eingesetzt. Dabei nimmt man idealisierend bei der Simulation an, daß Massenpunkte in einem Gestänge miteinander verbunden sind. Wenn sich die Massenpunkte bewegen, muß sich die Außenhaut in konsistenter Weise mitbewegen. Einige Konzepte dazu kann die Technik der verallgemeinerten Zylindern liefern.

Die geometrischen Objekte werden durch die Bewegungen der Massenpunkte parametrisiert. Das steuernde Skelett, bestehend aus den Massenpunkten, ist in der resultierenden Animation nicht zu sehen, da die Topologie, d.h. die Ausprägung des stützenden Skeletts, während der Simulation nichts mit der wirklichen Ausprägung in der resultierenden Animation zu tun haben muß.

Schwieriger wird es bei belebten Objekten. Es gibt einige Ansätze, menschliche Bewegung und Mimik zu modellieren. Zwischen dem Skelett als Ergebnis der Simulation und der Außenhaut muß ein Bindeglied vorhanden sein. Dieses kann durchaus komplexerer Natur sein und eine Modellierung auf der Grundlage kinematischer Bedingungen erfordern. Problematisch hierbei ist, daß die vorher vorhandenen Hierarchieebenen anders gelagert sein können. Ein Gewebe, das ein Gelenk umspannt, macht die vorher vorhandene trennende Wirkung eines Gelenkes während der Simulation zunichte.

Während die erste Stufe die Dynamik des Systems mit der Simulation der Kräfte beinhaltet hat, beruht die Modellierung der Außenhaut auf der Kinematik, wobei unter anderem Längen, Beschleunigungen und Geschwindigkeiten als Eingabeparameter vorgesehen sind. Bei der Modellierung eines Lebewesens kann man sich die umspannende Haut so vorstellen, daß eine Splinefläche an Federn um das Skelett gespannt ist. Dabei gilt als Nebenbedingung, daß das Volumen eines Objekts konstant bleibt. Die Dehnung und Stauchung der Federn wird mit einer *penalty*-Bedingung behandelt, wie sie beispielsweise in der Textverarbeitung bei TₑX verwendet wird. Das dort verwendete Prinzip der dynamischen Programmierung erscheint hier als ein sinnvoller Ansatz.

7 Vorschlag für eine Systemstruktur

Das Simulationssystem besteht nicht nur aus dem Simulator selbst. Es sind dabei andere Systemkomponenten sehr wichtig. Dies betrifft insbesondere die Benutzerschnittstelle und die Systemschnittstelle. Grob kann man das System in vier Teile aufteilen:

3D-Modellierer: Dieser Teil spaltet sich in zwei Teile auf: den Modellierer der starren Geometrie und die Modellierung der Modelle, mit deren Hilfe die Bewegung definiert wird. Hier wird der Zusammenhang zwischen dem Erscheinungsbild eines Objektes und seiner Simulation festgelegt.

Umsetzer in das Massenpunktsystem: Ausgehend von Geometrie und Modell wird das Objekt durch ein Massenpunktsystem repräsentiert. Hier besteht große Ähnlichkeit zu den FEM-Generatoren (z.B. *Femgen*).

Simulator: Nach Eingabe der Steuerungsparameter und der zu simulierenden Welt (Modelldaten) beginnt die Simulation. Eventuell kann ein externes Simulationssystem für besondere Anwendungen miteinbezogen werden. Die Simulation wird durch einen Steuermodul mit Sichtfenster auf die Szene gesteuert.

Die Ergebnisse der Simulation fallen in vielfältiger Weise an. Neben Ablaufprotokollen werden verschiedene Ausgaben erzeugt. Unter anderem können Daten erzeugt werden, die im Bereich CAD (Ingenieur-Daten) verwendbar sind. Die Visualisierung der Ergebnisse kann durch Strichzeichnungen oder einfache Rastergraphik erfolgen. Ebenso können Eingabedateien für Bilderzeugungs- oder Animationssysteme erzeugt werden.

Umsetzer in das Graphik-System: Fügt man die Simulationsergebnisse und die Modelldaten für die Geometrie zusammen, erhält man das vollständige Ergebnis, das mit hochwertigen Graphikausgabesystemen zu einer Computeranimation weiterverarbeitet werden kann.

Abschließend sei angemerkt, daß der hier skizzierte Systementwurf 1990 begonnen wurde und daß sich die Entwicklung und Erprobung des vorgestellten Systems über zwei bis drei Jahre erstrecken wird. Konkret wurden bisher Erfahrungen bei der Umsetzung von Simulationsergebnissen aus externen Simulationssystemen in graphisch hochwertige Animationen gesammelt.

Literatur

[Bar89]   D. Baraff. Analytical Methods for Dynamic Simulation of Non-penetrating Rigid Bodies. *Computer Graphics*, 23(3):223–232, 1989.

[BC89]   A. Bruderlin und T. Calvert. Goal-Directed, Dynamic Animation of Human Walking. *Computer Graphics*, 23(3):233–242, July 1989.

[BS75]   S. Brandt und H. Schneider. Computer-Drawn Trajectories of Particles in Mutual and External Fields – An Application of Computers in University Physics Teaching. *Computer Physics Communications*, 9:205–220, 1975.

[HBS73]   C. Hewitt, P. Bishop, und R. Steiger. An universal modular actor formalism for artificial intelligence. In *Proc. Intern. Joint Conf. on Artificial Intelligence*, pp. 235–245, 1973.

[Las87]   J. Lasseter. Principles of traditional Animation applied to 3D Computer Animation. *Computer Graphics*, 21(4):35–44, 1987.

[LMS90]   W. Leister, H. Müller, und A. Stößer. *Fotorealistische Computeranimation.* Springer Verlag, Heidelberg, 1990. erscheint im Herbst 1990.

[MTMdAT88] N. Magnenat-Thalmann, H. Minh, M. de Angelis, und D. Thalmann. Human Prototyping. In N. Magnenat-Thalmann und D. Thalmann, Hrsg., *New Trends in Computer Graphics.* Springer Verlag, 1988.

[MTT85]   N. Magnenat-Thalmann und D. Thalmann. *Computer Animation: Theory and Practice.* Springer Verlag, Berlin, 1985.

[MTT87]   N. Magnenat-Thalmann und D. Thalmann. The Direction of Synthetic Actors in the Film Rendez-Vous à Montréal. *IEEE Computer Graphics and Applications*, 7(12), December 1987.

[PT88a]   X. Pueyo und D. Tost. Human Body Animation: A Survey. *The Visual Computer*, 3:254–264, 1988.

[PT88b]   X. Pueyo und D. Tost. A Survey of Computer Animation. *Computer Graphics Forum*, 7(4):281–300, December 1988.

[Rey87]   C. Reynolds. Flocks, Herds, and Schools: A Distributed Behavioral Model. *Computer Graphics*, 21(4):25–34, 1987.

[Rie90]   A. Riedel. A Model of the Real Driver for Use in Vehicle Dynamics Simulation Models. In *Proc. XXIII Fisita Congress, Torino, 7-11 May*, pp. 785–790, 1990.

[Roh89]   K. Rohr. Auf dem Wege zu modellgestütztem Erkennen von bewegten nicht-starren Körpern in Realweltbildfolgen. In H. Burkhardt und K.H. Höhne, Hrsg., *11. DAGM - Symposium Mustererkennung, Informatik-Fachberichte 219*, pp. 324–328, Berlin, Heidelberg, 1989. Springer Verlag.

[Sch90]   W. Schielen, Hrsg. *Multibody Systems Handbook.* Springer Verlag, Berlin, 1990.

[Wat87]   K. Waters. A Muscle Model for Animating Three-Dimensional Facial Expression. *Computer Graphics*, 21(4):17–24, 1987.

Erfassung, Speicherung und Manipulation komplexer Formen und Bewegungen

Heinrich Müller
Institut für Informatik
Universität Freiburg
Freiburg, BRD

Zusammenfassung

Natürlich wirkende Computeranimationen können unter anderem dadurch erhalten werden, daß reale Objekte digitalisiert und anschließend interaktiv oder durch die Simulation von Gesetzen der Mechanik animiert werden. Es geht also darum, eine strukturierte Stützpunktmenge effizient zu manipulieren. In diesem Beitrag wird gezeigt, daß sich Delaunay-Triangulierungen recht gut für diese Aufgabe eignen. Es werden Verfahren zur dynamischen Mitführung sowie zur Keyframe-Interpolation von Stützpunktmengen und korrespondierenden Objekten skizziert, die durch die der Delaunay-Triangulierung zugrundeliegende Umkreisheuristik zu den erwarteten natürlichen Formveränderungen führen.

1. Übersicht

Animation bedeutet die Erstellung von Bildserien, die bei hinreichend schneller Wiedergabe den Eindruck von kontinuierlicher Bewegung hervorrufen. *Computeranimation* ist Animation mit Rechnern. Neben dem Rechnereinsatz im Zusammenhang mit traditionellen Animationstechniken hat sich in den vergangenen Jahren eine eigenständige Animationsrichtung entwickelt, die *fotorealistische Computeranimation* [Leister et al.]. Durch den Einsatz von Datenerfassungstechniken der Computergraphik und Simulationsmodellen des *Physically Based Modeling* [Terzopoulos et al.] für Optik, Kinetik, Kinematik und Dynamik haben sich Möglichkeiten eröffnet, die weit über das hinausgehen, was mit vernünftigem Aufwand mit traditionellen Techniken machbar ist.

Von besonderem Interesse sind natürliche Formen und Bewegungen, die durch geschlossene Formeln praktisch nicht oder nur näherungsweise zu beschreiben sind. Beispiele dafür sind Formen von Menschen und Tieren und von komplexen technischen Werkstücken. Besonders realistisch wirkende Computeranimationen wurden fast immer durch Digitalisieren einer natürlichen Vorlage oder durch Simulation auf Grundlage eines digitalisierten Modells erstellt. Dabei kommen zahlreiche Datenerfassungstechniken zum Einsatz, die manuelle Erfassung, Laserscanner, fotogrammetrische Methoden (Stereoaufnahmen, Monokularaufnahmen, Beleuchtung mit strukturiertem Licht) und Tastsensoren wie beim Datenhandschuh [Fu et al.]. Das erfaßte Objekt oder der Bewegungsablauf wird durch eine meist größere Menge von abgetasteten Stützpunkten im Rechner repräsentiert, die durch mehr oder minder starke strukturelle Zusatzinformation gekoppelt sind.

Stützpunktmengen können in zwei Typen eingeteilt werden. *Gestreute Stützpunktmengen* bestehen aus beliebig liegenden Stützpunkten, deren Beziehung untereinander meist durch explizite Strukturinformation festgelegt ist. So können die Stützstellen zu Oberflächennetzen, beispielsweise Dreiecksnetzen, zu Schnittkonturen, etwa geschlossenen Polygonzügen in Schnittebenen [Boissonnat] oder zu räumlichen Zellzerlegungen, z.B. Tetraederzerlegungen [Edelsbrunner] verbunden werden. Bei *uniformen Stützpunktmengen* befinden sich die Stützpunkte auf einem regelmäßigen Raster. Im Zweidimensionalen sind die Rasterbilder ein Beispiel, im Dreidimensionalen die Voxelmodelle. Auch Raster-

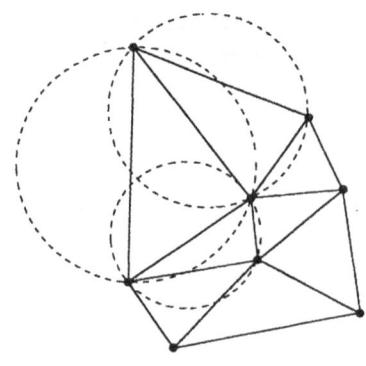 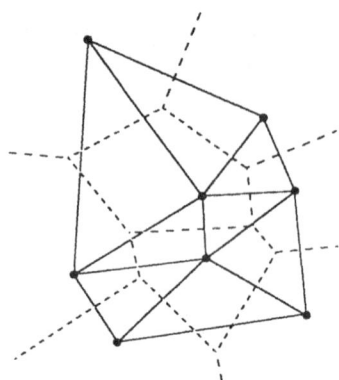

Abbildung 1: *Beispiel einer Delaunay-Triangulierung (links) und und das entsprechende Voronoi-Diagramm (gestrichelt, links)*

dieser Struktur zu überlagern. Geeignete Datenstrukturen für verschiedene relevante Suchprobleme sind etwa bei [Mehlhorn] zu finden.

Abhängig von der Anwendung und der Dimension sind auch andere Darstellungen von Zellzerlegungen gebräuchlich, beispielsweise die *Winged-Edge-Struktur* [Mäntylä] oder die *Quad-Edge-Strukur* [Guibas, Stolfi].

Häufig sind Zerlegungen erwünscht, deren Zellen ausgeglichen sind. Ausgeglichenheit kann auf vielfältige Weise definiert werden, vgl. etwa [Hoschek, Lasser], Kap. 9.3.1, für eine Übersicht. Eine besonders gut untersuchte Bedingung ist die Umkreisbedingung. Eine Teilmenge der Ebene (des Raums) genügt der *Umkreisbedingung* bezüglich n gegebener Punkte $p_1, p_2, \ldots, p_n$, falls sie einen Umkreis (eine Umkugel) besitzt, für den keiner der gegebenen Punkte im Inneren liegt. Eine *Delaunay-Kante* ist eine Kante zwischen zwei der n Punkte, die bezüglich der gegebenen Punkte die Umkreisbedingung erfüllt. Ein *Delaunay-Dreieck* (*Delaunay-Tetraeder*) ist ein Dreieck (Tetraeder) mit drei (vier) von n Punkten als Eckpunkte, das bezüglich der gegebenen Punkte die Umkreisbedingung erfüllt. Eine *Delaunay-Triangulierung* ist eine Triangulierung, die nur aus Delaunay-Dreiecken (Delaunay-Tetraedern) bezüglich der gegebenen Punkte besteht (Abb. 1).

Zu jeder endlichen Punktmenge in der Ebene gibt es eine Delaunay-Triangulierung. Sind keine vier der gegebenen Punkte kozyklisch (kosphärisch), dann ist die Delaunay-Triangulierung eindeutig. Unter der gleiche Bedingung gelten ferner die folgenden Aussagen. Eine ebene Triangulierung ist genau dann eine Delaunay-Triangulierung, wenn jede Kante Delaunay-Kante ist. Die Kanten der Delaunay-Triangulierung sind genau die Delaunay-Kanten der gegebenen Punktmenge. Die Dreiecke einer Delaunay-Triangulierung sind genau die Delaunay-Dreiecke der gegebenen Punktmenge.

Die Delaunay-Bedingung führt zu ausgeglichenen kompakten Polyedern. Die kompakte Form der Tetraeder ist von Vorteil bei der Weiterbearbeitung, etwa in numerischen Simulationen basierend auf der Finite-Elemente-Technik (FEM) [Oden], die auch in der Computeranimation im Zusammenhang mit der Simulation mechanischer Modelle Anwendung findet.

Die zweidimensionale Delaunay-Triangulierung kann durch sukzessives Hinzunehmen von Punkten durchgeführt werden [Guibas, Stolfi]. Angenommen, eine bereits konstruierte Triangulierung wird um einen weiteren Punkt x erweitert. Dazu ist zunächst das Dreieck herauszufinden, in das x hineinfällt. x wird mit den Eckpunkten des gefundenen Dreiecks verbunden, wodurch eine neue Triangulierung entsteht, vgl. Abb. 2. Es kann gezeigt werden, daß die dadurch eingeführten neuen Kanten Delaunay-

und Voxelmodelle sind Zellzerlegungen, jetzt aber mit zueinander kongruenten Zellen. Durch die gleichmäßige Zellstruktur ist die Anzahl der Stützstellen hier meistens sehr viel höher. Andererseits entfällt dadurch die Speicherung von struktureller Zusatzinformation.

Bei der Animation durch Interaktion, etwa durch einen Datenhandschuh, oder Simulation, etwa auf Grundlage von Gesetzen der Mechanik, verändern sich die Stützpunktmengen zeitlich. Das erfordert das Nachführen der digitalisierten Information. Um die Rechenzeiten klein zu halten, sind Datenstrukturen notwendig, die die entsprechenden Veränderungsoperationen effizient unterstützen.

In diesem Beitrag werden dynamische Stützpunktmengen untersucht, die durch Zellzerlegungen strukturiert sind. Zellzerlegungen und Datenstrukturen dafür werden in Kapitel 2 besprochen. Der Schwerpunkt liegt dabei auf einem speziellen Zerlegungstyp, den Delaunay-Triangulierungen. Delaunay-Triangulierungen zeichnen sich dadurch aus, daß sie meist recht ausgeglichene Zellzerlegungen liefern, die eine günstige Grundlage für die Weiterverarbeitung darstellen. Kapitel 3 widmet sich der Animation von Stützpunktmengen. Zwei Animationstechniken werden angewandt, die *Keyframe-Interpolation* und die *lokale Zustandsänderung*. Es wird ein Verfahren für die Keyframe-Interpolation von Stützpunktmengen angegeben, das ebenfalls auf Delaunay-Triangulierungen basiert und mit hoher Zuverlässigkeit die erwarteten Zwischenszenen konstruiert. Für die lokale Zustandsänderung wird gezeigt, wie Delaunay-Triangulierungen während der Animation dynamisch angepaßt werden können. Dieses Verfahren erlaubt eine natürliche Deformation eines oder mehrerer interagierender Körper unter Berücksichtigung von Kollisionen. Die vorgestellte Verfahren zeichnen sich dadurch aus, daß sie vollautomatisch ohne manuellen Eingriff arbeiten und dennoch weitgehend die erwarteten Ergebnisse liefern. Sie beschränken sich auf den zweidimensionalen Fall, sind im Prinzip jedoch ins Dreidimensionale übertragbar.

2. Zerlegungen

Eine Zerlegung des d-dimensionalen Raums besteht zunächst aus d-dimensionalen Zellen. Der Rand der d-dimensionalen Zellen ist $(d-1)$-dimensional. Er setzt sich aus $(d-1)$-dimensionalen Zellen zusammen. Diese Zellen sind wiederum durch Zellen einer um eins niedrigeren Dimension berandet. Die Zellen niedrigster Dimension sind die 0-dimensionalen Eckpunkte.

Unter den Zerlegungen sind speziell die Triangulierungen von Interesse. Eine *Triangulierung* ist eine Zerlegung der konvexen Hülle von n gegebenen Punkten $p_1, p_2, \ldots, p_n$ in der Ebene (im Raum) in Dreiecke (Tetraeder), die durch Einfügen sich nicht kreuzender Strecken (sich nicht kreuzender Dreiecke) zwischen gegebenen Punkten entsteht (Abb. 1). Jede Punktmenge kann auf diese Weise trianguliert werden.

Zerlegungen können rechnerintern entsprechend dem zu Beginn geschilderten hierarischen Aufbau aus Zellen unterschiedlicher Dimension als *Zelleninzidenzgraphen* $I = (V, E)$ abgespeichert werden [Edelsbrunner]. Die Knotenmenge V von I ist die disjunkte Vereinigung aus Teilmengen V_i, $i = -1, \ldots, d+1$. V_i, $i = 1, \ldots, d$, enthält für jede i-dimensionale Zelle einen Knoten. V_{-1} und V_{d+1} enthalten genau einen Knoten. Die Kantenmenge E ist die disjunkte Vereinigung aus Teilmengen E_i, $i = -1, \ldots, d$. E_i enthält Kanten zwischen Knoten in V_i und V_{i+1}. Ein Knoten $v \in V_i$ ist mit einem Knoten $w \in V_{i+1}$ genau dann mit einer Kante verbunden, wenn v eine Randzelle von w ist. Der Knoten in V_{-1} ist mit allen Knoten in V_0 verbunden, der Knoten in V_{d+1} mit allen Knoten in V_d. Der Zelleninzidenzgraph kann als verzeigerte Liste von Knoten-Records und Kanten-Records implementiert werden.

Der Zelleninzidenzgraph erlaubt das beliebige Durchlaufen einer Zellzerlegung ausgehend von einer gegebenen Zelle. Gestartet werden kann an dem Knoten in V_{-1} oder in V_{d+1}. Ist ein wahlfreier Zugriff über Koordinaten oder über die Numerierung erforderlich, sind die entsprechenden Suchstrukturen

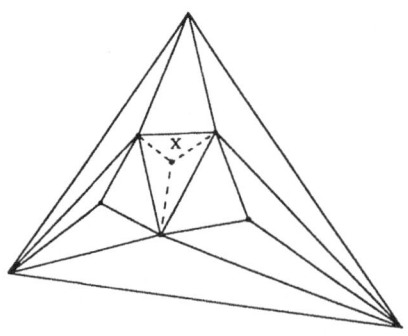 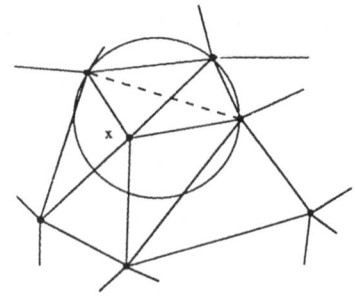

Abbildung 2: *Die Hinzunahme eines neuen Punktes (links) und die Vertausche-Operation von Kanten (rechts)*

Kanten sind. Allerdings kann es passieren, daß Kanten des alten Dreiecks diese Eigenschaft nicht mehr haben. Diese Kanten werden durch *Umklappen* eliminiert, so wie das in Abb. 2 gezeigt wird. Die neue Kante hat die Delaunay-Eigenschaft, während die dem Punkt x jetzt neu gegenüberliegenden Punkte die Delaunay-Eigenschaft möglicherweise verloren haben. Diese können durch erneutes Anwenden der Vertausche-Operation in Ordnung gebracht werden. Spätestens wenn alle Punkte mit x verbunden sind, ist eine vollständige Delaunay-Triangulierung erreicht.

Der hier beschriebene Einfügealgorithmus kann im schlechtesten Fall ein recht ungünstiges Zeitverhalten aufweisen. Dieser tritt dann ein, wenn für jeden einzufügenden Punkt jede Kante zu einem der schon vorhandenen Punkte zu testen ist. Der resultierende Zeitaufwand ist dann quadratisch zur Anzahl der zu triangulierenden Punkte. Es zeigt sich aber, daß dieser Fall praktisch nie auftritt, sondern daß üblicherweise nur sehr wenige Kanten umzuklappen sind, um die Delaunay-Bedingung wieder herzustellen.

Der Einfügealgorithmus kann in höhere Dimensionen verallgemeinert werden. Durch die Transformation $(x_1, \ldots, x_d) \rightarrow (x_1, \ldots, x_d, x_1^2 + \ldots + x_d^2)$, die die gegebenen d-dimensionalen Punkte in $(d + 1)$-dimensionale Punkte abbildet, wird die Aufgabe, eine Delaunay-Triangulierung zu konstruieren, auf die Berechnung der konvexen Hülle der transformierten Punkte reduziert. Dadurch wird die Vielzahl der existierenden Algorithmen zur Berechnung der konvexen Hülle einsetzbar. Ein Beispiel ist das *Beneath-Beyond*-Verfahren, das ebenfalls inkrementell arbeitet. Der Zeitaufwand für die Berechnung einer d-dimensionalen konvexen Hülle mit diesem Algorithmus ist $O(n \log n + n^{\lfloor (d+1)/2 \rfloor})$, der Speicherplatzbedarf ist $O(n^{\lfloor d/2 \rfloor})$, n die Anzahl der gegebenen Punkte. Die ebene Delaunay-Triangulierung kann also in $O(n \log n)$ Zeit und die räumliche in $O(n^2)$ Zeit berechnet werden. Details hierzu sind bei [Edelsbrunner] zu finden.

3. Animation von Zerlegungen

Eine geometrische Form kann auf zwei wesentliche Arten einer Veränderung unterworfen und damit animiert werden, mittels *starrer Änderungen* durch Anwendung von Mengenoperationen wie Vereinigung, Durchschnitt, Vereinigung [Mäntylä] und mittels *Deformation von Körpern* [Terzopoulos, Chadwick, Gourret et al., Gascuel et al.]. Eine typische starre Formveränderung ist etwa das Fräsen von Werkstücken aus einem Materialblock. Methoden zur Behandlung starrer Formveränderungen sind bei [Jerard et al., Drysdale] zu finden und werden hier nicht weiter besprochen.

Im folgenden werden Deformationen von Zerlegungen, speziell Delaunay-Triangulierungen unter-sucht. Die Deformation wird dabei auf zwei Arten vorgegeben, durch Keyframes und durch lokale Zustandsänderung.

3.1 Keyframe-Interpolation

Bei der Keyframe-Interpolation sind zwei (ebene) Punktmengen bzw. deren Triangulierungen zu zwei Zeitpunkten gegeben. Dabei wird angenommen, daß unbekannt ist, wie die Punkte zum einen Zeitpunkt aus denen zum anderen Zeitpunkt auseinander hervorgegangen sind. Gesucht ist die Lage der Punkte zu Zwischenzeitpunkten.

Dieses Problem kann wie folgt gelöst werden. Zunächst wird eine Zuordnung der Punkte des einen Zeitpunkt an denen des anderen vorgenommen. Dabei wird zugelassen, daß mehrere Punkte eines Zeitpunktes auf einen Punkt des anderen abgebildet werden. Die Zuordnung wird allerdings so durch-geführt, daß die Verschiebung der Punkte möglichst lokal ist. Diese Forderung ist sinnvoll, wenn es sich etwa um die Stützstellen eines Objektes handelt. Aufgrund der Zuordnung wird dann die Inter-polation durchgeführt. Man betrachtet dazu die Punktmengen im Ebenen-Zeit-Raum. Dort liegen die Punkte in zwei zur Zeitachse senkrechte Ebenen (Abb. 3). Punkte auf verschiedenen Ebenen werden entsprechend der Zuordnung durch Strecken verbunden. Die Lage der Zwischenpunkte erhält man durch Schneiden der Verbindungsstrecken mit einer zur Zeitachse senkrechten Ebene am gewünschten Abtastzeitpunkt.

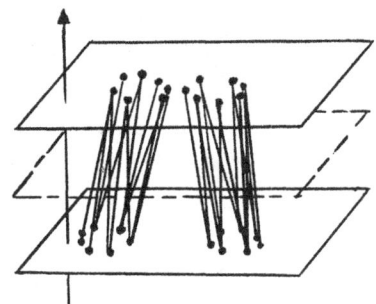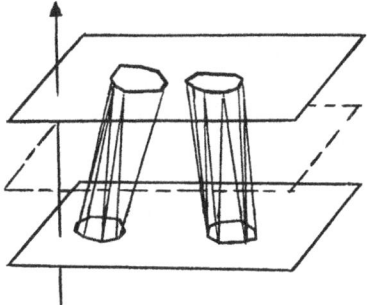

Abbildung 3: *Eine Punktmenge (links) bzw. Gebiete (rechts) zu zwei verschiedenen Key-frame-Zeitpunkten. Dazwischen ist die Ebene eines Zwischenframes angedeutet.*

Die lokale Verbindung der Punkte wird dadurch gewährleistet, daß die Zuordnungskanten im dreidi-mensionalen Zeit-Ebenen-Raum eine räumliche Delaunay-Triangulierung induzieren.

Gegeben seien Punktmengen in allgemeiner Lage in zwei Ebenen E_i, $i \in \{1,2\}$. Seien DT_i die Delaunay-Triangulierungen der Ebenen E_i, $i \in \{1,2\}$, und DT die räumliche Delaunay-Triangulierung. Unter der Annahme, daß es nicht mehr als vier Punkte gibt, die auf einer gemein-samen Kugel liegen, d.h. kosphärisch sind, läßt sich zeigen, daß $DT \cap E_i = DT_i$, $i \in \{1,2\}$, und die Tetraeder von DT genau von der folgenden Form sind [Boissonnat], vgl. Abb. 4:

Typ T_i: definiert durch ein Dreieck in DT_i und dem nächsten Nachbarn seines Umkreismittelpunktes in E_i, $i \in \{1,2\}$,

Typ T_{12}: definiert durch zwei Kanten e_i in DT_i, deren projizierte Voronoi-Kanten (s.u.) sich schnei-den.

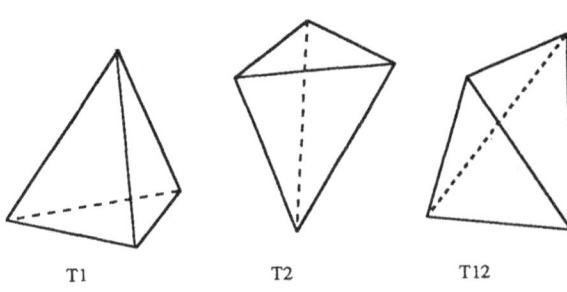

T1   T2   T12

Abbildung 4: *Die Tetraederklassen* T_1, T_2, T_{12}

Die dreidimensionale Triangulierung kann nun unter Verwendung dieser Eigenschaften durchgeführt werden, indem einfach aus den beiden zweidimensionalen Triangulierungen alle Tetraeder dieser Typen ermittelt werden. Die Tetraeder vom Typ T_1 (T_2 analog) erhält man dadurch, daß in der zweidimensionalen Delaunay-Triangulierung der unteren Schnittfläche alle Dreiecke mit einem Eckpunkt in der Triangulierung der oberen Fläche verbunden werden, und zwar mit dem Punkt, welcher dem Umkreismittelpunkt des Dreiecks am nächsten liegt. Die Tetraeder vom Typ T_{12} erfordern etwas mehr Aufwand. Sie verwenden das zu einer Delaunay-Triangulierung gehörende *Voronoi-Diagramm*. Das Voronoi-Diagramm entsteht wie die Delaunay-Triangulierung durch Verbinden von Punkten in der Ebene. Die zu verbindenden Punkte sind die Umkreismittelpunkte der Dreiecke der Delaunay-Triangulierung. Zwei Punkte werden genau dann verbunden, wenn ihre Dreiecke eine gemeinsame Kante haben. Die so entstehenden sogenannten *Voronoi-Kanten* halbieren die Dreieckskanten und stehen darauf senkrecht. Für die außenliegenden Dreieckskanten, an denen nur ein Dreieck anstößt, werden noch entsprechende ins Unendliche gehende Voronoi-Kanten eingefügt (Abb. 1).

Die Gebiete der durch das Voronoi-Diagramm bewirkten Zerlegung der Ebene haben interessante Eigenschaften. So entspricht jedem Eckpunkt der Delaunay-Triangulierung genau ein Gebiet des Voronoi-Diagramms. Das Gebiet eines Eckpunkts enthält alle Punkte der Ebene, die dichter bei ihm als bei allen anderen Eckpunkten der Delaunay-Triangulierung liegen.

Durch die einfache Beziehung zwischen Voronoi-Diagramm und Delaunay-Triangulierung ist die Bestimmung des Voronoi-Diagramms aus der zweidimensionalen Delaunay-Triangulierung einfach möglich. Um die Tetraeder vom Typ T_{12} zu bekommen, müssen die Schnittpunkte der Kanten der beiden zweidimensionalen Voronoi-Diagramme gesucht werden. Jeder dieser Schnittpunkte ergibt ein solches Tetraeder.

Eine asymptotische Aufwandsanalyse dieses Algorithmus ist bei [Boissonnat] zu finden. Bei geeigneter Wahl der Datenstrukturen kann ein Zeitaufwand proportional zur Größe der Ausgabe erreicht werden.

Diese Interpolationsmethode läßt sich auch auf sich deformierende disjunkte Gebiete in der Ebene anwenden (Abb. 3). Von den Gebieten wird angenommen, daß sie durch einfache Polygonzüge berandet sind. Es sind geschachtelte Polygonzüge erlaubt, die Innenseite der Gebiete ist aus der Orientierung ersichtlich.

Die dreidimensionale Triangulierung wird nun wie für die Eckpunkte der Polygonzüge durchgeführt. Dabei kann es passieren, daß Kanten der Polygonzüge nicht Kanten der Delaunay-Triangulierung sind. Das trifft für solche Kanten zu, die keine Delaunay-Kanten sind. Diese Eigenschaften wird jedoch im folgenden benötigt. Abb. 5 zeigt Beispiele, die diese Eigenschaft nicht haben. Diese Schwierigkeit kann durch Unterteilen solcher Kanten in hinreichend kurze Teilkanten behoben werden. Die neuen Unterteilungspunkte werden in die Delaunay-Triangulierung eingefügt, eine Operation, die beim inkrementellen Einfügealgorithmus unmittelbar durchzuführen ist. Das Dreieck, in das der

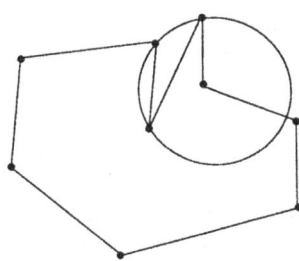

Abbildung 5: *Beispiel von Kanten, die nicht Delaunay-Kanten sind*

nächste einzufügende Punkt fällt, kann effizient durch Einfügen längs der Polygonzüge der Konturen bestimmt werden. Die Polygonzüge werden Kante für Kante abgearbeitet und dabei nacheinander die Dreiecke bestimmt, die durch die Kante geschnitten werden. Das letzte Dreieck ist dasjenige, in das der Endpunkt der Kante fällt. Die seltene Lokalisierung des ersten Punktes jeder weiteren Kontur fällt bezüglich des Rechenzeitaufwands kaum ins Gewicht und wird heuristisch durchgeführt.

Die dreidimensionale Delaunay-Triangulierung der Punkte zweier aufeinanderfolgender Schnitt-flächen liefert die konvexe Hülle der gesuchten Körperscheibe. Im nun folgenden Eliminationsschritt müssen die überzähligen Tetraeder entfernt werden (Abb. 6).

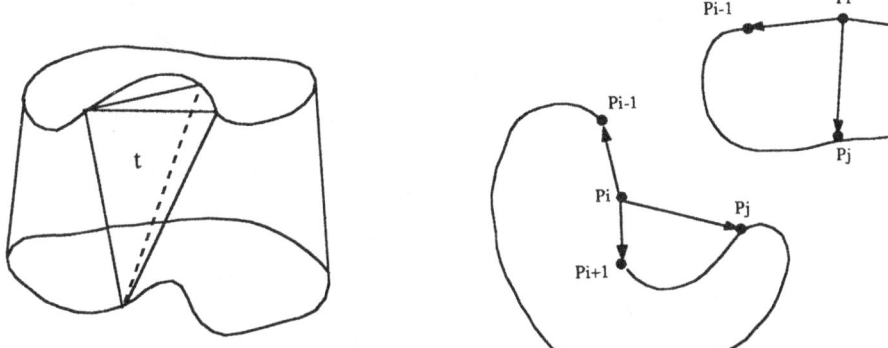

Abbildung 6: *Elimination von Tetraedern mit Kanten außerhalb der Konturen (rechts) und Klassi-fikation von Kanten bezüglich einer Kontur (rechts)*

Da die Punkte einer Kontur im Uhrzeigersinn geordnet sind, ist es einfach, festzustellen, ob eine Kante innerhalb, außerhalb oder auf einer Kontur liegt. Die Kante $\overline{p_i p_j}$ liegt auf der Kontur, wenn $\overline{p_i p_j} = \overline{p_i p_{i+1}}$ oder $\overline{p_i p_j} = \overline{p_i p_{i-1}}$. Sie liegt außerhalb der Kontur, wenn die Kanten $\overline{p_i p_{i-1}}$, $\overline{p_i p_j}$ und $\overline{p_i p_{i+1}}$ im Uhrzeigersinn aufeinanderfolgen. Sonst liegt $\overline{p_i p_j}$ innerhalb der Kontur.

Die Menge der Tetraeder, die übrigbleiben, nachdem alle Tetraeder entfernt sind, die mindestens eine Kante außerhalb der Polygone haben, wird als *einfache Delaunay-Interpolation* bezeichnet. Diese löst das Interpolationsproblem noch nicht zufriedenstellend. Grund dafür sind die eventuell noch vorhan-denen nichtsoliden Verbindungen. Unter *nichtsoliden Verbindungen* versteht man eine Menge von adjazenten Tetraedern, die mit mindestens einer Ebene E_1 oder E_2 nur eine Kante oder einen Punkt gemeinsam haben. Eine *solide Delaunay-Interpolation* erhält man durch Entfernen der nichtsolide verbundenen Tetraeder.

3.2 Lokale Zustandsänderung

Im folgenden wird angenommen, daß die Weiterbewegung eines Stützpunktes **p** über ein gewisses Zeitintervall durch eine Funktion in der Zeit gegeben ist, d.h. $\mathbf{p} = \mathbf{p}(t)$, $t \in [0,1]$ o.B.d.A.. Häufig wird $\mathbf{p}(t)$ linear sein und durch einen Richtungsvektor gegeben sein. Die Funktion $\mathbf{p}(t)$ kann etwa aus einer numerischen Simulation stammen. Die Bewegung der Stützpunkte deformiert nun auch die zugrundeliegende Triangulierung, ja sie kann sogar unzulässig werden, wenn sie nicht geeignet verändert wird. Um die Triangulierung immer in einem korrekten Zustand zu halten, sind die Zeitpunkte der Bewegung zu bestimmen, zu denen eine Änderung erforderlich ist. Aus Sicht des Voronoi-Diagramms ist das genau dann der Fall, wenn sich die Nachbarschaft von Punkten ändern. Das geschieht dann, wenn Voronoi-Kanten degenerieren, oder äquivalent, wenn Punkte kozyklisch bzw. kolinear werden (Abb. 7). Im einem kozyklischen Fall mit vier beteiligten Punkten bedeutet

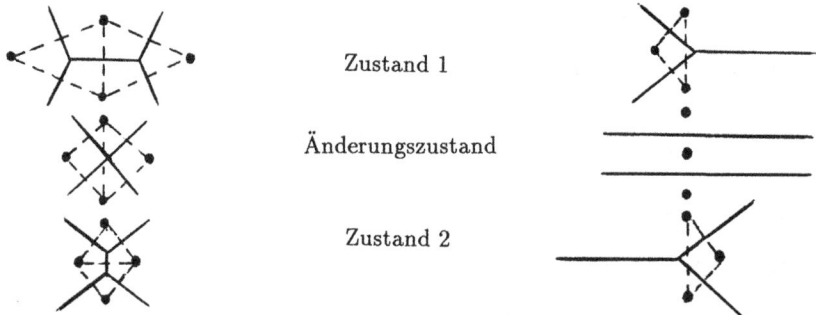

Zustand 1

Änderungszustand

Zustand 2

Abbildung 7: *Zustandsänderungen an einer beschränkten (links) und einer unbeschränkten (rechts) Voronoi-Kante. Die Triangulierung ist gestrichelt eingezeichnet.*

das, daß ein Zeitpunkt t und ein Punkt **q** mit $d(\mathbf{p}_1(t),\mathbf{q}) = d(\mathbf{p}_2(t),\mathbf{q}) = d(\mathbf{p}_3(t),\mathbf{q})$ existieren, $d(.,.)$ die Abstandsfunktion. Die nächstliegenden Änderungszeitpunkte jeder Kante werden in einer Vorrangwarteschlange Q gehalten, aus der die im Bewegungsablauf als nächstes betroffene Kante erhältlich ist. Die Änderungszeitpunkte ergeben sich als Lösung eines Gleichungssystems, das aus der obigen Änderungsbedingung herzuleiten ist. Die Änderungen werden nacheinander abgearbeitet, indem die betroffenen Kanten und Dreiecke im Zelleninzidenzgraphen durch neue ersetzt werden. Die Änderungszeitpunkte der dabei eliminierten Kanten werden aus Q entfernt, die der neuen Kanten berechnet und in Q eingefügt. Die Anzahl der Änderungszeitpunkte in Q ist höchstens proportional zur Anzahl der Voronoi-Kannten und damit linear in der Anzahl der Stützpunkte.

Dieses Verfahren kann wieder von bewegten Punkten auf sich deformierende Gebiete übertragen werden. Die Gebiete seien so, daß sie sich als Vereinigung von Dreiecken der Delaunay-Triangulierung von Stützpunkten ergeben. Im Zusammenhang mit der Datenerfassung können etwa dichter liegende Stützpunkte als zu einem Gebiet gehörend betrachtet werden, während dünn besiedelte Ebenenteile Freiraum sind. Diese Idee wird etwa durch die bei [Edelsbrunner] zu findenden *α-Shapes* formalisiert. Dreiecke, die zu keinem Gebiet gehören, werden als Freiraumdreiecke bezeichnet.

Die Dreiecke können nun unterschiedliche physikalische Eigenschaften haben. Sie können deformierbar oder starr sein, die Kanten können Federn sein. Eine physikalische Simulation liefert hieraus Stützstellenbewegungen, mit denen wie bei den bewegten Punkten zuvor verfahren wird. Zusätzlich zur Korrektheit der Triangulierung ist hier jedoch die Gebietsstruktur mit zu beachten. Durch die

Veränderung der Dreiecke kann es etwa passieren, daß Konturkanten eliminiert werden. Hier bieten sich zwei prinzipielle Lösungsmöglichkeiten an. Die eine ist, die Kanten, die eliminiert werden müsen, durch Einfügen von Unterteilungspunkten zu erzwingen, so wie es zur Aufrechterhaltung der Konturen bei der Keyframe-Interpolation gemacht wurde. Nähern sich dabei Konturen an, so werden sie im Annäherungsbereich besonders stark verfeinert werden. Das erscheint sinnvoll, da eine genaue Analyse im Bereich möglicher Kollisionen auch verfeinerte Stützstelleninformation erfordert. Auf der anderen Seite erhöhen die hinzukommenden Punkte den Rechenaufwand. Entfernen sich die Konturen wieder voneinander, ist es daher sinnvoll, eine Elimination von Punkten durchzuführen, allerdings so, daß sich die Kontur topologisch nicht verändert und auch geometrisch die Kontur vor der Punktelimination approximiert.

Die zweite Möglichkeit ist, die neu entstehenden Dreiecke zuzulassen und dann festzulegen, zu welchem Gebiet sie gehören bzw. ob sie zu Freiraumdreiecken werden. Dabei ist wieder zu beachten, daß die Gebiete topologisch im erwünschten Sinn konsistent bleiben. Dem Vorteil des geringeren Rechenaufwands steht die Erscheinung gegenüber, daß sich die geometrische Form der Gebiete bei kontinuierlichen Stützpunktbewegungen sprunghaft ändert. Sowohl bei der physikalischen Simulation als auch bei der graphischen Darstellung wird daher diese Möglichkeit erst dann eingesetzt werden, wenn eine hinreichend aufgelöste Verfeinerung durch Unterteilung stattgefunden hat.

Durch die Zellzerlegung nicht nur der interessierenden Gebiete, sondern des ganzen Raums, werden Kollisionsprobleme automatisch mitgelöst. Ferner ist es bei der Simulation der Wechselwirkung sich annähernder Berandungen über die Freiraumdreiecke einfach möglich, die wechselseitigen Einflußstellen effizient aufzufinden.

4. Abschließende Bemerkungen

Zellzerlegungen zu Stützpunktmengen, und dabei insbesondere zu Delaunay-Triangulierungen, bieten eine uniforme Behandlungsmöglichkeit von Deformations- und Kollisionsproblemen, wie sie in der Computeranimation vorkommen. Die dreidimensionale Situation ist schwieriger als der hier behandelte ebene Fall. Das kommt daher, daß dreidimensionale Triangulierungen strukturell reichhaltiger sind. Die Anzahl degenerierter Fälle ist erheblich höher, ebenso die Anzahl von Tetraedern in Zerlegungen. Obwohl stets direkt auf den Eingabedaten gearbeitet werden kann, sind die arithmetischen Verknüpfungen bei den erforderlichen Operationen, also etwa Orientierungstest und Kreistest, tiefer geschachtelt und damit anfälliger für Rundungsfehler.

In der Ebene kann der Aufwand bei den Gebietstransformationen möglicherweise durch Verwendung der *Constraint Delaunay-Triangulierungen* vermindert werden, vgl. beispielsweise [Chew]. Im Raum ist die Definition ähnlicher Konzepte schwieriger, da es zu vorgegebenen Flächen keine Triangulierung zu geben braucht, die diese Flächen enthält, es sei den, es werden weitere Punkte eingefügt.

Literatur

E.W. Bethel, S.P. Uselton, Shape Distortion in computer-assisted keyframe animation, In: State-of-the-art in computer animation, Spriner-Verlag, Tokyo, 1989, 215-224

J.D. Boissonnat, Shape reconstruction from planar cross sections, Computer Vision, Graphics, and Image Processing 44 (1989) 1-29

J.E. Chadwick, D.R. Haumann, R.E. Parent, Layered construction for deformable animated characters, Computer Graphics 23(3) (1989) 243-252

L.P. Chew, Constraint Delaunay Triangulations, Proc. Annual Conference on Computational geometry, ACM 1987, 215-222

R.L. Drysdale, R.B. Jerard, B. Schaudt, K. Hauck, Discrete Simulation of NC machining, Algorithmica 4 (1989) 33-60

H. Edelsbrunner, Algorithms in Combinatorial Geometry, Springer-Verlag, 1987

K.S. Fu, R.C. Gonzalez, C.S.G. Lee, Robotics, McGraw-Hill, New York, 1987

M.-P. Gascuel, A. Verroust, C. Puech, Animation with collisions of deformable articulated bodies, Rapport de Recherche du Laboratoire d'Informatique de l'Ecole Normale Supérieure, Paris, LIENS-90-1, 1990

J.P. Gourret, N. Magnenat-Thalmann, D. Thalmann, Simulation of object and human skin deformations in a grasping task, Computer Graphics 23(3) (1989) 21-29

B. Guenter, A System for Simulating Human Facial Expressions, State-of-the Art in Computer Animation, 191-202, Springer-Verlag, 1989

L. J. Guibas, J. Stolfi, Primitives for the manipulation of general subdivisions and the computation of Voronoi diagrams, ACM Trans. Graphics 4 (1985) 74-123

J. Hoschek, D. Lasser, Grundlagen der geometrischen Datenverarbeitung, Teubner, 1989

R.B. Jerard, S.Z. Hussaini, R.L. Drysdale, B. Schaudt, Approximate methods for solution and verification of numerically controlled machining programs, The Visual Computer 5 (1989) 329-348

E. Keppel, Approximating complex surfaces by triangulation of contour lines, IBM J. Res. Devel. (January 1975) 2-22

W. Leister, H. Müller, A. Stößer, Fotorealistische Computeranimation, erscheint im Springer-Verlag

M. Mäntylä, An introduction to solid modeling, Computer Science Press, 1988

K. Mehlhorn, Data structures and algorithms 1-3, Springer-Verlag, Berlin, 1984

M. Moore, J. Wilhelms, Collision detection and response for computer animation, Computer Graphics 22(4) (1988) 289-298

J. T. Oden, Finite Elements I-V, Prentice-Hall, 1981

J.C. Platt, A.H. Barr, Constraint methods for flexible models, Computer Graphics 22(4) (1988) 279-288

D. Terzopoulos, J. Platt, A. Barr, K. Fleischer, Elastically Deformable Models, Computer Graphics 21 (1987) 205-214

D. Terzopoulos, A. Witkin, Physically based models with rigid and deformable components, IEEE Computer Graphics and Appl. 8(6) (1988) 41-51

D. Terzopoulos, J. Platt, et al., Physically based modeling: past, present, and future, Computer Graphics 23(5), 1989, 191-210

A GENERATIVE SYSTEM FOR INTERACTIVE ANIMATION BASED ON REACTIVE SYSTEM SEMANTICS AND ON ACTOR SEMANTICS

PIERRE GANÇARSKI

Laboratoire d'Informatique Graphique et d'Intelligence Artificielle
UNIVERSITE CLAUDE BERNARD
43, Boulevard du 11 Novembre 1918
F-69622   VILLEURBANNE

1. INTRODUCTION

The research of realism in computer animation has been largely developped in the last years, but the represention of natural phenomena is often very complicated. In fact the necessity of an automatic control of animation has been imposed : from a description of actors (graphical representations and rules), of environment and of type of animation, the system must create appropriate animation.

In a generative system, the motion is defined by a set of laws (dynamical laws, inverse-kinematic,...) and rules (behaviours,...). Animation is formally described by a script ("scenario") which gives to the system, the way to generate animation. In most of the cases, the scripts are adaptive or interactive, i.e they can evolve with internal or/and external events (actor crash, joy-sticks, etc.) : behaviour of each actor depends on the behaviour of others actors as well as environment.

An animation system is said of high level if it authorizes generic terms or commands : the command 'Fold' would correspond to a complex serial of moving orders. These orders are send to different components of the articulated body.

An interactive generative system must allow a simple but efficient managing of internal/external events and of time according to user's intuitions. In this case the three main problems are :

- related to the scenario (story representation) : how does one define and represent an interactive scenario which can by modified by events.

- related to actors : how does one define these actors. How many actors should be predefined.

- related to the time : the continuous time is discretised at (ir)regularly spaced intervals. How does one define and manage this discrete time in an animation.

This paper describes a method to control both interactivity and time in an generative animation system. To solve these problems we propose to associate a "computer" actor to every actor define supplementary actor for generic operation and preserve the scenario by the use of a program (section 3). This program manages, on one hand, the set of events recognized by animation, some kind of links between actors or constraints applied to actors, and, on the other hand, time. We base on the semantics of reactive system and on the semantics of actors to define the ASA++ system (section 3). This system includes the ASA-Scen language, which makes the quick and simple definition of interactive animation possible (section 4).

2. THE ACTORS/SCRIPTS LANGUAGE

As far as the problem of control of time and interaction is concerned, the actors/scripts languages as DIRECTOR [Kah 76], ASAS [Rey 82], CINEMIRA [Tha 82], NEM [Mar 85] or SOLAR [Chu 88], give an answer by use of computer actors [Hew 75a, 75b - Kay 76 - Agh 86] to represent all animation intervenants. The scripts are partionned on these actors by use of subscripts. In these languages, every actor is an independant process which can send, receive and process messages. An actor controls one or several aspects of the animation according to its competencies, its subscript, and the messages it receives. All the actors are at the same level.

It is often difficult, if not impossible, to define an interactive animation with these languages. Indeed, the user does not have a global vision of animation (partionned script) and the definition of generic interaction is often difficult (or impossible). Moreover, it seems that partionned scripts are not natural to film realisators, animators and game conceptors.

3. THE ASA++ SYSTEM

The basic idea of ASA++ (Animation by Scenario and Actors) [Gan 88] is to preserve the natural vision of the film realisator or animator :
- an actor for each intervenent in the animation
- a scenario preserved in full, which manages animation according to interactivity and time.
In our work, we introduce several levels :
- movable actor level,
- specialized actor level (geometric sub-level, and generic sub-level),
- scenario level.
to define (and realize) a high level generative system for interactive animation usable by non specialists (animator, game conceptor, robot conceptor).

3.1 Actor level

The main problem in actors/scripts languages is the necessity to define several kinds of actors : every time one needs to define a new objet with a new behaviour, one must define a new kind of actor. In our system, there are only two types of actors : "MOBILE" for graphical movable actors and "CAMERA" for camera representations. These are predefined types which can not be modified.

The only possible action of these actors is to receive and process orders related to displacement (and, for CAMERA only, to viewing parameters) and calculation of each frame position.

3.2 - Specialized actor level

3.2.1 - Geometric sublevel

Every mobile is represented by a set of polygons. It is useless duplicate shared polygons. Moreover, mobile billing are the same for every mobile. To assume control and manage these data, several actors have been defined.

These actors called "Specialized actors" are :
- OBJECT for graphical data base,
- HULL for convex hull,
- BILLER for mobile billing.

3.2.2 - Generic sublevel

Events managing

Event managing is, normally, assumed by the scenario. Therefore, some of its aspects are fully independent on animation. For example, mobile crash detection only depends on polygons' point coordinates. In the same way some treatement of the mobile crash (bounce, stop, death, etc.) can be predefined and usable in all animations. They can be defined by generic operations. Other types of events such as external event detecting (mouse click,...), time events creating, etc. can be predefined and their managing (detecting and/or processing) can be considered as generic operations. Therefore, three supplementary specialized actors have been defined :
- ENCOUNTER to detect crash and some predefined treatment,
- CLOCK for discrete time generation,
- EXTERNAL for external events detection.

Dependence managing

In the reality, actors's behaviours are often interdependent : for exemple, a car's behaviour depends on the behaviour of its wheels and vice-versa. A link between two mobiles is a relation of dependence which defines the reaction of a mobile to the behaviour of others. Some link's reactions are predefined. The specialized actor "LINKS" assumes their managing.

The same for :
- mobile's internal constraints (speed, height, ...) or interactive constraints (mobile distances, dependent presences,...) which will be managed by the specialized actor called "CONSTRAINTS"[1].
- articulated body control by inverse kinematics which will be managed by the specialized actor called "ARTICULED_BODY"[1] [Han 89].

Specialized actors (notion already pressented by K.M Kahn [Kah 76]) had been introduced for simplified and modular scenario writing. Indeed, for example, the mobile crash detection and some processing of these crash (bounce, stop, ...) are transparent : the user only defines, in most cases, a type of processing for the two actors.

---

[1] now under implementation

3.3 - Scenario level

The most important problem in interactivive animation is that the scenario can evolve with time and etxternal/internal events. For example, the motion of a video game depends on the player's hability. Now, it is the scenario which commands all actors. That is why we have decided to describe it by a program, called SCENARIO-PROGRAM, which includes all aspects of time and events control. This program is written with a new language, called ASA-Scen, inspired by research on reactive systems [LeG 87], and in particular on synchronous reactive systems [Ber 86]. In fact, this program is translated into a synchronous reactive system with ESTEREL semantics [Ber 87].

3.3.1 - Events

An event is a change of program status. Some events, called predefined events, can be created by specialized actors. For example, for a crash between two mobiles, if processing is not predefined, the actor ENCOUNTER creates a predefined event (RENCONTRE_1 to RENCONTRE_10) which can be treated by the scenario-program. The same for external events (CLICK_LEFT, CLICK_MIDDLE, CLICK_RIGHT), time events (SECOND), etc.

An occurence of an event type (predefined or not) is immediatly processed by the scenario-program. Performing this operation takes no time. A temporal reference for program-scenario is determined by event sequence, where every event realisation (or set of synchronous event realisations) generates a new instant. The time is discretised and evolves from instant to instant. In fact we have a chronological view of time (based on event chronology) and not a chronometrical view. This view of time is not based on a universal time but on the notion of multiforming time : on one hand, a second on universal time is a simple event and, on the other hand, any event can be manipulated with its own time (for exemple "After 5 crashes do ...").

3.3.2 - Temporal evolution of a story

In interactive animation, the temporal evolution of a story depends on the realization of some events. For example, in a video game an action on a joy-stick or an (in)action in a time interval can modify time motion. We introduce a new type of structure, called TEMPORAL BLOCK, to define and to structure the temporal evolution of a story. A temporal block defines a part of the temporal evolution of a story between two characterized instants. At an instant, only instructions of the current temporal block are considered. Change the new current block must only be make by an event realization. This event can be created in the current block (at whichever instant generated by the time event SECOND), or out of this block (in this case, it is not necessarily synchronized with SECOND).

4. ASA-SCEN LANGUAGE

The scenario-program accepts two types of instruction : conditional instructions (or conditions) and temporal instructions (which are necessarily included in temporal block). All conditions are grouped in

the module "CONDITION" and all temporal blocks in the module "TEMPORAL". Whichever the type of instruction. The body of any kind of instruction body can include :
- a (dis)activating condition
- changing the current block
- testing the presence of an event
- creating an event
- sending a message to an actor.

4.1 - Condition and module "Condition"

A condition defines the reaction of the scenario-program to the realisation of an event of a characterized type. But an event is considered by a condition if and only if the condition is activated. Activating and disactivating a condition is performed by ACTIVATE <condition id.> and DISACTIVATE <condition id.>.

Syntax and semantics of the main types of condition :

CONDITION <set of attributes[2]><condition id.> :
  AFTER <N:integer><event type> DO { <condition body> }
After activation of this condition, the body is executed at the N-th realization of the event.

CONDITION <set of attributes><condition id.> :
  EVERY <N:integer><event type> DO { <condition body> }
After activation of this condition, the body is executed at every N-th realization of the event.

CONDITION <set of attributes><condition id.> :
  AFTER <event type1>,...,<event typeN> DO { {<condition body1>},...,{<condition bodyN>}}
After activation of this condition, the body corresponding to the first event realized is executed.

CONDITION <set of attributes><condition id.> :
  DO { <condition body> } UNTIL <N:integer><event type>
After activation of this condition, the body is executed. It is immediately and definitively interrupted at the N-th realization of this event.

An event can be emitted when executing a command EMIT <event type>. This operation is equivalent to the realization of this event but it does not generate a new instant. Indeed, as all internal scenario-program operation take no time, this event realisation is completely synchronous with the event (or set of events) realisation which had generated this instant. Therefore, some incoherencies can appear : for example, the instruction AFTER S=0 DO EMIT S=1 is incohent

---

[2] Attributes define whether the condition is desactivable, reactivable, initial and/or autoreactivable

because S=0 and S=1 at the same instant. (The system terminates the translation of scenario-program on an error).

At a given instant, only events which have generated this instant or which are emitted at this instant are present. The instruction PRESENT <event type> THEN { <body> } ELSE { <body> } can be used to test event presence. The instruction MEMORIZE <set of events id.> and WHO <set of events id.> are used to memorize the last event realized in the set of events. For example, for the instruction "MEMORISE Event1, Event2 IN Set1", "WHO Set1" answer by a emission of a event Set1_Event1_PRESENT, if the last event realized or emitted is Event1.

The module "Condition" groups all conditions. The order of their definition is not important. Figure 1 gives an example of a module "Condition". This example is a small video game. A gun can be move by an action on the right and left mouse button. When it touchs the border of screen, it stops. For each crash between the gun and the border, the actor ENCOUNTER realizes a event RENCONTRE_1.

```
MODULE Condition
{    DO
     {    CONDITION REACTIVABLE, Droit :
              EVERY CLIC_RIGHT DO { /* Displacement of gun to right */}
          CONDITION REACTIVABLE, Gauche :
              EVERY CLIC_LEFT DO { /* Displacement of gun to left */}
          MEMORISE IN LastDep : CLIC_RIGHT, CLIC_LEFT
          CONDITION :
              EVERY RENCONTRE_1 DO {
                   WHO LastDep
                   PRESENT LastDep_CLIC_RIGHT_PRESENT
                   THEN { DISACTIVATE Droit ; ACTIVATE Gauche}
                   ELSE  { DISACTIVATE Gauche ; DISACTIVATE Droit }
              }
     ... }
}
```

Figure 1

4.2 - Temporal instructions and module "Temporal".

The time unit in the temporal instruction is the second, and its evolution is represented by a seccession of events "SECOND".

Syntax and semantics of temporal instructions :

AT_TIME <N:integer> SECONDS DO {<body>}
N seconds after the begin of animation, if the temporal block is the current block, the body is executed.

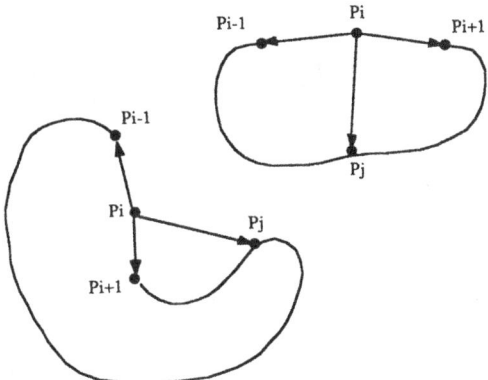

AFTER <N:integer> SECONDS DO {<body>}

N seconds after the block has become the current block, the body is executed.

A temporal block is a sequential sequence of temporal instructions. It is defined by :

TEMPORAL_BLOCK <temporal block id.> :

[<list of temporal instructions>]

The change of current block is performed by : CURRENT_BLOC <temporal block id.>

The module "Temporal" groups all temporal blocks. The order of their definition is not important. The figure 2 give an example of a module "Temporal" for a video game.

```
MODULE Temporal
{    TEMPORAL_BLOCK Init
     [      AFTER 30 SECOND DO
            { IF Score < 100  { /* GAME OVER */ }
              ELSE IF Score > 200 { CURRENT_BLOCK Niv_Sup }
                   ELSE { /* Acceleration of target */ }
            }
            AFTER 60 SECOND DO { /* GAME OVER */ }
     ]
     TEMPORAL_BLOCK Niv_Sup
     [      AFTER 60 DO { /* Acceleration of target */ }
            AFTER 120 SECOND DO { /* GAME OVER */ }
     ]
     ...
}
```

Figure 2

4.3 - Scenario-program

It is formed by the module "Condition" and the module "Temporal". It is defined by :

PROGRAM Scenario { EXECUTE Condition || EXECUTE Temporal }

These two modules have a parallel execution. All events present (realisation or emission) in a module are immediately present in the other.

5. IMPLEMENTATION

The ASA++ system is implemented in C++ [Str 86] (for actor implementation) and ESTEREL [Ber 87] (for scenario-program implementation) on a UNIX™ system.

586

In the ASA++ system, the scenario is translated into ESTEREL. The compilation of this parallel program gives a sequential finite-automat (often minimal). The operations about communication and concurrency are replaced by simple transitions of this automat.

The ASA++ architecture can by represented as in figure 3. The Mobiles and Cameras, described by the user, are initialized and launched by the script. The scenario controls their behaviour by exchanging messages with these actors and the specialized actors. These last ones manage billing, internal events (relations beetween mobiles), external events (relations with mouse, joy-stick, ...) and time (clock). An interface between the reactive system (scenario-program) and theactors take care of the translation of signals (from reactive system) into messages (to actors) and his vice-versa.

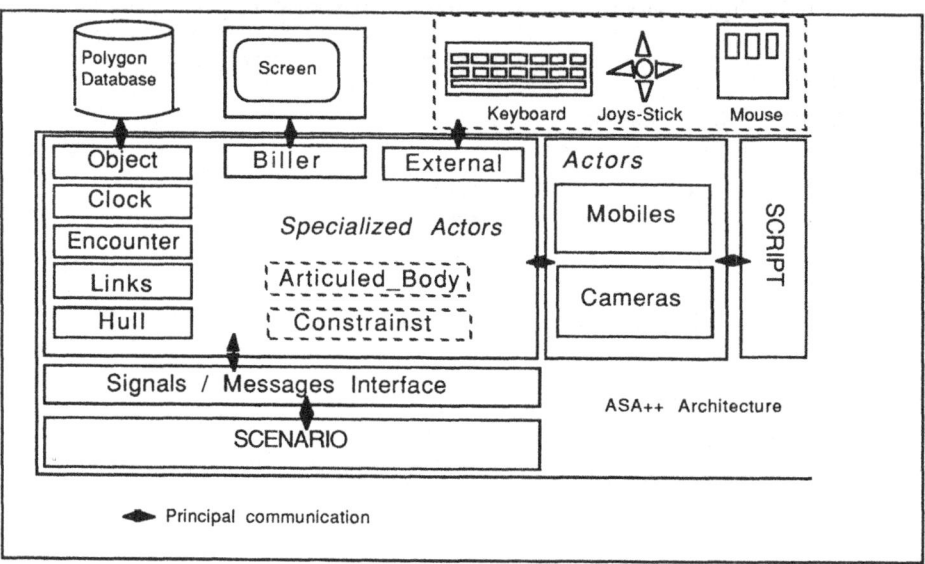

Figure 3

The implementation of the animation production process are given by the figure 4.

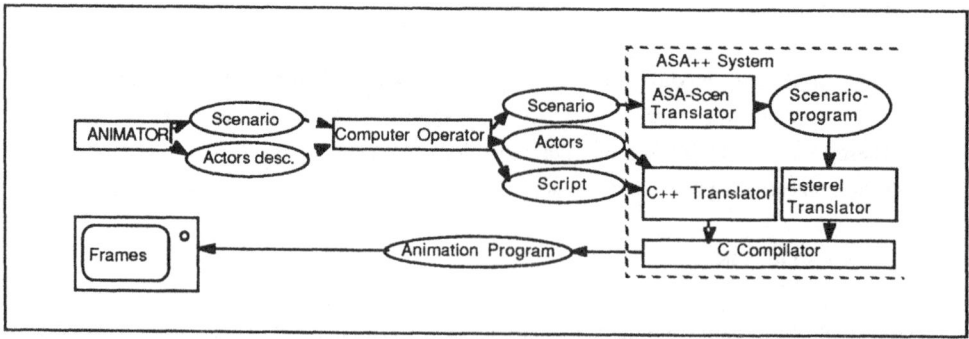

Figure 4

6. CONCLUSION

The study of the concepts of high level generative animation systems has enabled as to realize effectively the operational ASA++ system. This system simplifies real-time interactive animation construction.

Moreover specialized actors give a new vision of the external world and of interactions between actors. This new approach can authorize an efficiente equilibred parallel implementation. This last point is currently being studied.

If this system is very efficient for punctual interaction betwwen actors (crash, some links, some constraints,...), it seems less efficient for long interactions or for behaviour modelisation. A solution is perharps in IA concepts and research. But the research in this way [Rey 87] is not, we think, advanced enough to decide if this is the good and/or only solution.

Our future work will focus on fundamental problems such as constraints, active links, communication between actors, behavior modelisation, etc.

The actual work is about man-machine interface, mobile and camera capabilities (accelerated motion), graphical object representation, etc. A study will begin to modify ASA++ from 2D to 3D.

But a lot of work is needed to define and realize a system on one hand which, on one hand, responds to needs of film, animation and game conceptors and, on the other hand, is really usable by non computer specialists.

ACKNOWLEDGEMENT

Thanks to Catherine Mongenet and Jean-Marc Fouet for their help in writing this paper.

REFERENCES

[Agh 86]   **G.Agha**, *An overview of actor languages*, SIGPLAN Notices V21-10(58-67), October 86.

[Ber 86]   **G.Berry, P.Couronné & G.Gonthier**, *Systèmes réactifs et Programation Synchrone*, Rapport de Recherche, INRIA n° 524, May 86.

[Ber 87]   **G.Berry, P.Couronné & G.Gonthier**, *ESTEREL v2.2 Language Manual* , Rapport Technique, ENSMP/INRIA 87.

[Chu 88]   **T.S.Chua, W.H. Wong & K.-C. Chu**, *Design and Implementation of the Animation Language SOLAR*, Proc. Computer Graphics International '88 (15-26), Geneva, May 88.

[Gan 88]   **P.Gançarski & J.F Dufourd**, *ASA++ : Système de Production d'Animation à Scénarios Interactifs*, Proc PIXIM '88 (263-281), Paris, October 88.

[Han 89]   **P.Hanoteau & P.Gançarski**, *Les Bras Articulés : Etude Générale et Réalisation d'un Algorithme de Cinématique Inverse*, Proc. Journées Afcet-Groplan, November-Décember 89. *to appear in BIGRE+GLOBULE.*

[Hew 75a] **C.Hewitt & B.Smith**, *Towards a Programming Apprentice*, IEEE Transactions on Software Engineering SE-1, March 75.

[Hew 75b] **C.Hewitt & B.Smith**, *A PLASMA Primer*, MIT-AI Work. Paper 92, October 75.

[Kah 76] **K.M.Kahn**, *An Actor-Based Computer Animation Language*, Proc. ACM-SIGGRAPH Workshop on User-Oriented Design of Computer Graphics System (37-43), Pittsburg, October 76.

[Kay 76] **A.Kay & A.Golberg**, *SMALLTALK-72 Instruction Manual*, The Learning Research Group, Xerox Palo Alto Research Center, March 76.

[LeG 87] **Le Gueric, A.Benveniste & T.Gautier**, *Conception Synchrone de Systèmes à Temps Réel*, Rapport de Recherche, INRIA, February 87.

[Mar 85] **G.Marino, P.Morasso & R.Zaccario**, *NEM : A Language for Animation of Actors and Objects*, Proc. Eurographics '85 (129-139), Nice September 85.

[Rey 82] **C.W.Reynolds**, *Computer Animation with Scripts and Actors*, Proc. ACM Symposium '82 (289-296).

[Rey 87] **C.W.Reynolds**, *Flocks, Herds and Schools : A Distribued Behavorial Model*, Computer Graphics-Proc. SIGGRAPH 87- V21-4 (25-34), Anaheim, July 87.

[Str 86] **B.Stroustrup**, *The C++ Programming Language*, Addison Wesley, March 86.

[Tha 82] **N.Magnenat-Thalmann & D.Thalmann**, *Computer Animation : Theory and Practice*, Springer-Verlag 1982.

Intelligence for Animation

by Mihai Nadin

Intelligent animation evolved from the traditional art of animation obsessed with the "illusion of life" (cf. Thomas and Johnston, 1984) via computer graphics. Indeed, as some of the most successful computer graphics animators stated, computer animation resulted from the application of traditional animation techniques to initially 2D and later 3D computer-supported animation (cf. Kitching, 1973; Burtnyk and Wein, 1977; Booth and MacKay, 1982; Sturman, 1984, Lassetter, 1987). For as long as the computer was used only as a tool, but not as a new medium for thinking or as a medium with its own characteristics, the issue was that of mimicking animation techniques. Once Disneyland opened a branch in the computer world, our TV screens became full of flying logos and characters of dubious aesthetic quality. Later, the question raised in the practice of using computers for animation did not concern better animation, appropriateness (within the medium and in contradistinction to other media, film in particular) but of productivity: How can we generate faster, and if possible cheaper, computer replicas of the good old Disney times? This subject is of no concern to me.

The relevant questions of intelligent animation were actually made possible not by the commercial interest in animated videoclips but by the interest in visualization. I believe I am the first to have taught a class in visualization (1986) and this at the time prior to the first grant applications under this new buzzword (which replaced computer science and AI on the list of almost sure candidates for funding). The first question I had to answer was what is "visualization," since students could not find the word in any dictionary. Actually, I conducted a class in *visual intelligence*, concerned with the cognitive aspects of images. We came to realize through class discussions that animation is a subclass of modelling defined by the choice of a simulated world. One can model the behavior of an object or system along a timeline, or along *time* and *world* coordinates (physical space, fictional reality, design space, personal or psychological environment, etc.). We focused not on technique and mimicking Disney in software, but on the characteristics of intelligence pertinent to expressing and understanding movement, change over time, autonomous behavior in a world populated by other moving entities subjected to change and subject to the perception of change. Although this will not constitute the subject here, we came to realize that a good modelling of chaos phenomena would probably constitute an appropriate frame for the "virtual reality" of animation: Throw any object to be animated in the modeled world of chaos, and allow for any behavior pertinent to the inherent characteristics of these objects. I still have a desire to test this thought.

But back to the subject. A simple conclusion is that automatic synthesis of visual forms (endowed or not with functionality) and intelligent motion control constitute the nucleus of any modeling system. In the meanwhile, physically based modelling confirmed this conclusion. The synthesis of shapes (corresponding to some geometry knowledge base), together with a physics knowledge base (pertinent to the action of forces, to speed and acceleration, to energy levels, entropy) in charge of the simulation of physical laws constitute

effective modeling environments. David Haumann (1988), with his Dynaflex, shared with me some of the pains of simulating mechanical properties of joint and muscle action, as well dynamic deformation. It became again obvious that unless we know more about the nature of cognition, we will use many CPU cycles to mimic (in this case in an automatic routine) what it takes to move even simple shapes. I will only mention that the entire motion of the object (in particular, a character) as specified through high level controls is *pre-computed*. The so-called visual appeal (how pleasant, how veridical, i.e., realistic, how appropriate) is controlled through the selection of physical constraints. In other words, we change the physics to facilitate the aesthetics, assuming aesthetic sensitivity is provided. But we knew this from the days when Disney invented Micky Mouse and many other characters, if indeed not earlier.

It should by now be clear that my interest is in a cognitive theory of animation that precedes the burning of CPU cycles, not in a post explanatory theory that tells us what was accomplished. We already know that each physical model (of a rigid world, of a deformable world, of an isotropic universe of properties, i.e., that are the same independent of direction, etc.) is partial. Accordingly, the intelligence necessary to support animation is one of selection of goals (what do we want to move, i.e., what kind of change over time is of interest?) and of specifications of objects (usually incomplete, but not randomly incomplete, rather, incomplete according to some controlable criteria). Intentionality (aesthetic, scientific, functional) brings into the picture the appropriate physics or other knowledge domain, the appropriate chemistry principles, or biology, or abstract mathematics, or aesthetics (of art or of designed objects). The realism of the world is apparently only physical. There is a chemical level of realism, a biological level, and a mathematical level (corresponding to the level of abstract thinking!), and evidently an aesthetic level.

Accordingly, an animation system should allow for a choice (or several choices) of the constraints, as well as for the appropriate mechanisms of control, which are qualitatively different in these different domains of constraint.

Objects from no matter what kind of world (fictional, biographical, physical, etc.) are abstracted in images; images are currently synthesized from shapes (the universe of primitives that Moholy-Nagy and Le Corbusier described). These shapes are outputted from the graphics pipeline based on transformation, clipping, and rendering. To add to geometry physical, biological, or aesthetic interpretations, one needs, before any kind of hardware, the appropriate symbolic mathematics or any other appropriate computable formalism. Inverse dynamics, optimization, and especially simulated annealing are currently used, but never together. In order to come close to showing how things change over time, we need a higher level of mathematics, which is probably closer to chaos theory or even a different mathematics (of qualities). Nobody really knows how, for instance, people estimate age when looking at someone's face, but many try to animate faces and the process of aging. There are attractors that can be defined, and based on these, the intelligent system can deal with aging (a change over time), not only of human beings, but also of materials, shapes, interactions. In other words, animation becomes a form of knowledge, an objective that Disney animators never had, and those imitating them never realized. As a particular form of computational knowledge, animation knowledge becomes a medium for testing hypotheses, for exploring new designs, and for learning.

Considering some simple examples of "movement" (cf. figures 1-5) we will be able to understand that the subject of intelligence for animation is represented by how we know about the world, how we express goals in this world, how we can change the state of the world, and what kind of knowledge we need to plan our strategies. Movement representation and perspective are related (Fig. 1).

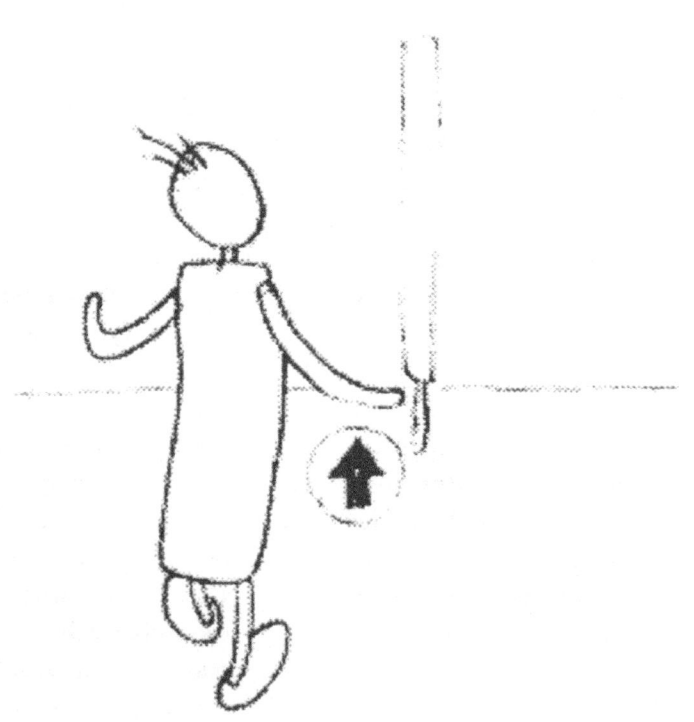

fig 1

fig 2

From a cognitive perspective, it is essential to understand how Euclidean based perspective techniques participate in our interpretation of such concepts as direction, proximity, coherence. Movement in a three dimensional space often involves not only a change of coordinates, but also of relative position (Fig. 2)

The ball moved closer to the paddle, and also rotated. The cognitive process of understanding the layers of movement, as they are visually represented, is based on perception and interpretation of visual "cues." Collision detection (and prevention) can be relatively easily automated; the constraint imposed is that two different entities should never occupy the same position in space. But the notion that a ball flying in the direction of the paddle might be "deflected" around the paddle is not inherent in the physics of the movement (cf. Fig. 3)

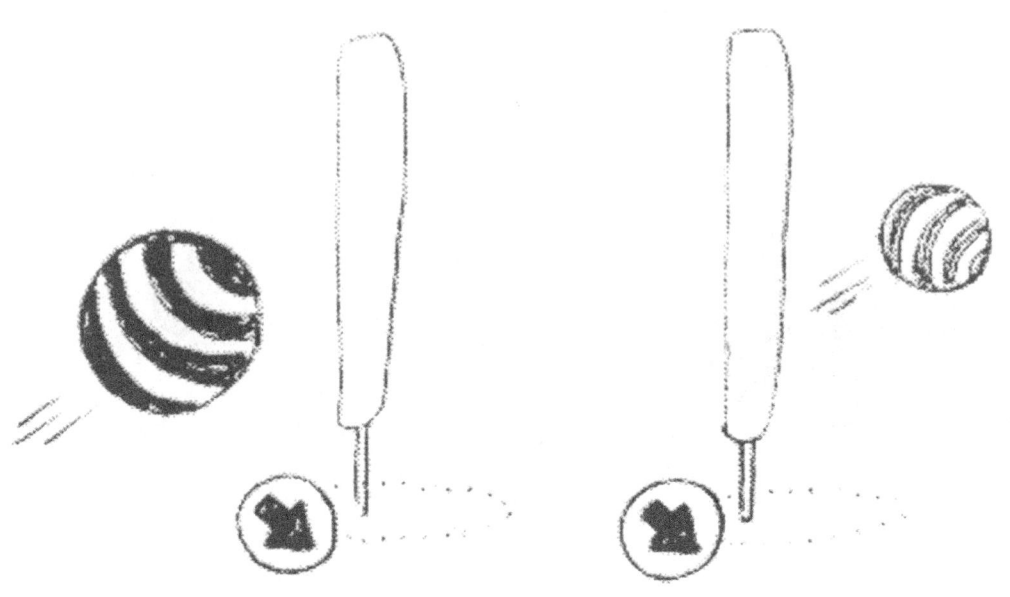

fig 3

Objects moving towards each other are in a different situation. Endowing objects with knowledge regarding the relative position of other objects is relevant only if this knowledge can be refreshed at a rate high enough in order not to jerk the movement. but this sould imply that each object "knows" in which direction and how fast the other objects are moving well in advance of the movement. Endowing objects with alternate scripts is probably a better cognitive decision (cf. Fig. 4).

fig 4

Finally, in the hierarchy of each complex object, relations different from those that can be propagated as constraints are often expressive in animation (Fig. 5).

Despite their differences, in each of these examples, an initial state is changed into a goal state. In the jargon of domain independent planners (cf. Fikes and Nilsson, 1971), a plan is a set of ordered actions to be carried out by an agent, according to fixed preconditions (the physics of the world, or the chemistry,

biology, aesthetics, etc.). Conjunctive goals, complex control structures, and time related constraints in plan actions can also be pursued. Once the element *uncertainty* is introduced, the planner no longer searches through the space of partial plans (until it finds one that satifies the conditions in the goal state), but assigns some uncertainty value to the goal state and searches for closest matches. In other words, the planner does not complete a plan for the entire duration, but generates short plans and assumes interweaving of planning and execution. Since the response within the system to each action is uncertain, later moves depend on the new state of

fig 5

the system. The layer of tracking (indexing) the changes and refreshing relationships is part of the control component (cf. Fig. 6).

The knowledge base contains generic plans and heuristics pertinent to the objects animated. More exactly, the heuristics specifies how the plans are to be modified based on self-evaluative controls (for which neural networks are trained). Adjustments from the user reflect not only observations of the results, but also of the record kept by the system of options discarded in the process of animating. The knowledge representation framework supports acquisition of families of solutions (structural similarity vs. atypical situations, e.g., all objects in the physical environment are subject to gravity, i.e., they fall down; in some cases, an object can behave

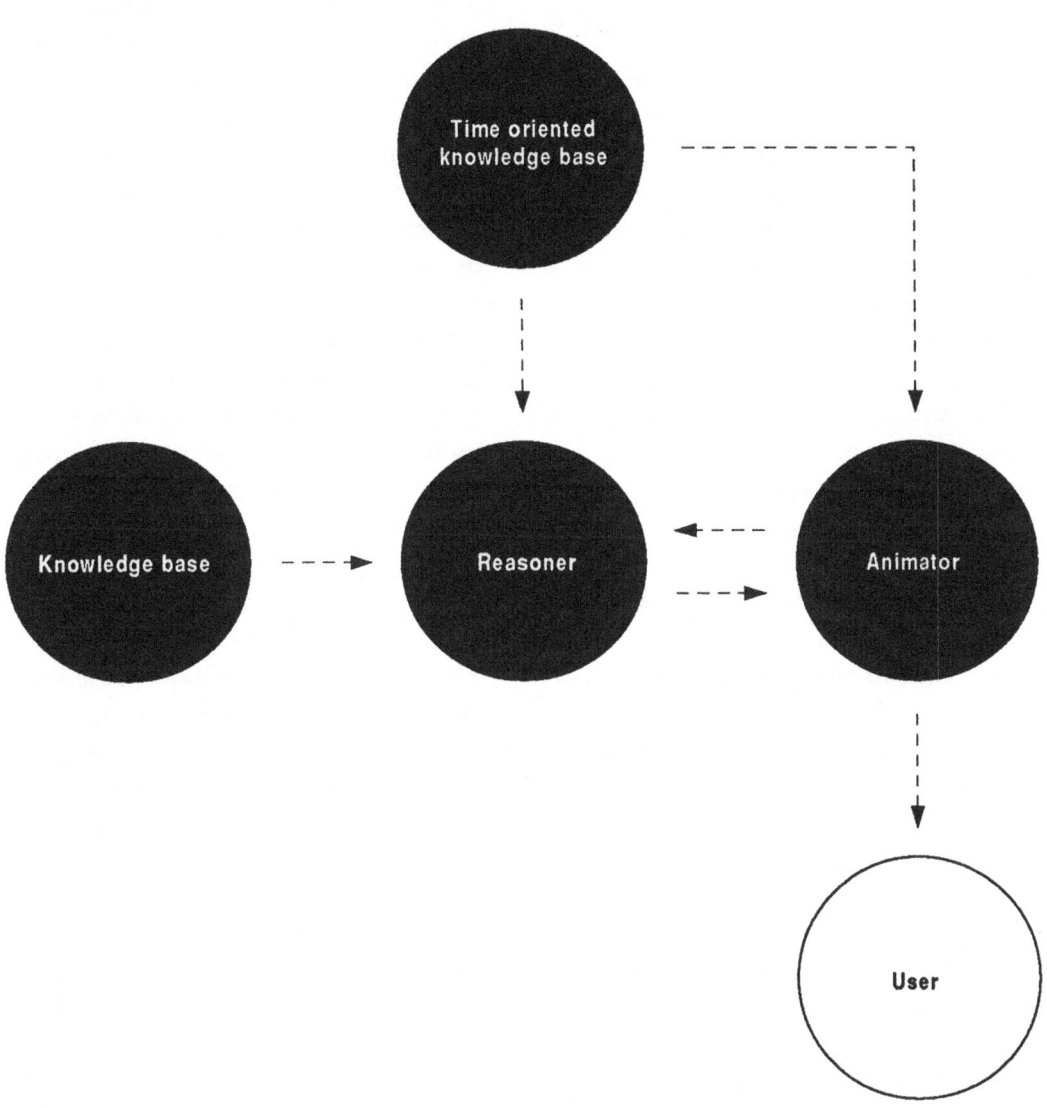

fig 6

atypically, such as in animations of objects that are not subjected to gravity). Temporal reasoning is supported by the knowledge base that keeps records of all changes over time; data retrieval from this knowledge base, together with inference and control mechanisms allow the user to access either a fine level of decision ("granularity") of the planning mechanism, or a coarse level.

The Animator accumulates and analyzes data (current and past) pertinent to the movement/change of any object or of clusters of homogenous or non-homogenous objects. It is obvious that the Animator and the Reasoner are run-time processors in charge of managing internal and external data. Whenever animation is initiated, it can be tuned either by dials, or by visual input. Nevertheless, the interface reflects the visual nature of the activity.

Once input is analyzed by the Animator, data is passed to the Reasoner, which updates the time-oriented knowledge base and builds a sequence of movements. The possible range of plan alterations result from the knowledge base. The response of the system is mapped by the heuristic knowledge in direct relation to the hierarchic structure of the movement/change plans and the procedural specifications of the hierarchy among various possible plans. Thus a frame hierarchy is established (it can be implemented as augmented transition networks). An object-oriented language, reflecting compositional relationships (mainly aesthetic or morphologic) allow us to model structural features with frames organized in hierarchies (PART-OF and ISA). The automation of the construction of the knowledge base and of the index of protocol knowledge will require that we limit class frames. Heuristic and procedural knowledge are grouped by contexts in order to facilitate effective indexing (and thus run-time efficiency). However, it is too early to define what kind of heuristic classification is appropriate, or even if we need several different forms. The following implementation diagram is suggestive of the complexity of the enterprise.

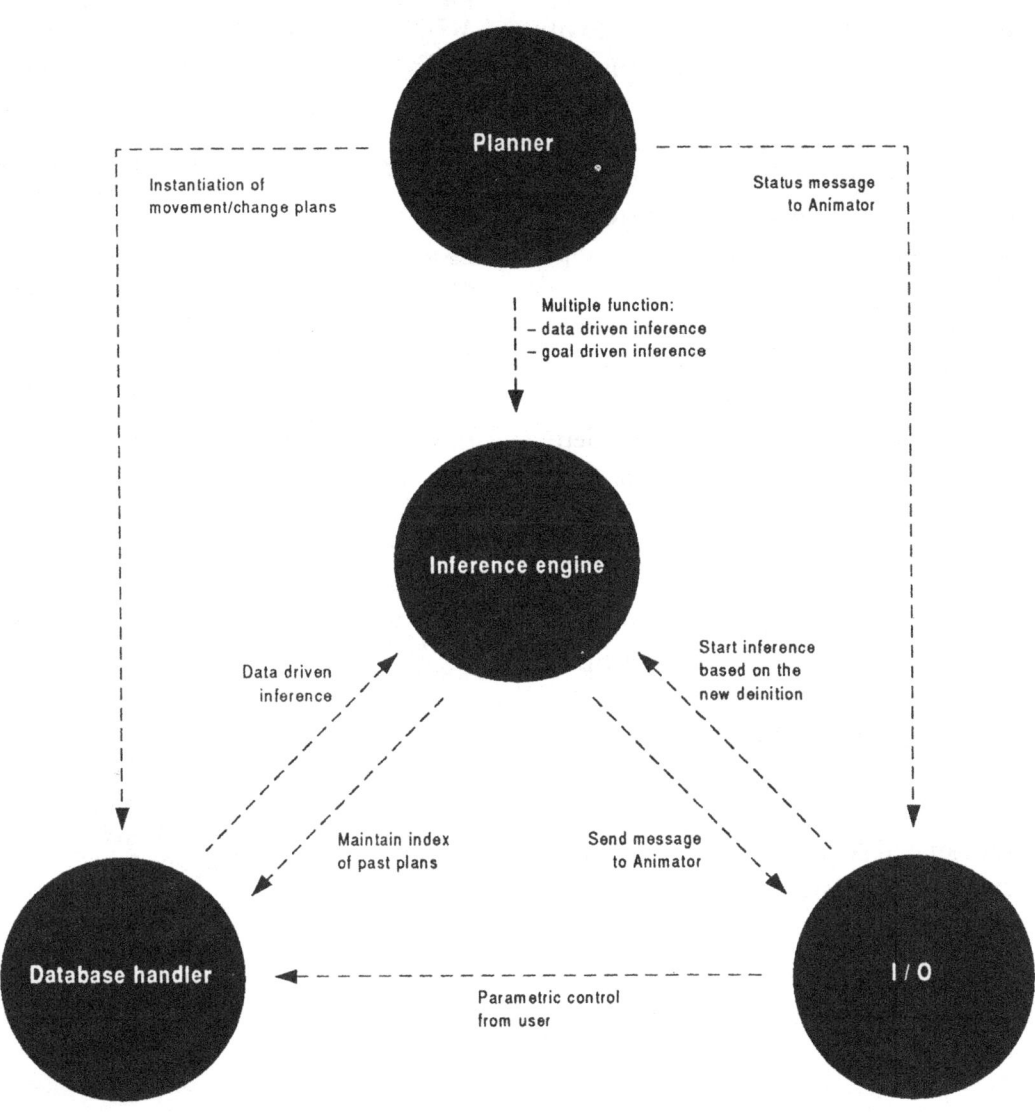

fig 7

The absence of a backtracking procedure is by no means accidental. Indeed, animation is a planning activity that requires starting from the top level again. Since uncertainty makes it difficult to derive plans from so-called first principles, the system has to explicitly maintain an index (history) of previous plans of movement or change. Real time interactive physical simulation requires motion tracking. While some accept simulations, in which conditions control the behavior, others insist that interactivity is a better way since the state of the system, together with the input values, better describe real world than video game environments. James Blinn (1989) correctly noticed that "We've seen the progression from key frame animation, specifying positions, to physically-based modelling, which is specifying accelerations and forces and whatnot." The next level should be that of using the defined cognitive characteristics of animation in a system with learning capabilities.

References

Kitching, A. Computer animation—some new ANTICS, in *Broadcast, Kinematography, Sound Television Journals*, 55(12) December 1973. pp. 54-64

Burtnyk, N. and M. Wein. Computer Animation, in *Encyclopedia of Computer Science and Technology*, vol. 5, pp. 397-496. New York: Marcel Dekker, 1977

Lassetter, John. Principles of Traditional Animation Applied to 3D Computer Animation, in *Computer Graphics*, 21(4), 1987

Fikes, R.E. and N. Nilsson. STRIPS: A new approach to the application of theorem proving to problem solving, in *Artificial Intelligence*, 2 (3/4), 1971. pp. 189-208

Blinn, James. cf. Physically-Based Modeling: Past, Present, and Future, in *Computer Graphics*, 23(5), 1989. p. 205

Nadin, M. and M. Novak. Mind: a Design Machine—Conceptual Framework, in Intelligent CAD Systems I. (P.J.W. ten Hagen and T. Tomiyama, Eds.). New York/Berlin: Springer Verlag. 1987

Nadin, M. Interactive Diagrams for Design Genetics (Implementing Intelligent Processors), in Intelligent CAD Systems II (V. Ackman, P.J.W. ten Hagen, P.J. Veerkamp, Eds.). New York/Berlin: Springer Verlag. 1989

Nadin, Mihai. Visualization, course notes.

Autorenverzeichnis

Informatik — Fachberichte

Made in the USA
Las Vegas, NV
09 November 2024

11382958R00352